UNIVERSUM
II

Forum IV
Forum V

Vincent Thierry

Editeur Patinet Thierri

Harmonia Universum
Harmonia Universum
La Création en Action ®

© 2011
PATINET THIERRI ERIC

Editeur : © Patinet Thierri 2011

ISBN 978-2-87782-386-9

UNIVERSUM
II

FORUM IV

Vincent Thierry

Editeur Patinet Thierri

Harmonia Universum
Harmonia Universum
La Création en Action ®

© Patinet Thierri 18/04/2008

ISBN 2-87782-247-8

Editeur : © Patinet Thierri 2011

ISBN 978-2-87782-263-3

FORUM IV

Initiative Artistique

À tire d'aile

Des signes s'en viennent à tire d'aile, dans la joie féconde des lys harmonies, libre joie de parcours suranné où l'onde bue est un calice de sépale, danse diaphane d'amazone rompue au sort des écrins, là où les feux antiques se prononcent, clameur du jour aux dunes escarpées, par ces mondes de miel, d'azur, et d'instantanéité, véhicules des pluies vagabondes, de ces îles de promesses qui vont et viennent la densité des règnes, là, ici, plus loin, correspondants la fertilité des joyaux au couronnement frontalier, de pluies de gemmes l'incarnat, le rubis, au prisme des agates semis des ambroisies aux sèves fières et parfumées, festives langueurs des souffles adulés, fêtes de la nue, de l'enchantement de ces préaux de romarin, de l'enfantement qui sourd la prééminence du verbe et son état, danse à midi, danse à minuit, dans le vertige des algues blondes, qui sans sursis, s'épanouissent et se conjoignent pour offrir ce vœu souverain d'être dans le vent, d'être encore et pour toujours le rêve sablier de la jouvence et de ses œuvres, pâmoison d'une secrète ardeur, des impérities l'aventure qui s'inscrit, aux sages bruyères, dans le pré gracieux des ordonnances millénaires, chênes en frises insolentes répercutant les ondes en majesté, iris de la volonté qui s'initie, se développe, s'enrichit et se parfait, vaste flot et tendre élan libérant les senteurs de toute moisson, alors qu'en la pluie solaire se dresse le firmament, des hymnes en débat la profondeur du rythme, la puissance du chant et la compréhension de l'œuvre, alors qu'en pluies de jade s'exhaussent les vœux dans un abandon joyeux couvant le parfum des roses, la tendre clameur des rives apaisées, libérées et exondées des rimes éveillées, portuaires devises aux marbres inscrits s'effeuillant de leurs voûtes pour initier un présent, celui de la Vie dans ses forges et ses écrins, admirable conjonction délibérant les rites d'un passage, de la joie la douceur de vivre, épanchement victorieux de toute harmonie !

Des feux antiques

Des feux antiques nous viennent, circonscrits, ces élytres en sursis, des règnes adventices les surfaces moirées d'un songe qui se renouvelle et se perdure, par delà la divination mimétique, les anses acclamées, les dunes promontoires, où rêvent les sages d'une harmonie sans failles, et l'ambre en semis en cet amalgame de préaux suffixes, d'aventures en aventures acclamées, hautes vagues qui ne se sursoient, qui ne s'amplifient, toujours naturent le développement sans failles de l'avenir et de ses ouvertures, voici ce qu'il fut donné à voir, dans cette rive dissidente, éclair de la raison des âges, face à une adversité revêche, culminant la vertu des mondes pour embraser de ces semis le sursis d'une heure seulement de la pluie incarnée et ses détails, dans l'appétence du terme, dans l'innocence du songe, dans cette candeur splendide de l'essor et ses essaims, vives arborescences éployées, redéployées dans le mystère des vagues, dans l'annonciation du souffle et dans la splendeur de l'onde, toutes faces épousées des lys floralies, qui des rites sabliers s'épanchent, libre détermination des flots, de ces houles profanes qui ruissellent, fécondes, l'empire et sa stature, par ces lieux et par ces temples qui s'inscrivent au delà des atermoiements, des ruptures, des scandales, de ces offertoires de parades qui ne sont que des lieux et des liens de voies sans lendemain, ces voies abstraites, sillons éclos de fosses amazones où se réjouissent les reptiles assoiffés de la guerre et ses outrages, commensaux d'invectives et de nuisance, vassaux de l'atrophie qui les guident et les obnubilent, et la pluie d'or en leurs ravines, leurs ruisseaux d'inconsistance, leurs fleuves charriant la boue, leurs mers gravitants l'infertilité, leurs océans s'abreuvant de fétidité, toutes forces nauséabondes hissant la tyrannie au sommet de leur léthargie, fosse commune d'abîmes fauves où s'éperdent les aubes, aphones d'une gerbe de soleil, invisible en ces lieux divinisés par l'hypocrisie et ses langueurs, ces rubis de sang qui sont immondices et parfums des agonies qui rongent le désert des chœurs solidaires de l'outrage et de la perversion, initiés en ces clameurs, initiés et préservés en leurs écrins noirs d'ilotes hospitaliers, les uns les autres écumes d'une chevalerie qui sera balayée tant sa morbidité est exclusive, terre aride aux instances caractérisées par une dévotion sans nom, libre voie de l'inconsistance en ses refuges, ses miasmes et ses autorités labélisées, de l'inconscience le refuge de toute torpeur modélisée, que le temps verra destituée alors qu'Empire le Chant deviendra assurance de la pérennité des aubes sous le vent !

Le lieu du Vivant

Iris de la pluie de nacre, des âmes nées lyres de
l'horizon, sans masques, s'en viennent en rythmes
opalins, les rives de ce temps, clameur de vides en
souffrance où baigne l'indicible rêve, le sursaut du
chant, oasis en ses pétales aux conjectures douves
dont l'harmonie sans failles, lentement, précisément
déflore la vertu majeure, initiable correspondance de
vive arborescence des Îles enseignées, là, ici, plus loin,
cohortes de passementeries d'ivoire aux histoires
stellaires, les unes les autres nous évoquant de pures
cristallisations diaphanes dont les ondes sont verbe,
apogée du verbe, talismaniques floralies de songes
ivoirins, aux lagunes offertes promontoires de l'éveil,
aux anses effeuillées offertoires du réveil, adulations
de l'aube déclinée dont les parfums virevoltent les
efficiences de l'orbe, cet éclair suave qui règne,
ouvrant sur le nectar des florales renommées ces
jouvences de cristal, planant au dessus des eaux,
insignes des brises marines couronnant de fières nefs
éblouies, cargaisons de rives et de fêtes, toutes
éployées dans l'aventure du vivant, chamarrée de leurs
couleurs, de leurs senteurs, écrins sans naufrage
délibérant les vagues, la portée des houles, l'empire
des sables constellés de lumière, voix participes de
l'inéluctable devenir, hâlant de ses respires ces routes
adamantes qu'inventent les passions et les pulsions
des mondes, ces routes acclamées, théurgiques par
essence, comblant chaque latitude comme chaque
longitude d'un espace distinct, en l'éternité seuil
azuréen, propos du mystère, dans l'alluvion du souffle,
permanence, autorité, veille d'avant veille des séjours
prononcés, qui vont les limites des terres, les horizons
des cieux, la nature féconde des vents et des eaux, le
prestige incantatoire des temples en semis, levants de

l'oriflamme sacrée, dont les portiques content le
vivant, préau des âges insouciants et forts, de ces âges
en écumes qui parlent au front des sphères et nous
enseignent ce savoir immortel, délétère, en profusion
des aires, des signes, des stances qui martèlent, tels
des fléaux d'arme sur des tambours de bronze,
l'annonciation de la Vie, sa parure, sa forme, et dans
l'embryon déjà l'inénarrable conjonction, victorieuse
sur les souches moribondes, atrophiées, stipendiées,
délaissant à l'oubli ces fauves incandescences qui ne
sont que rubis désastreux, pour laisser place à la
luminosité fractale, prémisse de l'aventure nouvelle à
voir, non seulement dans l'espérance ou la convoitise,
mais dans l'agir souverain, appariement des nécessités
qui fondent l'avenir, transcendance, immanence,
dessein du verbe fulgurant, hôte messager de l'éternité
ouvrant les portiques de l'insondable afin de découvrir
l'Absolu, universel en son respire, avenir de nos
ascensions perfectibles, toujours visible en ses
gréements, là où se tient le lieu sans affliction, le lieu
du Vivant qui par delà le temps comme l'espace
rayonne le devenir !

Des voies nouvelles

Des voies nouvelles, libres, azurées, antiennes de vives arborescences, s'en viennent tumultes et renommées, clameurs frontales des univers qui se tressent, s'interpénètrent, ramures de lieux vivants, aux stances mélodieuses conjugaison des âmes en semis, ouvrant sur le large horizon le sourire d'un vœu solaire, là, où dans la pluralité des songes, prémisse de la vertu, se tient la sagesse épousée, nectar du chant aux nefs fécondées dont l'iris parcoure l'immensité, la candide nature, d'opales en règnes féerie de l'onde, lentement s'éployant dans la félicité pour ouvrir ce chemin menant vers l'éternité, rive accomplie de voiles langoureuses, essor et promesse, délibérant de hautes vagues les parfums d'hiver, les pousses printanières, les blés murs de l'été, la magnificence d'un automne lumineux, clameur douve des équipages hâlant les mats des vaisseaux pour dépasser la brume, et découvrir cette marque du paysage altier, souverain et signifiant, marque sans masque de la beauté lumineuse, ici, sous le soleil aux pluies ardentes constellant de coralliennes effervescences, myosotis de coloris évanescents, dont les fumerolles légères témoignent d'un appariement spontané, celui de l'Etre avec l'Eternité, tendre éloquence de la Vie, puisatier passant d'un savoir initié délibérant ces voies amènes dont les sources sont des feux à prendre, des ramures à ensemencer, des rives à féconder, témoignage, tandis qu'au faîte de la cime se tient, vigile de l'avenir, l'Aigle impérial, scrutant son aire en majesté, pour découvrir cette illumination de l'Harmonie qui vogue vers l'Eternité comprise et ses serments devisés.

Flamboyance

Insigne de vaste flamboyance par l'écume, dans la raison du verbe et la semence des règnes, dans l'autorité naturelle du firmament qui tresse l'horizon, éclair des songes en semis de citadelles écloses, ici, là, de portuaire éloquence, annonçant le signe du destin, de la Voie couronnée, nuptiale et festive, hâlant des équipages ouvragés, voyageurs de mondes égarés, rupture des œuvres aux antiennes chamarrées, frontons des passementeries hivernales qui s'estompent sous leur feu solaire, danse diaphane aux ascensions fulgurantes, alimentant des machineries d'ivoire, complexes et harmonieuses, développant en spirales les caducées d'un hymne, accompagné du labour des lourds tambours de bronze où officient la prêtrise et la Sagesse conjuguées d'un essor, celui de l'Agir, là où les fêtes s'oublient, là où les voix se taisent, là où la Vie se délite pour s'accoupler au mortel linceul, plus loin encore, là où les villes s'asphyxient de rêves opiomanes, là où les citadelles disparaissent sous les cendres de miroirs écartelés, là où le silence devient moteur de toute déraison, toutes voies sans talisman, égarées n'attendant plus que les limbes pour se dissoudre dans l'informe, déjà revitalisées par la puissance des Esprits, non ceux des naufrageurs en contrition, mais des sculpteurs du réel qui officient l'avenir, marchant sans hâte, devisant des architectonies les routes à répandre afin d'œuvrer non pas la restauration mais la novation, cette novation délivrant devoirs et droits, acclimatant espérance et pouvoir, alimentant l'inaltérable sentiment de la pure harmonie, pavois du Temple en assise sur ses racines indestructibles, voyant de l'aube s'épanouir le Renouveau, dans une haleine fraîche et vivifiante, tout un Peuple en sommeil se relevant de sa reptation pour d'une joie souveraine éclairer dans l'action ce devenir jusque-là obstrué par le voile de l'illusion, cette illusion qui hier encore, parade, se déployait sur la création afin d'anémier sa densité, cette illusion manipulée par des maîtres à danser, fous d'un pouvoir ténébreux, officiant la course de l'humain vers le gouffre avide de la mortification, cette illusion devenue coassant et à l'image du volatil, enfin terrassé par l'Aigle souverain, retournant à son nid de poussière pour rejoindre le caravansérail des outrages, des perversions, des convulsions, des cohortes dédiées à son désir, toutes forces liées à un parjure, celui de nier l'avenir de l'humain, ce jour délivré du carcan fauve de cette dérision, levant son regard vers l'Eternité, afin de construire son avenir immémorial, de conquérant et non de reptile !

Couronnement

Cils flamboyants aux azurs diaphanes, des regards les prismes qui, étoffes coralliennes, se correspondent, s'initient, se perdurent, et dans la beauté se contemplent, ivoire de tendres mélopées aux clameurs errantes, aux hymnes ensommeillés, aux mélodies adulées, architectonies des vastes préaux propitiatoires, où dansent ces oiseaux-lyres de la nue, enchantement, prouesses aux pierreries taillées dans l'onyx, le quartz bleu et l'opaline, diamants secrets des éclairs qui fulgurent la promesse d'un vertigineux essor, mûre volition des esprits naviguant les fleuves hardis, les sources fécondes, et ces immenses harmonies qui veillent les terres dans une parfaite symphonie où jonglent les couleurs pour iriser l'éternité, là, dans ce calme sursaut des fraîcheurs nuptiales, ici, dans la festive langueur des amants se hissant de laves en laves vers un séjour de bonheur, plus loin, dans la caresse du vent effeuillant les voiles du désir pour renaître à la puissance Solaire son renouveau puisatier, ici encore, dans la plénitude d'un sourire partagé qui révèle la pure beauté de la Vie, sourire solsticial, du Printemps équinoxe des neiges ancestrales, clameur du souffle de l'aube dans ses fruits, drapé de l'innocence la plus tendre, haute vague de féerie, par les saisons sans mystère, ce printemps de fertilité, cet été d'abondance, cet automne de fenaison, cet hiver de frugalité, toutes saisons en rives de l'étreinte émerveillée, alors que sur l'horizon se tressent les harmonieuses dissipations des nuageuses perceptions, et que l'Etre en répond s'ouvre à l'arc-en-ciel du Don, ce Don de lui-même aux Autres de son espèce magnifiée, devise, dessein, ouverture d'un Univers aux Univers dont les flamboyances sont accomplissement, construction, toujours et toujours renouvelés par les temps circonscrits aux espaces multipliés avenants un couronnement victorieux, celui de la Vie éternelle !

Quiétude

Des limbes destinés en l'offertoire du rêve, ici, là, plus loin, mesures des épanchements divins, s'irise la beauté, ses formes adulées, ses règnes antiques, féerie des mondes, où la nue exonde inscrit son nom, alors que s'initient les songes pour pénétrer dans une ardeur joyeuse les mille flots des univers, en rapporter, cales pleines, de diamantaires euphories, des rires de serments et ces haleines fraîches du respire qui voguent la nidation fougueuse de la joie, de ses secrets qui parlent doucement aux veillées sablières, là, si près de l'Océan et de la Terre, lors que le feu attise son renouveau et que dans les cieux se tressent, invincible, ces manteaux d'étoiles magnifiées qui ruissellent en cascades le répons des sites émerveillés, splendeur, félicité, densité, tandis que se rapprochent les vivants, communiants autour des flammes vives la porte des mondes, la vertu propice à toute nativité de l'excellence et ses parfums, ce dépassement du moi qui n'est qu'une image pour l'autre, révélant ainsi la florale appartenance à cette humanité qui est, et doit aller au-delà des apparences afin de progresser vers l'infini, la densité de l'Absolu qui fonde toute détermination, cette détermination en chacun, souffle de la désinence parfaite dont la nef est harmonie, le rayon voyageur altruisme, la plénitude don, reconnaissance du principe vivant de tout avenir en création...

Vagues, antiennes...

Vagues amazones, des rives antiques, j'allai le flot, l'ambre secret des algues initiées, et de flux en reflux venait la houle majestueuse, portée par l'énamoure de la Vie, dans l'insistance du miel, dans la plénitude du chant, et orbes en semis le miroir des ondes, la luminosité de l'éclair, la densité des cieux reflétait l'ineffable candeur des oasis en mon cœur, or prairial, revenu du portuaire sablier sous le feu solaire, alors que dans la nue revitalisée mes sens se fondaient dans l'univers de la joie, ce vide souverain permettant de discerner toute viduité, là, aux frontières du temps comme de l'espace, le sommeil venait m'emporter azur dans l'azur. Vagues en semis, de l'éternel propos, dans la désignation, le songe de ce monde m'émerveillait. Il y avait là de cristallines efflorescences, navigations souveraines d'étoiles multipliées, fresques de la voie lumineuse où mon souffle s'épuisait, disparaissait le temps pour naître l'espace, l'écume du satin, la féerie votive de ces ornementations fractales permettant aux plus belles nefs de passer d'un monde à l'autre, et la vague... La vague profonde, lentement ciselait ses écumes, livre de veille, d'avant-veille, consultant sans repos la florale jouvence de l'éternité, là, ici, plus loin, dans ces ramifications sans nombre qui enseignent la félicité. Signes, la promptitude de leurs galops, tels ceux des alezans fiers sur les sables d'onyx, irisait d'une quiétude ces mondes en majesté : là de Pongée les ors lagunaires d'Andromède, ici les mines diamantaires à ciel ouvert de Cassiopée, et dans ces nectars le flot continu de jade du Sagittaire, ciselant des citadelles de porphyres et de quartz, coralliennes effervescences épousant l'enchevêtrement des raies lumineuses s'éperdant en la nue ! Éclairs à profusion dessinant par les âmes en parcours des farandoles de joies qui se répercutaient dans les âges prononcés de cette constellation magnifiée, de Lyre l'appel de Véga du cygne, là, dans la profusion de ce séjour, portuaire dimension éclose où mon cœur rejoint l'inaltérable ascension des talismaniques vertus nuptiales. Alors qu'en site le préau du règne s'attend sur ces rives terrestres, oublieuses, ternes et amorphes, alors que le silence conjoint explose, tout à coup, dans une explosion de couleurs, pour naître l'immensité Solaire...

Chant du Monde

Chant du Monde Souverain, des sites éclos de mille parchemins, là où dansent les sirènes des songes conquérants, qu'ivoire le salut du Verbe et la mansuétude des âmes aux matins clairs, ici, en ce lieu de la beauté qui vogue, enchantée, les parfums sauvages des brumes renouvelées, escarpements des cohortes qui s'avancent, impériales dans leur densité, guerrières et sublimes, marchant dans le silence de l'aurore la prêtrise du renom de la gloire assumée, celle de la renaissance, renaissance du Vivant aux flots tronqués qui martèlent leur impuissance par les sites enivrés, ces sites sans parures, ces sites amorphes et contigus qui pleurent leur jouvence sous le cri des monarques qui se rassasient de leur sang, de leur chair, de leur esprit, de leur âme, les laissant pantelants, ordonnés et souriants dans leur esclavage magnifié, ce jour à combattre, ce jour vivant de la gloire de la Vie allant affronter la mort et ses serments, mantisses de rapaces de toutes plumes, chamarrés dans leur orgueil de jouissance maladive, vestale de la nue horrifiée qui prend mesure de leur carnage, de leur folie sanguinaire, de leur luxure éprouvée, toutes forces malades s'escrimant à qui mieux sur le corps de l'Humanité afin d'en réduire les prouesses pour conserver leur pouvoir d'élytre consommée, pauvres hères enduits de phares et de carapaces qui les isolent du restant du monde, du restant de l'univers, ne voyant venir, malgré leurs abysses infernaux, ces cohortes qui viennent pour les détruire à jamais, les réduire à cette expression qui fut la leur, l'atrophie, dessein des œuvres qui nient la Vie, s'imaginent, dans leur parcellisation un seul instant la dominer, alors que pour la naître et la faire prospérer faut-il encore être Unité, Unité en soi, Unité pour les autres, ces autres reniés qui maintenant se lèvent en force, car les cohortes qui viennent ne sont des centaines mais des nombres infinis qui charrient leurs flots non d'espoir mais de victoire à venir, victoire à venir sur l'immondice, les troupeaux frivoles, les noctambules perfidies, la gangrène des siècles, toutes cette folie qui au nom d'une appartenance nocturne œuvre la fécondation de la mort sur toute la surface de la Vie, surface ce jour brisée, étiolée par la féerie des Peuples qui s'avancent, impassibles, demandant non seulement des comptes à l'hypocrisie mais un acte régénérateur et purificateur aux tutelles d'hier, l'allégeance déterminante à la Vie, ainsi alors que bruit le souffle de la guerre outrancière, nécessaire à la survie de la Vie, ainsi alors que se taisent enfin les pouvoirs ignobles et leurs théories de bellâtres assoiffés de prébendes, alors que renaissent les Peuples dans un élan fraternel, conquérant et souverain, ainsi alors que l'abeille lentement rejoint le Nid pour enfin vivre de la Vie et non plus être l'esclave des scorpions maladifs qui voulaient diriger le monde et bien plus l'Univers, cet Univers qui les renie comme étant support du règne de l'incapacité, ainsi alors que se dresse face à cette dantesque dérision, l'Élite du Vivant qui accomplit pour tous les Etres le dessein de son destin et de son harmonie, rejoignant l'Ordre de cet Univers enfin ouvert à la plénitude de l'épanouissement de la Vie !

Dans l'azur prononcé

Signes en répons, d'opales surannées aux festives moiteurs, où le jeu est vie en sa puissance, ses élans inscrits aux portiques de la nue, là, ici, plus loin, toujours renouvelés par delà le silence, la brume, les opiacés divines et la colère des cieux, l'Univers accompli en leurs feux, réjouissance du vivant, aux fêtes solaires adulées, par les mystères épanchées des mousses bleues, des sentes glorieuses des forets antiques, là où se tiennent, dressés et superbes, les chênes millénaires, desseins des hymnes éternels, ceux éveillant les parousies des instants lumineux, ceux libérant de l'étreinte la profusion de la joie souveraine, ceux dont l'écho réverbère les mille farandoles des cœurs amoureux, palpitant l'union des rites et perpétuant la sagesse des mondes, essors en myriades dont parlent les orées, en pluviosité des signes, en pluviosité des ondes, alors que se tressent en parchemins les augures de florales jouvences, dans la préséance de la beauté qui irradie, voilée en son charme déjà libérée des volutes pour instruire la splendeur de l'épanchement, écrin de la sérénité qui vogue, délibère, attise ses serments qui se profilent dans l'espace, chatoyant de nuances sans équivoques toutes les promesses de ce monde, mélodieuse dissémination des heures d'un bonheur absolu qui flamboie l'horizon, haute vague fertile dont les écumes déjà régénèrent les fluviales désinences du Vivant, là, ici, plus loin, comme une caresse, comme une tendresse qui ne s'égarent mais toujours se perpétuent afin d'annoncer la félicité de vivre, haute vague nuptiale, dans l'allitération du terme s'ouvrant sur l'ineffable enchantement de l'existence, en ses formes, en ses genres, en ses constellations, en ses gratitudes, ses inoubliables correspondances, embellis du jour prairial enivrant ses parures aux fins de féconder la terre printanière, ainsi danse le regard qui se déploie, le regard de la Vie, prouesse en ses essences, ses densités, mais aussi en ses charmes auxquels nul de son rang ne peut résister sous peine d'oublier la réalité de son harmonieuse condition d'être, être par ce Chant, être par ce temps, aux racines mêmes de son déploiement, ainsi dans l'azur, prononcé...

Amazone septentrionale

Amazone septentrionale des aubes éclairées, d'ivoire
en chemin aux passementeries de jade, l'histoire nous
est mesure, contemplation du songe, demeure exquise
des limbes florales où s'en viennent, préaux de cimes
diluviennes, les âges de ce temps, esquisses, aux
mânes dionysiaques qui parlent en semis, téméraires,
aux visages de la brume féconde, contemplatives, aux
gréements des sagesses arborées, dans la pluviosité
granitée des temples, aux antiques monuments
solaires divinisés, dans ces éclats du bronze et de
l'acier, alors que les cohortes nimbées de blondeurs
cristallines s'élancent vers ce monde inconnu, un
monde de schistes et de roches éblouies, un monde
d'azur et d'opales, un monde souterrain de quartz
lumineux, un monde d'éther et de féerie, clameur de
mille temples et de mille ouvrages, clameur adulée
reprise en chœur par la batterie des glaives frappant
les lourds tambours de bronze, opiacée mélodieuse
irisant de ses échos les cieux ensoleillés ou volent,
d'un vœu azuréen, les Aigles impériaux, vol glorieux
dans l'assomption du chant voyant la rencontre
fastueuse de peuples jusqu'alors méconnus, ces
peuples de l'ivoire, ces peuples d'obsidienne, ces
peuples magnifiques qui, après les craintes de l'aube,
se dévoilent au delà de la guerre outrancière, une
fraternité nouvelle à voir, inspirant le respect mutuel,
dans la théurgie du feu, de l'eau, de la terre, du vent,
dont les fruits cardinaux se conjuguent afin d'offrir
dans la nue la splendeur d'un chant, chant civilisateur
par essence voyant du cygne la constellation des jours
s'éveiller à la pure Déité, celle du Levant, embrasant
de ses rayons les festives moiteurs de l'énamoure
victorieux, conjonction vitale de l'harmonie en ses
ruisseaux diamantaires, là, ici, plus loin, déjà aux

sentes effeuillées orée de la pulsation de la Vie par toute oriflamme, instance mage dont participent les sages en plénitude, voie revisitée des souffles en roseraies, de florale jouvence la densité de l'autorité souveraine, comblant les lacunes de l'histoire révélée, haute vague du respire chevauchant le dragon impétueux de la Vie, magnifiant d'adresse et de beauté l'avenir qui se tresse, s'ornemente et, dans la simplicité gestuelle de la consomption, s'enhardie, ainsi dans l'azur la mélopée alors que le granit nous parle et que les cieux nous dévoilent la prière de l'instant sacral, alors que l'âme au dessus des eaux, par les Souffles de la terre, perçoit l'immensité de l'avenir et de ses fêtes, au delà de la bestialité des civilisations atrophiées qui dans une distorsion sans fin cherchent à égarer la Vie dans leur tourmente délétère, âge des abysses qui disparaîtront dans l'abîme, car sans avenir sinon celui de la mort qui parade en leur certitude...

De l'Aigle Souverain

Des signes sans errances aux marches de la plénitude, dans l'ascension du Verbe, de ses fêtes et de ses joies, s'en viennent comme les flots les sables blonds des routes maritimes, là où se tressent l'ivoire, le palissandre et les fraîches cargaisons des sérails diluviens, mânes à propos des orichalques qui s'illuminent aux fantaisies des ors tumultueux, de racines en racines, hâlant de brumes opiacées les senteurs du santal, alors qu'en la ville promontoire, d'esquifs en esquifs, de barques en barques, de nefs en nefs, à la ressemblance des pensées volatiles, se tient, villégiature, l'Aigle souverain, dominant de son regard cimes et abîmes, vallées et forets, sentes et routes parcheminées d'ivresse, afin d'initier le temps, ce temps qui passe et ne se retient, ce temps vif et sûr, distant dans la distorsion de ses flux, de ses aubades, de ses clartés comme de ses renommées, temps du corps exploré, temps de l'esprit révélé, temps de l'âme éveillée, temps de l'unité retrouvée, cycles en parousie des sérails divins, qu'anachorètes les flots solaires abreuvent, étanchant la soif de la Vie, intarissable, opiniâtre, invincible malgré sa ductilité, ses égarements, ses appréhensions, ses développements fugaces, ses certitudes comme ses reniement, toutes notes musicales s'élançant par les sphères pour conter en accords une architecture éblouie ou bien aphone, selon le liant qui compose, architectonie du vivant qui se déploie sur l'horizon, mesure précise et limpide de ces lendemains à naître, perception, condition, volition, ordonnance, voies ouvertes sur la pérennité sous condition de concordance entre le potentiel de transcendance que chacun porte en lui et l'immanence majestueuse, inconditionnelle, qui navigue au delà des fatuités, de l'orgueil, du mépris, du paraître, au delà de ces conjonctions qui ressortent de l'incapacité à être, immanence naturelle et féconde dissipant les doutes, les malentendus, les circonspections, toutes fosses maritimes où les plus belles nefs ont succombé, fosses sans écrins que le paraître emporte en ses limbes initiées, que le vivant exclu afin de répondre à l'entendement de la Vie et de son azur souverain, ainsi alors que l'ivoire sur le promontoire des temps stigmatise le cristal du regard de l'Aigle invincible, qui, après avoir pris mesure de la condition vivante en son lieu, mesure l'aune du travail à sans cesse reconsidérer et déjà d'un vol rayonnant, s'élance vers l'immensité afin de gréer cette réalité...

Joie féconde

Dans la joie féconde des lys avenues, dans les fêtes en répons des algues blondes en semis, dans la profusion des rythmes qui s'éveillent, où se trouvent la beauté réjouie de l'amour, où s'en viennent les équipages de fières harmonies, où se retrouvent les fastes de la sagesse composée et ses étreintes déployées, ainsi navigue le Chant, haute œuvre chamarrée des écrins divins où, diamantaire, ruisselle l'éternité, sérail lui même de vaste mélopée, du vivant l'ambre et la fertilité, composition haute en couleur dont les vagues aux houles gracieuses s'éperdent sur les fronts de l'Océan, là où le feu jaillie la renommée, cette halte, alcôve des rives effeuillées, des passementeries adulées l'ornementation, déjà cil des parures, musc des âmes légères, des esprits éclairés, des corps exondés, pertinence de l'aube, sans masques sur l'horizon levant ce fanion de l'immensité pour en comprendre la course et sa raison, l'Amour, toujours triomphant par les prairies et les valons, les forêts et les cimes enneigées, de corolles en émois apprivoisant le grenat et ses sources, toujours vivifié dans la splendeur qui s'épanche, mage éloquence au Temple du Vivant, diaphane clarté dans les opiacées qui rives vont infortunes, alors qu'il leur suffirait d'être tout simplement, être pour tous les êtres dans le firmament ébloui du partage d'être, complémentaire désinence de la luminosité dont les fractales conjonctions viennent l'incandescence de la joie fertile, joie souveraine, limpide et majestueuse trouvant de nefs en nefs, d'esquifs en esquifs, pluralité des signes à midi, le chemin de l'éblouissement, danse sans naufrage, danse harmonique levant des pierreries une architectonie sublime où se tressent l'immortalité du Vivant, en ses affluents comme en ses Océans, à naître et renaître inépuisablement...

Aux rives anachorètes

Aux rives anachorètes des pluviosités natives, des souches nées à profusion, qu'irise le moment des âges et de leurs feux, se tient le lieu, lac de fortune où la mémoire devise, azur et certitude, grandeur et innocence, toutes voies connues qui réalisent ce seuil victorieux qui ne se souci de dépendance, d'anachronisme, de bellicisme, un lieu vivant dont les marches vont la plénitude, un lieu de firmament éclos dont les souveraines densités, exquises, lentement s'interpénètrent afin de signifier l'avenir, sa parole, l'exacte ascension de la parure de vivre, conscience, propos, contemplation, lumineuse action éployant ses ailes dans un chant adulé que l'iris prie, dessein des ivoires aux latitudes légères, vespérales effeuillées des brumes natives où se fécondent l'insouciance et la rêverie, bucoliques antiennes des caducées ornementant les frontons des temples, ceux encore debout, qui ne se plient aux règles dévoyées du mensonge et de ses liens, qui ne s'éperdent dans l'onirisme et son impuissance, parures sans masques devant ces livres des règnes qui ne se contemplent mais bien au contraire dans les fractales désinences devisent l'orientation des chants, l'invention des hymnes, la coordination des mélodieuses architectonies qui brillent mille feux de leurs azurs constellés, diadèmes de pierreries rares ouvrant sur l'horizon des féeries splendides où, concentration de l'éternité, le rêve et le songe s'entremêlent pour offrir au passant, voyant des âges souverains, le chemin d'une navigation fertile, ouvragée et sublime, de la création le couronnement nuptial qui s'épanche, haute vague du divin, de l'éloquence le raffinement, la suavité, la perfection qui assistent une maïeutique ordonnée et claire, fleuve limpide baignant ses rives des myosotis de la pensée volontaire qui, tel un cheval fougueux assagi, lentement mais sûrement éclaire de sa voix la voie triomphale menant vers ce pouvoir d'être tout simplement, naturellement, pouvoir impérial s'il en fut de plus noble et caractérisé, devisant l'avance et la retenue des flots vifs qui se déploient, par delà les ombrages, les abîmes, les moires aisances, afin d'initier du Verbe l'âme conquérante, sacre de l'Humain en ce lieu et par les temps.

Le Vivant inexpugnable

Desseins des âmes de la nue aux rives portuaires de l'élan sacral, s'en viennent le firmament, l'exonde formalité des règnes, dans la pénétration des songes, l'écume du rêve, au delà des opiacées désenchantées des ruissellements hâtifs, des semis de moires aisances qui s'effeuillent et s'adressent vertiges sans lendemain, toujours plus loin pour reconnaître le Chant en sa majesté, son origine, ce fruit majeur qui ne s'ignore, dont la volonté lentement mûrie l'ascension de la splendeur, nativité féconde des oasis qui s'interpénètrent, s'enhardissent, disposent et proposent l'appropriation d'une rive nouvelle à voir, incluse en ce sérail qui se déploie, s'irise, dans la perfection mesure de l'hymne qui gravite toutes faces, tous genres, toutes épopées, du miel la source les raisons qui s'incarnent, s'ennoblissent, se perpétuent, et là, densités exquises, témoignent, de l'œuvre en cycle le berceau des roses, l'émotion solaire, le chatoiement des vagues cristallines, préhension, compréhension, tumulte balbutié dont les ornementations fractales guident le chant, aux ramures du quartz, de l'obsidienne, du jade, dans l'âge fertile qui devise, s'initie, explose de couleurs, gravitant sans perturbation les gréements des vents antiques et ceux du renouveau qui parlent dans les mémoires ataviques, de longs frissons de règnes, épures de civilisations qui ne se détruisent, épures qui ne se sacrent dans la perversion et la reptation des sources aveugles qui parasitent les mondes et dont les mondes s'emparent pour en destituer l'ombre malsaine, la Nature en leurs flots gravitant l'harmonie souveraine, cette harmonie perdue aux pléiades infidèles qui s'incarnent mépris de la Vie, et auxquels la Vie, dans sa puissance innée rend l'indéfinition dont ils sont paraître, paraître d'indigents séculiers, bâtissant des remparts pour combler leur atrophie, sur ce sable du néant qu'ils incarnent et délibèrent, épiphénomènes qui ne dureront que le temps de l'oubli, la Vie en ses armoiries splendides levant ses oriflammes pour azurer ses temples dans un déferlement ininterrompue que rien ne peut contrarier, ni la bassesse, ni le mensonge, ni la cupidité, ni l'avarice, ni les fantasmes, ni la perversité, notions absurdes dans cette explosion de vitalité qui sacre le Vivant, l'oriente et fonde son invincibilité spirituelle, dans les degrés de ces temporalités qui sont apprentissages, levant des âges qui ne s'immolent mais bien au contraire fulgurent la désinence de l'Eternité vers laquelle tend le Vivant inexpugnable...

Vagues en semis

Vagues antiques qui nous viennent, vagues de houles sans repos affermissant les âges, vagues toujours renouvelées, voyantes de l'Histoire, de ses reflets, de ses appétences d'embruns et de roches cristallines, déployés dans le mystère des espaces et des temps, ceux de l'imaginal, ceux de la raison, saisons des prismatiques devises vivantes qui affluent, se coordonnent, s'épanchent, et dans la moisson des mondes se fécondent pour ouvrir un chemin nuptial au milieu du chaos avide, de ces semis qui prennent racines et dans la litanie des heures prononcent leurs errances, où d'autres encore fondent l'universelle grandeur, respire en œuvre des nuanciers éveillés qui parlent de la mesure d'être et essaimer, qui vont ce tourbillon de l'infiniment petit à l'infiniment grand, du microcosme au macrocosme rénover la perception, l'enhardir et dans la semence de la Déité offrir cette nuptiale densité de la Vie, là, ici, plus loin, toujours déployée, étendard sacré de la pluviosité des genres délibérant matriciel le devenir puisatier, sans égarement, allant la conjonction des mondes, ce frisson d'une route lumineuse parmi les ombres, cet éclair densifié parmi les feux follets de la conscience, gravissant les cimes pour en éperdre les abîmes, dans un envol glorieux statuant le merveilleux aux portiques du néant, éclair souverain désignant l'ascension à naître, la splendeur à vivre, par delà les sépales trahis de la faiblesse et de ses abysses incontrôlés, ces miroirs du vide qui se répercutent dans l'infini, aux fins d'œuvrer l'incommensurable absence, cette absence de la Vie, de ses prouesses, de ses vertiges, de ses conquêtes, de ses souffles et de ses répons, vide combattu, vide éprouvé que la Vie regardera comme sentence de l'oubli en son sein, insigne qui se dévoile, se partage, parfois s'exhausse, voyant en ce cri la dégénérescence s'installer, le Naufrage invectiver, la nature même en conflit s'opiacer, toutes faces sans consistances qui s'effondrent dans un cri souterrain où la nanification se prosterne et exulte, partage en cela de la reptation de l'immolation, sans sursis de l'onde victorieuse qui s'éploie, majeure, libre des sens s'effeuillant de ces scories pour annoncer le prélude de la Vie en ses officiantes mesures qui naissent de l'équilibre harmonieux, prélude pour un sacre qui ne se sursoit ni ne s'attend, prélude qui à la ressemblance de la vague azuréenne, lentement, vigoureusement, étanche la soif des terres à vivre et féconder, tel en ce lieu, notre Terre, notre Chant, prélude du sacre du Chant de la Vie harmonieuse...

En floralies

En floralies, ces verbes de la nue, dans l'excellence et par les feux sacrés des antiques vertus, toujours renouvelés, fastes que l'ivoire exonde dans la pluviosité nacrée des âmes éveillées, alors qu'en cycle de parousie se tiennent les cils de la beauté incarnant la nature profonde des serments, ces azurs prononcés, sépales des roseraies adamantes que l'incarnat des flots distille dans une mansuétude glorieuse, sans artifices, sans ces pièces rapportées qui fustigent le passé comme le présent, passementeries sans lendemain que le solstice apprivoise pour en signifier les seules parures et non les fresques condamnées, hier encore, ce jour stériles, alors que se dresse l'immensité, l'horizon limpide, la voie inexpugnable, l'énergie flamboyant tout mystère comme tout secret, là, ici, plus loin, en tempérance comme en gravité, en ordonnance comme en joie, immortelles incandescences qui ne se réduisent mais par-delà les vagues, les tempêtes, les éclairs, résistent à la destruction comme l'immolation, l'autorité du chant veillant sur leur épanouissement, cette autorité supérieure prédestinant, accomplissant, sans jamais se lasser, car hors du temps comme de l'espace, apprivoisant, instillant, assignant, délibérant et suggérant, la splendeur sans équivoque qui du corps, qui de l'esprit, qui de l'âme, toujours de l'Unité symbiotique, principe inaltérable, inaliénable, en condition de toutes conditions dans ce flot de la Vie allant vers la Vie, par la Vie, en sentes d'alluvions, en rus ornementés, en ruisseaux éparpillés, en fleuves gréés, par les mers et les Océans, délivrer la plénitude sans repos, la candeur azuréenne des écheveaux dont les fresques sont enchantements, désinences des pluies d'or, des algues en semis, aux préaux des règnes qui s'enfantent, et dans la fabuleuse ascension vivante explosent noosphère l'immortalité du chant, ramifications de couleurs ardentes, de votives allégresses, de tendres épanchements, myriades éblouies qui accomplissent, myriades évanescentes et chamarrées dont les mélodieuses conjonctions vont vers ces cieux déployés que l'enfant, là, en ce lieu de semis, regarde, voyant de ce monde le monde à naître, l'univers accompli que la cécité des heures oublie, l'univers fabuleux et fastueux du destin Humain en ce jour à éveiller...

Hymne pur de la Vie

Des passementeries hivernales, hier encore, aux limpides azurs de l'été, s'en viennent les saisons dans leurs écumes solsticiaux, œuvres de parures et de joies, d'ardeur et d'amour, œuvres toujours renouvelées dans la perfection des âmes sous la nue, dans l'astre séjour de l'incantation mobile des arcanes de lumière qui baignent les sens d'une aventure joyeuse et sereine, cette aventure de la Vie ouverte sur la Voie, citadelle du songe comme du rêve en sérail du réel et de ses harmonies profondes, ses réjouissances et ses nectars, fêtes du Vivant, là, ici, plus loin dans les semis de l'œuvre en conjonction, dans les sentes des respires féconds, dans les fruits diluviens qui viennent de rythmes en rythmes les stances à Midi des fenaisons et des horizons de splendeurs, de ceux que le faste n'atteint, car le faste lui-même qui ne s'ébauche, ne se consacre, mais se conjoint et s'éblouie, force de la vague qui ruisselle ses clameurs d'Or et de beauté, dont les signes exondes sont préhension des univers à propos, mansuétudes des règnes qui ne sont ivraies, qui ne sont moires aisances, qui au-delà de ces avatars sont palpitations des cœurs en écrins, de ces cœurs qui battent à l'unisson l'irradiation de la plénitude et de ses œuvres, danses au séjour profond, désigné dans la pluie des âges qui ruissellent le firmament, évocation des mondes et constellation des stances, de celles qui fulgurent la pénétration des ondes, dans une concaténation dont la féerie enseigne le divin, Art de plus vaste flamboiement sans égarement élevant ses ramures vers les cieux, un regard sur la terre, dans la frénésie des eaux qui s'enchantent, dans la beauté des vents qui s'enivrent, suivant la route de ce cygne qui vole l'immensité, ce cygne de la pure harmonie qui ne se désigne mais se prend et se façonne pour ouvrir les esprits et les sens à la communion, communion des temps, communion des espaces qui se dévoilent et sans interruption se coordonnent pour d'une fraîcheur suave désigner le moment fractal permettant à chacun de s'initier à la destinée de l'épanchement, cette destinée devisée qui s'irise d'une oriflamme sacrée, celle de l'Universalité, au-delà des remparts de l'incertitude, au-delà des abnégations et des inerties qui estompent le réel pour formaliser le virtuel, au-delà de ces voix sans paroles qui ne gréent que le silence, alors que l'hymne de l'accomplissement surgit et vie s'éploie dans une désinence sacrée qui enfante ce monde, éclos de ses ramures les portiques des temples de ses azurs souverains, de ceux qui baignent la clarté de l'aube, la tendresse à Midi, l'épanouie de la nuit, de ceux qui chantent et enchantent le préau de l'Humain, en rives de leurs feux, en rives de leurs luminosités, en rives et déjà partage dans la nef qui les conduit vers ce prestigieux essor, qui est l'essor de chaque Etre Humain, en viduité permanente de la rencontre de l'immanence, transcendance, lieu de toute révélation dont le Chant est Hymne pur de la Vie...

Embrun fertile

Embrun fertile des âmes sous le vent, des souvenirs puisatiers nous viennent en semis, protocoles de l'ivre fenaison aux draperies lourdes de promesses, prophéties des âges qui ne se renient, guident le serment des sources vagabondes, des fleuves solidaires, des Océans sans larmes qui demeurent, périples, danses dans la nue des oasis inscrits dans la parole du sourire, cette ornementation de nos songes sans égarements, cette fractale indivise du déploiement qui fête le vivant, mesure d'aube aux couchants des règnes adventices, de ceux qui vont et viennent dans des palabres sans lendemain puis disparaissent alors que la saison, cette saison lumineuse dont nous inscrivons l'ascension, s'enchante de l'amour, l'amour de l'Etre, aimé si désiré, dans l'accomplissement du chant, volition de ce don inaltérable, celui de la vie à la vie, qui tel le ressac jamais ne se lasse, découvrant le renouvellement de toutes faces de lumière du regard qui se déploie, ivre, libre, tel l'oiseau lyre conte d'azurs merveilleux qui enseignent la beauté, le mystère de la pénétration des vagues, la splendeur solaire de l'horizon, et la douceur amazone du bonheur, le bonheur d'un instant toujours conté, là aux veillées près du feu cendré embellissant de ses flammèches le quartz des étoiles, la pureté cristalline des neiges ancestrales, ici, dans le creuset des rivages d'opales et de grenats, l'éblouissant sevrage des sables d'or aux blondeurs épicées, plus loin, dans l'écheveau des brumes baignant les flancs des cimes, le secret de l'écrin de toute temporalité révélée, l'amour de la vie, tandis qu'au loin résonnent les lourds tambours de bronze appelant à la prière des plus beaux jours, que rejoignent les Etres de ce chant, en leurs vêtures de safran, nus de l'heure vérité, somptueux aux romarins des cieux qui pleuvent sur leur chair le miel d'un respire, qui chantent dans leur cœur la béatitude noble de l'harmonie, qui vont stances en leur âme les mélodieuses architectonies du réel, hautes vagues en la pluie des silences, puissances telluriques qui marbrent de leurs écrins les signes du destin, par delà la gravitation, déjà de pure jouvence la route féconde de l'enseignement d'Etre, debout, fidèle, ouvert, limpide et aussi impénétrable, tel l'Aigle souverain qui scrute ce paysage sans mystères, ce paysage de la Vie où le sommeil l'emporte encore sur l'éveil, alors qu'en florales densités exondes se révèle le rubis de cette aube visitée, le Diamant Foudre, qui en chacun de nous veille imperturbablement afin d'équilibrer les mondes du vivant.

Insistance du verbe

Insistance du verbe, des écrins en fêtes sous le vent, tu vas ce chemin blond de rives anachorètes, ramures de cils imperturbables où s'en viennent comme des promesses, ces confidences électives. Tu me parles d'un séjour, là-bas, en cette orée du miel de la vie, ces grands embrasements silencieux qui vont de siècles en siècles épouser la nature féconde des âmes immortelles, levant d'étoiles et d'oriflammes. Et nos cœurs en semis, composition de vagues amazones s'éperdent en cette embellie qui sacre nos corps unis, là, plus loin, dans ce secret épanouissement qui frappe nos esprits d'une joie commune que rien ne peut défaire, car déjà dans le temps comme dans l'espace, développant leurs racines pour retrouver l'inaltérable déité. Flamboiement sans devise, sinon celle de l'argument, nous invite parade nuptiale, et nos yeux clairs s'y émerveillent, dans la prouesse de l'inéluctable devenir qui frappe à la porte de nos consciences, suavité des heures qui se confondent, s'opacifient, et dans lesquelles se prononce pour les uns la douleur, pour les autres le bonheur. Ivoire de la perception qui enchante, toujours frissonne cette réalité dont la densité n'est plus qu'exquise moisson des chants, celle dont nous œuvrons l'immortelle randonnée, où l'imperfection s'immole, où la beauté exulte, terrassant l'insolence, le paraître, la nature de ce superficiel qui est le propre des êtres vides, sans demeures, sans espoirs, sans cette voie qui anime et s'anime dans le mystère, cette ombre de lumière qui parfois réveille l'éternité. L'éternité qui s'engage, l'éternité qui témoigne, l'éternité qui fidélise.

Visiteur du chant

Visiteur du chant, en ses promesses, ses azurs, et ses
fêtes votives, j'allai ce flot, gravitant des citadelles
déployées, des candeurs adulées, des clameurs
explorées, et dans le flux et le reflux des vagues,
j'initiai des temples en semis, libre dessein des âmes
de la nue, vie du signe qui s'exonde, pluviosité du
granit, enchantement du vœu, où le cil est stance, la
vision horizon, par-delà les ramures opiacées des
appartenances, les pâleurs monotones, les
épanchements stériles, toutes voies en nombre dont
les déséquilibres ne sont enfantement, toutes voies en
rives qui dérivent les imperfections des songes et des
rêves, dont le réel affirmé n'a besoin, car dans sa
densité éclose correspondance sans détresse de
l'univers et de sa portée, enseignement de vivre...

Des âmes

Des âmes de la pluie, des vagues d'azur sous le vent,
et des flots solaires, qui s'en viennent, libre assaut des
rives de ce temps, de ses ornementales pudeurs, de
ses rescrits ataviques, rouages des âges aux
pluviosités de granit, nous y sommes, nous en
sommes, dans la quiétude féerique des navigations
stellaires, voyageurs des sites qui irradient la
perfection, exposent la perception, et dans l'aventure
malléable, toujours malléable, isthmes des pensées
anachorètes, tisserands de vastes voiles aux chants
d'amour, aux rires fervents, aux inextinguibles
sourires qui nous sont paroles d'osmose, de symbiose
parfois, alors que l'immensité parachève l'harmonie
d'un cycle libre d'opiacée, d'un cycle ivre de joie
talismanique, œuvre de l'hymne, prétoire sans
confusion, déroulant des abysses les serments des
cimes à atteindre, chevauchant le ponant à grand
bruit, là, ici, plus loin, mesure merveilleuse de l'action
qui ne gémit, qui ne se plaint, qui par delà les abîmes
enchante le vol des esprits, au dessus des eaux,
foulant la sphère gravitée avec ce regard impérial qui
destine à l'éveil là où s'endorment les plus belles
déités, là où se mêlent et s'emmêlent les rives
précieuses pour se disparaître dans un anti monde
duquel il convient de faire revenir tous les égarés, tant
d'êtres en semis fauchés par l'errance, tant d'êtres
sans paroles, dans la naïveté de l'accroire, brutes
spirituelles inféodés, barbares culturels insignifiants,
pléiades corporelles indifférenciées se conjuguant dans
l'abstraction, tant d'êtres déracinés, irréfléchis et
immatures, que le règne devise leur pénétrable
ascension, leur ouverture vers ce levant, cette
annonciation des mondes qui passent devant eux sans
seulement qu'ils pensent leur existence, architecture

transcendée où l'ivoire opale d'un serment la nef du
sérail adulé, qu'il suffit de leur désigner pour qu'enfin
le regard voilé se décille, lentement s'ouvre à la réalité,
et transforme leur cœur de pierre en oasis de Vie, Agir
ces semis qui viennent dans la tempérance du
bonheur, dans l'adulation du don, et de par cette
offrande à la Vie, la Vie elle même ruisselant d'eaux
vives les terres infertiles, desséchant les marais,
alimentant de son onde fantastique tout ce qui est
statique comme tout ce qui se meut, danse mystique
des ornementations fractales qui devisent l'Eternité et
ses symboles dont le plus parfait témoigne, là dans
cette cathédrale de la beauté, l'Etre debout accompli
qui communie toutes faces des Univers, répons
intense, hymne souverain évacuant ces tempêtes nées
de la génuflexion tribale, du masochisme
irresponsable, de cette incongruité qui devient
intransigeance, qu'il convient d'édulcorer en ses
propres valeurs sans lendemain, insigne du chant qui
parcours leurs rivages, veilleur des temps et des
ordres de ces temps qui cherchent ce chemin de
lumière, là, ici, devant leurs yeux qui ne voient pas,
aveuglés qu'ils sont par l'inutile royaume de leur
conjonction, ainsi et par ce chant la nidation du
devenir !

Hymnes

Où s'en viennent de nobles promesses, des azurs certains, et baignant en ces latitudes moirées la présence diurne des féeries nuptiales, nous irons, équipages du vivant, clameur de la pluie, du vent et du soleil, vaillants guerriers des rives de l'Univers, dans la moiteur féconde de la joie, impérieux des ambres parfums des mystères éclos, et nos âmes et nos cœurs, dans la perfectible désinence des vagues, joyaux des âges de la nue, nous nagerons la perfectible avance des horizons limpides, là bas, nidation de nos puissances, de nos éclairs, de nos étreintes, de ces forces qui sont parures festives de nos corps, enchantement du sort après les rêveries humides, les songes liquides, les tempêtes et les équinoxes de la candeur diaphane, toutes voies en fenaisons nous drapant de ce serment fertile, toutes joies en parfums nous guidant vers ces renouveaux qui scintillent les blondeurs d'un été précoce, là, aux signes festifs du regard de l'aimée, divination des jours à naître heureux, prière de plus vaste songe aux floraisons de l'Orient et de l'Occident accouplés aux vestales puisatières des solstices azuréens, et nos contes en ces rites, sans mystères, nos joies baignant, limpides, des clameurs anachorètes, là, ici, plus loin, se répondant à tire d'aile, tels ces circaètes qui volent de frondaisons en frondaisons à la rencontre de l'eau vive de leur enchantement, jardin secret, nectar parfait, haleine fraîche du Vivant délibérant les songes des nefs cristallines, de celles qui vont vers ces rivages denses où l'émotion s'empare de la raison, où les sens ne se dominent, où les cœurs battent l'unisson d'un verbe en son royaume, dessein de ce Chant qui flamboie ses couleurs, ses roseraies et ses parfums, ses solaires vertus et ses moissons majeures, alors qu'au loin se tresse ce chant de nos équipages, qui se répercute, immense et limpide aux quatre coins de l'horizon, assignant notre devoir d'être par La vie en la vie et pour la Vie, devise sacrée de nos essors et de nos Hymnes !

Enchantement

Enchantement, des formes adulées, renouvelées, messagères de règnes en parcours, cristallins semis des ornementations fractales devisées, enseignes de vaste renom aux pléiades qui voguent sans artifice le secret des vagues antiques, respires sacrés, élevant des tombeaux les florilèges d'un sacre, les serments passés, les ardeurs vécues, toutes ces faces du vivant qui furent et nous interpellent afin de nous conjoindre loin de l'errance et ses déserts, loin des abîmes et leurs folles chevauchées, loin du stérile et ses agrumes sans volonté, tandis qu'au préaux de l'horizon se tressent de multiples chemins, les uns en silence opiacé, les autres en parcours enchevêtré, et d'autres encore monotones d'une illusion, et encore d'autres, multipliés, les uns égarés, les autres rayonnants, les uns sans mystères, les autres symboliques, liens en voûte de parchemins diaphanes, lisibilité des chants sans oubli, des Peuples majestueux qui furent nos pentes et parfois, bien plus souvent nos cimes, tant la frénésie du jour nous démontre l'inanité d'une victoire sur le surfait, l'apparaître, ces formes sans lendemains en nos racines profondes faites de courage, de ténacité, invariants qui furent et qui dans la nuit elle même explosèrent de couleurs motrices alimentant la fierté de chacun, cette fierté interrompue, qui reviendra dans l'Éveil qui ne s'attend, présent en affluents de ces chemins sans dissipation qui se témoignent comme autant de voies adventices, en la Voie et sa plénitude, demie saison des lagunes abyssales où se perdent tout un pan du vivant, atrophié, misérablement attaché à la servitude d'une nanification sans lendemain, celle de l'accroire, du on dit, du non lieu, de la désespérance de la lâcheté, de l'accomplissement de la dévotion, de la rythmique boulimique de la satisfaction, arènes du règne ou sonnent le tocsin de la frivolité, de l'apparat, du vide le plus ténue obérant les sens, ce vide sortilège s'initiant de pure décadence dont les spectres pitoyables s'agenouillent dans la boue putride de la misère qu'ils ont créés, afin d'essorer les moignons qui restent de leur écume vitale pour parfaire leur répugnance, forfaiture sévère qui dans l'antre de ce creuset se félicite, s'entoure, s'affectionne, se congratule, s'innocente, se concerte, et s'embrasse, forfaiture sacrilège qui disparaîtra comme elle est venue lorsque le vent de la Vie, lassé de l'illusion, fatigué du mensonge, de la démesure, dans un flot magnifique éperdra à jamais ces poussières dans le semis des étoiles glorieuses, ces Nations relevant le défi de renaître sur les cendres de la pourriture qui les immolait, gangrène oubliée, moisissure spectrale retournant à la lie qu'elle n'aurait jamais du quitter, ce gouffre de l'incommensurable balbutiement dont l'insolence fut règne, ces jours destitué pour laisser place à la réalité et non à la virtualité, ce champ floral de la Vie, mantisse de toutes les couleurs de l'arc-en-ciel, fondant l'unité symbiotique de ce monde, et non sa déshérence !

Du Vivant

Éloquence du vivant aux marches azurées, divination de vastes songes aux florales jouvences, de l'été précoce les règnes adventices, cœur palpitant des vagues amazones, des antiennes qui ramifient leurs danses secrètes aux ramures des parfums féeriques, nous allons ces précieux couronnements, faunes à midi des rites éployés, la splendeur d'un serment, félicité des joies souveraines, aux nuptiales destinées, conquises, charmées, déjà des rives de ce temps, inscrites dans la pérenne demeure de nos voix qui s'alimentent, ivres de vives dimensions, avançant vers ce nectar des roseraies une offrande aux clameurs adulées, rives des rives effeuillées de nos espoirs et de nos souffles, si contées dans le bruissement des vagues, des houles fières et des aubes talismaniques nous retrouvant ardeur et plénitude, sourire, majesté du sourire qui transcende toute face du vivant en la parure de l'ambroisie et de son sacre, libre évanescence dont le lys horizon ne s'éperd mais toujours se déploie pour enfanter l'avenir de nos cœurs, la pulsation vitale de notre éternité, enchantement, là, ici, toujours renouvelé, dans la profusion de nos amours qui ne se lassent, et qui, de règnes en règnes, voguent vers l'Île majestueuse de nos émois et de nos fêtes, Île de l'Amour au simple nom de devenir, hymne en gravure de nos fertilités adventices, en commune mesure des signes délétères, de ces feux de granit qui vont à la perception rendre le chant victorieux, étonnant message aux clameurs adulées, de celui qui se confond d'ignorance en ses bestiales errances, insigne de la portée des nefs qui se brisent sur les fastes du langage, alors qu'à la proue des navires se tressent les instants de lucidité des mondes en destruction, ces instants fragiles qui marquent de leurs sceaux les équinoxiales demeures, les solsticiaux éblouissement, où l'âme, sans refuge, d'une splendeur azurée, survole des troupeaux, là, ici, plus loin, dans les sphères de l'oubli, du reniement, de l'insalubre déliquescence où se jettent à corps perdu des milliards d'êtres sans lendemain, vivipares de leur propre déchéance, s'adonnant au mirage de la désintégration, dans une folie commune qui engendre toute décrépitude, folie qui de ruisseaux s'épanche en fleuves charriant la mort et ses immondices, gruaux desquels se satisfont les cannibales qui œuvrent ces sillons, alors qu'en la limite se tient le gouffre exponentiel de l'aperception, miroir du songe de ce monde trompé, bafoué, animal, en prosternation et en reptation de ses déjections, dépravation sublime où l'on voit se fonder un pouvoir sur la ruine, cette ruine du vivant, marchant de ci delà dans l'apothéose d'un somnambulisme conditionné, aveugle, sans guide, sans devenir, sans avenir, alors que s'amoncellent les mouroirs de ses racines, de ses pentes défigurées, bafouées, par des chiens errants, chiens de guerre, chiens de festins buboniques, chiens gorgés du sang des victimes autorisées par leur pouvoir de nain, écumes de nos jours où la vie fait retraite de ce pourrissoir légiféré, où chacun survit, tel naufragé, qui de la planche, qui du tonneau, qui de la malle, attendant l'île nouvelle, l'île du renouveau de l'Amour, afin de féconder l'avenir, les uns les autres, devant la coercition, la reptation, le parjure, délaissant cette ivraie à son propre déclin, déclin qui vient en parade, déclin qui sème ses mensonges, profère ses louanges, déclin heureux qui dans sa ruine animale, verra naître l'avenir de la Vie au delà de ses oripeaux...

Vagues épousées

Grandes vagues épousées, des signes alanguis, dans l'abandon du temps, inscrites en ces espaces de parousie, là où la joie, félicité des algues sans repos, s'en vient sans brume, nacrant des ivoires passagers de festifs desseins, haleine fraîche sous l'azur incarné, des temples en semis les cohortes qui se règnent, se confluent, et dans la tresse des vivants se coordonnent pour offrir aux passants, nageurs fertiles, l'énamoure puisatier des horizons phosphorescents, clameurs de navires d'ambre et de nef cristalline, voguant les abysses pour rejoindre ces îles embaumées de parfums solaires, mystères des courants qui se déifient, crêtes de lumière parsemant l'immensité des mers et des océans, telles ces flores éployées aux prairies ardentes qui veillent, veille des pluviosités, veille de la sécheresse, veille des vents porteurs de toute renommée, élytres de faces splendides qui parsèment la beauté des âges en racines, âges sans rupture des silences et des voix qui enseignent leur présence, dans cette nidation frontale dont l'écume souvient la florale demeure, d'un souffle ardent composant le secret écrin des âmes qui gravitent, des corps qui s'éblouissent, des esprits qui resplendissent, de l'unité harmonieuse qui dans sa nudité altière féconde les mondes en son chant, transcendance de la vertu des règnes, allant de sites en sites la beauté des hymnes fluides enseignant l'humilité mais aussi l'ardeur, ce rythme menant tout chemin vers l'accomplissement et la victoire, conscience de toute imprégnation, conscience souveraine irisant de ses gravifiques serments les espaces de l'initiable transformation de la Vie, épure en ce nid d'or dont les affluents se déversent vers ces déserts d'obsidienne, ces plaines de quartz, ces failles de méthane, ces cimes allégoriques de fer, et ces tombes ouvertes emplies de houille, hâlant leurs sites mornes de réverbérations nuptiales afin qu'apparaisse le mouvement, cette définition composante menant vers l'autonomie et sa croissance, de cils en cils, de stances en stances, toujours renouvelant ses étreintes de feu pour ouvrir un passage vers l'azur, azur magnifié dont nous voguons les lys arc-en-ciel, azur profond, diligent et généreux, vers lequel nos yeux adressent des questions, auxquelles il nous sera répondu lorsqu'enfin nous irons, navigateurs au long cours, les pluies d'étoiles, les amas de galaxies, à la rencontre des Univers, îles parmi les îles toujours renouvelées, îles de sérail et de lumière, îles encore par les abysses, délaissant enfin l'incongruité du temps continu, pour apparaître la réalité des temps discontinus, quanta d'énergies statuant ces espaces infinis qui nous seront commune mesure dans le déploiement des hautes vagues humaines qui franchiront ces récifs qui ce jour nous abstraient, scientifiques, culturels, anthropomorphes par errance, récifs circonscrits ouvrant enfin la Voie Humaine à son accomplissement !

Règnes

Règnes qui passent et ne reviennent, règne en corps des félicités adventices, règne de l'esprit qui s'aventure aux marches de la pensée victorieuse, règne de l'Ame, transcendant la vertu pour en signifier le parcours, règne de l'unité retrouvée qui développe ses cristallisations dans l'harmonie conquise, voici la Voie en ses principes par leurs chemins, candeur adulée sans préau votif alimentant le chant, l'hymne espéré, et son chœur dans la magnificence jaillit, une émotion sans troubles, au delà d'une suffisance ce sentiment ineffable d'une appartenance éclose, de l'Absolu indéfinissable, splendeur du site qui ne se conjoint mais s'appartient, demeure qui par delà les expressions des temps comme des espaces expose toute félicité, enseignement de la volition, couronnement du dépassement, naturation de toute construction, apaisement, au delà des samsariques errances des dysfonctions tonales, de ces architectonies brisées qui hurlent par les temps comme les espaces leurs involutions, leurs incapacités à vivre, leurs naufrages cycliques, toutes faces sans lendemain, écheveaux de rives sans écrins qui monopolisent toutes énergies dépendantes, perdues à jamais pour la construction, perdues telles ces houles inachevées qui se brisent sur les récifs, ici les récifs de l'incongruité, de la banalité, de ce crime contre l'intelligence qui sévit, humiliant la beauté pour ne laisser transparaître que la boue servile, l'apparat trompeur, la morbidité et ses instincts, éclairs de la dévitalisation des chants annonçant leur déperdition puis leur disparition, l'écrin temporel ne pouvant gréer ce phasme qui s'idolâtre, ce jour se voulant maître aux racines de cette nef portant la Vie, demain disparue au long cours de la contraction dimensionnelle qu'il provoque, ainsi alors que semblent immuables les structures et les organisations qui s'interpellent, qui, bâties sur le sable de la pensée subsisteront ou disparaîtront, au même titre que l'impuissance dévoyée qui guide vers le néant la Vie en ses ramifications, par ce lieu et par ce temps, ainsi alors que l'Aigle impassible s'envole vers les cimes pour mieux scruter cette aire et en cristalliser la vertu afin qu'elle destitue l'immondice qui la couvre...

Clameur des Oasis

Clameur des oasis, de l'orbe, le cil est vertu des algues fières, épousées des signes à l'enfantement prairial, et la nue en ses vêtures dans la moiteur s'épanche, libre assaut des essors qui baignent en chrysalides cimes et sentes d'un raffinement joyeux, torrentueux respire des voies nouvelles retrouvées aux marches nuptiales gréées, là dans la moisson des buissons aux couleurs d'arc-en-ciel, aux senteurs amazones, dans la pulsion des vagues qui se tressent d'émeraudes vives, emprises fermes de gestuels fauves et incarnés dont les hymnes alimentent les règnes, éloquences d'ivoire et de stances qui se répercutent, s'invitent et sans détour se déploient, de nefs en nefs, de sentes en sentes, voiles effeuillées dévoilant la mature dressée, sous le ciel et dans les terres apurant le cycle des écrins, apaisant les feux antiques, d'un flot jaillissant, et dans le cil de la vertu propice, ambre des âges et tumulte des cœurs, dans l'enivrante perception du don, de ces mesures diaphanes qui confinent à la noblesse, s'élèvent puis s'ouvrent sur l'horizon des chants, toutes stances d'ineffable dessein, atour de la candeur, esprit de la désinence sacrée de l'ultime renommée, du respire l'entité, la gravure sereine qui se conflue, s'évapore, déjà dans l'éloquence s'initie, veille d'avant veille des joies tutélaires qui viendront, celles de la mature destinée, au delà des parfums errants, dans la gravité du songe, dans la préhension du monde qui ne s'opacifie mais bien au contraire, dans sa pure luminosité embelli chaque espace de ce temps conté, devisé, exploré, enseigné, des nefs en rives chant d'équipage, des nefs en règnes demeure nuptiale, splendeur des ondes et nature d'une félicité qui se conjoint jusqu'en l'immortelle épopée, celle des Ames qui ne se quittent, Ames souveraines à jamais bercées par la tendresse adulée de l'Eternité qui veille...

Fêtes

Fêtes renouvelées, toujours en semis, préambules du don qui ne cessent, fêtes en gravures aux effigies diurnes et nocturnes enchantant les rythmes de l'Univers, fêtes toujours, apprivoisant le sens commun de la vitalité, d'aimer en fleuve souverain de l'infiniment petit à l'infiniment grand, sans âge par l'âge épousé, gravitant la joie éveillée d'un soupçon inquiet qui se traduit par la félicité, jeu du sourire jusqu'à l'éclat de rire en flaques énamoures qui ruissellent d'offrandes, initiant cet émerveillement du premier âge, cet accomplissement du dernier âge, félicité, fut-il dit, toujours et encore dans la féerie des ans qui mesurent la présence des Etres aimés, ceux qui sont vos pentes, vos rives, votre devenir, qui de leurs regards emplis d'émotions rendent grâce à ces coutumes de nos voies vivantes, dans la noblesse des croyances, d'une naissance l'incarnat divin, dans l'appartenance aux univers, l'annonce solsticiale téméraire, fruit du chant, opale du verbe qui est stance du réel, stance de la Vie qui éclaire tous les principes de nos hymnes, là, ici, plus loin, dans la perception sereine de l'accomplissement de ses chants, les Etres de ce monde, nature déployée des ondes qui s'enfantent, s'épousent, se ramifient, constellations précieuses dans la mémoire du Temple éternel qui dans l'incantation n'oublie, toujours perdure l'immensité des vagues profondes et libres qui exultent des rameaux verts aux Îles du présent, Îles phares de nos brumes, de nos devises, de nos destinées, de ces puisatières ressources qui s'enseignent au règne de la Vie afin de féconder le devenir, ici en ce lieu, réunies au sein de cette joie commune dépassant l'obligeance du moi afin d'irradier ces autres qui sont nous mêmes au delà de nous mêmes, Etres à chérir en ces fêtes des années qui passent, symboles de perpétuelles renaissances où la seule puissance est celle du don, où la seule densité est celle de la Vie, instances gravitées dont on voudrait voir chaque jour, chaque heure comme chaque seconde l'éternité devisée par chacun, en ce lieu, en ce temps, où la Vie nous inscrit...

Initiative Culturelle

Mutation

Il n'y avait plus place pour la parole, plus place pour l'action, plus place pour le devenir, dans ce monde narcissique, épousé de sa propre forme informe, un feu y couvait, n'ayant d'autres préambules que ceux de se voir libéré afin de se confronter avec cette léthargie couvrant de ses oriflammes toutes surfaces en viduité, un feu rayonnant, austère et conquérant que rien ne saurait défaillir, tant sa graduation naissait l'expression de la Vie dans son inaltérable densité ! Au-delà de la virtualité comme du factice nés de l'atrophie, cette force prenait mesure du déploiement de l'inconditionné, de cette boue saumâtre en laquelle les sons des chaînes se répercutaient à l'infini dans une forme étrange, née de toute larvaire demeure, fosse où des reptiles assoiffés se conditionnaient pour se nourrir du sang des êtres, ce sang avili et dégénéré par l'immondice et ses cohortes dont les grands prêtres attisaient la haine, haine de la Vie, haine de la Joie, haine de la Grandeur, haine née de leur cruauté bestiale et pandémique se lovant dans un fascinant mirage, celui d'une unité barbare ! Il y avait là mesure du combat à vivre et forger, mesure inexpugnable qui se devait pour libérer de ces entraves les Etres de ce temps et de ce chant, des êtres informes rivés à la demeure de Thanatos, esclaves d'orgiaques affinités qui n'avaient de devenir que la poussière des songes. Monde figé, monde barbare, monde atrophié, il était temps de sortir de la fange son écume, sa pluralité et son exacte ascension ! Ivoire, la nue couvant la cendre, l'affrontement s'évertuait déjà, des souches profondes, reflets de la force civilisatrice les prémisses ! Insigne de la parole de l'acte qui ne se régit mais se renforce de voix en voix dans la plénitude de l'assomption, dans un accord sans failles ! Témoignage, de chaque cité, de chaque horizon, de chaque sillon, l'aristocrate détermination, délivrant la nue de son langage de Babel, nocturne errance n'ayant d'autre but que l'annihilation de l'identité par toutes faces ! La résurgence était là ! Reprise en chœur, marche en avant d'une contraction dimensionnelle souveraine permettant de rétablir la Vie dans son principe et sa splendeur, et réduire à néant les prévarications de tous bords des prédateurs. Vaincre pour vivre ! Cette devise s'emparait de tout existant, en chaque lieu, en chaque temps, en chaque considération du Vivant, et dans le jour éclatant, vit son exaltant message opérer sur toutes surfaces de ce monde, dans une précision organique noyant à jamais les confluents et les affluents de thanatos, dans ce lieu, leur précipice et leur dessein ! Combat titanesque, combat de la faim, combat du désir de vivre contre les dévoreurs et les sangsues de la liberté, combat en tous lieux, en tous regards, en toute identité pour faire renaître la fleur immaculée de la Vie par tous chemins de ce monde hier perdu, délaissé à la barbarie et ses fauves sanguinaires, ces glauques bubons inondant de leurs menstrues les prairies alertes et vives, fauchées hier par le joug du délire et de ses compassions, ce jour renaissantes, majestueuses et signifiantes par-delà l'inconscience putride et ses préaux d'esclaves ! Le sang parlait au sang, le sang de la Vie combattait le sang de l'atrophie, lavant ce monde de ses charniers, de ses lâchetés, de ses horreurs sans noms prononcées par le seul véhicule d'une pensée unique témoignant sa cruauté sur toutes faces vivantes, cruauté infâme, étourdissante, voyant les êtres relégués à de simples entités vouées à la dérision du nanisme individuel et collectif, nanisme intellectuel, nanisme économique, nanisme larvaire où avait disparu toute volonté d'Etre, toute force de vivre, asservissement total voué au fer et au joug de l'esclavage consenti de la naissance à la mort légiférées ! Ce monde s'éveillait enfin à sa joie pour rendre grâce à la Vie, et œuvrer dans le sens de la Vie, marche somptuaire de Peuples Vivants, d'Etres Vivants, en marche d'une unité respectueuse et inconditionnelle, marche vers cette luminosité de la Vie, jusqu'alors broyée par les chaînes scientifiques, politiques, eugénistes, toutes dévouées à la dérision du Vivant, en supports de l'inimaginable, le mensonge accouplé à la cruauté et à la bestialité ! Devises de ces essors d'hier, contraignant l'Etre au non-être, les Peuples à la disparition, les Identités à la poussière, les existants à la désintégration, toutes devises ce jour vitrifiées par cette force purificatrice de la volonté des Etres de ce temps, assignant le devenir de l'Etre en la Vie et non dans la mort ! La mutation était réalisée, cette mutation transparaissant l'infini et non la poussière d'hier, une mutation permettant à chaque Etre de ce monde de se regarder en face et non plus sous le voile de l'ignominie et de ses rives complaisantes, la trahison, la reptation, l'assujettissement, fourvoiement de chaque individu hier, enfin libéré de ces carcans délaissant à la rive les prédateurs et leurs scories, dans leur atrophie mentale et leur perversité consciente ou inconsciente, afin de dresser sur chaque surface de ce monde un respire de Lumière, transcendant l'Universalité en chaque demeure pour l'ouvrir à l'Absolu, vague profonde lavant à jamais les terres de l'abîme insoutenable vers lequel les guidaient ces êtres du néant ne pouvant concevoir un seul instant la Vie en dehors de leur propre narcissisme subjectif, la Vie qui ce jour enfin libérée se déploie par la densité des espaces et vogue sa fertilité dans l'Eternité...

2040

Disait-il :

"Où l'univers s'accomplit, en son règne de justice,
déployant ses oriflammes par toutes faces de son
chant, se tient le lien indéfectible de la renaissance.
Splendeur des temps qui furent exondant les scories
des siècles, ces limons infertiles charriés par les laves
du venin, hier encore paradant sur les décombres des
civilisations, ce jour poussière devant le solstice
éveillant la majesté des mondes, des floralies
épousées, des identités retrouvées balayant les feuilles
mortes de leurs plages azurées, hybrides enseignes
dénaturées hurlant leur sauvagerie dans
l'immobilisme du néant, vagues en reflux migrant
leurs contes renouvelés par le courage des enfants de
leur terre labourant un devenir, n'ayant d'autre
volonté, non pas celle de l'espérance, mais de la
conquête de leur chant! Insigne conquête trépanant la
bestialité de leurs roitelets d'antan les consumant la
veille dans la misère et la famine, ainsi alors que
l'écume se déploie voyant la fin de race de la non race,
cette lèpre aux pustules exacerbées envenimant tout
sur son passage, glauque bubon, ivre de mensonge, de
duperie, d'hypocrisie, aux miasmes délétères
s'imaginant dominant alors qu'il n'était esclave que de
sa propre perversion, perversion qu'il croyait synthèse
alors qu'elle n'était qu'antithèse, basse fosse de l'oubli
de la vie, de la beauté, beauté des cœurs, des Etres,
des Ethnies, des Peuples, des Races, de l'Humanité,
spoliée par son joug de terreur inspiré par sa propre
terreur de lui même, si tant l'atrophie son exaltant
sevrage, atrophie des sens, atrophie du cœur, atrophie
se pavanant comme un drapeau sur toutes faces,
atrophie s'enchantant de la mort, sa seule source

ignoble de jouissance, et à sa ressemblance face de la mort elle même, cristallisation de bubons gémellaires s'agglomérant dans un désir de destruction commun, celui de la Vie! Pauvres hères cherchant à mutiler l'esprit de la Vie, sans comprendre un seul instant que la Vie n'appartient pas, que sa liberté ne s'ordonne pas, que sa beauté ne s'épuise pas, ne s'encadre pas, pauvres hères se lamentant dans leur œuvre de mort de la réponse déjà ordonnée de la Vie qui tel un tsunami d'une ampleur inconnue les engloutit à jamais, laissant de ruines leurs constructions de mort, leurs idoles perverses, leurs prières amères, leurs désirs bestiaux, tsunami fertile, tsunami fantastique voyant en ces mondes se réveiller la lumière cristalline de chaque Etre, de chaque Ethnie, de chaque Peuple, de chaque Race, de l'Humanité, qui associées ont broyé à jamais la folie des hères de ces temps s'imaginant des sages alors qu'ils n'étaient que des pleutres, toute tentative de mise en esclavage n'étant que le reflet de la folie dimensionnelle qui habite l'être qui l'enfante! Etre atrophié ce jour relégué dans ses chaînes qu'il voulait mettre aux pieds des enfants multiples de la Terre, ces Enfants ce jour resplendissant leur Identité, magnifiés en leur Race, révélés en leur Peuple, désignant le destin de l'harmonie en leur fierté d'Etre retrouvée, cette fierté respectueuse d'autrui, leur montrant le chemin parcouru, leur émancipation du carcan qu'on voulait leur imposer, par la destitution systématique des potentats, des roitelets, des présidents de pacotille s'engraissant sur le dos des peuples, ivres d'un pouvoir masqué sous les leurres de la démocratie, nefs de toutes les dictatures ce jour broyées par les Peuples conquérants leur Liberté, assainissant les écuries d'Augias de chacun de leur pays pour en éradiquer les miasmes et les parasites, au niveau international en détruisant les tours de Babel construites par les prébendiers de la dictature, ce jour réfugiés dans leurs cabinets noirs où la mort parade, pauvres êtres ignorants de la Vie, chiendent de l'Humanité dont la rébellion magistrale destitue la puanteur chronique, celle de l'asservissement allié au pillage, pillage des cultures, pillage de l'intelligence, pillage ancré dans le mensonge, ce jour visible aux pleins feux de la résurrection internationale des Peuples enfin libérés de l'enfer organisé, de ce camp de concentration ignoble où la sauvagerie avait remplacé l'humanité! Sauvagerie déguisée sous les hospices d'un humanisme de parade, dont les fondements sont l'inhumanité la plus globale : destruction de la vie, euthanasie, résorption de l'être humain dans le creuset de l'ignorance ouvrant la voie de l'esclavage total ! Civilisation de mort détruite par la Vie ! Et le sage jette un regard en arrière, sur ce milliard de morts, vivants ayant donné leur Vie pour que vive la Vie, et dans la question qui se pose sur le charnier Humain organisé par la dictature, honore ces héros qui ont su combattre les hordes des chiens de guerre et les détruire, cette panoplie militaire, caricature des armées nationales qui désormais se dressent en chaque pays, de concert, afin de défendre l'unité Nationale, l'existant biogéographique inhérent, tous ces Peuples, toutes ces Ethnies, et dans la beauté de la Terre, ces Races vouées hier à l'agonie dans le creuset d'un esclavage universel! Enfin libérés pour enchanter l'Humanité ! Ainsi alors que l'horreur génocidaire se montre, l'horreur qu'a pu naître le nazicommunisme, maître à penser du mondialisme concentrationnaire, cette pestilence brune rouge qui voulait asseoir son règne sur des larves ! Que l'Histoire contera en ces années 2000, sursaut de l'Humanité faisant face à son destin, celui d'être ou de se retrouver esclave ! C'était hier, et convient-il désormais d'éradiquer de notre Terre cette hérésie qui voulait sa destruction, à son image, impitoyablement afin de disparaître le non-être, la non-humanité dévoués à Thanatos ! Ainsi et dans les siècles et les siècles afin de naître l'Universalité qui se répandra en tous les azurs habités et habitables, n'ayant pour vocation que le couronnement de l'Harmonie, et non la destruction de la Vie !"

Disait-il, en 2040.

Vestales anachorètes

Vestales anachorètes des dimensions limpides, nous allions, puisatiers, les couronnements de la Vie, nos âges sans secret dans la voilure féconde des nefs ouvragées, et là, dans le creuset des sources, nous efforcions les mondes de nos rencontres à resplendir de la plénitude joyeuse des fenaisons, clameurs adulées des équipages vaillants dont les cohortes en semis partaient ces découvertes franchissables des azurs immaculés, là-bas, dépassant les rives de Parsifal, vers le détroit des lunes de Tannhäuser, où se dressent les myriades galactiques, souffles de soleils titanesques déployant leurs membranes à l'infini de l'horizon, gréant des mondes où la Vie flamboie une mesure divine, mesure de la multiplicité des formes que la lumière pleut, des hybrides nocturnes aux fantasques diurnes, que l'intelligence pétille malicieusement, ordonnance gravitant des Peuples et des Nations coordonnées délivrant de vastes actions dans le cœur de leurs citadelles, émois des signes qui se rencontrent, se délibèrent, s'ordonnent et se précisent, moissons des mondes unis qui fertilisent les galaxies, moissons solidaires et précieuses où chaque être vivant poursuit sa route dans le respect qui tient lieu de lien indéfectible entre les mondes, instances du vivant déployant ses oriflammes pour taire les fantasques desseins de roitelets sauvages, d'empereurs déchus, de déchets des civilisations voulant imposer leur ordre de violence, qui d'un front uni sont combattus partout où ils s'inscrivent afin que le respect des espèces biologiques soit naturé, ce respect sans failles voyant des armées entières se lever, spontanément, lorsqu'elles sont l'objet de l'aventurisme, pour réguler et détruire prébendes, incapacité, dictature quelle que soit sa forme, afin de défendre l'oriflamme sacrée qui sacre l'unité des mondes, la Liberté ! Liberté d'être, Liberté de Vivre, Liberté de s'épanouir, Liberté de s'exprimer, Liberté qui dans le respect d'autrui, assigne au présent toute réalisation de la Vie multiforme, rayonnement économique par le flux des échanges intégrés aux besoins et non à la déperdition, rayonnement Culturel par mise en valeur de chaque Création Vivante au delà de l'apparat et des appartenances, rayonnement Spirituel par reconnaissance des fondamentaux qui guident les Univers, Rayonnement harmonieux par la mise en œuvre de politiques ouvertes sur le dessein des populations et non par le dessein de pouvoirs atrophiés, depuis des siècles laminés par l'aspiration à la Liberté des Peuples, rayonnement métapolitique, en surveillance constante du pouvoir politique, permettant de réguler des actions harmoniques et non destructrices par les Peuples et les Mondes Unis, ainsi et dans l'éternité qui veille, veille téméraire, gardien armé de la paix universelle, guerrier de la Vie, en la Vie et pour la Vie, fondement de la Liberté sacrée qui guide le pas des Vivants vers l'épanouissement et non l'esclavage, vers la transcendance et non la désintégration, vers la création et non la destruction, gardien, veilleur immortel de nos prouesses et de nos joies, de nos félicités et de nos règnes, en lequel et par lequel, densité, nous fondons ces mondes qui, sans rupture, acclimatent ce secret offert du réel de la Vie, rencontre de la transcendance et de l'immanence, permettant le dépassement à chacun de l'éblouissement pour intégrer l'ordre officiant des mondes de la Vie, Voie de l'absolu en sa reconquête, ainsi et dans ce chant des équipages, ainsi et par le chant des équipages qui hissent aux plus hauts pavois les oriflammes de notre avenir, ramures déployées de l'harmonie souveraine !....

Un conte de Noël

Il fut un temps pour tout cela, un temps dépassant l'imagination la plus volubile. Alors que les Terriens, depuis des siècles, étaient en liaison avec différentes Races de la Galaxie, les unes en surveillance, les autres franchement hostiles, et certaines opportunistes, que la face cachée de la lune terrienne abritait les laboratoires discrets des confédérations des Etats Unis et de la Russie, parfois en conflit, que la conquête Martienne était bien avancée, sous le regard des clans galactiques qui devisaient le sort des Races Humaines, eux mêmes conciliés de part les autorisations données par quelques représentants terriens, à disposer de bases sur la Terre, où ils pouvaient élaborer leurs expériences génétiques, en contrepartie de savoirs discrets, notamment sur les principes de propulsion, et la manipulation mentale par les ondes électromagnétiques, donc ce jour apparu ce qui devait s'appeler plus tard l'épreuve. Il y avait bien longtemps que les pouvoirs terrestres mentaient aux populations, qui par discrétion, qui par autoritarisme, qui par esprit dictatorial. Les masses Humaines ne se souciaient de ces mensonges et vaquaient dans les matrices créées par les gouvernements illusoires qui relevaient du seul pouvoir d'un mondialisme lamineur détenu par un cénacle dont l'inhumanité couronnait l'atrophie. On comprendra qu'il fut facile pour ces personnages de se vendre à certaines races galactiques afin de disposer de pouvoirs encore plus ténébreux, on comprendra très facilement que ce pouvoir n'était en fait que servilité d'inféodé et bien plus trahison envers l'Humanité ! L'épreuve arriva, majestueuse, fracassante dans le miroir déformant qu'avait mis en place la cécité de l'atrophie au pouvoir. L'Espace était le jeu d'un conflit entre trois souches galactiques, l'une appartenant à notre galaxie, les deux autres à deux autres galaxies. Et ce jeu arrivait dans cette lointaine banlieue de notre propre galaxie, où se situe notre petite terre. Ce jeu s'énonçait dans un firmament de batailles qui ne pouvaient plus s'opacifier, les nuits tellement emplies d'éclairs et d'explosions lumineuses, que l'Humanité s'éveilla. Le mensonge ne pouvait plus se prévaloir règne, lorsqu'en plein jour des vaisseaux dans l'atmosphère se pulvérisaient les uns les autres, ayant échappé par miracle au parapluie nucléaire terrestre dénommé "guerre des étoiles". Les carcasses des nefs qui s'écrasaient en pleine ville, nantis d'équipages exo biologiques ne pouvaient plus faire l'objet de controverse. Les populations devant ce phénomène, contrairement à ce que la psychologie de pacotille prévoyait, n'eurent en aucun cas peur, mais bien au contraire demandèrent des comptes à ces gouvernements qui les manipulaient et leur mentaient depuis des siècles, et lorsqu'elles s'aperçurent qu'en sus de ces mensonges certains d'entre eux avaient accordé des droits aux exo biologiques, elles se soulevèrent comme un seul homme pour écraser dans l'œuf cette vassalité morbide. L'idéologie mondialiste trouva là son tombeau. La surveillance de ces phénomènes ne pouvait rester entre les mains de quelques individus isolés et inféodés. Il convenait que les Nations en leur représentation et représentants puissent contrôler et décimer cette dérive. Ce fut là aussi le tombeau de ce qu'on avait appelé l'ONU, dont les membres inféodés ne suivaient plus depuis bien longtemps les directives humaines, mais celles d'exo biologiques considérant la terre comme leur champ d'action. Il n'y eut comme on pourrait le penser de massives destructions, mais plutôt, dans un éclair, une reprise du Pouvoir par les populations. Ce qui se traduisit par la renaissance d'un ordre universel traditionnel, en aucun cas soumis à l'érosion de l'atrophie matricielle pernicieuse qui était maîtresse des lieux depuis des décennies. Les Nations, dans le feu de cette action créèrent une nouvelle organisation internationale unissant toutes les Nations de la terre, chargée d'assurer le respect de leurs identités et de leur sécurité, tant au niveau terrestre qu'au niveau supra terrestre. Elles chassèrent définitivement les hordes exo biologiques hostiles de leur milieu, puis dans l'esprit des conquérants qu'elles furent de toujours, avant d'être anémiées par la viviparité des dominants qui leur avaient infligé des siècles de sommeil, s'élancèrent au titre de leur fédération à travers la dimension cosmique, pour anémier la servitude d'autres civilisations en proie à la domination involontaire de leurs représentants par des factions sans nombres, serviles et reptiles, par-delà se joignirent à d'autres civilisations exo biologiques pour enfin naître la confédération que nous connaissons actuellement qui veille sur nos mondes et dont nous sommes toutes et tous gardiens et soldats afin que ne se reproduise par les Espaces sans fin cet asservissement auquel furent confrontées nos pentes ancestrales.

Initiative Politique

Orgueil et mépris

Que ne ferait-on pas pour avilir la France et ses citoyens ? C'est à croire qu'un concours s'est engagé entre les dignitaires de la dictature que nous subissons. Dictature ais-je dis ? Et comment nommer autrement cette dominance qui injurie le Peuple en vendant dans un mensonge éhonté notre pays à une europe bâtie sur l'argile et la disparition des valeurs, et qui telle se dissoudra tant de Babel elle relève, ignorante de ses racines car composite d'atrophies conjuguées qui ne rêvent que de pouvoir et non de volonté ! Car ne cherchez la volonté en ses cristallisations, remparts des parjures et des fortunes élevées dans le sang d'autrui, ce sang de nos Ancêtres qui aujourd'hui se retournent dans leur tombe pour ne plus voir l'ignominie régner ! Beau règne que celui-ci ! Où l'esprit disparaît au profit de la parade, où l'on ne prête qu'aux riches, où les droits Sociaux sont bafoués, diminués, amenuisés, où on laisse crever sans sourciller, (alors qu'il faudrait un plan de sauvetage) deux millions de pauvres pour mieux recevoir des sans papiers qui se révèlent avoir tous les droits et surtout aucuns devoirs. Il leur suffit de manifester pour s'octroyer tous les biens, ont-ils torts ! Non, face à l'enlisement dans la médiocrité et la lâcheté de nos contemporains, et mieux encore, de nos gouvernants qui sont finalement à leur image, ils auraient tort de se priver des droits qu'on leur accorde, le droit non du sang, du service, mais du sol, ce sol que déjà ils revendiquent comme étant le leur, (lorsqu'on entend parler d'union Méditerranéenne, on ne peut que rire, cette Union conquérante existe déjà et va bien au-delà, elle englobe déjà l'Europe, qui se laisse asservir sans broncher comme si cela était du domaine de la normalité) sans que l'on s'inscrive en faux pour les juguler sinon que par des mesurettes qui font rire tout ressortissant de pays émergeant qui savent très bien comment satisfaire leur désir de vivre dans ce pays de cocagne, (plus pour longtemps, les caisses sont vides !), qui en étant étudiant, qui en mettant au monde un enfant, qui en se mariant ou se pacsant, sans que l'état n'ait rien à redire, recevant jusqu'à trois mille euros mensuellement en ne faisant strictement rien ! La gabegie n'a pas de limite, visitez les hôpitaux ! La terre entière vient s'y faire soigner et l'on nous parle de déficit de la sécurité sociale, et l'on taxe en sus des prélèvements sociaux, désormais les malades de souche, le règne de l'euthanasie n'est pas loin, instrument de gouvernement nous a prédit le conseiller du Président qui devrait être jugé pour ses propos discriminatoires ! Mais si la gabegie se limitait à cela ! Depuis quand, a-t-on besoin de neuf cents personnes pour faire fonctionner ce palais qu'on dit présidentiel ? Alors que la dette de l'état est pandémique à souhait ! Pauvre France condamnée à être pressurée comme un citron surtout si elle est de souche, souche esclave de valeurs qui ne sont pas les siennes, de valeurs qui n'ont plus rien à voir avec des privilèges qu'on s'invente ! Lorsqu'on salue le Pape, par un "monsieur", on se demande qui reconnaîtra la France, fille aînée de l'Église, dans ce mépris et cet orgueil démesurés qui s'imaginent gouverner les destinées de ce petit monde ! Petit, si petit est-il avec ces femmes et ces hommes de parade qui sont les officiers d'une banqueroute sans limite, bulle économique qui un jour leur explosera au visage comme ils ne peuvent l'imaginer, faisant ressembler les années noires de 1930 à des années de rêve ! Le mensonge politique comme le mensonge économique ne pourront perdurer jusqu'à la fin des temps, et lorsque la réalité traversera les salles de spectacles que sont les états, les uns les autres en faillites, surendettés, je laisse imaginer leur devenir ! En attendant le racket intellectuel a de beaux jours devant lui ! À commencer par celui de l'écologie politique qui commence à créer ses écotaxes, doublé du racket sur la santé privilégiant, au nom d'une bêtise sans nom la prévarication immédiate par procès-verbaux de fumeurs contrevenants, (contrevenants à la santé d'autrui ? S'intéresse-t-on aux ravages des émanations de gaz oïl dans la population) tandis que le Président de ce pays se permet de fumer le cigare dans son bureau présidentiel, qui est un lieu, au même titre que les autres recevant du public ! Prévarication donc, par l'installation de deux mille cinq cents radars supplémentaires qui serviront au renflouement des caisses de cet état en lambeau qui n'est plus que vestige de ce qu'il fut ! Car il ne suffit pas de faire parler Jaurès, pauvre Jaurès dégusté à toutes les sauces et que feraient bien de relire ceux qui s'en réclament, qu'ils soient de "droite" ou de "gauche", distinction sans fondement aujourd'hui, car il ne suffit pas de créer un gouvernement pluri ethnique, où les ethnocentristes donnent des leçons de "morale" à la France, (on ne peut qu'en rire lorsqu'on regarde ce qui se passe en Afrique depuis la décolonisation, il n'y a jamais eu autant de sang versé, tant ce continent est gangrené par les luttes ethniques, confère le Kenya aujourd'hui), où les grammairiens du verlan fustigent la langue Française, (et cela vous étonne alors que quarante pour cent des enfants qui sortent de l'école primaire ne savent ni lire ni écrire correctement ! Ah la belle institution que celle de l'école publique et laïque, fourrière de l'abêtissement qui ne peut que servir le pouvoir bâti sur le mensonge !), car il ne suffit de se prosterner devant la mort d'un communiste, respectable certes, mais que l'on ne peut tout de même pas déclarer comme le seul héros national, permettant de faire oublier ainsi l'alliance germano russe, l'écrasement impitoyable de la liberté par le communisme dans le monde, ayant occasionné plus de cent millions de victimes, et continuant en ce jour, sans qu'un seul mot ne vienne taire l'outrance de cette idéologie dictatoriale par essence, bien en vue dans cet état qui reçoit des dictateurs de tous bords et fait accroire que d'autres le sont, morale d'intérêts qui n'ont rien de public qui prêterai à sourire s'il ne s'agissait d'une morale immorale du réel qui pénètre le réel où sont adulés les tenants de l'argent Roi, je pense à un otage milliardaire dont l'état se fait le chantre jusqu'à s'abaisser à exhorter une libération de la dite personne, alors qu'un état noble se devait de demander la libération de tous les otages retenus ! De qui se moque-t-on ? Il ne suffit donc pas de paraître pour être ! Les lumières de la scène s'éteindront d'elles-mêmes, déjà les sondages d'opinion font ressortir une chute de confiance qui ne pourra que s'amplifier, la parade de la gabegie étant par trop outrancière et ne correspondant pas aux attentes des citoyens de notre pays. Cela est rassurant, on ne peut se laisser avilir indéfiniment, l'honneur a encore un sens dans notre Pays, et je pense que les prochaines élections le prouveront, municipales avez-vous dit ? Dans cette France très "restauration " je parle d'histoire et non de restaurant, il ne faudrait pas que nos bons princes oublient l'histoire de Jacquou le Croquant, qu'il leur conviendrait bien de méditer avant de prendre des décisions qui appauvrissent économiquement, financièrement, intellectuellement, tant et tant de nos concitoyens (je pense à la taxe sur cette télévision totalement ignoble que doivent verser des retraités, une télévision sans programmes sinon ceux de l'abêtissement le plus inouï, servi par des parasites qui osent se réclamer du nom d'artistes !), appauvrissement du Peuple qui a toujours été un facteur décisif pour le renversement des privilèges ! En attendant Meilleurs vœux à toutes et à tous pour cette nouvelle année qui sera fort riche en événements, n'en doutons pas !

Des faits, des actes

Des faits, des actes, trahison, compromission, dérision, voici les termes de notre devenir dans cet agencement de notre avenir. Trahison, compromission, dérision :- le mensonge éhonté du mini-traité présenté comme un traité simplifié qui reprend en réalité l'intégralité de la constitution rejetée par les Français !- Les trente-cinq heures revues, corrigées, valse à deux temps qui prépare les Français à travailler plus pour gagner moins, les heures supplémentaires exonérées de taxes fiscales n'étant qu'un placé beau pour faire passer la pilule !- L'immigration, régulée ! Rentrent en France environ 150000 exogènes et n'en repartent comptablement que 25000 ! Faites les comptes, un marché de dupe ! Marché renforcé par les jérémiades des esclavagistes qui souhaitent faire régulariser les sans papiers qu'ils sous paient ! — les tribunaux, réduits à leur plus simple expression, cela permettra la libération des réseaux en tout genre, banditisme, drogue, permettant un accroissement de l'insécurité qui renforcera la répression de la liberté individuelle par mise en œuvre de la télésurveillance, permettant bien entendu d'asseoir la dictature en marche !- Les hôpitaux, réduction draconienne, permettant de faire disparaître plus vite les endogènes qui ne pourront se déplacer, la majorité des lits étant occupée par le monde entier, comme de coutume au nom de principes que la France ne peut plus se payer !- La pauvreté, néant, alors qu'il faudrait un plan Marshall pour lutter contre cette pandémie qui touche deux millions de Français, paysans, ouvriers, petits commerçants qui ont travaillé toute leur vie et se retrouvent avec des retraites de 300 euros, alors qu'il suffit à un hexogène de manifester pour se retrouver avec un logement, un

travail, et des rentes à qui mieux mieux ! Comme le dit
si bien un site Africain, on peut obtenir sans travailler
en France jusqu'à 3000 euros mensuellement !
Pourquoi s'en priver, et pour ceux qui ont
malheureusement le sida, une rente à vie ! Et nous
pourrions continuer, mais là n'est pas le but. La crise
de confiance est là ! Et comme elle est là, bien entendu
l'épouvantail du terrorisme resurgit ! La corde est un
peu grosse, elle ne fait plus aucun effet ! Il faudrait
peut-être que nos dirigeants comprennent que ce n'est
pas en se cachant derrière l'épouvantail du terrorisme
qu'ils montreront qu'ils sont de bons politiciens mais
en agissant en véritable politicien qui a à cœur de
diriger la cité et non de se servir du pouvoir pour se
faire valoir, s'imaginer un seul instant que leur mépris
et leur morgue les rendront bons ! Lorsqu'on n'est pas
bon, rien ne sert d'agiter, et peut être serait-il temps
de s'en remettre à des gens compétents et non des
épouvantails qui ne servent à rien sinon qu'à se
gargariser de leur propre incompétence ! Mais cela est
une autre histoire. En attendant que chacun vote pour
les municipales en son âme et conscience, en gardant
bien en vue la dérive de ce Navire que l'on nomme
France, qui n'a plus de capitaine et encore moins
d'équipage, sinon que d'apparat !

La France en voie de perdre sa légitimité

Nous y voici, la planification d'une guerre contre l'Iran est annoncée, au forceps imposée au Peuple Français, sans que ce dernier n'ait rien à redire, par l'implantation d'une base militaire dans le détroit d'Ormuz ! Jugez vous-mêmes, et prenez mesure, le diktat gouverne la France, après ce mini-traité, né du mensonge, cette base militaire est le symbole même du mépris porté à la volonté Française qui n'est pas de s'engager dans des aventures militaro financière qui n'ont rien à voir avec sa légitimité ni morale, ni physique ! Le sang de nos enfants doit-il être versé par l'inconséquence d'une décision unilatérale ? Inconséquence démesurée, voyant à qui mieux mieux vendre des centrales nucléaires aux tenants hier du terrorisme international, et braquer sur l'Iran ses missiles, au nom d'un mensonge de plus, les rapports de la CIA à ce sujet sont précis et précieux, il n'existe pas de développement actuellement de nucléaire à but militaire en Iran ! Qu'il me soit permis ici un aparté. Alors que l'Angleterre se retire d'Irak, et développe le tout nucléaire en ses propres terres, ce en quoi je suis tout à fait d'accord, notre nation semble lentement prendre la place de ce pays, en défendant l'indéfendable, des ressources pétrolifères au moyen orient qui sont en voie d'extinction, et le rejet, au profit des prêtres de Thanatos, les écologistes politiques, de notre propre développement nucléaire ! Ici nous voyons à quel point notre gouvernement mène un combat d'arrière-garde qui ne tient en aucun cas compte de la réalité Énergétique. Ce qui démontre une compromission sans égale dans l'histoire de la France avec des intérêts qui ne sont pas les siens ! Non, ces intérêts ne sont pas les nôtres, si ressources à développer et à défendre il y a, ce sont nos ressources, le nucléaire prioritairement, et la recherche de nouvelles sources d'énergie, notamment pétrolifère dont les champs ne sont plus au moyen orient, mais en mer du nord et sous le pôle nord, dont on ne peut en aucun cas regretter qu'il fonde sous les assauts des orages solaires et de l'inversion du champ magnétique terrestre ! Au regard de cet aparté, nous pouvons voir que notre pays se révèle en retard par compromission, à la fois d'une guerre qui n'est pas la sienne, et en retard d'un développement énergétique par faiblesse et infatuation à des principes générés par des pouvoirs qui n'ont d'autres volontés que la destruction de la capacité d'indépendance énergétique des états occidentaux, communistes déguisés ? En tous les cas les uns les autres voués à la destruction de nos valeurs comme de nos outils permettant cette libre indépendance à vivre et prospérer, et à survivre, je pense ici au recul sur les OGM qui permettraient de faire vivre l'humanité entière ! Où se situe derrière tout cela la République ? Vous l'aurez compris, le droit de notre Peuple à se diriger lui-même vient de disparaître, et ne me parlez pas de légitimité fonction du vote de notre Peuple, une légitimité basée sur le mensonge comme sur le diktat ! Les sondages d'opinion sont là pour démontrer que cette légitimité n'existe plus, et qu'elle existera de moins en moins, et ce ne seront les épouvantails du terrorisme que l'on nous agite sous le nez dès que l'impopularité d'un gouvernement implose, qui y feront quoi que ce soit. La France est multimillénaire, elle en a vu d'autres et saura se ressaisir au moment opportun, lorsque la pression deviendra trop forte la rébellion sera porte ouverte à l'évincement de cette politique du néant vers laquelle on l'entraîne, une politique auto destructrice qui n'est et ne sera jamais celle de la France ! Le temps est notre allié le plus puissant, ce temps qui permettra et permet déjà de mettre en évidence la malversation qui a été faite du pouvoir en notre Pays, basée sur le mensonge, l'hypocrisie et la compromission. Lors des prochaines élections présidentielles, il ne faudra pas l'oublier, et d'ores et déjà en tenir compte pour les élections à venir pendant ce quinquennat où La France vient pour la première fois de son histoire de perdre sa légitimité !

La désintégration

Le mondialisme frappe de toutes ses forces le gouvernement illusionniste de notre pays : trois Cents propositions vont parvenir sur le bureau Présidentiel, qui n'ont d'autres buts que d'annihiler l'Identité Française, effacement de nos départements, réalisation d'éco ville où l'on accueillera les esclaves consentants, réalisation de l'individu par le servage absolu ! Le maître-penseur de cet hymne à la servilité n'est autre que celui qui ne rêve que de voir l'euthanasie régir les gouvernements, l'ONU, triomphante, régner sur le monde. Après l'apologie du meurtre, nous avons bien entendu droit à l'apologie de l'esclavage uniformisé ! Ne croyez un seul instant après le passage de ce bulldozer sur notre identité, que vous puissiez faire valoir votre Nationalité, votre Histoire, vos Coutumes, vous ne serez plus qu'un être quelconque pris en charge de la naissance à la mort par un état n'ayant d'autre vocation que votre exploitation totale. Pour celles et ceux qui ont vu le film prémonitoire Soleil Vert, ils reconnaîtront là une parodie qui, si elle était de science-fiction, pourrait amuser et permettre de s'interroger. Il n'est malheureusement pas d'actualité que cette épopée de science-fiction en porte le nom : les faits sont là, prenez mesure ! Les sombres desseins de la typologie humaine bâtie sur l'atrophie des valeurs humaines, sont en route, naviguant vers cette dictature terroriste qu'ils cherchent à implanter en faisant fi des Lois naturelles ! Le seul problème pour son essor, c'est cet esprit de Liberté qui a toujours guidé l'Humain, les Peuples vers leur émancipation naturelle, organique et biologique ! Établir une dictature est aujourd'hui un non sens absolu, issue de cerveaux malades car erratiques, déracinés, circonvenus à toutes les compromissions pour faire valoir leur atrophie, sida intellectuel prononcé dont le couronnement ce jour se pontifie dans un ordre de conseil qui relève de la cour martiale, car dénaturant et vendant à l'encan notre territoire, notre identité, nos racines ! Au profit de quoi ? De l'asservissement à des valeurs inhumaines qui quoi qu'il en soit, ne perdureront en aucun cas, la capacité de résistance Humaine à la dénaturation, ayant fait ses preuves, national-socialisme, communisme, et aujourd'hui nazi communisme qui ne leurre personne ! La rupture intervient déjà, il convient de la prononcer avec plus de fermeté par les urnes pour enrayer le délire de cet ordre sans foi ni loi qui voudrait marquer de son impuissance l'histoire de notre pays, par désintégration. Face à cette désintégration, il convient de résister, résister sans faillir à l'illumination nocturne qui se veut régente du monde, une Gaïa prostituée à la folie dominante de ses serviles quémandeurs, qui s'imaginent un seul instant broyer l'Idéal Humain, qui est et restera celui de la Liberté, en faisant accroire le virtuel formel, l'illusion réalité, afin de mieux cacher leur véritable nature, celle de l'atrophie, atrophie de la réalité, du vivant, de son potentiel énergétique, atrophie dont on perçoit l'essentiel actuellement dans la démesure, le narcissisme, l'égoïsme, toutes faces de ce sida intellectuel qui les font naviguer sur un monde où les états sont en faillites, où la bulle économique commence à craquer, où la famine est apologie de la dictature, avec un dédain sempiternel qui n'est que le masque de l'incompétence conjoint à la léthargie. La léthargie, bien heureusement a des limites, et l'éventail de pacotilles, de miroirs en trompe l'œil de même, les citoyens de ce jour ne sont plus ces veaux d'antan, car l'acculturation élevée en principe commence à se fissurer, cette acculturation grotesque qui a permis tant de délits d'initiés, cette acculturation méprisante contre laquelle chaque citoyen doit se lever pour lui faire obstacle. Je ne doute pas un seul instant que le bon sens devienne action envers l'inanité des principes qui animent les illusionnistes qui ne se dirigent qu'eux-mêmes, et que le vote des citoyens affirme ce bon sens. La France est une terre, n'en déplaise, aux racines fières et ciselées. Le Français n'a pas l'habitude de se révolter à tort où à travers, mais lorsque la coupe est pleine, il n'est pas le dernier à remettre de l'ordre dans les écuries d'Augias. Il serait peut-être temps que nos Bons gouvernants, dignes de ceux de la Restauration, en prennent conscience et enfin deviennent sérieux, et par pitié qu'ils ne nous parlent pas de réforme mais de contre-réforme, aucune de leur décision ne permettant l'élévation de l'humain, mais bien son déclin, que ce soit en matière de pouvoir d'achat, de culture et de loisirs ! Travailler plus pour payer plus, nous le savions, mais à ce point cela tourne au ridicule, quand aux trois cents propositions, étudiez-les et vous verrez à quel point on se moque de vous, de vos proches et de vos familles ! À vous de juger et d'entrer en résistance face à cette tentative de désintégration de vos racines et de votre Identité.

La maîtrise du Pouvoir

La maîtrise du pouvoir n'est pas l'apanage des politiciens circonstanciés qui s'érigent en maîtres de notre destin collectif. Il est bien loin le temps des médiums, des responsables ayant pour mesure l'ambition de faire évoluer les Peuples dans l'harmonie. Nous n'avons sous les yeux que des êtres qui ne recherchent en aucun cas l'élévation de l'humain, mais bien au contraire sa réduction, son nivellement, sa dénaturation, toutes actions qui reflètent l'image même de leurs auteurs, si imbus sont-ils de leurs atrophies qu'ils en réclament la formalisation en chaque être humain ! L'exemple de notre pays est à ce point caricatural qu'on ne peut s'empêcher de penser à une pièce de Molière dans un premier temps puis, malheureusement à une tragédie de Racine, tant est lamentable cette agitation en tous sens qui se révèle source de tous les conflits : conflits sociaux, conflits culturels, conflits spirituels. Le mensonge comme bannière, la compromission pour oriflamme ne servent de rien devant le résultat outrecuidant des actions mises en place qui favorisent unilatéralement la ruine de notre Pays. Socialement l'attaque qui semble irréversible contre les trente-cinq heures n'est que le déguisement de la caricature. Les heures supplémentaires exonérées d'impôts auront tôt fait de disparaître lorsque sera légiférée l'abolition des heures de travail, et bien entendu nous travaillerons plus, esclaves que nous sommes, pour non pas gagner plus mais payer plus, plus d'impôts, plus de tva, plus, encore plus et tout au long de notre vie dont les biens pensants décréteront l'euthanasie en fin de cycle faute de productivité. Mais vous les verrez bien, ils viendront nous disséquer pour récupérer nos organes, le marché étant porteur, après euthanasie ! Culturellement nous sommes désormais en dessous du seuil de pauvreté intellectuelle, nos enfants ne savent plus ni lire ni écrire, baragouinent une langue bâtarde qui comprend à peine cent mots de vocabulaire, pendant que la bonne école publique se glorifie nantie de son armée d'un million de fonctionnaires pour la plupart sangsues sur ce monstre enfantant la bêtise que nos impôts couronnent. Spirituellement, n'en parlons même pas, la fille aînée de l'église n'en porte plus que le nom, la spiritualité est désormais le panache des mosquées qui poussent comme des champignons avec bien entendu l'œil bienveillant d'un pouvoir lié, la conquête se poursuit irréversiblement. Voici les arcanes de notre devenir. La critique est facile est le leit motiv des mijaurées, des bos bos, et des bling bling qui se dandinent et s'engraissent près du pouvoir pour en obtenir des miettes.

Des actions constructives existent :

* Plan Marshall contre la pauvreté, (je pense aux personnes âgées qui ne vivent qu'avec deux cents euros par mois avec une pudeur exceptionnelle au regard de tous les parasites qui se précipitent sur la manne céleste que déverse l'état avec un empressement totalement dénué de tout réalisme), le logement, arasement des cités et constructions nouvelles développant le plein-emploi

* Réforme structurelle de l'éducation nationale s'attaquant au vrai problème de l'illettrisme ; mise en adéquation des programmes avec le déficit des demandes (je pense aux demandes d'emplois générées sur les territoires étrangers alors qu'il suffit de former nos jeunes aux métiers demandés qui n'ont rien de déshonorant bien au contraire). Nous n'avons pas à recevoir 250 000 personnes par an alors que nous souffrons d'un chômage endémique touchant 3 000 000 de personnes ! Ceci étant, elles rentrent à flot continu et ce ne seront les mesures hypocrites d'un ministère de l'intégration qui y feront quelque chose, puisque rien n'est fait pour endiguer ce flot qui n'a d'autres buts que la désintégration de système de valeurs !

* Lutte contre l'immigration sauvage, avec renforcement des analyses au niveau des distributions RMI, allocations chômage, allocations familiales, rentes allouées qui sont une gabegie totale, puisque n'importe qui en provenance du monde entier peut obtenir cette typologie de subvention au détriment des autochtones, sous le regard complice d'une armada de fonctionnaires asservis à la pensée unique de la désintégration sociale de notre Pays

* Remise en route de notre développement nucléaire civil afin que notre indépendance énergétique ne soit plus l'objet du chantage abject à la guerre, telle que la mise en place d'une base Française dans le Détroit d'Ormuz nous assignant directement à une guerre contre l'Iran

* Mise en place d'un plan Marshall pour l'agriculture Française, le grenier de l'Europe, qui n'a pas à subir le diktat d'une europe larvaire, au niveau de quotas qui ne ressemblent à rien sinon qu'à ceux imposant la destruction de la dite agriculture, remise en route de la culture des OGM, le principe de précaution auquel on en appelle n'ayant rien de scientifique et étant purement politique

* Remise en cause globale de ce mini-traité européen qui n'est autre que la constitution déguisée refusée par le Peuple Français, et réactualisation dans le cadre strict d'un marché européen, l'europe politique à vingt cinq ressemblant à une tour de Babel qui ne correspond à rien, sinon qu'à servir les intérêts de prébendiers et corsaires en tout genre dont l'Europe n'a pas besoin, cessation immédiate de tout paiement près de ce Parlement totalement opaque qui ne défend en aucun cas les intérêts Européens historiquement constitués mais des intérêts privés n'ayant d'autres buts que la désintégration de l'Occident.

* Constitution d'une défense militaire commune dans le cadre de l'OTAN, qui permettra la sauvegarde des valeurs Occidentales, et assurera un devenir à nos enfants sur la terre de leurs ancêtres, ceux qui ont fondé la réalité historique de l'Europe et non cet amas de sangsues qui viennent la dévorer de l'intérieur avec pour seul conditionnel l'implantation d'un gouvernement mondial dictatorial nazi communiste par excellence ! Il serait peut-être temps qu'ils se réveillent et voient que ni le national-socialisme ni le communisme n'ont survécu à la Liberté, et encore moins ce modèle réduit dont ils sont les nains profiteurs lorsqu'ils essaieront d'en formaliser un semblant de réalité, car il ne faut pas prendre les Peuples pour des pantins que l'on peut indéfiniment mener vers leur perte, les Peuples savent réagir, et leur réaction sera infiniment plus virulente que tout ce qu'à connu l'Europe lorsqu'ils découvriront avec horreur vers quoi on veut les mener, cet abattoir défendu avec tant de cynisme par le conseiller bien aimé de notre Président !

* Réduction des dépenses de l'état draconienne pour réduire l'impasse budgétaire au maximum, par analyse exhaustive des besoins en fonctionnement tant en êtres humains qu'en matériel, à commencer par le palais élyséen qui aurait besoin de 900 personnes pour fonctionner ! De qui se moque-t-on ? Où passe l'argent du contribuable ?

Les idées constructives existent, mais nous ne sommes pas là pour les ériger en programme dans le cadre de cet article, seul manque à nos femmes et hommes politiques qui pensent tout bas ce qui est dit ici tout fort, le courage de la mise en pratique, ce courage qu'elles et ils ignorent, les prébendes dont elles et ils bénéficient soulignant une lâcheté conditionnelle sur laquelle elles et ils ont bien de la peine à revenir. Pour parler simplement, nous dirons que la soupe est bonne et qu'il n'y a pas mesure à provoquer des changements magistraux de société, sinon la soupe risque de manquer de sel où de poivre. Ce laxisme laisse porte ouverte à tout ce qu'il est même inimaginable de penser, notamment au niveau de conseils "éclairés" qui n'ont d'autres vocations que la destruction de notre identité. Je ne reviendrai pas sur l'inanité des "trois cents" propositions de cet hurluberlu et ses composantes qui porte en lui la haine de ce que nous sommes, car ne rêvant que de sa petite dictature mondialiste, et dont l'intelligence a totalement dérapé dans ce vide né de sa morgue et de sa suffisance, qu'il partage malheureusement avec une fraction non négligeable de couronnés soit par la politique soit par l'argent, qui s'imaginent présider aux destinées de l'Humanité, cette Humanité qu'ils haïssent pour préserver leur petit monde clos, qui commence déjà à imploser, confère la Bourse et ses valeurs surfaites. Quand on prône l'euthanasie comme moyen et méthode de gouvernement, on relève plus certainement de l'asile psychiatrique que du décorum politique !

Le mérite quoi qu'il en soit de ces propositions est de mettre en évidence la virtualité qui façonne le politique aujourd'hui. Il convient donc dans cette phase de dématérialisation des idées de revenir au bon sens de la réalité et n'élire lors des prochaines élections en substance que celles et ceux dont le pragmatisme et la capacité ont fait montre de cette intelligence constructive dont manquent bien des élus de ce jour mais dont n'ont jamais manqué ces Ancêtres qui ont fondé, construit, et fait rayonner la France, oui, n'en déplaise, ces Ancêtres que nous respectons pour leur valeur Humaine, leur courage, leur lucidité face à l'adversité, leur désir de faire progresser l'Humain, tout l'inverse de ce que les actes de ces prébendiers qui sont parvenus nous révèlent de leur but qui n'est rien d'autre que celui de la destruction de la France.

Les Huns sont parmi nous, sachez-le, ces barbares venus de la nuit des temps, attendant leur heure, tels des corbeaux prostrés dont les vols mesurent l'aune du courage avant de fondre sur la faiblesse, telles ces hyènes affamées qui ne savent que se confondre de charognes. Que l'on se rassure, la France n'est pas une charogne, et les hyènes à nos portes, en nos temples ne sont pas prêts à se satisfaire de nos carcasses, tels ces chevaliers de Malte festoyant sur les dépouilles des Chevaliers du Temple, la France a toujours sa grandeur, son aristocratie, et son mystère, ce mystère merveilleux voyant tout un Peuple se dresser contre la tyrannie, où qu'elle soit, de qui elle vienne ! Le modèle de la République, aujourd'hui conjuguée à une Restauration perfide de contre réformisme délétère s'affranchira de cette conjugaison qui vend notre Identité comme nos Racines à la poussière du temps, et ce temps ne sera pas celui de la poussière de notre Peuple, mais de la poussière de ces étranges épouvantails qui nous dirigent vers les plus grandes catastrophes avec ce mépris et ce dédain qui caractérisent l'atrophie et ses délires. En cela le jugement des urnes sera indubitablement par le temps le ravin en lesquels s'éperdront ces volatils de toute plume qui masquent leur but sous le bruissement des chatoiements qui disparaîtra de lui-même sous le regard impassible de l'Aigle Souverain, qui toujours veille, sur son aire, le Peuple de France qui n'est ni à vendre, ni à louer et encore moins à prostituer !

Utopia Inferno

Aux lecteurs le document 300 propositions.

Face à ce document d'inspiration nazi communiste par excellence, totalement en désaccord avec la pensée Française, reniant à la fois ses origines, ses combats, et son avenir, je vous laisse réagir en vous appesantissant surtout sur les pages 236 à 242, qui laissent particulièrement rêveur.

Je cite le rapport :

« Pour chaque décision fondamentale ont été identifiés des « **pilotes** », à l'origine de l'impulsion de changement, de la définition d'objectifs et du suivi de la cohérence, des « **pivots** » (acteurs locaux ou nationaux qui auront à mener à bien les changements préconisés) qui devront être autonomes sur leur périmètre de responsabilité, et des « **partenaires clés** » (ou leurs représentants), accompagnateurs du changement, qui contribuent in fine à sa réussite (entrepreneurs, salariés) » « Une cellule de suivi et d'appui (sur le modèle de la « *delivery unit* » créée dans les mêmes circonstances par le gouvernement de Tony Blair au Royaume-Uni) placée auprès du Premier ministre sera en charge de mettre en place les tableaux de bord de suivi des décisions et de mesure de leur impact sur la croissance. Cette cellule devra avoir des rendez-vous réguliers avec chaque ministre pour évaluer les conditions de la mise en œuvre des décisions »

Ne vous leurrez pas, tout est déjà en place pour circonvenir les Françaises et les Français, leur faire perdre leur Identité, leurs valeurs, voilà qui est révélateur, il faut aller plus loin, que l'on nomme les Pilotes, les Pivots, et les partenaires clés, et surtout les membres de cette cellule qui donnera des ordres aux

Ministres, faisant fi du Parlement Français et de ses Députés, et du vote des électrices et des électeurs !!!!

Des explications devront être fournies, c'est un minimum lorsqu'on s'apprête à sacrifier un Peuple à la folie perverse de la dictature ! Même au condamné à mort, on offre encore une cigarette ! Ici, les citoyens Français n'ont aucun droit que celui de s'incliner ?

Non, pensez aux élections, écrivez à vos députés qui sont traités pire que des chiens dans cette éconduite dictatoriale, ces députés que vous avez élus et qui n'ont pas leur mot à dire, écrivez aux Ministres qui demain devront rendre des comptes à un gouvernement totalement occulte membre d'une cellule (typologie communiste par excellence) ! Manifestez-vous d'une manière ou d'une autre, en chaque facette de notre Société pour démasquer ces pilotes, ces pivots, ces partenaires clés qui veulent diriger la France sans son consentement !

Ce n'est qu'à ce prix que nous conserverons nos valeurs, notre Identité, et notre devenir, en luttant contre cette tentative de coup d'état organisé, légiféré, qui n'a pour volition que de réduire en cendre notre avenir !

Récession

La ruine des nations s'ouvre sur la densité exsangue des permissivités octroyées par l'incapacité. Voici l'état de l'ouvrage qui se dresse, une pluralité de sociétés boursouflées qui implosent ou explosent pour ne laisser place qu'à cette réalité qui n'a rien de virtuelle, une réalité dantesque en laquelle planent encore ces oiseaux d'infortune qui ne savent régir et encore moins agir. Le crash annoncé est là, présent, impitoyable. L'immobilier, voussure du néant se désagrège, la valeur s'actualise, le réel fait place au néant, et à quoi assiste-t-on ? À l'inévitable, à ce que l'on croyait au-delà des plus noirs cauchemars, cette récession sans condition, ajustant la réalité dans le virtuel. Devons nous en pleurer ou bien en rire ? Ni l'un ni l'autre, il convient bien au contraire de prendre la mesure qui naît cette récession, ce mensonge éhonté des valeurs qui n'a jamais été corrigé, mensonge global des circuits bancaires, des états, mesurant et imposant l'avenir sur la virtualité et non la réalité, alliant une croissance à cette utopie des valeurs, utopie grandiose, source de toutes les prévarications, de tous les dols et vols organisés et consentis, de cette aubaine circonstanciée née de l'ignorance de la réalité économique permettant d'instruire une faillite universelle dont profitent quelques atrophies en mal de pouvoir. Les mois qui vont suivre vont être douloureux pour ce monde du clinquant, de la pacotille et du mensonge, le réajustement obligatoire des valeurs à leur réalité primitive, une source de délitement de la sphère économique dans son ensemble. Les bourses n'ont pas fini de chuter, invariablement d'un bout à l'autre de la terre, permettant de voir enfin la valeur réelle des entreprises, et non cette bulle endémique dérégulée qui se maintient par ce mensonge universel conditionné par des banques et des états à l'agonie. La ruine est là, née de l'incapacité générale à s'ajuster au réel. Il n'est question ici de juger la panoplie de mandarins qui ont couronné ce vide, mais bien d'asseoir désormais le pouvoir où qu'il soit sur des bases pragmatiques et non serviles qui sera capable d'initier des valeurs réelles et non abstraites, fluides et non gorgées d'une prétention sans mesure, afin d'innerver le corps économique de flux financiers réguliers et non corrompus. Lorsque le sang, les flux financiers, ne parviennent plus au cerveau, les organismes financiers, bancaires, il convient de prendre des mesures circonstanciées. Quelles mesures me dira-t-on ? La première de ces mesures est de repenser radicalement les modèles économiques qui nous ont menés vers cette gabegie sans nom. L'équation travail capital peut être conservée mais dans un cadre de transparence qui ne permette pas de voiler la réalité, tant au niveau des valeurs créées qu'elles soient matérielles ou financières. Cette transparence, par la mise en ligne consultable par toutes et tous et ce gratuitement, de l'intégralité des bilans et états financiers des entreprises permettra de ne plus investir dans des sociétés moribondes qui survolent le précipice en faisant appel au secteur bancaire, qui distribue sans parcimonie par attitude collégiale ou inféodée. Complément de cette transparence l'économie ne doit plus être regardée comme mondiale, sauf dans les domaines technologiques de pointe, aviation, automobile, spatial, pharmaceutiques, etc mais bien se recentrer sur la région et bien plus encore la nation. Il ne peut être pensable que des pays indépendants au niveau agricole ou énergétique soit dans l'obligation d'importer cette typologie de ressources ! Prenant l'exemple de la France, grenier de l'europe, comment en est-on arrivé à appauvrir et déraciner sa capacité agricole, reconstructible toutefois, uniquement pour faire régner une utopie qui n'engrange que la pauvreté : l'europe ! Les pays peuvent assurer leur indépendance économique et vivre correctement s'ils cessent d'accroire que la mondialisation est inévitable.

Elle est évitable, sans le moindre problème, au titre des denrées de première nécessité, de la nourriture, des soins, des secteurs de constructions, qu'ils soient du domaine du bâtiment, de la construction de machines de production, de l'électronique, et même de la fabrication de vêtements, etc ! Mais pour remettre en route ces unités de production précitées, faut-il encore avoir la volonté de faire prospérer l'économie locale et faciliter la création des TPE, ME, en diminuant considérablement les taxes qui les frappent de plein fouet. Transparence des comptes, y compris bancaire qui seront responsables de leurs investissements sur les biens personnels de leurs dirigeants, remise en route des économies locales, et enfin régulation par taxation des multinationales chargées de la vente des produits de haute consommation précités ci dessus. Et l'Etat là-dedans ? Economie et Etat ne font pas bon ménage, hors le domaine social, l'Etat dans cette typologie doit rester à sa place, et éliminer progressivement les taxes qui parasitent les flux financiers, et érodent le bon fonctionnement de l'économie. Afin que cela se fasse deux réformes fondamentales s'imposent : la suppression de la sécurité sociale, remplacée par les Compagnies d'assurances qui permettront à chacun de cotiser individuellement, la suppression des caisses de retraites, remplacées elles aussi par des compagnies d'assurances permettant à chacun de gérer sa propre retraite, et donc son temps de travail. Une autre réforme importante serait la suppression définitive des allocations familiales qui aujourd'hui sont versées à tort et à travers au levier d'un parasitisme gigantesque qui suce le sang de l'état comme il n'est pas permis de l'imaginer. Trois réformes, pour un équilibre économique permettant de satisfaire non à cette croissance débile dont on nous rabâche les oreilles (quelle croissance d'ailleurs ce jour où l'endettement des états est tel qu'il faudra des siècles pour combler ce trou sans fin de l'utopie de la pensée unique qui le dirige), mais à une harmonie entre ces trois vecteurs essentiels à la régulation économique, le travail, le capital, le flux financier, régulation advenant l'élimination progressive du parasitisme et ses composantes. Nous pourrions nous étendre indéfiniment sur le sujet, mais là n'est pas notre propos, qui est celui de dénoncer cette virtualité qui fonde la récession, virtualité accentuée par les états dont le nôtre qui avec ces milliards de dettes s'empresse à se voiler la face, virtualité qui ne pourra être combattue que par la clarté des entreprises comme des institutions, la transparence, cette transparence pour laquelle il convient de se battre sans relâche, afin que l'économie cesse d'être un leurre, redevienne locale, humaine, et non plus telle la grenouille, ce bœuf dont la difformité atrophiée, présente la réalité sous les traits abscons d'une virtualité légiférée.

Deuil National

Nous y voici, dans le plus grand mépris de la volonté du Peuple Français, la Constitution de notre Pays va être changée par la prédation la plus dictatoriale ! Car ne vous y fiez plus, nous sommes désormais dans une dictature, sinon de droit, de fait. Face à ce coup d'état que reste-t-il à faire ? Face à l'usurpation que devons nous faire ? Dès l'instant où l'intrigue unit les prédateurs de tous bords, il n'y a plus qu'une solution réaliste, pragmatique même, déréguler la légitimité de ces supports dictatoriaux, par éviction populaire, soit par abstention de vote soit par un vote massif vers les tenants de notre Civilisation quels qu'ils soient ! En tout état de cause, veiller à la survie de notre culture, dans le cadre des écoles privées, hisser nos enfants aux plus hauts niveaux de cette société babélienne par essence afin qu'elles et ils érodent sa doctrine nazi communiste, et la remplacent par une vision universaliste du Monde, comme je l'ai déjà dit dans de multiples articles, insinuer chaque souche de ce pouvoir inacceptable, car ne relevant d'aucune légitimité populaire, et le phagocyter de l'intérieur afin de le réduire à néant. Ce pouvoir veut désintégrer nos sociétés, les sociétés le désintégreront, car je le répète, il n'a aucune légitimité. Les décennies à venir vont être extraordinaires, car il ne faut juger sur la torpeur du jour, issue de la manipulation psychologique, du viol des foules permanent, du jeu paix terreur peur acclimaté par un pseudo-terrorisme téléguidé, pour se faire une opinion réaliste du pouvoir de sursaut des Peuples. Les Peuples sont des corps qui face à la maladie réagissent comme le corps Humain, en créant leurs antis corps, et ces antis corps face à l'attaque généralisée de ce macrophage que l'on nomme le mondialisme vont se générer, se multiplier jusqu'à écraser ce délire pervers de la pensée atrophiée qui voudrait nous guider vers cette société de robots dévoués et soumis. Et ce ne seront la libre circulation des drogues, nouvel opium des Peuples, la propagande, les mesures d'intimidations par pressions morales ou physiques, qui changeront quoi que ce soit, ce sursaut aura lieu comme il l'a toujours été, confère le national-socialisme, le communisme, qui ont été éradiqués comme le sera ce nazi communisme d'état ! Non, nous ne perdrons ni notre Nationalité, ni notre Histoire, encore moins notre honneur face à cette tentative absolument répugnante de nous ôter notre liberté, cette Liberté contre laquelle aucun tyran ne saura résister, et encore moins ce totalitarisme inféodé, issu de la virtualité et qui retournera à la virtualité, car sans fondements, élevé sur le sable de la pensée dont le sablier est en route vers sa désintégration, désintégration économique dont on voit les fissures se prononcer actuellement qui deviendront les leviers de sa désintégration politique. On ne gouverne pas sans la voix du Peuple, et on respecte sa voix. Tous les régimes qui ont nié l'existence du Peuple ont disparu, celui-ci disparaîtra de même. Ce n'est qu'une question de temps, ce temps qui permettra aux Peuples de se fédérer contre l'agonie qu'on leur propose, temps précieux dont nous disposons à l'infini alors que pour les suppôts de cette dictature, le temps est compté. Le jour où la France renaîtra de ses cendres, initiées par ces illuminés qui mènent à l'esclavage totalitaire, ce jour qui n'est pas si loin, sera décrété un jour de fête Nationale, tandis que ce jour qui voit la France prostituée à ce qui n'est ni son avenir et encore moins son devenir, sera décrété jour de deuil National. En attendant, patiente et construction, car n'est ce pas sur les ruines que naissent les plus belles roses ?

Déni de Démocratie

Le déni de démocratie vient d'être voté par ces députés que vous avez élus. Prenez mesure et ne venez désormais vous plaindre lorsque vous serez surtaxé par cette hérésie que l'on ose nommer l'europe où le pouvoir n'appartient pas aux Peuples mais à des fabricants d'esclaves ! Car l'Europe ce n'est pas cette singerie de communautarismes associés assoiffés de prébendes et d'honneur, l'Europe c'est la cristallisation des Peuples voués à une seule détermination, celle de la Liberté, du choix de cette Liberté qu'aujourd'hui on immole pour le bon plaisir de cette caste bourgeoise qui n'arrive pas à la cheville de l'Aristocratie Européenne, parvenus en tout genre liés à l'illuminisme le plus ténébreux qui soit ! Prenez mesure de votre silence, de vos chaînes qui lentement se referment sur votre pensée, prenez mesure de votre devenir de travailleurs qui n'auront d'autres devenirs que de servir la puissance impuissante à créer l'avenir ! Vous savez ce qu'il vous reste à faire pour retrouver cette Liberté que l'on enchaîne, ne votez que la confiance et non l'apparence, ne votez que la probité et non l'inféodation, ne votez que la sagesse et non l'opportunisme ! Un coup d'Etat vient d'avoir lieu sous vos yeux, réveillez-vous avant qu'il ne soit trop tard, réveillez-vous avant de vous retrouver submergé par une technocratie avide de tous pouvoirs, une technocratie qui n'a que le but de vous réduire à la plus simple expression de la léthargie, par le viol psychique, par la propagande la plus monstrueuse, par les drogues les plus pernicieuses ! Réveillez-vous et œuvrez à destituer légalement les usurpateurs qui dans l'hypocrisie la plus pernicieuse qui soit viennent de vous enlever votre Liberté d'Etre Français, votre Identité, votre Histoire, votre Culture, pour l'apparaître, le paraître, la définition même de la superficialité dont chaque jour nous conte l'ignominie alors que deux millions de vos compatriotes crèvent de faim dans la misère la plus éclairante, alors que demain, classes moyennes, vous ne serez plus que des artefacts de la productivité avant que vos cadavres euthanasiés ne servent encore et encore dans cette boucherie vitale qui est l'essor d'une caste qui vous méprise et vous enchaîne ! Prenez mesure et déployez vos votes en deçà de cette glu qui anime la pensée unique et ses œuvres de barbarie, délocalisation, amputation du code du travail, dérèglements sociaux portés par la disparition des services publics, hôpitaux, postes, etc. L'usurpation par le mensonge ne peut être tolérable dans notre Pays, je dis notre Pays, n'en déplaise, oui ce Pays que nos « élites » haïssent, que nos « élites » qui œuvrent pour sa destruction viennent en toute connaissance de cause de livrer à cette barbarie qui lentement s'insinue afin d'éradiquer de nos mémoires le sens de l'Avenir et du Devenir, ce sens précieux forgé par le sang de nos Ancêtres qui ce jour ont été lâchement destitués, ignominieusement calomniés, le sens de la Liberté, ce sens contre lequel nul n'a le droit ni l'autorité de le bafouer ! Prenez mesure et déployez-vous dans ce cadre de la commune que certains voudraient voir disparues, alors qu'elles est au même titre que la famille le pilier de l'Etat, prenez mesure et ne votez que pour cette confiance indéfectible que doivent faire valoir celles et ceux qui choisissent d'être élus en la France, cette France dont l'horizon ce jour voilé, se réveillera afin de taire l'opportunisme et ses délires, l'illuminisme et ses forces qui ce jour se dévoilent, l'utopie pernicieuse et ses errances ! Réveille-toi, Peuple de France, qu'on enchaîne ! Réveille-toi !

Information Désinformation

Face à la désinformation, l'outrecuidance, la dématérialisation de la pensée prostrée dans les basses fosses de la soumission, sachez quand même qu'il existe sur Internet un nombre incalculable de sites qui veillent et ne se laissent inféoder par les groupes de Pression qui se manifestent de plus en plus ostensiblement dans l'appariement au Politique. Pour se faire une idée plus exacte de la tentative de destruction de notre Civilisation Occidentale par les dits groupes de Pression, je vous invite à regarder l'intégralité des liens d'un site nommé bilderberg.org, qui me semblent particulièrement fondés tant dans le domaine de l'information que de la désinformation, et qui, si on cherche et fouille un peu permettent de se créer sa propre opinion au-delà des médiatiques asservissements des boutiquiers qui veulent façonner le monde à leur image de tyrans déguisés sous une légitimité « démocratique » issue du viol des foules le plus élémentaire. Prenez mesure et livrez vous, sans délire de conspiration, la conspiration n'existant que si on la laisse régner, dressez noms et appartenances et voyez dans le plan d'ensemble, aux phrases redites et cumulées par ces tenants qui nous gouvernent, qui gouverne aujourd'hui réellement la destinée de l'Occident, et de la France plus particulièrement, qui vient de connaître un coup d'état dont l'Histoire, avec un H majuscule, se souviendra. Le Bidelberg est l'exemple notoire à cette introduction dramatique qui voit le pouvoir de castes, de nobles, et d'appariements, sous un pseudo ésotérisme de pacotille, se substituer au pouvoir du Peuple, légiférer son devenir par une castration manichéenne, car sentences des contraires alliés dans ce but suprême, l'instauration d'un gouvernement mondial dictatorial, ou l'Individu, l'Identité, les Existants bio géographiques, soit les

Nations, ne seront plus rien, pour faire place à une non-humanité d'esclaves soumis et consentants. Je ne saurais rappeler que les complexes idéologiques, droite et gauche n'existent pas, et ne sont sources que de manipulation. Il est d'ailleurs très amusant de voir un représentant du Bilderberg, secrétaire général de l'officine d'état que nous connaissons en France ose demander un ralliement contre la gauche, alors que trône au FMI et au Ministère des affaires Étrangères ses dignes confrères issus de la gauche. Mais à vous de découvrir et de prendre la mesure de ce diktat que l'on cherche à imposer aux Peuples. L'ignorance est la force du Pouvoir, de tout temps en tous lieux. L'information et la désinformation les vecteurs de cette ignorance. Profitez du peu de liberté qui nous est accordée encore dans notre Pays pour vous livrer à cette moisson de concordance qui vous permettra de voter à bon escient lors des prochaines élections, et ne vous laissez, encore une fois, tétanisés comme nous l'avons tous été, par des leurres dont le sommet de la communication est le mensonge allié à la propagande. Au regard de cet ensemble sachez agir, dans la légalité Républicaine, cette République bien endeuillée puisque le Peuple n'en est plus maître et qu'elle prend de plus en plus l'apparence d'un régime nazicommuniste. Le pouvoir est à celui qui le prend dans la légalité absolue, il n'appartient ni à une caste, ni à une aristocratie, mais au Peuple, car c'est le Peuple qui fonde son devenir et son avenir ! En d'autres temps, moins civilisés, une révolution aurait renversé les tenants de cette dictature qui s'autorise, qui malheureusement naîtra inévitablement du paupérisme qui va être régulé par une récession programmée, dixit un éminent représentant du Parlement européen, « le temps d'une "ère post-industrielle" est venue. Pour conduire le monde dans l'ère post-industrielle, il faut d'abord détruire la base économique du monde et créer une nouvelle Grande Dépression. Lorsque les gens sont pauvres, ils ne dépensent pas d'argent, ils ne voyagent pas et ils ne consomment pas. », La véritable révolution n'est pas celle de voir le Peuple dans la rue, mais bien au contraire de le voir attelé à la désintégration de ce système de caste par l'intérieur, entrisme,

108

phagocytage. Tel le macrophage, il doit innerver chaque parcelle de l'état, en tous les partis, quels qu'ils soient, en toutes les organisations, quelle qu'elles soient, afin de reprendre les commandes de cette virtualité et la refonder dans la réalité, cette réalité de la Vie, et non cette expérience de la mort qui semble vouloir être l'avenir de l'Humanité. Il ne s'agit de détruire les organisations existantes, il s'agit d'en reprendre les commandes, afin de les diriger vers un but Humain et non un but non-humain. Tâche de longue haleine certes, mais tâche que chacun se doit de mettre en œuvre si demain il ne veut être ce robot pantelant dévoué à cette dictature qui s'instaure sous nos yeux et contre laquelle les Peuples aveugles, ne produisent rien, sinon qu'un consentement lié à l'ignorance de la réalité.

http://www.bilderberg.org

Pouvoir Contre Pouvoir

Face à la détermination de l'adversité, face à un pouvoir totalement inféodé à son situationnisme, son grégarisme, **son monarchisme invétéré,** il convient de mettre en œuvre d'une manière générale un contre pouvoir déterminé, entriste, non conformiste, exploitant chaque faille **de son système de caste et de valeur** pour en pénétrer le cœur, ce monument mégalomane par excellence, afin d'en réduire et contrôler l'ornementation, le paraître, la mobilité ou l'immobilité. Ce contre-pouvoir ne peut naître que dans le cadre d'une Assemblée de Citoyens, qui veillera plus particulièrement à son intégrité, afin de lutter contre les tentatives de noyautage qui seront multiples, police, renseignements généraux, humanistes de tous bords aux ordres dévoués du pouvoir en place. Ce n'est que de cette manière que pourra être combattue la pieuvre mondialiste qui répand ses tentacules sur toutes les institutions, sur tous les ministères, sur tous les pouvoirs, partis et associations "démocratiques" qui pullulent dans notre pays, ainsi que dans chaque pays de cette europe dictatoriale qui veut nous précipiter dans le néant du mondialisme, sans que les Peuples aient droit à la parole ! Les simagrées du un million de voix proposées par le mini-traité, **qui n'est en fait que la Constitution déguisée,** ne sont que des leurres, puisqu'ils ne sont pas voie d'action, mais voie de réflexion, et nous savons toutes et tous ce que valent les conclusions de cabinet de réflexion, **image de ce conseil arbitraire fomentant dans** un délire totalement farfelu ces trois cent seize propositions que le Peuple doit admettre pour argent comptant, sans surtout avoir le droit de s'exprimer ! Le contre-pouvoir des Assemblées des Peuples, car il convient d'élargir au cœur de cette europe cette notion afin de lutter contre l'arbitraire, doit se confédérer de la Commune au Département, du Département à la Région, de la Région à la Nation jusqu'à l'internation constituée afin d'avoir non pas un million de voix mais des centaines de millions de voix, qui permettront de lutter efficacement contre la dictature et ainsi faire respecter le droit élémentaire des citoyens, celui de la parole, de l'Identité, biogéographique constituée historiquement et culturellement ! Ce groupe de pression, permettant de vaincre l'internation dictatoriale, par des actions de restructuration des Peuples et des Nations, dans les domaines culturels, économiques, sociaux, pouvant aller dans leurs extrémités jusqu'à la mise en œuvre, pour contrevenir à la violence permissive de la dictature, non légiférée, jusqu'à l'état de mise en œuvre de l'inaction totale, seule voie permettant de lutter efficacement contre la dictature, les voies traditionnelles n'ayant aucun effet : défilés dans la rue, regroupement, etc, toutes ces formes étant canalisées par les pouvoirs en place. Cette inaction totale atteignant la consommation, le travail, les médias, le vote politique, entraînera au fur et à mesure de sa mise en œuvre la paralysie de branches d'activités puis, suivant son intensité la paralysie des activités de cette europe servile, ce qui permettra de rendre aux Nations Européennes leur honneur et leur dignité, et de créer ainsi à moyen terme, dans le cadre des Institutions existantes, une véritable Europe, les Etats Unis d'Europe, avec un E majuscule, qui pourront jouer tout leur rôle, tant économiquement que culturellement, dans le cadre d'un monde multipolaire, dont l'équilibre sera basé sur la Liberté et l'épanouissement, et non l'esclavage et l'asservissement. Si les citoyens ne se prennent pas en main, en créant ces Conseils, et rien n'est fait actuellement pour qu'ils le fassent, bien au contraire, puisque le degré de l'infini de la reptation est atteint grâce à la mise en œuvre des préceptes de Pavlov les plus délirants, nous pouvons craindre le pire en matière d'ignominie ! Lorsqu'un représentant de cette europe stigmatise les Peuples en les vouant dans le cadre d'un nouvel ordre économique, à la pauvreté, cette borne a été franchie ! Que je sache l'Art de gouverner c'est l'Art d'élever et d'épanouir et non de contraindre et d'affliger ! Mesurez notre devenir dans le cadre de cette dictature, si nous ne relevons pas le défi de nous associer dans le cadre des conseils précités afin d'enrayer à tout jamais cette dictature sans finalité qui cherche à nous étouffer et nous bâillonner, à détruire notre Identité, à sacrifier nos Nations sur l'autel de l'esclavage gardienné par la mégalomanie et ses chantres sans gloire qui nous prédestinent à l'euthanasie et à son déploiement ! Agissez avant qu'il ne soit trop tard ! Le monde a assez souffert du nazisme et du communisme pour le voir confié à une idéologie qui en est la synthèse, le nazi communisme !

Manipulation mentale

On n'a pas tout vu, la manipulation mentale de nos enfants légiférée sous des dehors humanistes ! Je crois que personne ne pouvait imaginer cela dans une Démocratie. Il n'est question de nier ici la shoa, et encore moins le massacre de centaines de millions de personnes par le communisme en gloire, pas si lointain de nous, l'expérience du Cambodge et du Rwanda ! Mais de là à demander à des enfants qui se construisent de s'adjoindre comme un double moi une victime quelle qu'elle soit au risque de voir sa personnalité s'étioler et devenir larvaire, trop, c'est trop. Ce pas est franchi avec une inconscience tragique de la part de celles et ceux qui nous dirigent, et là nous pouvons nous poser la question de leur intégrité face au Peuple qu'ils dirigent, ce Peuple constitué historiquement qui ne peut comprendre que les enfants des autres souches et confessions de la Société ne soient pas eux-mêmes associés à cette déstabilisation programmée ! Que l'on honore la mort d'enfants victimes de la barbarie qu'elle soit national socialiste ou communiste, ou autre, la démocratie à parfois des errances catastrophiques, je n'en disconviens pas, bien au contraire, mais que l'on se serve des enfants pour asseoir une politique qui se révèle dictatoriale par essence, car se servant de la manipulation des esprits, au risque de les détraquer, cela est inadmissible en Démocratie. La majorité légale en France est à dix-huit ans et non pas à dix ans ou douze ans ! On se croirait revenu au temps de ce fameux national-socialisme avec ses jeunesses hitlériennes ou de ce fameux communisme avec ses jeunesses communistes, toutes embrigadées et expurgées de leur faculté critique pour embrasser une cécité les ayant menées à toutes formes de violences endémiques ! Est-ce cela que veut notre gouvernement ! Une force aveugle, incapable de critique, dévouée à la servitude de la mort, des chiens de guerre obéissant au doigt et à l'œil ? Non, l'enfance est sacrée et personne dans une Démocratie n'a le droit de la toucher, ni dans son intégrité physique, ni dans son intégrité morale, et encore moins dans sa faculté critique ! Une seule tête, une seule forme, une seule idéologie ? Ne sont-ce pas les témoins que doivent embrasser nos enfants au mépris total de leur Histoire, de la grandeur de notre Pays, de son souffle conquérant ! Qu'est ce que c'est que cette tentative de culpabilisation qui n'a pas lieu d'être, qu'est ce que cette forme d'autoritarisme sans fondement sinon celui, déguisé sous l'humanisme, complètement travesti, au mépris de la mémoire de ces enfants qui n'avaient demandé qu'à vivre, de la dictature de la pensée qui apparaît pour gardienner ce pouvoir assis sur l'ignorance et le clinquant ? Sommes-nous dans une République ou bien dans les basses fosses d'un régime qui se révèle dictatorial par essence, pour qu'il se serve de nos enfants afin de les dresser contre toutes formes de critiques, toutes formes d'investissement d'eux-mêmes, toutes formes de compréhension, toutes formes d'intelligence ! La pensée unique permettant la mise en coupe réglée des Etres Humains n'a jamais disparu de notre pays, et ceux qui prétendaient lutter contre elle ne sont que des faussaires qui montrent leur vrai visage depuis quelques mois, mais là ils vont trop loin, et je pense en mon âme et conscience que le Peuple ne pourra continuer à faire confiance à cette meute qui veut faire disparaître l'esprit critique de nos enfants par un ensevelissement totalement arbitraire ! Le masque est jeté, voyez ce qu'il en est et votez en conséquence, car le pire est à venir, si cela se poursuit indéfiniment !

Vers quelle finalité ?

Vers quelle finalité mène-t-on le Peuple Français, au regard de cette course du pouvoir faisant fi de sa voix, pouvoir impulsif irréfléchi, sabordant l'identité comme le devenir ? Les exemples ne manquent pas de ce renversement des valeurs qui sont le propre de cette agitation fébrile, pour les plus pernicieux :

- Le vote à la va vite d'un mini-traité qui n'est que la constitution européenne déguisée, par la mise en œuvre d'un mensonge éhonté, et surtout l'irrespect le plus totalitaire de la voix du Peuple Français

- L'implantation d'une base Française dans le Détroit d'Ormuz, face à l'Iran, témoignage s'il en fallait de l'irresponsabilité totale, sacrifiant sur l'autel du paraître un cinquantenaire de relations diplomatiques privilégiées avec le monde Arabe

- La mise en coupe réglée de la jeunesse Française par récitatif imposé de l'élégie communiste et pire encore, au risque de voir une déstabilisation matricielle s'instaurer dans l'esprit de jeunes enfants, l'obligation de voir ces derniers s'adjoindre la pensée d'un mort sacrifié par la barbarie, manipulation mentale exemplaire pouvant créer des chiens de guerre dévoués et consentants à toute dérive imposée par le pouvoir en place !

En quelques mois, après le rêve de voir enfin balayer la pensée unique et ses supports, cette pensée unique nous revient plus forte que jamais, contraignante à souhait, nantie de ses bataillons dévoués à la désintégration de notre Nation et de notre Peuple !

Nous y sommes, et ce ne sont les gesticulations médiatiques appariées qui y changeront quelque chose, ainsi est-il temps de se réveiller dans notre pays si nous ne voulons pas demain nous retrouver en face de commissaires politiques qui viendront nous enseigner le bien penser !

La France n'est pas ce désert des mots et ces consécrations du "moi", la France n'est pas le laboratoire du mondialisme et de ses ambitions, la France n'a pas à subir le joug des castes qui sous le masque de la démocratie agitent leur appartenance, qui Chevalier de Malte, qui Franc Maçon, qui en Groupe de pression, Sociétés en tout genre soumises à l'emprise d'un mondialisme arrogant, la France n'est pas aux ordres de ces multiples tentacules qui cherchent à la briser, l'atrophier, la soumettre, l'irradier d'une pensée unique toute dévouée à sa destruction !

Car à bien y regarder, qu'observons-nous depuis l'arrivée au pouvoir de cette junte, sinon qu'une entreprise de destruction de nos valeurs, de notre autorité, de notre rayonnement, tant en interne qu'en externe ? Recherchez un seul instant ce qui est construction : rien, rien pour le Peuple qui est passé par pertes et profits, et ce ne sont les deux cents euros, opération électorale par essence qui seront distribués aux retraités les plus faméliques qui y changeront quelque chose, aujourd'hui les acquis sociaux fondent comme neige au soleil, l'immigration est massive, jusqu'à cent cinquante mille personnes par an, sans compter les sans papiers, le droit du travail est devenu une usine à gaz où personne ne s'y retrouve, la pauvreté subit un processus d'accélération sans frein, les délocalisations se multiplient au même rythme que les faillites, ne parlons pas de notre présence extérieure qui est catastrophique, on vend à qui mieux mieux des centrales nucléaires avec le risque qui peut en découler, on s'ingère dans des conflits qui n'ont aucune vocation à devenir les nôtres, on dépense sans compter sur une caisse létale, voilà la France de ce jour !

Une France totalement aux mains de conseils qui ne ressortent d'aucune légitimité populaire, une France où la fracture sociale est un gouffre, une France où l'Identité est objet de toutes les exactions, une France où la pensée unique légifère !

En toute conscience serait-il temps de se réveiller et de se redresser avant que disparaissent dans le néant du bulldozer mondialiste notre force comme notre volonté d'épanouissement, reléguées dans les basses fosses de ce pouvoir qui les incarcèrent avec une frivolité qui dépasse l'imagination !

Et pour ce faut-il que chacun se secoue du joug médiatique qui l'environne et le paralyse, se déculpabilise de cette culpabilité inventée de toutes pièces par les aigrefins de la torpeur, écologistes politiques notamment, qui ne rêvent que la destruction de l'humain et en aucun cas son ascension. Dressez-vous enfin, au-delà de la reptation, au-delà de la génuflexion, de l'illusion et du mensonge qui vous dominent, afin d'œuvrer en citoyens responsables !

À défaut ce voile qui vous recouvre s'opacifiera de plus en plus et demain vous ne pourrez plus faire un pas !

Il est temps de mûrir et coordonner vos efforts afin de vous sortir de cet abîme vers lequel on vous entraîne, cette finalité portée par ce pouvoir qui porte en elle les germes de votre destruction en tant qu'identité individuelle et collective !

Le dépeçage de l'Europe

Alors que certains déclarent à qui mieux mieux l'idée
de Dieu, comme un slogan publicitaire, — Dieu ne
relevant en aucun cas d'une quelconque prestation
électoraliste ! — on assiste au dépeçage de la Serbie,
du cœur religieux de son empreinte, ce Kosovo, où se
situe l'église Orthodoxe de son rayonnement ! Il y a
vraiment de quoi s'interroger sur les buts poursuivis
par cet étrange attelage constituant le pouvoir
européen dont chacun sait que la cécité est
conditionnée par un mondialisme tout horizon.
Enclave musulmane au cœur des Balkans, légiférée
parce que Charles De Gaulle appelait, le machin, qui
ne devrait avoir aucun droit sur les Nations, au sens
de la Déclaration Universelle des Droits de l'Homme,
ce précédent appelle à une conclusion très claire :
l'entrée de la Turquie dans l'Europe, prélude à la
désintégration globale de l'Europe (avec un E
majuscule). Ne nous leurrons pas ! De là à penser,
faisons de la politique-fiction, que la mise à feu et à
sang des Balkans ait été programmée, pourquoi pas ?
Si on analyse, horrible comptabilité, mais que
l'histoire se doit de faire, les massacres perpétués par
les belligérants, on ne peut que s'indigner des
prétentions au martyr du Kosovo, à telles fins que le
représentant de la Coforce, Général Canadien, a tout
simplement conclu que l'OTAN s'était trompée de
cible ! La manipulation est évidente, presque grossière,
et il suffit d'encadrer sa dérision pour en révéler le
but, ce but souverain de destruction des Nations
poursuivi méthodiquement par les instances tribales
d'une ONU aux ordres de la finalité mondialiste,
irrespectueuse tant des Identités que des Existants
Biogéographiques, ces Nations, objets de toutes les
haines, surtout si leur contenu Spirituel est

Catholique ou Orthodoxe, ce qui donne la mesure des paroles engagées par tels ou tels personnages inféodés qui osent parler de Spiritualité ! La Russie, intègre encore dans ce champ de ruines mondialiste a fait valoir sa voix, qui bien entendu n'a pas été écoutée par le cénacle des représentants de cette ONU, membres de cette Lucy Trust dévouée à une vision abstraite du réel. L'Espagne, la Grèce et autres, s'inquiètent. Ces pays ont bien raison de s'inquiéter, car le séparatisme, vague de fond du laminage des Nations constituées n'a pas terminé son œuvre, et je ne vois pas pourquoi demain, les Basques, les Corses, les Bretons, pour les plus proches de nous, ne demanderaient pas leur indépendance ? Remercions donc ici les commissaires politiques de cette europe aux ordres pour ce haut fait d'arme de la destruction ! Il y a des jours de gloire pour les "européistes", espérons qu'il y en aura d'autres pour les Européens, respectueux des Nations constituées !

Le Droit des Enfants

http://www.unicef.org/french/crc/index_using.html
Face à la tentative de déstabilisation du devenir, nos Enfants, par le pouvoir en place, vous n'êtes pas démunis, car le pouvoir est en totale contradiction avec le Droit International. Parents d'élèves, unissez-vous en class action pour porter plainte près des tribunaux Français puis vers les Tribunaux internationaux pour tentative, et si une quelconque loi, un quelconque décret d'application en regard d'une loi existante, venait à passer, pour maltraitance psychologique, psychique et psychosociologique de vos Enfants organisée par le pouvoir en notre Pays. Il est intolérable de pouvoir penser un seul instant que le Peuple Français se soumette à l'exécution de cette tentative de manipulation mentale tendant à la culpabilisation et dans les cas les plus fragiles au suicide de toute une génération et des générations à venir sur notre sol Français ! Je vous invite d'ores et déjà à lire attentivement la Charte des Droits de l'Enfant sur le site de L'UNICEF, et vous constaterez avec outrance que le Droit International est bafoué en ses articles qui suivent en leurs extraits :

Article premier
Au sens de la présente convention, un enfant s'entend de tout être humain âgé de moins de dix-huit ans, sauf si la majorité est atteinte plus tôt, en vertu de la législation qui lui est applicable.
Article 2
1. Les États parties s'engagent à respecter les droits qui sont énoncés dans la présente Convention et à les garantir à tout enfant relevant de leur juridiction, sans distinction aucune, indépendamment de toute considération de race, de couleur, de sexe, de langue, de religion, d'opinion politique ou autre de l'enfant ou de ses

parents ou représentants légaux, de leur origine nationale, ethnique ou sociale, de leur situation de fortune, de leur incapacité, de leur naissance ou de toute autre situation.

2. Les États parties prennent toutes les mesures appropriées pour que l'enfant soit effectivement protégé contre toutes formes de discrimination ou de sanction motivées par la situation juridique, les activités, les opinions déclarées ou les convictions de ses parents, de ses représentants légaux ou des membres de sa famille.

Article 3

1. Dans toutes les décisions qui concernent les enfants, qu'elles soient le fait des institutions publiques ou privées de protection sociale, des tribunaux, des autorités administratives ou des organes législatifs, l'intérêt supérieur de l'enfant doit être une considération primordiale.

2. Les États parties s'engagent à assurer à l'enfant la protection et les soins nécessaires à son bien-être, compte tenu des droits et des devoirs de ses parents, de ses tuteurs ou des autres personnes légalement responsables de lui, et ils prennent à cette fin toutes les mesures législatives et administratives appropriées.

Article 4

Les États parties s'engagent à prendre toutes les mesures législatives, administratives et autres qui sont nécessaires pour mettre en œuvre les droits reconnus dans la présente Convention. Dans le cas des droits économiques, sociaux et culturels, ils prennent ces mesures dans toutes les limites des ressources dont ils disposent et, s'il y a lieu, dans le cadre de la coopération internationale.

Article 8

1. Les États parties s'engagent à respecter le droit de l'enfant de préserver son identité, y compris sa nationalité, son nom et ses relations familiales, tels qu'ils sont reconnus par la loi, sans ingérence illégale.

2. Si un enfant est illégalement privé des éléments constitutifs de son identité ou de certains d'entre eux, les États parties doivent lui accorder une assistance et une protection appropriées, pour que

son identité soit rétablie aussi rapidement que possible.

Article 12

1. Les États parties garantissent à l'enfant qui est capable de discernement le droit d'exprimer librement son opinion sur toute question l'intéressant, les opinions de l'enfant étant dûment prises en considération eu égard à son âge et à son degré de maturité.

Article 13

1. L'enfant a droit à la liberté d'expression. Ce droit comprend la liberté de rechercher, de recevoir et de répandre des informations et des idées de toute espèce, sans considération de frontières, sous une forme orale, écrite, imprimée ou artistique, ou par tout autre moyen du choix de l'enfant.

2. L'exercice de ce droit ne peut faire l'objet que des seules restrictions qui sont prescrites par la loi et qui sont nécessaires :

a) Au respect des droits ou de la réputation d'autrui ;

Article 14

1. Les États parties respectent le droit de l'enfant à la liberté de pensée, de conscience et de religion.

Article 16

1. Nul enfant ne fera l'objet d'immixtions arbitraires ou illégales dans sa vie privée, sa famille, son domicile ou sa correspondance, ni d'atteintes illégales à son honneur et à sa réputation.

2. L'enfant a droit à la protection de la loi contre de telles immixtions ou de telles atteintes.

Article 17

Les États parties reconnaissent l'importance de la fonction remplie par les médias et veillent à ce que l'enfant ait accès à une information et à des matériels provenant de sources nationales et internationales diverses, notamment ceux qui visent à promouvoir son bien-être social, spirituel et moral ainsi que sa santé physique et mentale.

Article 19

1. Les États parties prennent toutes les mesures législatives, administratives, sociales et éducatives appropriées pour protéger l'enfant contre toutes

formes de violence, d'atteinte ou de brutalités physiques ou mentales, d'abandon ou de négligence, de mauvais traitements **ou d'exploitation**, y compris la violence sexuelle, pendant qu'il est sous la garde de ses parents ou de l'un d'eux, de son ou ses représentants légaux **ou de toute autre personne à qui il est confié**.

Article 29

1. Les États parties conviennent que l'éducation de l'enfant doit viser à :

a) **Favoriser l'épanouissement de la personnalité de l'enfant et le développement de ses dons et des ses aptitudes mentales et physiques, dans toute la mesure de leurs potentialités ;**

b) **Inculquer à l'enfant le respect des droits de l'homme et des libertés fondamentales, et des principes consacrés dans la Charte des Nations Unies ;**

c) **Inculquer à l'enfant le respect de ses parents, de son identité, de sa langue et de ses valeurs culturelles, ainsi que le respect des valeurs nationales du pays dans lequel il vit, du pays duquel il peut être originaire et des civilisations différentes de la sienne ;**

d) **Préparer l'enfant à assumer les responsabilités de la vie dans une société libre, dans un esprit de compréhension, de paix, de tolérance, d'égalité entre les sexes et d'amitié entre tous les peuples et groupes ethniques, nationaux et religieux, et avec les personnes d'origine autochtone ;**

e) **Inculquer à l'enfant le respect du milieu naturel.**

2. **Aucune disposition du présent article ou de l'article 28 ne sera interprétée d'une manière qui porte atteinte à la liberté des personnes physiques ou morales de créer et de diriger des établissements d'enseignement, à condition que les principes énoncés au paragraphe 1 du présent article soient respectés et que l'éducation dispensée dans ces établissements soit conforme aux normes minimales que l'État aura prescrites.**

Article 30

Dans les États où il existe des minorités ethniques, religieuses ou linguistiques **ou des personnes d'origine autochtone, un enfant autochtone ou** appartenant à une de ces minorités ne peut être privé du droit d'avoir sa propre vie culturelle, de professer et de pratiquer sa propre religion ou d'employer sa propre langue en commun avec les autres membres de son groupe.

Article 31

1. Les États parties reconnaissent à l'enfant le droit au repos et aux loisirs, de se livrer au jeu et à des activités récréatives propres à son âge, et de **participer librement** à la vie culturelle et artistique.

2. Les États parties respectent et favorisent le droit de l'enfant de participer pleinement à la vie culturelle et artistique, et encouragent l'organisation à son intention de moyens appropriés de loisirs et d'activités récréatives, artistiques et culturelles, dans des conditions d'égalité.

Article 36

Les États **parties protègent l'enfant contre toutes autres formes d'exploitation préjudiciables à tout aspect de son bien-être**.

En considération de quoi, agissez, et ne vous laissez pas manipuler, le Droit est avec vous, le Droit mais pas unilatéral, il est multilatéral, et vous n'avez pas à craindre de l'utiliser surtout s'il s'agit de l'intégrité psychique, psychologique, psychosociologique de vos Enfants !

Résistance

Face au diktat de la pensée unique, que l'on croyait terrassée mais qui revient dans ses honneurs les plus lugubres, allant de la mise en esclavage de notre Peuple à son euthanasie, toute dévouée à la désintégration de notre Nation, de notre Identité, il n'y a qu'une solution : la résistance !

Résistance contre le mensonge permanent qui inonde nos médias, par mise en œuvre de médias fiables et non inféodés

Résistance contre la corruption mentale, tendant à la désintégration culturelle de notre Pays, par mise en œuvre d'encyclopédies multimédia permettant de forger les intelligences et non les anémier.

Résistance contre une éducation dévouée au culte de la mort, par rejet systématique de toutes tentatives dirigistes tendant à la désintégration du pouvoir critique de nos enfants, par mise en œuvre d'écoles, de collèges, de lycées, d'universités privés, fondant la morale non pas sur le culte de la mort mais sur le culte de la vie permettant l'épanouissement de nos enfants.

Résistance contre les abus de pouvoirs dictatoriaux et monarchiques de pseudo-conseils dévoués à la désintégration de notre pays, par mise en œuvre de conseils parallèles permettant de mettre en exergue et combattre tout ce qui tend à la désintégration de notre Nation et de notre Identité.

Résistance contre les suppôts des pouvoirs politiques désintégrant par mise en exergue de leurs appartenances et de leurs inféodations à des sociétés n'ayant d'autres vocations que la destruction des Nations et des Identités.

Résistance contre l'anémie économique, par création d'une banque Nationale permettant d'aider les créateurs d'entreprise, assistance et régulation, par l'instauration d'un groupe de pression permettant de juguler l'étouffement d'une fiscalité dénaturée.

Résistance totale envers la dictature monarchique amenant la restauration de l'appauvrissement, et l'exacerbation des privilèges de castes superficielles.

Résistance sur tous les fronts, économiques, culturels, philosophiques, artistiques, en tous lieux et en toutes associations, afin que l'idéal de la Démocratie, la Liberté, ne soit plus un vain mot comme il l'est actuellement.

Je ne saurais trop conseiller la relecture de la Déclaration Universelle des Droits de l'Homme qui est bafouée ce jour, y compris la Déclaration Universelle des Droits des Enfants que le pouvoir cherche à s'accaparer pour en faire des larves serviles, et ce en ignorant ces Droits ultimes dont l'État Français est signataire !

La Démocratie sait heureusement créer ses antis corps, et je gage qu'elle redeviendra le fer de lance de notre Pays Civilisateur lorsqu'il est auréolé de la Liberté, et destructeur lorsqu'il est sous le joug d'une domination qui lui est contraire. L'illusion n'a qu'un temps, le paraître de même. Il est temps de réveiller les consciences dans le cadre de Conseils de citoyens, au-delà de ces idées dénaturées de droite ou de gauche, de la commune au département, du département à la région, allant porter non pas doléances aux maîtres « suprêmes » mais conditions de la volonté du Peuple Français !

Droit, Conseils, Choix

Le Droit, les usages, les coutumes sont les piliers fondamentaux sur lesquels il convient de s'appuyer pour entreprendre objectivement les prémisses d'une renaissance Nationale. Ces leviers sont les fondamentaux qui ont initié la force et la vertu de notre Peuple. Le Droit ne doit pas être regardé uniquement sous l'angle National, mais dans le cadre transversal, celui qui a fondé le Droit international en ses grands principes mais en aucun cas dans ses particularismes qui sont autant de freins au réveil de la Nation. Les leviers issus du Droit international sont opérants dans le cadre de la Liberté, de penser, de s'associer, de construire, de disposer de soi, à l'image des Peuples constitués qui ne peuvent être balayés d'un revers de main par des stratégies destructrices qu'elles soient issues de modalités guerrières, économiques, politiques. Ainsi toute action née de pouvoirs politiques quels qu'ils soient doit être analysée à la loupe de ces Droits énoncés, ce qui amène à dire, dans le cadre des différentes actions menées par le pouvoir singulier qui existe actuellement dans notre pays, qu'au moins dans la réalité le Droit International a été bafoué, car ne tenant pas compte de l'article précisant que les Peuples peuvent librement disposer d'eux mêmes, par l'acceptation d'un mini-traité européen, et qu'en intention, ce Droit est de nouveau bafoué au regard du Droit des Enfants, lorsque ce pouvoir s'apprête à infliger une maltraitance psychologique, psychique, psychosociologique à nos enfants de dix ans ! En conséquence de quoi, le Peuple Français n'a pas à se considérer lié par un mini-traité qui n'a pas requis son consentement, et encore moins prêter allégeance à une tentative de corruption mentale de ses enfants par le pouvoir en place. La chose n'est pas si simple me direz-vous, à quoi je rétorquerai que la mise en œuvre de class action (groupement de lésés) près des tribunaux internationaux permettra, à n'en pas douter, de corriger les dérives arbitraires auxquelles nous assistons actuellement. Ainsi et seulement dans le cadre de ce principe la liberté sera respectée dans notre Pays, et c'est bien pour cela que les Conseils de citoyens, de la commune au département, du département à la région, des régions à la Nation doivent naître afin de permettre cette typologie d'action souveraine, bien qu'individuellement déjà chaque citoyen puisse en être l'auteur. En considération de ce qui vient d'être dit, la légalité d'une action d'envergure peut être fondée. Le Peuple en ses représentants signifiants, issus des conseils, je ne parle pas des élus politiques, aura-t-il le courage de mettre en œuvre cette résurgence du Droit ? Voilà la question à laquelle il convient de répondre avant tout pour progresser dans le cadre de la renaissance de notre Nation et de notre Identité. Car il ne faut pas le nier, ce qui manque ce jour dans le cadre de cette dimension, c'est le courage à nos contemporains, qui par peur, qui par indifférence, qui par reptation, qui par inféodation. Comme disait Orwell, lorsque l'imposture est là, faire valoir la vérité ressort de l'acte révolutionnaire par excellence, et pour paraphraser Charles de Gaulle, nous dirons aussi que le déni d'intelligence constituera le déni de notre civilisation. Ainsi le choix doit-il rapidement se faire pour chacun d'entre nous, soit nous acceptons la captivité, soit nous résistons intelligemment en nous servant de cette armature vitale qu'est le Droit, voté en son temps par des Élites responsables et respectueuses tant des Nations que des Identités. À chacun de s'identifier et faire en sorte que son courage que l'on peut qualifier de révolutionnaire intellectuellement parlant, (au regard du larvisme qui s'instaure) soit à la hauteur de ses opinions. Soit l'on désire un monde multipolaire, universaliste par essence, respectueux des Nations et des Identités, soit on préfère un monde indifférencié, stérile et concentrationnaire. Voilà l'enjeu, à chacun de voir.

Lettre ouverte

Monsieur De Villepin, quand donc ferez-vous sécession et fonderez vous le parti de la rénovation Française ? Vous ne serez pas seuls, des millions de Françaises et Français vous accompagneront dans ce renouveau, au-delà des partis, au-delà des prébendes, au-delà des inféodations, au-delà des reptations, et vous serez accompagné par les dissidents de ce parti éléphantesque dont on voit l'action ce jour, une action illustrée par le mensonge, par la démagogie, par la mise en valeur d'une monarchie de fait, confère Neuilly sur Seine ! Il ne faut pas attendre indéfiniment, la voie du Pouvoir vous est ouverte, car vous êtes respectueux de cette France dont nous sommes citoyens, autochtones, naturalisés, tous en attente d'un représentant assumant l'Identité et l'Histoire de la France, qui n'est pas celle d'être sabordée par génuflexions morbides aux tenanciers d'un mondialisme qui ne rêvent que d'esclaves et de maîtres, chantres de l'euthanasie des corps, des esprits et des âmes ! Vous le savez la confrontation d'un monde multipolaire à un monde indifférenciée sera inéluctablement le défi des prochaines décennies, soit un monde couronnant l'abstraction, celui du mondialisme aveugle déifié par la thèse et l'antithèse, soit la synthèse de ce qu'à créée de plus effrayant l'humain, le national-socialisme et le communisme, soit un monde couronnant l'Etre-Humanité, respectueux des Nations et des Peuples, et du Droit, ce Droit totalement ignoré par les prétendants au pouvoir de cet ordre mondial en marche dont ils ne sont que des valets insipides et morbides ! Les Françaises et les Français de souche comme naturalisés en ont assez du mensonge, du déni du Droit, de ce délire permanent qui fait accroire l'existence d'une gauche et d'une droite qui n'existent pas, comme vous le savez, leurre qui permet de conscrire et circonscrire des adulations sans nombres n'ayant pour but que la désintégration des valeurs qui ont fondé la France, son Universalisme et sa grandeur, son honneur aussi, courbé ce jour dans la boue de l'indifférencié ! Relevez ce défi, vous ne serez pas seul ! Vous ne manquez ni de courage ni d'autorité, qu'est ce qui vous retient ? L'affaire Clearstream ? Qu'importe cette affaire, vous étiez aux ordres, et ce ne sont ceux qui vous en font morale qui sont les plus en droit de vous la faire ! Mettez vous en marche et vous trouverez alors celles et ceux qui formeront vos bataillons pour conquérir le Pouvoir, le véritable Pouvoir qui doit être remis entre les mains de ceux qui savent que diriger la Cité c'est élever et non rabaisser, c'est construire et non détruire, c'est avancer et non pas reculer, c'est initier et non laisser dans la nuit, c'est fertiliser et non opacifier ! La nuit est tombée sur la France, réveillez là !

Dépeçage suite naturelle

Qu'un Peuple se dresse contre son dépeçage autorisé par le club des déracinés de la Terre on ne peut que s'en féliciter, que la Russie prenne sa défense c'est tout à fait Naturel, car la Russie est une Nation et non pas un puzzle mosaïque de pays qui n'ont rien à voir les uns avec les autres, sinon qu'économiquement, que la violence se dresse contre l'ignominie qui rejette le droit des Peuples à disposer d'eux-mêmes au sens de la Charte des Nations Unis, on ne peut que le comprendre si un tant soit peu on respecte de Droit International, on regrette seulement de voir ce Peuple saccager des Ambassades qui ne sont que des symboles et non des entités permettant de clarifier les problèmes. Par contre où la Russie se trompe, c'est que la création du Kosovo n'est pas le fait du hasard, cette création permettant la mise en œuvre d'une enclave musulmane dans le cœur des Balkans, n'est que le prélude à l'entrée en force de l'Asie Mineure dans l'Europe, en la présence de la Turquie qui ne rêve que d'une seule chose, investir cette europe molle et liquéfiée, résultat de sa désintégration larvaire à des buts qui vont vers ce mondialisme unipolaire dont rêvent tous les dictateurs en herbe et officiants de notre globe. Le mondialisme est pervers et machiavélique dans ses actes, il crée les conditions du conflit, puis dans le sens de sa voie détournée, écrase le conflit pour placer ses pions inféodés, voir l'Irak qui en est le plus pur exemple. On surarme Le Potentat puis on le détruit, pour imposer une image de Démocratie qui n'a rien à voir avec la Démocratie ! Jeu de dupes et jeu d'errance dans laquelle l'europe s'est engagée sans tenir compte des réalités qui ordonnent le monde unipolaire, soit la destruction des Nations. Nous sommes loin, très loin de la Société des Nations, respectueuse des Identités et des Nations, aujourd'hui les sociétés qui s'en réclament sont totalement inféodées de par les hommes qui en ont pris le pouvoir et les façonnent à cette vision unipolaire qui ne peut que se retourner contre eux-mêmes un jour ou l'autre, et ce jour semble arriver, ce qui n'a rien d'étonnant, sauf à penser que cela soit régit pour écraser définitivement les prétentions des Nations Européennes à exister, tout est possible, mais cela ne changera rien, les Nations renaîtront. En effet, un système quel qu'il soit doit prendre en compte l'intégralité des composantes de son ordre et non pas une partie de ses composantes. Tout système qui oubli cette invariance est voué à la destruction soit par explosion soit par implosion, car l'équilibre naît de l'harmonie, et toute harmonie brisée ne peut que péricliter. Rien n'est perdu pour conserver la Paix, si et si seulement le problème du Kosovo est posé dans sa réalité et non dans son abstraction, et le pur mensonge qui l'auréole. Le Kosovo est le cœur traditionnel et charismatique de la Serbie, cœur de son Église Orthodoxe. Amputer le Kosovo de la Serbie c'est vouloir détruire son âme, car une Nation a une âme, et cela gêne bien évidemment ceux qui foulent au pied l'Identité, le Peuple, la Nation ! Que dirait-on en France si on nous amputait de la Bretagne ? Que dirait-on aux Etats Unis si on amputait ce pays de la Virginie ? En conséquence, il n'est pas d'autre devenir que celui de réintégrer le Kosovo à la Serbie, sous contrôle, la violence ne résolvant rien. Il est bien évident que si cela ne se produit, nous allons vers une guerre criminelle, qui ne sera pas le fait ni de la Serbie, ni de la Russie, mais des Potentats qui règnent sur cette europe désintégrée qui n'a pas l'ambition de faire rayonner ses Nations mais bien au contraire les détruire pour les dissoudre dans l'asservissement de ce mondialisme arrogant qui foule tous les Droits dans le limon de la cendre.

Télévision et Caste ?

À l'heure du silence, du grand silence de la presse aux ordres, le bâillon du totalitarisme s'instaure, monolithique, sur ce qui restait de liberté et de promesse sur la chaîne internationale Française, par nomination confessionnelle, d'une manière népotique, illustration de la main mise par le pouvoir sur la liberté de pensée, et conjointement de sa préférence manifeste pour certains représentants de sa diversité, qu'il ne cesse de mettre en avant dans le plus grand mépris des autres couches de la population, notamment autochtones. Une France de caste est en train de naître sans que le commun de notre Peuple ne le perçoive. À l'assemblance de certains régimes Africains, le pouvoir est ethnique et ne nomme que dans sa couche ethnique au mépris du droit le plus élémentaire de la pluralité, et en se contrefichant totalement, notamment dans le cadre de cette chaîne internationale qu'il puisse exister une incompatibilité totale entre la fonction et la vie personnelle ! Comment peut-on nommer l'épouse du ministre des affaires étrangères numéro deux de cette chaîne internationale ? Nous ne sommes plus dans la bêtise qui est pardonnable, mais dans le diktat qu'il convient de dénoncer ! L'information, la Culture, ne sont pas les chasses gardées d'un quelconque pouvoir, où d'une quelconque caste dans ce pouvoir, les pouvoirs disparaissent, l'information et la Culture restent ! Accepterons-nous la dictature d'une pensée quelconque, et notamment de cette caste dans le pouvoir, issue de ce pouvoir, car actuellement le pouvoir ? Non, le Peuple de France n'a pas à subir cette dictature de la pensée, de l'arrogance et du mépris, dont les armes sont la culpabilisation et le non droit, la pensée n'est pas unilatérale, et en

Démocratie, on respecte les modes de pensées d'où qu'ils viennent dès l'instant où ils ne nuisent pas à autrui ! La ficelle de la manipulation est grossière et n'importe qui ayant encore un esprit critique a pu remarquer le discours transverse, asymétrique qui coordonne l'ampleur de la conquête manipulatrice qui s'ordonne et s'arroge tous les droits sans considération du Droit. Dans un premier temps on culpabilise, dans un second on légifère, outrepassant toute valeur pour caractériser la mise en place qui devient incontestable de tel ou tel outil de la caste dirigeante. Le jeu est toutefois trop parlant pour qu'il ne puisse se révéler à l'analyse. Et cette analyse chacun peut la faire, et dans ses ramifications et ses déambulatoires tous en contradictions avec l'idéal de la Démocratie comme de la Liberté ! À trop vouloir dans la martyrologie, jusqu'à la réception de ministres éblouis, pour minimiser ce que ressent avec un bon sens coutumier le Peuple Français, qui n'accorde même pas quarante pour cent de crédibilité au pouvoir en place, on se perd et on s'éperd, ce d'autant plus que l'esprit de caste a désormais remplacé l'esprit de la Démocratie dans les arcanes et les piliers de ce pouvoir ! La France n'est pas que cela heureusement, et elle saura en témoigner légalement par les suffrages universels auxquels elle sera conviée, balayant cet esprit de caste de la géographie politique, esprit qui ce jour paralyse tout devenir rationnel car inféodé à un devoir de destruction de notre Nation comme de notre Identité. Non la France n'est pas dupe, qu'on le veuille où non, car ce qui ne sera jamais bâillonné, où que ce soit d'ailleurs, c'est la raison critique, celle que ce pouvoir voudrait refuser à nos enfants au mépris du Droit International, par un parrainage hallucinant renforçant l'esprit de communautarisme, cette raison qui permet de construire et que l'on voudrait détruire, pour cause l'asservissement qu'on cherche à imposer à notre Peuple, prémisse à cette mondialisation dénaturée en laquelle ne peuvent se retrouver que les déracinés, ce que notre Peuple n'acceptera jamais.

Fiction ? Dictature.

En préambule, j'ai le plus grand respect pour les confessions quelles qu'elles soient, dès l'instant ou ce respect est bilatéral et en aucun cas unilatéral. Aujourd'hui je ne peux que m'interroger sur la suffisance et l'arrogance d'une partie des membres d'une confession qui au mépris du Droit qu'il soit National ou International piétine la Nation, l'Identité, la Raison Française, s'investit de tous les pouvoirs et réclame l'asservissement de la pensée Française à une désintégration ordonnée, calculée, et bientôt légiférée. Le pouvoir que nous avons installé par les urnes, dupés que nous avons été par l'hypocrisie la plus éclatante que la France ait vécue, neuf mois on suffit pour nous le faire découvrir, ce jour en déclin, ce qui n'est pas étonnant compte tenu de son incapacité à créer, et de sa capacité à détruire, se trouve totalement aux mains arbitraires des membres de cette confession ! Que je sache, la République est une et indivisible, que je sache ses Institutions représentent l'intégralité des Françaises et des Français, que je sache une représentation de caste ne peut y figurer sans, sans jeux de mots, préfigurer une tentative de dictature que nous ne devons en aucun cas accepter en jugeant par les urnes et en faisant respecter le Droit, National et International ! Préambule de l'instauration de cette dictature, une guerre perverse et asymétrique, une guerre de destruction des valeurs Humaines ancrées dans notre Nation, Honneur, Patrie, une guerre asymétrique permettant par un lavage de cerveaux continu la mise en exergue d'une culpabilisation de façade permettant de mettre en valeur une partie de notre population, qui résultante devient intouchable au motif d'un martyr exclusif, cycle permettant à cette couche de population de se situer au-delà du Droit fondamental, au-delà du Droit International, sans qu'une seule voix ne s'élève à l'encontre, de peur de commettre un crime de lèse-majesté légiféré ! Au sein même de cette communauté des voix s'élèvent pour stipendier cette hérésie, car il ne faut pas confondre les membres d'une communauté attachés à la destruction des valeurs qui ne rêvent que barbaries, euthanasies, dictature, avec la majorité de cette communauté que je porte dans mon cœur et qui elle est respectueuse de nos valeurs communes qui ne sont ni à vendre ni à spolier ! L'attaque asymétrique vient d'avoir lieu le 13 février, nous ne sommes pas dupes, au mépris du Droit International, le Droit des Enfants dont la France est signataire. Cette attaque va se poursuivre jusqu'à ce que le Peuple de France se courbe devant la Dictature qui s'avance, le 13 14 mars réception avec faste du représentant d'un Pays, qu'au demeurant j'admire pour sa ténacité, mais qui n'a pas à se prévaloir d'une autorité quelconque dans le nôtre, le 23 27 mars Salon du Livre dévoué non pas à la littérature dans son essence universaliste, mais uniquement à la confession adulée, nous sommes en pleine cécité, et s'il existe des lumières dans le cadre de cette confession, il convient d'admettre qu'il y en a d'autres de part ce vaste monde et que personne, je dis bien personne n'a la Vérité, sinon une parcelle divine par essence que l'on ne peut nier à l'Etre Humain, 1 mai ou 7 mai visite au Pays de l'invité précédent pour allégeance se traduisant par un discours moralisateur à l'encontre du Peuple de France, en compagnie du représentant de l'Allemagne ? – que l'on se recueille j'en suis tout à fait d'accord, mais le recueillement est individuel, et ne peut en aucun cas servir de prétexte pour asseoir une dictature de fait sur les Esprits -, 1 juillet, au nom du diktat imposé par ce pouvoir à la France, au mépris du Droit le plus élémentaire, le règne européen de l'oligarchie peut commencer, et en ses œuvres destructrices nous pouvons déjà penser, dans l'approche d'une Communauté Méditerranéenne que le pouvoir qui nous inonde de ses glorifications en vienne à demander l'entrée en force de tous les pays méditerranéens dans le cadre de cette europe qui ressemble de plus en plus à une tour de Babel (c'est d'ailleurs cela qui est rassurant car nous savons tous ce qu'est devenue cette tour de Babel), 13 juillet, réunion dans notre Pays, de tous les Pays pressentis pour la fondation de cette Communauté Méditerranéenne, il n'y a plus d'argent dans la caisse de l'Etat, mais au diable l'avarice, lorsque ce n'est pas son argent que l'on sort mais l'argent du contribuable, Communauté bien entendu à la botte du Pays précité, 14 juillet, l'invraisemblable arrive, pour couronner le massacre des Esprits, une armée étrangère issue du Pays précité, défile sur les Champs Elysées, sanctuarisant la conquête d'une dictature qui lentement, insidieusement, prend forme devant nos yeux, et qui trouvera là son apogée ! Fiction, réalité ? En tous les cas, si cela se réalise, nous n'aurons plus à nous interroger sur la réalité de la mise en place de cette dictature de fait, et non de droit, mais d'ici là il y a une élection, et je gage que le bon sens populaire, saura remettre le fleuve dans son lit, à commencer par réajuster ceux qui roulent en roue libre dans ce chemin de France qu'ils ont oublié et pour lequel ils devraient se mettre à l'ouvrage sérieusement au lieu de s'agiter frénétiquement dans des utopies et des aventures fallacieuses qui n'amèneront que la ruine de ce qui reste de l'europe et de ses pays, mais après tout, peut-être est-ce cela qu'ils recherchent, tant leur mépris est grand de l'Etre Humain, de son Identité, de ses Nations construites, qu'ils ne rêvent que de détruire ! Nous en reparlerons.

Deux poids deux mesures

Un observateur l'aura compris, il existe deux poids deux mesures à l'aune du Droit international. L'exemple le plus révélateur est constitué par les entités qui suivent : la Serbie et le Kosovo, la Turquie et le Kurdistan. Serbie Kosovo : une province se déclare unilatéralement indépendante, soutenue par les tenants d'une europe arbitraire et dictatoriale, dans le plus grand mépris du Droit des Peuples à disposer d'eux-mêmes, et de la Résolution 1244 de l'ONU. La Serbie n'a que le droit de se taire et d'agréer la perte de son cœur historique et religieux, laissant entre des mains Musulmanes une partie de sa population, dont nous ne saurions trop rappeler comment elle a été traitée lors de l'arrivée du proconsul onusien, qui a fait des assassins des Serbes la troupe choisie pour représenter l'armée de ce Kosovo. Turquie Kurdistan : Ici le Droit des Peuples à disposer d'eux-mêmes est poussé à l'extrême. On autorise la Turquie à pourchasser le Peuple Kurdistan jusqu'en ses différents pays d'adoption, se gardant bien de l'Iran et de la Syrie, les Turcs vont cerner, tuer, dépecer des villages Kurdes sans bien entendu que le moindre cil ne bouge en provenance de l'ONU, de cette europe aux ordres ! Encore une fois le Droit international est bafoué et nul ne conteste le droit de la Turquie d'assassiner impunément une partie de son Peuple, jusqu'en Irak pour préserver son intégrité territoriale, et de l'autre côté le non droit de la Serbie de se voir mutiler d'une partie de son territoire ! Que voit-on se profiler dans cette dégradation du Droit international ? Une nette préférence pour le monde Musulman, au détriment de ces fameuses "racines Chrétiennes" dont s'enchantent certains personnages. Cela est si visible qu'en Russie on s'en émeut, d'avoir à ses frontières demain ces conquérants de toujours qui ne rêvent que d'islamiser l'Europe. Qu'ils se rassurent, au train où vont les choses ils n'auront pas grande difficulté, le courage ayant été remplacé dans ses instances par la lâcheté manipulée par des castes qui ne rêvent que de la destruction des Nations Européennes. Face à ce déni du Droit International, cette faillite des Institutions, cette reptation manipulée, on ne peut pas grand-chose me direz-vous, et bien justement, très justement si. Il convient de faire respecter le Droit International bâti sur la Charte des Nations Unis, et pour ce faire reconquérir nos Nations de manière à investir ces Nations Unies en déperdition et y envoyer des Femmes et des Hommes courageux qui sauront être inflexibles là où l'inféodation et la reptation sont de mises. Nos Nations ne sont pas nées du courant Musulman, elles ont un héritage Gréco-Romain qui n'a rien à voir avec les sources Judaïques ou Islamiques, qui a embrassé le Christianisme comme Temple des valeurs Humaines. Il serait temps de le faire comprendre dans le cadre de ce combat qui se dresse sur l'horizon, et pour lequel chacun en conscience doit se préparer. Car combat idéologique il y aura obligatoirement. Et quand à ceux qui rêvent de voir l'Occident se tourner vers le Judaïsme, contraint ou forcé comme cela se prépare actuellement, qu'ils ne rêvent pas trop, les Nations Européennes n'ont besoins de mythes pour se reconstruire et se défendre contre une oppression quelconque, fut-elle téléguidée, légiférée, ou bien tout simplement planifiée. Ces Nations multimillénaires s'éveilleront devant la contrainte et comme elles l'ont toujours fait se rebelleront contre tout autoritarisme quel qu'il soit, jusqu'à sa dissolution. Privilèges des civilisations multimillénaires, ce qui manque aux conquérants de ce jour c'est justement cette expérience historique qui dans ses cycles est invariante : le trouble dans l'harmonie est toujours destitué par l'harmonie, et ce ne sont des situations permissives qui peuvent y changer quelque chose, car en chacun brille cette étincelle que nul ne peut contrarier : la Liberté de ses racines, fondée par le Droit, ce Droit international aujourd'hui bafoué qui ne peut que renaître avec plus de volonté et de fermeté, après ces coups de semonce de la dictature qui s'avance et qui vient enfin de se révéler, dans sa croyance ultime de détenir la vérité, alors que chacun n'est qu'un rayon dans le cercle de la Vérité ! À suivre.

Racisme

Le ferment du racisme se tient dans l'irrespect le plus total des Identités, des Ethnies, des Peuples, des Races, de l'Humanité ! Que voyons-nous aujourd'hui ? Les chantres de l'anti racisme être plus racistes que n'importe quel être humain normalement constitué ! L'irrespect est leur guide et leur maître à penser, ils forgent les communautarismes et ensuite s'étonnent de voir naître les antis corps pulluler pour ne pas être dans la règle infâme qu'ils président, celle de l'unipolarité, celle du mimétisme, celle de l'apologie de l'informe, celle de la dénaturation la plus putride ! Le Racisme est leur fer de lance, à telle fin qu'ils obligent des communautés à vivre ensemble jusqu'à ce que le sang coule, au nom d'une « démocratie » qui n'est qu'une dictature démentielle que l'on nous inflige à contempler avant que d'en être les victimes consentantes ! Regardez le Kosovo, le plus bel exemple de l'imposition du racisme le plus veule, celui qui se cache sous les hospices de la démocratie, regardez le Tibet, même conséquence, même absence de réalisme, même absence de mesure et de discernement ! De quel droit oblige-t-on des Peuples que tout oppose à vivre ensemble ? Du droit de ce Mondialisme issu de l'illuminisme le plus délirant, abstraction mentale qui s'écroulera sous le poids de sa propre ignominie ! Au mépris de la Déclaration des Droits de l'Homme, au mépris du Droit des Nations, au mépris de tout ce qui est Droit naturel et Humain, on précipite dans l'enfer des Peuples entiers pour le seul plaisir de faire valoir cette aberration que l'on nomme le mondialisme, cette hypocrisie reptilienne et fauve qui sue la mort, le mensonge, la détermination de la dictature, l'esclavagisme, le paupérisme, cette nullité idéologique qui quoi qu'elle fera en paiera inévitablement le prix le jour ou se réveilleront les Nations, le jour où l'Humain, je parle de l'Humain et non du non-Humain dont les médias nous gargarisent, qui à l'image d'une flatulence s'évapore comme il est né les chaînes aux pieds, le cerveau atrophié par la débilité instaurée comme règle, la bassesse comme lieu de devenir, d'une histoire, d'une science, d'un art, avilis par le politiquement correct ! Correct pour qui ? Détruisez, continuez à détruire, détruisez l'Art, tel cet énergumène sorti tout droit de l'asile qui ose représenter Parsifal de Richard Wagner, dans une mise en scène absolument outrancière, outrancière pour l'Histoire Européenne, outrancière pour les Peuples qui ont fait surgir le devenir Européen, je ne parle pas de celui qui impose le Kosovo, bien entendu, mais bien de nos racines qui ressurgiront malgré toute la bassesse, malgré toute la frivolité, malgré les crachats, les invectives, dont notre Culture est chaque jour invectivée ! Car on ne peut indéfiniment humilier une Civilisation, sa Culture, ses enfants, qui, et oui, sont de tradition Catholique, comme peuvent l'être les Tibétains, de tradition Bouddhiste, et qui ont le malheur de porter, dans ce monde en reptation, l'honneur de leur foi, de leur sol, de leurs racines, au-delà de cette hérésie qui se proclame monarque ce jour, cette duperie qui voile ses noirs desseins sous la houlette d'une pseudo-démocratie déjà en voie dictatoriale. Les bons humanistes que voilà ! Interviendraient-ils pour la communauté Catholique Irakienne ? Actuellement martyrisée ? Interviendraient-ils pour la communauté Bouddhiste au Tibet ? Actuellement assassinée ? Non, bien entendu, certainement pas, qu'ont-ils à faire ces déracinés de la vie, ces non-humains, de la Vie d'autrui, et surtout, si cette vie est de foi catholique ou bouddhiste ! Le Racisme est là, bien présent, en ceux-là même qui devraient s'en défendre et défendre les souches de l'Humanité contre toute atteinte physique, morale, intellectuelle ! Prenez mesure et réveillez-vous avant qu'il ne soit trop tard et que demain vous ne soyez en tant qu'espèce animale, car nous sommes considérés comme des animaux par ces éthérés, dans un quelconque zoo, relevant du bestiaire humain les anomalies que nous sommes, car debout au milieu des ruines de cette civilisation qui s'avance et qui n'a rien à voir, strictement rien à voir avec le racisme unipolaire dont s'enchantent ces non-humains qui veulent nous réduire en esclavage !

Le Tibet Assassiné

Le Tibet est muselé, sous la botte communiste martyrisé, sa liberté d'être bafouée, réduite dans le sang de son Peuple. Ce sang qui depuis soixante ans est versé au profit de l'hypocrisie et du nihilisme, arrêtant un joug sur ce Pays, cette Nation multimillénaire, creuset du Bouddhisme, Foi non violente par excellence, qui se retrouve enchaînée à la violence marxiste léniniste maoïste. Et que font l'ONU, l'Occident ? Rien ! Un mouvement de menton, des petites phrases de circonstances, mais aucune action concrète, au nom de quoi ? De jeux Olympiques ? Nés dans la patrie de la Démocratie, on a du mal à comprendre que ces jeux se déroulent dans une dictature voilée sous un capitalisme de circonstance qui ne peut que complaire au mondialisme. Mais qu'est ce que représente le Tibet pour les illusionnistes nihilistes qui gouvernent ce monde ? Aux antipodes de la philosophie bouddhiste, cette Nation, car il s'agit d'une Nation occupée militairement soumise à l'arbitraire, ne peut bien entendu ne les intéresser ! Il n'y a qu'à écouter notre gouvernance pour s'écrier "nos amis Chinois !", pauvre gouvernance immobile dans sa dérision mondialiste, incapable de se lever contre les parjures envers le Droit des Peuples à disposer d'eux-mêmes, baignant dans les mares de sang de ces innocents qu'on assassine dans ce Pays, sans ciller le moins du monde ! Il ne faut pas tout confondre ! On peut avoir des amis Chinois, mais on se doit de combattre une idéologie dictatoriale ! À force de tout mélanger ce jour, les repères se destituent au profit de l'informe, où l'action ne peut plus prendre forme ! Le cynisme devient la règle d'or ! Ce cynisme naît les chantres du métissage intellectuel, humain, du déracinement, de l'euthanasie, de la disparition de l'identité, des Peuples, noyés dans une bouillie nauséeuse où le langage s'atrophie pour paraître et surtout ne pas être ! En profitent de cette déréliction ces régimes dictatoriaux qui assoient leur puissance sur l'esclavage ! Et l'on s'étonnera aujourd'hui que l'on puisse voir assassiner des centaines de Tibétains sans que personne ne s'insurge immédiatement ! Deux poids, deux mesures, lorsque les Kosovars se plaignent de maltraitance on n'hésite pas à envoyer les bombardiers pour raser toutes les installations serbes, dans le cas du Tibet, on parle de retenue ! Cacophonie de la démission de l'intelligence, voici ce qu'il nous est donné à voir, entonnée par les sportifs, dont la première règle est tolérance, qui s'insurgent contre ceux qui veulent le boycottage de ces jeux Olympiques, qui n'ont aucun sens aujourd'hui au regard des événements décrits ! Pauvre petit monde de reptiles qui n'ont d'autres vocations que l'exacerbation de leur petit "moi" qui lui-même n'est qu'apparence ! En attendant qu'une minute de silence nous vienne pour le Peuple Tibétain, la Nation Tibétaine !

Catholiques Irakiens !

Notre Pays va recevoir une centaine de Catholiques Irakiens qui n'ont d'autre droit, dans leur propre pays, que d'être vulgairement abattu. Ce fait mérite d'être relevé dans le concert cacophonique de l'indifférence internationale qui tait ce martyre avec tant de cynisme. Cynisme repris en chœur par certaines associations humanitaires qui devraient s'en réjouir, mais qui bien au contraire élèvent leurs voix pour stipendier cet accueil qui honore notre Gouvernement, il faut le souligner. Bien entendu cela ne peut pas plaire à l'hystérie des collectifs qui ne jurent que par la désintégration de notre civilisation, et qui en sont les agents complaisants et soumis, tous qui, sous le voile bien commode de l'humanitaire sont prêts à tout, y compris l'enlèvement d'enfants, (dans quel but ?), pour détruire de notre Nation ses racines les plus nobles, son identité multimillénaire ! Deux poids, deux mesures, pensez donc ces réfugiés politiques sont des catholiques ! Comment ? Ils ne sont pas animistes, musulmans ? Cela ne rentre pas dans le cadre de leur asservissement ! Les chiens aboient, la caravane passe, et la France en accueillant ces réfugiés, là, remplie tous ses devoirs de terre d'asile, n'en déplaise à tous les tenants d'immigrations massives non contrôlées, n'en déplaise à tous ceux qui n'ont que le gémissement, la haine, la morgue prostituée à la désintégration, à la bouche, tous ces déracinés de la vie qui ne jurent que par la destruction, l'annihilation de toute culture, agents et serviteurs immondes de la bestialité la plus putride, oui, la France ici remplie son office, et nous devons en remercier notre gouvernement qui a eu le courage de cette action généreuse par-delà les appels à la servilité enchantés par la morbidité qui veille notre destruction ! Bienvenu à ces Irakiens Catholiques sur notre sol ! Bienvenu à ces martyrs, qui seraient morts aujourd'hui si on écoutait les chantres de la déliquescence de l'intelligence, massacrés comme des chiens dans cet abîme qu'est devenu l'Irak de ce jour ! Bienvenu.

Démission de l'intelligence

Génocide contrôlé : un million de personnes décimées par l'assassinat, la famine, la terreur, une personne sur six ! Aujourd'hui les femmes sont astreintes à l'avortement forcé ! Après la destruction de la culture d'un peuple, l'invasion massive, il y a plus d'immigrés que d'autochtones dans ce pays, permettant ainsi la destruction de son Identité ! De quel Peuple parlons-nous ? Des Tibétains. Depuis cinquante ans ignorés par les biens pensants de notre époque ! Il est vrai qu'un génocide de plus ou de moins, et des Tibétains... Face à cette faillite de l'intelligence occidentale, qui ne veut faire face à l'oppresseur, la Chine, en laquelle l'illusion est maîtresse, que pouvons-nous faire ? Demander des comptes rationnels à nos entreprises qui ne pensent que profits, à nos gouvernants qui ne jurent qu'avec leurs bons amis chinois, et bien entendu en boycottant les produits Chinois et ces jeux Olympiques qui cette année se révèlent sordides, en n'en devenant en aucun cas spectateur. Ce n'est qu'individuellement que nous pourrons faire évoluer les choses, faire reconnaître le génocide des Tibétains toujours d'actualité, faire reconnaître la misère du Peuple Chinois, exploité comme il ne l'a jamais été par ces entreprises qui se gargarisent de leur devenir dans ce pays qu'ils font devenir premier pollueur de la planète, qui fournie certes profusion de produit à très bas coûts, (confère précité) dont la qualité toutefois n'est pas à la hauteur de ce que l'on pourrait attendre ! Assez d'illusionnisme, la Chine, malheureusement n'est pas une démocratie mais bien une dictature qui se voile derrière une pâle image capitaliste. Ne mélangeons pas le pouvoir et le Peuple Chinois ! Dans ce Peuple des voix s'élèvent, vite tues, pour s'élever contre l'attitude du gouvernement Chinois au Tibet ! L'Occident face à ce courage extraordinaire doit-il plier devant le tigre ? N'y a-t-il plus de lions et d'aigles dans nos pays, il est vrai soumis à la botte de l'utopie mondialiste ? Le dialogue a des limites ! Au Kosovo, l'ingérence a été immédiate, au Tibet, après plus d'un million de morts, on exclut l'ingérence ! Pauvre Occident épris d'une lâcheté perverse qui le perdra ! N'est ce pas Lénine qui disait : " Ils nous vendront même la corde qui servira à les pendre !". Nous y sommes ! De peur de perdre un sou, tout ce petit monde plie la Tête ! C'est cela la démission de l'intelligence, et lorsqu'on en arrive là, et bien il n'y a plus lieu de se projeter dans l'avenir, mais bien au contraire disparaître dans la soumission ! Heureusement, qu'il y a encore des Etres Humains, debout au milieu de ces ruines soumises ! Le malheur est qu'il n'y en ait pas dans nos gouvernements quels qu'ils soient ! En attendant nous ne pouvons que constater le degré de lâcheté auquel sont arrivés nos pays, soumis à l'économique sans foi ni loi qui en arrive désormais à régir le droit de penser de nos politiques amorphes et consentants, dont finalement on se demande bien à quoi ils servent ? Et ce ne seront leurs discours, que n'aurait pas renié Molière, de ces soit disant gouvernants qui y changeront quelque chose, bien au contraire, uniformisés qu'ils sont dans la lessiveuse mondialiste pour qui l'humain, le Peuple n'ont aucune importance, où qu'ils soient, seul comptant le bénéfice escompté d'une projection faisant fi de l'esclavage des enfants comme des femmes, de la paupérisation institutionnalisée, du massacre des innocents, du moment que les dividendes rentrent, sonnant et trébuchant ! Nous pourrions sourire de cette situation si elle n'était affligeante ! Heureusement que nous vivons encore, pour combien de temps ? Face à ce déclin de l'intelligence, en démocratie, et que pourront se dresser demain ces femmes et hommes politiques qui prouveront que la reptation, la lâcheté, et la soumission ne sont pas les piliers de nos démocraties ! Elles et ils prendront à bras-le-corps ce problème qui ne s'en révèle pas un, réfléchissons un instant : le Tibet est dans la sphère d'influence Chinoise, personne ne le niera, au même titre que le Canada pour les Etats Unis. Cependant on peut très bien vivre en accord sous influence Chinoise sans qu'il soit besoin de voir détruit sa culture, ses enfants et son devenir ? Il suffit tout simplement d'accorder au peuple Tibétain une autonomie de principe, cela existe pour les Régions. Me direz-vous, dix pour cent des réserves pétrolières se situent au Tibet et cela ne se fera pas ! Et pourquoi pas, si chacun y met de la bonne volonté, mais pour cela encore une fois faudrait-il que lâcheté mère de toute reptation ne soit pas le drapeau Olympique de nos Démocraties. Vous avez dit « Démocratie », je n'entends ici que voile de Démocratie. Serait-il temps de déchirer le voile qui la recouvre pour faire vivre en harmonie les Peuples en respectant leur Identité, qu'elle soit Tibétaine ou Chinoise. Voilà où le bas blesse, dans cet irrespect des Nations, des Ethnies, des Peuples, des Races, de l'Humanité, dont les tenants du mondialisme ne veulent voir qu'une unité informe et difforme, grotesque car sans lendemain, une armée d'esclaves abrutis par la propagande et l'avilissement, sujet de toute destruction, y compris cette euthanasie rampante qui démanche leurs suppôts qui voudraient bien voir détruit toute l'Humanité lorsqu'elle ne sert plus leurs besoins, à la ressemblance de ce qui se passe au Tibet actuellement et qui demain se produira dans toutes Nations si on ne fait pas respecter les Identités, les Ethnies, les Peuples, les Races, et oui, les Races existent au même titre que les Races de félins, les Races d'oiseaux, les Races de Chevaux, etc. et ce ne seront les sciences putrides qui dégoulinent comme autant de confiture sur une tartine de pain qui toutes pour toucher les subsides permettant à leurs chantres de faire fonctionner leurs laboratoires, font les béni-oui-oui du mondialisme qui pourront y changer quelque chose, oui, l'Identité existe, et c'est le respect de la multiplicité des Identités, des Ethnies, des Peuples, des Races, de l'Humanité, donc de l'Etre Humain qui permettra de taire le sort que connaît actuellement ce pays meurtri depuis deux siècles et non pas les cinquante ans dont nous sermonnent les conteurs de l'histoire officielle et officialisée par les censeurs de l'intelligence, ces suppôts de la tyrannie dont les méthodes sont le mensonge exploité en vérité, permettant cette démission de l'intelligence à laquelle nous assistons actuellement ! À quoi donc sert l'ONU ? On peut se le demander ! Nous pourrions ainsi écrire des pages et des pages sur cette démission mais le propos n'est pas là, le principal est marqué et ceux qui savent lire en témoigneront : l'irrespect de l'Etre Humain en son Identité conduit aux plus grandes catastrophes, dont le Tibet est parfaitement représentatif actuellement !

Symptômes de déliquescence

Si l'on pouvait douter qu'il existât une dictature singulière des pouvoirs, une entente illicite entre ces pouvoirs, au mépris des Peuples sous le joug, il n'y a qu'à regarder le symbole par excellence de la Paix, la flamme Olympique, se déplacer entre des haies de policiers partout où elle passe, afin de complaire à des jeux qui ont un goût de sang, celui des victimes de la torture et du génocide légalisé qui se perpétue au Tibet. Nous assistons là à un décalage sans aucune mesure entre la pensée des Peuples et les, où devrais-je dire, la directive politique commune des gouvernants de ce monde, qui n'est autre que celle de la soumission à la virtualité mondialiste. Ce décalage profond issu du mépris arrogant qu'ont les gouvernants des Peuples, ne fera que s'accélérer, et la tentative de soumission se révélera force d'une démission collective qui en définitive fera disparaître les tenants de l'utopie mondialiste. Utopie malsaine par excellence, qui ne peut se maintenir que par la force, le viol psychique, le viol psychologique, le viol sociologique, le viol physique, des Peuples qu'elle veut soumettre. Nous avons sous les yeux l'image de cette force brute qui veut nous imposer son droit de penser, son droit qui est un non droit car ignorant toutes chartes des droits internationaux, ce qui est naturel puisque ces chartes reconnaissent les Peuples, les Etres Humains, ce que ne veut pas reconnaître cette utopie qui ne rêve que de métissage global imposé par la force et d'esclaves soumis, dociles et consentants ! Ainsi, si l'on se réfère à ce passage de la flamme, menottée par ce pouvoir, nous pouvons voir se profiler la réalité de cette dictature qui s'avance, imbue d'elle-même, ses troupes de choc devant la scène, ses politiques muets comme des carpes aux ordres, et leurs Peuples avilis ! Avilis par cet abandon de leur parole, cette arrogance méprisante du pouvoir de leurs gouvernants, qu'ils ont élus me direz-vous, oui, à coups d'opérations de marketing politique, de mensonges éhontés, qui, tous aux ordres de l'utopie mondialiste, ignorent la voix des Peuples ! La dictature est bien là, et bien entendu les médias aux ordres vont, par un viol de la pensée, répétitif, faire en sorte que chacun d'entre nous devienne spectateur de ces "jeux", qui aujourd'hui ne portent plus le nom d'Olympique, puisqu'il ne s'agit désormais plus que d'une opération vulgairement financière, source de profits monstrueux, ce que semble oublier le public mis en hypnose par les reptiliens dominants qui s'agitent en tous sens afin de leur faire gober cette farce dont le vernis ôté laisse apparaître les miraculeux profits de cette désorientation, qui pour les marchands de chaussures, qui pour les vendeurs de survêtements, qui pour ceux qui vendent télévision, caméra, appareils photos, et bien entendu les compagnies aériennes, l'hôtellerie en général, sans compter les entreprises de gadgets qui se frottent les mains ainsi que l'incontournable presse de tous lieux ! Où se situe le sport dans cela ? À vous de réfléchir et de vous faire votre opinion ! Si l'on veut lutter efficacement contre cette propagande digne de celle de Goebbels, il convient de réagir en se situant non plus comme spectateur mais en tant qu'acteur, ce qui implique d'ignorer ces jeux le plus simplement du monde ! Il conviendra un jour prochain, face à ce délire économique qu'ils représentent, de créer de nouveaux jeux qui rendent honneur aux seuls acteurs qui les réalisent : les sportives et les sportifs qui aujourd'hui, malgré toute leur bonne volonté servent de faire valoir à cette gabegie que l'on ose encore appeler les jeux olympiques ! De véritables jeux où la seule réalité sera celle de la valeur, et non pas ce pressoir qui ne laisse plus place à la valeur mais à un gain sur la valeur, ce qui n'a rien à voir avec le fondement des dits jeux. Ce qui est vrai pour ces jeux se révèle malheureusement vrai pour tous les sports aujourd'hui, il n'y a qu'à regarder le football, qui est l'expression d'une véritable hérésie ! Mais cela est une autre histoire. En attendant, face au diktat qui s'avance, il convient de faire front afin de ne pas se laisser posséder par cette machine qui, bientôt, faute d'esclaves consentants, obéissants, soumis, tournera à vide ! Encore quelques exemples du type évoqué, et je crois que l'Etre Humain, enfin se réveillera de sa soumission, de son état larvaire, et comprendra enfin qu'il est le jouet de cette illusion mondialiste, et ce réveil sera approprié, au même titre que celui que sont en train de faire les Pays d'Afrique dont les Peuples commencent à crier famine, pour enfin voir se dresser les Etres Humains contre l'ignominie de cette idéologie virtuelle ! La violence physique, psychologique, psychique, sociologique, ne peut durer éternellement ! N'oublions jamais que les gouvernements ne sont rien sans le Peuple, et lorsque les Peuples se réveilleront, il y a fort à parier que cela changera enfin le sort de notre petite Terre, en lui rendant enfin son destin qui n'est pas celui de voir ses Etres enchaînés et soumis, mais conquérants et vivants, libérés et harmonieux, soucieux d'un respect multilatéral qui transformera ce monde, délaissant à la poussière de l'histoire cette tentative de dictature mondiale que nous traversons actuellement.

Indécence et restauration

Indécence, voici la terminologie appropriée pour ce viol psychique répétitif concernant un otage détenu en Amérique du Sud, par un mouvement politique qui en détient plusieurs milliers ! Indécence totale, des médias, des politiques qui, gageons-le ne se seraient pas donné tant de peine si la personne en question ne portait le nom d'une des familles les plus fortunée de France ! Suivant que vous soyez puissant ou misérable ! On pourrait accorder du crédit à cette démarche si elle était générale, à savoir la libération de tous les otages, mais ce n'est pas le cas : on focalise sur l'otage et non les otages ! On instruit, on pétitionne, on se gargarise, on se plaint, on s'écrie et on larmoie sous le regard compassé des médias aux ordres, jour après jour, heure après heure, seconde après seconde, jusqu'à en vomir, tellement ce matraquage est ignoble et indécent. Conjointement on dépêche la Marine Nationale pour un acte de piraterie commis sur un vaisseau de luxe. En considération des otages pris lors de cet acte de piraterie c'est louable, mais l'aurait-on fait pour un petit bateau de pêche ? On en fait moins pour les Lamas martyrisés, pour lesquels on ne déplace pas des Mystère 20 (aux frais du contribuable ?), et un ministre mondialiste qui n'a que de la considération pour cet otage, mais en aucun cas pour les Tibétains assiégés, arrêtés, torturés ! Pauvre France voyant sa voix réduite par reptation, sa voix contournée par des officines qui n'ont d'autres vocations que sa destruction (voir la guerre menée sur l'article 88-5 de notre Constitution (**Art. 88-5.** - Tout projet de loi autorisant la ratification d'un traité relatif à l'adhésion d'un Etat à l'Union européenne et aux Communautés européennes est soumis au référendum par le Président de la République), guerre qui aboutira inéluctablement si elle est gagnée par ses impétrants à l'entrée de la Turquie dans l'europe, je ne mets pas de E majuscule intentionnellement, car cette europe ne ressemble plus à rien d'ores et déjà ! Belle marque de démocratie !) Que nous le voulions ou non, nous sommes en pleine restauration des privilèges, non seulement au niveau Français, mais au niveau Européen ! Que je sache nous sommes dans une République, et non dans une royauté de droit, et encore moins dans une république monarchique ! Il y a quelque chose de pourri dans ce royaume, et il conviendra d'en prendre la mesure pour chacun d'entre nous si nous voulons conserver l'esprit des Lois qui a façonné l'image de notre Nation, et faire respecter la flamme sacrée pour laquelle tant de nos aïeux ont combattu : la Liberté de notre Peuple !

Vous avez dit Sécurité Sociale ?

L'incapacité à gérer les problèmes, est le panache consternant de certaines personnes. Lorsqu'on entend que pour résoudre le trou sans fond de la sécurité sociale, les remboursements des lunettes allaient être à la charge des mutuelles, on ne peut être qu'effaré par ce dire ! Pourquoi ? Pour la simple et bonne raison, qu'il n'y a actuellement aucun glissement de thésaurisation des particuliers vers les dites mutuelles, et que cette charge supplémentaire va accroître les primes des dites mutuelles que ne pourront pas se payer les couches de la population qui vivent dans et en dessous du seuil de pauvreté (sept millions de personnes dixit notre gouvernement !). De fait, sans la moindre préparation, on va tout simplement accélérer un processus d'anémie de la santé en France ! Cela n'est pas nouveau, mais là c'est visible comme le nez dans la figure, il est vrai que pour les prébendiers du pouvoir en tout genre, qu'une personne retraitée avec 300 euros pour seule retraite, qu'un jeune vivant avec le smic, que des parents ayant des enfants qu'ils font vivre autant que faire ce peut en gagnant moins que le minimum vital, cela ne se voit (du verbe voir) pas, ce n'est pas grave ! Ceci est une honte lorsqu'un temps soit peu on respecte le Vivant ! Au-delà du débat passionné que l'on pourrait mettre en œuvre, il en est un autre, c'est bien celui du glissement à moyen terme de la sécurité sociale vers la mutualisation, ce qui préservera de cet arbitraire inhumain et permettra de balayer la gabegie pandémique de l'argent des assurés sociaux, qui sert en grande partie aux soins de personnes n'ayant aucune qualité de citoyen qui viennent se faire soigner dans notre pays pour profiter d'une gratuité toute relative puisque ce sont les autochtones qui au nom de la politique de désintégration de leur pays paient, très cher, ce particularisme absolument effrayant qu'il faudra bien un jour dénoncer en place publique ! Car la sécurité sociale contrairement aux apparences n'est pas en déficit, si elle servait ses affiliés sociaux ! Elle n'est en déficit que parce que ses fonds sont détournés au profit d'une immigration massive de malades de tous pays qui ont trouvé dans notre pays le recours à leurs maux, au nom d'un humanisme dont on sait ce qu'il vaut, tout dévoué qu'il est à l'esprit de destruction, de notre identité comme de notre Nation. Regardez les statistiques des rentes allouées et le montant des dites rentes par la sécurité sociale à des exogènes, allez visiter les hôpitaux et regardez par qui les lits sont occupés et quelle est leur nationalité ! Vous serez écœuré de cette dilapidation monumentale des fonds de la dite sécurité sociale ! Qu'on ne se méprenne, ici il n'y a pas lieu de condamner la personne humaine qui souffre, mais un système de spoliation qui en arrive à imposer des franchises magistrales aux particuliers, et je pense ici aux sept millions de personnes ayant atteint le seuil de pauvreté, pour privilégier des soins gratuits à toute l'humanité, alors qu'il serait préférable d'aider les pays du tiers monde à mettre en œuvre des dispensaires, des hôpitaux, dans leur propre Pays, pour permettre à leur population de se soigner correctement. Le débat est ouvert, conserver cette sécurité sociale dont le système malheureusement est aujourd'hui prétexte à toute prébende, ou bien cotiser dans des mutuelles indépendantes qui permettront de réellement se soigner, et non plus d'être dirigé, tels des ânes vers des médecines qui n'en ont plus que le nom, et qui deviennent de plus en plus l'ombre d'elles-mêmes (il n'y a qu'à regarder nos hôpitaux pour en faire le constat, déficit en personnel, déficit en moyens, au milieu desquels luttent des passionnés, heureusement, de la médecine !). En d'autres termes, il serait temps que la sécurité sociale cède le pas à la mutualisation, et remette les ressources qu'elle gère entre ses mains, que les cotisations des assurés sociaux arrivent dans les caisses des mutuelles et non plus dans ce gouffre impersonnel qu'est cette institution qui aujourd'hui n'a plus lieu d'être. Cela permettra aux autochtones d'être soignés sans subir cette permanence du racket légiféré vis-à-vis de leurs versements, et entendre dire tout et n'importe quoi comme ce qui vient de se dire à propos des lunettes ! De quel droit peut-on se permettre ce genre de discours allant à l'encontre de toute compassion Humaine ! Les aveugles n'ont pas demandé à être aveugle, les mal voyant non plus, et l'on empêcherait des enfants, des vieillards, des adultes de voir tandis que l'argent, l'argent des assurés sociaux coule à flot pour les exogènes, qui pour une rente parce qu'il a le sida, qui pour se faire opérer, qui pour etc., etc... Ne prenons pas les Français pour des imbéciles congénitaux ! Ils savent que ce qui est vrai pour la sécurité sociale est vrai pour les allocations familiales, les allocations logement, les allocations de chômage, le RMI etc. Il serait temps de balayer les comptes de ces organismes afin de savoir où va l'argent et surtout à qui est distribué l'argent ! Il serait temps de demander à nos Députés de poser cette question pertinente à l'Assemblée Nationale et d'ouvrir une commission d'enquête qui remettra les choses en place, naturellement, si ce débat n'a pas lieu alors il convient que chaque particulier demande à ce que soit versée à une mutuelle la cotisation qu'il verse sur son salaire à la sécurité sociale ! Ce sont les seules solutions pour se sortir de ce bourbier, il n'y en a pas d'autres, soit le nettoyage en règle des comptes, l'analyse de tous les versements, et notamment des rentes allouées, ou bien tout simplement le remplacement de la sécurité sociale par la mutualisation ! À suivre, mais gageons qu'il n'y aura aucune suite, la soumission étant de règle devant le devoir de désintégration de la société civile, de cette Nation que plus personne ne respecte, la France et son Peuple les Français.

Le labyrinthe

Le labyrinthe conceptuel s'inscrivant dans la dénaturation de notre Identité se poursuit avec persévérance ! Les leurres employés lors de l'élection présidentielle se sont vite estompés devant "l'infaillibilité» du mondialisme en marche. Alors que le chômage sévit, on va régulariser les sans papiers qui œuvrent sous la dominance de fourriers de l'esclavage, petits et grands patrons qui demandent pour leurs esclaves le droit ! Le droit ? Quel droit ? Ont-ils servi la France, honorés sa cause ? Voila comment petit à petit, ces régularisations n'étant qu'une goutte d'eau dans le cadre de l'immigration massive institutionnalisée (entrée de 150000 exogènes dans notre pays par an, avec la bénédiction des pouvoirs publics!, alors que nous n'en avons aucunement besoin : il suffit pour contourner cela, de revaloriser le travail manuel et revoir notre système éducatif à la hausse (mais comment s'engraisserait alors ce million de fonctionnaires dédiés!, que l'on n'ose affronter !)). Et lorsqu'on dit 150000 c'est bien entendu sans compter avec les regroupements familiaux à venir ! À ce stade d'ici trente ans, il n'y aura plus d'endogène dans notre pays, noyé par l'Afrique et tutti quanti, au ravissement bien entendu des mondialistes qui trouveront ici les esclaves dont ils ont tant besoin ! La France ce n'est pas cela et encore moins ce qu'on lui prépare ! Lorsqu'on n'aime pas la France, on la quitte, pour paraphraser, et bien je ne pense pas un seul instant que celles et ceux qui sont en train de détruire ses racines l'aiment un seul instant pour se conduire avec tant de perfidie et d'hypocrisie, le mensonge pour oriflamme, la morgue des parvenus pour fanion, l'esprit de destruction pour drapeau, ainsi l'exemple est donné de cette haine par celles et ceux qui devraient bien au contraire nous en préserver ! La jeunesse de notre Pays n'est heureusement pas idiote à ce point de vouloir accepter le massacre de son identité tant par les talibans de la pensée que par les tueurs nés de l'identité ! La visite des musées, la recherche des racines de notre Peuple, n'ont jamais été aussi important, en dépit d'une histoire réécrite, de la suffisance des bellâtres et de leur orgueil de nain ! Cette tentative de génocide de notre Identité se retournera fatalement contre leurs auteurs, les lois naturelles étant impitoyables pour quiconque cherche à les dérouter, car le corps social est comme le corps humain, et devant ce cancer qu'on cherche à lui imposer, il développera de lui-même ses antis corps, qui seront d'autant plus virulents que la maladie sera plus vaste ! Équilibre et harmonie sont loin de notre avenir qui se dévoile ce jour stérilité, désintégration, humiliation ! La France a connu d'autres mésaventures et s'est toujours relevée, ainsi gardons confiance en l'avenir, nos racines multimillénaires ne se laisseront désintégrer par la duperie qui la convoque, cette hérésie outrancière en reptation devant les dictatures, cette hérésie déguisée sous le voile de la démocratie qui n'existe plus ni dans ces mouvements de droite ou de gauche que l'on se complaît à nous montrer dual, alors qu'unilatéralement, ils précipitent les êtres et les Peuples vers leur agonie, cette bouillie insipide, sans saveur, sans couleur, que l'on appelle le mondialisme où chaque individu nomenclaturé, bestialisé, vidéosurveillé, sera un esclave parfait, soumis et contrôlé de la naissance à la mort organisée, dans ce camp de concentration surveillé par des chiens de guerre dévoués, aux ordres de la prétention d'une "sagesse" atrophiée, mutilée et mutilante qui n'a pour rêve que la mise en esclavage total de l'humanité, qu'il convient désormais d'appeler non-humanité! Ingrédient vivant dans la porcherie de la délation, de la rêverie, de la superficialité, vide de tout contenu, que le système se chargera de soulager de sa vie, lorsqu'il ne sera plus productif avec la sainte euthanasie ! Les rêves les plus fous d'Adolf Hitler et de Staline associés sont en voie d'être enfin réalisés ! J'ai du mal à comprendre pourquoi on n'élève pas des statuts à ces précurseurs et éclaireurs qui ont forgé le système dans lequel nous allons vivre et dans lequel nous commençons à vivre ! Allons mesdames et messieurs les prétendants à cette règle de mort, un peu de courage, dites d'où sont issus vos idéaux ! De ces concepts dont vos politiques se défendent, mais que vous mettez en œuvre sans états d'âme, si admiratifs êtes-vous de la destruction et de ses potentats, dont vous aimeriez être, et dont vous êtes ! On ne peut en douter tant la glorification de la mort est votre apothéose ! Là, dans la mise en œuvre de l'avortement systématique, ici dans le désir de mise en œuvre légiférée de l'euthanasie, allant jusqu'à utiliser un Etre Humain pour faire ployer le bon sens, campagne médiatique des plus inhumaines à laquelle se sont prêtés vos esclaves plumitifs et télévisuels sans le moindre souci de l'image de la personne! Scandale parmi vos scandales de fossoyeurs ! Vous repaissant de l'infortune du moment afin qu'elle puisse réjouir vos plans lamentables, ce génocide organisé de l'humain, des identités, des ethnies, des peuples et des races que vous convoyez vers ce camp d'extermination nauséeux à souhait que vous appelez le mondialisme ! Ne nous croyez dupes de vos prétentions, de vos illusions, de vos remue-ménage assoiffés de déliquescence, vous croyez manœuvrer le navire de la Vie vers la mort, vous ne manœuvrez que vous-mêmes, et j'en reste persuadé disparaîtrez dans le tsunami de la Vie qui pour Vivre devra vaincre vos idéologies outrecuidantes, votre communisme mâtiné de nazisme, toutes idéologies purulentes devant lesquelles vous vous agenouillez avec tant de courbette, courbette devant la dictature qui est de votre image et naît de votre image! Que vous le vouliez avec tant de rage, la Vie en ses floralies ne disparaîtra devant votre joug, car vous avez oublié l'essentiel, la Vie ne recule jamais, elle avance, imperturbablement et ses sursauts à l'image précédente du tsunami sont imprévisibles, et c'est par cette imprévisibilité même que vous serez amenés, comme vous êtes venus à disparaître, naturellement, cette nature que vous avez oubliée, vous croyant la nature elle-même, alors qu'atrophiés en vos conditions vous n'en percevez qu'une infime partie dont vous croyez être maître, lors que vous êtes esclaves de ce non lieu! Non lieu, support de cette mort qui vous empeste, mort de vos racines, de votre identité, de votre ethnie, de votre Peuple, de votre Race, de votre Humanité, que nous nous devrions d'adorer ! Non, nous ne sommes dupes et les temps qui viennent le prouveront, lorsque la pensée humaine, dégagée de vos verrous et de vos illusions, irradiera ce monde, lui restituant sa qualité naturelle de floralies !

Le banquet

Les scorpions font agapes fraternellement sur les ruines de la France qu'ils accélèrent avec opiniâtreté !
*Ruine de l'Identité Nationale : avec des entrées de cent cinquante mille exogènes sans compter leur famille, tous les ans, et en additionnant les millions de sans papiers qui parasitent la société, (prenez le métro en dehors des heures de pointe et calculez le nombre d'endogène ! Surprise...) dans trente ans il n'y aura plus un autochtone dans notre pays ! Quel régal pour les apatrides qui gouvernent, et pour les marchands d'esclaves que l'on voit déjà saliver !
* Ruine de la Nation Française : disparue lors du coup d'état instituant un mini-traité accouché dans le mensonge, la perfidie, et l'hypocrisie. La France ne porte plus qu'un nom, noyée dans la tour de Babel de nations hétéroclites où les prébendiers sont une majorité "éclairée" qui n'ont d'autres vocations que l'institutionnalisation d'une dictature de la pensée sur toutes formes vivant en son sein, espace où se libère le nazicommunisme dans ses formes les plus vertigineuses, et où la France n'a plus son mot à dire sinon que pour la génuflexion obligatoire aux lois démentielles que cette bouillie sans nom infuse à la force du poignet, sans qu'un seul citoyen n'ait droit de prononcer un quelconque véto!
* Ruine sociologique de la France : par anéantissement de tous les acquis sociaux, accélération du paupérisme, délitement de l'industrie, de l'agriculture, de la pêche, des services, au profit de la désintégration sociale, permettant la nucléarisation et par là même facilitant la mise en esclavage individuel.
*Ruine Culturelle : vous avez dit culture ? Sub culture, acculturation, sous culture, oui, mais culture jamais sinon qu'en génuflexion devant l'art primitif, l'art de la

débilité, l'art de la désintégration des valeurs culturelles de notre pays, et non seulement du nôtre mais de ceux qui se sont unis à cette europe de la médiocrité !

* Ruine de la multiplicité de la pensée : avec la Chine et l'Albanie, la France partage le triste privilège de voir ses citoyens contraints au silence s'ils veulent exprimer une opinion divergente de celle de la pensée unique distillée à chaque étape de la vie du citoyen, programmée pour lui faire accroire n'importe quoi ! L'histoire est réécrite, falsifiée, son éducation encadrée, le mensonge est roi, la permanence syphilitique du mea culpa est à la besogne, le saviez-vous, il est honteux d'être Français en France, vous êtes tant un irréductible raciste, antisémite, colonialiste, et je ne sais quoi encore en "iste", qu'il est préférable d'être une personne de couleur, athée bien entendu, de préférence à orientation sexuelle divergente de l'hétérosexualité, et surtout ancrée dans la mouvance "gauche-droite" bien à gauche pour complaire à la pensée unique! Honni soit donc comme se complaisent à nous appeler des groupes qui, curieusement n'encourent aucune procédure des organismes qui se targuent de la lutte anti raciste, de "sous chiens !".

* Ruine de l'esprit Religieux : la décadence ici est totale, le satanisme devient sous les hospices du new âge, porteur des chantres de la mort que sont les écologistes politique, le maître à penser du paraître, être catholique devient une tare dans notre pays où bientôt il y aura plus de mosquées que d'églises !

*Ruine individuelle et collective : le comportement de l'individu est désormais dicté par un sous moi qui reflète l'exacerbation du paraître, du bling bling, acceptant de tout, il ne fait aucune différence entre l'humiliateur et l'humilié, l'assassin et la victime, le mal et le bien, car atrophié de ses racines, il n'a plus de repères sociologiques, bio-historiques, géographiques, il devient voyeur et non acteur pour sa propre survie, et est maintenant mûr pour l'acceptation de son servage le plus délirant, y compris l'acceptation de son euthanasie, sa vie, vide de sens, n'étant plus que l'expression d'un modèle sociétal dont la suppression le poussera inévitablement vers ce dessein dont les chantres, je ne le rappellerai jamais assez sont conseils de notre gouvernement!

* Ruine intégrale ? Si le Peuple Français n'a pas compris au bout d'un an vers quelle apocalypse on le mène, c'est que son corps est vraiment très malade ! En d'autres temps, une révolution aurait déjà eu lieu pour remettre les choses à leur place pour lutter contre les contre-réformes auxquelles nous sommes confrontés (car il ne s'agit pas de réformes pour la plupart mais de désintégration d'acquis sociaux durement gagnés, au prix du sang souvent!), pour lutter contre l'implantation d'une base militaire aux frontières de l'Iran, pays avec lequel nous ne sommes pas en guerre, pour lutter contre l'envoi d'un contingent en Afghanistan, soit disant contre l'imposition de la "burqua", mais n'est ce pas pour mieux défendre les champs de pavot, on finirait par le croire, tant d'outrecuidance pour faire naître ce Kosovo, plaque tournante de tous les trafics imaginables! Pour lutter contre la désintégration de leur Identité noyée par une immigration massive, déguisée sous le terme régulée, pour lutter contre ce mini traité qui n'est autre que la constitution déguisée, pour lutter contre la paupérisation voyant ce jour sept millions de pauvres en France, pour lutter contre ce déficit endémique qui ne fait que s'accélérer depuis l'implantation de ce gouvernement, tant de gabegies au nom de "l'humanitaire" qui fait sourire le monde entier, pour lutter contre le mensonge, l'usurpation (il y en a qui sont heureux de voir les scores de popularité s'effondrer aux plus bas niveaux jamais connu et qui se prennent à penser que ces sondages sont favorables à leur politique d'anéantissement (hôpitaux, postes et télécommunications, tribunaux...),l'hypocrisie la plus abjecte que la France ait connue! Autres temps, autres mœurs, rien ne bouge, mais n'est-il pas vrai qu'il n'existe actuellement aucune alternative, et si elles existent, elles se cachent, elles se terrent dans ces partis soudoyés par la pensée unique, qu'ils soient de gauche ou de droite, phagocytés sont-ils par ces mouvements dictatoriaux qui n'ont d'autres vocations que la mise en coupe

réglée de l'humanité qui se doit d'être dévouée à leur service, donc, rien, personne? La France disparaîtra donc ?

Les scorpions peuvent se réjouir, en comité restreint se taper sur la panse pendant que certains endogènes se serrent la ceinture, avec leur retraite minuscule, je pense aux paysans et femmes de commerçant, et à bien d'autres, se congratulant sur les services qu'ils rendent au mondialisme, en détruisant la Nation qu'ils devraient servir !

Mais je gage que le pire reste à venir ! N'oublions pas que la Présidence européenne revient à ce que l'on nomme la France en juillet ! Attendons-nous à tout en matière de coercition, de lois iniques, de déstructuration de la réalité Française ! Le mérite de cette future présidence permettra de faire tomber les derniers masques qui couvrent encore le visage de la duperie qui nous gouverne ! Espérons que cela réveille enfin le Peuple de France dont le degré d'amorphie comme de passivité n'a jamais eu d'égal par son histoire !

Bas les masques

Nous y voici, les scorpions abattent leurs cartes les unes après les autres, l'injure et l'invective pour propos, criant à tue-tête, faisons table rase du passé. Pire que les communistes ils écrasent la Nation, la dispersent aux quatre vents de la poussière, conchiant les ouvriers et les employés qui se sont dressés contre l'humiliation, afin d'obtenir un doit sacré, celui de la grève ! Combien de morts bien souvent abattus par des gouvernements socialistes, a-t-il fallu pour que ce droit soit respecté ! Il n'y a plus aujourd'hui dans notre pays que paraître, et tout ce qui peut le détruire est porté à la nue, en vrac, le parasitisme des sans papiers que l'on régularise à tout va, l'apologie des assassins dans un procès fleuve sans un mot pour leurs victimes, (on regrette que la peine de mort ne soit pas applicable pour ces non-être que nous devons nourrir avec nos impôts), le mépris porté par la caste dirigeante de tout ce qui est Français, leur enivrance du mea culpa permanent pour tout ce qui n'est pas d'origine Française, jusqu'à nos enfants qu'ils prennent en esclave pour adorer toutes souches exogènes, l'envoi d'une armada pour livrer des tonnes de vivre à un Pays qui refuse ces vivres alors que deux millions de personnes crèvent de faim dans notre Pays ! On en passe et des meilleurs, sans oublier l'intolérable outrage envers les Présidents antérieurs de notre République traités comme des moins que rien ! Mais le meilleur reste à venir ! Ils se sentent tellement investis dans leur certitude qu'ils ne voient pas la réalité, cette réalité qui inévitablement s'abattra sur leurs prébendes, leur arrogance, leur mépris ! Le Peuple de France n'est déjà plus avec ce commando mondialiste qui cherche à rompre l'idée même de la Nation dans son esprit ! Aveugles sont-ils ces gouvernants se congratulant dans leurs besognes en

croyant que l'indécence sera le carcan de la France,
l'innommable sa rectitude, la putridité délirante son
avenir ! Ce serait oublier le respect inconditionnel des
Françaises et des Français pour celles et ceux qui ont
construit cette France qu'ils sont en train de détruire à
la vitesse fulgurante de leur idéologie belliciste,
nazicommuniste par essence ! La France ne les
reconnaît plus, et comment pourrait-elle les
reconnaître, tant leurs valeurs n'ont pas plus de
réalisme que le vent qui disperse les moissons ! La
France se réveille, dans l'agonie, l'agonie de sa culture,
l'agonie de ses valeurs, il n'est pas trop tard, et il suffit
d'écouter les multiples radios, non celles de l'état, les
multiples télévisions, non celles de l'état, qui toutes
ont pour principe la destruction, jusqu'aux publicistes
qui s'y mettent en injuriant la pauvreté, pour se
rendre compte à quel point les sondages sont falsifiés,
la France ne veut plus de cette errance ! La patiente
est sa force, elle en a vu d'autres, sous la botte des
nazis, sous la botte des invasions, sous la botte,
toujours ce même bruit de bottes, de tous ceux qui
voulaient l'accaparer ! Le mondialisme dans tout ce
qu'il a de plus nuisible cherche ce jour à la réduire à
sa plus simple expression, par l'intermédiaire de ses
mentors qui ne se cachent plus de leur désir de
puissance, qui finalement se réduira à l'impuissance
devant la force vitale de la France qui a toujours su se
rebeller contre la dictature, qu'elle quelle soit ! Car ne
nous leurrons, lorsque le mépris et l'injure deviennent
la dialectique des gouvernants, la dictature est
présente. Le mépris du Peuple ne dure qu'un temps, et
ce ne seront les sourires hypocrites, les larmichettes,
les tons professoraux, qui y changeront quelque chose,
car la France a ce que nul autre pays n'a su mettre en
œuvre, hors les Etats Unis, le concept de la Liberté, la
Liberté de vivre, d'Etre et de prospérer, et non pas se
retrouver enchaînée à ce mythe idéologique qui semble
vouloir diriger le monde, ce mythe négatif qu'il
convient de combattre idéologiquement partout où il
se situe et se découvre, le mythe qui nous envenime
et nous appauvrit ce jour, le mythe du mondialisme
désincarné, si tant servi par ceux-là même qui
devraient au contraire faire intégrer la France dans le
Monde en tant que France et non pas en tant que

poussière ! La lâcheté des Peuples a des limites, et cette limite vient d'être atteinte, bien heureusement, et cela n'augure effectivement pas des jours glorieux pour la junte au pouvoir, car comment pourrions-nous l'appeler autrement ! Son comportement est digne des Républiques bananières, de celles qui infectent leur Peuple par un mépris souverain ! Si nous avions des doutes quand au devenir, ces doutes s'éteignent devant l'immoralité qui compose, la destruction de notre Pays, la destruction de nos valeurs Humanistes, le génocide culturel organisé politiquement de notre Peuple. Les masques sont tombés, nous savons désormais à quoi nous avons à faire, et c'est mieux ainsi ! Les votes de demain ne ressembleront certainement pas à ceux qui ont eu lieu, profitez donc Messieurs les méprisants et les arrogants de ce pouvoir qui vous a été conféré par tout un Peuple trahi, cela ne durera que quatre ans, et ce ne seront les mesures que vous prendrez dans le cadre de votre gouvernance européenne qui y changeront quoi que ce soit, ce qui est fait peut être défait sans problème, dès l'instant où tout un Peuple, qui n'est ni un domestique, ni un vilain, ni un serf, se réveille...

Réflexion instantanée

Nous y voici dans la léthargie formatrice de la matrice infatuée qui règle ce moment des civilisations qui les voudrait toutes uniformes. Déréliction de cette poésie de la boue, la boue étant prise ici dans son sens de l'indifférencié, de l'enchantement du métissage, de la désinformation grotesque des biens pensants de notre lieu et de notre temps. On remet désormais la palme d'or aux vindictes du trotskisme le plus benêt qui répond par la destruction des civilisations à l'anathème qui se porte contre ce qu'il sous-tend, cette illumination du vide, ce vide si bien représenté par l'arbitraire de l'indifférencié, du despotisme de la pensée unique voyant s'agiter, et cela est scandaleux, des enfants que l'on prend en otage, pour parader la félicité des sans papiers, soumission de l'absurde à la déliquescence de notre Nation qui n'est plus que récipiendaire de cette pensée répugnante qui sue l'esclavagisme et l'annonce de la disparition de la liberté des Peuples, noyée qu'elle est sous la dictature des prébendiers qui dirigent, sermonnent, s'idolâtrent et se perpétuent comme des sangsues sur ce qui reste de Nation en ce pays qui n'est plus le nôtre pour mieux l'avilir et le détruire ! La génuflexion merveilleuse de ces artistes de pacotille inféodés au marxisme le plus dangereux qui soit, car prenant à témoin les sentiments les plus profonds de l'humain, serait hilarante si elle ne servait, et on peut se demander si cette palme n'a pas été préfabriquée, le pouvoir consommateur de toutes les hérésies pour putréfier l'Ame Française. Et comme un écho, nous viennent des nouvelles les plus délirantes qui soient, alors que nous avons un taux de chômage endémique, l'entrée massive des Pays de l'Est dans notre territoire ! Il ne restera plus rien de notre pays sous trente ans, subissant le lavage ordonné par l'ONU mondialiste par ce brassage totalement délirant qui se prospecte, se nombrilise et dont la redoutable équipée viendra l'expression subtile de communautarismes totalement extravaguant qui fonderont l'esclavagisme parfait, celui de l'ignorance née du déracinement , voie de fait de pouvoirs enchaînés aux circuits économiques sapant jusqu'à la Liberté créatrice pour se satisfaire, tels des bubons, sur les cendres des Humains qu'ils seront bien capables de thésauriser pour en fabriquer des savons comme leurs prédécesseurs, tellement ils sont bâtisseurs de camps de concentration qui révèlent leur machiavélisme et leur dessein ! Les Marins pêcheurs sont en grève, et ils ont bien raison de manifester leur colère, leur vindicte contre cet Etat qui se plie non comme un roseau mais comme une feuille morte devant le diktat de cette europe dictatoriale qui bafoue le droit Humain pour conserver ses petits privilèges d'officiants de Thanatos ! Mais à quoi sert donc cette europe qui n'est qu'un chiffon de papier, si elle n'est pas capable d'advenir au bonheur des Peuples qu'elle devrait considérer comme son support, ces Peuples dont elle ne s'occupe pas, des Peuples qu'elle méprise, des Peuples qui ne servent qu'à élire la bureaucratie la plus délirante qui n'ait jamais existé par les temps, qui se conjugue, qui se fortifie, qui se sacralise dans une diachronie de sentences, de mots, de verbes qui ne font que desservir les Peuples, en les affamant, en les détruisant intellectuellement, économiquement, spirituellement, une europe qu'il conviendra de remettre en cause rapidement avant que de voir l'Europe se retrouver quart monde de cet Univers qui avance sans elle, ce qui est bien normal, puisqu'elle ne représente rien, rien qu'un grain de sable, dans le cadre des Empires qui se dressent pour œuvrer dans un monde Multipolaire où elle défend encore son mondialisme azuré dont aucune Nation ne veut, aucune Civilisation qui se respecte ne veut, aveugle qu'elle est de ne pas voir qu'elle est en retard d'un siècle sur ce qui est aujourd'hui. Cet aujourd'hui qui verra les Etats Unis d'Europe s'allier aux Etats Unis d'Amérique et aux Etats Unis de Russie pour forger et défendre notre Civilisation qui est Occidentale et qui ne sera jamais une Civilisation d'esclaves au service du mondialisme aveugle et barbare qui veut instaurer son hégémonie sur toutes faces de notre Terre.

Contestation ?

Le mépris du Peuple est arrivé à son degré absolu dans le cadre des contre-réformes annoncées dans notre Pays. Le sourire opportuniste accompagné d'un oui volontaire concernant la non remise en cause des trente-cinq heures, se traduit, comme on devait s'en douter par un coup de poignard dans le dos présenté par le maître en loge de la bonne pensée unique qui se doit d'être suivi par les Françaises et les Français qui, aujourd'hui, désapprouvent à 70% la monarchie de fait qui la gouverne. Il serait temps de regarder les choses en face : nous n'avons pas élu une personne pour qu'elle détruise tout ce que la France a construit avec le sang de ses ancêtres ! Et par pitié ne parlons pas de réformes, mais de contre-réforme qui n'ont pour seul but que d'enrichir les riches et d'appauvrir les pauvres, d'accélérer par la réduction des hôpitaux, les franchises médicales la disparition de nos aînés, euthanasie déguisée légiférée, de restreindre par la désertification des services publics la circulation de la pensée, je pense aux PTT et aux multiples personnes qui ne peuvent se permettre de passer des heures au téléphone, de réduire le droit de circuler par une inadaptation des taxes sur le prix eu égard à ces taxes, exorbitant des carburants. Ce ne sont ici que quelques exemples qui ajoutés à la charge continue contre les acquis sociaux dont le sommet vient d'être atteint avec les trente-cinq heures, ne peuvent qu'interpeller tout citoyen digne de ce nom ! Maintenant si on y ajoute la désintégration culturelle à laquelle nous assistons et que l'on voudrait voir brandie en fanion par tous les élèves de nos écoles, esclaves nés d'une repentance légiférée, au mépris des Droits de l'Enfant, une immigration galopante contre laquelle aucune mesure sérieuse n'est prise, la régularisation massive de sans papiers, y compris de certains parents des acteurs en servage du trotskisme du film ayant obtenu une palme d'or préfabriquée, le devoir de génuflexion permanente devant cette europe de prébendiers dont la France n'a pas à recevoir d'ordre, les ordres qu'elle commet n'ayant d'autres considérations que celles de sa paupérisation, le délire intellectuel voyant nos forces armées se masser sur des terres avec lesquelles nous ne sommes pas en conflit, pour défendre le pavot? Le pétrole ? Les matières premières ? Pendant qu'on réduit le budget des armées et se sert de son rang pour faire de l'"humanitaire", bel humanitaire en effet que d'envoyer des navires de guerre pour aider des populations éprouvées ! Un peu donc de ceci et de cela, la coupe déborde, les marins pécheurs ne vivent plus, les agriculteurs non plus, dépendant d'une commission arbitraire qui siège à Bruxelles, quant à la réforme des taxes, les grèves se déclenchent, à juste titre, pour défendre le simple droit de travailler, et pour noyer le tout, on va faire déferler une vague d'immigration en provenance des pays de l'Est, alors qu'on a des millions de chômeurs! On croit rêver devant tant de décisions qui vont à l'encontre du simple bon sens ! Qu'il existe un plan de destruction de notre Nation, on ne peut plus en douter désormais, d'éradication de son Identité, il faudrait être aveugle pour ne pas le voir, mais qu'au mépris le plus total des idéaux du Peuple Français, on puisse mettre en œuvre sa destruction, en s'aidant du mensonge cela dépasse l'imagination ! Nous ne sommes ni des serfs ni des vilains, nous ne sommes pas encore cette masse abrutie par la servilité médiatique, et les votes à venir le prouveront du moins je le souhaite ! Un Peuple ne peut continuer à accepter d'être traîné dans la boue éternellement, voir ses acquis sociaux obérés par des manœuvres dilatoires, sans se réveiller un jour ! Me direz-vous dans cette contre-réforme téléguidée où gauche et droite disparaissent dans la tourmente de l'instrumentalisation de conseils dévoués à Thanatos, nous ne voyons rien surgir sinon que le vide des cathédrales bâties sur le sable de monarchies outrecuidantes et bellicistes qui s'accrochent aux pouvoirs comme des reptiles assoiffés au fleuve impassible ! Je vous répondrai que là est la faille de leurs pouvoirs, ce fleuve qui est le Peuple qui doit exercer un contre pouvoir global afin que se régulent et disparaissent les exactions commises envers lui ! D'où l'intérêt pour les despotes de le voir métissé, sans racines, afin qu'ils conservent le Pouvoir ! Contre Pouvoir qui doit être exercé sans relâchement par le Peuple et pour le Peuple, contre pouvoir qui doit par effet boule de neige s'exercer dans la totalité de l'espace Européen, afin de faire respecter les Peuples, leur Passé comme leur avenir ! Devant la mise en coupe réglée de la liberté d'expression, de la vidéosurveillance légiférée, des menaces déguisées par les commissaires politiques, cela n'a peu de chance de se réaliser, toutefois ce contre-pouvoir semble naître dans l'espace européen, l'enchaînement de la contestation des règles « incontestables » de Bruxelles semblant être remise en cause par une partie de l'opinion de cet espace. Un vent d'espoir se lèverait-il dans cette europe condamnée au silence de ses habitantes et habitants ?

Orientation

Constat : La France est mise au pas, réduite à sa plus simple expression, sa voie traditionnellement universaliste, détournée au profit du mondialisme d'apparat qui désormais règne sur sa destinée. Celles et ceux qui croyaient encore à sa survie ne se font aucune illusion sur son devenir, qui sera réduit à une peau de chagrin dans les trente ans à venir, par désintégrations successives jusqu'à ce que son nom disparaisse dans la lie d'une tour de Babel qui s'assigne régent de son destin.

Question : Est ce cela le devenir du sol ancestral qui a vu triompher la Monarchie, puis la République, mantisses historiques de Rome et d'Athènes, noyées dans le flot dithyrambe des acculturations les plus pernicieuses ?

Il faudrait le croire, car toutes les actions entreprises somment à cette conclusion :

* Nivellement endogène par une immigration massive d'exogènes, avenant une acculturation globale, permettant la désintégration des Ethnies constituantes de notre Peuple

* Remise des pouvoirs à cette boîte noire que l'on nomme l'europe dévouée au culte mondialiste dictatorial, et en aucun cas à la démocratie, permettant la désintégration de l'idée de Nation dans notre Peuple

* Réécriture permanente de l'Histoire de notre Peuple, culte du métissage, mise en valeur du masochisme intellectuel sous toutes ses formes, exacerbation légiférée du racisme anti français, toutes formes tendant à la désintégration de l'identité de notre Peuple

*Réforme de l'état, qui en soit est une bonne action, malheureusement accentuée par les donneurs d'ordre mondialiste, plaçant leurs petits copains et leurs petites copines, en loges ou au parti (minoritaire aujourd'hui) comme dans une république bananière, au mépris de la capacité individuelle, afin d'asseoir les leviers permettant la désintégration de l'état qui ne sera désormais plus qu'une courroie de transmission de la boîte noire précitée.

Réflexion : La désintégration est en marche et vogue vers le chemin de ce mondialisme de l'errance tant voulu par les atrophies intellectuelles qui servent ses mobiles, la mise en esclavage de l'humanité.

Orientation : Face à ce chemin de nuit, chtonien par essence, introverti sur ce module de l'univers qu'est notre Terre, quel combat doit mener l'Etre vivant, dont les aspirations sont celles de la Liberté, et non de l'esclavage ?

Le combat de la Vie tout simplement, un combat intellectuel, plus puissant que tout combat physique, tant que la liberté de s'exprimer subsiste dans ce monde, un combat manifeste en défense de toutes racines, en chaque lieu, en chaque temps, par-delà les carcans de la bêtise et de l'ignorance, nouvelles idoles de la pensée destructrice qui parade, cette pensée qui nie la réalité et s'enfonce de plus en plus dans le magma de l'informe ou les pantins politiques, dont les ficelles sont agitées par les castes autoproclamées, enhardissent leurs feux destructeurs.

Action : Vaincre pour vivre. La devise de la couronne Anglaise est plus que jamais d'actualité ! Cette devise lentement prend toute sa valeur dans la naissance multipolaire inéluctable, et en cela la détermination européenne au mondialisme se trouve condamnée, (ce qui m'autorise à penser que l'europe a cent ans de retard sur la réalité) des Empires qui se tressent sur notre Terre. Renaissance de la tradition sur le factice, il convient de suivre et rejoindre ces mouvements qui frappent au cœur le mondialisme outrecuidant. Me direz vous leur motivation est économique, mais cela est un premier pas et cette ouverture permet d'y intégrer les valeurs culturelles et spirituelles des Peuples qui ont d'autres ambitions que celles de devenir des esclaves.

Ce combat sera vain en Occident si les Pays Occidentaux, de tradition et de culture ne fondent pas les Etats Unis d'Europe sur les arcanes tressés par cette union européenne sans lendemain, sinon celui de la paupérisation de ses Peuples. Ce n'est qu'à ce prix que l'Identité culturelle, spirituelle de l'Occident sera restituée et non pas en poursuivant indéfiniment ce chemin sans avenir que dresse le mondialisme. L'alliance irréversible avec les Etats Unis est de facto le principe qui pourra faire renaître l'Occident Européen dans le cadre d'une politique naturelle de défense organisée, ce qui permettra de le structurer politiquement, au-delà des artifices qui engluent la liberté dans un servage particulièrement outrancier de ses Peuples. Lien indéfectible du Continent Eurasiatique, il convient à cette Europe renaissant de ses cendres communautaristes de s'allier avec la Russie, qui elle aussi doit créer ses propres Etats Unis, afin de naître cet Empire allant de Seattle à Vladivostok, unissant Canada, Etats Unis d'Amérique, Etats unis d'Europe, Etats Unis de Russie, qui permettra la renaissance globale de l'Occident, de sa Culture, et assurera le devenir Économique, culturel et spirituel de ses Peuples sous la bannière de la Liberté. Ce n'est, et je le répète qu'à ce prix, que nous sauvegarderons notre avenir et l'avenir de nos enfants, qui pourront traiter d'égal à égal avec les Empires en voie de constitution, Asiatique principalement.

Conclusions : Voici donc le combat qu'il convient de naître et faire prospérer, en rejoignant toutes organisations existantes, discrètes ou non, afin de leur restituer pour les premières leurs valeurs atrophiées ce jour par le phagocytage mondialiste qui y règne, en utilisant tous moyens de communication quel qu'il soit, afin de diffuser ce mot d'ordre qui ne peut qu'unir les composantes bio géo historiques de l'Occident, induction formelle dont l'avenir permettra par une aide circonstanciée et judicieuse aux Peuples de s'affranchir de l'esclavage en lequel ils sont tenus. Car contrairement aux apparences, tout espoir n'est pas perdu face à ce mondialisme désertique et dictatorial, il suffit simplement de prendre les rennes de nos destinées, qu'elles soient Nationales ou Internationales en élisant celles et ceux qui partagent cette Idée souveraine qu'est celle de la Liberté, aujourd'hui réduite, bafouée, immolée sur les sentiers de ce vide absolu que l'on nomme le mondialisme, qui s'appuie sur ses prêtres de la mort, humanicides en tout genre, qui fomentent l'esclavage de l'humanité. Le temps de la renaissance vient, et ce ne seront les exactions commises au nom du mondialisme qui y changeront quelque chose, les gesticulations fébriles qui "désintégreront" ce courant impassible, car ce courant est indestructible, lié à la racine propre de chaque Etre vivant qui se respecte, lieu d'une rémanence formelle qui destituera le virtuel et ses composantes pour faire place aux réalités Humaines qui ne sont pas celles de se voir broyées mais bien au contraire respectées et épanouies !

Honneur au Peuple Irlandais !

Il serait temps de prendre en compte les réalités Humaines circonscrites bio-histo-géographiquement par les tenanciers de cette anti-institution qui est représentée parce que l'on nomme communément l'europe. Le non Irlandais n'est pas un non de circonstance mais de droit, du droit des Peuples à disposer d'eux-mêmes, ce droit inaliénable qui n'a pas à se prosterner devant la dictature mondialiste actuellement en place dans le cœur de cette anti-institution ! Ce non n'est pas symbolique, il est clair qu'un référendum populaire européen renverrait dans leurs foyers tous les apprentis dictateurs qui pullulent à Bruxelles, et qui fondent cette boîte noire où se joue vie et survie des Peuples ! La France en tête a dit non à cette anti-institution. Son Peuple a été floué et trompé comme jamais il ne l'a été par une décision arrêtée avec les prébendiers et les fourriers du mondialisme conquérant. Le non Irlandais sacre cette opposition, opposition à cette europe informe, à cette europe bureaucrate qui s'auto congratule, se proclame et s'élit sans vergogne au mépris du consentement des Peuples qu'elle prétend gouverner. De quel droit ? Du droit du mensonge, du droit du mépris ? Il était temps de mettre un coup d'arrêt à cette construction de la honte, ce mur de silence, ce rideau de fer emprisonnant des Peuples entiers qui n'ont pour seul droit que celui de se soumettre. Merci donc au Peuple Irlandais de sonner le glas de cette prétention dictatoriale ! Et maintenant me direz-vous ? Et maintenant il faut aller plus loin, désintégrer les prétentions du mondialisme lors des prochaines élections européennes, en n'élisant que celles et ceux qui défendent les Nations, les Peuples, qui auront pour mission de destituer les anti-institution qui nuisent à la réalité européenne, cette banque Centrale sans contrôle, cette représentation sans lendemains de commissaires politiques aux ordres du mondialisme, ces équipes insipides qui se complaisent dans la destruction de tout ce qui fonde l'Occident ! Et qui auront pour mission de construire sur les ruines des privilèges, ces Etats Unis d'Europe que les Peuples souhaitent, où chaque Pays comme chaque Peuple constituant conservera son intégrité totale, intégrité morale, législative, permettant de fonder un Ordre Politique Européen solidaire créant dans le cadre de la multipolarité le creuset d'une Institution où l'élection par les Peuples et pour les Peuples sera couronnement de la capacité et non couronnement de la médiocrité, de l'atrophie, d'un cosmopolitisme fait d'intrigues et de prébendes. Les Européens, je parle des Européens, et non de ces robots mondialistes dévoués à Thanatos et à Gaïa, êtres chtoniens par excellence, auront-ils l'Énergie nécessaire pour mettre en œuvre ce programme qui leur rendra leur honneur ? Telle est la question qu'il convient de poser aujourd'hui.

La Dictature affichée en Europe ?

Voici les dirigeants de cette europe larvaire qui s'écrient, vocifèrent, se consternent, pleurent leur mécontentement, et dans une bravade tout à fait inquiétante pour la Liberté, disent en substance qu'ils continueront à œuvrer sur ce texte qui devait être voté à l'unanimité pour paraître, reniant ainsi dans leur servilité leur parole d'homme et de femme, d'être Humain ! Déshonneur ! Voilà ce qui s'arroge le droit de diriger nos Peuples, le déshonneur dans sa trivialité, sa bienséance, sa lâcheté, son affirmation d'autorité qui ne repose que sur le sable des utopies ! Oui, Mesdames et Messieurs, le Mondialisme ne sera pas tel que vous le prévoyiez, tel que vous l'agenciez, aucun Peuple ne vous suivra dans votre destruction permanente des Nations et des Peuples, des Races et de l'Humanité, aucun Peuple n'est assez fou pour se suicider devant les remparts de votre incapacité à les conduire, aucun Peuple et vous le savez, et ces Peuples vous demanderont des comptes comme il se doit le jour des prochaines élections, car ne croyez que ces Peuples serviront de chair à canon à vos chiens de guerre dressés pour tuer, et qui n'attendent qu'un mouvement de foule pour se manifester, à vos propres services spéciaux qui n'ont d'autres attributs en vos cercles que de définir la suppression de la Liberté, par assassinat de la pensée ou des corps, ne croyez un seul instant que les Peuples vous serviront d'exutoire à tueries, les Peuples comme les individus ne sont pas dupes de vos manœuvres dilatoires ! Les Peuples que vous méprisez, que vous ignorez, dont vous vomissez la démocratie en vous en prétendant les tenants et les aboutissants, les Peuples se réveilleront pour évacuer vos allégeances, par la Démocratie, car vous n'êtes en nombre, les Peuples en majorité sont contre votre dictature de fait et bientôt de Droit ! Osez la Dictature qui déjà n'est plus qu'à un cheveu de sa réalité, osez continuer à ignorer la Liberté pour ces prébendes de pouvoirs cannibales qui vous tiennent lieu, où vous vous imaginez déjà demain maître de ce Monde, ce Monde qui vous honni, ce Monde que vous détruisez à souhait en en faisant payer vos menstrues, par la culpabilisation des ignorants, à l'Humanité, ce Monde dont vous ignorez jusqu'à l'existence s'il n'est profit de votre errance, ce Monde où vous laissez croupir l'Humanité dans la misère la plus répugnante, affamant jusqu'à l'Humain, ce qui n'a rien d'étonnant pour vos prêcheurs d'euthanasie et d'avortement légiférés, tous ces apôtres de la Mort qui paradent comme jamais ils n'ont paradé aujourd'hui sur nos Terres d'Occident, là, dans la dénature de notre Identité, ici dans la violation de la Pensée commune Européenne, plus loin dans l'obséquieuse perversion de votre mépris à l'égard de la Spiritualité qui a fondé notre devenir, toujours plus loin dans la destruction de nos cultures et de notre héritage multimillénaire qui est celui du respect sans équivoque de nos seuils, ces Nations que vous haïssez ! Osez la mise en place formelle de votre Dictature, nazi communiste par essence, personne n'est dupe en vos propos, alors les Peuples se réveilleront totalement. Vous avez perdu Messieurs et Mesdames les Mondialistes, vous avez perdu car vous êtes en dehors des réalités Humaines, qui ne sont pas celles de cette bouillie de chat que vous cherchez à implanter dans les esprits et dans les corps, ces millions de lois dépassées qui sont les carcans nécessaires à rendre l'humanité stérile, vouée à l'esclavage, des larves amères que vous détruirez lorsqu'elles ne seront plus productives ! Où vous croyez-vous ? Que vous croyez-vous ? Des Dieux, des Déesses, vous n'êtes en vérité que des êtres Humains qui ont tout oublié de la Vie, et la Vie d'un seul coup s'agite devant vos yeux inspirés par le néant et de son samsa putride, pour vous faire voir que les Peuples ne sont pas des veaux que l'on mène à l'abattoir, et vous grincez des dents, et vous vous éberluez ! Comment ? Le Peuple pense ! Comment ? Il est intelligent, malgré les lavages de cerveaux préfabriqués de vos cultures du néant, à l'histoire cent fois réécrite, que les médias aux ordres relaient sans cesse comme si ce pourrissement de la culture atteignait l'esprit ! Il est tellement énorme que cela fait rire les enfants de dix ans ! Il est tellement grossier que vous n'en percevez même pas la fatuité ! Oui les Peuples ont l'intelligence que vous n'avez plus, celle du bon sens, celle de l'Harmonie, celle que vous ne sauriez comprendre tant le machiavélisme, la perversion, la duperie, sont vos armes à penser ! Ne vous faites aucune illusion, le temple que vous avez construit sera détruit, car il n'a aucune valeur au regard de l'Humain, des Peuples, il sacrifie leur héritage au panthéon du paupérisme, et cela vous ne le voyez pas, vous ne l'entendez pas, vous le consacrez en empêchant les êtres Humains de vivre de leur travail, ce travail qui vous est si cher, pour les autres, et non pour vous, tout épris par ce jeu de destruction de toutes valeurs que vous êtes en votre arrogance ! Qu'avez-vous fait de l'Europe ? Dites-le ! Un champ de ruine intellectuel et culturel, où l'immigration sauvage se précipite, pour tenter de récupérer ces quelques miettes qui tombent de vos repas que vous ne prenez en aucun cas à la soupe populaire comme sept millions de mes compatriotes ! Un champ de ruine économique, et ne me parlez de l'Euro qui nous asservit en nous empêchant de développer nos exportations, où les entreprises s'enfuient en catimini pour cesser de payer vos taxes, ces taxes qui vous nourrissent et vous font bien porter, ces taxes que vous inventez dans le cadre de la culpabilisation mise en œuvre par vos chères têtes pensantes du mondialisme affligeant, devenue éco taxes, bourbier sans nom et sans réalité, dont on fête la venue avec liesse dans vos manifestations écloses où la mort veille et parade ! Cessez de prendre les Peuples pour des idiots congénitaux ! Votre tour d'ivoire, boite noire par excellence préparant cette dictature que vous annoncez n'apporte rien à quiconque, sinon pour les masochistes, le plaisir de voir détruit les Nations et les Peuples, les Cultures et la Spiritualité, salué par l'hymne que vous avez choisi, cet hymne à la joie qui est un hymne de mort pour toutes les civilisations, réalisant ainsi le rêve de ce grand Musicien appartenant à ces Illuminés de Bavière dont vous avez épousé les thèses qui sont les thèses de la destruction totale de tout système de pensée ! Vous vous dites réformistes, vous n'êtes que des contre réformistes dignes de Louis XVIII ou de Louis Philippe, détruisant l'Histoire, salissant le sang des Nations qui ont combattu et dont les citoyens sont morts pour éviter le travail des enfants dans les mines, l'esclavage légiféré, dont vous voudriez bien voir revenir les exactions ! Aucun citoyen n'est dupe ! Les lois Sociales s'amenuisent à la vitesse de l'éclair, et ce ne sont les broutilles que vous accordez parcimonieusement à quelques souches des sociétés civiles, qui nous font accroire un seul instant votre empathie ! Vous rêvez debout, les Peuples ne rêvent pas, ils sont le sang et les nerfs de cette Humanité attaquée par votre macrophage et leurs antis corps, lorsqu'ils prennent la parole — cette parole que vous avez isolée, cette parole que vous avez cadenassée, enchaînée, jusqu'à prétendre mettre la main sur toute la presse, cette presse que plus personne ne lit tant elle est concert mondialiste, tant elle est suffisante et délictueuse, rampante devant les agents du Mondialisme, pour en obtenir ce droit d'écrire sa beauté et son sacre mortifères – c'est pour vous dire cette vérité simple, nette, sans bavure : » Nous ne voulons en aucun cas de votre dictature ! ». Alors, osez paraître tel que vous êtes, les uns les autres en aréopages, agents de ce mondialisme, marionnettes de cette perversion de la pensée Humaine, et les Peuples auront compris ce que vous êtes, en vous voyant instaurer cette Dictature dont vous rêvez ! Alors, ne vous attendez pas à une cristallisation des énergies se prosternant devant votre Déesse Gaïa, devant vos lubies reptiliennes, ce qu'il adviendra ne sera pas nécessairement ce à quoi vous vous attendiez, une révolte violente, non il y a bien mieux à faire pour les Peuples, que cette violence gratuite, l'Inertie la plus totale, une force contre laquelle vous ne pourrez rien, car Loi de la Nature, cette Nature que vous ignorez, la Nature Humaine, qui est la Vie qui sait s'auto protéger contre l'exaction, en créant les forces qui lui permettent de restaurer la Vie, là où la mort et ses vassaux paradent. C'est un chemin contre lequel vous ne pourrez lutter, car il est au-delà de votre compréhension morbide. Que pourriez-vous faire contre une masse qui vous fait vivre, et qui d'un seul coup vous ignore totalement ? Rien, vous avez perdu, et vous le savez, donc il serait temps pour vous de vous réveiller et de prendre conscience de la réalité Humaine, qui n'est ni celle du serf, ni celle du vilain, mais de l'Humain, avec un H majuscule. Ce n'est qu'à ce prix, noyant votre orgueil démesuré, que vous pourrez participer à l'éclosion de l'Europe, avec un E majuscule, respectueuse des Nations et des Peuples qui l'accomplissent, tant dans leurs domaines législatifs que dans leurs composantes culturelles, ce n'est qu'à ce prix que l'Europe naîtra, une Europe des Nations et non cette europe délirante qui n'est que destruction de toutes les valeurs Occidentales, tour de Babel sans lendemain qui s'effondrera sur son socle de sable dont vous voudriez voir une Dictature l'imposer ! Cela prêterai presque à rire, vous n'avez aucuns Peuples derrières vous, comment pourriez-vous faire tenir ce tigre de papier que vous avez construit, mais la persistance de votre aveuglement prêterai plutôt à pleurer, tellement il est affligeant. L'Histoire avec un H majuscule, non l'histoire que vous nous ressassez avec ce petit h ridicule, nous donnera le résultat de votre réflexion. Quel que soit le chemin, n'oubliez pas que l'Esprit et les Idées restent invincibles, ce que vous avez aussi oublié !

Aux terres renouvelées

Aux terres renouvelées le sens de la Vie nous est répons, par delà les affluents des scories Vénéneuses d'une pensée qui végète sur elle même, s'éprend de l'informe et succombe devant la forme, là où les lieux sont vestiges, vertiges d'édulcorées assignifiées, mantras des prêtres de la mort qui culminent dans des pouvoirs, impuissants à vivre et essaimer, niant la réalité pour de pauvres scories à l'image de leur atrophie à vivre, pauvres hères qui disparaîtront devant l'inépuisable ressource du Substrat de ce lieu, de ce temps, qui avance imperturbablement l'aventure flamboyante de l'Humain, cette aventure fabuleuse qui ne s'arrête au minéral, à la flore et à la faune de cet écrin qui, sous les hospices de la mort, au lieu de s'étoffer devient mausolée, prison, étouffoir, emblème de la caricature humaine dédiée aux marchands du temple et leurs cohortes de reptiles assoiffés, carcan à dissoudre irrémédiablement afin d'offrir aux yeux de l'enfant du Monde le dessein de l'avenir, la conquête fulgurante des galaxies de cet Univers qui nous est lieu, monde d'azur et monde nocturne, monde constellé de diadèmes incandescents, monde olympien qui dans le respect de sa nature, n'a que faire de la singerie des roitelets de l'inconscience nauséeuse en laquelle ils végètent pour mieux se préserver de ce monde à conquérir, monde dont ils ne veulent comprendre les densités, car morts avant d'être nés, lâches avant d'être courageux, couards enseignant la couardise, l'ignorance pour bible, le mensonge pour anathème, moires aisances dont l'Humain oubliera l'existence pour se propulser dans l'azur de la Vie, sa perfection et sa devise, orientant tous degrés d'une conquête vitale qui laissera derrière elle les illuminés de la mort à leurs menstrues, leur pensée unique, qui dans l'échelle du singe graduée de un à cent est en dessous de ce un fatidique qui est prémisse de l'intelligence, l'intelligence ne vouant pas l'Humain à la destruction et à la culpabilisation pavlovienne, mais à la construction conquérante, cette construction qui se fera malgré ces épiphénomènes auxquels l'Humain assiste, debout au milieu de leurs ruines, avant de s'élancer à la rencontre des Univers, libérant de la cécité l'Humanité, par assainissement total des règles et règlements, lois et décrets, tant au niveau des Nations que des représentations internationales, qui asservissent les Etres Humains à la prosternation reptilienne, destituant ainsi à jamais le Carcan emprisonnant la Liberté de la Vie, la Liberté créatrice qui se trouve dans le cœur de chaque Etre Humain, cette Liberté qui débarrassée du fléau de la bureaucratie pandémique, rempart de la médiocratie, verra la renaissance de l'Humain.

Résistance à la dictature

La division est l'atout maître de la dictature de fait qui est en place dans notre espace Européen, attisée par ses agents qui s'insinuent en chaque groupe de pensée, association, syndicat, afin de faire valoir l'utopie mondialiste dont ils sont les commissaires politiques, et par ailleurs la haine des mouvements conjoints. Cette division doit cesser afin de faire valoir le pas de la liberté sur les ruines de notre civilisation qui cristallisent l'indignation la plus totale des citoyens de nos pays d'Europe. Il convient de faire le ménage dans tous les groupes de pensée, associations, syndicats, qui défendent les racines identitaires, en évacuant tous les agents précités, déguisés ou non, en analysant avec discernement l'appartenance de chaque membre aux groupes de pression mondialiste. Assainis les groupes de pensée, associations, syndicats, partis politiques, pourront fonder le parti Européen des Nations, et au-delà de la division présenter dans le cadre démocratique des représentants légaux aux différentes élections, et notamment européenne. Cette opération de nettoyage est nécessaire afin de faire front au diktat qui ne repose que sur l'utopie et la destruction et profite par la division de l'indécision des membres naturels des Nations. La force née de la cohésion des différents mouvements européens défendant les racines des Peuples et leurs Nations, permettra de renverser l'usurpation, qui rappelons-le agit actuellement sans accord des Peuples, ayant corrompu pratiquement l'intégralité des représentants actuels des Peuples, tant de ce que l'on appelle la droite que la gauche, différentiation sans fondement au regard des appartenances de ces individus. Si nous observons la modélisation démocratique trafiquée par exemple dans

189

notre pays, nous nous apercevons que ce ménage doit absolument s'opérer, car ce traficotage met au pouvoir des représentations d'individus qu'il convient de modérer à leur juste valeur, conjointement si nous observons la cote de popularité qui devrait être prise en compte afin de responsabiliser le monde politique vis-à-vis des électrices et électeurs, nous voyons que les pouvoirs actuels, défendant l'utopie mondialiste, ne sont pas représentatifs des Nations qu'ils occupent. Agir avec moins de cinquante pour cent de cote de popularité, cela s'appelle agir sans la volonté du Peuple, et donc se révéler dictateur par essence. La dictature est donc là et bien présente. Pour la faire disparaître définitivement de nos Nations et de notre Europe des Nations, ce n'est donc qu'en unissant tous les mouvements défendant les Identités, en évacuant tous les membres de ces mouvements qui jouent un double jeu, et qui n'ont d'autres vocations que d'attiser les divisions, afin de favoriser l'expansion du mondialisme, que la résistance, permettra de faire valoir la voix des citoyennes et citoyens au sein de ce cloaque que sont devenues les Institutions européenne. Représentée, cette Union qui sera, n'en doutons pas un seul instant majoritaire permettrait d'initier des référendums dans chaque Nation afin de faire valoir la Voix des Peuples emprisonnés et bâillonnés par les tenanciers de cette europe que nous connaissons aujourd'hui, et faire naître enfin l'Europe des Nations, les seuls référendums ayant pu être commis lui étant favorable, ces référendums sur trois pays ayant formalisé un vote contre l'europe mondialiste à une forte majorité.

Livre blanc sur la défense et la sécurité

Sans surprise, le livre blanc n'est pas téléchargeable sur le site de notre gouvernement. Le citoyen est si bête qu'il ne pourrait en comprendre le texte, à moins qu'on ne lui cache sous de grandes phrases dithyrambes, cette réalité majeure, celle de la désintégration de notre force de défense dans le cadre du mondialisme. Tel est le cas, malheureusement, la France n'a plus de prérogatives et lorsqu'on vend dans le cadre de cette phrase qui reflète une énormité, la liberté d'action de la France, on ne peut que parler encore une fois de manipulation mentale.

En bref en considération de ce qu'on nous laisse lire que l'on ne peut qu'approuver :

1) Appréhender les changements mondiaux, notamment sous l'effet de la mondialisation. Le monde n'est pas nécessairement plus dangereux, mais il est devenu plus instable, plus imprévisible.

2) Prendre en compte l'ensemble des risques et menaces possibles dans une stratégie de sécurité nationale (SSN) qui définit une politique non seulement de défense, mais aussi des politiques de sécurité intérieure et de sécurité civile, diplomatie et politique économique.

3) Articuler la stratégie de sécurité nationale autour de 5 fonctions stratégiques : connaissance et anticipation, prévention, dissuasion, protection et intervention, actualisables tous les 4 ans.

4) Réduire l'incertitude qui caractérise la mondialisation, par la connaissance et l'anticipation pour réserver l'autonomie et l'initiative stratégiques des décideurs politiques et militaires.

5) Replacer la protection de la population et du territoire au cœur de la stratégie, pour faire face aux nouvelles vulnérabilités et aux crises de grande ampleur.

6) Concentrer les capacités de prévention et d'intervention sur l'axe Méditerranée/Golfe arabo-persique/Océan indien — zone de risques les plus élevés — tout en conservant des capacités à l'ouest de l'Afrique, dans la bande sahélienne et dans la zone Antilles-Guyane.

7) Garder la dissuasion nucléaire comme un fondement essentiel de la stratégie nationale. Garantie ultime de la sécurité et de l'indépendance de la France elle a pour seule fonction d'empêcher une agression d'origine étatique contre les intérêts vitaux du pays d'où qu'elle vienne et quelle qu'en soit la forme.

8) Renforcer les capacités d'action militaire de l'Union européenne — acteur majeur de la sécurité internationale et de protection des citoyens européens.

9) Souligner la complémentarité de l'Union européenne et de l'OTAN, 21 des 26 pays membres de l'Alliance atlantique appartenant à l'UE.

10) Moderniser l'outil et préparer l'avenir pour un outil de défense cohérent : renforcement prioritaire de la protection des forces en opérations et lancement de programmes nouveaux (renseignement, lutte informatique).

11) Atteindre les objectifs opérationnels du Gouvernement par un nouveau format des forces armées et de leurs capacités de projection (terre, air, marine) :

- opérations extérieures : une projection de 30 000 hommes à partir d'une force opérationnelle terrestre de 88 000 hommes ;
- territoire national : 5 000 hommes en alerte permanente et 10 000 hommes mobilisables en cas de crise majeure ;
- un groupe aéronaval complet avec son groupe aérien complet ;
- 300 avions de combat autorisant la projection de 70 avions de combat et un dispositif d'alerte d'une dizaine d'avions.

12) Maintenir l'effort financier de la France pour sa Défense : maintenir les ressources annuelles (hors charges de pension) en volume puis, dès 2012, accroître cet effort de 1 % par an, en volume.

13) Européaniser l'industrie de défense. C'est le cadre européen qui doit être privilégié pour des projets

d'avions de combat, de drones, missiles de croisière, satellites, composants électroniques etc. Cette politique d'acquisition doit inclure aussi une dimension d'achat sur le marché mondial.

14) Réorganiser les pouvoirs publics en fonction de la SSN. A cet effet, créer un Conseil de défense et de sécurité nationale, renforcer le rôle du Parlement et réformer l'ordonnance de 1959 portant organisation générale de la Défense.

15) Donner aux personnels civils ou militaires et dans tous les domaines, le plus haut degré de professionnalisme. Mutualiser les formations, développer la synergie entre les politiques de recrutement des différents ministères. Une filière particulière aux métiers du renseignement sera créée. La sensibilisation aux questions de sécurité nationale sera renforcée dans toutes les catégories de la fonction publique.

16) Rechercher l'adhésion de la nation par des actions de formation et d'information : rénover la JAPD, créer un service civique obligatoire, créer une fondation de coopération stratégique, qui supportera une Ecole doctorale européenne.

En bref en considération de ce que l'on ne vous laisse lire qu'à travers un jeu de liens qui fera accroire que le webmaster du site a oublié tout simplement de raisonner linéairement et surtout de préciser la perte de souveraineté Nationale, lorsqu'on lit :

Le Livre blanc :

- Accorde la priorité au **renforcement du multilatéralisme** qui, à l'opposé des tentations d'unilatéralisme qui ont marqué la décennie en cours, demeure un **principe fondateur de la coopération et de la sécurité** internationale.

- Réaffirme la **centralité de l'ONU et de ses institutions** : l'autorisation du Conseil de sécurité pour le recours à la force, doit être la règle.

- S'engage en faveur d'une **réforme du Conseil de sécurité** notamment par un élargissement dans les deux catégories de membres, permanents et non permanents. La France soutient l'Allemagne, le Japon, l'Inde, le Brésil, et une juste représentation de l'Afrique.

- Fait des propositions concrètes sur l'engagement humain et matériel de la France en matière de **lutte contre la prolifération et de désarmement**.
- Apporte son soutien aux **organisations régionales de sécurité** qui permettent, à une échelle complémentaire de celle des Nations Unies, d'agir pour le maintien de la paix, le désarmement, la lutte contre le terrorisme, la sécurité civile, ou la prévention des conflits.
- Confirme le **soutien** de la France au **droit humanitaire**, à la **justice** pénale internationale et à la défense des **droits de l'homme**.
- Rappelle que la « **responsabilité de protéger** » incombe, en dernier ressort, à la communauté internationale.
- Est favorable à la **limitation de certaines armes** (interdiction des mines antipersonnel, armes à sous munitions).
- Réaffirme l'ambition que l'**Union européenne** conforte son statut **d'acteur majeur dans la gouvernance mondiale**.

Mais encore :

• **L'intervention.**

L'intervention demeurera un mode d'action essentiel de nos forces armées, particulièrement à l'extérieur du territoire national. La capacité d'intervention devra permettre de garantir nos intérêts stratégiques et d'assumer nos responsabilités internationales. Le plus souvent, l'intervention se déroulera dans un cadre multinational. **Trois hypothèses seulement rendent une intervention à titre purement national plausible** :

- la protection de nos ressortissants à l'étranger,
- la mise en œuvre des accords de défense bilatéraux qui nous lient à certains Etats,
- la réponse nationale que pourraient appeler, en riposte, des actions ponctuelles dirigées contre nos intérêts.

Dans tous les autres cas, la stratégie d'intervention de la France s'inscrira dans un cadre multinational, qu'il s'agisse de celui des Nations Unies, de l'Union européenne, de l'Alliance atlantique, ou d'un ensemble approprié,

**bénéficiant de la légitimité conférée par le droit
international.**
**C'est la combinaison de ces différentes fonctions
qui permettra d'assurer la sécurité nationale**. Leur
agencement devra demeurer souple et pourra évoluer.
Il fera l'objet d'un réexamen à l'occasion de chaque
actualisation du Livre blanc, soit tous les quatre ans.

*À bon entendeur, et bon lecteur, vous aurez compris que
de notre indépendance, il ne reste rien, nous sommes
désormais aux ordres des Nations Unis dans le cadre
de « sa gouvernance mondiale », et gare à nous si nous
n'acceptons pas des guerres telles que celle qui s'est
déroulée en Irak, et celle qui se prépare contre l'Iran !
Devrons-nous être considérés comme des traîtres à la
Patrie, alors qu'à cette lecture, nous voyons que la
Patrie n'existe plus, que la Nation n'est plus qu'un mot
vide de sens ? À vous de juger...*

Lopsi, vous connaissez ?

Un grand quotidien Français vient de révéler ce qu'était le projet de Loi d'orientation contre le terrorisme en notre Pays. Rien à redire, sinon que ce projet s'il voit le jour violera toutes les lois relatives au respect de la vie privée des citoyens. Savez-vous que nos bien pensants cherchent comment ils pourraient introduire des chevaux de Troie dans chaque ordinateur de nos concitoyens, afin que ces virus reconnaissent leur mode de surf, leurs habitudes, et pourquoi pas le contenu des messages qu'ils envoient et reçoivent, et ce dans le mépris le plus total de leur liberté d'épanouissement. Et oui ! Nous en sommes là au pays des droits de l'homme ! Parlons-en de ces droits que je vous conseille de lire et de relire attentivement sur le site de l'ONU. Vous verrez que notre Etat, s'il poursuit cette aventure, se trouve en contravention avec tous les articles relatifs à la liberté de l'individu ! En conséquence de quoi, il conviendra, si ce projet se réalise, si nous découvrons demain dans nos ordinateurs les chevaux de Troie de l'état, de faire les uns les autres constater par huissier cette atteinte à notre vie privée, puis former une class action avec dépôt de plainte régulier près du Tribunal de La Haye, contre notre propre Etat pour viol de pratiquement tous les articles de la Déclaration des Droits de l'homme et du citoyen, dont il est signataire ! Si nous ne faisons rien, quelle belle dictature en perspective ! Votre courrier sera lu, vos propres courriers décodés, vos surfs enregistrés. Vous serez fiché par des bureaucrates sans état d'âme, et à partir d'un seuil d'intolérance vis-à-vis de la dictature, tel ce mémo que j'écris actuellement, considéré comme un terroriste ! Oh la belle invention que ce mot ! Là, ne vous en doutez pas, vous serez rééduqué, (on l'on voit ici le profil de certains dirigeants européens dont les amours de jeunesse furent le maoïsme, oublie-t-on jamais ces amours de jeunesse ?), ou sans jugement exécuté, comme tout régime totalitaire aime à le faire ! Merci à ce grand quotidien de nous avoir révélé ce projet de loi qui sent bon la dictature, ce qui ne peut étonner personne désormais, et rappelez-vous qu'il est hors la Loi internationale, alors préparez-vous à vous défendre contre le "terrorisme" d'état qui cherche à obérer votre Liberté ! Un homme averti en vaut deux, comme dit le proverbe.

L'aveuglement

L'aveuglement est le panache du désintéressement d'autrui. La Pologne persiste et signe, à la rencontre du refus légal, en son temps de la France, plus proche de l'Irlande, de cette europe du paraître qui ne reflète en aucun cas la Démocratie, mais les arcanes d'une bureaucratie dictatoriale qui tire son idéologie de la synthèse de deux fléaux qui ont ravagé l'Humanité, le National-socialisme et le communisme. Au nom de la mondialisation, on invente cette faribole, ce leurre à la pensée unique, à la pensée destructrice des Identités et des Nations, qui noyées dans la désintégration se révèlent létalité de l'humain. Désintégration des cultures, désintégration des Peuples, désintégration des Identités, voilà ce que nous amène cette europe dictatoriale. Regardons notre pays ce jour ! Paraître et utopie au nom du mondialisme ! Un milliard deux cent cinquante millions d'euros de dettes, une immigration galopante, un paupérisme exponentiel, deux millions de chômeurs, un manque flagrant de services publics dans les provinces, accéléré par l'éradication des hôpitaux, des tribunaux, une industrie en berne, une agriculture moribonde, une volonté d'institutionnaliser une société vidéo surveillée avec en filigrane l'instauration après l'avortement aveugle de l'euthanasie aveugle, civilisation de la mort par excellence accentuée par la désintégration de la famille, la mise aux bans de l'humanité de l'hétérosexualité, l'apologie de l'homosexualité, voilà la réalité, une réalité que personne ne peut remettre en cause, car dans tous nos pays d'europe la pensée unique qui guide toute gouvernance inféodée au mondialisme ! Et l'on s'étonne aujourd'hui de voir rejeter cette europe de la létalité ! Les Peuples dans leur jugement, leur bon sens, défenseur de la vie, le savent. Et ce ne seront les discours des prêtres de la mort qui y changeront quoi que ce soit, aux motifs pavloviens par excellence : protection, sécurité... Cela fait rire n'importe quel psychologue ! La France en sa réalité comme la plupart des pays Européens peut s'auto défendre sans le moindre problème. La puissance nucléaire et neutronique de notre Pays n'est pas un leurre ! Puissance que les tenants du mondialisme, sont en train de désintégrer, il convient de le rappeler, alors qu'il est prévu par ces commissaires politiques de cet ordre, que notre armée doit désormais être pieds et poings liés, aux décisions d'une ONU, totalement inféodé au dit mondialisme ! Pour en revenir à notre sujet après ces digressions nécessaires, nous ne pouvons que constater en regard de ce qui est précité, que l'aveuglement des "élites" mondialistes reste consternant. Il relève d'une fuite en avant ignorant la réalité Humaine, qui déjà les confond, ce qui est rassurant pour le devenir Humain. Cette réalité frappe de plein fouet l'asthénie de la gouvernance dictatoriale européenne ! On pourrait s'amuser de voir défiler les commissaires politiques de la dite europe, pour faire valoir leur point de vue d'aveugles, encouragés par notre propre gouvernance, qui rappelons le, dans le plus grand mépris de la voix de son Peuple, poursuit l'aventure sans lendemain de cette europe qui n'a de légalité que dans la dictature qu'elle impose. Mais s'amuser est insuffisant pour se sortir de cette ornière de la létalité. Il convient de réajuster dans la réalité l'Europe, une Europe des Nations, libérée de la férule de ce mondialisme totalement virtuel qui lui-même doit revenir dans le réel, dans le respect inconditionnel du Droit, le Droit des Peuples à disposer d'eux-mêmes, le Droit de l'Etre Humain, des Identités, des Nations ! Assez de leurres, assez de virtuel, assez de paraître, l'Etre Humain doit se libérer de cet esclavage programmé par les disciples de Thanatos ! Dans le respect de la Démocratie, avilie ce jour comme jamais, je gage que les élections prochaines permettront de ramener à la réalité cette virtualité mortifère qui voudrait légiférer notre devenir !

Honneur et Patrie

Honneur au Général CUCHE qui a su, dans la conscience qu'il a de ses responsabilités, se démettre de ses fonctions, des fonctions qui aujourd'hui, au regard de l'intolérable désintégration proposée par le Livre Blanc, n'ont plus lieu d'être, la Patrie n'ayant plus aucun sens dans le dessein et l'accomplissement du mondialisme qui se gargarise, allant jusqu'à traiter d'amateur, un homme qui a fait don de sa vie à la France dans le cadre de ses missions. Cette expression illégitime à l'égard d'un représentant des armées Françaises ressort de l'intolérable. Point de non retour, il faut en prendre conscience, du clivage qui ne pourra qu'apparaître dans les décennies à venir entre les militaires et le monde politique qui ce jour parade. Car quel destin pour ceux qui consacrent leur Vie à l'Armée, et qui donnent leur vie pour que leur Peuple soit à l'abri de guerres outrancières, sinon celui de se voir porteur de missions de plus en plus internationales n'ayant d'autres buts que d'asservir des Peuples entiers au Mondialisme ? Où donc est le sens de l'honneur dans ces péripéties génocidaires de la pensée des Peuples, de leur conscience culturelle et spirituelle ? De quelle autorité tire donc sa substance des ordres qui ne reflètent aucune cohérence nationale ? La défense de la Démocratie ? Mais quelle Démocratie, celle qui refuse aux Peuples de se prononcer par référendum, celle qui nie la réalité des Peuples, les enfermant dans le goulag d'une pensée unique, les asservissant par la décérébration, par le culte chtonien de la déliquescence, par l'adoration de la matière ? Devons nous appeler cela encore de la Démocratie ? Non, il serait puéril de croire encore un seul instant que ce terme puisse se prononcer dans l'état où se trouvent les pays d'Europe, asservis à une inféodation qui n'a rien de démocratique ! Qu'un

Général qui a consacré sa vie à la défense de la Nation, puisse être traîné dans la boue, au regard de ce qui vient d'être dit, dans le cadre sans mystères désormais de la prise de pouvoir par le carcan mondialiste dans nos Pays Européens, n'a rien d'étonnant. Je gage que les femmes et hommes d'honneur de notre Armée, qui se réduira à la portion congrue dans les années à venir, sauront en tirer des leçons pour l'avenir, cet avenir qui les verra remplacer par des mercenaires et non pas des femmes et hommes d'honneur, seuls personnages capables de tuer et se faire tuer sans état d'âme pour le profit. Je ne vois pas comment il pourrait en être autrement, car en conscience, comment un Etre Humain en sa moralité pourrait-il accepter d'aller combattre ce qui n'est ni son ennemi, ni son oppresseur ? Défendre la Patrie a un sens, lorsqu'elle existe, défendre l'illumination d'idéologies belliqueuses apatrides n'a aucun sens, à moins d'être un tueur né, un robot programmé pour ces outrances. Que sera l'Armée Française demain ? Je pense qu'il n'en restera rien comme il ne restera rien d'une pseudo-armée européenne bâtie sur le diktat et l'autoritarisme des prébendiers qui mènent le bal de la destruction Européenne. Ainsi dans cette tragédie de l'Armée Française, qui n'excuse pas le geste malheureux de ce soldat qui a blessé une quinzaine de personnes, faut-il regarder plus loin, et voir la réalité en face, celle de la destruction et de la désintégration programmées de notre Armée, et la démission de ce Général, comme son symbole le plus signifiant. Comment peut-on accepter cette démission d'un homme qui a donné sa Vie pour la France, conduit ses hommes au Combat pour les couleurs de la France ? Comment peut-on traiter cet homme d'amateur ? Sinon pour faire comprendre à notre Armée qu'elle est en voie de létalité parfaite.

À contre-courant

Face à la disparition de la Démocratie, face à la déliquescence sociale, à la vindicte dictatoriale, à la prébende politicienne, à l'usurpation des pouvoirs par un coup d'état mondial nazi communisme, dont les émules sont des trotskistes, maoïstes, communistes, gramcistes déguisés, (nous pensions le communisme était mort, il est revenu avec plus de vigueur que jamais, l'ennemi des libertés reste toujours le même), face à la vidéosurveillance, l'atteinte aux libertés fondamentales, la déstructuration de la pensée, l'uniformisation des cultures, la désintégration des Nations, le métissage forcé, l'acceptation larvaire, la défiguration des Peuples, l'outrance dialectique des suppôts de Gaïa, des prêtres de Thanatos, des talibans de la pensée, face à la pensée unique, l'avortement et l'euthanasie comme constantes gouvernementales, face à l'abrutissement des masses, médiatiquement coordonné par des pouvoirs délirants et décérébrés, face à cette boue que l'on nous dresse comme devenir, face à cette incohérence humaine liée à l'arbitraire, à l'hégémonie du pavlovisme, face au réductionnisme matérialiste, au trotskisme dégénéré, face à cette dénature que représente l'idéologie mondialiste, face à ce pourrissement de nos civilisations, Universality se dresse à contre-courant, tels ces chevaliers du Temple ou Teutoniques, debout et non couchés, vivants et non morts, loin de ces chevaliers de Malte, corrompus et belliqueux, loin de l'association liée à l'ingérence et à la vassalisation, afin d'œuvrer pour la Liberté sacrée dont l'étendard sera celui de notre Terre, et non celui de cette illumination consacrant la dictature de l'ignoble et du pervers, ce chancre sur le sein de l'Humanité, qui sera s'en débarrasser afin de faire resplendir ce monde des Nations qui sont ses racines, ce monde des Patries, ce monde de la Diversité, qui en son organisation universelle renversera à jamais la Babel qui se construit, cette monstruosité qui quoi qu'il en soit disparaîtra, dans dix ans, avant cent ans, car construite sur le sable des vanités, le sable de la corruption, le sable de l'enchaînement, le sable de l'esclavage et de la putréfaction ! L'ignoble sera terrassé, l'Ordre noir destitué, le mondialisme désintégré ! Car le sens de la Liberté est inné et non acquis, et à moins de détruire l'humanité dans sa totalité, ce sens se réveillera, malgré l'immondice en lequel il est englué, multiforme, car il est l'anti corps naturel qui a permis à l'humanité de survivre jusque-là, et rien n'arrêtera son ascension, ni les chiens de guerre, ni les tueurs programmés, ni les armées de la vassalité, ni l'assassinat politique, ni l'assassinat de la pensée, ni la disparition des droits élémentaires, car l'Etre Humain est né pour être libre, et non esclave d'une quelconque tyrannie ! Que vaut la tyrannie de dix millions d'êtres humains contre cinq milliards d'Etres Humains ? Que valent un million de commissaires politiques contre cinq milliards d'Etres Humains ? Rien ! La conscience de l'Humanité renversera cette idolâtrie, ce paganisme bestial, ce satanisme de circonstance, et ces dix millions le savent pertinemment, c'est bien pour cela qu'ils cherchent à l'anéantir en ses racines, ses réalités, ses droits fondamentaux, par la destruction, l'annihilation, le pourrissement, l'inféodation, la vassalisation, la déité d'une pensée unique dont la logique est asservissement, culpabilisation, dénature, atrophie, enchantement de la débilité, sida intellectuel, textures de la boue que chacun devrait embrasser avec cette joie moribonde que l'on voit déjà briller dans les yeux atones des populations sevrées par ce pourrissoir, zombis qui creusent leur tombe, applaudissent, voyeurs impénitents et larvaires qui bêlent lorsqu'on leur demande de bêler, images mêmes de ces pseudos mentors destructeurs qui paradent l'agonie, croient-ils, des Peuples et des Nations ! L'Humanité n'est pas aveugle, les Peuples ne sont pas aveugles, l'Etre Humain n'est pas aveugle ! Chacun demande à être éveillé dans la réalité et non dans la

diarrhée virtuelle que constitue la pensée unique ! Ainsi et pour cela existe Universality ! Et les tentatives de destruction de ce site pourront continuer, en provenance de qui que ce soit, aéroport de l'US AIR Force comme ce fut le cas pour la dernière obstruction, services secrets, renseignements généraux, police, Universality continuera à vivre, ici, là, ailleurs, car ce site se bat idéologiquement, respectueux de ses adversaires physiques, mais en aucun cas de la pensée qu'ils affirment, et c'est là toute la différence entre eux et Universality, ce respect inconditionnel, dont ils devraient prendre exemple, car on ne convainc pas ni un homme à terre ni un homme mort, mais cela évidemment fait partie de règles chevaleresques qu'ignorent les commissaires politiques qui dirigent ces actions d'anéantissement de la pensée, trop soumis par leur dépendance, économique, sexuelle, masochiste ou sadique, qui ne peut leur permettre de renaître à l'Etre qui est en eux. Ce portail gêne, tant mieux et tant pis, il reste et restera phare de la Liberté, parmi d'autres, au milieu de cette nuit qui lentement tombe tant sur l'Occident que sur l'Orient. Exilé, il restera la Liberté dans notre propre pays étant variable et déjà enchaînée à la pensée unique qui lentement cherche à la disparaître dans la boue qui la martèle. Ainsi et afin que son nom ne soit pas un vain mot dans l'Esprit Humain, d'où que viennent ses racines !
http://universality.info/mambo

Politique ?

La Politique pourrait être aristocratie, plénitude de l'Art de diriger la Cité, engagement de la vertu et synonyme de la Voie, la Voie étant prise ici dans le sens de la direction permettant l'épanouissement des Etres Humains. Au lieu de cela, nous assistons, nous ne le dirons jamais assez, à une régression permanente de cet Art souverain, qui se résume globalement à l'apparence. Le m'as-tu-vu est désormais le principe de la direction, ceci étant quoi de plus normal lorsque l'acte de construire n'est pas au rendez-vous, laissant la place à l'acte de destruction des valeurs innées, à ce socle de la Vie, qui ce jour non-évolution régresse vers ce point limite avenant une contraction dimensionnelle qui lui restituera sa densité. Désintégration des valeurs, l'individu, les Ethnies, les Peuples, les Races, l'Humanité n'existent plus pour les prêtres de Thanatos, gardiens d'un Ordre sans lendemain, qui exacerbent leurs pouvoirs sur les ruines des civilisations qui laissent sans voix les Humains qui, ce jour, confrontés à une perversion sans limite ne peuvent trouver parade que dans une inertie extraordinaire, cette inertie qui résume la faillite des monopoles qui s'instaurent. La Démocratie en ce lieu n'existe que par son nom et en aucun cas dans ses actes. Nous assistons à son délitement, les Peuples n'ont plus droit à la parole et lorsqu'ils la prennent pour dénier à la dictature son droit de poursuivre sa destruction, ils sont sujets à tous les griefs, toutes les avanies, tous les résumés de la vindicte de cette dictature qui occulte son nom sous les avatars de l'illusion, ce vent sablier qui précipitera sa descente aux enfers de sa propre turpitude, et qui verra ses caciques se retrouver dans une solitude sans nom, prémisse en leur folie de la folie dominante qui sera destituée au profit du réalisme, de cette réalité qui confondra leur virtualité et leur façade sans consistance, sinon celle de la domination pour la domination, de la destruction pour la destruction. La France, laboratoire de ce délitement se montre dans la splendeur déchue de ces actes sans nombre qui sont les fourriers de la désintégration d'un Peuple, d'une Histoire, d'un avenir. Dans la reptation affolante des parasites qui affluent le centre du pouvoir régalien qui s'y est instauré par le mensonge et l'illusion, nous voyons la mesure de l'infamie exploser ses scories, ses dénatures et dans l'apogée de ses fonctions initier la désintégration totale qui doit être faire valoir de chaque Peuple de ce temps, en ce lieu que l'on nomme la Terre. Firmament de la destruction, notre Pays qui a valeur de lumière des temps, se retrouve carcan de la nocturne allégeance à ce qui n'est pas sa réalité, mais bien à la composition de ce qui fuit sa densité, le parasitisme, le paraître, l'illusionnisme, cour des miracles de l'atrophie régnante, issue de ce qui n'est pas la France, mais bien au contraire de ce qui est l'irréductible ennemi de sa Liberté de conscience, d'expression, et de rayonnement. Nous y voici, et les voici sortis des limbes de ce chancre qui obstrue la raison, sida par excellence de l'action, en action dans le corps malade de notre France de leurs pustules et de leurs gangrènes, pressées de voir taire à jamais la luminosité de la parole d'Etre, regardez les, ils se pressent pour distiller leur venin, agonir toute phase de l'évolution de notre Peuple en l'irradiant de leurs semences sulfureuses, pluies de Lois iniques destituant la raison pour l'apparat de la mort, Lois fustigeant la Vie, et le devoir de Vivre, Lois labourant dans la chair de notre Peuple pour ensemencer les graines de la discorde, de l'immolation, de la cupidité, de l'avarice, de la jalousie, de la médiocrité, cette médiocrité portée aux nues par la médiocrité triomphante, là, dans la mise en œuvre de la désintégration du pouvoir de vivre par l'immolation des trente cinq heures, ici par la mise en œuvre du carcan de l'exploitation totale des cadres de ce pays, Lois régressives issues de la perversité ayant pour but la mise en esclavage de tout un Peuple, esclavage à l'argent Roi, esclavage aux taxes, à l'imposition, à ce racket permanent institué comme valeur suprême et souveraine de l'État qui se voit lui-même réformé pour mise en place des parasites, nouveaux commissaires politiques, qui appartiennent à la faction qui se dit élue et qui ne représente rien dans ce jour de désastre consommé. Et lorsque l'on pense que les institutionnels de cette pente menant à l'esclavage, mentors de l'agonie sont issus de ces loges qui se sont battues contre l'esclavage, on ne peut que se dire que ces loges sont tombées bien bas pour accueillir ces phénomènes qui souillent de leur présence les idéaux de la Franc Maçonnerie ! Mais cela est dans la juste dépendance des institutions humaines, ces jours inféodés aux reptiles et aux scorpions qui les phagocytent, comme autant de microbes qui tissent leurs tentacules pour mieux obérer les chemins de la Liberté ! Droit de vivre donc, ce jour dans les pentes de l'oubli, renforcées par les voix médiatiques qui hurlent pour qu'après l'avortement l'euthanasie soit la panacée de nos civilisations, la culpabilisation la grande maîtresse qui ornemente le rêve babélien de la débauche qui se veut dirigeante des destinées Humaines ! On pourrait s'en amuser si cela ne suait pas la mort, la pauvreté, la désintégration de nos valeurs, de nos sources, de notre devenir ! Devenir sans lendemain au regard de la destruction de nos armées, devenir sans lendemain au regard de la destruction de nos services publics, de nos hôpitaux, de tout ce qui a fondé la France dans sa réalité, destruction des souches civilisatrices par incorporation forcée d'une immigration délirante, destruction totale ? Non. La France a connu d'autres débats aussi virulents, et s'en est toujours remise, et ce ne sont ces assauts perpétuels contre sa densité qui permettront de faire faillir sa rémanence formelle qui elle, est inattaquable, car innée dans le cœur même de ce qui fonde sa réalité. En respect de ce qui n'est plus respecté ce jour, la Démocratie, elle saura attendre son heure pour balayer les scories qui veulent l'anéantir, destituer ces lois de la médiocrité, déchirer ces traités iniques qui la livrent pieds et poings liés à la folie de ce mondialisme inversé qui ne voit dans l'Etre Humain que le non-être, l'esclave parfait soumis à la létalité de pouvoirs sans nom, sinon celui de thanatos. Cela n'est qu'une question de temps, les échéances sont proches, et dans ces échéances à venir sera-t-il judicieux de reconnaître les appartenances afin de ne pas se retrouver à nouveau dans la conjuration de cette désintégration qui pavane. Le Peuple se doit d'élire les tenants et les aboutissants du Peuple, et en aucun cas les participes de cette désintégration. Ce n'est qu'à ce prix de la visibilité des prétendants au pouvoir, que la France renaîtra, une France dépouillée des scories qui l'amenuisent, des chancres et des bubons qui à la ressemblance de la grenouille se veulent plus gros que le bœuf, mantisse de profits sans noms profitants à ce marais fétide où se goinfrent les parasites en tout genre au mépris du Peuple, les truands serviles, les carnets d'adresses qui exultent, pourrissoirs de la France qu'il conviendra de nettoyer comme les écuries d'Augias, en lesquelles la vermine a trouvé son nid. Ce temps viendra fort et pur de la vindicte populaire, du réveil de la conscience citoyenne, qui enfin, d'un seul élan réduira à néant la folie sablière qui englue la France et son devenir ! En attendant, détruisez, continuez à détruire, nous aurons encore plus de cœur à l'ouvrage pour construire sur ces ruines que vous amoncelez devant nos yeux, l'Histoire, avec un H majuscule, saura vous juger, tels que vous êtes, fourriers de l'esclavage permanent, que chaque Etre Humain, aux accents de la Liberté, se doit de combattre, dans la légalité la plus transparente, en respect de la Démocratie la plus épurée, sous peine de se renier lui-même.

Face à l'adversité

Face à l'adversité, il n'est qu'une seule réponse, le combat. Dans le domaine des idées, de nos jours, ce combat est de chaque seconde, car le droit d'expression devient de plus en plus limité. Le combat ne doit pas être celui d'une armée se déplaçant sur un champ de bataille mais celui de commandos disséminés en chaque face du problème à aborder, multiformes, invisibles, correspondances de l'oiseau qui fond sur sa proie et disparaît aussi vite qu'il est venu, la fragilité du système en son état de mastodonte bureaucratique ne lui permettant de saisir, ni en vol, ni sur terre, les ramifications de l'idée qui disparaît sa menace en multipliant à l'infini ses actions, enrobant ainsi la structure de la mono pensée ou pensée unique dirigeante, de tels liens, que si certains d'entre eux disparaissent, ils soient immédiatement recréés, sans la moindre perte de temps. L'intelligence ici trouve sa raison, et sa disparition ne peut être objet, car sa fluidité comme sa mobilité lui permettent de survivre aux assauts permanents dont elle est cible, car elle n'est plus objet, mais au-delà de la matérialisation, navigation. Ainsi dans la modalité du combat qui se dresse envers la pensée unique qui n'est qu'un rayon dans le cercle des idées, doivent s'inscrire toutes actions permettant de faire vivre la pensée, par créations permanentes, dans ce creuset qui est peut-être aujourd'hui le dernier rempart de la Liberté d'expression, Internet. Internet est attaqué de toute part, sous surveillance permanente, qu'importe, il faut en son sein combattre, marquer les places fortes des idéaux qui sont bâtis sur le respect multilatéral des Identités, des Nations, des Peuples, des Races, de l'Humanité, ouvrir et déciller les yeux de nos contemporains affligés d'une cécité sans bornes. Cécité cumulative en ce champ de bataille qu'est devenu Internet, que la pensée unique tente d'envahir en posant ses jalons, sites politiques inféodés, blogs, sites pornographiques, pseudos encyclopédies dirigées par le trotskisme triomphant, amalgame de sites aux prétentions démesurées dont le contenu affligeant est à l'image de la virtualité couronnée dans le réel par les valets médiatiques de la dite pensée unique. Il faut pour que la liberté d'expression demeure couronnement de la Liberté, investir chaque forum, chaque blog, chaque provider permettant de créer des sites gratuits, poser pierre à pierre l'édifice imperturbable de la volonté de l'intelligence, investir globalement la toile, afin de briser l'omerta que fait régner la pensée unique et les atrophies qu'elle véhicule dans tous les domaines, et, notamment dans les domaines scientifiques, philosophiques, artistiques, historiques. Une page parfois suffit pour changer l'opinion, qui s'apercevant de sa docilité morbide, peut se restructurer, et légitimement épanouir sa différence, cette différence mortelle pour ces semis qui jalonnent les pouvoirs, communistes, trotskistes, gramcistes, maoïstes déguisés qui ont pris la relève des communistes purs et durs, et qui, bien pire qu'eux, agissent le visage caché par le voile d'une pseudo-démocratie ultra libéraliste qui n'est autre que le fourrier d'une dictature implacable, terroriste par essence pour la pensée Humaine, car nazi communiste par essence. Ce n'est qu'à ce prix que la Liberté pourra s'épanouir, un prix qu'il faut s'astreindre à payer si l'on ne veut pas être régi par une dictature qui alliant servilité et idiocratie fera de l'humanité une non-humanité, bestiaire dévoué au culte chtonien de thanatos, en Gaïa retrouvée, plaie par essence de tout esclavage consentie qu'un Etre Humain normalement constitué ne saurait accepter ! Voilà l'enjeu, et il ne tient qu'à vous de vous engager dans cette aventure extraordinaire, qui fonde la Nature de l'Humain, la Liberté que nul ne saurait renier faute de se renier lui même, renier la Vie, renier l'avenir, reniements que la pensée unique développe maîtres à penser de la civilisation qu'elle veut que nous embrassions, par la coercition, la force, la compromission, la perversion, atouts monstrueux de son désir de domination qu'elle couronne par le mensonge permanent qu'elle institue vérité en le légiférant, terre promise de la mort officiante ! Le communisme n'est pas mort, le national-socialisme encore moins, ces deux fléaux conjoints en 1940 se sont rejoints en 2000, pour le pire de ce qui pouvait arriver à l'Humanité, sa mise en esclavage conditionnée par cette pensée unique qu'il convient de combattre sur tous les fronts, sans jamais se laisser perturber par les actions de ses valets officiants, ainsi agissez, pensez, allez au-delà des apparences afin de Construire la reconquête de la Liberté enchaînée qu'il convient de délivrer de la fourberie et du mensonge !

Le chantage du (mini) traité

Ils osent conserver ce (mini) traité ! En regard, nous savons désormais que la démocratie n'existe plus en Europe ! Le traité de Lisbonne, conforme en tout point à la Constitution Européenne, dixit Valérie Giscard D'Estaing, va donc s'appliquer à nos pays, et plus particulièrement en notre Pays de France qui a rejeté massivement cette Constitution. Force est de constater, nous sommes en France, en dictature ! Nous sommes en Europe, en dictature ! Bravo à l'inertie, bravo à la mendicité, bravo à la corruption, bravo aux sociétés de pensée serviles, les pieds en équerre en reptation devant cette dictature, bravo aux partis politiques incapables de se restructurer pour faire table rase de cette putréfaction idéologique, bravo aux syndicats qui se laissent mener comme des veaux à l'abattoir, bravo à la lâcheté des millions de citoyens qui rampent, serviles, devant les pouvoirs, bravo, encore bravo à la pensée unique affligeante qui terrorise les masses amorphes, illettrées et cosmopolites et ce bientôt devant un média unique qui délivrera les prières du pouvoir, bravo à la duperie, au mensonge qui sont désormais les maîtres à penser de notre société désintégrée ! Le silence magnifique qui entoure ce coup d'état sur l'europe avec un e minuscule, est témoignage du parjure de tout ce qui représente notre Identité, de ce qui est notre Nation. Le nazi communisme prend les commandes, et nous ne devons rien dire, renier nos traditions, nos coutumes, notre Histoire, non celle que l'on nous raconte, nous renier nous-même, nous avilir dans la boue, pour rejoindre la litanie des décérébrés qui acclament ? Non ! Mille fois non, en mémoire de nos ancêtres qui ont fait la France, en mémoire de notre Histoire, en mémoire de notre Peuple qui n'a pas à subir sa dénaturation physique, intellectuelle et spirituelle, votée à Bruxelles ! Nous nous battrons, avec nos moyens, pour déciller les yeux de nos compatriotes, le Verbe ayant encore Droit de citer dans les seuls Pays qui respectent encore la Liberté, le nôtre au même titre que l'Albanie et la Chine n'étant plus qu'un étouffoir de la Liberté de penser, un monument dédié à la pensée unique n'ayant d'autre objet que la destruction de l'identité et de la Nation Française, nous continuerons, infatigablement, afin de réveiller non seulement l'espoir mais la capacité de création de chaque citoyenne et chaque citoyen à naître le parti Européen des Nations qui permettra de restituer au sein des Pays Européens le concept de la Liberté, aujourd'hui bâillonnée, aujourd'hui destituée par la dictature qui s'instaure ! Et ce ne seront les processus d'atteinte physique, psychologique, intellectuel perpétrés par les aficionados de cette dictature qui y changeront quoi que soit, les chevaux de Troie, les écoutes téléphoniques, les atteintes physiques ! La Liberté est une et indivisible, innée en l'individu, ainsi que la pensée soit détruite chez un individu, déjà elle est renaissante dans dix individus, qu'elle soit détruite chez dix individus elle est renaissante dans cent individus, et ainsi de suite, car contrairement au sida intellectuel de la pensée unique qui stagne, elle se ramifie instantanément, ce que n'avait pas prévu le bon Pavlov maître à penser de la dictature qui s'instaure. Non la Liberté ne se transige pas, et je reste persuadé que dans l'Unité des mouvements respectueux des Identités et des Nations, cette Unité, débarrassée des scories illuministes qui les aveuglent, fera tomber cette dictature de fait dont la chape de plomb aux bruits de bottes programmés (voyez à quoi se réduit l'Armée Française : une armée de prétoriens dévoués désormais à cette dictature, et en aucun cas à la Démocratie !), voudrait dominer éternellement nos Peuples emprisonnés ! Ce n'est qu'une question de temps, la jeunesse déjà se réveille, quand elle n'est pas saturée par la drogue et le slam, le parjure de son identité et la reptation servile devant ce qui n'est pas sa Nation, cette jeunesse qui reconquerra tous les territoires perdus, toutes les pensées détruites, toutes Les cultures atrophiées, afin de faire resplendir la Liberté sur nos terres reconquises ! Les Peuples se coordonnent pour faire tomber le joug bruxellois, ce n'est qu'un début certes, prometteur nous n'en doutons pas, la cécité ne pouvant durer éternellement ! Le nazisme comme le communisme est tombé en quelques décennies, je pense que lorsque le paupérisme qui s'installe en Europe grâce à cette dictature auto proclamée, atteindra son point de non retour, que sous dix ans nous en serons débarrassés. Alors courage et détermination à toutes et à tous qui œuvrent pour la Liberté ! Patiente, toute construction dont les fondations reposent sur le sable de l'utopie, s'effondrent irrémédiablement !

Réflexion

Allons tout cela n'est que fadaises ! Ridicules objections de conspirationisme toujours à l'affût ! L'heure est grave et nécessite quelques éclaircissements obscurcis dans les méandres du net qui impitoyablement bâti sa toile à la fois sur le mensonge, la vérité, l'illumination, toutes dérives consentantes au système qui habite chacun d'entre nous et que nous pouvons croire déterminisme. Dans un article précédent j'ai parlé du confort de la conspiration pour celles et ceux qui falsifient la vérité au profit de leur délire impérieux de puissance, et qui finalement tombent dans les arcanes de ce qu'ils veulent combattre, ce néant singulier qui agite des fantômes dans des révélations sans lendemains. J'ai compilé dans le site que vous allez découvrir quelques éléments qui stagnent en eaux douces et resteront stagnantes, tant que la Société avec un S majuscule, qui ne se veut pas esclave mais bien au contraire Libre, Libre de s'autoriser à penser, ne prendra pas en mains son destin, au-delà des apparences qu'on lui distribue comme autant de bonbons aux enfants pour qu'ils se tiennent bien dans les limites de la pensée qu'on leur octroie. Poussez les barrières de ce que vous croyez être, dépassez ces raisonnements bâtis sur le mensonge le plus éculé qui est celui de votre croyance en une quelconque liberté d'apparat, et dès lors ces quelques documents glanés à droite et à gauche, dans les repaires les plus communs qui se désignent, aux sources identifiables car je ne veux ici commettre aucun pillage de la pensée d'autrui, bien loin de là, mais mettre en valeur quelques prouesses de pensées, qui toutes se rejoignent sur le fondement non pas d'un archétype, mais de ce qui semble, je précise semble, régir notre devenir. Ne tombez pas dans le panneau de l'accroire, les sociétés et les institutions sont ce qu'en font les Etres Humains, et je le répète, il suffit de les investir pour changer leur mobile et leur direction, ou tout simplement dans le libre arbitre de la pensée composer au-delà de leurs semis et dresser de nouvelles institutions qui seront un contre pouvoir à leurs utopies quelles qu'elles soient. Ce qui se forme dans nos pays Européen, ce mépris ces Peuples et de leur parole, vous en trouverez trace dans ces documents qui bien entendu ne sont pas éclairés mais bien au contraire dissipés à l'encan dans un brouillard qui parfois se lève et pour lequel il convient de voir au-delà de la phrase, comme au-delà du schéma pour percevoir une ordonnance qui est bien ancrée dans cet avenir périlleux qui semble devoir nous être commune mesure, un avenir sans lendemain où ne brilleront plus que par l'utopie le non-être, la non-humanité, la stérilité, l'euthanasie, le mépris, la violence et la discorde, l'anéantissement des identités, des Peuples, des Races, de l'Humanité, au profit d'un temple Babélien qui s'auto détruira inéluctablement, car bâti sur le mensonge, l'atrophie et la perversité , domaines singuliers et sabliers d'une illusion forcenée en laquelle chacun d'entre nous devrait accroire son « bonheur insoutenable » (Roman de Ira Levin, à lire et à relire). En tout état de cause, lisez, relisez, allez plus loin, ne vous arrêtez à ces quelques pages, approfondissez, et surtout cessez d'accroire tout ce que l'on vous dit, ce sera déjà un chemin menant à votre liberté d'opinion, qui renforcera la Liberté de part ce Monde qui ce jour est en génuflexion idolâtrique devant l'illusion.

http://universality.info/mambo/r/index.htm

Vassalité

Vassalité, inféodation, larvaire animalité, voici où nous en sommes en mondialie, dans ces fêtes olympiques qui n'en portent plus que le nom. Nous ne parlerons pas de ces gouvernants maîtres en destruction et duperie, qui s'inclinent et qui passeront, ce serait donner une importance capitale à ce qui finalement n'en a aucune. Ce qui est important c'est de voir à quel stade, sans jeux de mots, en est parvenue la lâcheté humaine, accompagnée, adulée par des médias aux ordres qui sont en reptation avancée devant la dictature marxiste en lesquels se déroulent ces "dites olympiades", de la pharmacopée devrions-nous dire. La censure et le mensonge sont là, vivipares, consternants et affligeants, dans leur nature même. S'il fallait en douter, on comprendra bien désormais qu'il n'existe plus d'hommes et de femmes politiques de par ce vaste monde, où si peu, et certainement pas dans ce goulag domestiqué qu'on appelle encore l'"europe". Ce petit monde tout dévoué à l'économie, à ce marché que l'on dit gigantesque mais qui ressemble à celui de la grenouille voulant devenir plus grosse que le bœuf. Comment le pourrait-elle devant la raréfaction des matières premières ? Là le bât blesse, et on ne peut comprendre tant de génuflexion, alors qu'il devient prioritaire de sauvegarder nos économies occidentales, autodestruction ? On ne peut qu'y croire. Comme disait Lénine, et reconnaissons qu'il n'avait pas tort, "ils vendront même la corde pour les pendre !". Nous y sommes, et non en position d'égaux mais pratiquement de vassal, prêt à toutes les outrances verbales, pour complaire, la dithyrambie appliquée à une "amitié" de parade comme de circonstance. Car enfin, si on défend la Liberté comment peut-on être l'ami d'un régime, je parle de régime et non d'hommes ou de femmes, qui défend une dictature marxiste, qui enferme le droit de penser, jugule par censure l'expression, emprisonne, et conditionne ! Comment peut-on être admiratif, à moins de ne rêver que de la mise en place d'un régime identique dans nos pays européens, (nous n'en sommes pas loin, il est vrai). Nous observons là ce que l'Histoire retiendra comme la lâcheté servile, desservant le politique au profit d'un économique moribond. Le plus stupéfiant c'est de voir jusqu'où va cette logique, on reçoit la dictature avec une haie d'honneur, mais lorsqu'il s'agit de recevoir la sagesse, elle est vouée au désert et, conscient ou non, à la tragique aberration de la confusion des pouvoirs ! Avec tout le respect que nous devons à la première dame de France, que je sache elle n'a pas reçu pouvoir du Peuple pour représenter le politique de notre Etat, sauf à penser que la Royauté se croit instituée en notre Pays ! Voilà où mène le mariage frauduleux de l'économique et du politique, à l'usurpation, à l'inféodation, ce qui ne reste plus à prouver. Le Dallai Lama ne devrait pas accepter une quelconque invitation officielle, ce serait là aussi une erreur grossière, reconnaître une duplicité qui ne peut guère conduire qu'à cet éclat de rire général qui en suivra, et la perte de sa crédibilité. Mais cela est un autre débat. Pour en revenir à ce larbinage de bon aloi, il est malheureusement tutelle, et dans l'instant il convient d'observer dans l'attente de ces prochaines élections de députés européens dont il conviendra de faire un choix particulièrement judicieux et éclairé, afin que ne se perpétue cette domestication que signent de plus en plus les chantres du mondialisme en marche dans notre Europe inféodée, jusqu'en ce seuil de l'aberration souveraine que nous venons de dire. Patiente et analyse, analyse des strates, des appartenances, permettront de juguler ces errances totalement disproportionnées avec la réalité politique, qui n'a pas une âme de girouette et encore moins de grossiste, mais toujours une âme de conquérant !

Ossétie et Liberté des Peuples

Avec quelle fougue voyons-nous notre ministre se précipiter vers ce Pays qui vient d'entrer en guerre contre la Russie, sans se préoccuper le moins du monde du sort réservé au Peuple Ossétien du sud qui ne demande qu'à rejoindre sa légitimité identitaire, soit l'Ossétie tout simplement. Que la Russie applique le cher droit d'ingérence devant cette population méprisée par le Pays dans lequel il n'a rien à faire, et là, on crie "scandale !". Mais Monsieur le Ministre qui a su si bien faire naître un Kosovo arbitraire, foulant les droits de la morale comme de la spiritualité la plus élémentaire, de quoi vous plaignez-vous ? Là s'applique votre règle stricte ! Est ce que par hasard vous ne seriez pas content, parce que le Peuple méprisé est caucasien et de tradition orthodoxe ! Voilà qu'apparaît sans failles ce racisme de fait qui œuvre en sous main dans toutes les institutions ! La préférence donnée à ce qui n'est pas de souche européenne, ici caucasienne, qui voudrait voir noyer l'identité naturelle au profit de cette indéfinition humaine sur laquelle on peut régner avec déshonneur. Mais cela est un autre débat, inclus toutefois dans celui qui nous préoccupe. Le droit d'ingérence est appliqué par la Russie, qui au demeurant respecte la charte de l'ONU, quand à la libre disposition des Peuples par eux-mêmes. Les Peuples, les Nations, grossièretés pour ces chevaliers maltais enfourchant leur monture mondialiste avec célérité afin de faire taire la voix des Peuples et des Nations. Pas de chance pour la Georgie, le Protecteur de l'Ossétie est la Russie, comme le protecteur du Kosovo fut cette europe aux pieds d'argile, soutenu fort heureusement par le grand frère Américain, sans lequel, elle n'est rien qu'un puits sans fond de prébendiers en tout genre hissés par l'instinct de la cordonite et du mépris des Peuples, armée d'esclave en marche pour convaincre la grande Russie de se taire ! Ici l'irrespect des sphères d'influence est magistral, notre monde d'aveugles intéressés accepte que le Tibet sous influence chinoise soit soumis aux pires abjections du totalitarisme, mais s'insurge lorsque la Russie fait respecter le Droit des Peules à disposer d'eux-mêmes à ses frontières ! Et que l'on ne me parle pas d'intérêts économiques, de sphère d'influence Occidentale, et pourquoi pas d'entrée de la Georgie dans l'OTAN ! Que je sache, la Georgie n'est pas le cœur du sujet, mais bien l'OSSETIE, qui n'a pas à subir le joug et le mépris. L'Ossétie du Sud devra rejoindre l'Ossétie du Nord. Elle n'a rien à faire avec ce pays qui malmène son Peuple ! Le précédent du Kosovo est clair, (dans un mal il y a toujours un bien), et le droit à l'autodétermination du Peuple Ossétien doit être reconnu, au même titre que le droit à l'autodétermination du Kosovo ! Il suffit ! De fouler aux pieds le droit des Peuples, et notre Pays ne sort pas grandi de cette tentative absurde de voir ce Peuple accepter une humiliation perpétuelle. Il revendique sa Liberté, et de quel droit les représentants du Peuple Français s'autorisent-ils à aller à l'encontre de cette volonté ? Si nous ne pouvons que déplorer cette guerre et toutes ses victimes, on ne pourra nier l'incapacité du mondialisme à gérer ce qui est le fondement des Peuples, leur Nation, et leur Liberté, ce qui est normal puisque le mondialisme étouffe tout Peuple, toute Nation, toute Liberté, au profit de ce délire morbide d'un pouvoir unilatéral purement dictatorial. S'il fallait encore prouver cette définition, elle trouve ici toute sa justification. Il serait temps que l'Humanité prenne conscience de cette fourberie, de ce diktat, de cette utopie, qui veut mener le monde à sa manière, sans tenir compte des réalités structurelles des Peuples, des Nations nées de ces Peuples, car sans cela, ce n'est pas une guerre vers laquelle nous allons, mais vers des guerres sans fin, autant qu'existent de Peuples, et contre lesquelles le mondialisme et ses vassaux ne pourront rien, car ces guerres seront portées par les Peuples, pour les Peuples et par les Peuples, afin de s'affranchir de cette servilité comme cette domesticité dans lesquelles le mondialisme veut les voir agonir ! Cette tentative d'abolition du droit des Peuples à s'autodéterminer sera, il ne faut pas en douter, le tombeau du mondialisme, et ce ne seront les armées qui viendront fouler leur sol qui y changeront quelque chose, les exemples d'émancipation existent et se perpétueront tant que l'Esprit de la Liberté restera un symbole commun aux Etres Humains. Le plus grand drame, dans le cas présent, c'est de voir que les armes sont obligées de parler, alors que dans la permanence de la rationalité du respect des Identités, rien de cela ne pouvait se produire ! Encore une fois nous démontrons et dévoilons ici le vrai visage du mondialisme, qui sous couvert d'une pseudo-démocratie, voudrait légiférer des actes qu'ils sont incapable de comprendre tant leur vision est obtus, cadrée, figée dans l'ornementation de leur illusion. L'Etre Humain n'est ni une illusion, ni facteur dans une équation mathématique, et l'irrespect auquel il est confronté en ses us et coutumes, créé inévitablement la fonction d'anti corps nécessaire à sa régénération. Voilà le fait Humain, peut-être cela réveillera-t-il la conscience de l'inconscience dominatrice qui veut étouffer à tout prix la Liberté Humaine ?

La ligne rouge

Le massacre des Georgiens d'Ossétie, deux mille civils, bravo, doit donc se poursuivre ! Table ronde devient nécessaire pour que l'Ossétie devienne indépendante ! La manipulation des médias, ces chiens couchés devant les prébendes pour la plupart, et des politiques, est répons du mondialisme, il n'y aura pas d'indépendance de l'Ossétie ! Je ne souhaite qu'une seule chose, c'est que la Russie ne quitte pas l'Ossétie pour protéger ce Peuple martyr, qui bien entendu ne peut complaire à la suffisance des "puissants" de l'impuissance à vivre, qui préfèrent voir massacrer des peuples entiers, surtout s'ils sont de souche caucasienne et de tradition orthodoxe, au profit de la boue stérile qu'ils voudraient voir légitimer par tout être humain sur cette terre, boue sans identité, sans Nation, sans devenir sinon celui de l'esclavage consommé ! Il y aurait de quoi rire, si ce n'était à pleurer, de voir ceux qui ont mutilé la Serbie, au nom de je ne sais quel droit d'ingérence, sinon celui de la dictature mondialiste, combattre le désir naturel du Peuple de l'Ossétie de se voir uni ! Comment ces gens-là peuvent-ils se regarder en face ? Tel ce fanfaron de philosophe qui pleurait de trouille au premier coup de feu au Kosovo, dixit un médecin qui était au front pour soigner les blessés, larvaire personnage qui ose donner des leçons de morale, alors que sa lâcheté est au sommet tragicomique sur la scène de l'action humaine ! Réveillez-vous ! Regardez enfin par qui vous êtes gouverné ! L'inféodation, l'indécence, la servilité, à ce sujet putride que l'on nomme le mondialisme ! Criminel en puissance, pour les Identités, les Peuples, les Nations ! Mais là n'est pas tout, nous apprenons avec stupeur que plusieurs de nos soldats viennent d'être fauchés par les balles des Afghans en lutte contre la soumission dans ce pays où nous n'avons rien à faire, premier producteur de drogue de la planète ! Au nom de quoi sont-ils morts ? Pour défendre la Liberté ? Pour défendre un Peuple ? Pour défendre le Droit ? Pour défendre la Paix ? En aucun cas, ils sont morts dans un Pays farouche qui veut faire respecter sa Terre, et dont les habitants ont déjà mis à genoux l'armée Russe, car accroire un seul instant qu'il n'y ait que des talibans dans leur rang, c'est prendre l'ensemble de l'Humanité pour un demeuré ! On peut ne pas être ravi par le mode de vie de ces gens, ce en quoi je suis d'accord, mais doit-on imposer notre propre mode de vie au Peuple Afghan ? Là est toute la question, là est le vrai problème, qui lié aux intérêts économiques de quelques individus transforment une terre en un brasier qui se révèle un bourbier sans nom, et où l'on fait tuer pour des principes généraux qui devraient entraîner l'acquiescement des foules ! Que la honte retombe sur ceux qui commanditent cette barbarie, emprunte de ce mondialisme qui ne veut plus voir les Identités exister ! La ligne rouge a depuis bien longtemps été franchie, elle est rouge du sang des innocents, rouge sang, le sang ce jour de nos enfants morts non pour notre Patrie mais pour les intérêts du mondialisme ! Et ce ne seront les belles paroles sur la Démocratie, (de quelle Démocratie parlent ceux qui s'en réclament et dont les actes sont ceux de purs dictateurs, celle qui voile la face de la dictature ?) qui y changeront quelque chose, le sang de nos enfants ruisselle sur leurs mains sur les mains des donneurs d'ordre, des vassaux de cette hérésie dictatoriale que l'on nomme le mondialisme ! Il serait temps à notre Peuple de voir à quoi l'on destine notre Armée, qui sera réduite comme peau de chagrin après application des directives du "livre blanc", à des opérations sans lendemain n'ayant pour seul but que de soumettre des Peuples, des Nations, des Identités, défendre des intérêts qui ne sont liés à la domesticité économique, et pire encore ! Afin de faire cesser cette dérive née des artefacts de la dictature se voilant sous le mot, et uniquement le mot Démocratie, il serait sain de voir renaître le service militaire, reforger une armée nationale, qui n'aura d'ordre à recevoir que des autorités et uniquement dans le cadre de la défense de notre territoire et en aucun cas dans le cadre d'opérations d'asservissement dictées par le mondialisme, service National qui permettra d'enrayer à jamais ce type d'opération téléguidé non pour la défense et la mise en œuvre de la Démocratie, mais pour des intérêts particuliers et non généraux ! Oui la ligne rouge a été depuis bien longtemps franchie, cette ligne rouge de la vassalité conditionnée, qui voit ce jour nos soldats tués pour rien, rien que le profit de quelques-uns qui se contrefichent de la Vie d'autrui. Rendons honneur à ceux qui sont morts, à ceux qui ont été blessés, qui prouvent qu'ils ne sont pas « des amateurs » et posons-nous les vraies questions quand à leur mission qui n'a rien de National ! Si lutte contre le terrorisme il doit y avoir, cette lutte doit commencer sur notre Territoire et en aucun cas au bout du monde, si lutte contre la dictature il doit y avoir il conviendra de définir la Dictature dans ses aberrations qui se montrent ce jour dans cette grandiloquence de la symbolique qui sue la voie inversée que reprennent en chœur les aficionados qui espèrent trouver quelques miettes des tables où sont servis les fantômes qui veulent régir notre destinée ! Honneur soit rendu donc ici à nos Soldats tués sur l'autel du mondialisme, avec l'espoir que cela ne se reproduise plus, par un ressaisissement de notre Peuple face aux conséquences de l'hégémonie mondialiste qu'il subit de plein fouet. Et pour ceux qui pourraient croire un seul instant que cette barbarie institutionnalisée ne puisse me répugner, je leur répondrai que petit fils d'un grand mutilé de guerre, gueule cassée, je ne peux admettre de voir un soldat Français se faire tuer pour défendre des intérêts qui ne sont pas ceux de notre Peuple ! Qu'on se le dise, la ligne rouge, et de quelle rougeur, celle du sang de nos enfants, a été franchie dans notre Pays.

Le grain de sable

Le grain de sable dans la politique de liquidation ethnique des Peuples par le mondialisme et ses vassaux vient de se mettre en place ! Et de voir le hurlement des dithyrambes de ce mythe esclavagiste s'initier comme des hyènes jusqu'à l'abjection la plus totale lors d'une déclaration faites à la télévision aux ordres par le porte valise de ce cénacle, parlant, je cite de : « quelques morts » Ossétiens, alors que plus de mille six cent d'entre eux, dont certains finis à l'arme blanche, hommes, femmes, enfants, ont été assassinés par le Peuple Georgien lors de son offensive. Il est vrai que pour les déracinés le poids d'un orthodoxe ne vaut pas grand-chose, la vie n'ayant aucune importance en dehors de leur paraître, de leur égoïsme forcenée, de leur incapacité à vivre ! Et de voir, les chevaliers noirs de cet ordre, contrariés, enfourcher leurs grands chevaux, matérialisant une désinformation des plus rudimentaires, voulant faire accroire le bon Droit, qu'ils ont avili par l'amputation de la Serbie, créant au sein de l'Europe une enclave musulmane, avec le blanc-seing de leur théurgie de miliciens nazi communisme, voulant aujourd'hui dicter leurs Lois morbides à ces deux petits pays qui, pour vivre libre, (et non, nous ne sommes plus en communisme dans le grand Est, mais au-delà, dans ce qu'on appelle l'Identité, et le respect de l'Identité), en les contraignant à rejoindre ce pays agresseur où leur épuration ethnique, n'est ce pas Monsieur le menteur inféodé ? Est assurée ! Car il ne faut pas renverser les rôles, l'épurateur ici est Georgien et en aucun cas Ossétien ! Le grain de sable, et pas n'importe lequel, vient donc d'enrayer la barbarie mondialiste. En tant qu'Occidental, défenseur de l'Identité Européenne, de l'Identité Française, je ne peux que me féliciter de la volte-face de ce grain de sable face à l'hégémonie carnassière de la dilution identitaire, de la disparition des Peuples, de la mise en coupe réglée de l'Humanité, par ce bestiaire putride que l'on appelle le mondialisme, face obscure de la criminalité en puissance envers l'Etre Humain et les Etres Humains, affligeant concept de l'esclavagisme accepté qui devrait officier aux destinées de l'Humanité ! Et bien non, cela ne sera pas et si j'annonçais la chute du mondialisme dans un précédent article, par la renaissance des Empires, cette chute s'amorce bien sous nos yeux en ce jour de résurgence identitaire ! Prémisse, le combat sera rude, parsemé d'embûches, la velléité étant la fourberie des arcanes de ce mondialisme qui ne vit que de l'agonie des Peuples, de la disparition des Identités, de l'esclavagisme le plus consternant que l'humain n'ait jamais vécu depuis que l'Histoire Humaine existe, tentacule monstrueux d'une froideur exemplaire sacrifiant l'Humain au profit de quelques apparences matérielles que ne justifie aucune morale ! Car comment ose-t-on parler de morale lorsqu'on détruit des Peuples entiers, lorsqu'on les soumet à la servilité, lorsqu'on laisse crever de faim des milliards d'êtres humains, lorsqu'on fabrique des guerres inutiles qui n'ont d'autres buts que de faciliter la fluidité de flux qu'on ne citera pas tellement l'ignoble est leur perversion, telle cette guerre pour la liberté instituée dans ce dernier pays où nos soldats ont trouvé la mort au milieu de leurs compagnons d'infortune, pour la défense de la liberté, ou bien la régulation des flux de drogue, pour la défense contre le terrorisme ou bien la régulation des flux de matières premières réalisées par l'intermédiaire de pipe line qui dévastent tout sur leur passage ! On n'entend guère sur ce sujet ces apôtres de la mort que sont les "écologistes politiques", rien de leur part sur le nettoyage ethnique de populations entières qui sur ce chemin des pipe line doivent disparaître au même rang qui voit disparaître la nature ! Pauvre monde en léthargie devant l'illusion et les illusionnistes qui cherchent à le berner ! Regardez, voyez par vous-mêmes, réalisez à quel point la désinformation que vous subissez est le fer de lance de cette nauséabonde cavalerie qui se précipite sur les micros, s'invite dans les émissions de tv, pour Vous laver le cerveau avec des mensonges éhontés ! Prenez mesure, car le grain de sable, inéluctablement, fera boule de neige, faisant table rase du mensonge permanent, de cette dictature imposée aux pays européens qui sans la moindre légitimité étend le fardeau auquel chacun de ses habitants est voué pour ne pas dire dévoué, tellement l'acculturation est panacée de la connaissance tant du passé que du présent. Nous y sommes donc, dans ces jours de réveil, et en considération des Empires qui prennent forme, rappelons une nouvelle fois que les frontières européennes cessent naturellement à l'Oural, ce n'est que dans ce cadre que sa légitimité se fera, et non pas en annexant de facto des hybridations qui n'ont aucune réalité sinon que de circonstance. Si certains empires dont la politique est sous-tendue par des concepts hégémoniques globaux qui ne représentent en aucun cas la mentalité de leur Peuple décident de prospérer par l'aventurisme mondialiste dans des pays qui n'ont rien à voir avec leur sphère d'influence, libre à eux, c'est leur aventure et non l'aventure Européenne qui n'a pas à être tributaire de cette hégémonie ! Aveugle celui qui ne verrait pas les contraintes que subissent nos Pays sous la houlette de cette force dominante, qui irradie les nerfs de cette pseudo europe illégitime, car non élue par les Peuples Européens. La disparition de nos économies, la disparition de nos armées, la disparition de nos cultures, la disparition de notre Liberté ! La vassalisation à outrance. Nous ne sommes pas nés pour être vassaux ou esclaves d'une quelconque puissance, hors ce jour nous voit confluer vers cette vassalité qui n'a rien d'humaine mais bien au contraire tout de l'inhumanité la plus éprouvante ! L'Europe ne peut se fonder sur cette vassalité, qui voit nos ministres accourir pour la défense des agresseurs, qui les voit couronner le mensonge, qui les voit défendre des bêtisiers sans lendemain, telle cette guerre contre le terrorisme qui doit se mener chez nous et non aux remparts des champs de pavots et de pipe line ! N'oublions jamais que si nous entrons en guerre contre la Russie, ce ne sera pas pour défendre nos Pays Européens, mais pour défendre le mondialisme et son fléau. Les Peuples ne sont pas dupes, et c'est bien pour cela que se sont créées de toutes pièces ces armées de métiers, afin que la voix des Peuples ne contrarie l'autorité de l'illégitimité ! Il serait temps dans les esprits de dissocier les intérêts de chacun, les intérêts Européens, les intérêts Américains, les intérêts Russes, les intérêts Chinois ne sont pas les mêmes actuellement, et nous n'avons en tant que Pays Européen à céder à aucune des contraintes que s'impose tel ou tel intérêt. Par contre dans le cadre des divergences d'intérêts, l'Europe, je parle de l'Europe et non de cette tour de Babel même pas institutionnalisée, qui ne tire sa légitimité que du diktat qu'elle impose, a un rôle extraordinaire à jouer, celui de régulateur, mais pour cela faudrait-il encore une fois que l'Europe se créée, une Europe volontaire, affirmant son autorité, et non une europe de vassaux et d'intrigants, une Europe Politique, défendant l'intégrité Territoriale, Nationale, Identitaire, de chacune de ses composantes les Nations, et non des états à la dérive, une Europe dotée d'une armée composante de l'ensemble des armées constituées des Nations de son rayonnement, n'ayant en charge que la défense de l'intégrité du territoire Européen, permettant de balayer de ce territoire tous les aventurismes liés à la drogue, à la prostitution tant des enfants que des femmes, aux trafics d'organes en tous genres, aux trafics d'esclaves institutionnalisés ! Résurgence des Identités donc, résurgence des Nations, résurgence de l'honneur ! Ce n'est qu'à ce prix que l'Europe sera en voie d'apporter un équilibre dans ce monde saturé de désir de domination, et non en se comportant en vassal anémié. Nous en sommes loin, ce jour, mais le grain de sable qui vient d'enrayer la machine à détruire du mondialisme permet de penser qu'il ne sera pas solitaire de par ce monde qui va lentement mais sûrement à la dérive, économiquement parlant, humainement parlant, ce qui permettra peut-être de redresser la barre de cette contraction dimensionnelle que nous vivons, et faire espérer des jours meilleurs pour l'Humanité, sous la seule réserve qu'elle se prenne en charge !

Désinformation

Suite à un reportage paru dans une revue Française, une orchestration se fait autour de photos publiées sur lesquelles on verrait des talibans porter les uniformes de nos soldats ainsi que des objets personnels, décédés lors de leur première opération en Afghanistan. Il faudra qu'on nous explique comment nos soldats ont pu être déshabillés devant leurs camarades de front ? Comment on a pu leur retirer leurs objets personnels, alors que leurs compagnons étaient près d'eux ? De qui se moque-t-on ? Le manque de respect total pour nos soldats morts est ici scandaleux ! Opération de propagande diligentée par qui ? Alors que de nouvelles troupes partent au combat ! Pour que le Peuple Français qui ne réfléchit pas, tombe dans ce panneau répugnant orchestré par qui ? Et conjointement que voit-on ? Un lycée tagué d'inscriptions nazi ! Alors que la dépose d'un canard en plastique dans la villa d'un ami de qui on sait déclenche la mise en accusation et le renvoi d'une personne ayant travaillé pour la France en Corse ! Mais de qui se moque-t-on, dans quelle République sommes nous ? Il faudra que ces tenants et ses aboutissants rendent des comptes à la Nation, à l'État qui est le représentant du Peuple Français, et non le jouet de quelques personnes douteuses à souhait pour inventer ce genre de chose, au mépris total de la mort de nos soldats ! Ce scandale porte en lui toute l'hypocrisie que peuvent mettre en œuvre la bassesse et ses serviteurs ! Non, nous n'avons rien à faire en Afghanistan, non, non, ce ne seront pas ces opérations ahurissantes de tags qui rendront le Peuple Français antisémite ou anti musulman, basses œuvres de pouvoirs qui légifèrent la condition de notre asservissement, non, nous ne pouvons accepter l'intolérable qui consiste à servir ses petits copains dans le plus grand mépris des services rendus à la

Nation par des officiers de police ou des soldats de notre Armée, du moins ce qu'il en reste ! Que la honte retombe sur ceux qui manipulent l'opinion, mais comment pourrait-il en être autrement, leur inféodation et leur vassalité étant circonscrites dans l'ignominie naturelle qui est celui de l'irrespect total des Etres Humains, des Peuples, des Nations, de l'Humanité ! Il suffit de ces errances, et de ces incarnations de l'errance, il est temps que notre Peuple comprenne à quel point il est manipulé par la terreur du mensonge que l'on fabrique afin de l'étouffer pour faciliter des actions iniques ! Que nos Députés se lèvent pour demander comment les talibans ont pu déshabiller nos soldats ? Nous attendons une réponse qui ne viendra pas ou sera falsifiée ! Attendons là tout de même et surtout veillons sur cette désinformation, ce trucage élémentaire, cette opération répugnante qui salit le courage partout où il se situe ! Le courage d'être et non d'apparaître, le courage de la Vie contre la mort et ses dévots qui anémient notre Pays !

Prochaines élections

Polymorphie des Ages sous la nue, voici le réel en ses ambres outranciers, vagues saisons des alcôves où se recherchent les mille faisceaux des drames que nous vivons, limbes des villégiatures qui conditionnent la pauvreté, mûrissent l'éternel sentiment de la dénature, constance du sort qui se déploie, se ramifie, se concatène, et déjà dans ses cris d'orfraies se volatilise. Pigment de ce rut sauvage qu'ivoire le semis de moisson des moires aisances, où la nature profonde de ce règne s'étourdie de ses propres fantasmes et dans la devise de sa conquête du néant installe ses ramures, d'un ordre la mesure, un ordre inouï, reptilien à souhait, caricature du vivant ! Viendrons-nous sagesse, le temple du Vivant ? Alors que se déversent les flots de l'irraison, de la pernicieuse constante de l'immolation, de la culpabilisation, de toutes les formes qui rendent l'humain larve et la larve « progrès » des civilisations (que l'on rie un peu, si ce n'était à pleurer : une économie en déroute, la spéculation portée aux nues, des guerres inventées de toutes pièces pour renforcer ce qui reste des multinationales gonflées comme des baudruches qui exploseront lorsque leur valeur réelle sera connue, un crash boursier qui fera passer celui de 1929 pour un pet-de-nonne, le copinage sangsue de toute démocratie, le parasitisme roi, voilà le mondialisme en marche !). Il ne tient qu'à nous de prendre notre destin en main et cesser de faire proliférer les caricatures, de promouvoir les illusionnistes, de caresser les incertitudes, d'accroire le mensonge et ses marques de noblesse, dont dame ignorance est l'incarnation formelle ! Plutôt que d'élire des apparences, serait-il temps de s'intéresser à la réalité de ses apparences, à leurs appartenances, à leurs inféodations et à leurs soumissions, à leurs reptations congénitales, à leur sens qui n'est pas toujours et bien peu souvent celui dont ils se réclament (si l'on prend l'exemple du vote de l'envoi de nos soldats en Afghanistan, 343 voix d'une « majorité », de qui se moque t'on ? Du Peuple qui a élu cette duperie car on ne fera pas croire un seul instant que ces trois cent quarante-trois n'ont pas d'états d'âmes, et ne savent regarder la réalité en face ! Il y a donc collusion, achat, prébendes, et non pas conscience ! Que le sang de nos enfants qui n'ont rien à faire dans ce pays retombe sur leurs mains et que les Électrices et Électeurs se rappellent de ce vote lamentable lors de futures élections) ! Il convient de prendre notre destin en mains, je le répète ! La Démocratie est à ce prix, cette Démocratie ce jour totalement pervertie aux groupes de pressions, voyant dans la démonstration même se réunir des gens, je ne parle pas d'élus, l'élection par le mensonge et la tromperie n'étant que duperie des Peuples, qui prennent, où pour être plus exact, tentent, car ils n'y parviendront jamais, de prendre la direction de la Planète au nom d'un nouvel Ordre Mondial basé sur la domesticité, l'esclavage, beau panache de Démocratie ! Beau panache d'abstraction qui ne tient en aucun compte des réalités, de l'existence de l'Humanité, de l'existence des Races, de l'existence des Peuples, de l'existence des Ethnies, de l'existence de l'Etre Humain, de l'existence de ce Monde, de l'existence des Inter Nations naturelles, de l'existence des Nations, de l'existence des Régions, au profit d'un magma sans nom et sans racine que l'on appelle le mondialisme, qu'ils disent irréversible ! Laissez-moi rire et pardonnez mon insolence, mais il n'y a ici que prébendiers assoiffés d'or et de conquêtes, assoiffés de cordonite et maîtres en illusion, toutes et tous se prévalant de leur bien personnel mais surtout pas du bien commun, toutes et tous dévoués à l'irraison, la dictature et ses versets dont on connaît les méfaits et qu'il conviendra de resituer ! Mais pour resituer, faudrait-il encore que l'Etre se ressaisisse sans perdre un instant, avant d'être dénaturé dans la lie qui compose le mondialisme, se ressaisisse et face acte de courage, acte de connaissance, acte de recherche et de conquête, acte tout simplement de reconnaissance de ce que sont réellement ceux qu'il élit, à qui ils appartiennent ? Groupes de pression, Société de pensée, Franc Maçon, Bidelberg, trilatérale, CFR ? etc, sans limite, car il n'y a pas de limite dans ce marais éligible qui au-delà de la gauche comme de la droite traditionnelle a pour principe l'élaboration d'une politique commune qui est celle de l'éradication des racines, des Régions, des Nations, des Inter Nations naturelles (je pense ici à l'Europe dont les frontières naturelles sont l'Atlantique, la Manche, la Méditerranée et l'Oural, rien d'autre, sinon que de prébende et d'anarchie la symbolique !), ce Monde qui est le nôtre et ne leur appartient pas en propre, des Ethnies, des Peuples, des Races, qu'ils conviennent d'ignorer alors qu'il existe des races de chevaux, des races de chiens, des races de chats, et j'en passe et des meilleurs, enfin de l'Humanité, notre Humanité composite de toutes ses sources et de toutes ses branches qu'ils veulent diriger comme on dirige des esclaves, créant sous leur joug nazi communiste la non-humanité dirigée par des non-être ! Au regard de ceci vous savez ce qu'il vous reste à faire si vous ne voulez être cocufiés comme tous nous l'avons été dans notre Nation, notre Patrie, qui se nomme encore la France, lors des élections à venir, et notamment Européenne, ou trônent actuellement pour grande partie tous les phasmes de la déréliction qui est œuvre de destruction et en aucun de construction de l'Europe avec un E majuscule, europe ridicule, avec un e minuscule, tour de Babel sans queue ni tête qui fait la risée du monde, et dont il conviendra un jour de bâtir la réalité et non l'abstraction, en y mettant à sa tête des femmes et des hommes politiques libres d'appartenance, libres de ce bât que l'on dresse sur les ânes, qui aujourd'hui les voient conduire une politique commune de destruction totale de tout ce qui aurait pu être, et sera j'en suis certain, l'Europe, des États-Unis d'Europe, fiers de leur passé, indépendant en leurs structures Nationales, conjoints en leurs décisions internationales, fer de lance de l'aventure d'un Ordre Mondial multipolaire qui n'aura de compte à rendre qu'aux Peuples et en aucun cas aux groupes de Pression qu'il conviendra dans ce cadre de réguler, leurs actions ne menant qu'à la catastrophe économique et humaine, car sans contre pouvoir pour s'y opposer, le politique, qui est l'Art de diriger la Cité, n'ayant pas de compte à rendre au parasitisme et à l'atrophie !

L'arnaque

Benoist a des problèmes de fin de mois, il touche le smic et est à découvert sur son compte bancaire de la somme de 1000 euros. L'institution bancaire après lui avoir adressé des injonctions tout en prélevant des agios, lui envoie un huissier qui le somme de régler la somme dont il est débiteur avant saisie. Benoist ne peut pas payer et encore moins les agios réclamés. La saisie a donc lieu, les meubles qu'il avait eus bien du mal à acheter vendus, son propriétaire, ayant peur de ne pas voir payer son loyer le jette à la rue... Personne ne l'aidera, encore moins l'état qui préfère donner l'argent des contribuables à d'autres hères. Une société privée, riche à millions, qui ne se prive pas de montrer sa puissance financière, et dont les piliers méprisent tout ce qui ne reluit pas d'or et d'argent, spécule sur tout ce qui se présente sur le marché boursier, et suite à des aventures sans lendemain se retrouve en mal de trésorerie, brusquement chute en bourse. Ici, pas d'injonction, pas de saisie ! Sans que le Peuple ait été seulement écouté, le gouvernement se précipite, alors que le budget est voté, pour injecter trois milliards d'euros dans cette société privée ! Un : pourquoi le Parlement n'a-t-il pas été questionné sur cette injection d'argent ? Deux : d'où vient cet argent ? La France ayant quelques milliards de dettes, ne peut se permettre cette aventure ! La loi économique est simple, une faillite égale un rachat au mieux d'une société ayant géré ses actifs n'importe comment ! Maintenant multipliez par dix, par cent, par mille cette folie de la spéculation, et vous obtenez la bonne grosse crise financière que nous vivons. Mais pourquoi serait-ce les Peuples qui devraient supporter ces faillites alors que personne ne viendra aider Benoist ? L'Arnaque est là, bestiale, l'arnaque des privilèges qui s'auto défendent en tondant les moutons devenus que sont les Peuples de ce jour ! Heureusement, cette loi n'est pas de commune mesure, les Etats Unis se sont rebellés contre cette incarnation des privilèges, et en toute légalité démocratique, les représentants des Etats Unis ont dit non ! Ici, pensez-vous, l'arnaque rayonne ! Mais pourquoi, nous gens du peuple, devrions nous aider des entreprises privées à se restaurer en déboursant nos pauvres et minables économies, alors que ceux qui font fonctionner ces sociétés se sont goinfrés de tout ce qu'il est imaginable, sans un regard pour les Peuples, les gens du peuple ! Comme on le dit aux Etats Unis, ils en ont bien profité maintenant qu'ils en subissent les conséquences ! Et comme le disait un Américain, nous, quand on a des dettes, on les paye ! Et comment faire autrement devant le plébiscite de ces Institutions qui aujourd'hui viennent nous faire la morale et nous demandent de leur garder confiance, qui au moindre euro de déficit de notre part fondent sur nous comme des rapaces ! Ne soyez pas aveugles ! Regardez ces aventuriers de la prébende protéger leurs privilèges de fin de race ! La crise, ne vous en inquiétez, elle ne sera pas pour eux, eux qui ont engrangé des milliards dont ils ne se serviront pas pour redresser leurs sociétés, bien entendu, les bons peuples d'esclaves phagocytés du cerveau étant là pour les aider ! Voici l'arnaque et elle ne fait que commencer ! À vous de juger, mais ne soyez pas surpris lorsque vous devrez aller chercher un seul petit pain avec une brouette de billets de banque, que ces « élites » vivent tout aussi bien dans le confort qu'ils ont acquis sur votre dos, par votre sueur, par votre ténacité et votre courage ! Et n'attendez qu'ils aient la moindre honte de voir les « états » les aider, car pour ces nobliaux, cela fait partie de la norme, cette norme qui ce jour vous voit réduit comme je l'ai toujours dit à l'état d'esclave. Après l'écologie politique, nous avons droit à l'écologie économique, à l'envers il va de soi, l'écologie politique tondant les moutons que l'on culpabilise, l'écologie économique tondant les particuliers jusqu'à la racine pour faire vivre cette duperie qui en est leur sommet, le leur bien entendu, dicte la conduite de politiques aux ordres qui n'ont que faire des Peuples qu'ils se devraient gouverner ! Voilà l'arnaque, à vous de choisir vos prochains députés, dans ce cloaque de l'immonde et du vol institutionnalisé !

Crise, Class action, Droit

Le cancer de l'économie se nomme la spéculation. Cette spéculation attitrée par le parasitisme le plus répugnant qui soit, sonne le glas de ce que certains ont pu appeler l'économie libérale. Qu'entend-on réellement par économie libérale ? La fluidité des marchés ? La fluidité des flux financiers ? La loi de l'offre et de la demande autorégulée ? Non, vous n'y êtes pas ! On entend par ce phasme les outrances de tout ce que peut et veut un pouvoir lorsqu'il n'est confronté à aucun contre pouvoir, la culture de l'asservissement d'autrui à son seul profit, la réduction de la valeur du travail à sa plus simple expression qui est celui du dénuement parfait, la capacité d'épanouir la rapacité la plus machiavélique pour se glorifier dans un univers établi pour soi où les autres ne sont rien, la cristallisation du factice au détriment du réel, accentuant ainsi toute désintégration des identités, enfin la main mise sur les "pouvoirs" politiques afin que leurs pantins suivent les directives de l'asservissement total de l'humain de la naissance à la mort programmée ! Et lorsque les tenants de cette économie qui se rengorgent de leurs "valeurs", qui se considèrent comme "l'élite", joueurs invétérés de la vie d'autrui se font des bosses sur les marchés qu'ils inventent de toutes pièces pour tondre les moutons de panurge conditionnés par leur esclavage qu'ils acclament, vite, ils se réfugient dans les bras des états qu'ils asservissent pour guérir les saignements de leurs petits genoux ! Ne cherchez ici de courage et d'honneur, la lâcheté qu'ils inculquent est leur faire-valoir ! Croyez-vous un seul instant qu'ils renfloueraient leur jouet avec leurs deniers personnels ! Que non, bien entendu, les vaches à lait sont là, tous ces humains qui ce jour deviennent expression de la léthargie dont l'ambiance est formalisée par des médias et une presse aux ordres, tous ces humains dont, vous verrez, on dira bientôt, qu'ils sont responsables de la crise que nous traversons actuellement, alors que cette crise est le fait de spéculateurs sans foi ni loi, qui méritent, comme cela se dit aux Etats Unis, la corde, et rien d'autre, spéculateurs ayant ruiné les petits épargnants, mettant à la rue des milliers de familles, privant d'emploi des millions de gens, spéculateurs qui se cachent dans ces organismes financiers qu'aujourd'hui les Etats doivent renflouer ! Et lorsque je dis les Etats, je dis bien les Peuples et non leurs gouvernants qui sans même demander avis à leurs Parlements engagent des sommes qu'ils n'ont pas pour panser les plaies de cette hérésie qui plastronne ! Nous sommes bien là en phase finale de ce système, cette gangrène a atteint son point de non retour, et elle emportera tout sur son passage si nous ne prenons pas conscience du pouvoir de réaction que nous devons utiliser afin de faire cesser cette dérive magistrale. En tout premier lieu l'application du Droit, par la mise en œuvre de class action permettant de juger pour abus de biens sociaux, les responsables de cette gabegie sans nom qui s'imaginent au-dessus des Lois ! Les milliards que nos états investissent pour stabiliser les institutions financières doivent être récupérés auprès des responsables de cet état de fait ! Le Droit est avec les citoyens, il convient que les citoyens fassent appliquer le Droit ! Ne nous leurrons pas quand à la capacité de réaction de la majorité des moutons composants notre société mais il suffit d'une seule action pour que tout un fleuve submerge cette gigantesque arnaque à laquelle nous assistons et obligent les politiques non inféodés à créer des Lois satisfaisantes permettant de réguler l'économie, la marche des capitaux par sur taxation des produits spéculatifs. Ce n'est qu'à ce prix que le système économique, détourné actuellement par un parasitisme outrancier, retrouvera son équilibre. Class action avec dépôt de plainte contre X contre les tenants et les aboutissants des institutions financières et notamment de ces banques centrales qui ne font et n'ont jamais rien fait pour enrayer cette anarchie des flux financiers ! La responsabilité de ces tenants et aboutissants est largement partagée, et de leurs deniers personnels doivent-ils aujourd'hui répondre de cette gabegie sans nom, car sans foi, ni loi, gabegie de vautours assoiffés de puissance qu'il conviendra de juger légitimement, afin qu'ils remboursent à chaque contribuable, les sommes que les états vassalisés devront verser pour aplanir leur nuisible dessein ! Nous ne sommes plus dans le virtuel. Le réel frappe de plein fouet, et il faudra autre chose que les phrases typées de ces tenanciers financiers qui s'imaginent gouverner le réel alors qu'ils ne gouvernent que le virtuel pour rassurer les Peuples. Quelle confiance accorder à ces personnages sans profondeur lorsqu'ils vous disent de garder notre "confiance" dans leur personne alors qu'ils sont moteurs de cette chienlit qui aujourd'hui pourrit l'économie ? Aucune bien entendu. Le glas vient de sonner pour les fourriers de la déliquescence, et ce ne seront pas les Peuples qui paieront pour les maintenir en leur pouvoir sur le virtuel. On ne peut continuer à accepter cette dérision qui consiste à se taire, il convient d'agir dans la sérénité, refuser de payer pour l'ignominie d'autrui et à défaut entamer toute procédure judiciaire à leur encontre pour que soient restituées les sommes indûment payés par les particuliers pour couvrir l'ignominie, par-delà faire élire des hommes et des femmes qui inscriront des Lois déterminantes pour réguler les flux financiers et éviter leur corruption par un parasitisme de circonstance ! Ce n'est qu'à ce prix que l'on se sortira de cette impasse et non en continuant à alimenter le fléau financier à coup de milliards qui devraient être remis, et là je pense aux Etats Unis, non pas aux organismes financiers mais à leurs victimes ! Ne rêvons pas trop, la pourriture est tenace, mais ne ferait-on que dix pour cent de ce qui vient d'être dit, ce serait déjà une belle victoire sur l'atrophie qui veut diriger le monde en le conduisant à sa ruine !

Unité ?

Quelle unité nous demande-t-on, à nous simple particulier ? Une unité avec les pillards de notre économie, une unité avec les prébendiers de notre économie, une unité avec les spéculateurs de la finance déracinée qui croulent sous des amas d'or et d'argent ? Une unité avec les dévots d'un néo libéralisme « capitaliste » qui n'a d'envergure que le profit du « moi » mais certainement pas des « autres », de ces Peuples qui aujourd'hui par la voie de leurs gouvernements doivent payer les carences morbides de ces assoiffés matérialistes ? Non, il n'est pas question d'unité avec cette folie dominante qui ravage nos économies, il n'est pas question d'unité avec ces milliardaires qui pavanent et qui voudraient ce jour que les Peuples, déjà moribonds économiquement, veillent à leur survie en injectant leurs maigres économies ! Sans foi, ni loi, ces mercenaires du pourrissement de nos sociétés, alliés à leurs serviles valets que l'on retrouve dans l'éventail politique le plus large qui soit, (qui aujourd'hui, clament comme des moutons pour ne pas perdre la face, alors qu'ils ont été les moteurs des exactions économiques les plus putrides, courroies de transmission de cette arnaque monumentale dont nous devrions payer les frais !), sans foi, ni loi, ces mercenaires de la corruption à tous les niveaux, nous demandent de nous corrompre avec eux, d'injecter des milliards dans leurs aventures délirantes qui ne tiennent en aucun cas compte, ni de la réalité Humaine, et encore moins de son devenir, pour leur seul petit profit ! Non, nous n'avons aucune unité à mettre en place dans ces chemins de la gabegie, dans ce pourrissoir de l'Humain, qui aujourd'hui, toujours au-delà des lois, cherchent à tondre les petits épargnants, en accaparant d'une manière monstrueuse par l'intermédiaire des états accouplés à leur bubon, leur devenir, un devenir de dette monumentale, un devenir sans avenir, sinon de l'esclavage des générations à venir, pour rembourser qui ? Quoi ? Du Vent, de la virtualité ! Nous n'avons pas à concéder un pas à cet assassinat collectif qui veut que nous renflouions des navires en perdition par la faute de leurs commandants et équipages, ivres de leur pouvoir, nous n'avons pas à faire un pas dans cette direction qui n'est autre que celle de la continuité de tous les débordements et de toutes les exactions commises par ces souverains du matérialisme le plus écœurant ! Nous n'avons pas à nous commettre avec des gens sans foi ni loi, qui ont pour dieu le profit, qui ont pour déesse l'ignominie, et encore moins avec leurs ouailles politiques qui nous enchantent de rêveries à dormir debout ! La Crise qu'ils ont provoquée est là ! Bien présente ! Il ne reste maintenant aux Peuples qu'à se lever pour demander des comptes, dans le droit et dans le respect de la Démocratie. Il suffit à chacun de déposer une plainte régulière pour vol, abus de bien social, submerger les tribunaux, créer des class actions qui comme je le disais dans un précédent doivent faire rendre gorge à celles et ceux qui se croient au-dessus des Lois de l'Humanité, cette Humanité qu'ils configurent dans ce facteur du néant que l'on appelle « travail », et qui n'est autre ce jour que le joug des serfs et des vilains de notre moyen âge. Les Peuples accepteront-ils longtemps d'être esclaves de cette virtualité ? Non ! Il ne peut y avoir d'unité dans ce langage unilatéral qui donne à ceux qui ont créé la crise et oublie les Peuples ! Non ! Et que l'on cesse de dire qu'il n'y a pas de responsables ! Les responsables sont connus, et ils osent encore pavaner, cherchant à faire oublier leur délit en proposant de nouvelles formes de « capitalisme » par l'intermédiaire de leur chorus aux ordres, politique, celui-ci, qui fait pitié tant la litière de ses actes est assemblance de leur dévotion ! Non, il n'y aura jamais d'unité sur ce modèle du vol organisé, et ce ne seront la vidéosurveillance, la mise en fiche de chaque citoyen, l'agression médiatique, barbare et idolâtrique, qui y changeront quelque chose. Les Peuples ne sont pas nés pour être esclaves, et ils le prouveront j'en suis absolument certain. On ne crache pas impunément sur la Liberté de l'Etre Humain, on ne crache pas indéfiniment sur ces capacités à faire renaître la Liberté là où elle est bafouée, mise au carcan, par une monstruosité sans nom, sans racine, sans identité, tout de perfidie qui ce jour parade dans la déficience même de ses abstractions ! Non ! Il n'y aura aucune unité avec ces tenants du néo libéralisme issus des souches trotskistes, gramcistes, communistes, maoïstes, qui ont floué le vrai capitalisme, qui n'a rien à voir avec cette gangrène qui se veut diriger non seulement les pays, non seulement l'Europe, mais ce Monde qui aujourd'hui est exsangue devant leurs idéologies putrides, idéologies conjointes qui se rassemblent sous ce drapeau du mondialisme qui là encore trouve ses limites, un mondialisme de copinage et d'asservissement, un mondialisme de pacotille sans structures, sans organisations, sinon celles du viol continu de l'Humanité et de ses racines, jusqu'en ce jour qui voit l'Humain devoir payer et contribuer encore à cette folie qui toujours parade ! Entendez vous hurler les trotskistes, les communistes, les socialistes ? Que non, ils se taisent et se terrent de peur de faire de l'ombre à leurs aînés au pouvoir ! Viennent bien tardivement ces paroles de la part de quelques gouvernements qui jusqu'à présent laissaient faire, de voir payer les coupables ! Nous les attendons à leurs actes, actes invraisemblables qui dans la virtualité resteront bien entendu virtuels, ne nous leurrons pas ! Le système économique a été pollué et spolié par le parasitisme, ce parasitisme né de toutes les idolâtries idéologiques putrides qui derrière elles laissent des centaines de millions de morts, et qui ce jour voient des milliards d'individus soumis à l'esclavage systémique, par endettement programmé, engendré par cette crise dont on peut se demander si finalement elle n'a pas été organisée, afin de mieux asservir les Peuples ! Car, ne soyons pas aveugles, personne ne peut être aveugle à ce point devant les dérives financières organisées depuis des décennies ! Un Peuple endetté, c'est un Peuple soumis, un Peuple endetté, c'est un Peuple esclave, pensez-y et tirez en les conclusions, ces conclusions qui ne peuvent être que celle de tout être Humain sensé ! Nous ne pouvons continuer à élire des représentants qui nous sont présentés comme des marques de savonnettes ! Il serait temps que chacun réfléchisse bien avant d'élire qui que ce soit, et certainement pas ceux qui fabriquent l'esclavage et la soumission ! Les Peuples attendent des actes, en attendant s'engraissent ceux par qui le crime a été commis ! Renversement des valeurs, renversement de toutes les valeurs ! En attendant la suite, ne vous laissez influencer par les propos de celles et de ceux qui défendent avec hargne le « turbo libéralisme » qui naviguent en eaux troubles dans ce désert de liberté qu'est devenu l'Europe et que sont devenus certains Pays Européens, et qui aujourd'hui, avec un mimétisme parfait, feignent l'horreur, la consternation ! Viviparité consanguine classique de celles et de ceux qui n'ont comme devenir que le fourvoiement par mensonges institutionnalisés des Peuples et des Etres qui les composent !

L'abjection de l'insupportable

Regardez et lire les médias aux ordres ce jour, c'est aller tout droit à l'asile ! Écoutez-les, regardez-les, ces tenants du turbo libéralisme d'origine crypto communiste, venir vous tenir un langage répugnant, celui qui vous dit en substance : « Vous devez payer dans l'intérêt général ! ». Cet intérêt a-t-il une simple seconde effleuré les politiques aux ordres des financiers qui dénaturent l'économie pour leur petit profit personnel ? En aucun cas ! Et vous devez subir cette humiliation, au même titre que celle qu'officie l'écologie politique ! Bientôt, vous verrez vous serez les responsables de cette crise immonde ! Le bûcher des vanités n'est pas encore dressé ! Mais il faudra bien le dresser afin que le réel submerge cette litanie du virtuel, cette folie qui demeure dans l'esprit de celles et ceux qui prétendent gouverner le réel et qui ne manipulent que le virtuel ! Il suffit Mesdames et Messieurs les arrogants ! Vous avez signé la mort du capitalisme sauvage, celui que vous avez produit sous les hospices de vos idéologies de mort, il serait temps de vous en rendre compte ! Ce que vous défendez actuellement, ce n'est en aucun cas l'intérêt général en rendant les plus pauvres encore plus pauvres, et les riches encore plus riches, ce que vous évoquez c'est votre propre déshérence ! Agir, ce n'est pas alimenter la pompe à fric, comme vous le faites actuellement, agir, c'est assainir les milieux financiers, c'est sauvegarder les banques de particuliers et en aucun cas les banques d'affaires totalement obsolètes, c'est regarder la réalité en face et faire face et arrêtez de vous mettre la tête dans le sable pour préserver vos petits intérêts personnels ! Car que défendez-vous sinon vos intérêts personnels, esclaves que vous êtes d'un système sans lendemain qui est votre gagne-pain ! Il suffit de votre morale à quatre sous, quand on laisse faire une dérive comme celle que connaît notre monde, quand on ne dit rien depuis des décennies, on se tait aujourd'hui et on agit en nettoyant les écuries d'Augias parvenues ! Vous n'avez pas de compte à rendre ? Vous en rendrez lors des élections à venir, car personne aujourd'hui ne peut plus vous faire confiance ! Vous êtes simplement les produits marketing de cette publicité virtuelle de la finance sans visage, cette pieuvre qui sans régulation a épuisé le système lui-même et que vous cherchez à renflouer pour préserver des intérêts de castes, de groupes, des intérêts qui n'ont rien à voir avec les intérêts généraux dont vous nous parlez avec tant de condescendance ! Toute honte bue, vous vous présentez comme des sauveurs alors que vous enfoncez le clou de cette désintégration économique en alimentant ces pompes mortelles pour l'avenir des Etres Humains, cet endettement consternant qui n'a rien à voir avec leur endettement normal ! Lorsqu'on est courageux, on met les cartes sur la table ! On légifère à outrance pour briser l'assaut de la spéculation, on n'improvise pas au dernier moment pour faire accroire que l'on fait quelque chose, car en fait, vous ne faites rien ! Strictement rien, sinon que de vous complaire dans cette désintégration ! Lorsqu'on est courageux, on adresse une injonction aux monopoles financiers et en expurge la spéculation, mais cela évidemment n'est pas à l'ordre du jour dans la virtualité qui vous tient lieu, on convoque les parlements et on demande l'avis des Peuples pour savoir s'ils sont prêts à se mettre la corde au cou pour sauver les milliardaires qui les régissent ! Il suffit de votre prose, qu'elle soit nationale ou internationale, aujourd'hui les Peuples voient sans façade la réalité de vos dépendances, de vos frivolités, de vos corruptibilités, et les Peuples s'en souviendront, il serait temps, car toutes vos politiques sont tournées vers ce même principe qui aujourd'hui s'éclaire par une désintégration sans pareille, le profit, non le profit pour l'intérêt général, mais pour les intérêts privés ! Et ce ne seront les tentatives de culpabilisations, telles celles que vous faites reluire dans le cadre de votre « écologie » politique, qui entre parenthèses n'est là que pour garnir vos caisses vides et non pas pour mettre en œuvre un environnement sain, et ce ne seront vos tentatives de faire accroire un seul instant aux Peuples qu'ils doivent payer pour l'intérêt général, en les culpabilisant s'ils ne font rien, qui y changeront quelque chose ! Les Peuples aujourd'hui voient, au-delà de vos parades, de vos consternantes attitudes déplacées face à la désintégration de ce monde, tant dans sa structure et son organisation, que vous avez totalement inféodées à votre domesticité ! Alors par pitié cessez vos jeux de ronds de jambe, tant dans nos rives nationales qu'au sein de l'international et notamment de cette tour de Babel que l'on appelle l'europe qui tourne à vide et qui trouve là son échec magistral, un échec total dont il faudra bien que vous intégriez le réel ! Lorsqu'on entend certains de ses représentants demander de maintenir les critères de Maastricht, on ne peut que rire ! La honte ne marque pas le virtuel ! Nous n'avons aujourd'hui que faire de ces critères délirants, nous n'avons pas à supporter le joug et le poids de l'apatride nomenclature qui dirige cette europe sans lendemain, toute dévouée qu'elle est à la sainte finance dont elle a laissé les égarements fouler nos sols jusqu'au limon ! Redresser notre Pays face à cette pitoyable naturation de la spéculation, c'est donc dans un premier temps s'écarter de la voie putride dirigiste et totalitaire de cette europe du délitement, dans un second temps restructurer les finances nationales en déclassant la spéculation par une législation morale en accentuant le pouvoir des organismes de contrôle qui doivent être impitoyables, dans un troisième temps c'est ne défendre que, et simplement que, les structures financières en difficultés qui ne sont ni des banques ni des organismes financiers d'affaires ! Ainsi, et là seulement nous pourrons faire face à ce dévoiement du capitalisme qui sans contre-pouvoir créé sa propre dissolution ! Mais ne nous leurrons pas, le ver est tellement pourri, et tant mieux, il tombera tout seul, que rien de cela ne se fera, sinon que dans une virtualité reine, sommet de l'abjection la plus commune, où les Peuples n'ont que le droit de se taire et payer pour l'ignominie de quelques-uns, bravo pour l'intérêt général ! L'intérêt général n'est en aucun cas défendu, nous en tiendrons compte lors des élections prochaines, dans le respect de la Démocratie, et oui il y en a encore qui respectent la Démocratie, et qui ne se jettent pas sur les Peuples pour accaparer leurs maigres économies avec une rapacité digne de toute mouvance dictatoriale, (qu'est ce que les Peuples pour ces gens là ? Je me garderais d'être vulgaire, mais la réponse est claire !), et bien entendu ne voterons que pour celles et ceux qui défendent l'intérêt général, au-delà de l'inféodation, de la vassalisation, de la corruptibilité, des appartenances, des dépendances !

Priorité

La priorité aujourd'hui ce n'est pas de se lamenter, de pleurnicher, de s'apitoyer, de faire des ronds de jambes, de se laisser leurrer par des médias aux ordres des politiques inféodés, la priorité c'est d'agir dans la légalité la plus pure par la mise en œuvre d'une class action globale, demandant remboursement des milliards accordés sans légitimité des Peuples aux organismes financiers qui poursuivent leur aventurisme, sans contrainte ! Mais le courage semble manquer à nos concitoyens trop préoccupés par la lanterne magique illustrée par les illusionnistes en manœuvre aux ordres des prébendiers qui conduisent la planète à sa ruine ! Les Peuples sont d'une mollesse désastreuse, les particuliers totalement vissés sur leurs petits « moi », sans aucun esprit de solidarité, les hommes politiques élus totalement prostrés sur une unité factice pendant que les machines à laver fonctionnent à ne plus savoir qu'en faire dans ces pays où on nous demande de respecter les critères de cette dérision que l'on appelle le traité de Maastricht ! Il n'est pas question d'assainir l'économie, ne le pensez pas un seul instant, dans le cadre des mesures coercitives qui sont prises par les états, mais de renflouer le modèle du néo libéralisme qui peut continuer impunément ces prévarications les plus sordides au nom de la mondialisation, de cette hérésie qui frappe de plein fouet tout particulier sur cette planète vouée désormais à l'esclavage le plus putride par un endettement délirant délitant toute économie, qu'elle soit nationale ou internationale ! Si l'on voulait faire un coup d'état sur la planète pour implanter ce fameux « ordre mondial », on ne s'y prendrait pas autrement, en paupérisant tous les pays, en les amenant à se vendre corps et âme à cette déréliction qui toujours continue à pavaner, d'ailleurs de plus en plus, observez les tenants et les aboutissants et si vous voulez rester aveugles, restez aveugles. L'action est limpide, il faut tout simplement éradiquer par voie législative les possibilités de spéculation sur les valeurs, par une sur taxation égale à la prévarication de la spéculation, en fait rendre aux Etats ce qui appartient aux Etats, ensuite entamer des enquêtes, à l'image de celles qui se déroulent actuellement aux USA, 1400 diligentées par le FBI, pour châtier les coupables et leur faire rendre le montant de leurs escroqueries, pour ce que chaque citoyen se déclare dans le cadre de class action pour récupérer à fonds perdus les milliards injectés par les gouvernements dans ces organismes financiers à l'agonie ! En substance serait-il temps de convoquer des états généraux politiques, finances afin de réguler les marchés, sous vigilance des Peuples ! Conjointement, il convient de recentrer les activités économiques dans le domaine de l'Humain au sein des Existants Nationaux afin de préserver la richesse de ces Nations, et non dans ce non dit apatride qui permet toutes les désintégrations. Ici le rôle de l'Etat est prédominant, il est le contre-pouvoir naturel à toutes ces dérives, encore faut-il que ses membres ne soient pas inféodés au système de déperdition actuel. Ainsi, lors des prochaines élections chaque citoyen doit-il voter en connaissance non seulement de la cause qu'il prétend défendre mais de la dépendance de l'individu pour qui il vote aux modèles ayant mené au déclin de nos économies, européistes prébendiers, désintégrateurs de la Nation, chantres du mondialisme, dévots de la finance, qu'il conviendra d'ignorer totalement lors de ces élections. Car ici, ce n'est pas seulement la finance qu'il faut moraliser mais le monde politique qui lui est inféodé, et ce dès l'élection municipale ! Ce n'est qu'à ce prix que pourront être érigés les gardes fous qui permettront d'éradiquer la spéculation, le contre-pouvoir naturel des Etats contrebalançant la folie démentielle de cette spéculation délirante. Et ceci bien entendu dans chaque Etat. Je ne parle ici de cette europe qui n'a rien de politique et s'érige de droit divin pour diriger nos nations sans le moindre mandat des Peuples ! Le problème de cette europe se réglera de lui-même lorsque les Nations, nantis de femmes et hommes politiques triés sur le volet, n'ayant pour objectif que le bien commun, siègeront dans l'assemblée de cette dictature, afin de créer l'Europe des Nations ! Le mondialisme a voulu faire un désert de nos Nations, en créant de toutes pièces par déréglementation (merci aux Parti Démocrate Américain qui est l'auteur de cette déréglementation, et quand je pense au Peuple Américain, je ne peux qu'être inquiet de le voir peut-être demain voter pour ce parti qui a mis fin au Glass-Steagall Act, Loi qui encadrait la Finance depuis 1933) — à nous de reconquérir nos Nations pour le devenir de nos Enfants, de reconstruire sur les ruines que nous apporte le mondialisme en l'évinçant totalement de nos modes de penser ! Nous pouvons construire un Ordre mondial mais ce ne sera pas celui de la prébende et de l'anarchie, de l'irrespect et de la fatuité, un Ordre Mondial constitué de Nations et respectueux de chaque Nation, au-delà de l'agonie stérile que nous propose la servilité à ce fiasco monumental ! À chaque citoyen de réfléchir et agir en conséquence, déjà aux Etats Unis se forment des class action...

Pragmatisme

Partant du principe que le seul garant du contre-pouvoir financier en France, c'est l'État, donc nous, citoyens de ce Pays, actuellement vendu à la mondialisation stérile, notre Etat, ainsi que les autres Etats se doivent d'inscrire au minimum quelques opérations nécessaires pour circonscrire le phénomène induit par la déréglementation économique et lutter contre son parasitisme :

. Recentralisation des capitaux par Etat, vecteurs des sociétés existantes

. Relocalisation des outils de production en chaque Etat, avec prime de rentrée induite par une baisse des charges

. Réactivation des branches économiques naturelles : industrie, agriculture, services, par une aide circonstanciée dans chacun de ces secteurs

. Renationalisation partielle des secteurs de biens communs : banque, assurance, industrie de pointe et de haute technologie

. Réglementation légiférée par les parlements, sur les droits et obligations des organismes financiers qu'ils soient privés ou d'état, mise en place d'un conseil de surveillance avec un représentant en chacun des dits organismes chargé de prévenir les dérives, mise en place d'une sur taxation égale aux produits des spéculations ; Mise en place de barrières modales fiscales ne permettant plus aux organismes financiers de type spéculatif d'investir dans les biens des Nations.

. Reprise de l'indépendance bancaire, par chaque Etat, par annulation de tout traité avec la banque centrale "européenne"

. Reprise de l'indépendance Nationale par chaque Etat, par annulation de tout traité les liant à une "europe" non constituée, qui est l'un des creusets de la spéculation par excellence.

Ce n'est qu'à ce prix que nous sortirons de cette crise, en recentrant nos énergies sur ce qui est notre, notre Nation, et non en continuant à injecter des milliards dans une économie virtuelle, composite de l'atrophie mondialiste ! Nous voyons les uns les autres que la course à l'égarement se poursuit, sans limites, facilitée en cela par le silence des Peuples totalement figés, en catalepsie, en hypnose, devant la plus vaste destruction de l'économie jamais réalisée par les catéchumènes de la pensée unique dont les gouvernements sont aux ordres, et les médias prébendiers ! Le réveil sera brutal, lorsque la bulle qui se fissure actuellement explosera ! Il sera alors trop tard pour mettre en œuvre quoi que ce soit, car l'anarchie conséquente, bien compréhensible deviendra règne. C'est aujourd'hui qu'il faut agir et non demain, car ce ne sont les mesures proposées par le parterre des entrepreneurs qui permettront de gagner la survie de nos économies, mais bien une législation adaptée ! Et cessons de dire que les investisseurs ne viendront pas dans notre Pays, c'est une vaste farce ! Les économies de chaque pays sont à la dérive, montrer l'exemple ne serait peut-être pas de trop aujourd'hui !

Coup d'état mondialiste ?

Le "je" péremptoire que nous avons entendu en provenance du FMI devrait alerter singulièrement les Nations et leurs Peuples ! Ce "je" est symptomatique de ce coup d'état mondialiste qui se prépare sur la ruine — organisée ? — des Nations ! Nous n'avons pas à répondre à ce "je", à cette arrogance singulière née d'un accroire que les organisations internationales se devraient de remplacer les Etats et leurs Peuples ! Le pouvoir ne leur appartient pas, contrairement aux apparences. Le pouvoir appartient aux Peuples et en aucun cas à ces structures inféodées, phagocytées par l'idéologie mondialiste de l'errance. Réunir l'ensemble des ministres des finances de l'ensemble des pays ? De quel Droit ? Pour sauvegarder le parasitisme, les spéculateurs ? — qui chaque jour sont montrés en exemple dans ces étranges télévisions aux ordres, à telle fin qu'on sortirait un mouchoir pour pleurer sur leur sort ! — S'il n'y a pas ici une tentative de renversement des pouvoirs des Nations, qui doivent se rendre la corde au cou au chevet de la spéculation reine, c'est rester aveugle pour ne pas le voir ! Et plus proche, jusqu'à ce reproche d'un représentant d'un pays européen stigmatisant le G4 pour ne pas avoir réuni l'ensemble des pays de cette europe du virtuel, pour prendre les décisions nécessaires à la conservation de ce système économique déréglementé qui mène à la ruine des Nations ! Il suffit de ce ton comminatoire de ces valets ! Il n'y a pas de solidarité à mettre en œuvre pour soigner ce système moribond, il faut bien au contraire s'en extraire, et repartir sur des bases saines, à l'échelle humaine et non à l'échelle de l'utopie, du leurre, de la désintégration. Les Nations dans ce cadre ont tout leur rôle à jouer, car elles sont gardiennes de ces dérives mortelles pour les Peuples !

Ainsi convient-il de resserrer les rangs au sein de chaque Nation et non se vendre par emprunt interposé. Plus que jamais les Peuples doivent être vigilants afin d'enrayer cette tentative de substitution du pouvoir au profit de ceux qui ont créé la crise, par un laxisme exemplaire, et qui aujourd'hui paradent comme jamais en se portant en sauveurs ! Ne soyons pas aveugles ! Il est temps de se réveiller et de voir la réalité en face : par moitié europe et Etats Unis en leurs représentations financières ont désintégré l'économie, et on voudrait nous faire croire que ces mêmes personnages viendraient sauver l'humanité ? De qui se moque-t-on ? N'oublions jamais que la manipulation commence par la création des conditions qui feront œuvre de destruction, et une fois cette destruction en prémisse, faire apparaître une solution pour sortir de ces conditions, permettant de parvenir à une situation de dépendance totale. Nous sommes en plein dans l'organisation de cette action, dérive de ce "nouvel ordre mondial", qui ici réalise, du moins tente, car les Peuples ne sont pas de la pâte à modeler, son coup d'état lui permettant d'asservir les Nations. Devant cette tentative d'asservissement, pour défendre la Liberté des Peuples, aujourd'hui et plus que jamais convient-il de défendre nos Nations, et condamner toute dérive tendant à leur asphyxie, au-delà d'une solidarité de circonstance qui n'est que la solidarité des écumeurs de la finance internationale apatride qui ce jour se veulent couronner ! Ainsi vigilance et prévention doivent-ils en chacun de nous être les maîtres mots de nos pensées face à cette dénature qui voudrait formater notre devenir par son devenir, qui n'est celui que de la dépendance, de l'asservissement et de l'esclavage, ce que les Peuples et leurs Nations, et oui, les Peuples et les Nations existent, n'accepteront jamais !

À méditer

Promoteurs du « World Revolutionnary movement », Guiseppe Mazzini, célèbre révolutionnaire Italien, et le Général Américain Albert Pike exposent leur théorie dans une correspondance qu'ils échangent le 22 janvier 1870 et le 15 aout 1871. Cette correspondance se trouve conservée aux Archives du Rite Ecossais à Temple House (Washington DC.). On notera que la lettre d'Albert Pike a été exposée une seule fois à la British Museum Library de Londres. Aucune autre exposition n'a été commise et ce document est de consultation interdite.

Avant d'entrer dans les extraits de cette correspondance, divulguée par le Commodore William Guy Carr dans son livre « Pawns in the game » (1967) on notera qu'Albert Pike fut un Haut dignitaire de la Franc Maçonnerie, 33 eme degré et disciple de l'occultiste, Grand Maître, Mackey. Il est devenu Souverain Grand Commandeur du Rite Ecossais pour le Sud, puis il fonda sa propre obédience « Luciférienne », le « New Reformed Palladian Rite », destiné à inspirer et contrôler le mouvement révolutionnaire mondial, soumis à l'autorité de trois suprêmes conseils à Charleston (Caroline du Sud), Rome et Berlin et 23 conseils subalternes, reliés entre eux par un réseau de sept « Arcula Mystica », entre Charleston, Rome, Naples, Berlin, Washington, Montevideo et Calcutta.

Les Extraits :

«... La première guerre mondiale doit être livrée afin de permettre aux illuminés de renverser le pouvoir des tsars en Russie et de faire de ce pays une forteresse du communisme athée. Les divergences suscitées par « l'agentur » (les médias aux ordres des illuminés), entre les empires Britannique et Allemand doivent servir à fomenter cette guerre. A la fin le communisme devra être édifié et utilisé pour détruire les autres gouvernements et pour affaiblir les religions.

La seconde guerre mondiale devra être fomentée en profitant des divergences entre les fascistes et les sionistes politiques. Cette guerre devra être livrée de telle sorte que le national-socialisme soit détruit et que le sionisme politique soit assez fort pour instaurer l'état souverain d'Israël en Palestine. Pendant la seconde guerre mondiale, l'internationale communiste doit devenir assez forte pour équilibrer la chrétienté. Elle sera alors contenue et tenue en échec jusqu'au moment où l'on aura recours à elle pour le cataclysme social final.

La troisième guerre mondiale devra être fomentée en profitant des divergences suscitées par « l'argentur » entre les sionistes politiques et les dirigeants du monde islamique. Elle devra être menée de telle manière que l'Islam et le Sionisme politique se détruisent mutuellement. Tandis que les autres Nations, une fois de plus divisées sur cette affaire, seront contraintes à se combattre jusqu'à complet épuisement physique, moral, spirituel, et économique.

À la fin de cette troisième guerre mondiale, ceux qui aspirent à dominer le monde provoqueront le plus grand cataclysme social que le monde ait jamais connu. »

« Nous allons lâcher les Nihilistes et les Athées et provoquer un formidable cataclysme social qui, dans toute son horreur, montrera clairement aux Nations, les effets d'un athéisme absolu, origine de la sauvagerie et du plus sanglant chambardement. Alors, tous les citoyens, obligés de se défendre contre la minorité révolutionnaire mondiale, extermineront les démolisseurs de la civilisation, et les masses déçues par le Christianisme, dont l'esprit déiste, laissé à partir de ce moment sans boussole à la recherche d'une idéologie, sans savoir vers qui tourner son adoration, recevra la vraie lumière grâce à la manifestation universelle de la pure doctrine de Lucifer, enfin révélée aux yeux de tous, manifestation qui suivra la destruction du Christianisme et de l'athéisme, simultanément soumis et détruits… »

Ces extraits clarifieront certainement un certain nombre d'entre vous, sur la montée en puissance de la destruction du Monde Islamique, commencé avec l'Irak, mais plus singulièrement, en deçà de cette troisième guerre mondiale annoncée, la résultante de la crise que nous connaissons actuellement en des termes très nets : « Nous allons lâcher les nihilistes et les athées et provoquer un formidable cataclysme... ». Revu, corrigé 2008, il faut lire, nous allons déréglementer les marchés financiers, donc activer la spéculation qui est l'œuvre morbide de nihilistes et d'athées qui ne pensent qu'à leur petit « moi », « et provoquer un formidable cataclysme social qui dans toute son horreur... ». Revu et corrigé 2008, nous y allons tout droit, faillites, chômage endémique, récession, tous les feux de la rampe de la destruction sont en route. Retenons enfin « À la fin de cette troisième guerre mondiale, ceux qui aspirent à dominer le monde provoqueront le plus grand cataclysme social que le monde ait jamais connu. », Et nous ne pouvons en toute logique que conclure, en fonction de ce que nous entendons en provenance des organismes internationaux, et de leurs dirigeants, qu'il existe une corrélation plus que parfaite entre ces écrits de 1871 et notre année 2008. Le but est parfaitement clair, l'asservissement des Nations à un ordre mondial totalement totalitaire, sans jeux de mots, par quelques moyens que ce soit... À chacun de juger.

Documents

Les documents qui suivent glanés sur le Net méritent qu'on y jette un coup d'œil pour approfondir la réalité et la détermination de la pensée unique qui guide un certain nombre de personnes à travers ce monde qui justifient leurs actions jusqu'à la désintégration totale de la viduité pour implanter leur vision du monde qui par essence est celle de l'esclavage consenti, idéologie d'inspiration nazi communiste par essence, car synthèse du nazisme et du communisme. Ces documents, vous les retrouverez peut-être sur le net, à moins qu'ils aient disparu depuis leur mise en ligne. En substance, rien n'arrive par hasard, et je citerai Jose Barroso, Président de la Commission Européenne, « le temps d'une « ère post-industrielle » est venue. Pour conduire le monde dans l'ère post-industrielle, il faut d'abord détruire la base économique du monde et créer une nouvelle Grande Dépression. Lorsque les gens sont pauvres, ils ne dépensent pas d'argent, ils ne voyagent pas et ils ne consomment pas. », Phrase hautement symbolique dans le contexte d'aujourd'hui qui souligne que la crise que nous traversons a été préparée depuis longue date (voir l'article « A méditer », Lettre de Pike à Mazzini, de 1871 qui laisse rêveur quand à la dépendance globale des gouvernements quels qu'ils soient à la dénature civilisatrice. Le mondialisme a déclaré la guerre aux Nations, aux Peuples, aux Ethnies, aux Races, à l'Humanité, pour réduire l'Humain à l'esclavage, et pour ceux qui en doutent, qu'ils se réveillent et regardent en face la réalité contextuelle, dépendance des Nations, dépendance des Etres Humains, dépendance de l'Humanité à une pseudo Elite qui s'auto compose dans le ferment de sociétés n'ayant pour but que l'instauration de la pensée unique, compresseurs et fourriers de l'attitude

de tous dirigeants quels qu'il soit, où qu'ils soient de par ce petit monde que ne mènent pas les Peuples ! Au jour où je vous parle, la Bourse a chuté de 30 %, les gouvernements font payer les pots cassés par les peuples, en augmentant le déficit de chaque pays, donc l'endettement de chaque particulier, la spéculation continue de plus belle, aucune Loi n'est inscrite au calendrier pour briser la dite spéculation, et les organisations « internationales » phagocytées par la pensée unique se posent en chantres de vertu, alors qu'elles n'ont rien fait, strictement rien fait pour enrayer le problème, et qu'elles continuent à ne rien faire, et ne feront rien. Connivence, il conviendrait de voir les choses en face. La Liberté s'amenuise à la vitesse de l'éclair, Liberté de circuler, Liberté de penser, Liberté tout court, et les mentors de cette prêtrise vouent les esclaves à l'euthanasie institutionnalisée (notons que le chantre de cette apologie, conseil éclairé de notre Président, est aujourd'hui poursuivi dans une affaire de trafic d'armes, et qu'il donne ce jour des leçons de morales à l'économie...). Face à ce diktat, il convient que chaque citoyen se prenne en main et se batte légalement par un vote non de sanction mais de libération, pour éradiquer ce coup d'état mondialiste auquel nous assistons, dont aucun Peuple ne veut. À chacun de juger et surtout de se défaire d'appartenances et de dépendances plurielles totalement inféodées à cette symphonie qui n'est pas une ode à la joie, mais une ode à la mort contre laquelle chacun en fonction de ses capacités se doit de lutter légalement, afin que la Liberté règne en ce Monde, qui n'appartient pas à l'atrophie mondialiste et ses disciples.
http://universality.info/mambo/r

La désintégration

Ne nous laissons impressionner, comme le voudraient nos dirigeants, qui souhaiteraient voir applaudir leur action, dans le cadre de cette crise totalement prévisible, au motif d'une dérégulation sans frein des marchés financiers. Ils viennent de ruiner nos Nations par notre vassalisation forcenée au système bancaire international qui n'a d'autre but que de réaliser de gré ou de force une marche forcée vers la mondialisation des économies, finalité permettant d'établir leur "nouvel ordre mondial" basé non sur la prospérité des Peuples mais sur leur mise en esclavage au profit d'un parasitisme déguisé sous le voile de la "démocratie", qui se présente comme aréopage de "sages". Les centaines de milliards injectés, d'où sortent-ils ? À l'heure où je vous parle ils ressortent du Virtuel, demain, ils sortiront des bourses des petits épargnants, des Peuples, qui totalement ruinés après remboursement des banques par l'intermédiaire des états inféodés, les verront accepter l'esclavage mondialiste qu'on leur prépare ! Que croyez-vous d'autres ? On ne peut qu'être inquiet devant cette mise à disposition d'un flot d'argent entre les mains de ceux qui ont spéculé comme jamais, sans qu'un seul frein ne soit mis à leurs égarements par des lois appropriées ! Aucune loi, aucune réglementation n'ont été mises en place ! Si cela ne s'appelle pas de l'arnaque, du vol qualifié, un hold-up sur les économies des Peuples, comment donc cela s'appelle-t-il ? Sans bien entendu qu'aucun Peuple n'ait été interrogé ? Le cataplasme sur la plaie béante, le gouffre sans fond de la bulle économique — la totalité des PIB des Pays, facteur de la réalité monétaire, ne représente que 10 % de cette bulle composée donc de 90 % de virtualité, dont vivent à peine 1 million d'individus sur une planète en comprenant plus de cinq milliards ! — ne pourra durer très longtemps, aux conditions actuelles toujours déréglementées, c'est un pansement sur une plaie ouverte, un investissement à perte, et il suffit de regarder les indicateurs de la Bourse qui le prouvent amplement — et on ne pourra pas dire ici que cette perte n'est pas organisée par tous les mentors du mondialisme ! — une erreur monumentale dont bien évidemment les Peuples vont payer les frais, que l'on ne se fasse aucune illusion ! Le système est totalement vicié et il ne peut que s'effondrer sur lui-même à moyen terme, il a prouvé ses carences et ce sont ces carences que les gouvernements contribuent à maintenir. Ainsi, un peu de pudeur dans les propos des hommes et femmes d'état, des journalistes aux ordres, serait bienvenue, mais cette pudeur bien entendu ne peut exister, à telle fin qu'un personnage de notre état exhorte les particuliers à investir dans ce pourrissoir des valeurs qu'est devenue la Bourse ! On croit rêver ! On ne rêve pas. Le réveil sera douloureux pour les hypnotisés serviles. En attendant comme dit le proverbe, un homme averti en vaut deux ! Et convient-il de rester plus que vigilant dans cette phase de songe-creux, où on siffle l'hymne National, pour assurer la défense de nos libertés, menacées par ce marasme induit et forgé de toutes pièces, alors que des lois liberticides se préparent, que la mise en fiche de chaque citoyen devient une constante, — il serait temps a contrario de ficher les tenants et aboutissants qui ont forgé et laissé faire cette crise, financiers, politiques, qui s'imaginent au-dessus des Lois Humaines — qu'il n'existe plus d'armées républicaines mais des armées de métiers, que la Liberté de pensée n'existe plus en dehors de la pensée unique qui s'autoproclame et s'auto congratule ! Veille pour la Liberté des Peuples, des Identités, des Nations, devient une priorité essentielle pour chaque citoyen s'il ne veut pas demain se retrouver par force, composite de ce mouvement de désintégration qui s'amorce et qui se révèle auto alimenté par les pouvoirs politiques ! Vigilance doit être désormais le maître à penser de toutes celles et ceux qui veulent conserver à la Liberté ses propriétés créatrices, face à ce délire inouï auquel nous assistons ! À chacun d'œuvrer en fonction de ses capacités, une class action en nos pays d'Europe, dont les Peuples ne sont plus que l'ombre de ce qu'ils ont été, par réduction au silence et asservissement conjugués, paraissant totalement impossible actuellement, contrairement aux Etats Unis où la Liberté bien que voilée ne peut être amputée de part sa constitution ! Les élections se rapprochent, et notamment des députés de cette "europe" aux ordres ! Les Peuples auront-ils le courage de voter en dehors des caciques, francs maçons de toute obédience, chevaliers de malte, soldats de l'opus Dei, porteurs de valises de la trilatérale, du bilderberg, du CFR, de toutes ces sociétés de pensées détournées de leur voie naturelle, pour servir le mondialisme morbide, vautours assoiffés de prébendes qui ne sont pas là pour servir les intérêts généraux des Peuples, mais la communauté financière et ses directeurs de conscience ? Telle est la question qu'il faut aujourd'hui se poser ! Si tel n'est pas le cas, il n'y a rien à espérer de ce continent Européen, pas plus que de ses Nations gangrenées par la torpeur du mondialisme. Nous pourrons en conclure que nous sommes en face d'un phénomène bien plus important que la crise financière programmée, celle de la crise de l'intelligence, elle-même faut-il le rappeler, totalement programmée par la pensée unique nazi communiste, faillite partielle, car l'intelligence se restaure toujours, contre laquelle, il faut le dire, nous pouvons partir du principe qu'il est vain de lutter, sinon qu'à perte. Mais ce serait oublier la capacité de l'intelligence à se rénover. Ainsi poursuivrons-nous ce combat des idées, à contre-courant de leur désintégration formatée par la pensée unique, symbole de l'esclavagisme le plus nuisible aux Etres Humains, car issue de l'atrophie mentale la plus délétère que l'Histoire Humaine n'ait jamais connue, sida intellectuel qui trouvera un jour son vaccin, lorsque les Peuples retrouveront leur Identité, leur Honneur, et leur vitalité, dévoués à la Vie et non à l'esclavagisme porté par l'idéologie de la mort qui parade dans ces jours d'agonie !

Réfléchissez !

Analysez en profondeur ce qui se passe au niveau mondial relativement à la crise financière, créée de toutes pièces par un laxisme de bon aloi programmé, ce qui vous permettra de ne pas dire, je ne savais pas ! Ici le mensonge parade, le politique totalement inféodé aux financiers accourt pour protéger le train de vie de la banque, nouvelle royauté de ce monde. La pauvreté ? La précarité ? L'Identité ? La faim dans le monde ? Que nenni, il n'y a pas d'argent pour résoudre les problèmes, bien au contraire, puisque les Etats, je parle des Etats européens, ne peuvent plus emprunter aux banques centrales, (article 104 de ce morceau d'anthologie dictatorial qu'est le mini-traité), et ne peuvent donc gouverner, puisqu'ils ne sont plus maîtres chez eux, plus libres de battre leur propre monnaie, renvoyant la Démocratie aux oubliettes. Par contre lorsque les maîtres de la finance, ces apprentis sorciers qui roulent pour l'instauration de leur propre pouvoir, tanguent vers la faillite de leurs Institutions, comme par magie c'est par milliers de milliards d'euros ou de dollars que l'argent sort, accentuant ainsi toutes dérives, excroissances démentielles nées de l'atrophie mentale de leurs auteurs qui ne rêvent que de marché dérégulé, de mise en esclavage de l'humanité, de pouvoir mondial basé sur leur suffisance, dont l'ensemble des politiques sont aux ordres ! Et cela marche ! Les peuples en voie d'auto acceptation, manipulés par les médias de la répugnance, de l'ignominie, du mensonge perpétuel, sans bouger, sans rien dire, se font tondre comme les moutons qu'ils sont devenus, alors que toutes les décisions qui ont été prises pour renflouer ce navire de la perdition, sont toutes antis constitutionnelles ! Car elles ne protègent pas les Peuples, mais les soumettent ! Nous sommes en dictature, et cette dictature, se sentant pousser des ailes, réunit ses prébendiers non pour libérer les Peuples de la folie destructrice que mène l'atrophie de leur idéologie mondialiste, mais pour mettre en œuvre une organisation bancaire qui permettra d'asservir encore mieux les Peuples, organisation autonome des Etats, dictant sa loi aux Etats ! Regardez s'agiter les prébendiers de ce pourrissement infatué ! Croyez-vous qu'ils vous respectent ? Respectent vos voix ? Ils n'en ont que faire, ce d'autant plus qu'ils ont anéanti votre courage, transformant votre vitalité en eau de navet, par une acculturation soutenue, un métissage forcé, dont le chantre vient d'être élu prix Nobel, une réécriture de l'Histoire, un asservissement aux fables d'une anthropologie de pacotille, d'une psychologie de demeurée, vous noyant dans le concept de la culpabilisation acceptée et encouragée, dont les chantres sont les écologistes politiques, ignares ignorants en reptation devant les pouvoirs, serviles mentors de la désintégration des identités, des Nations, de l'Humanité, dont l'indice moteur est la destruction de la vie humaine. Allez au bout de votre analyse, et vous pourrez juger par vous-mêmes de la putréfaction en laquelle nous sommes, des sciences aux ordres, des arts qui feraient rire un enfant de cinq ans normalement éduqué, une philosophie mutilée dont la bêtise engendre la bêtise, une "histoire" tronquée, une Identité en voie de désintégration, un courage anéanti par la dissémination artificielle de ce sida intellectuel bercé par des médias délirants de mensonges, œuvre de la pensée unique, matrice faisant descendre l'Humain en dessous de l'intelligence du singe, pour le mieux manipuler ! La réalité est là, formelle et non virtuelle. Les lois ne sont plus respectées, les Constitutions encore moins et en réaction on trouve le désert, un désert magistralement orienté en lequel se complaisent tous les parasites de ce monde, les négriers totalitaires qui frappent dans leurs mains et qu'une foule d'automates, de chiens de Pavlov, bien dressés, applaudissent ! À chacun de choisir son camp, le propos n'est pas de fustiger mais d'ouvrir l'esprit, à tout le moins de faire réfléchir, mais il est vrai que c'est déjà de trop pour certains, corps et âme dévoués à la perception matricielle qui les enveloppe, les englue, les formate pour ce rêve de l'atrophie de se voir gouverner un monde de larves que l'on peut euthanasier à souhait lorsque la production n'est plus nécessaire où ralentie. Pauvre monde, et pauvres peuples phagocytés par l'ignorance alliée au mensonge perpétuel ! Se réveillera-t-il à temps ? Toute la question est là, alors qu'on nous prépare de magnifiques camps de concentration et que l'on construit des milliers de wagons de trains comportant en guise de siège des menottes pour abstraire du conditionnement toute forme d'opposition qu'elle soit morale où physique, non pour rééduquer mais pour détruire, ce qu'on toujours fait les régimes totalitaires, national socialiste ou communiste, dont l'héritier nazi communiste ne pouvait se passer, bien évidemment ! Analysez, réfléchissez et agissez par les voies de la Démocratie, avant qu'il ne soit trop tard !

Constat

Les faits sont là, dramatiques à souhaits, et les
populations engluées par les médias de la répugnance,
du mensonge, de l'ignominie, ne bougent un cil,
attendant leur mise à mort par ces chevaliers de
l'apocalypse qui se dressent devant nos yeux avec leur
sourire enjôleur, leurs promesses sans lendemain,
leur équipée sauvage pour tisser le règne de ce
mondialisme ignoble qui verra naître le carcan de
l'esclavage le plus abrupt et le plus déshumanisé sur
cette planète dont ils font et défont les règles suivant
leur humeur ! Regardez-les au pouvoir ! L'Amérique
est exsangue, l'Europe ne va tarder à l'être, les pays
Asiatiques seront bientôt ruinés, quant à l'Afrique n'en
parlons pas ! Et c'est à ces gens-là qu'on nous
demande de faire confiance, eux qui ont miné
l'économie en la dérégulant, eux qui ont embrasé des
peuples entiers pour complaire aux marchands de
canons, eux qui envoient à la mort des milliers de
jeunes gens au nom de la défense d'une démocratie
illusoire qu'ils sont bien en peine d'appliquer dans leur
propre pays, puisqu'inféodés au narcissisme
mondialiste ! Ils vont se réunir et s'offrir le luxe d'une
soit disant moralisation de l'économie ! Ils ont créé de
toutes pièces le problème, et aujourd'hui ils viennent
vous dire, nous allons vous sauver ! Mais qu'ils
cessent de prendre les gens, les Peuples pour des
imbéciles ! Leur nouvel ordre mondial personne n'en
veut ! Demandez au simple citoyen déjà ce qu'il pense
de cette europe arbitraire, féodale, dont les
« dirigeants » dénués de tous scrupules garantissent
leur survie en s'agenouillant devant les banques, ces
chers banquiers à qui on distribue des milliards pour
rémunérer leurs actionnaires ? Que l'on cesse de se
moquer du monde, car le monde se réveillera très
prochainement, un monde dont, il ne faut pas être

prophète pour le voir, la violence balaiera à jamais les turpitudes de cette hérésie qui veut imposer par sa loi : l'ordre de fer dont rêvaient Hitler et Staline réunis ! Cet Ordre de fer sera détruit par les milliards d'Etres Humains qui n'accepteront ni l'asservissement, ni l'exploitation, ni la famine, ni la coercition, ni le parjure, ni la domination ! La crise économique suit la crise financière, et après l'affrontement de la récession va naître une décennie de stagnation totale qui verra très certainement se lever les Peuples pour désigner les coupables, ces coupables qui aujourd'hui pavanent et devant lesquels les politiques se prosternent, en croyant obtenir une miette du pouvoir qu'il voudrait voir naître sur cette Terre ! Et ce ne seront les camps de concentration qui se construisent actuellement, les milliers de wagons de chemin de fer bardés de menottes, les cinq cent mille cercueils que l'on tient à disposition, et combien d'autres, pour enterrer à la va vite les femmes et les hommes et les enfants qui combattront pour leur liberté, qui y changeront quelque chose ! Ce système est mort de sa belle mort, la mort de la grenouille qui se voulait plus grosse qu'un bœuf ! Sur cette mort on ne créé par un Ordre Mondial, on ne bâtit pas sur des ruines, sur des sables mouvants ! Refonder l'économie c'est refonder les Nations, et en aucun cas asservir ces Nations à un plus vaste bœuf qui explosera à moyen terme comme explosent actuellement toute la chienlit, les parasites, la pourriture qui gangrènent et l'économique et le politique ! Oui, les Peuples se réveilleront et ce ne seront les chiens de guerre dressés pour tuer, les milices privées, qui y changeront quelque chose, un Peuple qui se bat pour sa Liberté est toujours gagnant, l'Histoire le prouve, je parle de l'Histoire avec un H majuscule, et non de l'histoire avec un h minuscule qui réécrite est le degré absolu de tout ce que le mensonge peut produire ! Que dire si l'Humanité se bat pour sa survie ! Il ne restera rien de ce nouvel ordre mondial déjà condamné par ses agissements, aux frontières du vide, anti constitutionnel, dictatorial, marasme géniteur de cette philosophie de la décadence la plus totale de l'Humain : le nazi communisme ! En conséquence de quoi si l'on veut éviter ce carnage qui vient, faudrait-il voir les gouvernants, au lieu de se presser comme des esclaves à la rencontre de ce nouvel ordre mondial, qu'ils se ressaisissent et qu'ils n'oublient en aucun cas qu'ils sont élus du Peuple pour la défense du Peuple, et non les serviteurs quelconques de quelconques sociétés de pensées, de loges discrètes, de ces parfums de morts putrides qui rayonnent actuellement dans leur propos et leurs attitudes ! Ainsi ce n'est pas d'un nouvel ordre économique dont nous avons besoin, mais du nettoyage complet des écuries d'Augias qu'est devenu le monde économique et financier, un monde axé sur la dépravation de l'Humain, un monde axé sur l'agonie de l'Etre Humain, un monde lamentable où l'atrophie est le panache, atrophie splendide et couronnée qui se gargarise, et qui semble-t-il a mis à genoux tous ces représentants du Peuple qui dans un seul élan portent secours à leurs délires en injectant des milliards que devront payer nos enfants, nos petits enfants, nos arrières petits enfants ! Si demain ils ressortent avec sous le bras la déclaration consternante d'une direction de l'économie par le FMI, cette organisation d'asservissement et non d'aide, cette organisation entièrement dirigée par les sociétés de pensée qui ne rêvent que de l'instauration du nouvel ordre mondial, nous serons les uns les autres, que tous les gouvernements sont inféodés à cette stratégie démente qui tient lieu de respire commun, notamment dans cette europe de l'illusion où l'on voit les parangons de la décrépitude plastronner comme des paons, alors qu'ils ont facilité cette crise, encouragé cette crise, amené cette crise avec une joie sans commune mesure au mépris des Peuples, au mépris des citoyens, au mépris de la simple Humanité ! Vous ne pourrez plus dire, je ne savais pas, et lorsque vous serez au chômage, lorsque vous irez chercher à la soupe populaire le maigre repas que l'on vous donnera, vous ne pourrez pas dire encore une fois, je ne savais pas, mais je vous rassure vous n'y resterez pas longtemps, il fera long feu avant que les lois sur l'euthanasie programmée, chères aux suppôts de cette atrophie gouvernante, ne soient votées par les serviles esclaves du nouvel ordre mondial, ainsi serez-vous rapidement dirigés vers ces beaux camps de rétention précités où vous serez liquidés avant que d'être transformés en savonnettes ! L'avenir est noir s'il en est ainsi, cependant l'irrespect de la simple démocratie, l'action anti constitutionnel de la plupart des dirigeants, le coup d'état du mondialisme généralisé, ne pourront porter leurs fruits bien longtemps, je vous rassure malgré tout ! Mais ce qu'il adviendra, sauf à penser, et j'ose le croire, que les Peuples agiront dans la légalité de la Démocratie, par des votes appropriés, en évacuant la sordidité qui aujourd'hui parade, peut revêtir comme je l'ai dit en préambule le caractère d'une violence endémique, bien compréhensible, (qui bien entendue sera taxée de terrorisme, le beau mot que voici, inventé pour effectivement assujettir, apeurer, des parties de populations dont la lâcheté aujourd'hui n'est plus à confirmer), violence qui ne pourra jamais être contrainte que par la disparition des fléaux qui féodalisent l'Humain sur cette planète dont une partie des êtres humains est devenue folle, fléaux menant à la désintégration, l'anomie, la déperdition, la disparition de la Vie, ce qu'enchante le mondialisme en voulant voir détruit les Identités, les Nations, les Ethnies, les Peuples, les Races et l'Humanité pour les confondre dans leur creuset d'atrophie où leur folie dominera, et domine déjà ! On me dira que j'exagère, je n'exagère malheureusement rien, au regard de cette démence qui parade, alors que le monde économique subit de plein fouet la crise programmée de la finance internationale, que le chômage va s'accélérer, que la production est déjà stoppée dans certains secteurs, que la récession avance à une vitesse vertigineuse, et que la stagnation se prépare à arriver, amenant famine, pauvreté et misère sur toutes les classes moyennes de ce petit monde, alors que plastronnent les ouvriers de cette déchéance, nullement inquiétés pour leurs sévices, services rendus au nouvel ordre mondial qui croit déjà détenir le pouvoir total, si cela n'est pas un signe, qu'aucun responsable ne soit jugé, car serviteur zélé de cet ordre, un signe terrifiant au regard de la Démocratie et des Peuples, un signe frontal qui n'aveugle personne ! Ce signe est là, et serait-il seul que cela devrait éveiller les citoyens, et il les éveillent, rassurez-vous, la bêtise n'est pas dans le Peuple, contrairement aux apparences, et les Peuples sauront

se souvenir que ceux qui ont créé la crise n'ont jamais
été jugés, que leur mépris totalitaire continue à
monopoliser le devant de ces télévisions aux ordres,
que les politiques sont à genoux devant ces miasmes,
cette lèpre qui, gorgée de milliards, au-dessus des lois
des Pays ou des gouvernants élus par les Peuples, ne
font rien, sauf à dénaturer la réalité, en faisant
accroire la sornette des parachutes dorés qui ne
seront plus autorisés, alors que ceux qui n'en ont pas
bénéficié sont déjà ressourcés dans d'autres banques,
d'autres édifices faisant fi de l'Humain ! La France ici
est témoignage de cette perversité sans nom, en
acceptant un code de conduite non légiféré qui ne vaut
rien ! Nous vivons dans la folie dominante, mais le
rêve va se fracasser dans le réel, ce réel qu'il
conviendra de restaurer, sur les bases de la Vie, et
non de l'écologie putride politique de l'anéantissement
de la Vie que l'on connaît actuellement, en
reconstruisant la réalité et non la virtualité, tout ce
qui jusqu'ici a été l'objet de la désintégration par
l'atrophie et ses meneurs, la Nation, l'Identité,
l'Economie au service des Peuples, la Finance au
service de l'Economie et non l'inverse ! La création
d'un Monde équilibré et non déséquilibré, où le sens
de l'Humain l'emportera sur toute autre considération,
notamment personnelle ! Il faudra des années pour
restaurer le réel, aujourd'hui enlisé dans le mensonge
et ses duperies, cela n'est pas un problème, il faudra
nettoyer démocratiquement les écuries d'Augias dans
lesquelles nous sommes plongés jusqu'au cou, cela
aussi prendra du temps, cela non plus n'est pas un
problème. Alors que les Elections « européennes »
arrivent, dans quelles conditions ? Nous le saurons
bientôt, il va être temps d'évincer par un vote majeur
la moisissure qui couronne ce qu'aurait pu devenir
l'Europe, l'Europe des Nations, et non cette europe qui
n'est que le vomitoire de la Démocratie ! Premier pas,
en espérant qu'entre-temps la violence n'ait sonné le
glas de cette désintégration ordonnée qui frappe de
plein fouet notre siècle.

De la saine économie

Face au délire galopant, l'ingérence forcenée du mythe dans la pénombre du politique, l'inféodation circonstanciée et délétère, serait-il temps d'agir virilement pour les élus des Peuples en assignant un modèle économique international qui ne soit plus le jouet de quelques millions d'individus au mépris des sept milliards d'êtres Humains que nous sommes. En cela posons le problème, le système tourne à vide, il n'est que manne d'intérêts composés qui mènent à la faillite et les Etats, et les Entreprises, et les Etres Humains. L'urgence est donc de stopper ce système dans sa course folle, et pour cela prendre au niveau international une position définitive, savoir :

1) Épuration de toutes les dettes, quelques qu'elles soient, des Etats, des Entreprises, des Particuliers, cela veut dire tout simplement qu'a une date déterminée, on fige le système et par la trésorerie qui en résulte, on relance l'économie, non plus dans le virtuel, mais dans le réel.

2) Instauration d'une unité monétaire mondiale, ce qui permet de défaire à jamais les fluctuations du cours des monnaies et par là même fait cesser le mode spéculatif à son encontre.

3) Recentralisation des banques dans les Etats, qui auront seuls pouvoirs de battre monnaie, ce qui permettra d'éliminer les scories et le parasitisme induit par les prévaricateurs en tout genre qui inondent les marchés financiers, et les internations en dépendant.

4) Régulation totale des marchés financiers par une législation adaptée et conséquente, par taxation à 200 % des produits financiers placés dans les paradis

fiscaux, par taxation à 100 % des produits financiers dépassant le seuil de deux fois la valeur des investissements réalisés, que ce soient par les Entreprises, les Etats, les Particuliers, les lobbies.

5) Recentralisation en chaque Etat des entreprises délocalisées avec conditions pour réintégration de baisse des charges de 30 % pendant 10 ans, à défaut taxation à 200 % des produits réalisés en provenance des pays de délocalisation

6) Mise en place d'un conseil National de surveillance de l'Economie et de la finance, par décret, dans chaque pays, qui délégueront en chaque institution financière ou bancaire privée ou d'Etat, trois représentants légaux chargés de suivre les comptes objectifs des dits organismes avec rapport direct aux Etats concernés pour mesures appropriées. Toute opération jugée toxique sera taxée immédiatement de 500 % sur tous produits réalisés.

7) Mise en adéquation de l'alinéa 6 par la création d'un institut mondial de l'économie et de la finance, assurant la taxation transversale des produits toxiques réalisés.

Sept propositions qui peuvent enrayer à jamais les conditions dans lesquelles se trouvent aujourd'hui et l'économie et la finance tant nationale qu'internationale ! Ces propositions induisent bien évidemment l'évincement de tous lobbies qu'il soit financier, d'appartenance, ou de discrétion, de la part des élus politiques, le politique n'étant pas le cerf de l'économie et encore moins de la finance ! Le navire coule, ne vous inquiétez les rats partiront les premiers ! Il n'y aura plus guère de tri à faire dans celles et ceux qui resteront ! On ne sauve pas une bulle financière, on la fait exploser, c'est la seule manière de parvenir à rétablir le réel ! Les quelque dix millions qui pleureront de la perte de leur petit profit, le doivent bien aux sept milliards d'Etres Humains qu'ils tentent de réduire à l'esclavage ! Nous ne pleurerons pas sur les milliards qu'ils conservent dans leurs banques et qui leur permettront de vivre tranquille jusqu'à la fin de leurs jours, mais bien entendu ils seront concernés par les fichiers qui seront créés de personne non a grata dans les modèles d'investissements dans le réel, comme personnes ou lobbies toxiques, au même titre que les personnes qui sont personne non a grata dans les casinos mondiaux. Il suffit ! Assez jouer avec les Etres Humains ! Nous ne sommes ni des pourceaux, ni des esclaves, encore moins des cerfs et des vilains au service de cette atrophie qui se veut règne ! Maintenant trouverons-nous aujourd'hui des politiques capables d'entreprendre ce qui est énoncé ? J'en doute fort, mais cela n'empêche pas de dire, n'y aurait-il que cinq pour cent de pris dans ce dire que déjà le système se débarrasserait d'une partie de la pourriture qui l'envenime et le discrédite. Je mets en garde ici dans ce maelström les sept milliards d'Etres Humains que nous sommes contre la potentialité de voir naître un conflit mondial fomenté par ces dix millions et des poussières, qui pour conserver leur privilège ne sera pas à cela près ! Ainsi en dehors leur tentative de coup d'état, et pour affermir ce coup d'état par la mise en état d'urgence de l'ensemble des pays, seraient-ils bien capables d'ordonner cet holocauste. Donc gardons-nous de suivre leurs directives, gardons-nous les uns les autres d'obéir à leur consternante et affligeante atrophie qui nous mènerait dans un gouffre dont ils sortiraient éligibles, en se portant sauveurs de l'Humanité ! Ne soyons un seul instant dupe de leur machiavélisme étudié dans leurs loges et leurs sociétés de pensées phagocytées par leur reptation ineffable ! Vigilance doit devenir le maître mot de nos personnes face à l'errance qui se prononce et contre laquelle, nous devons veiller en gardiens de la Liberté, pour le devenir de nos Enfants, et de nos petits Enfants, en quelque lieu que ce soit !

Bienvenu

On ne juge pas les femmes et les hommes sur leur couleur ! On juge les femmes et les Hommes sur leurs actes ! Nous assistons ces derniers jours à une débauche cinglante du racisme le plus pervers, sur les ondes, sur les écrans, redit à l'infini par les prébendiers politiques, les « philosophes » qui se cachent et pleurent lorsqu'une balle est tirée de leur côté, toute une couche de parasites des diverses sociétés qui sont prêts à vendre leur dignité d'homme pour récupérer une miette d'un pouvoir qu'ils n'ont pas ordonné ! Pitoyables êtres sans racines qui se confinent dans une bassesse que la femme comme l'homme véritable qui ne parlent pas en termes de couleur, ne peut que mépriser ! Les Etats Unis ont fait choix de leur Président, c'est très bien, la voie de la Démocratie a été respectée, c'est tant mieux ! Maintenant il convient d'attendre les actes de ce nouveau Président, au-delà des apparences, au-delà de la thésaurisation des nuisibles sur ses capacités et ses ouvertures. Ce Président a été élu par le Peuple et non par ces oscars triomphants de la pensée unique qui pataugent dans la boue liquide de l'indifférencié et qui aujourd'hui pavanent en stigmatisant la couleur de ce nouveau Président, faisant là preuve d'un racisme peu ordinaire, répugnant s'il en est. Le Président des Etats Unis a été élu pour son pouvoir de capacité, et non sur ses antécédents génétiques, il a été élu pour, au regard de son programme, ouvrir les Etats Unis au Monde et le Monde aux Etats Unis, nous ne pouvons qu'être en accord avec sa pensée. Maintenant attendons les Actes, et le respect de la parole qu'il a donné aux multiples électrices et électeurs de son Pays. La tâche sera particulièrement difficile compte tenu des inféodations systémiques y existant. 33 eme degré de la Franc Maçonnerie, de fait, saura-t-il faire valoir son point de vue, sans être écrasé par les inféodations ? L'Histoire avec un H majuscule et non cette histoire ridicule que l'on enseigne dans la pensée unique, le dira. Souhaitons-lui de réussir par-delà le prisme de cette pensée unique qui n'a d'autres ambitions que de voir réduite l'Humanité en esclavage au profit d'un « nouvel ordre mondial » aux ordres de dictateurs en puissance, qui se voilent la face sous une dépendance démocratique de circonstance ! Monsieur le Président, bienvenu au pouvoir parmi les Pouvoirs et les Autorités qui infléchissent l'Ordre du Monde au mondialisme le plus pervers. Nous n'avons qu'un souhait, c'est que vos Actes ne soient pas dénis de vos promesses, ce qui permettra de remettre en Ordre ce Monde non plus dans le cadre d'un « nouvel ordre mondial » mais dans son cadre Naturel, qui est celui de l'Universalité.

Syntaxe

La désintégration est là, bien présente, dans le néant qui s'avance et que les autruches accompagnées des guignols de ce temps ne regardent pas, trop imbus de leur sort personnel, ce sort de petite personne qui ne se complaît que dans le rang d'un pouvoir dénaturé qui aux ordres se plie au joug de la suffisance et du paraître ! Il n'y a plus rien dans ce système qui puisse attirer l'attention sinon les Peuples, et les Peuples eux-mêmes sont en faillite, dans l'abandon qu'ils font de leur liberté pour le fourvoiement, qui de l'abrutissement génétique, qui de l'adulation de la reptation, qui de la conjugaison de l'avilissement, qui de la complainte de la génuflexion, qui de l'apparat de l'auto mutilation, qui de l'enchantement de l'euthanasie glorifiée ! Le système totalement pourri, comme un fruit rongé par les vers, se dissout lentement sans que se lève le vent, non de la colère, mais de la construction, et dans cette étrange dissolution, toutes les formes de la déliquescence surgissent pour mieux ouvrager ce néant purulent qui danse sur les ruines de sa déficience masturbatoire ! Pour se complaire, elle s'invente tout ce qui permet aux aveugles de rester aveugles, louvoiement du terrorisme, manœuvres ordurières du temps présent tendant à prononcer la mort de l'œuvre sociale, parachevées par la glu issue de la mouvance mondialiste qui s'éternise dans ses conciliabules afin de ne surtout prendre aucune position qui risquerait de mettre en péril sa demeure ouverte à tous les vents de la destruction. Le règne est là, dans sa béatitude, dans l'accomplissement de sa servitude, dans la domination de sa systémique qui sans avenir conflue vers le vide. Sur ce terroir de la litanie, trônent les impertinents, ces paranoïaques ventant la mort de la Vie, vendant leur âme pour le prestige d'un or déjà dépassé car suant la ruine et la compassion de la ruine. Les caisses sont vides, pas pour les maîtres des lieux qui se gargarisent et exultent de leurs purulentes déconvenues, les caisses sont vides pour les Peuples, qui doivent travailler plus pour rembourser plus, qui doivent maintenant à soixante-dix ans se complaire dans l'absurdité délétère d'un compromis économique qui pue l'euthanasie à plein nez ! Quand donc les Peuples comprendront-ils qu'ils ne sont que les jouets stupides de l'intrigue, de la flagornerie, de la bestialité consommée, de cette hérésie au sens du vivant qui les veut dans la morbide allégeance aux frénésies délirantes de l'atrophie monstrueuse qui toujours parade, l'atrophie rayonnant ses marasmes et ses fantaisies, tels ces Empereurs Romains qui dans leur folie consanguine ordinaire faisaient brûler leur ville pour se réjouir d'un spectacle écœurant ! Ici, les vaisseaux brûlent et personne ne dit rien, trop atrophié mentalement pour comprendre ce qui se passe réellement, la liberté devient sort congru de chacun et personne n'y prête attention, le pouvoir vole dans les caisses du un pour cent patronal sans que se lève un vent de protestation ! Le vol est partout, la prébende dans tous les lieux, jusqu'aux prébendes sexuelles dont les initiés complaisent les rites jusqu'en les organisations internationales, sans qu'un mot, un ordre, une justice ne soit rendue, la justice n'ayant rien à voir avec celle que l'on attend, la protection du Droit, avec un D majuscule ! La faillite des Etats, de l'Economie générale n'ont donné aucune leçon aux prébendiers, qui du pouvoir, qui de l'argent, qui s'enchantent toujours de leur certitude, celle qui voudrait voir l'asservissement le maître mot de l'ordre mondial qu'ils défendent ! Le G20 qui se réunit prêterai presque à rire tant sa configuration est le reflet stigmatisé par les financiers qui gouvernent la demeure échue de sa réunion. Pauvres êtres de pouvoir qui s'imaginent pouvoir alors qu'ils ne sont eux-mêmes que des jouets stériles qui, compromis, ne feront que ce qu'on leur demande de faire ! Poudre aux yeux, guignol géant de la parade de la litanie bêlant qui gémit qu'elle va faire quelque chose mais qui ne fera rien, l'avez-vous enfin compris ? Face à ce délire gigantesque, à cette entrave au bon sens, à cette servilité démesurée, à ce camouflet de la mort qui parade, il n'est d'autre lieu pour construire que d'envahir chaque houle qui porte en gravure cette déficience pour en détruire dans le cœur même les pensées atrophiées qui en plein jour se révèlent destructrices de toutes formes du vivant, de toutes formes de Cultures, de toutes formes de civilisations. Prenez mesure, entrez dans tous les partis, dans tous les syndicats, dans toutes les associations, dans toutes les sociétés de pensées qu'elles soient discrètes, ou ouvertes, prenez les commandes de ces navires en feux et éradiquez en la pensée bestiale qui les anime, cette pensée mortelle pour l'Humain, cette pensée qui n'est pas la pensée Humaine mais la pensée non-humaine, gargarisme triomphant de la putridité dont on voit ce jour les éclairs façonner le visage de notre devenir, un devenir glauque à souhait, un devenir qui, il ne faut se méprendre sera celui du conflit idéologique entre les défenseurs de ce système totalement inféodé à ses principes pernicieux, et les défenseurs de systèmes ouverts (qui bien entendu seront jugés comme terroristes par les précédents) qui restitueront les valeurs Humaines au centre de la réalité économique et politique de ce monde qui navigue actuellement vers la barbarie ! Prenez mesure, et dans le respect de ce qu'il nous reste, la Démocratie, éradiquez de vos bulletins de vote tous les tenanciers et les barbares assoiffés qui veulent présider à votre immolation, à votre stérilité, à votre dénature, à votre euthanasie, stipendiez tous ces dévots de l'agonie, ces prêtres de l'ignominie, ces baudruches serviles qui rampent devant leurs maîtres et dont la reptation inouïe vient ce jour confondre leur langage dans une récession dont l'Histoire se souviendra, comme celle du nanisme politique le plus dévoyé et le plus éhonté. Le Politique est au service du Peuple et non au service des factions ! Cessez d'élire les potentats, les caciques, les vertueux de l'agonie, les prêtres de l'écologie de la mort, les tenants et les aboutissants fédérés d'une dualité inexistante, soyez vous-mêmes et non plus les larves qu'ils quémandent, redressez-vous et demandez des comptes à celles et ceux qui veulent se faire élire, leurs appartenances, leurs mouvances, cessez d'élire des savonnettes qui n'ont d'autres désirs que de se complaire et plaire, soyez des Etres Humains et non des non-humains qui en reptation applaudissent à leur propre esclavage ! Ce n'est qu'au prix de cet effort que nous parviendrons non seulement à restaurer les valeurs Humaines, mais les valeurs Politiques tout court, qui sont celles de l'Art de diriger et non de dévoyer, l'Art de la vérité et non du mensonge, l'Art d'éclairer et non de duper !

Initiative Philosophique

La dictature indestructible ?

L'acceptation, le consentement, la lâcheté, voici les principaux maux de notre société, soumise à une dictature qui se cache sous la dépouille de la démocratie. Devant ce néant qui s'avance sous les voiles du mensonge, il convient de prendre acte, et ne pas se laisser influencer par la reptilienne démesure de ces maux. L'histoire a ceci d'extraordinaire qu'elle est répétitive, elle suit des cycles qui sont la raison même de son existence, et annonce en son principe gaussien naissance, apogée et chute irréversible des régimes lorsque ces régimes ne prennent pas en compte la réalité de l'équation humaine, qui ne se résume à une dualité pouvoir asservissement, mais à une opérande action consentement, non ce consentement que l'on fait accroire ce jour basé sur l'ignorance, officiant le mensonge comme on manie l'épée, mais le consentement éclairé trouvant ses racines dans la rémanence formelle née de la rencontre des actions individuées, dont la résultante n'est pas addition mais multiplication. Ici se reconnaît la Démocratie, dans ce concept qui permet de calculer avec exactitude sa vigueur, tableau de bord énergétique permettant de voir si les énergies sont libérées ou enchaînées. Plus le champ des énergies est libéré, plus la démocratie est vivante, novation et innovation, plus le champ des énergies est enchaîné, ne laissant transparaître qu'une voix uniforme, plus son champ est contraint et ne subsiste en son sein plus qu'une rémanence résiduelle lui permettant quoi qu'il en soit de survivre. Cette rémanence est le levier indestructible de son autorité naturelle à renaître, tel le phénix, de ses cendres. C'est bien pour cela qu'il convient, en pleine connaissance de cet invariant contre lequel aucune dictature ne peut rien, car dépassant le champ limité de **ses** exactions, de ne craindre ni l'avenir, ni le devenir, quel que soit le principe de l'autorité gouvernante, en quelque lieu qu'elle se situe. La génuflexion des jours que nous vivons, née de la reptation inféodée à une vassalité de circonstance disparaîtra d'elle-même, broyée par ses inconséquences. Nous en voyons déjà se prononcer la réalité, par une chute qui s'accélérera d'une opinion qui voit se ternir de plus en plus sa viduité, devant l'appariement de l'atrophie qui guide les lendemains à naître. La suffisance n'est pas tout, encore faut-il avoir la capacité de cette suffisance, et lorsque cette capacité est inexistante, classée dans cette nodalité qu'est le virtuel, elle ne peut opérer dans le réel. Voilà bien le lieu et le lien inéluctables tous deux, car emprunts l'un de l'autre, causalité et dissonance qui rythment ces jours que nous vivons. En conséquence de quoi, il suffit que le fruit tombe de lui-même, gangrené qu'il est par sa propre considération, par sa propre auto satisfaction, par sa propre déraison, et devant cette invariance chronologique, devient-il vital de ne pas s'inféoder à une lutte contre ce semis en voie de disparition, car ce serait bien là lui témoigner une attention imméritée, mais bien au contraire élever l'avenir dans cette direction qui semble obérée, mais qui ne l'est pas en considération de la rémanence évoquée. Rémanence qu'il convient de faire rayonner, au-delà du débat stérile, de la morgue et de l'orgueil solidaires de cette acclimatation qui semble vouloir éperdre l'avenir de notre Peuple. La résistance se manifestera d'elle même et au-delà de la servilité saura dépasser la convenance de l'appariement pour créer les supports avenants la matérialisation du rejet de la virtualité. Que chacun perdure en son domaine dans le cadre de la Liberté, et ne durera ce phasme que le temps d'un crépuscule, phasme dis-je, car il n'est porteur d'aucune novation, d'aucune réforme, d'aucune action constructive, sinon celles lui permettant de se rassurer et conditionner, préambule d'une maladie qu'il convient de laisser mûrir, pourrir, afin qu'elle fasse disparaître d'elle-même le venin cristallisé de sa création, la dictature et ses supports.

Pragmatisme

Face à l'adversité, réalisée par un pouvoir régalien doublé d'une inféodation de caste, la France vient de perdre sa légitimité. Elle n'est que ruine au milieu d'un empire sablier composé par un hétéroclisme démesuré où se côtoient des pays en sous-développement, en voie de développement, et "développés". Par l'intermédiaire du pouvoir en place, les clés immédiates de son destin sont rivées à une boîte noire qu'on ose appeler l'europe, où grouillent et s'auto-congratulent, et s'auto-élisent, au-delà du droit le plus élémentaire, des sangsues qui n'ont d'autres vocations que d'assurer leur devenir et en aucun cas l'avenir des Peuples Européens. Car j'espère que vous le savez, les Peuples n'ont pas droit de regard et de parole dans cette enceinte machiavélique à souhait, le devenir, à l'image du coup d'état qui vient de se produire en France, se créé sans leur consentement. Me direz-vous, la chose est grave lorsqu'on se considère un citoyen responsable. Bien entendu, elle est grave, mais lorsqu'on regarde les Peuples et leur mobilisation face à cette gravité on ne peut être qu'éberlué par l'inaction qu'elle engendre ! Cette inaction a des racines, et ce sont ces racines, ce chiendent dans le pré Européen, qu'il faut combattre si l'on veut voir se réguler et disparaître ce chancre qui aujourd'hui cerne l'Europe et les pays Européens de son carcan putride né de la synthèse de deux idéologies le nazisme et le communisme, que j'appelle le nazi communisme. Pour ceux qui croiraient que cela est un conte à dormir debout, je leur demande de m'expliquer en quoi ils sont libres dans cette europe, ont-ils un droit de regard sur ce que font les commissaires politiques européens ? Ont-ils le droit d'élire un Président européen ? Non, dans tous les cas : ils sont soumis à cette dictature qui se voile sous le nom pompeux de la Démocratie, Démocratie usurpée, à l'image de celle de notre pays, totalement sous le joug d'une caste mondialiste n'ayant pour ambition que sa destruction jusqu'en ses fondements vitaux, communes, départements, etc. La dictature n'est donc plus à nos portes, elle est maintenant notre pain quotidien, vous l'aurez compris. D'esclave à venir à esclave consentant, il n'y a qu'un pas et ce pas vient d'être franchi sans un éclat, le terrain ayant été bien préparé, méthodiquement balayé, circonscrit scientifiquement par une propagande manichéenne. Nous y voici, levier de cette torpeur à laquelle nous venons d'assister face au coup d'état que nous venons de vivre, la propagande a fait son effet. Nous allons mieux comprendre sa force dans ces tripartitions qui suivent. Quel type de propagande a été élaboré pour que nous en soyons là ? Une propagande agressive liée à tout ce qui touche la nature même de l'identité de notre Peuple, faisant en sorte qu'il se sente coupable même jusqu'à exister au nom du mensonge draconien issu de la pensée unique commune aux partis en présence qui sous le voile de la dualité ont toujours répercuté la même typologie idéologique (pour s'en convaincre si cela était nécessaire, observez la constitution de notre gouvernement...). Cette propagande basée sur le modèle pavlovien le plus éclairé est définie dans son routage par trois branches qui se déclinent à l'unisson :

- La Nation n'est rien, le mondialisme est tout
- l'identité n'est rien, l'"humanité" (quelle humanité ?) est tout
- l'individu n'est rien, le groupe est tout

Tripartition doublée d'une tripartition « culturelle » :

- seul un gouvernement mondial pourra éradiquer les méfaits de la guerre
- il n'existe aucune identité humaine sinon celle de l'être indifférencié noyé dans une humanité elle-même indifférenciée, à la ressemblance du règne animal
- l'individu doit être détruit pour laisser place à un gestalt n'ayant pour adoration que la terre mère

Tripartion doublée d'orientations constitutives :

- destruction de l'idée de Nation par noyage des Nations au sein de conglomérat vide culturellement et intellectuellement
- destruction de l'idée des typologies humaines, par accentuation des processus d'éradication tant du savoir que de la réalité humaine, inhibition au nom d'une saturation légiférée permettant d'accroire à une égalité totalement abstraite prédisposant à la désintégration de toutes valeurs culturelles, historiques et intellectuelles
- destruction de toutes Identités par mise en œuvre d'un brassage conditionnel de populations permettant d'advenir par différence culturelle le déracinement global permettant le génocide des cultures et de l'intellect composite des Peuples, donc leur annihilation progressive
Tripartition de valeurs destructives déclinées par une tripartition d'actions globalisantes :
- accélération des processus migratoires forcés par inaltération des modes politiques orientés et facilités dans le tiers-monde, accentué par un processus de culpabilisation à outrance des diverses colonisations, et accentuation de cette morbidité par acculturation forcenée en provenance des médias, mise en conformité de la désintégration de l'idée de Peuple constitué
- accélération des processus de désintégration des Identités par manipulation intellectuelle, médiatique, politique, avec leitmotivs consacrés (touche pas à mon pote ; l'immigration est une chance pour la France etc.) répercutés par l'embrigadement des jeunesses européennes, malléables à souhait par de pseudos mouvements révolutionnaires aux ordres de la pensée unique ; complément indispensable, désintégration de la culture avec accentuation des processus acculturel, subculturel, qui alliés à la diffusion des drogues, permettent l'atrophie mentale donc culturelle réalisée ce jour où un adulte de vingt ans ne sait en moyenne ni lire ni écrire et encore moins s'exprimer, son vocabulaire restant limité à cinq cents mots et encore !
- enfin, action concentrationnaire par excellence, mise en œuvre d'une gouvernance n'ayant de compte à

rendre qu'à elle-même, permettant le bâillonnement de la liberté par le mensonge déguisé en altruisme et en hypocrisie, pièce maîtresse de cette mise en coupe réglée dont le point d'orgue trouve son phare dans une pseudo-écologie dévouée à ce pouvoir conditionnant désormais une culpabilisation universelle, permettant d'établir une dictature qui se dit inamovible, car consentie ! Il y en a certains qui pensaient que le Reich durerait mille ans !

Voici les arcanes, délicieux pour les atrophiés mentaux qui rêvent de diriger une humanité d'esclaves, qui nous ont conduits à ce déni de démocratie que nous vivons actuellement !

Pragmatisme donc doit devenir le symbole de celles et ceux qui veillent au milieu des ruines, car ce qu'ont oublié les barbares qui se déploient actuellement (et comment les appeler autrement, eux qui nient toute réalité Humaine au profit de leur utopie d'illuminés ?), c'est que toute civilisation ne naît ni ne meurt de l'utopie, mais qu'il existe au sein du généré une rémanence qui telle un boomerang viendra destituer leur usurpation, rémanence formelle qui n'a d'autre dénomination que celle de la Liberté dont on ne peut cracher indéfiniment dessus sans qu'elle s'éveille et remette à niveau le réel dans la virtualité fécondée par une quelconque dictature, fut-elle légiférée ou consentie par viol des foules et manipulations psychosociologiques ! N'en déplaise, l'Etre Humain n'est pas un singe que l'on se complaît à voir dans le cadre de la pensée unique de cette dictature consommée, il est devenir, par-delà les latitudes d'une science totalement inféodée, de circonstance et de paraître qui ne mènent qu'à la destruction de l'humain, donc de la Vie, et cet Etre Humain en ses racines inévitablement se réveillera afin de fouler aux pieds cette tyrannie qui s'instaure, son avenir allant bien au-delà de ce conte à dormir debout voyant des maîtres et des esclaves consentants, dans un univers accompli respectueux de chacun, de ses racines, de ses identités et de ses existants, se dirigeant vers ce qui est sa réalité fondamentale, l'espace et ses univers, et non ce délire auquel nous assistons qui ne révèle qu'une incapacité à vivre, tant l'idéologie qu'il sous-tend s'avoue le désir consacré d'un retour au stade fœtal ! Société androgyne, se dévorant elle-même faute de s'assumer dans le réel et tel Ouranos dévorant ses enfants. Rappelons qu'Ouranos fut châtré et la dispersion de ses organes donna naissance à Aphrodite, la Déesse de la Beauté et de l'Amour. L'Histoire étant un perpétuel recommencement, il n'y a donc pas lieu de s'inquiéter de l'Avenir, cet avenir qui viendra bien plus vite qu'on ne peut l'espérer, la Culture des peuples, ce jour n'étant plus masquée par la pensée Unique, et diffusée uniquement par ses Hérault, l'Éducation Nationale (comment peut-on parler de Nation dans ce lieu mondialiste par essence ?), grâce à Internet entre autre, la Renaissance tant des Nations que la naissance de l'Europe réelle et non virtuelle viendront ! Ainsi pragmatisme, lutte contre la désinformation, la propagande digne de celle que Goebbels appliqua, sont-ils les vecteurs de la veille qu'il convient de mettre en œuvre afin qu'éclairées et non pas illuminées, les Générations qui viennent ne se laissent pas piéger par ce miroir aux alouettes où on les attend uniquement pour les asservir !

Etat et Religion

Lorsque la Religion domine le Politique, quelle qu'elle soit, l'aberration commence, cette aberration confluant à la désintégration des valeurs Démocratiques, des valeurs identitaires. Elle accentue des communautarismes de circonstances racistes intellectuellement par excellence, animistes, catholiques, islamiques, judaïques, et autres. Car le racisme, ne vous y trompez pas ne touche pas uniquement le monde des corps, mais celui des esprits et des âmes. La Démocratie en France a apporté la séparation de l'État et des églises, des mosquées et des synagogues, dans le cadre de la tradition judéo chrétienne, ce qui a permis de rendre à César ce qui appartient à César et à Dieu ce qui appartient à Dieu, si tant la volonté d'embrasser telle ou telle foi, dans le besoin de se conforter, alors que nous sommes toutes et tous, enfants de Dieu, et qu'il n'est besoin pour s'adresser à son Créateur de supports quelconques sinon ceux de la Foi, ne reste qu'individuelle et n'a à être contrainte par qui que ce soit, et encore moins un ordre politique. (A ce propos relire et méditer le discours du 4 mars 1904 de Jean Jaurès, dont certains ne cessent de prononcer le nom, discours au soutien du projet de loi du gouvernement d'Emile Combes sur l'interdiction d'enseignement aux congréganistes ; le texte a été édité en brochure sous le titre L'Eglise et la Laïcité.). La désintégration de la Démocratie, donc de la Liberté, se mesure à l'aune de l'asservissement du politique au religieux. Il n'est que de voir ce jour notre pays sombrer dans l'atavisme séculier de ses dirigeants pour mieux comprendre les motivations fondamentales qui les animent et qu'ils animent en tous lieux comme s'ils se considéraient comme des prophètes, des chantres de l'apologie de leur conviction personnelle qui rejaillit sur les modalités d'applications étatistes, qui d'ailleurs n'ont plus rien de l'État mais tout du religieux. Ce gargarisme primaire, preuve s'il en fallait d'une immaturité politique, ne serait pas très grave en soi s'il était l'objet de quelques confusions, mais malheureusement nous ne sommes plus dans le cadre de quelques confusions mais d'une confusion générale débouchant sur le déni du Droit, l'obscurantisme et le paraître, digressions remarquables qui sont l'apanage des sectes les plus virulentes en composition de leurs matrices inachevées. Lorsque notre Peuple aura compris vers quelle dérive il se trouve engagé par ce louvoiement constant entre la théorisation du religieux et l'application politique que nos dirigeants en font, déjà parfaitement visible dans leurs volte-face confinant à la danse chamanique, peut-être réagira-t-il en conséquence. Cela sera souhaitable. En attendant, nous devons rester vigilants afin de ne pas voir la Démocratie se fourvoyer dans les écrins de l'ignorance légiférée composite de l'asservissement organisé.

Racisme unipolaire

Le racisme, contrairement aux apparences, présente
deux visages : il peut être multipolaire ou unipolaire.
Multipolaire, il s'étale dans l'infatuation de
l'appartenance à une Ethnie, un Peuple, une Race,
unipolaire, il se concentre sur l'irrespect le plus total
des Identités, des Ethnies, des Peuples, des Races, de
l'Humanité ! Que voyons-nous aujourd'hui ? Les
chantres de l'anti racisme être plus racistes que
n'importe quel être humain normalement constitué !
L'irrespect des Identités, des Ethnies, des Peuples, des
Races est leur guide et leur maître à penser. En cela,
ils forgent les communautarismes et ensuite
s'étonnent de voir naître l'anti corps pulluler pour ne
pas être dans la règle infâme qu'ils président, celle de
l'unipolarité, celle du mimétisme, celle de l'apologie de
l'informe, celle de la dénaturation la plus putride ! La
haine, il n'y pas d'autres termes qu'ils ont des Ethnies,
des Peuples, des Races, de l'Humanité constituée, est
leur fer de lance, à telles fins qu'ils obligent des
communautés à vivre ensemble jusqu'à ce que le sang
coule, au nom d'un voile de « démocratie » qui cache la
voie d'une dictature démentielle qui préside à
l'instauration d'un esclavage consentant ! Regardez le
Kosovo, le plus bel exemple de l'imposition du racisme
unipolaire le plus veule, celui qui se cache sous les
hospices de la démocratie, regardez le Tibet, même
conséquence, même absence de réalisme, même
absence de mesure et de discernement ! De quel droit
oblige-t-on des Peuples que tout oppose à vivre
ensemble ? Côte à côte cela reste du domaine du
possible et peut amener ce respect qui naîtra du
temps, et non d'un pseudo "droit", le droit de ce
Mondialisme issu de l'illuminisme le plus délirant,
abstraction mentale qui s'écroulera sous le poids de sa

propre ignominie, celle du mépris ! Mépris de la Déclaration des Droits de l'Homme, mépris du Droit des Nations, mépris du Droit naturel et Humain. Conséquences : on précipite dans l'enfer des Peuples entiers pour le seul plaisir de faire valoir cette aberration que l'on nomme le mondialisme, cette hypocrisie reptilienne et fauve qui sue la mort, le mensonge, la détermination de la dictature, l'esclavagisme, le paupérisme, cette nullité idéologique qui quoi qu'elle fera en paiera inévitablement le prix le jour ou se réveilleront les Nations, le jour où l'Humain, je parle de l'Humain et non du non-Humain dont les médias nous gargarisent, qui à l'image d'une flatulence s'évapore comme il est né les chaînes aux pieds, le cerveau atrophié par la débilité instaurée comme règle, lobotomie légiférée et que les contribuables doivent en sus payer ! Lieu de devenir culturel, d'une histoire, d'une science, d'un art, avilis par le politiquement correct ! Correct pour qui ? Le racisme unipolaire ! Détruisez, continuez à détruire, détruisez l'Art, tel cet énergumène sorti tout droit de l'asile qui ose représenter Parsifal de Richard Wagner, dans une mise en scène absolument outrancière, outrancière pour l'Histoire Européenne, outrancière pour les Peuples qui ont fait surgir le devenir Européen, je ne parle pas de celui qui impose le Kosovo, bien entendu, mais bien de nos racines qui ressurgiront malgré toute la bassesse, malgré toute la frivolité, malgré les crachats, les invectives, dont notre Culture est chaque jour invectivée ! Car on ne peut indéfiniment humilier une Civilisation, sa Culture, ses enfants, qui, et oui, sont de tradition Catholique, comme peuvent l'être les Tibétains, de tradition Bouddhiste, et qui ont le malheur de porter, dans ce monde en reptation, l'honneur de leur foi, de leur sol, de leurs racines, au-delà de cette hérésie qui se proclame monarque ce jour, cette duperie qui voile ses noirs desseins sous la houlette d'une pseudo-démocratie déjà voie dictatoriale par excellence. Écrin de ces bons humanistes que voilà, qui osent donner des leçons de morale, et surtout d'histoire qu'ils réécrivent comme bon leur semble au même titre que la science qui, si elle veut des subsides doit bien entendu se taire pour faire fonctionner ses laboratoires ! Interviendraient-ils pour la communauté Catholique Irakienne ? Actuellement martyrisée ? Interviendraient-ils pour la communauté Bouddhiste au Tibet ? Actuellement assassinée ? Non, bien entendu, certainement pas, qu'ont-ils à faire ces déracinés de la vie, ces non-humains, de la Vie d'autrui, et surtout, si cette vie est de foi catholique ou bouddhiste ! Leur Racisme unipolaire est là, bien présent. Purulent, il ronge tout ce qu'il touche, en ceux-là même qui devraient s'en défendre et défendre toutes les souches de l'Humanité contre toute atteinte physique, morale, intellectuelle ! Prenez mesure et réveillez-vous avant qu'il ne soit trop tard et que demain vous ne soyez en tant qu'espèce animale, car nous sommes considérés comme des animaux par ces invertébrés, relégués dans un quelconque zoo relevant du bestiaire humain targué d'une anomalie monstrueuse, celle de rester debout au milieu des ruines de cette civilisation qui s'avance et qui n'a rien à voir avec une Civilisation Humaine, qui ne peut être qu'opposée à sa déification, si l'on respecte chaque Etre Humain, chaque Ethnie, chaque Peuple, chaque Race, l'Humanité dans sa globalité, ce racisme unipolaire, qui réduit à l'état de larve chaque Etre Humain, dont font preuve et s'enchantent les non-humains qui le sous-tendent et n'ont pour volonté que celle de réduire en esclavage l'Humanité !

Les talibans de l'Esprit

Et si vous regardiez un petit plus loin que le bout de votre nez, le monde qui vous entoure, vous intéressiez à vos origines, à votre Histoire, à votre Identité, à votre Ethnie, votre Peuple, votre Race, l'Humanité, votre Culture, vous seriez surpris du mensonge permanent qui entoure toutes ces données de votre Identité, et plus surpris encore de voir broyer par une mécanique de destruction particulièrement rôdée, les Identités de notre Monde ! Prenons un exemple, Que se passe-t-il au moyen Orient ? Le silence médiatique vient de s'installer, des exercices de grande ampleur simulant une agression nucléaire se sont déroulés dans certains pays jouxtant la frontière iranienne, ces exercices se dérouleront en Israël cette semaine, un sous-marin nucléaire patrouille à proximité des cotes israélienne. La guerre se prépare, la guerre avec ce pays multimillénaire qu'est l'Iran, fondation de civilisations millénaires, foyer de culture, dont les racines viennent des migrations indo-européennes, dont bien entendu dans l'esprit de ce jour il faut détruire jusqu'à la dernière pierre, tel ce qui s'est passé en Irak ! Comment peut-on supporter qu'existassent avant l'invention de la civilisation du mondialisme d'autres civilisations, d'autres cultures, d'autres Peuples, d'autres Identités que l'identité du non-être qui s'avance ? Ceci est bien entendu inimaginable, il convient de balayer de la terre cette infamie, au prétexte cent fois renouvelé et éculés de possession d'armes de destruction massive ! En réalité si on observe ces dix dernières années avec attention, on s'aperçoit que l'œuvre de destruction en cours ne touche pas uniquement les pays, les populations, les matières premières, mais avant tout la culture des peuples soumis à la violence morbide du mondialisme,

Irak, arasement total d'une culture des origines de ce lieu qu'est le moyen Orient, Serbie, mutilation du pays par séparation de la province ou est née la Foi Serbe, Orthodoxe, Iran, destruction totale des racines indo-européenne de ce pays multimillénaire ? Les difficultés économiques, la maîtrise des ressources naturelles, ont beau dos, à l'analyse cela ne tient pas debout, les ressources de substitution existent, le déploiement économique doit exploser quoi qu'il en soit, car basé sur une bulle purement virtuelle qui ne peut fonder l'économie des nations, et encore moins l'économie mondiale. À quoi assiste-t-on véritablement alors ? Tout simplement au génocide culturel des Peuples, au génocide des Identités ! D'où ce silence mortel (il l'est car on continue à tuer au Tibet sans qu'aucun gouvernement ne bronche) des bien pensants de notre époque qui s'imaginent être le couronnement culturel et sociétal alors qu'ils ne sont que déliquescence et putridité culturelle, médiocrité qui bien entendu doit gouverner les esprits par ce monde, talibans intellectuels par excellence. Voilà le véritable enjeu, cette imposition par la force de la médiocrité ! Parjure de la morale, parjure du Droit, parjure de la Vie dans tous ses états multiples qui doivent s'unifier sous son autorité souveraine ! Analysez bien les événements et vous serez surpris, vous pourrez alors confondre les sources de la fatuité, les groupes de la déliquescence, les formes variées qui mènent à la désintégration de toutes racines humaines et par la même de toutes cultures humaines, ne restez en surface des échos médiatiques qui persiflent votre identité et bien entendu vous correspondent responsables de toutes les abstractions auxquelles on assiste, prenez la mesure de ce déploiement de haine envers les cultures, les Peuples et les Identités, prétextes à toutes les diatribes, à toutes les exactions, à la pavane de ce chant de mort qui parade en tous lieux, fabrique vos émotions et conditionne vos acquiescements comme vos dénégations ! Ne regardez pas l'arbre qui cache la forêt, mais bien au contraire les bûcherons qui coupent le bois de vos forêts, qui démasqués dans leur outrance ne seront plus ceux qui vous dicteront votre pensée, vos passions, votre devenir, et vous comprendrez alors où sont et qui sont ces talibans de la pensée qui vous mènent par le bout du nez, ces prêtres de la mort des civilisations qui érigent actuellement la dictature la plus innommable que la terre ait portée, car née de vos propres tumultes, de votre propre prosternation, de votre propre reniement encouragés par le mensonge légiféré, mensonge scientifique, mensonge historique, mensonge économique, mensonges perpétuels qu'il vous faut apprendre à décrypter, mensonges avenant la haine de votre identité, de votre ethnie, de votre peuple, de votre race, de l'humanité elle-même, mensonges qui confluent à la déperdition de vos racines, racines qui vous deviennent insupportables lorsqu'elles existent chez les autres, d'où la haine circonstanciée qui se révèle envers les pays qui savent honorer leurs pentes, et ne se réduisent pas à une boulimie de déracinés, qui ont plus de droits aujourd'hui que les autochtones, qui s'ovationnent en vous culpabilisant ! Prenez mesure, intéressez-vous à l'histoire de ces Peuples que l'on atrophie, destitue, massacre sous vos yeux sans que vous ne disiez quoi que ce soit, trop heureux que ceux qui sortent de la norme mondialiste disparaissent de votre vue, vue qui n'est pas la vôtre, mais celle que l'on vous distribue de force le matin aux portes des métros, le soir dans ces actualités télévisuelles encensant les assassins, les enleveurs d'enfants, et ignorant les victimes, conspuant vos racines en ne laissant plus apparaître que ce qui n'est pas vos racines, au nom de cette idéologie paranoïaque d'une non-humanité qui se révèle force de l'esclavage précité ! Regardez au-delà de ce miroir et vous comprendrez enfin que ce que l'on cherche à tuer aujourd'hui en vous, c'est votre identité ! Deviendrez-vous reptation de cette cérémonie funèbre, ou bien ferez-vous valoir votre légitimité d'Etre ? La question du devenir est là, soit vous vous précipitez entre les mains des talibans de l'Esprit, rejoignant cette matrice dépourvue de sens qui explosera sous les coups de sa propre médiocrité, mais qui avant cette explosion vous rendra esclave de sa perversité que vous suivrez d'un seul homme jusqu'à l'abattoir encensé par ceux qui considèrent qu'euthanasier des populations entières relève de la norme gouvernementale, deviendrez-vous une race d'esclaves consentants, tels que la plupart des êtres le sont actuellement, ou bien, enfin, prendrez-vous conscience de votre réalité, de votre Identité, et dans un ultime sursaut restituerez-vous à cette réalité son devenir ? Voilà la question qu'il convient de poser aujourd'hui, au seuil de cet embrasement qui se prépare et qui n'a d'autre configuration, en dernier ressort que celui de la destruction totale de l'Identité d'un Peuple ! À vous de choisir, le charnier ou là la Vie, le charnier des cultures qui aujourd'hui n'ont plus d'autres ressources que de se mettre en reptation devant des arcs et des flèches pour complaire, où la vie des Cultures multipliées à l'infini comme le sont des Identités des Peuples constitués, en définitive le choix se situe entre l'uniformisation d'une culture dans la bestialité la plus putride et la constellation d'une multiplicité de culture dans l'infini de la création, en d'autres termes un marais glauque et fétide ou bien un champ de fleurs multicolores !

Renouveau

Renouveau des Chants de la Terre, nous y viendrons, n'en doutez, ce ciel commun de nos respires, de nos joies, de nos larmes aussi, ce ciel de volition couronnant le front pur de nos pays, les uns les autres ouverts à la pérennité, et non plus à la cacophonie, à cette dépendance parasitaire des égos qui se battent pour leur petite détermination et non pour l'intérêt général, moissonneurs de morts et de laissés pour compte, moissonneurs de l'euthanasie et de la destruction de toutes vies, prêtres de Thanatos aux rumeurs perfides, aux mensonges apatrides, aux cuirasses déliquescentes qui fondent sous la flamme de la vérité, cette flamme indestructible voyant les peuples ce jour esclaves d'idéologies corrompues, de religions assoiffées de puissances, de philosophies anémiées, d'arts atrophiés, mutilations de l'Humain, organisées, légiférées, pauvre Humain violé en ses identités, qui n'a plus le droit d'aimer et faire aimer sa Culture, son Histoire, sa Nation, au risque d'apparaître antinomie de cette civilisation décadente, ne prônant que l'uniformisation du berceau à la mort, une bouillie chimique et génétique puisée dans la cervelle de fous atrophiés qui dans leur démence précoce ont décidé d'asservir l'Humanité à leur profit, hâlant ainsi de rives en rives la destruction programmée de l'individu par déracinement de la famille, apologie de l'euthanasie, de l'avortement, soumission à la culpabilité ; de la Nation par mise en œuvre de la désintégration culturelle, réécriture de son histoire, réécriture de la science, viol psychosociologique permanent des individus, législation putride advenant la fin du droit de penser en dehors de la pensée institutionnalisée ; de l'identité, par utilisation massive des déclencheurs psychotiques tendant à sa disparition par culpabilisation névrotique associée à une immigration massive permettant de réduire l'identité nationale, au profit d'une sous-culture, relayée par des médias iniques ; destruction sans fin ne laissant plus place qu'à cette danse tragique et fantomatique d'êtres déracinés n'ayant plus pour vocation que de défendre un statut reptilien, celui confiné par l'argent où le sexe, sans aucune considération pour les "autres", ces autres qui en sont le reflet et qui agissent de même ! Nucléarisation totale permettant de mettre en place ces assises d'un mondialisme sans lendemain, car canalisé par le degré infini de la médiocrité ! Qu'il nous suffise de regarder autour de nous pour le comprendre, lire ces journaux aux ordres, regarder ces programmes de télévision insipides et mensongers, réduits culturellement au néant et au pressoir de la médiocratie ! Le jour de la renaissance surgira sur les décombres de cette civilisation de l'asservissement le plus total, ce jour de clarté qui verra se dresser les Peuples, les Identités, pour faire rayonner leur avenir, au delà de l'atrophie et de la mutilation légiférées, au delà des miasmatiques errances des "bling bling" et des "bo bo", ces êtres vides de conscience qui s'imaginent faire perdurer leurs avanies qu'ils croient immortelles, au delà de ces sciences polluées par le mensonge et de leurs tenanciers prébendiers de mannes célestes, au delà de ces politiques corrompus et inféodés à une économie abstraite, au delà de la névrose consternante et affligeante de ces demeurés pour la plupart qu'on nomme les écologistes, ces prêtres par excellence de Thanatos, (regardez ce qu'il se passe en Afrique, la famine est là bien présente ! Et pour l'éviter, il suffit de cultiver ces OGM, que renient avec virulence les tenants de la luzerne "biologique» !), au delà de ces êtres sans consistances sinon celle de leur pouvoir de destruction ! Que tout un chacun de ces personnages se dresse et dise ce qu'il a construit ! Aucun ne se lèvera car il serait plus facile de trouver une aiguille dans une meule de foin que l'action constructrice qu'ils auraient pu mettre en œuvre, leur actif étant si lourd en promotion de la destruction : la famille, l'identité, la nation, l'humanité, ces forces qui déjà se réveillent et contre lesquelles personne ne peut rien, car ancrées dans notre patrimoine génétique, qu'ils le nient où non ! Ainsi patience, le Tibet est un exemple, bien d'autres pays suivront, anémiés par la faim de leur pain, de leur culture, de leur identité, qui se lèveront pour demander des comptes aux déracinés qui les asservissent, ces monuments inscrits dans la poussière du sable qui sous le vent de la colère des Peuples se dissoudront à jamais, et ce ne seront pas les forces de guerre opérationnelles qui viennent défendre qui des réserves Pétrolières, qui des champs d'opium, qui y changeront quoi que ce soit ! Car à la base de toute Armée il existe une Éthique universelle, le respect des Peuples ! Et ces armées qui vont au gré des tribulations politiques ne sont pas des tribus de mercenaires, loin de là ! Et je reste persuadé que ces Armées ne viendront jamais servir de chiens de guerre à l'atrophie dominante qui se voudrait "sagesse universelle", lors qu'elle n'est qu'instrument de l'asservissement universel ! Ainsi ne perdez votre confiance dans ce devenir, il vient, majestueux, et rien ne pourra l'arrêter, sinon que l'Harmonie entre les Peuples, les Identités, les Nations, entre les Etres Humains, qui ne pourra se réfléchir que dans un cadre symbiotique et non dans un cadre osmotique !

L'Etre fondamental !

Si l'on honore et respecte le Poète, l'homme qui toujours a défendu son identité, peut-on aujourd'hui l'inscrire au Panthéon, sans faire preuve de ce masochisme de bellâtre assoiffé par la destruction de notre propre Identité, qui s'emploie à qui mieux mieux à cracher sur notre Peuple ? La question est là, claire et bien entendu nous connaissons déjà la réponse : la flagellation, la reptation, l'ignorance et le mépris, au nom d'un humanisme de circonstance, d'anti racisme, (ce Poète ne défendait-il pas sa Race ?), et de je-ne-sais-quoi de masochisme pavlovien, viendront à bout des réticences et l'homme se retrouvera au milieu des hommes qui ont servi la France ! À ce titre tous les pourfendeurs de notre Identité en ses réalités bio géographiques et historiques devront donc entrer au Panthéon. Dont acte. Ce qui semble extraordinaire ne l'est pas. Depuis des décennies, la culture enseigne la haine de notre Peuple, de notre Histoire, de nos composantes biogéographiques, de notre Identité, de notre Race, composante remarquable de l'esprit qu'il convient de noyer dans l'abstraction mentale et sa suffisance : la culpabilisation ! Tout est prétexte à la destruction, tout est sujet à inversion, tout est sujet à soumission, pour simplifier, tout ce qui n'est pas de typologie blanche est merveilleux, beau, magnifique, à prendre en exemple, à adorer, signe d'intelligence remarquable, de capacité physique extraordinaires ! Il n'y a qu'à regarder la télévision pour s'en rendre compte, (toute interview est l'interview d'exogène ou de gens de couleurs, c'est à croire qu'il n'y a plus un seul endogène dans notre pays !) aller au cinéma pour le voir, lire les magasines et les journaux pour le comprendre, et ce qu'il y a d'unique dans le cadre de ce viol psychique c'est que cela prend ! La culture est reniée, l'histoire réécrite, la génuflexion et la contrition de mises, nos enfants sont noyés dans la stérilité de l'adoration, des générations en reptation se dandinent devant la culture des autres, ces merveilleuses idoles qui conduisent désormais la pensée et qui demain au nom d'une politique vertueuse dite de discrimination positive (on voit ici l'inversion de toute valeur existentielle, l'être humain réduit à l'état d'atome, sans famille, sans Nation, sans passé, corvéable à souhait par les monarques qui nous dirigent) deviendront les maîtres de nos pays, faisant table rase de notre Identité, au nom du non-sens absolu de l'humain qui est celui de l'irréversible destruction des espèces au profit d'une espèce amorphe, celle de l'esclave né ! Le poète s'enchantait comme il le disait de lui-même d'être le nègre fondamental, et bien serait-il temps qu'il se trouva dans notre Race quelques Etres fondamentaux (la Race de l'Esprit étant détentrice de la défense de l'intégralité des Races Humaines), qui respectueux des Identités, révèlent notre Identité à notre monde en génuflexion devant ce qui n'est pas lui-même ! Nous en serons, ardent défenseur de notre Identité, respectueux des autres Identités qui respectent la nôtre, le respect n'étant jamais unilatéral mais multilatéral, face à ce délire de l'inféodation, face à cette destruction de notre culture, face au mensonge légiféré, face à la désintégration organisée, afin que vivent des champs de floralies diverses, consonances de l'Humanité et de l'Etre-Humanité, et non le magma putride que l'on cherche à nous imposer, l'inhumanité et le non-être, artifices de l'esclavage le plus purulent ! En d'autres termes, et à l'image de ce poète nous nous devons de défendre notre intégrité, mais par-delà le fléau de l'intégrisme, respecter les valeurs de ceux qui respectent, je dis bien qui respectent notre intégrité, ce qui permettra de dépasser ce clivage artificiel issu de la conjonction infériorité déguisée en supériorité et inversement auquel atteint l'idéal du poète honoré, qui n'est en aucun cas l'idéal de l'universalité, car réducteur et dans sa réduction intronisation de ces valeurs surannées que sont celles du maître et de l'esclave, tellement au goût du jour (voir les sans papiers, ces esclaves, qui travaillent en France et revendiquent la Nationalité Française, appuyés en cela par leurs maîtres, des entrepreneurs sans foi ni lois barbaresques à souhait !).

Gestuel de ce monde

Gestuel de ce monde où le paraître roi inonde toutes surfaces. Nous sommes ici non plus dans l'incarnation de l'Etre mais bien au contraire dans sa nucléarisation, sa dépendance, et plus encore dans sa désintégration. Car si l'on regarde bien, qu'en est-il de l'Etre ce jour ? Sans racines, sans Histoire, l'histoire étant perpétuellement réécrite pour l'humilier, le culpabiliser, l'anéantir, l'Etre donc erre sur son propre territoire qui ne lui appartient plus, il va et vient au gré des fantaisies du jour construites par les commissaires politiques de la pensée qui infusent en chaque loi, en chaque média, ce qui doit être pensée commune, et bien entendu sous vidéosurveillance, il se doit de complaire pour paraître mais surtout ne pas être. Ainsi des Peuples anéantis par leur propre faiblesse, voit-on naître la lèpre de leur paraître, bling, bling, bo bo, humains n'en portant que le nom, vides de tout avenir comme de tout devenir, esclaves parfaits que l'on peut essorer comme le citron puis jeter à la poubelle grâce à la sainte euthanasie légiférée par la monstruosité froide, reptilienne, insectivore qui gouverne. Nous sommes très loin de l'Empire de Charlemagne, encore plus loin de la France de Louis XIV, nous sommes enlisés jusqu'au cou par la gangrène paralysante de la lâcheté institutionnalisée, née de la nucléarisation précitée. Place libre donc pour la désintégration des racines par reptation conditionnée et légiférée, destruction de la famille, (quelle infamie que la famille cristallisant les racines !), destruction de la commune (quelle infamie qu'existe encore des communes, creusets de l'histoire des clans, tribus qui gênent le monde des apatrides qui gouvernent, destruction des départements (quelle infamie que ces repères nationaux qui doivent être remisés dans les greniers poussiéreux où toutes les valeurs républicaines dépérissent), destruction des régions (quelle infamie qu'existe encore cette réminiscence bio géo culturelle qui a fondé la France), destruction de la Nation (quelle infamie que de porter la Nation dans son cœur, alors qu'elle n'est plus rien aujourd'hui sinon la terre d'asile de tout le parasitisme du monde !), destruction des Ethnies, du Peuple, et surtout de la Race, (quelle infamie que d'être né de génotype blanc !) anéantissement de la Culture, de la Religion, éradication de l'Etre en ses racines pour faire place à ce mouton insipide qui sera mené à l'abattoir sans broncher, le non-vivant, le non-humain, le non-être qui ce jour parade sur le sang de la misère, le sang des enfants de la Nation, le sang Culturel noyé dans la bassesse et l'ignominie, le sang Spirituel objet de toutes les invectives et de tous les crachats, sous le regard amorphe d'un peuple entier dont la mollesse correspond à la pure définition de l'abrutissement en phase létale. Abrutissement enhardi par les prêtres et prêtresses de médias totalement inféodés à l'acculturation qui ne sont plus que routages de la propagande de l'idéologie politique au goût du jour, ce jour le nazi communisme dans sa splendeur. Ainsi dans ce jour le constat brutal de la faillite de l'intelligence, de la décadence totale de notre civilisation, surgissent pour nous rappeler qu'il n'y a rien à faire pour construire sur la déchéance organisée, légiférée, mais que bien au contraire il convient d'assister cette désintégration inéluctable. Mais rassurons-nous, c'est sur le fumier que naissent les plus belles roses ! Ce fumier en lequel chacun de nous doit se complaire, sans identité, sans racines, sans Nation, en adoration devant les prouesses destructives du mondialisme au pouvoir, faisant table rase du passé, ignorant de l'Histoire Humaine, de ses Civilisations, de ses Conquérants, de ses navigations extraordinaires, pour ne laisser plus place qu'à ce monde de larves putrides, n'ayant d'autres vocations que leur complaisance parasitaire à jouir de ce qu'elles n'ont pas construit, à se reproduire pour servir les marchands d'esclaves que sont devenus leurs potentats gouvernants, pauvres hères de l'ère zéro, infinitésimale, broyés dans leur déliquescence qu'ils sont incapables de surmonter tant les remparts infatués du paupérisme, de l'ignorance, de l'inversion de toutes valeurs les rencontrent stériles devant leurs prêtres de la mort, ces scorpions se dressant sur leurs pattes qui flamboient la destruction ! Pauvres hères accouplés à l'abjection, la bassesse et la compromission pour simplement pouvoir vivre, seulement manger, pauvres hères dont les Ancêtres furent Peuple souverain, sans peur, pleins de cette ardeur de vivre qui aujourd'hui est obérée par l'obligation de reptation, de génuflexion, de contrition, de mea culpa, qui donnent tout simplement envie de vomir aux Vivants ! Pauvres hères qui, inévitablement disparaîtront, emportant avec eux ces scorpions qui les dirigent, lorsque se dresseront face à l'ignominie comportementale du génocide légiféré des Peuples, les forces vives des Nations aspirant à la Vie et non à cette mort ordonnée qu'on leur inculque, avenir, fut-il dit, si proche déjà que la barbarie destructrice gouvernante, enchaînée à sa pensée unique, n'en perçoit pas les frémissements, ces frémissements qui deviendront houles devant le chaos insondable instauré, voyant s'exterminer des communautés entières, ces houles qui deviendront vagues devant la dictature imposée, renversant les idoles de la perversité, ces vagues qui deviendront tsunamis pour nettoyer à jamais les sols souillés d'immondices de notre Terre, qui alors verra naître un arc-en-ciel où l'harmonie pourra enfin se révéler !

Face au mensonge

Face au mensonge, il convient de restaurer les arcanes de la réalité, veiller à la restitution des faits et non des prononciations hâtives et couronnées. L'histoire enseignée aujourd'hui l'est par le miroir déformant de la pensée unique qui assoit sa vitalité dans le cadre de la destruction de toutes valeurs. Déstructurant, son enseignement a pour objet politique la désintégration des peuples au profit pavlovien d'une reptation perfide aux mots d'ordre mondialiste. La dictature de la pensée trouve là son terrain d'élection privilégié. Ce socle que représente l'histoire des Nations, leur naissance, leur jeunesse, leur maturité, doit être détruit car il représente non pas l'égoïsme mais l'altruisme le plus généreux du citoyen envers sa Patrie, le cœur fondateur de son avenir et de son développement où la devise tous pour un et un pour tous trouve cette résonance particulière qui du néant provoque la naissance de cet inaltérable pouvoir de l'être humain, celui du don. L'histoire d'une Nation est celle de ce don, don de sa personne à ce miracle d'équilibre qu'elle représente, car préhension souveraine de la rémanence formelle de son Peuple, née des actions individuées en composantes de l'action générée, au-delà de la servilité ! La Nation est la cellule motrice de l'organisme vivant que représente l'Humanité. Elle permet de formaliser les caractéristiques identitaires de son Peuple, contournant l'abstraction, elle lui permet d'être don aux autres Peuples de ses réalités formelles et ainsi en symbiose à la fois d'acquérir et donner non pas dans le sens de l'addition mais de la multiplication, favorisant ainsi l'émergence d'une évolution qualitative et souveraine de l'humanité dans sa réalité formelle. Nous en sommes très éloignés. Le mondialisme n'ayant pour volonté que l'instauration d'une dictature abrasive, trouvant ses valets et serfs dans les souches les plus apatrides, ne peut aujourd'hui n'avoir qu'une ambition, celle de la destruction de ces cellules que représentent les Nations ! Ainsi, tel un cancer il s'installe dans chaque cellule, polymorphe, tel le sida, il incube dans le corps des Nations pour l'affaiblir puis dans la mesure de ses possibilités, fonction du pouvoir de réaction des Peuples, l'anémier puis le détruire. Sa force destructive est directement proportionnelle au degré de faiblesse du Peuple qu'il envahit. La nature même de son bellicisme ne peut donc dans un premier temps pour anémier le corps social que prendre d'attaque son histoire afin de la réduire au néant, par culpabilisation accentuée, n'en laissant plus percevoir que les défauts, nés de l'inexpérience, que l'on présente comme vices généraux du Peuple considéré. Cette désintégration, permet non seulement l'acculturation, mais bien plus encore le déni d'appartenance qui lui-même ouvre grand la porte à la flagellation permanente. Lorsque le pouvoir en est arrivé à ce stade, il ne lui reste plus qu'à dissoudre le Peuple d'origine, via une immigration massive, dans l'abstraction, trouvant là support d'une dérive communautariste lui permettant par division spontanée ou créée, toujours téléguidée d'instaurer sur la masse désormais représentée, sans racines, sa dictature autorisée et légiférée. Il n'y a pas besoin d'être grand clerc pour deviner la manœuvre, ce jour particulièrement bien organisée dans notre pays, pour voir ce dessein se projeter source de notre avenir, si nous ne veillons pas à la sauvegarde de notre réalité biogéographique et historique : la dilution dans le macrophage mondialiste régissant non pas des Peuples mais des esclaves sous vidéo surveillance enchaînés et surveillés par des chiens de guerre n'ayant d'autres lois que l'exécution des basses œuvres d'un pouvoir, qui sous le voile des mots et notamment de ce qu'aujourd'hui l'on nomme la démocratie, instaure le plus vaste goulag que la terre ait portée, ce qui n'a rien d'étonnant puisque l'idéologie qui sous-tend ce mondialisme trouve sa nature dans la synthèse du communisme et du nazisme, idéologie synthétique que je nomme le nazi communisme dont peu d'état ne souffre actuellement la mise en œuvre opérationnelle. On notera que ces Etats sont systématiquement vilipendés par celles et ceux qui déploient l'oriflamme noire de cette idéologie pernicieuse. À idéologie, histoire particulière, réécrite, inscrite dans le mensonge absolu, règle de conduite qu'il convient de prévenir par la défense systématique en notre lieu, de l'histoire de notre Peuple et de notre Nation, afin de préserver les jeunes esprits de cette gangrène qui s'abat sur notre Pays ! Ceci est le travail des familles et de l'éducation. Ce n'est qu'à ce prix que nous survivrons à cette mise en coupe réglée de l'humanité par l'étoile rouge frappée de la svastika inverse, symbole par excellence de la destruction dont l'ordre noir, mantisse des scorpions maltais aux ordres d'une royauté déchue, qu'il convient de combattre sur tous les fronts, veille la construction.

Utopie et Réalité

Le mondialisme trace sa route avec vivacité, déployant ses oriflammes sans aucune pudeur sur les ruines des Nations, foulant les Peuples dans la lie et la boue, encourageant la destruction des cultures, l'anéantissement de l'esprit, la destitution de l'âme. Faisant fi de l'Humain en ses identités, ses Races, ses Ethnies, il brasse les populations avec avidité pour voir naître enfin l'esclave parfait, sans racines, sans avenir, sans devenir sinon celui de la larve que l'on vide de sa substance, sa valeur ajoutée qui, lorsqu'elle baisse, deviendra ordonnance de l'euthanasie souveraine. Le règne de sa démence est déjà là, présent dans une cohorte de conseils atrophiés de leur part de Vie, couronnant la monstruosité et ses éclairs, aréopage de "lumières" dévouées à la pure destruction de toutes valeurs afin de faire régner par la terreur, et par la peur de la terreur, un ordre nouveau, celui du non-être, de la non-Humanité, où l'être numéroté, crypté, insinué par une puce de reconnaissance mondiale greffée dès sa naissance, permettant de le suivre tout au long de sa vie et provoquer sa mort le moment venu, en cas de crise économique par exemple, l'être donc, ne sera plus qu'une unité productive au même titre que les machines qu'il servira. Règne de putréfaction, ce système dont on voit bien l'ONU de ce jour, ayant perdu tout repère, devenir le support politique, lui-même sous contrôle d'un quelconque conseil inféodé aux puissances économiques de ce monde. Nous y voici, et l'on continuera à parler de république, de démocratie, les plus grands leurres de cette modélisation, faisant accroire aux populations anesthésiées par la drogue, la nourriture enrichie artificiellement, la psychanalyse de groupe, l'auto flagellation perpétuelle, qu'elles conservent le pouvoir ! Ce pouvoir qui est en voie de disparaître actuellement, étudier l'indigence européenne sur ce chef de chapitre, ne sera plus qu'un souvenir, dans le champ de ruine composé. Ne subsisteront que des fêtes électives que ne comprendront même pas les enfants de ce monde à venir, noyés dans la servilité et la délation quotidienne, cette délation permettant aux psychomoteurs d'éradiquer toute personnalité dans chaque individu. Voie royale de la dictature de la médiocrité consentie, le mondialisme parviendra-t-il à ses fins ? Nous pourrions le croire devant ce nivellement par la base auquel nous assistons, cette descente aux enfers de l'humain au degré zéro de son potentiel de liberté remplacé par le degré cent de la soumission, mais ce serait oublier une réalité contingente celle de la matière, et par-delà des ressources matérielles. Là, le mondialisme trouve son écueil le plus magistral et sa composition ne peut qu'y être terrassée, le Vivant en ses conditions bio histo-géographique retrouvant ici mesure de son déploiement vital, celui de son expression atavique, la survie, survie de son espèce, survie de son déploiement, survie de sa civilisation, survies donnant naissance aux principes et ordres impériaux mémoriels, tels en ce lieu, Etats Unis, Russie, Chine, dont la confrontation sinon des accords permettant d'épanouir la diffusion des matières premières, est inéluctable. On voit bien ici se dresser la fin du mondialisme et le retour aux valeurs essentielles. Et me direz-vous, dans cette configuration, l'europe ? Cette europe ne sert à rien, vassalisée qu'elle est aux prébendes des tyranneaux qui la construisent sur le néant. Il conviendra de construire sur ses ruines les Etats Unis d'Europe qui alliés aux Etats Unis d'Amérique et de Russie, permettront de contrebalancer l'hégémonie Asiatique et faire prospérer les chemins de la Liberté, modèle permettant de nous libérer à jamais du mondialisme et de ses errances d'illuminés, et naître dans la multipolarité la Voie Universaliste, réalité fondamentale du Vivant.

Éveil et Combat

La prostitution de la pensée pour la couler dans le marbre de la pensée unique n'a plus de limites. Elle se pavane et se gargarise de logorrhées bestiales à souhait. Elle cajole, s'affermit, se remplie d'une importance démesurée, s'arrogeant d'être la mesure surannée pour une humanité globalement hypnotisée par ses agitations fébriles, reptiliennes, fauves et belligérantes. À la croisée des chemins l'Humain et non le reptile conditionné, doit choisir le chemin qui doit terrasser cette pieuvre du mépris, de l'outrance, de la perversion, de la dénature. Soit il entre dans la systémique de ce chancre, pour le combattre et le désintégrer de l'intérieur, soit il combat à visage découvert à l'extérieur de ce bubon pour le combattre et le désintégrer de l'extérieur. Ces actions sont complémentaires et indivisibles. Il n'y a pas de demi-mesure dans ce choix. Car le combat intellectuel doit y être permanent. Je dis combat intellectuel, car on ne combat les idées que par les idées, sauf si la liberté d'expression est à ce point jugulée, qu'il faille se dresser armé, ce qui est naturel contre toute forme de dictature, et l'on peut regretter à ce propos de voir des Peuples entiers, criant famine, ne pas se soulever contre l'oppression de leurs bourreaux. Nous sommes très loin de ce stade opérationnel dans le cadre du système qui de coup d'état en coup d'état personnifie le devenir sur cette terre d'europe qui nous devient de plus en plus étrangère. Son système sous-tendu par un macrophage matérialiste, issu d'une idéologie nazi communiste, qui se révèle l'essence du mondialisme, se voudrait permanence, mais trouve déjà ses limites dans la mesure de la capacité de réaction des peuples qu'il enchaîne ou voudrait enchaîner, au nom d'utopies tout à fait mercantiles et destructives des racines, les Peuples et les Nations, tant de cette Europe que de ce monde. Le combat à mener au sein même de ce parasitisme, qui à l'image du sida, est multiforme, trouve ici sa nature propre d'anti corps régulateur. Il est celui d'une réaction, non pas pour s'aliéner les dominantes du système usurpateur qui se met en place dans la putridité du mensonge allié à l'ignorance légiférée, mais pour le désintégrer naturellement par informations et actions disséquées et simultanées. J'entends par là non seulement une critique constructive mais une voie désignée permettant à chaque citoyen de se mobiliser et se signifier au-delà de cette parure mimétique que le système voudrait qu'il endosse fléau de la dictature, qui, sous le couvert de la démocratie, est d'autant plus virulente qu'elle ne trouve sur son chemin, que prébendiers, larmoyants, assoiffés, résurgents larvaires, corrompus innés, et lâches confirmés, masses amorphes acceptant leur esclavage avec jouissance, éternuant leur concupiscence avec délectation, non-être en voie d'acquisition de leur puce génétique régulant chaque face de leur conduite, de la naissance à la mort, naturelle ou provoquée, par son système matriciel concentrationnaire qui les borde avec hypocrisie afin de s'assurer de leur servilité basée sur la bassesse et l'ineptie. Ce voile qu'il faut donc déchirer, on le voit est lourd d'une épreuve de chaque instant, sans fioriture, et doit être le souci de la survie en chaque combattant de la Liberté, survie de ses racines et de ses déploiements, culturels, spirituels, matériels. Ainsi dans le cadre coordonné de l'action à entreprendre, qui n'est ni résistance, on ne résiste pas à une pandémie, on l'accompagne et la déséquilibre puis la détruit à l'intérieur de son système lui même, voie du combat interne, ni reconquête, l'esprit conquérant atrophié ce jour, devant être revitalisé, action externe au système en place, mais bien dans le sens de la Voie, poursuite irréversible de la Voie elle même, Voie de l'Harmonie et du respect inconditionnel, des êtres Humains, des Ethnies, des Peuples, des Races, des Nations, qui se signifie en ces branches évoquées, Matière, Intellect, Spirituel, inaliénables de la construction, certes flouée ce jour, qu'il suffit en son lieu d'action de régénérer pour voir l'issue à cet épiphénomène obnubilant les masses ce jour : le mondialisme en sa perversité. On comprendra bien ici que la restauration des valeurs Humaines est l'enjeu de cette action à mener pour combattre le naturalisme de pacotille s'abreuvant de la reptation assoiffée de toute forme de culpabilisation aux fins de fonder l'abstraction comme raison humaine, au mépris total de l'Humain lui-même, l'humain n'étant plus qu'une larve avide modélisée dans une matrice démentielle où ne règnent que la dictature et ses errances les plus morbides, feu de paille dans le cadre de l'Évolution qualitative de la Vie qui quoi qu'il en soit, ne saura tolérer cette aberration, née de l'atrophie, qui ne pourra retourner qu'à la poussière car en contradiction formelle avec ce que représente la Vie dans son Unité, sa détermination et son aventure que rien ni personne ne pourra enrayer, quel que soit le degré d'anéantissement commis envers elle, la Liberté étant son principe inné (et non acquis) qui permettra de réduire définitivement l'expression de ce délire destructif auquel nous assistons. Ainsi restons éveillés et poursuivons imperturbablement notre route et notre combat, Veilleurs de nos valeurs et de notre devenir qui ne se réduiront intellectuellement jamais et en aucun cas dans le creuset de ce sida intellectuel qui voudrait voir l'individualité soumise à sa déficience chromosomique, déficience le vouant à l'échec irrémédiablement en regard de ce qui est précité.

Ambre du silence

Ambre du silence et de la pluie, sentes des rives de ce temps, voici des signes qui constellent l'horizon, ses voies en nombre et dans le chant, comme une farandole brisée, une ronde assiégée, un serment malmené, voici dans l'exact moment chamarré le flux ordinaire du vivant, latitude de l'attitude improvisée, actrice de sa perception et non de l'être en son hymne, gravure disgracieuse des états seconds qui se génèrent pour initier ce préambule du regard, vide, abstrait, emprunt de surfaces médiatisées, oniriques, distillant des ferments sacrés les ersatz d'ébauches liminaires, corrompues par l'ombre et la pénombre conjointes qui s'animent, ces abysses lamentées où la voix étouffe, déjà ne se rebelle, digérée qu'elle est par la volition nauséeuse de l'atrophie gourmande qui liquéfie toute mesure de déploiement afin d'en restreindre et l'argumentation et le devenir, hissant aux abysses la vision pour la noyer dans la perfidie du mensonge et le despotisme de la veulerie, cette lâcheté induite qui fornique avec la peur et la terreur accouplées à l'ignorance, trames du vivant en ses ordonnances ses pulsions, ses votives affirmations, ses incarnations putrides, ses reniements, ses flagellations, toutes routes opiacées des étreintes ornementales de publicités langoureuses, envoûtantes, symboliques, le réduisant à ce chien de Pavlov se masturbant sur le pantalon de son maître, stérile incantation, libérant la mémoire de sa réalité composée, pour désigner l'abstraction totale, la nucléarisation bestiale, permettant le sacre de l'esclave roi, consentant, acceptant, quémandant, soumis, passif, répétitif, inconscient, stigmates générés par les utopies magnifiées, ces utopies de la servilité façonnant la désintégration du vivant, utopies nées de l'atrophie et de ses écrins, ces non humains qui fabriquent l'ignorance pour se protéger de leur impuissance à vivre, bâtir, créer, ici, là, présent en chaque face de ces systèmes qu'ils érigent sur le vide et qui retourneront au vide, car sans contenant, car sans contenu, sinon des larves mammifères avides de ce qui n'est pas la vie mais la superficialité de la vie, le paraître, cette ornementation factice témoignant du vide intérieur, affligeant, permettant d'instaurer ce carcan de fer dans lequel s'ébrouent en frontière la sauvagerie triomphante de chiens de guerre dressés pour ramener vers le cœur de ce néant les anomiques de tout bord, sous le regard compassé des larves de ce lieu en adoration devant le maître et non l'humain, en adoration devant le meurtrier et l'assassin et non les victimes, en adoration devant le fouet et non l'harmonie, masochistes nés et construits pour faire prospérer la cour des miracles de pouvoirs sans consistance, miasmes délétères des impavides préoccupations de l'éphémère, dans le vide aspirant au vide, concaténation de l'hybride imperfection jonchée par les gravois du mimétisme, face incongrue du système, bulle molle s'étonnant de son mirage, de la constellation drapée d'étonnants atavismes feutrés, noyés dans les concepts brumeux de mélanges insipides, convoités par la déréliction, l'inconsistance, vertus d'une implosion à venir dont le firmament laissera gravé dans la pierre l'hédonisme perméable, la gratuité folle et perverse de l'outrance, la dégénérescence programmée, l'indigence annoncée, scories plénipotentiaires de la déshumanisation servile et accomplie, écueil dépassé, écueil transcendé délivré par ce cri de Vivre qui s'affermit, lentement mais sûrement déroule ses florales avenues afin d'éteindre l'incendie qui gravite les surfaces, mêle et entremêle toutes faces de l'humain, toutes cultures, tout avenir dans une mare putride et belliqueuse en laquelle se noient les vivants aveugles, flores égarées contraintes à disparaître dans un métissage chargé de destruction telle qu'il n'en existe aucune d'apparence tant dans le règne minéral que dans le règne de la faune, œuvre de mort s'il en fut de plus exacerbée témoignée par les prêtres officiants de cette lagune hystérique, de

Thanatos emplis et dithyrambes, de Thanatos comblé par le mensonge et le servage, de Thanatos encore de l'avortement à l'euthanasie légiférés, de Thanatos toujours en chaque respire, clameur des pouvoirs qui s'abritent sous son aile, divinité précieuse pour les rapaces conquérants qui n'instilleraient aucune autre forme de message afin de conquérir sans peine la demeure d'autrui, cette demeure en voie de reconquête, par la Vie, pour la Vie et en la Vie, Voie souveraine de toutes celles et ceux qui se tiennent debout au milieu des ruines des civilisations multimillénaires et contemplent avec dégoût le vomitoire étronique qui cherche à les supplanter pour imposer sa loi de mort, en lequel les gouvernances s'auto congratulent, s'auto élisent, dans une masturbation conjointe naissant cette pluie du silence en laquelle somnolent les humains qui bientôt se réveilleront afin enfin de terrasser ce règne ignoble et contre-nature qui se tortille comme un serpent afin de mieux hypnotiser l'Humanité !

Dans ce préau

Dans ce préau mythique, livre de contes farandoles, se tiennent les hospices du renouveau, sans allégeances, sans corruptions, sans ces moires aisances qui couvrent de cendres les esprits défaits, aveugles et stériles, ovipares de leurs préhensions funèbres, et l'Age sans sursis, dans la culmination des principes vivants, alimente ce feu, horizon palpable, thématique puissante de la régénérescence de toute force comme de toute flamme créatrice, menant de l'œuvre la parure, indéfinissable pour le désenchantement, tremplin pour l'enchantement, nef aux voiles grées délibérant le sort, assignant les méandres à une ouverture sur ces mondes qui ne s'isolent, mais téméraires, lanternes de leurs temps, vont la lumineuse perception de l'avenir, cette aventure mille fois profanée par la léthargie, ce jour dans l'abîme, aventure Humaine, aventure qui ne cesse en ce lieu et par ce temps dans et par la soumission reptilienne, face de l'atrophie de l'imaginal, s'inventant des mondes sans devenir, des espaces infranchissables, réduisant l'Etre Humain à un étron, face édulcorée n'ayant de perception que celle de son atrophie à vivre, qu'il convient de laisser graviter, et en aucun cas convaincre, dérision, allant de l'avant, par delà les caducées de leurs rives enchevêtrées par l'orgueil et l'arrogance, qui conviennent si bien à la médiocrité, aux fins de semer et ensemencer l'immensité, ce champ d'action de l'Humain, qui libéré de la cécité ordonnancée par des pouvoirs de nains, des handicapés de la Vie, ces pouvoirs qui en sont encore à s'inventer des dictatures, alors que des milliards d'étoiles attendent le pas conquérant de l'Humain, afin de se propulser dans la création pure, cette création majeure officiant en chaque degré de l'infiniment petit comme de l'infiniment grand, dont la connaissance et la maîtrise, permettront à l'Humain de réaliser son Unité symbiotique et aux Etres Humains de réaliser l'Unité symbiotique des Univers en citadelles qui se dressent devant leurs yeux, ce jour pour la plupart aveugles, demain à l'aune du combat de restitution de la Voie, milliards de conscience voguant vers l'infini et annonçant le sacre de l'Humanité, volonté, courage, détermination de son avenir, libre et complémentaire de tous allant debout vers ce Chant de la Vie, écartant les scories de son seuil, les adventices paraîtres, pour qu'enfin Etre, il transfigure le devenir, ainsi et par son Chant porteur illuminant la Vie par son pouvoir libéré de transcendance, qui en accord avec l'immanence le mute dans la pérennité et non dans la destruction, tel qu'en ce jour de nuit, où la nuit est plus sombre que la nuit elle même...

Le pouvoir de l'illusion

Le monde est samsa, conjonction d'énergies dont la désinence pour la plupart est vide de tout devenir. Ces artefacts sont les épiphénomènes de l'esprit qui en lutte contre son unité dérive vers les pentes doucereuses soit de la béatitude soit de la folie, soit encore du renoncement. L'Esprit est action, et ne peut être emprisonné par un joug quelconque, il est cheval sauvage ou bien tigre, ange ou démon, toujours se perpétue dans la connaissance de sa réalisation le mutant à cette harmonie, en lequel, équilibre, synergie et quiétude tant du Corps que de l'Ame dans l'unité symbiotique parfaite, il est, tout simplement au-delà de tous les paraîtres qui se hissent sur des pavois de sable, qui dressent des cathédrales dont les fondations reposent sur des marais fétides, des temples en lesquels la Liberté n'existe plus. L'Esprit est unique en chaque Etre Humain. Il n'est le reflet d'un quelconque acquis dont les miasmes cherchent à apprivoiser sa liberté. Il ne se concède dans ces arcanes que lorsque sa Liberté ne se trouve nantie de chaînes et du joug implacable, nés d'esprits maladifs dont les orientations reflètent un monde osmotique, pente de nos rives Humaines qui ce jour se doivent de se débarrasser de cette scorie qui ne permet d'atteindre le pouvoir de transcendance, qui en composante de l'Immanence incarne la Voie, cette Voie indestructible, quels que soient les pouvoirs d'apparat qui cherchent à l'obérer. La Voie est universelle par essence, elle est Harmonie et plénitude tant de l'Etre Humain que de l'Etre Humain en ses composantes, Ethnies, Peuples, Races, Humanité. L'Etre Humain s'il ploie parfois sous le joug, l'intolérable, l'inimaginable, d'âges en âges a su affronter tout type de destruction pour clarifier et réveiller en lui la Voie fondamentale qui peut être obscurcie, cachée, tenue au cachot, mais qui toujours, imperturbablement revient pour initier et œuvrer l'accomplissement Humain qui n'est celui de l'esclave, ou de la larve, mais de l'Etre dans sa capacité à générer le développement du généré, soit les autres Etres Humains. L'interaction des actions tant de l'Etre individuel que des Etres Humains composantes en son lieu déterminant une rémanence qui elle aussi ne peut être détruite, quel que soit le pouvoir cherchant à en destituer la réalité formelle, cette réalité qui dans l'harmonie qu'elle développe ne peut que transfigurer et dépasser le carcan qui veut l'abîmer où la détruire. Ceci est une Loi de la Nature que personne ne peut renier sous peine de se renier lui-même, une Loi Universelle, au même titre que la Loi gravitationnelle, que personne ne peut destituer car intégrée en l'inné de chaque Etre Humain. Ainsi l'illusion face à cette Loi ne peut-elle que refléter une apparence en chaque individu, et non sa réalité profonde, réalité dont les illusionnistes cachent jusqu'à l'existence, leur paraître légitimant tout ce que peut contenir leur devenir, devenir du néant et non du dépassement, devenir de l'oubli et non de la destinée, devenir sans conséquence par les Ages de l'Humanité, qui verra l'exercice des illusionnistes de ce jour comme cet épiphénomène précité. Le plus bel exemple en est donné dans ces jours vécus par un pouvoir qui n'a plus rien du pouvoir, coordonné uniquement par moins d'un tiers d'une population qui désormais, tel le chien de Pavlov applaudit à une propagande médiatique qui voudrait faire accroire l'existence d'une force caractéristique du Peuple qu'elle gouverne encore. Les autres tiers de cette population, fort heureusement ne se laisse prendre au voile de cette illusion démesurée qui trouve son aboutissement dans la mise en œuvre d'un pouvoir continental totalement erroné, disharmonieux au possible, car ne répondant en aucun cas à la réalité précitée, mais à la ressemblance du pouvoir en ce Pays, s'éblouissant d'un paraître conditionné par le mépris né de l'ignorance de l'Unité primordiale symbiotique, rejeté de toutes forces pour l'accomplissement d'un monde osmotique, chtonien par essence, reposant sur l'inféodation primitive, retour en arrière de l'Humain, retour phénoménal qui ne pourra perdurer, les forces composantes de la réalité Humaine, et non de l'abstraction, représentant une majorité caractéristique qui fera s'effondrer inévitablement, au regard de la Loi naturelle inscrite dans les gènes de chaque Etre Humain, les châteaux de cartes de cette illusion monumentale. Ainsi va l'Histoire avec un H majuscule et qu'il suffise de s'y intéresser, et notamment à l'Histoire Universelle pour comprendre qu'il n'y pas lieu à s'inquiéter du devenir, car le devenir est représenté par l'ensemble des Etres Humains et non par l'illusion qui se veut motrice de sa destinée. L'illusion n'a qu'un temps, car elle tourne et retourne en ce temps jusqu'à s'effondrer sur elle-même, ceci aussi est une autre Loi Naturelle que l'on ne saurait oublier : tout système fermé est destiné à disparaître, et ce d'autant plus s'il se cache sous le voile d'un système ouvert, la Démocratie, qui ce jour n'existe plus dans le cadre des pouvoirs de l'illusion dominante. L'exemple le plus frappant est l'irrespect de la Charte des Nations Unis, précisant que les Membres de l'Organisation s'abstiennent, dans leurs relations internationales, de recourir à la menace ou à l'emploi de la force, soit contre l'intégrité territoriale ou l'indépendance politique de tout Etat, faits incompatibles avec les buts des Nations Unies. Or à quoi assiste-t-on, sinon l'emploi de la menace psychosociologique dans nos pays continentaux, aboutissant à la répression de la liberté d'expression des Peuples par mise en œuvre de Lois et décrets ne leur permettant pas par référendum de s'exprimer sur leur devenir, d'accepter ou non leur dissolution, au mépris des droits des Peuples à disposer d'eux-mêmes, allant jusqu'à statuer que certains pays entreraient sans référendum dans le cœur de cette entité que l'on se plaît à dénommer Europe, système par excellence tournant en rond sur lui-même, car n'acceptant en aucun cas cette Loi Naturelle précitée. Pensez donc ! Les Peuples pensent, quelle horreur ! Ainsi à tout un chacun, que la patiente soit votre essor, ne combattez des moulins à vent, unissez-vous pour créer et ordonner le devenir au-delà des fractales indéterminations, vous êtes la majorité parmi les Peuples, et ce n'est le sommeil qui cherche à vous engluer d'autorité, qui y changera quelque chose, prenez mesure de votre capacité à dépasser ce carcan, et au-delà de l'illusion créez cette unité nécessaire au réveil de la Liberté dans l'Etre Humain, dans ses composantes, dans l'Humanité. Persévérez et l'illusion tombera d'elle-même, comme elle chute actuellement, inéluctablement.

Dans la nue du Verbe

Dans la nue du verbe, l'oasis victorieuse épanouit ses heures de félicité, et, adventice, souveraine, l'âme fluviale se hisse au-dessus des eaux pour en arborer la beauté. Il y a là, mesure de toute détermination, de ce pas franchi menant vers la liberté, individuelle et collective. Individuelle dans le sens du dépassement de la frivolité, du superficiel, de ce miroir sans répons qui façonne ce monde, clinquant absurde du paraître qui enlise la multiplicité dans les scories qui sont bénéfices de l'usurpation et de ses tentacules immondes qui broient nos identités comme nos sociétés. Collective lorsqu'enfin dans le sens du réel se meut l'identité qui accomplie et s'accomplit, par-delà les opiacées vénéneuses du pavlovisme d'état qui roucoule ses inepties afin de leurrer les êtres, les êtres en leur renom, Ethnies, Peuples, Races, Humanité, toutes définitions qui ne peuvent complaire au carcan des déracinées qui se veulent maîtresses et maîtres de nos destinées, et qui ne sont finalement que maîtresses et maîtres que de leurs dysharmonies, qu'ils légifèrent, triomphants, sans se rendre compte qu'ils ne trompent qu'eux-mêmes, et que l'Etre collectif en ses racines, les regarde avec une indifférence totale sachant que ce qu'ils construisent n'est que poussière que le vent de l'harmonie dissipera, lorsque le collectif revendiquera et prendra le chemin de la liberté qui lui a été fermé par le sommeil indivis que toute dictature impose pour parader. Car il ne faut pas se tromper, la Liberté ne se transige pas, ne s'achète pas, ne se corrompt pas, ne s'avilit jamais, ainsi reparaît-elle toujours sur les sentes les plus poisseuses de cette déréliction que l'on ose encore nommer démocratie dans nos pays, pauvre démocratie travestie et fardée qui déambule les sombres palais où règnent de sombres personnages qui ne sont autres que tenants et aboutissants de cette dictature qui se prononce, qui prostitue la Démocratie, qui réglemente sa disparition, qui ornemente sa mort imminente ! Nous voyons là le débat clos de cette perversité qui semble faillite de nos destins, de nos identités, de nos peuples, qu'il suffit tant au collectif qu'à l'individu de reconnaître, non plus en mouton, mais en être conscient pour en voir les limites et poser les fondations de l'avenir. Antipodes du présent falsifié, ruptures, les connaissances innées tant de l'individu que des collectifs permettront, dans le cadre de la Liberté invincible, d'en contourner les pâles opiacées qui engluent la Vie, stérilisent l'avenir, et en cela porteront la Vie dans une civilisation inscrite dans la Vie, par la Vie et pour la Vie, terrassant à jamais cette civilisation de mort dont chaque jour nous voyons les ravages nauséeux dans les corps, les esprits et les âmes de nos concitoyens, assourdis par la grandiloquence de thanatos, dont les prêtresses et prêtres s'agitent frénétiquement en chaque lieu de notre temps. Ainsi la mesure de l'épanoui qu'il suffit de déployer pour que les miasmes ne saillissent la temporalité, ainsi dans la mesure du Vivant, que chacun se doit d'accomplir sous peine de se renier lui-même.

Système et combat.

Combattre ce n'est pas seulement se porter contre l'adversaire, faire valoir sa pensée objective, stigmatiser son comportement, en tout état de cause faire ressortir l'avilissement de sa pensée, mais au-delà de ces apparences initier dans son raisonnement une volte-face lui permettant de réagir à la fonction en laquelle il s'inclue et ne se voit plus. Nous le voyons, le combat physique ici même s'il peut être présent, devient combat mental qu'il convient de ne pas perdre de vue si l'on veut voir la victoire s'arborer. Le combat est un jeu de forces complémentaires qui s'établit toujours en coordonnée d'un système, et qui ne disparaît que dans l'équilibre des dites forces, où la disparition de l'ensemble des forces. On le voit bien, tout système est donc constitutif de forces qui peuvent être antagonistes, conjointes, disjointes, toujours issues de l'expression du système dans lesquelles elles se répondent, s'affrontent, se coordonnent ou se réfléchissent. Expressions Humaines par excellence dans le système politique, nous retrouvons en ce lieu les correspondances universelles de ce qui vient d'être énoncé. La nature Humaine en sa complexité advient toutefois hors d'une théorie que l'on peut qualifier de binaire, deux autres composantes majeures, inversées en leur densité, l'une privilégiant la coexistence des forces par annihilation, l'autre par intégration. Les voies de l'une et de l'autre sont aux antipodes de la constitution des forces initiées précitées, qui dans leur mode binaire ne peuvent jamais trouver leur équilibre naturel. Elles existent et sont les piliers qui fondent par leur maîtrise soit la dissolution soit la progression Humaine par la régulation qu'elles imposent, tout en étant elles-mêmes en conflits car elles-mêmes aux antipodes dans leur vectorisation, avec cette particularité qu'une seule d'entre elle peut englober la totalité des forces, l'autre ne se contentant que de détruire les forces antagonistes précitées. Cette dernière détermine l'ordre triangulaire inverse qui est celui de la dissolution de toutes valeurs, car tentant d'annihiler toutes mesures des forces binaires en sa force de destruction, l'autre détermine l'ordre pyramidal naturel qui est celui de la symbiose de toutes valeurs, car portant en elle le pouvoir de cohésion de ces forces, y compris celle de l'ordre inverse, naturées en sa force de construction. Pour résumer schématiquement nous dirons que le monde du Pouvoir est lié à la préhension organique des forces géométriques qui habite ce système et que ce pouvoir se définit dans la construction ou la destruction suivant la puissance de la direction des forces qui l'influencent et le coordonnent. Dans le jeu présent de ce pouvoir nous pouvons voir que les enjeux qui influencent et coordonnent naissent ici de l'ordre inverse triangulaire, décomposition flagrante qui lentement mais inéluctablement va vers la désintégration Humaine, et dans l'appariement la désintégration de ce même pouvoir. Ce phénomène exponentiel trouve et prouve là les limites de la force systémique qui le sous-tend. Faille qu'il convient de comprendre pour mieux appréhender et combattre dans le système cette systémique avec efficacité et non duplicité. Ainsi à la linéarité faut-il opposer la densité, à la vision cartésienne la vision géométrique, au réductionnisme la multiplicité, au chaos l'ordre, à la destruction la construction, par accompagnement comme déclaration constructive dans le cadre et par les moyens du sur système évoqué de l'ordre pyramidal naturel, qui ne peut naître dans le cadre d'une vision des forces binaires qui se résorbent au sein même de l'ordre triangulaire inverse lorsque son pouvoir grandi. Ici se trouve le lieu comme le temps, ici se trouve le contre-pouvoir qui permet de renverser la perversité qui tient de lieu comme de temps à cet ordre triangulaire inverse. C'est ce lieu comme ce temps qu'il convient de conduire pour combattre et vaincre, dans la création la plus pure et la détermination inflexible de l'Etre Humain, né pour conquérir et non être esclave de ce triangle inversé, symbole par excellence de la voie détournée qui lentement porte à la désintégration l'Humanité en sa propre désintégration.

En hommage à Soljenitsyne

Véritable conscience de la Russie, Soljenitsyne dénonça la tyrannie du système soviétique, notamment dans "L'Archipel du Goulag".... Cet article est là pour rendre hommage au combattant de la Liberté, combat qui continue et qui durera tant que la tyrannie sera le maître à penser des « élites ».

Siècles fauves, nous faudra-t-il, commun des mortels subir en ces temps l'arrogance des mendiants serviles, des prédateurs nocturnes, des vassaux corruptibles, et dans la demeure qui nous est lieu nous prosterner et ramper devant le délire, la contre nature, le virtuel et ses désinences, l'atrophie mentale, le mensonge, l'usurpation, le reniement, toutes fourberies que ce monde enfante pour mieux culpabiliser la vie d'exister ! Regardez la déficience qui règne ! Il y a lieu ici d'être stupéfait par le nanisme comportemental que toutes les moires aisances désignées, provoquent ! L'Etre Humain qui devrait être debout, marche voûté, tremblant sur ses racines, équivoque dans ses pensées, tragique en son élan, prêt à toutes les prosternations, accueillant presque avec félicité les coups de fouet qu'on lui inflige, pauvre chiot malheureux qui déambule au dortoir des immondices et qui se complaît dans sa déliquescence ! Amorphe le voici, en laisse tenu par l'iniquité de lois renégates à son existence, de traités impies méprisant sa voix, croulant sous la charge de taxes et d'impôts le desservant, de décrets amenuisant sa liberté, de desseins préparant sa dénaturation, sa déstructuration, son appauvrissement mental, son réductionnisme aux simples instincts régulés par la terreur et la peur que distille sans relâche le pouvoir qu'il inscrit, anémié, fourvoyé, inversé, bestial dans la divinité des cloaques immondes qui le corresponde ! Nous y voici au royaume des décérébrés, atteint de ce sida intellectuel qui permet l'acceptation d'un esclavage outrancier, voyant l'amorphe, le statique, les maîtres à penser de cette glu corporative immolant la nature même de la Vie, dont la multiplicité n'est plus en droit, l'unicité morbide le devoir, devoir anémiant toute vitalité, devoir d'apparaître et surtout de ne pas être, devoir ne laissant trace qu'au reniement éternel du soi, de l'autre, permettant au clinquant d'apparaître et gouverner dans les pitoyables mensonges d'une décomposition qui se voudrait devenir ! Devenir l'est-elle, au regard de ce marais en lequel tout se confond, boue civilisatrice du néant qui retourne au néant, arasant la perception de l'avenir, statuant l'irréel, contrevenant le réel, un monde glauque où la lie est portée aux nues, un monde où les miasmes et les bubons sont les chantres de l'humanité, correspondance formelle de ce que représente l'être humain aujourd'hui, ignare, reptile, atrophié, incapable d'agir en dehors des ordres médiatiques, chien de Pavlov orienté, chien de Pavlov comblé ! Ce qu'il y a de plus navrant dans cet effacement de l'individu né de l'effacement de l'identité légiféré, c'est de voir à quel point la putridité lui est langage commun, orientation, clameur acclamée, vestibule de toutes les contritions organisées, de toutes les génuflexions orientées, de toutes les reptations conseillées, sous le voile d'une "démocratie" d'apparat qui prêterait à rire si l'usurpation n'était si visible de sa réalité ! Le mal est ici, dans cette croyance pernicieuse en ce mot qui ne veut plus rien dire : démocratie. Cette illusion se vautre dans la dictature abjecte de ce nazicommunisme de rigueur qui lentement pourrit toutes les institutions, nationales, européennes, mondiales, toutes institutions dévouées ce jour qui ne voient en les Peuples et les Individus que des esclaves dont il faut profiter de la naissance à la mort programmée par l'euthanasie légiférée, pour servir une caste qui se fait élire au nom de la démocratie, et qui une fois élue se comporte comme ces empereurs romains perclus par la folie des grandeurs, prêts à tout pour conserver ce pouvoir qui leur est donné, compromission, corruption, dénigrement, attitudes caractérisées de la lâcheté ordonnée, telle qu'on l'a vu lors de ce pseudovote initiant la réforme de la constitution Française. Il n'y pas lieu ici de sourire, et nous voyons bien qu'en conformité de la décérébration ordinaire des citoyens, se comportent à l'identique les "élites" des Nations. Nous y sommes donc dans la confusion, l'inversion des valeurs, la Voie détournée, que nous reste-t-il donc à attendre de plus inhumain ? L'inhumanité elle-même ! La terre transformée en camp de concentration ordinaire, agréé par les citoyens ordinaires, aveugles aveuglés en permanence, saturés d'ondes croissantes faisant exploser leur conscience afin de les inféoder à des mythes culpabilisants, ces mythes fabuleux qui rendent serviles et que l'on voit ce jour trôner ! L'écologie politique, le droit d'ingérence, néant voulant s'arroger le droit du prince, et dans la chienlit des valeurs trouvant ses pompes dans les plus hautes sphères des états, les médiocres serviles fêtant cette arrivée pour se circonscrire dans ce néant, chantres et apologistes de Thanatos, décérébrés égarés voilant la réalité pour le saint nom de l'utopie bestiale qui ne peut que complaire à la politique d'asservissement, trouvant là prétexte, au même titre que le "terrorisme", pour asservir les Peuples, les confluer dans cette reptation larvaire qui est le privilège de l'intolérance absolu envers ce qui n'est pas médiocratie ! Attitrés, les voici donc ces divisions du néant qui cernent l'humain, comme autant de pensées à détruire, pour faire reluire le factice, ce factice qui rapporte gros aux états permissifs, permettant une dérive des prix des matières premières scandaleuse, pétrole compris, (la famine est un moyen de gouverner, voir ce qui s'est passé en Ukraine sous les soviets !), ce factice engendrant la mort, la destruction, l'oviparité des valeurs, l'éblouissement congénital se masquant sous la virtualisation digitale, toutes forces en pavane voyant dans leurs liens apparaître les gardiens de ce camp de concentration évoqué, une vidéosurveillance accrue, la valse de fichiers comportementaux, la quasi disparition du rempart de la Démocratie, l'Armée, humiliée, l'Armée vilipendée, l'Armée déstructurée, la mise en place de troupes qui ne sont plus destinées à défendre la Nation et encore moins la liberté des Peuples, mais les augures mondialistes dans des Pays qui ne sont pas en guerre avec notre Nation, naissance prétorienne, qui, sur ordre, ne s'embarrassera pas d'une quelconque mise en coupe réglée des populations asservies, les états d'âme ne pouvant se conjuguer avec le sort qui est réservé à cette dimension qui, dans un autre temps, aurait pu encore préserver ce qu'il restait de la Démocratie. Ce temps a disparu et ne renaîtra que sur des ruines qui ce jour s'accumulent pour le plus grand plaisir des vautours qui se disputent leurs charognes. Ce temps est un temps de nuit dans lequel il convient de conserver toute lucidité afin d'affronter son néant, ses circonvolutions, ses reptations, l'infinie source de ses égarements accentués par le paupérisme intellectuel qu'il instaure. Tout un chacun pourrait penser que se fondre dans ce moule est une nécessité et une évidence, mais là ce tout un chacun y perdra jusqu'à son âme, et dès lors que restera-t-il sur ce champ en voie d'holocauste de l'esprit, pour faire rayonner le sentiment de la Liberté ? Rien, strictement rien, alors comme on le dit avec familiarité, "bonjour, les dégâts !". Il convient de bien comprendre que ce temps atteindra ces limites et qu'il convient de persévérer, gardiens intransigeants de la Liberté, malgré les revers, les infortunes, la discorde, l'amenuisement des valeurs, le ridicule de cette tentative d'unité osmotique, l'hilarante génuflexion des médiocres, la consternante attitude des "élites". Ce temps leur est compté, comme le temps fut compté aux communistes, aux nationaux socialistes, à tous ces mouvements de la haine, ne reposant que sur la destruction. Viendra le temps de la reconstruction, n'en doutons pas un seul instant, il n'y a rien de nouveau sous le soleil, l'atrophie a toujours été vaincue et continuera à être vaincue. Courage donc et que ces temps de vacances vous soient profitables pour vous réveiller du sommeil dans lequel on vous plonge avec autorité, afin de préparer et élever ces mouvements qui, grains de sable, dans la monstrueuse machinerie bureaucratique mondialiste qui se dessine, feront en sorte d'enrayer ses rouages pernicieux et restituer à la liberté, son honneur et sa grandeur.

Systémique de la Voie

Le système s'effondre, quoi de plus normal ? La Voie est détournée, la Voie prend mesure et devant le nanisme de l'évolution qualitative Humaine provoque une contraction dimensionnelle, sans précédent. Comment pourrait-il en être autrement ? Sur le chemin de l'évolution, il n'y a pas de place pour la régression, l'anéantissement, la viviparité mentale, l'obstruction, le réductionnisme, la perversité comportementale, l'abdication et le reniement. Ajurna trouve ici son principe éclatant, renouvelé, participe de ce choix que la raison évoque, participe de cette émotion qui ne s'oublie, confrontation entre deux rives, l'une permettant au flot de passer librement, l'autre jugulant le flot, permanence des symptômes qui depuis des centaines de millier de millénaires préoccupent les Etres Humains qui, lorsqu'ils oublient leur devenir qualitatif s'enfoncent dans le chaos, feed back que la Nécessité conjoint afin de ne laisser scorie l'évolution qualitative de la Vie en un seul lieu, en un seul temps de sa raison d'être qui n'est autre que la régénérescence de l'Absolu. On le voit la nature ou nécessité en ce degré temporel où nous sommes représentants de la Vie formelle, en ses droits et dans ses actions se détermine afin d'œuvrer la désintégration de ce qui n'est pas réalité mais virtualité condescendante, en l'occurrence inverse un cycle afin qu'il s'autodétruise, pour permettre l'éclosion d'un nouveau cycle qui en son ordonnance, facteur d'adéquation entre la nécessité immanente, la Voie, et la nécessité transcendante, le pouvoir d'action de l'Etre Humain, permette le dépassement de la virtualité, totalement sidaïque, que l'on connaît dans ces jours noirs de l'Humanité. Ainsi se retrouve à nouveau le concept de la Baghavâd Gîtâ, en son fil tisserand où l'on voit ce prince en conflit avec la moitié de sa famille devoir se décider à prendre des mesures de clarification. Clarification de la Voie dans sa consubstantialité, clarification majeure dont l'ignorance mène sur ce chemin désertique dans lequel nous survivons. Rappelons qu'Ajurna, en maïeutique de cette clarification se retrouve désespéré, lui qui est naturellement en et par la Voie, et qui se trouve, toujours aussi naturellement devant ce dilemme effroyable, de se voir dans l'obligation de livrer et porter la guerre à cette partie de l'humanité qui en faillite de la Voie, ne peut continuer à être un frein à l'Évolution qualitative de l'incarnat. La mesure en ce lieu comme en notre temps est moins vindicative, car non binaire, mais géométrique par excellence. Ainsi la lutte ne se résume à un affrontement physique, mais à un affrontement non seulement moral, mais culturel, spirituel, affrontement dantesque des Esprits qui triompheront soit pour l'autodestruction de tout ce qui est, soit pour la construction de tout ce qui est. Il y a parade dans la vision sphérique des éléments circonstanciés qui se déchaînent, par les fluctuations intégrées et intégrantes en chaque champ d'action, et par-delà ces fluctuations, au regard des rémanences formelles civilisatrices, le maître jeu d'une ordonnance intégrante. Conscience, ce rameau vert est lieu et par-delà le temps se tient, généreux, conjugué, matrice du vivant, qui fonde la destinée, matrice souveraine dont le déploiement contrarié se repli sur lui même afin de se libérer des scories qui l'agitent et l'appauvrissent. Témoignage s'il en fut de ces contractions dimensionnelles qui sont nécessaires, telle celle que nous traversons qui en est le symbole le plus approprié à notre perception, car nous la vivons, l'orientons, la déclinons d'une manière où de l'autre, par notre réalité. Ce repliement précité trouve nidation en notre lieu, dans la théurgie des valeurs inverses qui y prédominent. Nous sommes et nous le voyons bien ici en guerre contre nous-mêmes, pour le bonheur éphémère de l'illusion, ce temple de la féodalité qui marque les esprits, enfante le reniement, dénature les circonstances afin d'ignorer la réalité et laisser apparaître la virtualité. Virtualité profonde, égarée elle-même dans sa préhension des phénomènes qui régissent ses apprentissages, ses conjonctions, ses similitudes, toutes forces qui sont phasmes de son ignorante perception. Ainsi dans la dramaturgie l'évanescence, thématique particulièrement houleuse dont les flots portent tous les outrages, toutes les perversions, tous les reniements, ancrés dans l'aveuglement général, torpeur de l'immondice, de cette vassalité particulièrement outrageante réduisant l'être Humain à ce non-esprit, cette non-âme, ce non-corps, qui brisés les uns les autres, les uns aux autres s'abandonnent dans une léthargie dominatrice. Expression d'un vide consommé appelant à encore plus de vide, voyage incommensurable vers le non être qui détermine toute volition individuelle comme collective, engendrant ce naufrage volontaire où l'avortement, l'euthanasie des corps, l'anéantissement culturel des peuples, la soumission spirituelle des âmes à l'erreur matricielle, coordonnent toutes actions de la destruction en marche. Le fléau est immense, bouleversant tout sur son passage, les valeurs comme l'esthétique humaines, dévoiement forcené alimentant les arts du sordide, les lois du totalitarisme, les politiques de la dérision, amenuisement spontané tant dans la fonction comme l'organisation, laissant place à ce désert insipide en lequel se vautrent nos contemporains, ignares généreux de leur propre auto destruction acclamée, ignares pompeux de la défécation portée déification de l'accroire pavlovien qui les mute dans une stérilité dont l'orgueil démesuré vampirise toutes souches de la société, éponge sans fond explosant des ruisseaux qui gémissent leur importance dont l'inutilité est tellement provocante qu'on ne peut que les saluer au passage, car de l'art du vide épanouissement du parasitisme légiféré qui devient caducée de toutes définitions d'être. Faste de cette écume charriée tel le dégazage à la sauvette de navires sous pavillons complaisants, le système s'initie à cette dérision, et des limbes sans mystères naît cette invariance qu'on nomme l'indéfinition, indéfinition matricielle permettant au chacun de n'être plus un mais un tout indifférencié, qui telle une masse perdue dans l'espace, tourne autour d'elle même, vivipare, glauque, écœurante de miasmes, splendeurs de ses écheveaux bruissant la perméabilité de l'incohérence, cette fonction déifiée par les saturnales aux commandes qui s'imaginent maîtres alors qu'ils ne sont eux mêmes qu'esclaves, esclaves alarmés et en larmes devant la portée frénétique des sorts qui les conjoignent, ce jeu stupide qui les enfante et les abîmes, ce jeu de l'errance, de l'incroyable devise de leur incapacité à vivre qu'ils voudraient voir communion de tout être par cette sphère. Autisme du pouvoir livré à lui-même, sans contre-pouvoir pour tempérer les folies qui l'animent, ces bestialités qui voudraient fonder le devenir, alors que prononcées, déjà elles le dérivent pour l'ordonner dans la villégiature d'un marais où s'éperdent chaque écrin, chaque force, chaque désinence, au profit d'un désert sans nom, celui de l'incapacité, celui de la négation, celui du vide qui rempli de cette nauséeuse imperfection déjà dans la profusion de ses scories alimentée par la vitesse avec laquelle s'agglutinent leurs sédiments, explose afin d'éperdre la moisissure temporelle qu'elles incarnent. Image même de ce système qui se glorifie, s'auto pénètre, se réjouit de sa propre déliquescence, qui gonflée comme une baudruche de ses flagellations, déjà se fissure de partout, dans tous les domaines, conjoint de l'expression de ses limites dépassées en terme de pouvoir dont les glorifications engendrent failles sur failles, alimentant ce degré zéro qui forge cette explosion, tant leur concentration devient point de non retour ! Ainsi cet effondrement auquel nous assistons, et qui n'en est qu'à ses prémisses. L'orientation précise relève de cette accélération telle qu'on la découvre dans le cadre de la physique, lorsqu'un objet tourne autour de lui-même à une vitesse telle qu'il explose pour retrouver dans un état indifférencié son équilibre, avant que de disparaître nucléarisé, et que ses composants enfin restaurés initient une nouvelle trajectoire. In fine, on s'aperçoit que ce renouveau est toujours sous-tendue par cette formalité physique qui est celle de l'équilibre, équilibre induit dans le cadre du Vivant ou de l'organique, par une rémanence formelle née de la conjugaison de l'action individuée et de l'action générée, force motrice de la survie qui est le lieu et l'origine de tout système. Ainsi dans les caractéristiques phénoménologiques des sociétés que nous vivons voyons-nous apparaître ces potentiels qui nous permettent de définir l'effondrement qui en résulte. Au regard de cette dysfonction, trois attitudes sont en correspondances : le statisme univoque qui est devenu norme en réaction aux atteintes liberticides développées par les sur systèmes que révèlent les forces en présence, une attitude que j'appelle l'attitude du judoka, qui accompagne ce mouvement pour mieux le déstabiliser où même, l'accompagner afin de le finaliser, et enfin une attitude de lutte qui choisira les voies opportunes liées à la personnalité de l'individu concerné, suivant ses aptitudes et ses convictions. Trois voies à l'intérieur de la Voie inversée permettant de restituer à la Voie sa motricité, son ardeur, et sa souveraineté. Voici l'enjeu de notre siècle qui nous réservera bien d'autres surprises, les efforts et les essors des tensions étant tels que l'on assistera à des retournements qui frapperont de plein fouet les tentatives d'hégémonies, jusqu'à quel point ? Tout dépendra de la canalisation des énergies actuellement cannibalisées par ce cercle sans fin qui rejoint le point de la létalité humaine, auquel il convient de ne pas céder, sous peine de perdre l'élément le plus précieux qui est en chacun d'entre nous, l'Humanité avec un H majuscule, et non cette inhumanité barbare qui pavane sur tous les fronts de l'arrogance, atrophie née de la lâcheté à être, voulant conjoindre tout être au non être. À chacun ici, dans la volition souveraine, de choisir sa Voie, tout chemin menant quoi qu'il en soit, à la restitution de la Voie, soit par intégration, soit par statisme, soit par désintégration. Ainsi vont les systèmes qui sont en dernier ressort les contre-pouvoir naturels qui permettent de juguler puis éradiquer tout pouvoir tendant à la déstructuration, au nivellement, à l'anéantissement de la Vie, en ce lieu, en ce temps, de l'Etre Humain et de l'Humanité.

De la lâcheté

Ce jour, nous n'avons plus à faire à des Peuples ouvragés, cultivés, fiers de leur passé, cherchant à se propulser dans l'avenir, en condition de prise en main de leur avenir par élection de la capacité, mais à une masse informe, noyée dans les menstrues d'une hémorragie migratoire confluant à la débilité la plus profonde. Ici, les racines sont sujettes à la délation, relèvent du "droit", l'histoire est réécrite, la recherche historique interdite sous peine de jugement, ici n'est accepté que le masochisme le plus béat au regard de son identité. Voici ce qu'il en est, rien d'autre, dénaturant en notre Pays, un Peuple qui aujourd'hui n'est plus que larvaire, clameur de son propre asservissement, un Peuple dont on a par ce joug castré la virilité, le sens de l'honneur, la capacité de réaction, qui ce jour se laisse tondre comme un mouton par ces maîtres, banquiers, financiers en dérive, qui agitent les épouvantails politiques afin d'enraciner encore plus de clémence dans ces ventres sans esprits que sont devenus les citoyens, non-être, qui se gargarisent de leur fatuité, de leur orgueil, de leur ignorance, de leur incomparable anémie intellectuelle. Il n'y a ici rien à espérer de ce troupeau de ruminants qui se laisse dompter par les illusionnistes en tout genre qui se gargarisent de leur petit "moi", qui n'est en aucun cas une réalité mais une virtualité façonnée par la démiurgie du paraître, parasite fangeux qui ne se bat pas pour le Peuple mais pour satisfaire son propre plaisir. Le temps inscrit toutefois sa résurgence, car le temps n'est pas maîtrise, il est fluctuant, propre à chaque individu, passé inscrit génétiquement, qui devant la prison, le carcan imposé par l'atrophie, se réveillera inévitablement pour retrouver la Liberté, dans une, deux, trois générations, certainement pas dans celles qui s'inscrivent ce jour, toutes éperdues du matérialisme virtuel qui façonne leurs âmes, toutes en voie de l'accomplissement de leur mise en esclavage acclamée. A l'aune de la bestialité consentante le politique marque son droit de pouvoir, et ce droit de pouvoir en ses mains de pantin obéit la mesure des maîtres auto couronnés qui le manipulent. Il aura bien fallu l'asservissement des esprits et l'aliénation des corps pour en arriver là, quand à l'âme, nous n'en parlons même pas, et encore moins de l'unité, devant les êtres fracassés que nous voyons devant nous, courbés devant le joug, à genoux devant le veau d'or, en reptation devant le clinquant, la pacotille, la verroterie qu'on leur donne, tandis qu'autour d'eux s'engraissent les baleines financières qui les asservissent. En contrepartie de cet esclavage, ils ont droit à toute dénature, jeux, drogue, sexe, assistanat à satiété, les maintenant dans cette déité de la déréliction qui veille dans tous les mouvements politiques leur canalisation, les inscrivent dans cette illusion qui les façonne, les aveugle, afin qu'ils ne réfléchissent un seul instant sur leur condition, qui se révèle à la clarté de la réalité, d'une inhumanité répugnante, celle qui s'inscrit dans l'apologie du je et du moi, de l'égoïsme le plus forcené, développant toutes les lacunes qui lui sont propres, le mensonge, l'hypocrisie, la bassesse, la délation, toutes formes complaisant la bestialité de l'apparat qui encourage cette répugnance faisant fi de la droiture, de l'honneur, de la grandeur, de l'humilité. Ainsi la chienlit qui rumine dans ce pays qui fut celui de l'espérance Humaine, envahi ce jour par toutes les latrines de ce siècle, se complaisant dans le vomitoire de son incarnat pour complaire au mondialisme putride. Ainsi alors que le monde d'autruches qui couronne ce mondialisme vient d'offrir à ce monde le couronnement d'une lâcheté acquise face au devoir de reptation qui coordonne son pouvoir. Pouvoir de l'incapacité par excellence, incapable de prendre les décisions formelles qui permettraient d'éradiquer cette crise économique que traverse notre monde, née de la putridité et retournant à la putridité, grâce à la perversion régnante. Non, il n'y a rien à espérer de cette dérision de l'incapacité qui parade, aux mains d'une finance apatride n'ayant d'autre vocation que la mise en esclavage de l'Humanité, rien du tout. Cela doit-il vous décourager ? Bien au contraire, vous savez désormais, car vous vivez l'événement, qui fait la loi dans vos pays, qui manipule tous les partis politiques quels qu'ils soient, pourquoi l'idée de Nation comme d'Identité est laminée, pourquoi la calomnie à l'encontre de notre réalité biologique est exacerbée, pourquoi nos cultures sont détruites, pourquoi le servage migratoire est déployé. En connaissance, désormais savez vous contre qui lutter dans le cadre de la Démocratie, du moins ce qu'il en reste. À vous de choisir. Vivez en reptation ou debout. A chacun ses choix, en conscience que le système s'effondre sur lui même, et que quel que soit le choix individuel de ce jour, il participera à l'éradication du système actuel, par accélération de sa destruction en suivant ses directives, ou par destitution de ses desseins en initiant le système ouvert auquel chaque Etre Humain aspire.

Initiative Scientifique

Orientation scientifique

Ici le lieu, là le temps, et dans la multiplication de ces deux éléments les coordonnées du sens, qui lui-même point de l'unité, vitalisé par la quantité témoigne une coordonnée, celle du Vivant, quadripartition mesurable quantifiable, qui au regard de l'infiniment petit apparaît dans l'infiniment grand, source de la multiplicité de la Vie. Ainsi en ce concept se modélise la multiplicité des formes vivantes, par extension des univers dont le point défini peut se réguler et se témoigner à l'infini. Lieu, temps, unité, multiplicité, le lien n'est pas ici binaire, mais quaternaire. On ne peut plus penser en oui, non, mais bien en oui, oui-non, non-oui, non, témoignage s'il en fut de l'exposition potentielle de la multiplicité de l'intelligence. Mantisse d'une science du réel dont la confrontation avec le réel en coordonnée permettra à l'Etre Humain d'avancer dans ce sillon de la Vie dont il est moteur en ce lieu et en ce temps, mantisse lui permettant de palier aux succédanées répétitives par la mise en œuvre de textures composites (androïdes) qui serviront l'essentiel de ses besoins, l'intelligence bio organique traitée par une programmation quaternaire de ces androïdes permettant l'auto régulation de ses besoins, par le niveau d'intelligence acquis initié. Norme des siècles à venir, ces androïdes permettront l'expérimentation la plus vaste, tant de l'infiniment petit (en réplique à l'unilatéralité du champ d'expérience) que de l'infiniment grand, par ailleurs l'émancipation des besoins naturels, et par là même une régulation naturelle de la natalité et de l'expansion démographique, enfin une régulation totale des flux migratoires devenus inutiles, chaque Nation devenant autosuffisante en ses besoins. Et au-delà la reconnaissance spatio temporelle des différents

Univers nous entourant. Au regard de ces
expérimentations, l'Etre Humain se révélera libéré tant
de l'espace que du temps, ce qui lui permettra d'initier
la grandeur de la vie en l'espace lui-même et sa
multiplicité, en confrontation de réalités qui lui
permettront une accession à une réalité qu'il ne peut
pas préjuger actuellement, réalité formelle de la Vie,
souffle d'une multiplicité de Civilisations dont la
rencontre achèvera un cycle découverte, avant d'en
naître un nouveau, celui de la confluence des énergies,
mais cela est un autre débat.

Un peu de lucidité

Radio Ici Et Maintenant
Avec Jean Marc Roeder le 2004-01-05 sur
Conspirations Et Le Nouvel Ordre Mondial

Partie 1 :
http://www.dailymotion.com/video/x5cr1i_conspirati
ons-et-le-nouvel-ordre-mo_news

2 :
http://www.dailymotion.com/video/x5crh9_conspirati
ons-et-le-nouvel-ordre-mo_webcam

3 :
http://www.dailymotion.com/video/x5crhv_conspirati
ons-et-le-nouvel-ordre-mo_webcam

4 :
http://www.dailymotion.com/video/x5crwj_conspirati
ons-et-le-nouvel-ordre-mo_webcam

5 :
http://www.dailymotion.com/video/x5cs42_conspirati
ons-et-le-nouvel-ordre-mo_webcam

6 :
http://www.dailymotion.com/video/x5csae_conspirati
ons-et-le-nouvel-ordre-mo_webcam

7 :
http://www.dailymotion.com/video/x5cske_conspirati
ons-et-le-nouvel-ordre-mo_webcam

8 :
http://www.dailymotion.com/video/x5cspy_conspirati
ons-et-le-nouvel-ordre-mo_webcam

9 :
http://www.dailymotion.com/video/x5cswf_conspirati
ons-et-le-nouvel-ordre-mo_webcam

10 :
http://www.dailymotion.com/video/x5ctpm_conspirat
ions-et-le-nouvel-ordre-mo_webcam

11 :
http://www.dailymotion.com/video/x5ctuc_conspirati
ons-et-le-nouvel-ordre-mo_webcam

Corrélation-causalité

Lorsqu'on annonce avec fermeté, insouciance, nanti du chapeau d'une pseudo-infaillibilité puisée aux arcanes de la science, que la corrélation n'est pas la causalité, on oublie jusqu'aux principes élémentaires de recul, surtout lorsque le sujet est "le réchauffement de la planète". En ce cas précis il est parlé de l'action du soleil sur le "réchauffement", dont l'indice de corrélation ne serait pas causalité. Ce mensonge éhonté, la proposition inverse émission de gaz à effet de serre et "réchauffement" ferait hurler, mais là, la communauté scientifique dont l'indépendance est liée à l'aune des subsides accordés par les états et les fondations, se tait bien, autruche formaliste ne désirant pas se mettre à dos ses généreux donateurs. Pour répondre à ce troupeau de quémandeurs en tout genre, nous dirons que si la corrélation n'est pas causalité, elle participe à cette causalité, les apparences n'étant le tout, les gaz à effet de serre n'étant qu'une partie, et qu'il serait temps d'ouvrir les yeux sur la réalité du climat et non sur ce désert que le politique, qui y a tout intérêt au regard des éco taxes qu'il assène, légifère, radote à tout bout de champ. Législation particulièrement pernicieuse car contribuant à la mise aux bans des accusés de l'Humanité tout entière, qui partie intégrante de l'écosystème, par le miracle du politique, se trouverait exclue du dit écosystème. Cette manœuvre grossière tendant à la culpabilisation ressort d'une pure opération psychosociologique tendant à l'asservissement de l'humain, il n'y a que les aveugles qui ne veulent pas voir cette réalité abrupte, imagée par le propos précité où les mots perdent leur sens, où les mots proférés par des pseudos "élites" doivent paraître comme vérité absolue. La tenue d'une conférence mondiale sur le sujet du "réchauffement" trouve là le consensus du et de ce mensonge organisé dont cette phrase n'est qu'une goutte d'eau. Les radios, télévisions d'état, amplifient ce mouvement d'une façon éhontée, accablant par exemple les Etats Unis alors qu'aujourd'hui les plus gros pollueurs sont les Pays Asiatiques, en pleine crise dessine des vertus qui n'existent pas, tel que la mise en œuvre d'éoliennes qui polluent plus qu'elles ne produisent au regard de leur coût de construction, ici le mensonge est roi. Me direz-vous, en matière de substitution, il y a l'énergie solaire, qui à titre individuel n'est pas négligeable, je n'en disconviens pas, mais pour faire fonctionner des infrastructures et des industries, pose quelques problèmes. L'énergie nucléaire est là pour palier à la quantité demandée. Et là encore on ne peut que s'amuser de la gesticulation de pseudos ONG, contre l'énergie nucléaire, toutes dévouées à une économie du passe-droit des énergies traditionnelles, qui, il faut quand même le dire n'est pas sur le point de se raréfier, il n'y a qu'à s'intéresser aux gisements arctiques pour le comprendre. Nous pourrions ainsi deviser à l'infini sur les thèses de l'écologie politique, sur l'affligeante coercition de ses propos, le mensonge permanent qu'il diffuse, l'acculturation qu'il détermine, notre propos n'est pas ici de faire son procès, qui sera fait par les populations elles-mêmes lorsqu'elles comprendront les couleuvres qu'elle cherche à leur faire avaler pour mieux les culpabiliser, les asservir et surtout de permettre à leurs états de renflouer leurs caisses déficitaires en déployant de magistrales éco taxes. Restons sérieux et ne perdons pas de temps avec ces maniaques de l'ours et du loup, qui sont nuisibles pour l'Etre Humain, vers lesquels nous les renverrons un jour pour mieux comprendre ce qu'est la Nature, indomptable et sauvage, qu'ils le veuillent ou non. Notre propos ici est de faire comprendre qu'il convient de disséquer toute phrase dans son contexte et encore plus lorsque les textes sont émis par des "élites" scientifiques. La Science n'est pas la vérité, mais une face de la vérité, et lorsque cette face est liée aux subsides des états, elle ne peut en aucun cas dire le vrai, mais une composante du Vrai ne pouvant que complaire à ses mécènes. Ainsi demandons donc à nos Politiques de réunir des climatologues de toutes Nations, indépendants des pouvoirs, et là, nous serions surpris de voir le résultat, qui n'a rien à voir avec cette mise en scène délirante que l'on nous inflige sans que nous ayons notre mot à dire, car la démocratie aujourd'hui c'est cela : le couronnement du mensonge absolu, du leurre, de la bêtise, de la connivence, de l'irradiation de l'acculturation la plus stérile, de la manipulation la plus servile. Les écologistes, qui s'imaginent des élites alors qu'ils confondent développement durable et écologie politique, au lieu de s'en prendre à la nourriture chimique, permettant de réduire l'humain à l'état larvaire, au pourrissement de l'intelligence par la propagation de neuroleptiques, à la destruction de la pensée par le conditionnement médiatique purulent, bien entendu suivent ce vaisseau fantôme que l'on nomme avec avidité le réchauffement, la soupe est bonne, bien payée, ils font œuvre de mondialistes et dans leur singerie pitoyable s'imaginent déjà le pouvoir, alors qu'ils n'en sont que les valets. Pour ces nantis de Thanatos viendra l'heure de rendre des comptes à l'Humanité qu'ils méprisent, car il faudra bien un jour qu'ils comprennent que les Etres Humains ne sont ni des animaux, ni des imbéciles, encore moins les idiots congénitaux qu'ils voudraient bien voir en reptation devant leur sommet d'ignorance que n'importe quel scientifique courageux, au-delà du système des prébendes, peut juger. À la guerre des mots, ils ne seront pas les plus forts et encore moins les plus hardis, et cette guerre ils ne la gagneront pas, sauf à penser que la Liberté de penser soit totalement évacuée de ce système mortel pour l'Humain qu'ils mettent en œuvre dans une joie d'auto destruction qui fait pitié à voir, tant elle est sommet de la non-humanité, du non-Etre, qu'ils représentent avec félicité. Ceci étant, la pensée serait-elle bafouée, comme elle l'est à longueur de temps dans ce système de pensée unique qui s'auto satisfait dans un cercle masturbatoire totalement virtuel, elle saura renaître du carcan qu'on lui impose, en quelque lieu que ce soit, ou que ce soit, car elle n'est prévaloir de ces fantômes qui n'osent se confronter au réel, le réel du Vivant qui n'a pas pour devenir d'être l'esclave d'un mythe, mais bien conquérant d'univers à sa portée. Cela est une question de temps, tout comme l'économie virtuelle, qui vient de subir sa plus belle défaillance, l'écologie virtuelle explosera de la même manière, car elle n'est basée aujourd'hui, hors le développement durable, que sur des affirmations sans fondements sérieux, savoir renouvelables. On ne tire pas des conclusions sur un fait en matière scientifique mais sur la répétition des faits, et rien à ce jour ne permet d'accroire un seul instant l'illusion fantasmatique qui sert les prêtres de Thanatos. Par contre la réalité naturelle est là pour nous prouver que l'intensité des orages solaires provoque un réchauffement, et bien entendu ce que l'on cache au public, l'inversion du champ magnétique terrestre qui bouleversera totalement les plaques tectoniques de notre planète, provoquant catastrophes naturelles sur catastrophes naturelles, qui n'auront en aucun cas de rapport avec le pseudo-réchauffement climatique créé soit disant par les Etres Humains ! Le mensonge ne dure qu'un temps, telle est la Loi de l'Histoire avec un H majuscule, et non un h minuscule qui relève de l'Histoire réécrite pour complaire aux quelques pouvoirs qui à l'échelle du temps ne sont que poussières. En conclusion, nous ne saurions dire à nos lectrices et lecteurs, méfiez-vous des phrases toutes faites, des mots inconsidérément utilisés, surtout, si elles ou ils proviennent de revues ou livres « scientifiques », et encore plus si elles ou ils proviennent de revues ou livres « écologiques ». Prenez mesure des Auteurs et prenez mesure de leurs sources de financement et de leurs appartenances. Vous comprendrez mieux leurs mobiles.

Table

FORUM IV

7 FORUM IV

9 Initiative artistique

11 A tire d'aile
13 Des feux antiques
15 Le lieu du Vivant
17 Des voies nouvelles
18 Flamboyance
20 Couronnement
21 Quiétude
22 Vagues, antiennes...
24 Chant du Monde
26 Dans l'azur prononcé
28 Amazone septentrionale
30 De l'Aigle Souverain
32 Joie féconde
33 Aux rives anachorètes
35 Le Vivant inexpugnable
37 Vagues en semis
39 En floralies
41 Hymne pur de la Vie
43 Embrun fertile
45 Insistance du verbe
46 Visiteur du chant
47 Des âmes
49 Hymnes
51 Enchantement
53 Du Vivant
55 Vagues épousées
57 Règnes
59 Clameur des Oasis
60 Fêtes

63 Initiative Culturelle

65 Mutation
68 2040
71 Vestales anachorètes

73 Un conte de Noël

77 Intiative Politique

79 Orgueil et mépris
83 Des faits, des actes
85 La France en voie de perdre sa légitimité
88 La désintégration
91 La maîtrise du Pouvoir
97 Utopia Inferno
99 Récession
103 Deuil National
105 Déni de Démocratie
107 Information Désinformation
110 Pouvoir Contre Pouvoir
113 Manipulation mentale
115 Vers quelle finalité ?
118 Le dépeçage de l'Europe
120 Le Droit des Enfants
125 Résistance
127 Droit, Conseils, Choix
129 Lettre ouverte
131 Dépeçage suite naturelle
133 Télévision et Caste ?
135 Fiction ? Dictature.
138 Deux poids deux mesures
141 Racisme
144 Le Tibet Assassiné
146 Catholiques Irakiens !
148 Démission de l'intelligence
152 Symptômes de déliquescence
155 Indécence et restauration
157 Vous avez dit Sécurité Sociale ?
160 Le labyrinthe
164 Le banquet
168 Bas les masques
171 Réflexion instantanée
173 Contestation ?
176 Orientation
180 Honneur au Peuple Irlandais !
182 La Dictature affichée en Europe ?
187 Aux terres renouvelées
189 Résistance à la dictature
191 Livre blanc sur la défense et la sécurité

196 Lopsi, vous connaissez ?
198 L'aveuglement
200 Honneur et Patrie
202 A contre courant
205 Politique ?
209 Face à l'adversité
212 Le chantage du (mini) traité
215 Réflexion
217 Vassalité
219 Ossétie et Liberté des Peuples
222 La ligne rouge
225 Le grain de sable
229 DESINFORMATION
231 Prochaines élections
235 L'arnaque
237 Crise, Class action, Droit
240 Unité ?
244 L'abjection de l'insupportable
248 Priorité
251 Pragmatisme
253 Coup d'état mondialiste ?
255 A méditer
258 Documents
260 La désintégration
263 Réfléchissez !
266 Constat
271 De la saine économie
274 Bienvenu
276 Syntaxe

281 Initiative Philosophique

283 La dictature indestructible ?
285 Pragmatisme
290 Etat et Religion
292 Racisme unipolaire
295 Les talibans de l'Esprit
299 Renouveau
302 L'Etre fondamental !
304 Gestuel de ce monde
307 Face au mensonge
310 Utopie et Réalité
312 Éveil et Combat
315 Ambre du silence

318 Dans ce préau
320 Le pouvoir de l'illusion
324 Dans la nue du Verbe
326 Système et combat.
329 En hommage à Soljenitsyne
333 Systémique de la Voie
338 De la Lâcheté

341 Initiative Scientifique

343 Orientation scientifique
345 Un peu de lucidité
347 Corrélation-causalité

351 Table

Vincent Thierry
France
2008

FORUM V

Vincent Thierry

Editeur Patinet Thierri

Harmonia Universum
Harmonia Universum
La Création en Action ®

© Patinet Thierri 31/12/2009

ISBN 2-87782-249-4

Editeur : © Patinet Thierri 2011

ISBN 978-2-87782-264-0

FORUM V

Et voici que l'Esprit se tient au-dessus des Eaux, magistral, conflue la genèse de l'ordonnance, au-delà des vacuités et des téméraires éblouissements, enivre de son sceau le sacre de l'Impériale devise de la renaissance en chaque élément de la puissance...

INITIATIVE METAPOLITIQUE

L'anarchie outrancière

Nous connaissons actuellement une anarchie dominante, anarchie des pouvoirs, anarchie des mœurs, anarchie des économies, vestales de vaches sacrées aux côtes saillants la médiocrité de ses aréopages de dilettantes qui court-circuitent la raison pour imposer la phénoménologie de leur ignorance. Cette face en reptation de la poussière dont les circonvolutions n'ont d'autres buts que d'abaisser l'Etre Humain, le détruire en ses racines, s'auto protège dans l'incantation, la stupidité et le larvaire, une débauche de lois sans fondements sinon ceux de sa peur primale de voir ses pouvoirs de nains tomber entre d'autres mains plus expertes qui pourraient réduire à néant l'outrage qu'elle porte à la condition Humaine, cette Humanité ignorée, cette Humanité bafouée, cette Humanité humiliée qui n'a d'autre sursis dans la fourberie et la malversation issues de la forfaiture la plus exemplaire, que de se taire pour ne pas tomber entre les mains criminelles de la pensée unique qui glorifie toute viduité estompée qu'on nous présente comme modélisation de l'Humain. Un Etre vide, avide, non humain, ignorant, lâche et servile, un non-être putride qui n'a d'autres sujets de gloire que l'acclamation, la débauche pavlovienne de la domesticité, de l'atrophie qui règne sans partage sur sa liquéfaction. Nous sommes au sommet de cette désintégration qui ne peut que s'autodétruire, la Nature, non celle dont parle cette écologie de la stupidité, reprenant toujours ses droits pour faire retourner à l'équilibre la Vie afin qu'elle s'élève et ne se conditionne dans le factice, la bêtise, l'avilissement, la servitude, le pourrissement. Ce sommet trouve ici sa glorieuse condescendance dans ce camouflet historique relatif à cette europe de prébendiers qui continuent à s'imaginer détenteurs de pouvoirs qu'ils n'ont plus, les Peuples de l'Europe, altiers et fiers de leur Histoire, de leurs structures, de leur grandeur, se voyant infliger la doctrine du vide, ce vide dans lequel nous devrions aux hospices de la pérennité de cette litanie de l'insuffisance, de cette candeur de la médiocrité, nous enliser les uns les autres afin de mieux parfaire l'avanie qui rythme sa débauche, sa suffisance, sa paresse intellectuelle, sa destruction permanente des valeurs Humaines au profit d'une gangrène insidieuse dont la pandémie ressemble comme deux gouttes d'eau au sida physique. Les Peuples ont répondu par un dédain magistral, à cette déficience mentale, au-delà de tout ce que pouvaient imaginer les carcans de la stérilité qui voudraient les enserrer dans l'étau de l'impuissance qu'ils représentent, une impuissance si létale, que ce jour un G2 va se composer réunissant États-Unis Chine, dans lequel ne viendront pas larvaires les trépassés de l'avenir qui se veulent guider l'avenir de nos Peuples, et qui se félicitent de victoires inutiles, telle celle de ce parti qui ne mobilise que 12 % des voix de son peuple et qui s'imagine sous les hospices de son mentor en loge la puissance accomplie et le pouvoir révélé. L'Histoire avec un H majuscule marque ici son pas, sur la tragédie de l'anarchie qui nous enlise, cette anarchie qui s'auto défend en détruisant la Liberté d'expression, en détruisant la Liberté physique, en détruisant la Liberté Humaine en imaginant encore et encore dans un accès de démence devant son incapacité à régner en laquelle elle se trouve, vouloir purifier par une vaccination obligatoire les Etres Humains au nom d'une pandémie inexistante ! Voilà où nous en sommes dans cette destitution de la Voie, cette falsification du réel au profit du virtuel, et nous devrions continuer à subir plus encore pour nourrir les complexes des laboratoires médicaux avec lesquels nos gouvernants vont faire saillis, à l'image de cette guerre qui se profile à l'horizon envers l'Iran, voyant ces votifs carnassiers s'entourer des félicités d'un complexe militaro industriel sans précédent, comme ce fut le cas avec l'Irak, où dans le sceau du secret s'auto flagellent les précurseurs de l'entrée en guerre de l'Angleterre dans un bourbier sans avenir sinon celui de la désintégration. Et bien, tout simplement non, aucun Etre Humain sensé, n'accepte désormais cette mise en litanie des aberrations singulières des uns et des autres, les coups de mentons agressifs des plénipotentiaires de l'éradication Humaine, des politiques dévoyées tendant à la destruction des acquis sociaux, au chantage déterminé des délocalisations, à l'abstraction couronnée de politiques vassales et coordonnées n'ayant d'autres buts que l'asservissement à cette anarchie barbare qui se veut pouvoir régalien dans sa suffisance de l'éternité Humaine. Le communisme a duré soixante-seize ans, cette barbarie est en train de disparaître comme elle est née, dans la déchéance de l'atrophie qui la compose. L'Etre Humain n'est ni une larve, ni un chien de Pavlov, ni un parasite au sens de cette écologie putride qui n'a que vœu de culpabilisation afin de mieux asservir les esprits, l'Etre Humain porte en lui l'indélébile marque de la Liberté, cette Liberté de réfléchir et critiquer, cette Liberté d'agir qu'aucun correspondant de cette litanie de la moisissure ne pourra faire disparaître, et ce ne seront ces lois ridicules sur les cagoules, preuve s'il en fallait de la faiblesse outrancière des pouvoirs, ces lois sur la servilité et la domesticité, sur le viol organisé des identités par afflux d'exogènes aux fins d'accentuer leur disparition, qui y changeront quelque chose. Le glas vient de sonner pour cette société en trompe l'œil, cette société calamiteuse où ne règnent que les ardeurs de la stupidité accouplée à la bestialité la plus hautaine, les Peuples ont tranché dans le vif, ils n'en veulent pas, ils n'en veulent plus et je pense que l'Histoire à venir nous réserve des surprises encore plus grandes que celle-là. L'anarchie tourne dans le vide désormais, elle peut se gargariser, outrager, confisquer, détruire, elle scie la branche sur laquelle elle est assise et c'est très bien. Cet épiphénomène cédera sa place à d'autres formes de pouvoirs, jusqu'à la conquête magistrale du Pouvoir, en tous lieux, en toutes faces, dans toutes organisations, par une Élite de la Capacité qui n'aura d'autres buts que l'élévation de l'Humain, ce à quoi aspirent tous les Peuples, et non à sa réduction dans ce terreau de l'acculturation et de la dissonance en lequel on nous voudrait de simples larves inféodées et acclamant leur servage ! Face à l'europe l'Europe en ses Nations et ses Identités s'éveille.

Action et Droit

La Voie a ses raisons que la raison ignore. Est-ce à dire que ce que nous vivons actuellement à la surface de notre petit globe sera nécessité ? Non bien entendu si chaque Etre Humain se prend en main d'une manière réaliste, sans apitoiement sur sa propre condition, qu'elle soit physique, intellectuelle ou spirituelle, si et si seulement il peut comprendre que son action individuelle dans le dessein de l'altruisme naturel, devient motrice de l'action générée, et en ce sens lui convient-il de se dresser et non plus d'être en reptation devant les événements. Car n'oublions jamais que l'image de la société comme des civilisations n'est ni plus ni moins que l'image de l'Etre Humain à un instant t. De fait au-delà de la critique où de la non critique d'ailleurs, convient-il à l'Etre Humain de se réveiller à la volition, par un engagement formel et non virtuel pour faire en sorte que le changement qu'il souhaite soit en harmonie. Il ne suffit de se noyer dans des soliloques qui ne mènent qu'à la désignation du désert, mais prendre mesure de l'oasis et étendre sa capacité par réverbération, qui façonnera la résonance induite permettant d'avancer et de faire avancer le champ d'action Humain. La perception ici ne se doit d'être réduite à une composante, physique, intellectuelle, spirituelle, elle doit se transcender dans ce devoir intime de préhension qui permettra à l'Etre Humain de définir les orientations décisives qui permettront de se hisser hors de la temporalité déviée en laquelle des bouleversements univoques nés de la disparition de toute empathie, de tout altruisme, de toute identité, forment le magma d'un samsa atavique glissant vers une chute irréversible et nécessaire, la Voie n'étant régressive mais constructive par essence. En regard de ce qui est précité il est évidence que l'action résultante n'empreinte aucune servitude, qu'elle soit physique, intellectuelle, spirituelle, mais bien au contraire s'axe sur la légitimité représentée par le Droit, garant de la Liberté tant individuelle que collective. Ici se trouve le point de rupture avec les traditions des bouleversements qui dans leur irrationalité se préparent à des chocs nés d'une résistance active ressortant uniquement du domaine de l'agressivité tant physique que verbale, artefacts totalement dépassés qui ne mènent qu'à la continuité des ruptures que nous accumulons depuis des siècles. Le mode opératoire à déployer semble immense alors que lorsqu'on regarde l'unité essentielle permettant sa rémanence, il se révèle, même dans ce qui apparaît abondance, particulièrement simple d'approche. Il convient de revenir aux sources de la cristallisation Humaine et ne s'éperdre dans l'illusion des abstractions qui fondent l'érosion de son sens, de sa détermination comme de son aventure commune. Les sources sont à la fois rareté mais aussi plénitude dans l'approche des composantes dont la complémentarité fonde l'Humanité. Il ne s'agit ici de s'adresser à la typologie mais de comprendre la typologie pour la dépasser et avenir son champ sans rupture ni discontinuité. Les sources de ce champ sont à la base l'Etre Humain, fondement de la rationalité vivante dans l'émergence, les familles naturelles, les ethnies, les Peuples, les Races, enfin l'Humanité, leurs composantes sont le temps comme l'espace, l'embrasement bio géographiques et historiques, les Régions, les Nations, les internations, enfin ce Monde qui nous ouvre sur l'Univers. Les leviers de l'aventure Humaine sont composites de ses trois forces élémentaires, le Corps, l'Esprit, l'Ame, qui trouvent leur image dans le mode de l'action, la matérialité, l'intellectualité, la spiritualité. Ces leviers en leur unité réalisée disposent de toutes capacités pour œuvrer à la disparition des fléaux qui nés de l'atrophie de l'unité présentée par sur individualisation d'un des leurs, portent conséquences de la fragilité des systèmes qui nous mènent vers ce néant, où l'Humain devient non-humain, où l'Humanité devient non-Humanité.

L'action en ce sens se révèle dans cette théurgie des valeurs qui ne se paressent dans le mental, ne s'auto suffisent dans le dilettantisme, mais bien au contraire doivent surgir en toutes composantes de l'Humanité, dans le cadre des Institutions générées, afin de signifier et non seulement énoncer mais assigner à la renaissance de la réalité Humaine, dépassant les ordonnances pavlovienne, les carcans de la stigmatisation, les ébrouements de la culpabilisation, les ingérences fratricides, les composantes abstraites, pour formaliser le devenir dans le sens de l'élévation. Le Droit est levier de cette méta action, le Droit Universel, le Droit National comme le Droit Local. Ce n'est que par ce cheminement magistral dans ses limites et ses réformes nécessaires que se redressera cette dérive à laquelle nous assistons et qui nous entraîne vers ce gouffre insondable dont il sera particulièrement difficile de s'extraire, d'extraire l'Etre Humain comme l'Humanité en ses composantes qui sujets de toutes les prévarications s'ordonnent actuellement dans un flou virtuel qui ne laisse place à leur existence. Base de cette équation je ne le répéterai jamais assez, l'Etre Humain, qui ne peut être qu'engagement s'il veut formaliser la réalité et non plus se fondre dans la virtualité, dans le cadre de la légalité parfaite du Droit. Il n'y a ici question de courage individuel, mais d'instinct de conservation, cet instinct qui doit reprendre ses Droits dans le sens de l'élévation, donc de la construction, et non dans le sens du découragement, donc de la destruction, qui ne mène strictement à rien. J'encourage donc le lecteur ici à s'inscrire dans ce courant qui n'est pas celui de l'archaïsme, mais bien celui de l'avenir, où l'Etre Humain, libéré des freins qui cherchent à l'anéantir sous le poids d'une propagande délétère, debout et non en reptation, appréhende les problèmes pour les circonscrire dans le Droit et les oblitérer lorsqu'ils sont à contre-courant de la réalité, ce qui permettra de libérer le réel dans notre Monde exposé à une pure spoliation.

Florilèges

L'abjection sans limites des prévaricateurs assoiffés de prébendes continue de plus belle au nez des politiques de la médiocrité qui ne peuvent arrêter ce barrissement de la torpeur dans laquelle se congratulent l'ignoble et sa servitude. Pendant qu'on licencie à ne plus que faire, sous le regard hostile de vigiles, bras armés d'une révolution mondialiste écœurante, où l'humain n'a plus que le nom d'étron, en forçant des employés à ouvrir leurs coffres, des fois qu'ils aient emporté l'outil de travail, sans que les pouvoirs ne disent rien, pendant que d'autres s'apprêtent à faire sauter leur usine dans laquelle ils ont travaillé pendant des décennies, le marivaudage continue, la poudre aux yeux est en cacophonie : voyez, regardez, ce siècle est d'une putridité de lanterne, cette lanterne qui en d'autres siècles fut aspiration à une Liberté aujourd'hui bafouée, pour le plaisir léthargique d'une faune ahurissante qui ose faire la morale à des Peuples culpabilisés par une bassesse sans précédent, celle d'une écologie politique totalement dévoyée ! Ce ne sont pas des éditoriaux qu'il faudrait commettre pour dire la puanteur qui règne dans ce bourbier de l'esclavage, mais bien des centaines de volumes, tant les uns les autres participent avec avidité à la peau de chagrin sans refuge de cette parousie de la folie qui n'est autre que le royaume de l'immondice et de ses serviteurs cupides, avares et bellâtres, jouvenceaux et pucelles du désir commun d'affamer les Peuples afin qu'ils obéissent aux instances apatrides de ce bubon que l'on nomme la mondialisation. Ce constat est brutal, certes, à l'image de la prévarication et de la prébende qui s'initient, je vous rassure, ici ni haine, ni mépris, un simple constat affligeant pour des hères dont on peut se demander pourquoi les cellules psychologiques habituelles lorsqu'il y a un accident ne se sont pas mises en œuvre, car ils en auraient vraiment un besoin impérieux, pour leur faire retrouver le sens du réel loin des disharmonies qu'ils enfantent ! La charité

Chrétienne existe encore, malgré ce que l'on peut dire de la Chrétienté. Regardez bien le désert qu'ils vous imposent : un désert culturel global où tapinent les miasmes et leurs odeurs de pourriture, charriant contre les Identités tout ce que permet la liberté de la pensée unique dont la tyrannie affuble chacun de ses élytres, ses respires déféquant la moelle du vivant, exhalaisons fétides dans laquelle se réjouissent les honneurs du déshonneur, cette ribambelle de passionnés de la destruction qui s'inventent des ramures alors qu'ils ne sont que le chiendent de la Terre, cette herbe folle qu'un jardinier serein fera disparaître aux limbes de la décrépitude et de ses orgueils qui sont autant de flatulences que le commun se doit d'adorer, un désert social où la nature même de l'Identité se doit de disparaître pour s'affubler de toutes les litanies de la décrépitude du vivant, le parasitisme et ses aigreurs qui demandent et redemandent pitances et droits alors qu'ils n'officient que pour leur pauvre gouvernance qui se conchie dans des zones de non droits qui ne sont uniquement celles que l'on croise dans les banlieues torrides, mais dans les sphères les plus noires de ces pouvoirs qui s'imaginent la vertu du monde alors qu'ils n'en sont que la décrépitude frivole, un désert politique où le jaillissement du moi, du roi, de cette béatitude qui frise l'insolence organique s'étatise comme harmonie alors qu'elle n'est qu'inharmonie, déchéance, déchéance du Peuple, déchéance de son Droit à la Vie, de son Droit à la Liberté, dont les ascensions sont chutes brutales comme les venins de la vipère qui engraisse sur la mort latente de sa proie, ici tout se conjugue pour annoncer la létalité, cette porte ouverte sur la frénésie des drogués de la destruction qui charrient non seulement la cocaïne qui permet de maîtriser la jeunesse, non seulement l'alcool qui permet de maîtriser les adultes, mais la pertinence de l'euthanasie et de l'avortement pour faire en sorte que ne subsiste plus la moindre parcelle de vivant au sein de ce pays qui marque son indifférence à la génuflexion qui s'autorise toutes les dissensions. Que l'on se rassure, nous assistons ici à la chute de l'empire Romain, la décadence est à sa ressemblance, une décadence profonde qui ne peut naître une civilisation mais uniquement son écume orgiaque en laquelle la bestialité trouve sa prononciation comme une revanche sur la rectitude morale, je ne parle pas ici de sexualité, mais bien de la rigueur morale nécessaire pour faire prospérer le commun et non s'engraisser comme un porc pour faire valoir sa misère intellectuelle, car enfin à quoi donc sert-il à ces lézards d'avoir vingt voitures, cent appartements, trente maisons, vingt jets, à rien, sinon qu'à se dandiner dans la putride langueur qui est commune à cette vanité de croupion qui parade sans demie mesure sur la misère Humaine qui charrie sa déchéance, tellement son courage est vilipendé par les scories de ce monde, tellement sa force d'âme est châtrée par la perversité dominante, cette perversité de l'âme qui frise de dantesques augures et auxquelles on ne trouve peu de répons, sinon ceux des marges de ce temps qui lentement mais sûrement tressent leur chemin au milieu de cet éventail sidaïque qui se complaît et se réjouit de la torpeur du vivant. Analysez en profondeur ce qui se passe autour de vous, au-delà de vos frontières, et vous verrez que ce que vous disent les imposteurs n'existe que dans l'imaginaire du délire proxénète qui guette les réactions des masses pour mieux les induire dans la léthargie. On vous a parlé d'une moralisation des flux financiers ? Mais cette moralisation n'existe pas, les paradis fiscaux continuent de prospérer à l'image de notre Saint Barthélémy qui croule sous le veau d'or, on vous a dit que les mentors de la décrépitude qui ont ruiné les Etats vont maintenant faire attention, et que voyez vous, des milliards de dollars comme d'euros qui valsent à nouveau pour rémunérer l'imposture qui a permis la naissance de cette crise financière, observez les tenants des flux financiers, croyez vous qu'ils sont au seuil de pauvreté, que nenni, sous le nez et à la barbe des politiciens de pacotille qui guident votre pensée, ils se récompensent et recommencent comme jamais cela n'a été leurs prouesses spéculatives, sur la dette des Etats, votre dette désormais, cette dette immorale qui vous verra demain esclaves de cette infamie que l'on nommera la banque mondiale, aux mains non pas de vos Etats, mais aux mains d'apatrides qui ne cherchent qu'à vous forcer dans le vide afin d'instaurer leur glauque incertitude, ce mondialisme éthérée et parjure qui n'a vocation de vous élever mais bien au contraire de vous affaiblir, de vous anémier, de vous récupérer dans ses méandres les plus ignobles, afin que vous soyez les jouets d'une économie minimisant vos besoins jusqu'à la lie, au nom de ce mensonge rectal qu'est cette écologie putride dont chaque jour on vous parle avec rudesse, car le croyez vous où pas, vous êtres responsables, vous êtes même responsables de la crise, de cette fabulation créée de toutes pièces qui voit ce jour se dresser les illusionnistes, afin de vous faire accroire, pendant que se mettent en route les chaînes d'un pouvoir dictatorial contre lesquelles vous ne devez en aucun cas vous rebeller, pouvoir non de l'esprit mais de la matière la plus déliquescente, cette matière de la pourriture qui veut façonner les individus à son image, cette matière dont la liturgie est le profit ! Immondice parmi les immondices dont on pourrait comprendre qu'il soit sain s'il avait pour objet d'élever, mais il n'est pas là pour cela, il est là pour se servir de vous comme des unités économiques qui lorsqu'elles seront vidées de leur substance devront disparaître dans les toilettes de ce monde d'ignominie qui se prépare sous vos yeux et que vous ne voyez pas. On vous invente le terrorisme, on vous invente le virus h1n1, on vous invente la culpabilisation, on vous invente la moralisation, on créé de toute pièce la pourriture afin de mieux faire accroire que l'on vient en sauveur pour vous aider, il n'y a pas ici contradiction, mais bien une volonté de puissance, la volonté de la médiocrité à préserver ses acquis, qui elle même n'est qu'au service d'une volonté négative, une volonté qui peut être contre carré sans difficulté si et si seulement vous savez dépasser la poudre aux yeux que l'on vous inocule avec le sourire compassé que la petite lucarne vous renvoie chaque jour des délirants qui veulent être maîtres de vos destins. Nous sommes très loin de la Capacité, de cette Elite que l'Histoire avec un H majuscule a toujours réclamée pour servir et non se servir de l'Humanité, nous sommes dans le règne du matérialisme le plus purulent, celui qui adviendra une chute totale de cette civilisation du clinquant, rassurez-vous ! On ne peut bâtir un monde sur les scories et les atrophies de l'Humain, ce monde couronné sur le sable, sans racines s'auto détruira inévitablement, la Nature, n'en déplaise aux écologistes de pacotille qui trônent dans leurs vêtures de prêtres de Thanatos dans les pouvoirs les plus inscrits de ce temps, reprendra ses droits et sa légitimité, car la Vie n'est pas un jouet que l'on inscrit dans la putridité et la déliquescence, car la Vie n'est pas l'atour des sidaïques mentaux qui veulent couronner leurs gargarismes dans un pouvoir féodal et dithyrambe, la Vie des Etres Humains ce n'est pas cette fourberie et cette mascarade qu'on leur prépare sans leur demander leur avis, et les prébendiers en tous genres pourront bien détruire tant qu'ils veulent, les Etres Humains, les Ethnies, les Peuples, les Races, l'Humanité, légiférer l'outrance tant qu'ils peuvent, leurs chiffons de papiers rejoindront les limbes de leurs esclavages communs, car la Vie reprendra ses droits, comme elle l'a toujours fait, et ce depuis des centaines de millénaires, et ce ne seront les bêtisiers du couronnement de ces cavaliers de l'apocalypse, les Darwin, dont on attend avec impatiente l'enfantement d'un Etre Humain par un singe, les Freud qui ne voient le monde que comme un orifice rectal, les Einstein qui imaginent impossible le dépassement de la vitesse de la lumière ramenant ainsi indéfiniment l'Etre Humain à cette petite planète qui nous voit ce jour vivre, qui y pourront quelque chose, car l'Etre Humain n'a pas vocation à être un esclave, et son devenir n'est pas celui unique de cette terre, cette prison dorée pour les atrophies des uns, ce camp de concentration pour la majorité, mais bien cet Espace qui nous entoure, ces mondes à conquérir par la volonté harmonieuse, et non la volonté atrophiée que respire notre espèce actuellement, dans tous les domaines qu'ils soient scientifiques, culturels, artistiques, politiques ! Ainsi patience, le boomerang fera son œuvre, ce n'est qu'une question de temps, mais qu'est ce que le temps, sinon la mesure que chacun lui donne, et le temps des uns n'est fort heureusement pas le temps des autres, ce qui permettra la résurgence de l'Humain aujourd'hui confronté à un vide sans lendemain, qu'il saura dépasser.

Regard

En ce chant qui s'improvise, alors que les nuées s'abattent sur les terres, que les clameurs se réjouissent d'infortunes en infortunes, que le mouvement perpétuel menant à l'agonie des civilisations, renforcé par la duperie, se revitalise par ses propres moisissures, alors que la puanteur des charniers, de la torture légiférée, de l'anéantissement des humains se découvrent et se précisent, alors que la vague du chômage déferle, jetant à la rue trois cent soixante familles chaque jour dans notre seul pays sous le regard goguenard des banquiers stériles qui mettent en réserves quelques miettes pour leurs traders, alors que les faillites s'accélèrent, que dérision de toutes dérisions, les politiques s'abreuvent d'inepties dans leurs universités d'été, tous à se louanger alors que l'économie s'en va à va l'eau devant leurs ridicules vassalités à une partie de cette finance sans foi ni loi qui saborde l'ordre naturel pour implanter un ordre virtuel, alors que se façonne un gouvernement mondial apatride sous les yeux de milliards de citoyens aveugles, alors qu'émanation de ce produit toxique de la virtualité ses féaux inventent cette fameuse taxe carbone, dénoncée depuis des années et qui vient de naître des mains de la singularité de ce mondialisme imposé et pervers, afin d'accélérer la mise en œuvre d'un paupérisme global, permettant les assises d'une dictature qui ne dit pas son nom, sous l'égide d'une "écologie" politique mortelle par essence, financée par les maîtres de ces ressources primaires, qui ne veulent voir le nucléaire, comme les OGM, rendre leur indépendance et leur liberté aux Peuples, soumis par les contraintes énergétiques et la famine — l'invention politique du réchauffement de la planète étant la plus belle fumisterie que la propagande ait inventé, afin de réduire en esclavage les populations qui par culpabilisation deviennent consentement de leur propre domesticité -, alors que le génocide des Nations, des Cultures, des Identités se poursuivent inexorablement, par noyade exogène, par asphyxie comportementale, par mensonges légiférés, par acculturations programmées, par eugénisme acclamé, avortement inconditionnel, euthanasie bestiale, alors que la voie du silence s'est imposée, la pensée unique de la médiocrité étant le panache des trois glorieuses de ce temps, le mensonge, le cynisme, la bêtise, le devoir de chacune comme de chacun est de rester éveillé, impénétrable à cette loufoquerie belligérante et bêlante qui assoit son pouvoir sur l'ignorance, la duplicité, l'hypocrisie, le viol des foules, l'anarchie des valeurs, la manipulation mentale, coordonnées des multiplicités institutionnelles qui se gargarisent de leurs exploits en annonçant le règne du non-humain, de cette chose déracinée, sans lendemain, qui déambule en somnambule dans cette vie qui lui est prise afin que sans la moindre dignité, sans le moindre honneur, sans la moindre humanité, pire en cela que l'animal, il se roule dans la fange pour complaire à ses maîtres. Ne vous y trompez pas, cette demeure est en voie de devenir notre lieu, un lieu sordide où la délation sera récompensée, où la subordination sera révérée, où la dénaturation sera comblée, où la Vie sera taxée en ses moindres détails. Ce pourrissement des sociétés est à son presque sommet, ce qui présage une accélération du sordide et de ses devantures, clinquant, verroterie, culmination de l'incapacité, rien ne devrait être épargné à la masse informe qui se prépare et chavire au gré des festivités de la médiocratie dominante. Il faut s'attendre à pire, ce pire né de philosophies incapables à vivre, qui n'auront d'autres objets que l'avilissement du Vivant, la déification de l'informe, tel que nous le voyons actuellement dans ce que l'on ose appeler de l'art, tel cet étron disposé sur le parvis de la Défense, il faut s'attendre à la naissance d'une rupture avec le dessein humain, qui est celui de la conquête, par un châtrage physique et intellectuel, spirituel c'est déjà fait, sans limite, donnant naissance à cette larve informelle, corvéable à souhait, interchangeable, négligeable, née pour le service d'une caste matérialiste. Il est évident que si aucun réveil salutaire des populations ne se fait, et ce disant on peut penser que le statisme inconditionnel auquel on assiste aujourd'hui n'est que le prélude annonçant cette tempête, rien ne pourra s'opposer à cet ordre involutif dans lequel nous baignons. L'Histoire avec un H majuscule nous prouve que toute tentative de mise en œuvre d'une dictature frontale est vouée à l'échec. Souhaitons que l'Histoire se répète comme elle l'a toujours fait afin que nous sortions de cette gangue affligeante !

Retour de vacances

Retour de vacances sympathique !
En vrac...
Bonjour les éco taxes qui vont appauvrir les plus
pauvres et rendre pauvres les moins pauvres, merci
aux humanicides parasites dans les pouvoirs payés
par les producteurs de matières non renouvelables,
écologistes politiques qui ne vivent que de la crédulité
et de l'opportunité, commissaires politiques de l'Ordre
Nouveau qui se veut règne grâce à l'acculturation et
les mensonges triomphants !
Bonjour aux destructeurs de la langue française qui
sont reçus avec beaucoup d'égard par les journalistes
aux ordres, écrivains en mal de copie qui comme les
hyènes se repaissent du cadavre encore chaud des
Identités vouées au néant par les non-humains qui
s'imaginent gouverner ce Monde !
Bonjour à la main mise de la justice par l'exécutif, ce
qui permettra désormais de voir les procès politiques
s'autogouverner et se dissoudre lorsque les amis des
amis seront touchés par la grâce des prébendes, du
vol, de l'orgie prévaricatrice qui gouvernent le bien
vivre de notre Ère, vive l'indépendance de la justice !
Bonjour à la reptation économique où se fourvoie la
France dans une dictature qui honore le terrorisme,
que la honte retombe sur les tenants et aboutissants
de cette mascarade dédiée ne pensant qu'à la
rétribution tintinnabulante en se moquant de la mort
organisée, acclamée, mais entre dictatures...
Bonjour à la traîtrise de certains traditionalistes qui se
vendent à la désintégration de la France, pervers sans
nom qui a trompé une partie de la population, traîtres
minables qui aujourd'hui sont en reptation devant la
destruction et ses féaux !

Bonjour au bling bling et aux bobos qui se réjouissent dans le charnier économique qu'ils organisent, qui se rengorgent des deniers des impôts de nos arrières petits enfants qui sauront secouer le joug de cette caste ignoble lorsqu'ils devront aller chercher un pain avec une brouette d'euros sans valeur !

Bonjour aux trois cent soixante familles jetées à la rue journellement par le pourrissoir économique organisé par les Banques et leurs féaux, familles à la rue, chômage endémique, tandis que s'engraissent les prévaricateurs et leurs bestiaires !

Bonjour aux politiques en démission devant les Banques qui s'organisent pour traire comme des vaches à lait les citoyens de ce Pays en loque économique aujourd'hui, vaches à lait qui ne pourront donner que ce qu'elles ont et qui demain se lèveront afin de faire respecter le Droit Humain !

Bonjour à la bêtise institutionnalisée par les médias aux ordres concernant notamment cette pandémie relevant du totalitarisme le plus répugnant, bête immonde née de cette tentative d'instauration de ce gouvernement mondial dévoué à l'or sans barrière, qui ne veut voir dans la rue une quelconque mobilisation des citoyens afin de parfaire son coup d'état dictatorial !

Bonjour à la dictature hypocrite qui se cache derrière les haillons de la démocratie, dans notre pays subissant tous les outrages, par le mensonge et la propagande organisés par les commissaires politiques qui sèment la médiocrité pour qu'elle soit devenir de notre Peuple asphyxié par l'envahissement de la pensée unique, violé dans son identité par une invasion légiférée, constantes d'une décrépitude magnifiée par la virtualité !

Bonjour au désert spirituel, intellectuel et physique qui s'implante dans notre pays, par reniement des racines Chrétiennes de notre Histoire, par dénaturation de nos racines gréco-latines, par le pourrissement physique de ses citoyens par une nourriture avariée, une pandémie narcotique, une déficience légiférée par un sur système que les Français ont refusé !

Bonjour au monde virtuel qui ne repose que sur le socle sablier de la prédation argumentée par le mensonge et la propagande autrement plus puissante que celle instaurée par les nationaux socialistes et les communistes, ce qui est normal puisqu'elle est maintenant synthèse de ces deux ordres inhumains et se dévoile nazi communiste par essence !

Bonjour ma France traitée comme une prostituée sous le joug de la férocité animale de la prédation la plus ignoble, celle instituant la non-vie comme devenir, au mépris de la nature, qui reprendra ses droits, inévitablement, car enfin, que sont ces moisissures qui veulent la ternir ? Rien que des virus, une vraie pandémie, dont les anti corps de la Vie destitueront le règne maladif lorsque chaque Etre Humain, conscient, libéré du fléau du mensonge et de la propagande, se rendra compte qu'il vit au milieu d'un champ de ruines, ce champ de ruine qu'il faudra reconstruire sur les bases solides de la réalité et non plus de la virtualité façonnée par l'illusionnisme et ses commissaires politiques !

Allez courage, au travail !

Veille

À la veille d'une guerre entre une coalition ordonnée, décomplexée par la faillite de l'économie qu'elle a provoquée, et l'Iran, on peut se demander où nous en sommes dans notre Pays comme dans cette europe néoconservatrice qui lentement assoit son pouvoir sur quatre cents millions de citoyens qui l'ignorent mais en subissent insidieusement les conséquences. Là où l'émergence de nouveaux empires se fait entendre, là où le pivot de l'économie n'est plus au cœur des citadelles, qui n'ont pas su suivre le courant de l'Histoire (avec un H majuscule) et qui se rattachent à un Ordre de fer pour initier des bouleversements qui ne disent pas leur nom afin de conserver les apparences de ce pouvoir, là où la prêtrise des lobbies détermine une infatuation sans nombre qui cristallise la faillite de nos sociétés et de cet Empire Occidental qui fût, là où la prédation alliée à la propagande la plus illuminée devient le pain quotidien du citoyen, que pouvons nous construire sinon que sur du sable tant que les rouages institutionnels seront gardiennés par les marchands et leurs valets obséquieux. La politique aujourd'hui n'existe plus dans nos pays occidentaux, elle est laminée par l'inféodation et ses gabegies, ainsi de cette europe incapable de se construire politiquement qui nous renvoie l'image de cette étrange incarnation. Ici, tout était possible, à partir du moment où le respect inconditionnel des Nations était effectif. Cela n'a pas été, et cela ne sera plus possible avant longtemps, jusqu'à la chute amorcée dans cette décennie qui voit les Peuples se détourner de ce qui ne représente à leurs yeux qu'une source d'imposition de plus. Cette europe n'a aucun destin face à la réalité des Empires qui se dessinent, la Chine, la Russie, le Brésil, notamment. Et si on observe attentivement, on s'aperçoit que cette europe est devenue tributaire de ces trois empires, pour les produits de consommation, pour l'énergie, et enfin pour la nourriture, sa bureaucratie destructrice ayant enrayé pour un certain temps les capacités de production dans tous les secteurs dans tous les pays qu'elle assemble et non rassemble. Si l'on avait voulu détruire l'idée Européenne, on ne se serait pris autrement. Au regard de cette désintégration qui participe de la désintégration de pratiquement tous les pays qui sont dans cette association, le devenir apparaît particulièrement obéré. Et il ne suffit de préparer un projet pour la défense Européenne pour 2020 pour accroire un seul instant qu'il pourra être mis en vigueur sans une coordination réellement politique, un projet qui satisfasse l'ensemble des citoyens des Pays concernés, une vision qui ne soit pas celle de l'abandon des souverainetés mais bien au contraire le respect des souverainetés qui par complémentarité se rassemblent et non s'assemblent, pour édifier dans ce monde qui deviendra multipolaire, un vecteur moteur, et non un vecteur qui se disloque par irrespect de sa Culture, de son Capital Humain et technologique, de sa force de défense livrée ce jour en pâture au chômage. Ce vecteur moteur doit trouver en lui le courage de se libérer des contraintes énergétiques, et pour cela doit cesser de se lover dans l'inconscience primitive d'une écologie politique morbide qui prépare les citoyens à tendre leur gorge vers le couteau économique ou militaire des Empires en marche, et pour ce se structurer dans une démarche d'indépendance globale par l'intermédiaire de la création de centrales nucléaires de seconde génération. Ce vecteur moteur doit trouver alliances complémentaires et naturelles, complémentaires avec l'Empire Russe, qui n'est absolument pas mort, naturelles avec les Etats Unis et le Canada. Ce n'est qu'à ce prix que l'Occident retrouvera sa plénitude, face à la déshérence dans laquelle il s'accoutume et où il n'a plus que la violence pour s'exprimer afin de survivre. Le monde est mouvant et en aucun cas statique, et dans ce mouvement chaque pays peut trouver sa place au-delà des arcanes d'un mondialisme réducteur et atrophié qui a prouvé par ses dysfonctions son incapacité totale, ce qui est naturel, on ne détruit pas les Identités sauf à se détruire soi même, à gouverner. Et même s'il reste encore des tenants de cette impéritie, face au mouvement, ils disparaîtront naturellement. Ainsi serait-il temps de se réveiller tant dans nos Pays que dans cette europe avant que de disparaître dans un no mads land où nous servirons de zone tampon entre les Empires, à défaut, de viande de boucherie. Faire une Europe réelle et politique n'est pas si difficile si l'on ne la conçoit pas comme une tour de Babel économique. Je ne saurais inciter le lecteur à relire mon ouvrage Nids de Vautours, parfaitement d'actualité pour mûrir et développer sa réflexion.

Le syndrome de l'écologie

Le renouveau des Nations, la création d'une Europe politique forte, passe par l'arrêt inconditionnel de la flagellation intellectuelle et spirituelle que nous subissons journellement, et notamment en provenance de ce fléau que l'on nomme l'écologie politique, qui ne doit en aucun cas être confondue avec le développement durable qui n'a pas attendue cette pseudo-écologie pour faire valoir sa densité. Fer de lance du mondialisme apatride, cette "écologie" qui se base sur le mensonge pour culpabiliser les Etres Humains, en cela pire que le communisme, en arrive aujourd'hui à vouloir présider aux destinées d'une Humanité flouée dans le savoir, et réduite à un état larvaire. Si nous observons la place de la France ainsi que la place de l'Europe dans le monde, nous ne pouvons que voir une descente aux enfers accélérée par sa propagande délitée qui voudrait se voir règne. Tout d'abord concernant les ressources énergétiques en discréditant l'énergie nucléaire, permettant ainsi de rendre tributaire la France comme l'Europe d'énergies non renouvelables (le comble !), affaiblissant ainsi sa capacité industrielle et par là même politique, ensuite en discréditant les OGM, qui permettront — 1 — de nourrir l'Humanité dans sa globalité, ensuite en initiant une politique basée sur le mensonge tendant à l'appauvrissement caricatural de l'Humanité, suivant en cela les eugénistes du Club de Rome, qui pensent que nous sommes en surpopulation, ce qui est aberrant si l'on considère la conquête de l'espace qui aura besoin de toutes les énergies, et en aucun cas de la spoliation de la volition Humaine par eugénisme conditionné. Ces actions triparties relayées par un monde politique inféodé, qui trouve là matière à renflouer ses caisses vides, une presse aux ordres, une organisation des Nations Unies totalement dépendante notamment de la Lucy Trust, ignorant la réalité scientifique, -2- principalement concernant le réchauffement de la planète, tente ces jours d'accaparer la réalité en fondant sa virtualité n'ayant d'autres buts que l'asservissement économique des Nations et des Inter nations, et notamment l'Inter nation représentée par l'Europe, qui désormais est tributaire pour ses ressources énergétiques de la Russie, pour ses produits de consommation courante, de la Chine, et demain pour son alimentation, du Brésil. Il n'y a que les aveugles pour suivre benoîtement leurs directives qui sont destructrices des valeurs Occidentales (au profit de qui ? Nous voyons ici les pourvoyeurs de fonds...) en premier lieu nos politiques qui s'astreignent à devenir auxiliaires de cette idéologie morbide. Il faut contrer ce délire idéologique, né d'une incapacité à vivre, sur son propre terrain en donnant la parole aux climatologues, non ceux choisis par l'ONU tous dévoués pour subsides, prioritairement, pour bien faire prendre conscience que le réchauffement de la planète est conjoint à deux phénomènes, l'inversion du champ magnétique terrestre et les éruptions solaires (qui ne sont pas prêts de s'arrêter et prendront de l'amplitude dans les décennies à venir), aux responsables des programmes nucléaires, notamment des centrales de cogénération, pour bien faire comprendre au Public qu'aujourd'hui le risque potentiel est maîtrisé, et ainsi de suite dans tous les domaines de l'activité Humaine. Contre offensive naturelle, il faut promouvoir le développement durable qui prend en compte l'Humain, qui n'est pas la création mythique de cette écologie vouée à l'euthanasie de l'Humain, mais le fait du bon sens qui n'a pas attendu après leurs propos pour se mettre en œuvre. Il faut remettre au centre de l'aventure Humaine l'Etre Humain, qui n'a pas à être tributaire d'espèces nuisibles comme l'ours où le loup -3-, dont la finalité n'est pas de rester éternellement, ce qui n'empêche pas de la préserver dans le cadre du développement durable, sur notre planète, mais bien de conquérir l'Espace. Ce n'est que sous conditions de ces actions que nous sortirons de ce frein mental, cette atrophie, qui veut régir le destin de l'Humanité, ce qui implique la création en tout parti d'une force pro active s'opposant à cette gabegie intellectuelle, que l'on peut assimiler au sida intellectuel, témoignée par cette idéologie destructrice que l'on nomme l'écologie politique. L'indépendance et le rayonnement tant de la France que de l'Europe sont à ce prix. Débarrassés de cette mystification, dont les commissaires politiques s'imaginent déjà des chefs d'état, -4- la France comme l'Europe retrouveront leur densité politique et deviendront dans le cadre multipolaire une réalité formelle et non cette virtualité initiant un affaiblissement général des valeurs Humaines, et notamment l'affaiblissement de son système de Défense Militaire -5-. Il n'est pas trop tard pour remettre les pendules à l'heure et s'extraire de cette monumentale fiction, de cette nouvelle religion basée sur l'auto flagellation, la culpabilisation et la destruction de l'Humain. Si demain nous voulons traiter en égaux avec les internations qui se fondent, nous devons nous réveiller de ce cauchemar qui voit aujourd'hui taxer le droit légitime de vivre, notamment dans nos Nations ! Soit nous contrecarrons cette plaie qui empêche tout développement harmonieux des sociétés Humaines, soit nous acceptons son monde de larves qu'elle cherche à instaurer, où chaque Etre Humain sera taxé pour simplement respirer ! Le choix n'est pas difficile, sauf à penser que l'on soit pour la disparition des Nations, de l'Inter Nation Européenne, de l'Etre Humain tout simplement, et nous attendons donc de nos politiques des actes forts qui renverront à leurs chères études les tenants et aboutissants de cette "écologie" politique, humanicides par excellence, donnant plus d'importance aux ours et aux loups qu'aux Etres Humains ! À l'ère de la conquête de l'Espace, nous n'avons pas besoin de leurs boulets qui pourrissent le devenir des civilisations comme des Etres Humains, de leur propagande culpabilisatrice, propagande de millénaristes qui flouent l'Humanité de son devenir, jouant dans le cadre de nos Pays Européens un rôle de destruction sans commune mesure profitant aux Inter Nations qui se forgent et qui n'auront aucune peine à asservir l'ensemble de nos dits Pays soumis à une utopie dont la finalité se traduira par notre létalité tant physique, intellectuelle que spirituelle. Réveillons-nous avant qu'il soit bien difficile de s'extraire de cette destruction programmée par les errements de leur secte incapable de regarder la réalité en face, et incapable de construire en fonction de la réalité ! Ne soyons pas dupes : sous de pseudos bonnes "intentions" se cache la plus ignoble des perversités : la mise en esclavage de l'Humanité ! Demandez des comptes à ces "écologistes" politiques : qui les paient ? D'où viennent leurs subventions ? Qui les rétribuent ? À quel groupe de pression appartiennent-ils ? Quels sont leurs réseaux ouverts, discrets, occultes ? Vous serez surpris, je n'en doute pas ! Alors, vous comprendrez à quel niveau nous en sommes rendus de vassalisation à la destruction de nos propres Nations, de l'Europe elle-même, qui demain tomberont comme des fruits murs dans l'escarcelle des Empires qui se créent, faute de n'avoir su réagir afin d'enrayer la prétention des non-humains à nous voir réduits à l'état de larves consentantes à leur propre destruction ! À vos votes !

- 1 -et oui, le pseudo-règne "écologique politique" ne durera que ce que dure un feu de paille lorsqu'on se rendra compte de sa manipulation éhontée de l'ignorance -

-2- et quoi de plus naturel puisque dévouée à une vision chtonienne du réel -

-3- qu'on réserve un espace clos pour ces espèces, cela n'est pas un problème, mais qu'on les laisse en liberté alors qu'ils sont nuisibles, il suffit de la bêtise ! -

-4- il n'y a qu'à voir leur digne représentant issu de nulle part promu et grassement payé par ce mondialisme atrophié, ne se déplaçant qu'en hélicoptère (cela rappelle un certain prix Nobel ne se déplaçant qu'en 4X4) pour juger de l'impéritie de ce culte régnant actuellement -.

- 5- On croit rêver en entendant les propos de ces biens en chambre qui vivent dans leur petit milieu clôt et couvert, bien à l'abri des balles et du terrorisme et qui demandent bien entendu que les budgets alloués aux Armées soient confinés dans l'utopie la plus démente qu'il soit, alors que certains Empires ne se cachent pas dans leurs défilés de montrer leur force de frappe ! Pour qui travaillent-ils, pour ainsi demander aux Nations de ne pas avoir de Défense ? Intéressez-vous un tant soit peu à la géopolitique et vous comprendrez de vous-mêmes.

Génocide article 211.1

Article 223.6 : de l'obligation d'une personne physique ou morale de prévenir du danger que peut encourir autrui au regard des lumières apportées par les analyses effectuées sur la genèse, la désinformation, la duplicité pouvant permettre un génocide organisé par des laboratoires aux ordres du mondialisme, relayé par les gouvernements.

Article 223.6 : obligation of a natural person or morals to prevent danger which others taking into consideration light can incur brought by the analyzes carried out on the genesis, the misinformation, duplicity being able to allow a genocide organized by laboratories the orders of the mondialism, relayed by the governments.

En conséquence refusez de vous faire vacciner, refusez de faire vacciner vos enfants et vos proches, la résistance civile devient une nécessité si nous voulons assurer la survie de l'Humanité, sa survie physique !

Consequently refuse to make you vaccinate, refuse to make vaccinate your children and your close relations, civil resistance becomes a need if we want to ensure the survival of Humanity, its physical survival!

Usurpation

Le terme écologie se trouve aujourd'hui usurpé par un panel d'opportunistes à la solde de la désintégration du Vivant et plus particulièrement de notre espèce Humaine. L'Écologie a pour objet la préservation des espèces, donc de l'Humanité dans son ensemble et de son environnement, et notamment notre planète -1- Complémentaire du développement durable qui a pour but l'épanouissement humain dans le cadre de l'utilisation rationnelle de ses ressources non renouvelables dans un environnement préservé, l'Écologie ne peut être que scientifique, car elle se base alors sur des faits réels et non des mensonges virtuels qui mènent aujourd'hui à une anarchie désintégrant sa fonction lorsqu'elle est le fait d'une orientation politique visant à l'asservissement. -2- Redonner à l'Écologie ses lettres de noblesse c'est restituer sa fonction : celle de conseil scientifique près des pouvoirs politiques afin que ces derniers par l'intermédiaire d'un ministère approprié puissent enrayer ou surmonter des phénomènes liés à la préservation des espèces et prioritairement de l'Etre Humain dans son environnement. À quoi assiste-t-on ce jour ? À une usurpation globale de la terminologie de l'Écologie par une caste politique n'ayant d'autres ambitions que la prise du pouvoir pour gérer une Humanité larvaire n'ayant d'autre devenir que l'acceptation d'un esclavagisme orienté par le maître mot de leur addiction : l'utopie. Une utopie destructrice de la nature Humaine au profit d'une nature virtuelle sublimée et atrophiée, dans laquelle l'Humain n'a le droit que de subir, une utopie providentielle et religieuse en laquelle l'Humain, désormais sans avenir, se diluera comme le compost, une utopie inscrite au fronton du temple de thanatos où se régira le droit de créer, le droit de respirer, où l'avortement et l'euthanasie de complaisance seront règles. Si l'on observe les actions entreprises par les "généreux" "écologistes" politique, nous pouvons voir que cette utopie est en passe de régir certains Pays, dont le nôtre, et les mener à l'asphyxie, sinon à l'asservissement :

A) mise en route d'une taxe Carbonne, frein à l'esprit d'entreprise, paupérisation des classes moyennes, taxation de la Vie Humaine

B) lutte contre les centrales nucléaires qui sont le levier de l'indépendance énergétique avec un seuil de pollution proche de zéro

C) lutte contre les OGM, qui permettraient de nourrir la Terre entière sans aucun problème

D) entreprise de culpabilisation des individus que l'on voudrait rendre responsable de tous les maux, sans surtout s'attaquer aux entreprises polluantes, et bien entendu sous le prétexte de mensonges grossiers que renient tous les scientifiques sérieux de part cette petite planète.

E) mise en route de centrales éoliennes qui ne rapportent rien sur le plan énergétique et polluent l'environnement tant par leur bruit que par leur vision totalement insalubres

F) entreprise de restructuration dans les Etats des budgets alloués aux différents ministères en sapant notamment le budget des défenses nationales, permettant ainsi d'affaiblir la défense de certains pays, au profit d'une destruction et d'un servage conditionnés

G) insertion d'animaux nuisibles pour les Etres Humains et leurs ressources dans leur espace géographique, dont la nuisance se poursuit inexorablement sous les yeux des propriétaires de troupeaux qui voient leur cheptel décimé par ces nuisibles

H) lutte contre la chasse et la pêche, au nom de l'utopie, permettant la destruction des cultures par des espèces dont la reproduction est, elle, sans limite et applaudie par la déliquescence des autistes

I) autisme bien entendu devant les produits destinés à une vaccination de masse contre de pseudos virus dont le remède est pire que le mal, et que ne dénoncent en aucun cas ces non-être n'ayant pour but que l'eugénisme

Etc, etc...

Si l'on n'a pas compris désormais que l'"écologie politique" n'a rien d'écologique, puisque vouée au regard des considérations précédentes, à la destruction de l'Humain, soit on est aveugle, soit on est complice. En fonction de cette analyse, si l'on veut restituer à l'Ecologie sa véritable force, il convient d'ores et déjà d'éliminer des suffrages cette armée de prédateurs de la vie, ces introvertis passionnés par la mise à mort et l'asservissement des Humains que nous sommes.

Bras armé du mondialisme ces commissaires politiques voués à Thanatos, ne cherchant qu'à détruire l'Humain, qu'à détruire les Nations et leur autorité, leur défense, et leur indépendance énergétique, doivent ne plus faire l'objet d'un seul vote de la part des Etres Humains. Ce n'est que comme cela que nous restituerons à l'Ecologie, son sens et son devoir !

-1 - Pour ce qui est de notre environnement il peut être possible d'agir en surface, pour ce qui est de la planète, faudrait-il maîtriser ses forces gravitationnelles, ses forces telluriques, son volcanisme sous marin comme terrestre, ainsi que les interactions solaires, pour pouvoir prétendre à sa conservation en l'état. Il serait profitable à certains de s'intéresser aussi à la tectonique des plaques avant de vouloir faire accroire à une planète figée tant dans ses continents que dans ses océans, l'Humain doit ici s'adapter tant qu'il n'a pas de contrôle. À écouter les "écologistes politiques", nous sommes comme au moyen âge, sur une terre plate avec des continents figés éternellement. Non, nous sommes sur des plaques qui bougent continuellement et qui sont soumises à des énergies internes, celles de la Terre, et des énergies externes, celles du Soleil, et de la Galaxie. Mais évidemment quand on ne cherche qu'à réduire l'Etre Humain à la poussière, ces considérations ne sont pas prises en compte par ce bestiaire inouï de l'ignorance et du mensonge accouplés.-

- 2 - Le mensonge le plus pervers relève du réchauffement de la planète qui dans sa réalité est consécutif à l'inversion du magnétisme terrestre qui se produit tous les cent mille ans et aux éruptions solaires de plus en plus virulentes, ce qui est naturel, le soleil est un astre vivant à durée limitée, à mi course de sa fin de vie qui le verra devenir géante rouge (et là il n'y aura plus une seule planète dans son environnement, puis une naine blanche). Il conviendrait peut-être que ces prédateurs prennent en compte ces faits scientifiques avant que de faire accroire que notre si belle petite planète sera encore présente dans le temps, et que le devenir Humain lui est essentiellement consacré. Non, les Etres Humains ne sont pas destinés à rester sur notre Terre, mais bien à conquérir, ne vous en déplaise, cette Galaxie et certainement d'autres, si l'espèce Humaine veut survivre. La lâcheté sans commune mesure des prédateurs est ce mensonge pitoyable qui veut faire croire que nous sommes ici pour l'éternité. Nous sommes loin de l'étoffe des héros, mais je vous rassure il en existe encore qui permettront de faire faire des bonds à l'Humanité, et dont les descendants regarderont ces "écologistes politiques" avec des yeux d'effroi au regard de leur délire qui peut aller jusqu'à faire disparaître notre espèce si l'on considère leur volition à détruire tout ce que l'Humain construit. Ces prêtres de Thanatos ne seraient certainement pas là à se lamenter si nous en étions encore à l'époque des Pyramides, ils travailleraient et construiraient, ce qui les changeraient très certainement, au lieu de passer leur temps à des élucubrations de sophistes pour les sophistes, mais cela est un autre problème, bien humain celui-là. Comme me disait un ami, qu'on leur donne une île et qu'ils vivent comme ils peuvent avec leurs feux de bois, leurs ours, leurs loups, leur arche de Noé, mais par pitié qu'ils cessent d'ennuyer ceux qui travaillent, et non pérorent sur le sexe des anges, pour le devenir de l'Humanité. Nous les attendrons sur Mars, demain sur Jupiter, et en vérité, qu'avons nous besoin d'eux, sinon que pour faire régresser l'Humanité ! D'ailleurs ils disparaîtront d'eux mêmes tant leurs mensonges sont grossiers, et leurs utopies dévastatrices pour le devenir Humain !

Vous avez dit Démocratie ?

Il fut un temps pour la Démocratie, qui aujourd'hui n'est plus qu'un souvenir sur notre terre de France. Ne parlons même pas de cette europe où les Pays floués de leur droit d'être se trouvent conjugués à l'excès dans une orientation dictatoriale dévouée au culte de l'économie dans sa trivialité la plus absurde, le mondialisme de la prébende. La Démocratie implique un discours, un partage des Idées, une résonance, des conflits d'opinions, ici, en ce lieu où résonnent encore, mais pour combien de temps, avant que leur histoire ne soit réécrite, les voix de ceux qui ont fait la France, de ces Etres qui certes imparfaits ont témoigné à notre terre une fidélité légendaire et exemplaire jusqu'au don de leur vie. Aujourd'hui, rien n'évoque la grandeur ni l'honneur de ces Etres qui ont façonné notre Histoire et notre Géographie, sinon que pour vilipender leur souci de servir la France, et de faire rayonner sa Culture, sinon que pour salir dans le bestiaire devenu de la destruction de leurs heures leurs faits d'armes, leur gloire. Cette gloire qui leur a permis de faire naître la pensée Française en sa traduction physique par les Sciences, en sa traduction intellectuelle par la Philosophie et les Lettres, en sa traduction spirituelle par les Arts. Quel que soit le temps, le régime, il y eut toujours des Etres Humains pour aimer et faire resplendir notre terre de France dans ce qu'elle a de plus noble, de plus vigoureux, de plus téméraire, et l'exemple était là, dans le Pouvoir, un exemple incontournable où lorsqu'on était au service de la France, on se désintéressait de soi, on faisait don de sa personne, comme le Militaire au Combat fait don de sa Vie. Le rêve de la Démocratie abordé lors de la première Révolution, qui finit dans un abject holocauste, laissa place à l'Empire qui eut pu être une ouverture réellement Européenne, si l'Empire n'avait été lâché par tous les faiseurs de dettes, les inconsolables de la médiocrité. La République sur ses ruines est née dans les soubresauts d'une déshérence, celle de la restauration qui a vu affluer non pas l'Aristocratie, mais les parvenus d'une noblesse sans pitié, toute imbue de "privilèges" auxquels elle n'avait droit, et qui outrepassant une quelconque légitimité s'arrogea le droit révoltant de réduire à l'esclavage les enfants dans les mines, pour complaire à la servitude tout un Peuple, et bien d'autre part cette Terre. Tant bien que mal a survécu la Démocratie sous le fatras de ces affairistes et de ces corrompus au milieu desquels, se tenait encore la droiture, l'estime et non le paraître. Une première guerre dite mondiale, qui ne fut en aucun cas une guerre pour ceux qui la diligentèrent, banquiers et marchands en tout genre associés à la destruction de la Jeunesse Européenne, eut pour effet de voir la catalyse de leur souhait, la naissance de l'usurpation du politique par l'Économique, enhardie jusqu'aux tréfonds de l'Asie par la destruction d'un trône au profit du communisme larvaire initiant le servage acclamé. Cette route ne suffisait il fallait enhardir cette modeste conquête, et dans l'illumination la plus critique se dessinaient déjà les oriflammes de la seconde guerre, créée elle même de toutes pièces afin de saillir cette Europe qui tentait de redresser la tête en créant le Conseil des Nations, afin de taire dans l'œuf le génie civilisateur de cette Europe encore debout malgré le bain de sang ayant décimé sa future génération, tous ces scientifiques, tous ces philosophes, tous ces artistes, tous ces créateurs morts au champ d'honneur, dans une horreur imprescriptible ! La France à peine relevée de ce conflit mortel se retrouvait de nouveau assignée à cette morbide insanité, combattant ce qu'elle pensait être l'ennemi souverain, le national-socialisme qui n'est autre qu'une expression du communisme en son autorité, ce qui permettait au communisme de devenir son allié dans ce combat, un allié dangereux à souhait de l'esclavage affirmé, dont le souhait n'était que main mise de son espace pour configurer son Empire morbide, sous le regard bienveillant de ses maîtres payeurs et maîtres chanteurs qui attendaient leur heure. Équilibre sordide, voyant comme jamais les camps de concentration expurger les rêves Humains, tant dans la prêtrise communiste que dans la prêtrise nationale socialiste, hydre à deux têtes consommées, doigts de la main manipulatrice qui se joue de la vie afin de parfaire son autorité de nain. Ce second bain de sang épuré, la Démocratie en ce jeu ignoble n'existait plus que par phasme interposé, et si rupture n'avait pas été la politique annoncée par celui qui avait encore le goût de la France, que l'on aime ou que l'on n'aime pas d'ailleurs (je parle du personnage), la France ne se serait redressée et n'aurait repris son chemin. Mais vers quel destin ? La perte de son Empire, par falsification de l'Histoire, la perte de son Identité par viols successifs de son intégrité agencée par une Organisation des Nations Unis initiée par une prêtrise dominatrice qui n'avait pour désir que de finaliser le règne de l'économie sur le Politique, pâle reflet de la Société des Nations, usurpation dont le témoignage ressemble beaucoup plus à une cour des miracles qu'à une cour d'autorités naturelles, par désintégration culturelle, le laid transperçant le beau pour acculturer et réduire la capacité créatrice, dans la littérature, dans la Poésie, dans la Peinture, dans la Sculpture, dans l'architecture, afin d'avilir, de destituer, génocide culturel dont cette décennie porte les relents de purulence en pavois, afin de stigmatiser l'Identité dans tout ce qu'elle a de noble et de vitale pour la société. La renaissance fut de courte durée, l'indépendance énergétique et militaire déjà agonisante sous les coups alliés de la perversité dénaturant l'Identité, tandis qu'en Chine déjà s'instaurait un autre doigt de cette main réduisant au néant les aspirations de son Peuple sous le joug d'une auto mutilation intellectuelle et spirituelle, et que des guerres larvaires permettaient d'établir dans l'esprit des Peuples conquérants une ardeur auto destructrice qui les préparaient à succomber au troisième assaut, dont nous connaissons les prémisses actuellement, un assaut contre la Vie elle-même, par culpabilisation criminelle née d'une écologie politique ignorante, faisant fi du réel afin d'inventer un virtuel, dans lequel la Démocratie lentement s'enlise jusqu'à n'être plus qu'un point dans la sphère des pouvoirs qui ne se disputent pas, je vous rassure, mais se conjoignent à souhait afin que l'Humain devienne ce non-être acceptant sa servilité devant leur caste médiocre, de nazi communiste. Nous n'en sommes pas encore là, mais nous n'en sommes pas loin, et si nous regardons notre propre espace géopolitique, la France, nous pouvons y voir figurer ces hospices : un monde politique dévoué à l'économique, n'ayant plus droit de battre monnaie, où ne se distinguent ni droite ni gauche et encore moins les extrêmes, tous archaïsmes qui ne sont là que pour amuser les Peuples, une acculturation pratiquement totale au service du mondialisme le plus introverti, une identité qui bientôt ne sera plus qu'un souvenir devant l'afflux exogène béni par l'ONU, une culpabilisation stérilisante qui fait réagir notre Peuple, comme le chien de Pavlov, qui en vient à haïr ses racines, qui en vient à haïr sa constitution biologique, sa constitution historique, sa constitution d'Etre Humain, pour ne plus que s'abaisser dans une reptation et une soumission bestiale, une déperdition totale de l'indépendance énergétique et militaire, par anorexie pavlovienne, une Démocratie qui n'existe plus, flouée par le vermifuge médiatique, le clinquant, la verroterie, où se rengorgent les prédateurs de tous acabits de la servilité mondaine, ces philosophes du néant, ces équarrisseurs scientifiques, ces artistes de la dépravation, dont les sommets se conjoignent dans une orgie putride de domestiques du pouvoir qui se confluent les uns les autres dans la désintégration de tout ce qui a fait la grandeur de la France, de tout ce qui a fait resplendir son Honneur. Il n'y a plus rien, le saviez-vous ? Nous marchons au milieu des ruines fumantes de notre civilisation, pendant que l'orgie se distribue 140 milliards de dollars, et que nos banquiers s'empressent de restituer à l'État ce don inespéré de la dette à long terme de nos arrières arrières petits enfants, afin que comme leurs héros ils se distribuent une manne céleste basée sur le virtuel, tandis que les entreprises font faillites, que le chômage s'accentue, que la paupérisation s'accélère, que les moyens de soins, hôpitaux et services ferment à la vitesse de l'éclair, que les écoles deviennent des champs de bataille privilégiés, que les zones de non droit prolifèrent, que les acquis sociaux se réduisent comme peau de chagrin, que le servage par l'intermédiaire de l'espionnage des conversations privées, des courriers privés, des habitudes de navigation sur internet, de chacun de nos concitoyens sont catalogués, pesés, (pour mieux les soustraire à la société dans des camps de rééducation, ces magnifiques camps de concentration dont 800 ont été construits aux Etats Unis pendant l'Ère des néoconservateurs ?, et qu'en est-il chez nous, il serait peut-être temps de s'y intéresser !), que la Liberté s'amenuise à une vitesse vertigineuse, cette Liberté essentielle à l'épanouissement des Peuples ! Et d'aucuns s'étonnent aujourd'hui que les pantins politiques font ce qu'ils veulent, nomment qui ils veulent, destituent qui ils veulent, que leur cour ne soit qu'une cour de proches et d'intimes, à qui l'on passe toute réflexion, leur donnant droit de faire accroire que par leurs voix la France défend le viol et la pédophilie, la guerre à outrance en Iran, la guerre à outrance en Irak, la guerre ! Dans ce désert, entendre ces lamentations qui sont tues au premier coup de semonce des apprentis de la dictature, soumis à l'économique, prêterait presque à rire si ce n'était à pleurer. Un pouvoir Politique qui n'existe plus fait ce qu'il veut dès l'instant où il se sent conforté par ce qui relève du pouvoir Économique, et comment pourrait-il aujourd'hui, faire autrement ou du moins en être autrement ? Qui dirige la France le Politique ou l'Économique ? Bien entendu l'Économique, ne soyons pas aveugles, comme la plupart des Pays par ce petit Monde. Lorsqu'on a compris que cela est ainsi, par pitié, que l'on ne vienne parler de Démocratie, le Pouvoir par le Peuple, pour le Peuple, n'existe plus depuis belle lurette ! Ici n'existent plus que des prébendiers et des corsaires inféodés qui cherchent à accaparer le pouvoir en ses avantages mais certainement pas en ses devoirs. Bien disciplinés, le pouvoir leur sera remis, et votre bulletin de vote n'y changera rien. Vous votez "à droite", bien, vous votez "à gauche", bien, il n'en demeure pas moins que les prétendants qu'ils soient de "droite" où de "gauche" sont au service de l'Économique, vous n'y pouvez rien. Quels sont les meilleurs amis du monde actuellement dans notre petit monde : il y en a un qui se dit "de droite" en France et un autre qui se dit "de gauche" au FMI. Lorsque vous aurez enfin compris qu'il en est ainsi, vous comprendrez que ce que vous voterez n'a aucune importance dans la litière de la dictature qui s'avance. Ce constat est un constat d'échec pour la Démocratie qui n'est qu'un mot et une serpillière pour certains. Le reste n'est qu'amusement, chronique de la folie ordinaire qui s'accroît ! Nous sommes à des années lumière du règne des Élites comme de la Capacité, nous sommes sur le strapontin de la déshérence et de l'accoutumance, sauf si un réveil se produit, un réveil naturel des Peuples et du nôtre en particulier, ce dont je ne doute pas, notre Histoire non réécrite le prouvant de multiples fois. Ce réveil ne peut être effectué que dans le cadre de la légalité la plus absolue, dans le cadre de cette Démocratie dont les Pouvoirs n'osent encore remettre en question la réalité, malgré la désintégration qu'ils cherchent à moduler à son encontre. La Légalité, c'est le droit de s'associer et de créer un parti qui ne soit inféodé à aucune des contritions du servage ambiant actuel, accueillant toutes les femmes et les hommes de bonne volonté, qui sauront quitter leurs oripeaux d'appartenance et de prébendes, de gauche comme de droite, qui sauront constituer une armature solide, résistant aux assauts de cette tentative morbide de désintégration de la Nation, une armature dévouée n'ayant d'autre volonté que la restitution de l'État de Droit et de Devoir, emmenant avec lui la majorité de nos concitoyens ce jour floués dans leurs opinions, dans leur Liberté, dans leur épanouissement, par le coup d'état permanent de la morbidité condescendante qui fait œuvre de figuration. Une armature digne qui saura placer en chaque Mairie, à l'Assemblée Nationale, au Sénat, des femmes et des hommes de capacité et non des hommes et des femmes qui ne recherchent que leur satisfaction personnelle au détriment de la collectivité, dans tous les rouages de l'État à quelques niveaux que ce soit. Une armature inflexible qui saura commettre Femme ou Homme à l'élection présidentielle, avec pour programme la rénovation de la France, non pour son asservissement, mais pour son rayonnement, développant des mesures énergiques pour destituer le sabordage de l'indépendance nationale prioritairement au niveau énergétique par une politique nucléaire sans égale, pour reprendre économiquement le droit de battre monnaie et ainsi ne pas payer indûment des milliards et des milliards d'intérêts à des banques transnationales qui vivent de sa dette, pour restaurer l'Agriculture et l'industrie dans notre Pays, je ne rappellerai jamais assez que nous étions le grenier de l'Europe, et que notre Industrie n'avait à rougir de personne, pour revitaliser la Culture dans ce qu'elle a de dynamique et éducatrice, et non de perverse et culpabilisatrice, pour initier un développement durable qui rejettera l'écologie politique putride au profit de la mise en œuvre d'une révolution industrielle basée sur le capital Humain, pour rendre à la Défense Nationale ses lettres de noblesse qui ne sont pas de courir le monde mais bien de défendre le territoire national, et en fonction de ses alliances, la sûreté des frontières alliées tant sur mer, que sur terre, que dans les airs, d'initier une réforme totale du cadre Européen, par la mise en œuvre d'une Europe des Nations, qui n'a pas pour but de réguler les échanges entre Nations mais de conseiller, et en aucun cas de voter des lois arbitraires qui ont créé le lit de la dictature que nous connaissons actuellement dans les pays qui se sont joints à cette tour de Babel sans queue ni tête, sinon celles de l'asservissement des Peuples. Il est évident que cela peut paraître utopique au regard du carcan qui entoure actuellement les bonnes volontés. Il faut savoir briser ce carcan et pour cela je le répète, faut-il insinuer tous les partis, tous les syndicats, toutes les sociétés de pensées, du plus bas au plus haut niveau afin de créer un contre pouvoir qui permette la régulation et la destitution des fléaux auxquels nous assistons. Non, l'Etre Humain n'est pas impuissant face à ce carcan, encore faut-il qu'il reprenne courage et volition dans l'accomplissement de ce qui sera, car la Dictature ne dure jamais très longtemps, 76 ans pour le communisme, une trentaine d'années pour le national-socialisme, et je pense moins de cinquante ans pour ce nazi communisme auquel nous sommes confrontés. Internet est déjà un fer de lance, n'hésitez pas à l'investir par sites composés, blogs, forums, afin de faire rayonner notre expression. Il est le premier contre pouvoir qui a su taire l'arrogance d'une vaccination massive à l'aide d'un produit hautement dangereux pour l'Etre Humain, pour lequel ont déjà été déposées des plaintes pour tentative de crime contre l'Humanité. Le recul des pouvoirs face à cette insanité devrait pouvoir faire réfléchir bon nombre d'entre vous. Nous sommes au milieu des ruines, mais nous pouvons nous redresser, ceci n'est pas difficile si on se donne la peine de réfléchir. Je pense ici aux hommes et femmes politiques, non inféodés à l'entreprise de destruction à laquelle nous assistons, qui sont déjà en place dans certains partis, et qui, tout le monde n'est pas subordonné aux prébendes, pourraient faire exploser les contraintes des dits partis en créant ce Parti de la Rénovation Démocratique, et je leur dis : " Que préférez vous ? Gouverner des Etres Humains libres, ou bien des non-humains asservis ? Voulez-vous continuer à vous fondre dans le moule de l'abjection qui condamne l'Etre Humain à l'euthanasie programmée ou bien vous surprendre à vous élever en élevant l'Etre Humain à son épanouissement ?".

La tragédie comique

La tragédie comique que nous vivons sur notre sol dépasse l'imagination. L'intelligence politique y a fait place à une médiocrité sans limite qui s'enlise dans ses répons et ses questions, tourne en rond, ne sait quoi faire pour attirer le regard non de l'Etre Humain, mais de l'électeur potentiel. Et nous observons que tant à gauche qu'à droite le mépris du Peuple prend désormais le pas sur la réalité pour efforcer une virtualité où ne se baignent que les prébendiers, les exogènes et la lie d'un monde qui s'invente une rubrique pour exister, celle du paraître, paraître roi, paraître sans Élites, dont le nom même qui devrait inspirer le respect n'inspire plus que dégoût tant la trivialité, l'inféodation, la reptation sont les maîtres mots de cette purulence devenue qui s'active afin de détruire tout ce qui a été notre sol, notre sang, notre Nation, notre Patrie. On en vient à poser la question de l'Identité Nationale, comme si cette question avait besoin d'être posée lorsqu'on regarde sans complaisance notre Histoire, non l'histoire réécrite depuis 1789, mais l'Histoire avec un H majuscule qui a fait la France et les Français, nos concitoyens que l'on se complaît à traiter de "sous chiens" et qui tous les jours subissent l'humiliation d'être Français par des hordes qui n'ont d'autres buts que la destruction de nos racines, culturelles, religieuses, historiques. Le coup d'état permanent des barbares en livrées qui aujourd'hui ont fait main basse sur une "europe" sans réalité existentielle sinon que virtuelle, est l'image typique de ce déclin de l'intelligence, tout d'usurpation, rien de Droit ! Le Peuple en sa voix a dit non à cette virtualité, et bien qu'importe, on passe par-dessus le Droit et on fige dans le marbre un traité qui n'est qu'un chiffon de papier au regard du vote des Français et qui le deviendra si le Peuple se réveille.

Mais comment pourrait-il se réveiller devant tant d'ignominies et de bassesses le culpabilisant, le maternant dans l'abjection, le dorlotant dans la destruction de ce qu'il représente. Le mensonge roi est là pour falsifier son raisonnement, à commencer par cette déliquescence que l'on nomme l'écologie politique, où le putride rejoint l'inutile pour créer des taxes qui permettront de renflouer les caisses vides d'un état en abandon de sa souveraineté, abandon autorisé par délitement du pouvoir de créer sa propre monnaie. Ici se tient le lieu de toute théurgie de cette complaisance à cet abandon, qui permet de voir aujourd'hui les banques narguer les gouvernements, se distribuant des milliards en guise de bonus, riant en chœur de l'incapacité des politiques à régir leur propre Etat devenu dominé et esclave de la tyrannie du temple des marchands. Tout le reste suit, la dépendance énergétique, alors qu'il suffit pour la France de construire cent centrales nucléaires pour se débarrasser de cette contrainte, la dépendance agricole, alors que la France fut le grenier de l'Europe, la dépendance manufacturière, alors que la France n'a besoin de personnes pour construire et vendre ses produits, toutes dépendances qui s'interpénètrent pour mieux cerner l'intelligence et la réduire dans sa culture par une acculturation dominante, dont le prêche est royalties des bonimenteurs qui "guident" le destin de la France vers son agonie. Une agonie culturelle, une agonie intellectuelle, une agonie spirituelle, une agonie économique, un génocide identitaire et non communautaire comme inlassablement le répètent les féaux de cette destruction, par viol constitué et légiféré des constituants bio géographique de notre Nation, qui sans mystère s'enfonce dans le néant, ce bourbier infect où l'esclavagisme devient règne, esclavagisme accentué par les millénaristes de pacotille qui distillent leur venin de maître à penser sur des consciences qui se brisent au charnier de la bêtise accouplée à l'immondice. Si certains pensent que j'exagère, qu'ils regardent les yeux ouverts et non conditionnés par la débauche médiatique qui n'est là que pour initier la culpabilisation et la réaction pavlovienne qui s'ensuit, d'un Peuple qui se renie, d'un Peuple qui n'est plus que l'ombre de lui-même et qui n'ose se révolter légalement contre son état de serf et de vilain, en rejetant en bloc les avanies qu'il subit. Comme si cela ne suffisait pas dans cette errance macroscopique qui voudrait s'accroire puissance, lors qu'elle n'est que virtualité et par là même soluble dans sa propre assurance, nous assistons aujourd'hui à la mise en accusation de ceux qui ont conservés une tradition Française, un premier ministre jugé sur des faits communs à tous les gouvernements, un ministre condamné à la prison sur des avatars, enfin un Président de la République Française sommé de comparaître pour des affaires sans intérêts qui ont eu lieu il y a vingt ans, au motif d'emplois dits " fictifs". Que leur reproche-t-on ? En vérité leur attachement à la France, leur non définitif à une intervention militaire extérieure basée sur un mensonge, encore un mensonge, toujours des mensonges, et plus le mensonge est gros, plus il passe, tant la conscience de l'individu aujourd'hui est en dessous de celle du singe, à force de l'altérer par la médiocrité globale. La vérité est là, dans sa frénésie de destruction de ceux qui parlent de la France, cette France honnie par les aréopages les plus purulents à son encontre qui aient existé à ce jour sur notre sol. Que recherche-t-on dans ces procès, à détruire dans l'Esprit des Français la notion de la France, à détruire dans l'Esprit des Français la morale Française, à détruire dans l'Esprit Français leur Identité Nationale et souveraine qui ne se laisse pas dompter par le mensonge et ses frénésies, ses hystéries, ses perversions, ses empathies, ses desseins dont les orientations sont fixées sans l'accord des Peuples par des sociétés de pensées insinuées par tout ce qui compte d'errants sans foi ni lois qui n'ont d'autres buts que l'instauration de ce nouvel ordre mondial, ce monde de maîtres et d'esclaves, où les "maîtres" ont tous les droits y compris celui de violer, de tuer, de sacrifier, de mener à l'abattoir des Peuples entiers, par vaccination obligatoire — le h1n1, quelle belle réalisation de cette utopie — par guerres de "libération" pour la défense d'une "liberté" qui est en deuil d'elle-même, par génocide biologique au nom d'un "réchauffement planétaire politique" qui n'a d'autres buts que la disparition des Identités. Et ce droit ne le prennent-ils pas, en inventant cette "europe" de prébendiers et de corsaires, où floués les Peuples n'ont rien à dire, n'ont rien à faire qu'à subir ? Et ce droit ne le prennent-ils pas en décrétant l'existence d'un Président de la dite "europe" non élu par les Peuples ! Les Peuples sont en léthargie, le nôtre plus singulièrement. Fort heureusement il a des ressources, et c'est là que l'on voit que la France ce n'est pas Paris, cette écurie d'Augias, la France ce sont nos Provinces et dans leur cœur bat l'Histoire Française qui n'est pas en déclin, mais bien résurgence, et dans leur cœur bat notre Identité culturelle qui non plus n'est pas en déclin, le politique n'y est pas encore dilué, et leurs incapables n'y sont pas curies. Faire la part de l'ivraie et du bon grain sera le devenir de notre Peuple en sa représentation, cette représentation toute en appartenance ces jours, inféodée à la pire des volitions, celle de la destruction de la France, de ses racines, de son Identité et de son rayonnement. Ce sont dans les Provinces que nous trouverons les souches les plus prometteuses, et nulle part ailleurs, du renouveau Politique de notre Nation. Restaurer la Nation commence par la restauration de nos provinces, l'éradication des inféodations dans les représentations politiques, le copinage des féaux qui ravissent et usurpent les droits du Peuple. Il n'y a de place dans la représentation du Peuple pour la prévarication, l'inféodation, l'usurpation, la prolifération de la domesticité à ce qui n'est pas la France, à ce qui par association ouverte ou discrète est là pour détruire la Nation, un représentant du Peuple représente le Peuple et non pas l'utopie pernicieuse qui fait qu'aujourd'hui nous en sommes à ce constat magistral d'une mondialisation sans contre-pouvoir, tant l'inféodation est prisme de ce délire forcené qu'il convient que tout un chacun acceptât sans le moindre sursaut. À la virtualité il faut opposer la réalité, ce droit inaliénable des Peuples à se diriger eux-mêmes, leur droit à l'Identité, leur droit au respect multilatéral, base de l'Universalité qui n'a rien à voir avec cette méprise des mots, l'universalisme, qui est déjà le fourrier d'un collectivisme impuissant qui ne pourra que s'autodétruire lui-même, dont le mondialisme est la partie la plus avilissante tant pour l'Humanité que pour les Etres Humains. Il n'y a de voix à porter à la destruction, à ces écologistes politiques qui ne sont que les fourriers de la destruction des Nations, à ces partis dits de gauche où de droite qui se réunissent dans leurs si belles sociétés de pensées qui désormais ne sont plus que des fantômes de ce qu'elles ont été, toutes dévouées désormais à cet illuminisme qui n'est lui-même que règne de la dictature impitoyable de la théurgie de la bassesse associée à la médiocrité. Ce ne sont jamais les partis qui fondent l'orientation des Peuples, mais les Etres Humains, donc votez pour des Etres Humains et non pour des non-humains dont l'insolence pernicieuse aujourd'hui est arrivée au sommet, ce sommet de la dépravation que nous vivons tous les jours, que nous voyons tous les jours où les Français n'ont plus droit à la parole, où les médias aux ordres ne sont plus que des pantins ridicules qui assènent des mots d'ordre jusqu'à l'ignoble, ce pourrissoir publicitaire qui est le viol collectif organisé pour rabaisser l'échelle de l'intelligence en dessous de celle du singe, toutes vacuités d'une immolation de nos racines, de notre culture, de notre devenir et de l'avenir de nos enfants qui seront si l'on écoute la frénésie de la bêtise, les "sous chiens" d'un ordre nouveau qu'il convient de remettre à sa place dans la légalité la plus absolu, en regard de notre Constitution, qui elle, n'est pas un chiffon de papier, et dont on voit aujourd'hui qu'elle est l'objet de tous les crachats de la stupidité qui bêle, jusqu'à notre Hymne National, injurié par les arcanes de la complaisance et ses cohortes qui n'auront d'autres lendemains que ceux de voir notre Nation détruite, son peuple soumis. Oui, nous pouvons nous relever de l'infamie qui brille de tous ses feux, si et si seulement nous votons pour des Etres qui défendent notre Nation, pilier et brique de ce monde dont l'assemblée créera le véritable gouvernement Mondial, basé sur la réalité et non sur la virtualité ! A suivre...

Persécutions des Chrétiens dans le monde

Nous sommes dans l'ère de la destruction des valeurs Chrétiennes, de l'héritage Spirituel de l'Europe et notamment de la France, ne nous y trompons pas. Les persécutions actuelles sont nouvelles car les persécuteurs sont des Partis, des Etats, et des nébuleuses mettant en application des théories globales tendant à vouloir faire disparaître le combat mené pour la Vie par la Chrétienté, afin de faire régner leur ordre basé sur la mort : l'acculturation, l'euthanasie, l'avortement, le génocide organisé des Peuples. Les actes sont voulus, réfléchis, prémédités et s'inscrivent dans une stratégie délibérée et cohérente.

Doudou Diene, rapporteur des Nations Unis : " Il y a actuellement une résurgence de cette Christianophobie qui, paradoxalement, a été ignorée dans les débats internationaux"

15 novembre 2009, le Parlement Européen constate : " La multiplication d'épisodes d'intolérance et de répression vis à vis des communautés Chrétiennes." Les Députés Européens adoptaient ce jour-là une résolution sur : " de graves événements compromettant leur existence."

Ces exactions se traduisent pas deux types de processus parfaitement organisés qui tentent de semer la terreur :

1) Destructions physiques et intellectuelles :

Vandalisme des églises — vandalisme et profanation sataniques des cimetières et des églises — vol organisé des richesses des églises — caricatures satanistes et perverses des icônes de l'église que l'on présente comme des œuvres d'"art" — dénaturation par les médias de tout ce qui touche au catholicisme, aux Chrétiens en général — dénaturation par les groupes minoritaires de tout ce qui touche au catholicisme — chantage exercé par des groupes de pressions sur les communautés Catholiques — insultes, calomnies, crachat au passage de Chrétiens — appel au meurtre envers les Chrétiens par les groupuscules religieux ou politiques — A Diyarbakir, en Turquie, le principal Imân a clamé lors d'une des prêches : " Les transferts d'organes sont licites sauf pour les prostituées, les drogués et les Chrétiens." — Au Kosovo placé sous la tutelle de l'ONU, 150 églises et couvents ont été détruits, l'Eglise du Christ Sauveur, à Pristina, a été transformée en toilettes publiques. etc etc

2) Tentatives de meurtres, agressions, emprisonnements, contraintes et meurtres :

Agression du recteur de la Cathédrale de Paris — tentative d'intimidation en Belgique sur des Sœurs — Assassinat de Chrétiens en Turquie — Confiscation depuis 2002 par la Turquie des trois quart du patriarcat œcuménique — Procès stalinien du père LY au Vietnam — Insultes hebdomadaires du Président Vénézuélien — interdiction du culte Catholique, en Arabie Saoudite et aux Maldives — Au Nigéria, en Afghanistan, au Pakistan, en Indonésie, en Malaisie, mais aussi en Algérie, depuis la loi "anticonversion", la situation est pratiquement identique — Obligation pour les jeunes filles Chrétiennes de porter le voile dans certains pays — Enlèvements de prêtres et de fidèles et assassinats aux Philippines et en Irak — etc etc

"Une poignée" de Peuples

La tyrannie de la pensée inverse et unique ne cesse de faire valoir sa contrariété suite à l'échec cuisant du sommet de Copenhague pour les menteurs, les racketteurs, les dictateurs qui n'avaient pour pensée ultime que de mettre en place une gouvernance mondiale de l'"écologie" qui aurait éliminé tout pouvoir consubstantiel des Nations. Par la voie d'un de ses maîtres outre manche on apprend que ce dernier souhaite que les règles de l'organisation du prochain sommet, celui de Mexico, changent, tout en parlant du non suivi de la dictature du mensonge par une poignée de Pays ! Le mépris et l'injure vis-à-vis des Nations se poursuivent unilatéralement. Il serait temps que le langage change, ce langage absolument répugnant de ces soit disant "élites" politiques qui suent la prosternation à leur utopie de mort, vis-à-vis des Nations ! Les Nations ont dit non à cette purulence, ce chancre du mensonge, de la culpabilisation, à Copenhague, qui n'avait je le répète, d'autre but que l'instauration de ce creuset de gouvernance mondiale, déguisé sous le voile de l'altruisme, et se révélant la plus vaste escroquerie planétaire, je parle bien entendu du réchauffement planétaire dû à l'activité humaine. La poignée de pays dont parle avec mépris le personnage outre manche se révèle en vérité cette poignée à laquelle il appartient et qui voudrait sanctifier une gouvernance mondiale par l'hypocrisie, un coup d'état qu'ont rejeté en bloc la majorité des participants. Car l'enjeu ici n'était pas de mettre en œuvre le développement durable, mais bien d'asseoir la maîtrise des Nations par des commissaires politiques élus par un organisme mondial dit écologique, destiné à affaiblir les pouvoirs des Nations, à initier un eugénisme sans commune mesure, celui de la Vie au profit de cette caste apatride qui se veut destinée d'une humanité d'esclave. Il n'y a que les aveugles pour accroire un seul instant à la "pureté" des intentions de ces rapaces qui ne rêvent que de voir l'ONU prendre toutes les commandes de ce monde, initiant ainsi la plus vaste dictature qui soit sur notre planète qui ne leur appartient pas, faut-il le rappeler ! Ce coup d'état ne passera pas. L'exemple misérable du mini-traité européen qui finira dans les poubelles de l'Histoire, car non issu de la volonté des Peuples, sinon que sous la mise à mort économique des Nations, comme en Irlande, où le viol de la volonté publique comme en France, mini-traité qui instaure la dictature en Europe, qui ne pourra guère durer tant elle est construction sablière, devant la volonté des Peuples qui légalement demanderont leur autonomie, tant appartenir à ce fléau étant se livrer pieds et poings liés au couteau de boucher du nazi communisme qui l'intrigue et le couronne, bien déterminé a éradiquer l'Humain au profit de l'esclave. Les Peuples qui sont les racines de l'Humanité, ne sont pas dupes, et il faudra bien que les égéries d'un mondialisme désintégrant le comprennent. Il n'est question pour les Nations de se voir dicter leur devenir par un quelconque diktat, par cette "poignée de non-nations" qui veulent régir par la force, et donc il n'y a pas lieu de changer quoi que ce soit dans les règles de la pratique des réunions internationales pour faire plaisir à la forfaiture, la duplicité et l'hypocrisie, le mensonge perpétuel. Le vase est brisé, le vase de cette machination se servant de l'empathie, de l'altruisme, avançant voilé en instituant complémentairement le mensonge et l'ignorance, pour mettre en place leur machine à tuer la pensée. Et ce ne seront les coups de gueule, l'oppression économique, le carcan vouant la Liberté à l'enchaînement, les guerres institutionnalisées, les vaccinations avec des produits mortifères suite à la création de souches virtuelles, la mise en œuvre d'une codification de chaque individu par l'intermédiaire des nano technologies, la destruction des identités par le viol des Peuples par métissage obligatoire légiféré, la mise en coupe réglée de la pensée humaine dans le cadre de la pensée

413

unique par la surveillance et la vidéosurveillance, la destruction où l'incarcération physique des individus, qui y changeront quelque chose. La résistance à la démission de l'Humain, à sa culpabilisation virtuelle, à sa désintégration formelle, a commencé et ne cessera plus désormais. Les Peuples se réveillent et ce n'est pas trop tôt. Ainsi serait-il temps aux agents de ce mondialisme défendant une voie inversée, qui viennent d'être remisés à l'encan par la sagesse des Peuples, de calmer leur arrogance qui relève de ce mépris qu'il est inadmissible d'accepter pour quiconque, et de prendre conscience enfin que l'Humanité en ses racines, les Nations, ne se laisseront pas flouer par la barbarie, quelle qu'elle soit, et par là même cessent leur injure à l'encontre des Peuples qui se sont manifestés et ont d'une volonté commune fait échec à leur tentative de coup d'état. Le respect n'est pas unilatéral, il est multilatéral, c'est ce qui fait la différence entre l'arbitraire et la Démocratie. Gageons qu'ils poursuivront jusqu'aux extrêmes, tel que cela se prépare dans notre Pays où le scrutin pour les Élections régionales devrait désormais se tenir à un tour, et ce en dépit des règles élémentaires de la Démocratie, ce qui favorisera la mise en place de cette dictature globale dans notre Nation, mais alors plus dure sera la chute, car je ne vois pas le Peuple Français se soumettre à ce diktat ! À suivre...

Initiative Politique

Pragmatisme

À l'origine du délitement politique, on trouve en présence des partis totalement létaux que ce soient de l'extrême gauche à l'extrême droite, des partis qui se gargarisent de leur importance, alors que sur l'échiquier du vivant, ils ne sont que groupuscules, ne réunissant sur leurs noms que des forces anachroniques qui vivent de leur archaïsme. Cet état de fait permet à l'opportunisme de rayonner sur les cendres de la Démocratie, et de voir se glisser les partis du mensonge légiféré s'octroyer une autorité sans réalité, car basée sur ce que je nomme une catalyse tribale, prolégomènes à l'implantation d'une dictature de fait si les Peuples ne se réveillent pas du sommeil profond dans lesquels ils sont maintenus par un parasitisme de bon aloi. Quelle légitimité ont donc aujourd'hui ces représentations nées du néant et qui retourneront au néant ? Aucune, il faudra bien que les citoyens s'en rendent compte avant qu'il ne soit trop tard et que tombe, comme dans les plus belles heures du communisme, une chape de plomb sur les Pays d'Europe, un rideau de fer mental où se développera la pensée unique apatride et putride qui réduira à néant, pendant un certain temps, le potentiel du Vivant. Laboratoire du mondialisme, cette "europe" deviendra politiquement maintenue sous le joug du mensonge et de l'aberration mentale, carcan de fer où chacun se devra d'être en reptation devant les détenteurs du pouvoir monétaire, le seul pouvoir réel de nos sociétés totalement vassales de banques mondiales dont nos gouvernements sont aux ordres grâce à ce racket organisé qui veut que la dette soit créatrice de monnaie, et qui voit ce jour les Etats totalement soumis à leur bon vouloir. Lorsque se réveilleront les Nations, car elles se réveilleront, malgré le joug politico militaro policier qui est le bras armé de la fiction dirigeante, (le communisme a été balayé en soixante-seize ans, le nazi communisme dirigeant le sera en moins de cinquante ans), la première action qu'elles devront mettre en œuvre et ce solidairement, c'est de rayer les dettes existantes, reprendre le Droit naturel de battre monnaie, une monnaie neuve qui portera un autre nom que ces hérésies dévouées aux institutions du racket permanent qui disparaîtront d'elles-mêmes, car désormais sans le moindre aliment, permettant ainsi de voir leur réalité, le néant et rien d'autre ! Le camp de concentration européen que l'on nous prépare, où la pensée n'existera plus, où seul comptera le matérialisme le plus dépravé sous la houlette d'une religion exogène qui deviendra recteur de conscience de cette boue en laquelle on s'enfonce actuellement, en addiction d'une écologie politique dont les prêtres de thanatos poursuivront leur devoir de culpabilisation par l'instauration d'une terreur permanente, (ce qui est bien naturel lorsque l'on regarde ses prétendants, issus de mouvances extrémistes support des brigades rouges, d'action directe, de la bande à Bader, sinistres marionnettes des états) ce camp de concentration implosera naturellement, et sera démantelé totalement par les Peuples recouvrant leur Liberté. Les fossoyeurs du néant, commissaires politiques de cette tentative de génocide des Identités et des Nations seront jugés sur leurs actes par la justice des Peuples, débarrassée de ses miasmes inféodés. Retourneront dans leurs foyers ces Nérons et Caligulas, car il ne sera question de faire des martyrs de ces boulimiques de la destruction qui seront bien au contraire délaissés à leur sort d'atrophié, exemples vivants de l'atonie, de la déviance, de l'irrespect, du rejet de l'Humain, du non-humain, de la non-humanité n'ayant pour désir que l'auto destruction de l'humain par l'avortement, l'euthanasie, l'eugénisme, tueurs nés qui disparaîtront naturellement pour laisser à la Vie recouvrer ses Droits dans un espace de Liberté souveraine ! Le temps est flexible, le temps n'a aucune importance, et ce ne seront ces épiphénomènes de la barbarie institutionnalisée qui atteindront le devenir de la Vie, car la Vie sait se préserver des déséquilibres, et dans le cœur même de l'Humain garde le sceau secret de son avenir, la rémanence innée dans laquelle est gravé son devenir. Cette rémanence permettra, comme elle l'a toujours fait, de faire retourner au néant, le néant qui brille aujourd'hui de tous ses feux. Patiente et construction donc, en dehors des sentiers du pavlovisme, initiant l'esclavagisme le plus purulent que l'Humanité n'ait eu à connaître, du complexe de Stockholm, voyant les esclaves en redemander, de la propagande politique continue mariée aux mensonges historiques les plus grossiers qui font acclamer les esclaves serviles, — mensonges d'états tels ceux concernant actuellement la pandémie grippale, le "trou" de la sécurité sociale et des caisses de retraite, — patiente, continuez à construire en toutes faces de ce puzzle, débarrassez-le de ce sida intellectuel permanent qui reflète si bien notre petit monde livré à la barbarie, chacune de vos actions légales comme de vos contemplations permettra lentement mais sûrement d'anéantir le virtuel et restituer au réel son avenir. Voie démultipliée, du silence, de l'action politique, de l'action économique, de l'action spirituelle, chaque facette en coordination permettra cette ascension. Il ne vous appartient que de choisir celle avec laquelle vous êtes en symbiose pour agir à bon escient. Ce n'est que dans cet engagement que vous trouverez les moyens de destituer l'emprise du virtuel, tel le judoka épousant la forme et se servant de la force de son adversaire pour le désarçonner. Pragmatisme donc, pragmatisme opérationnel comme fonctionnel, doit devenir le moteur de votre action. Le nombre comme le temps ne comptent pas, le temps comme l'espace de même, il n'y a ici lieu de réunion, d'attroupement servile, de meeting sans issue, il n'y a lieu ici que de résonance, la résonance Humaine qui par sa vibration globale permettra d'atteindre le but de la Vie, son émancipation, dans le cadre de la réalité fécondée par la Liberté.

Potentiel financier

Face à un système déployé à la recherche du virtuel, qui fonde ses espérances sur un profit anarchique relevant de la pure spéculation, il convient d'opposer un système à la transparence irréprochable. Il y en a beaucoup pour s'étonner de voir des banques à qui l'on vient de prêter des milliards d'euros s'apprêter à rémunérer ceux-là mêmes qui les ont conduits au bord de la faillite, pour ne citer qu'un groupe qui ose dire qu'il va distribuer un milliard d'euros, une goutte d'eau dans le nectar des transactions virtuelles de ce monde de l'"économie" à l'ensemble de ces employés alors que ce nombre est à peine de cent personnes et se trouve dans cette profession (peut-on appeler cela une profession basée sur la virtualité) que l'on nomme du nom barbare de trader. On remarquera avec pertinence que la Bourse, sous les hospices de leurs jeux totalement déstructurés qui donnent de la valeur à ce qui n'en a pas, épousant en cela la cause de rumeurs, d'humeurs, sans aucun fondement réaliste, est repartie à la hausse, une envolée de ces "petits génies de la finance", qui prêterait à rire si la situation économique dans laquelle ils ont laissé notre monde n'était si dramatique suite à leurs errances : fermeture d'entreprises, licenciements, chômage, viol du droit privé, racket des Peuples par les Etats pour réguler les erreurs consenties et préparées de banquiers en mal de gouvernance mondiale, taxation de niches fiscales mais en aucun cas des prébendes en paradis fiscal, impérities en tout genre qui s'il fallait le démontrer confluent à cette anarchie outrancière qui régit le monde économique comme le monde politique, saturés de parvenus qui n'ont d'autres désirs que celui du profit immédiat, du clinquant, de l'étalage, de l'abstraction, prêts à vendre père et mère pour la sainte consommation, la moindre croissance, fussent-elles abstraites, afin de se convaincre d'exister. Ce système ne peut vous étonner, il est bâti sur la répugnance à être pour seulement paraître, propre de cette délinquance à laquelle nous assistons actuellement, agissant au nom d'un principe non écrit, non légiféré, non consenti, d'une pseudo-moralisation initiée par un G20 totalement dévoué à leur perversion. Ce système s'emballe, la nécrose continue son œuvre, ce d'autant plus que désormais cette nécrose agit avec le blanc-seing des gouvernements aux ordres qui sont là pour racketter les Peuples afin d'aider en cas de nouvelle défaillance ! La ruine des Etats ne peut trouver ici accélérateur plus puissant, par l'endettement des générations futures, et leurs représentants qui osent nous parler de développement durable ! Comble de l'hypocrisie ! Les sangsues sont à l'œuvre, ne vous y trompez pas, pour siphonner ce qu'il reste d'honneur, d'identité, de nation dans ce monde où le servage doit s'instaurer. Et comment mieux détruire une Nation qu'en détruisant son économie, en l'asservissant à une banque apatride dont les prêts ne reposent que sur le degré de servitude du prétendant à l'aune mondialiste ? Face à cette arrogance inhumaine, pervertie et dévoyée, il y a une réponse appropriée afin de réduire d'une manière draconienne ses méfaits pernicieux : la création in vivo de banques nationales et populaires en chaque Etat de notre monde. On imagine la Banque comme un secteur difficile à appréhender alors qu'il est l'un des plus faciles à mettre en œuvre dès l'instant où la masturbation du virtuel ne devient pas le panache de ses attributs. Contre poids à ces grenouilles qui se veulent plus grosses que des bœufs, ces Banques populaires et nationales permettront aux épargnants de retirer leurs fonds de ces monstres ambulants qui jouent avec leur épargne dans un monde virtuel, et les placer dans des banques solides n'ayant pour fonction que de prêter et emprunter dans le cadre de la réalité des valeurs économiques et non des valeurs, approchées, estimées, rentabilisées, plans sur la comète permettant la naissance de ces fonds singuliers qui vivent sur l'incapacité à voir disparaître certaines sociétés au regard de la valeur de leur virtualité, qui demain explosera littéralement, représentant actuellement grosso modo cinquante mille milliards de dollars inexistants, réduisant ainsi à néant les soldes des banques qui détiennent cette typologie de valeur. Et qui paiera l'addition ? Nos arrières arrières petits enfants ? Non, si d'ores et déjà se montent ces banques populaires initiées, qui détiendront alors le pouvoir monétaire dès le premier dépôt. Ce pouvoir permettra de rendre aux Etats le droit de battre monnaie et de redevenir indépendant, aucun intérêt n'étant réversible sur la création monétaire réalisée par les Etats. Car, qu'est ce qui tue actuellement les Etats, non la dette elle-même, mais les intérêts sur la dette, ces abstractions sans limites qui permettent d'asservir des Peuples entiers au diktat de prébendiers en tout genre qui aujourd'hui s'imaginent vouloir présider au destin de l'Humanité alors qu'ils la mènent vers ce gouffre insondable de l'abstraction la plus déficiente, celle d'un esclavagisme qui ne dit pas son nom, voilé qu'il est sous les oripeaux d'une démocratie inexistante. Si le politique ne remplit plus son rôle, il faut, à l'image de l'agression que subie actuellement le moindre citoyen, le moindre Peuple, le moindre Etat, créer dans la légalité les armes qui permettront de l'astreindre à une autonomie régulière, en bâtissant le contre-pouvoir financier qui permettra de contrebalancer l'hégémonie discordante financière que tout un chacun subi. Ce n'est que de cette manière que l'idéologie de la servilité sera combattue et anéantie, car elle le sera inévitablement. En effet, le retrait massif des dépôts des particuliers ainsi que des entreprises, soucieux du devenir de leurs économies qui ne doivent pas passer par pertes et profits au nom de jeux douteux, totalement dirigés afin d'asseoir cette dictature que l'on pressent, aura pour conclusion logique d'anéantir les tigres de papier qui se croient totalement au-dessus des Lois Humaines et agissent de sorte. Ce contre poids fabuleux peut être créé dans la minute qui suit celle pendant laquelle vous lisez ces lignes. Ne croyez un seul instant que ne vous soyez pas en droit d'exercer ce pouvoir de contrôle sur vos propres deniers en les confiant à une Banque qui n'aura pour vocation que de gérer vos deniers en bon père de famille et non en artificier du virtuel. Si l'on considère l'ensemble des dépôts des particuliers en chaque pays, cet ensemble placé dans les Banques populaires précités sonnera le glas des précipices et des abîmes vers lesquels en toute impunité nous conduit sous les ordres de nos dirigeants une partie des Banques dont la mesure n'est pas l'Humain mais la contrainte de l'Humain par quelque moyen que ce soit. Le politique n'est ici dans ce jeu qu'un dérivatif et en aucun cas un pouvoir, vous l'aurez compris. Le seul pouvoir réel réside dans le potentiel financier, exclusivement, il est le sang qui fertilise ou bien au contraire atrophie les économies. Le seul moyen de se sortir du fléau actuel est donc bien de créer le potentiel qui contrebalancera l'inefficacité du système virtuel dans lequel tout est géré de manière à dissoudre les Identités comme les Nations afin d'instaurer dans la brutalité sans équivoque le paupérisme qui permettra de faire naître cette gouvernance mondiale que chacun rejette naturellement lorsqu'elle est imposée. Banques indépendantes, les Banques populaires permettront de réguler les flux financiers, de faire émerger des contraintes les Pays en voies de développement ou sous développés en leur permettant de gérer leurs besoins prioritaires, savoir l'Énergie, par la construction de centrales nucléaires qui leur permettront de se mettre au niveau des autres Nations dites développées économiquement. Ne nous leurrons pas, le mensonge en prosternation du réchauffement de la planète est là uniquement pour circonscrire les Pays décrits à la servilité économique, comme les nôtres bientôt si nous continuons à œuvrer dans ce lamentable tourbillon d'énergies "renouvelables" qui nous feront retourner aux cavernes de l'économie pour le délice des prédateurs qui nous l'impose. Il ne faut pas confondre le développement durable avec l'écologie politique qui n'a pour but et seul but que de créer, ce qui est fait, des éco taxes pour renflouer ces caisses vides, et permettre la paupérisation des Peuples, afin de mettre en œuvre, une mondialisation ou ne se reconnaîtront que des esclaves et des "maîtres". Si l'on veut éviter ce genre de cauchemar qui s'avance à grands pas devant le silence des Peuples, qui réagissent uniquement en s'abstenant de voter, il est temps que les Peuples, qui disposent de la toute puissance financière contrairement aux apparences, passent à l'action légale par la création des Banques qui leur permettront de se libérer d'un assujettissement qui deviendra, si rien n'est fait, sans limite. À un pouvoir financier, il faut opposer un contre pouvoir financier, ce qui est vrai pour le politique est vrai pour le financier. Sans ce contre-pouvoir la permissivité devient règle et nous en vivons la réalité en ces jours de crise. A chacun de prendre conscience de cette possibilité de se délier des chaînes qui lentement mais sûrement se referment sur leur droit économique, le droit de travailler, le droit de créer, le droit de prospérer. Rien n'est impérissable tout est constructible.

Taxes carbone 2

Nous avons dénoncé les préambules de la taxe carbone il y a quelques années dans ce portail. Aujourd'hui, nous y voici : la plus vaste opération de culpabilisation de l'Humanité, les taxes carbone arrivent, issues du Club de Rome, relayée par l'ONU, déclinées dans ces organismes qui strient les Nations pour mieux les détruire : United Cities and local Governments, organisme dont les composantes sont la fédération mondiale des citées unies, l'union internationale des autorités locales, et métropolis, elles mêmes inféodées aux sur systèmes que nous connaissons Bildelberg, Trilatérale, Instituts de relations Internationales, CFR, et tutti quanti, dont les gouvernements sont aux ordres. Et leurs féaux s'agitent en tous sens, ces écologistes politiques payés grassement par les tenanciers de ces énergies dites " non renouvelables" — laissez-moi rire, le pôle Nord comporte la plus vaste réserve de pétrole que la Terre ait portée — afin de taire toute émancipation énergétique. Plus les mensonges sont gros, plus ils sont crus, plus la bêtise est initiée, plus elle accueille d'adeptes. La propagande est là pour servir cette immense nasse dans laquelle veulent nous faire tomber ces paranoïaques, qui ont renié l'Humain au profit de leur petit profit, écologistes politiques en tout genre qui s'imaginent les éminences grises de cette petite Terre, et qui dans l'ombre agissent pour dénaturer la Vie, dénaturer l'Humain, le rendre infiniment petit alors qu'il est la volonté de cette Terre, n'en déplaise à cette hypocrisie assourdissante qui veut donner des leçons de morale aux Etres Humains. Les Etres Humains ne tombent pas dans la nasse de ce mensonge glorifié : 66 % des Français sont contre l'institutionnalisation de ces taxes, ce qui prouve que rien n'est perdu dans notre Patrie, et que la conscience populaire, responsable — et oui, messieurs les humanicides, responsable ! — ne se laisse pas prendre à la médiocrité du mensonge qui couvre la planète. Soyons clairs, tout pays peut être indépendant énergétiquement parlant grâce au nucléaire, ce nucléaire qui fait l'objet de toutes les actions de ces groupuscules aux ordres qui bâtissent leur empire sur la ruine des Nations, tout Peuple peut se débarrasser de la famine en institutionnalisant les OGM, OGM contre lesquels se battent ces illuminés de la mort qui préfèrent voir dépérir les Humains plutôt que les nourrir, et ce dans les règles édictées par le Club de Rome, totalement obsolètes et sans fondement à la clarté de ce siècle qui s'avance. Ne croyez un seul instant que vous soyez les auteurs du réchauffement ce la planète, ce réchauffement est conjoint des éruptions solaires et de l'inversion du champ magnétique terrestre, ne croyez que vos petits enfants n'aient demain des ressources énergétiques, ils en auront dans la maîtrise du nucléaire et de l'énergie gravitationnelle ! Aux pays des aveugles les borgnes sont Rois, c'est bien connu. Ainsi dans ce temps où le mensonge règne, où les scientifiques sont tus, — pas un climatologue sérieux ne compatira aux données édictées par l'ONU - où les intellectuels sont pourchassés, où la culpabilisation est maîtresse de toute décision, il est heureux de voir que la majorité, oui la majorité, n'en déplaise à nos euthanasistes de la pensée, soit contre l'institution de ces taxes qui n'ont d'autres buts que d'appauvrir les Peuples, les rendre dépendant et par la même esclave d'un totalitarisme de primitif ! L'Etre Humain n'a pas avancé technologiquement comme il l'a fait avec les adorateurs des ours et des loups, la conquête spatiale ne se fait pas avec des adorateurs de la bougie, il est temps de se rendre compte que cette fumisterie écologique politique n'est qu'un frein à l'élévation de la condition Humaine, et en cela tout gouvernement sensé ne devrait en aucun cas accepter ce diktat des incapables à vivre, et à assumer leur Humanité. De quel droit un de ces illuminés s'oppose à la plantation de thé dans un pays Africain, alors que ces plantations permettent au Peuple de vivre ? De quel droit ! Du droit de cette mort lente qui s'installe dans chacun de nos pays sous l'égide de ce mondialisme putride qui accroît la mortalité sans aucune mesure avec ce qu'elle a de naturelle : famine, maladie, conséquences de la non-indépendance énergétique ! Un reportage extraordinaire a été diffusé sur une chaîne de télévision montrant dans un pays Africain la naissance d'un hôpital qui ne pouvait fonctionner car il ne disposait pas de l'énergie nécessaire, et le chef de cet hôpital de vouloir faire comprendre à un journaliste obtus qu'il manquait ce qui était primordial dans son établissement, des générateurs d'énergie. Lorsqu'on sait qu'un pile nucléaire pas plus grosse qu'un briquet peut fournir l'énergie nécessaire au fonctionnement d'une maison de 100 m² pendant trente ans, la mascarade à laquelle on assiste laisse rêveur quand à la propension pandémique — voila la vraie pandémie, qui ne se soigne malheureusement pas — du sida intellectuel qui dévore ce petit Monde ! En regard de cette tragédie de l'intelligence, je poursuivrai en disant qu'il faut renverser la vapeur et se battre pour une véritable écologie naturelle basée sur le développement durable, qui n'a rien à voir avec l'écologie politique — qui est là uniquement pour anéantir les Peuples dans leur légitime désir de disposer d'eux mêmes — (et à ce propos n'entend pas ces témoins d'une fausse apocalypse dire que nous avons une responsabilité collective, que l'individu n'existe plus, la belle ballade nazi communiste que l'on entend là...). Ce n'est qu'à ce prix que nous renverserons la vapeur outrageante pour l'Humanité dans son ensemble qu'instiguent les féaux de la destruction Humaine au seul profit de leur petit ego non — Humain, bestiaire de la litanie luciférienne qui ce jour se montre dans toute sa duplicité, sa dérision et sa cupidité ! Non aux éco taxes donc, oui au développement durable ! Les Peuples ne seront jamais les vaches à lait du bestiaire précité ! Des élections se préparent dans notre Patrie, faites le choix judicieux de celles et de ceux qui n'appartiennent à ce bestiaire de la destruction des Etres Humains ! Je pense que ces élections seront très convaincantes si et si seulement les Esprits responsables se réveillent et ne tombent pas sous les assauts hystériques de ces atrophiés qui défendent l'écologie politique dans la somptuosité de son mensonge facilité par l'ignorance induite par les médias aux ordres et les prévaricateurs en tout genre !...

2012

Au royaume des aveugles, les borgnes sont rois. Mais cela saurait aller de soi si l'on ne recherchait plus avant la symbolique de ce procès digne de l'inquisition qui se tient dans notre Pays. Prétexte d'une affaire parmi tant d'autres affaires, un procès retentissant à tous égards vient de s'ouvrir, et si l'on ne regarde que la façade, qu'y voit-on, rien d'autre qu'un marivaudage de noms et de fortunes, de prébendes et quoi de plus classique, de revenus pour les uns et pour les autres. Ce qui prête à rire, c'est la présentation de l'affaire qui nous est faite, un jeune homme frais émoulu d'une grande école, se trouve à 23 ans chargé d'éclairer les uns et les autres sur les agissements d'une société luxembourgeoise qui s'occupe de transactions internationales. Là où il fallait un homme ou une femme aguerrie, on envoie un jeune soldat sans expérience, et ce jeune soldat bien entendu vend un listing à celui qui a dénoncé à tort où à raison, la dite société au public dans un livre on ne peut plus fracassant puisqu'il a emporté mort d'homme, non du journaliste en question, mais de son contact. Et ce fichier de tourner entre toutes les mains, et de retourner et de se retourner ! Nous sommes dans un drame d'état ! Cessons de rire, le problème maintenant c'est que dans la ritournelle des noms apparaît un nom, un principe devrais-je dire et ce principe n'a plus qu'un idéal pendre à des crocs de boucher celles et ceux qui ont osé signaler son nom ! On se croit réellement revenu au temps de la terreur national socialiste ou communiste. Maintenant calmons le débat et regardons d'un peu plus près et dans la simplicité découvrons ce qui ressort réellement de cette affaire qui n'en est qu'une parmi tant d'autres :

une échéance, celle de 2012, un ennemi à abattre par tous les néoconservateurs qui ont fait leur litière de l'Europe et de ses pays. Et quelle grande chance a-t-on que de voir le personnage central d'une opposition réellement viable face à la désintégration mise en place par les néoconservateurs dans notre Pays, lorsqu'il se trouve au cœur des affaires au moment où ce fameux listing pointe son nez ! Ne sentez-vous pas la manipulation de cet artefact ? Ce ne serait pas la première ni la dernière à laquelle nous assistons. Un procès donc, et quel procès, car ce qui sera résultant de ce procès c'est un affrontement entre deux visions du monde, une vision minimaliste, celle des néoconservateurs, gramciste, maoïste, trotskiste de tout bord, ne voyant que leur intérêt privilégié, et une vision universaliste, préservant les intérêts de chacun à travers ce vaste monde que l'on voudrait voir réduit dans le cadre de la pensée unique à un immense camp de concentration où chacune et chacun n'aurait le droit que d'applaudir au clinquant et ses oripeaux. Ce procès est donc, digne de ceux élevés en Art par les institutionnels du communisme, un procès politique avant tout, pour les uns il s'agit de détruire une opposition naturelle, celle de la France, pour les autres de défendre la France dans tout ce qu'elle a de positif. Ce procès est donc à suivre avec un regard particulièrement critique, dans toutes ses phases et surtout ses orientations.

Procès Politique

Lorsqu'un procès est politique, le prévenu est donné comme coupable. Il ne peut en être autrement. On ne peut être que consterné par l'impudeur qui règne dans le règne actuel, l'excellence de la trivialité qui se façonne aux remparts d'un pouvoir qui ne sera plus jamais ce qu'il a été, (mais l'a-t-il jamais été ?) devant le scandale des propos tenus par les uns et par les autres, servants et maîtres, qui se rengorgent de faire la justice là où la justice n'a pas tranché. Et comment pourrait-il en être autrement, la Justice étant désormais aux mains de l'exécutif ? Le procès auquel nous assistons fait ressortir dans sa splendeur ce que sont les héros d'hier, imbus de leurs dérives, se croyant tout permis, se moquant de la Démocratie et des règles Démocratiques comme jamais cela ne s'est fait depuis que la République existe. Le concert des hyènes ne fait que commencer, cela est fort à craindre, car la vassalisation est de mise dans ce bestiaire où on se sert des uns et des autres pour asseoir une politique du désastre, un désastre pour la Nation, un désastre pour les Libertés, un désastre pour les Françaises et les Français qui petit à petit sont soumis à une reptation perfide qui sent le sentier d'une dictature qu'aucun d'entre nous ne souhaite pour notre Pays multimillénaire, dont l'Histoire ce jour se trouve clouée au pilori du mensonge et de la désintégration. De quel droit peut-on se permettre de juger avant que tout jugement ne se fasse ? Sinon que pour sanctifier l'arbitraire qui tombe comme le couperet sur notre sol, où plus personne n'a le droit de dire, où plus personne n'a le droit de penser librement en dehors des rives particulièrement génocidaires qui sont implantées afin de gagner un calme précaire, le calme permettant toutes les insultes et tous les crachats sur ce qu'est la France, le calme permettant toutes les litanies des hordes au service qui, tels les chiens de leur maître, aboient l'ordure et l'insanité.

Qu'on ne se trompe, le procès en cours est regardé par le multiple des Nations, et ce qu'il en voit, c'est l'accomplissement dans notre Pays, de cette servilité pour laquelle des milliers d'êtres Humains sont tombés en luttant contre elle, le royaume de l'indécence, le royaume du privilège, le royaume de l'abaissement et de la reptation organisés, cette fourberie comme cette hypocrisie qui laminent la pensée d'autrui et la réduisent à l'abjection. Nous sommes dans l'abjection, et le monde des Nations ne peut que s'interroger sur ce qui se passe dans notre Pays. Félicitons-nous de cela, car autrement cela voudrait dire que tous les pays ont succombé à ce marasme du néant et de la virtualité qui veut guider les pas de l'Humanité, ce néoconservatisme qui a failli aux États-Unis et que l'on voudrait nous imposer dans notre Pays et en Europe. Ce n'est pas le cas, mais en attendant cela existe, existe chez nous en 2009. Il convient d'en prendre la mesure et dans le cadre de la Démocratie, s'assurer que demain ne ressemble pas à aujourd'hui, cet aujourd'hui où le diktat s'impose, ce demain où doit se restaurer l'Esprit de notre Nation, au-delà des fumerolles et du cirque de l'arbitraire qui se commet, au-delà de la stérilité et de ses inconséquences, ces fumisteries qui ne sont que de la poudre aux yeux pour noyer les serfs et les vilains que nous sommes devenus par l'arbitraire et ses férules. Un procès politique donc, vous en aviez douté ? Non, je ne le pense pas et convient-il désormais de mettre en œuvre toute contre mesure pour désintégrer ce fléau, à commencer par ne plus voter pour les moutons devenus de ce parti dont le fléau en loge (comment peut-il encore être Franc Maçon ? Cela est contraire à l'esprit de la Franc Maçonnerie que d'agréer à des propos aussi iniques !) le mène à une désintégration naturelle. Il convient de fonder un nouveau parti accueillant la Pensée réelle contre l'illuminisme de la virtualité et sa pacotille. Je n'ai ici besoin de citer qui en prendra la tête, et je suis assuré qu'il sera rejoint très rapidement par un nombre croissant qui ne peut plus supporter l'esprit moutonnier qu'on l'oblige à faire apparaître…

Au-dessus des Lois

Comment un Ministre de la Culture de la République Française peut-il se permettre de prendre fait et cause pour un citoyen répréhensible de pédophilie ? Cela dépasse l'imagination. De quelle culture parlons-nous ? Que le citoyen en question soit un cinéaste, qu'il exerce avec un certain talent sa profession, jusque-là rien à dire, mais qu'en tant que cinéaste il soit au-dessus des lois et dans sa sexualité soumette une enfant, ne parlons pas d'adolescent, par pitié, de treize ans, cela relève du pénal et rien d'autre ! Où allons-nous ? Si je comprends bien désormais il y a les citoyens de seconde zone, les serfs et les vilains justiciables à souhait et les citoyens de première zone, pour qui la justice n'existe pas, et qui sont libres de tous les méfaits, suivant leur notoriété, leur appartenance, leur esprit de groupe ! La Loi est indivisible, et doit s'appliquer à toutes et à tous, sans cela qu'en est-il de la devise de la République ? Liberté, Égalité, Fraternité ? Elle n'existe plus laminée par les prédateurs qui s'auto proclament, se justifient, tels celles et ceux que nous voyons dans cette crise économique qui l'ont créé et comble de l'ironie voudraient qu'on les plaigne ! Et de voir monter au créneau tous les prédateurs de la création pour défendre leur illustre compagnon ! Et d'entendre dire "l'Amérique de la Peur !", alors qu'ici l'Amérique remplie parfaitement son rôle en voulant juger pour crime un citoyen qui s'est livré à un acte pédophile ! Si je comprends bien, dans notre Pays tout est permis à celle ou celui qui ont acquis une notoriété quelconque qu'elle soit bâtie sur du vent comme c'est le cas bien souvent (sans jeux de mot) ou sur une réalité ! On peut violer, on peut tuer, on peut spolier en toute impunité ! Et bien voyons ! Lorsque la voix de la République en arrive là, c'est grave, très grave pour le devenir de notre Peuple comme de notre Nation. J'espère que notre Président de la République saura démettre de ses fonctions ce Ministre de la Culture qui ne peut en aucun cas poursuivre ses activités : la culture étant là pour élever les Etres Humains et non pour en dissoudre l'inviolabilité. Qu'en pense le Conseil Constitutionnel ? Nous attendons des réponses.

H1N1

Voir le dossier constitué par le site http://www.sos-justice.com/

Qui met en évidence un certain nombre de faits qui doivent être portés à la connaissance des populations totalement anesthésiées par une propagande ahurissante sur la grippe h1n1.

À chacun de juger et en tout état de cause ne vous faites pas vacciner, les conséquences à venir après la vaccination risquant d'être un fléau pour l'Humanité !

Dignité et honneur de la France

De quoi est-il question aujourd'hui ? Que l'on oublie la cause : le viol d'une fillette de treize ans par un cinéaste ? Que l'on oublie, en dehors de toute retenue, la défense faite de ce cinéaste par la voix de la République ? Au nom d'un ouvrage écrit par un Ministre qui parade aujourd'hui dans les cénacles de cette médiocratie qui le louange ? Que nous importe cet ouvrage, et que nous importe ce personnage auquel nous ne prêtons aucune attention, sinon que pour lui dire que la fonction de Ministre de la Culture n'est pas celle de défendre des artistes, mais bien de faire briller de tous ses feux la Culture, et notamment la culture Française en totale déshérence actuellement, les valeurs culturelles de notre Pays qui ne sont pas celles des basses fosses de la perversité ! Revenons au fait ! Et ce fait est grave pour la République, surtout dans la fonction où s'exerce cette défense du crime d'un individu qui double ses propos d'un repentir médiatique qui n'excuse rien. La République par la voix d'une de ses fonctions n'a en aucun cas à prendre la défense du crime, car il n'y a aucune justification à la pédophilie, pas plus qu'au tourisme sexuel prenant en otage des enfants ! Nous sommes ici devant un déni d'honneur qui entache notre Nation, et dois-je le rappeler, ce ne sont pas les propos de certains partis politiques qui ont dénoncé le fait, mais bien la communauté Internet en sa multiplicité, relayée par certains journalistes, puis par les partis politiques, alors assez de ces défenses basées sur l'appartenance à tel ou tel parti, les faits sont là et on ne les noiera pas dans les verres d'eaux du petit copinage qui braille "dégueulasse !" à souhait ! Qui y a-t-il donc de dégueulasses mesdames messieurs les censeurs de la pensée unique

435

répugnante : combattre le crime ou bien se mettre en génuflexion devant la barbarie, devant la cruauté, devant la bestialité envers les Enfants, leur servage au bon plaisir de la corruption de l'Esprit, de la dégradation physique, du délitement de l'Ame ! Qu'y a-t-il donc de "dégueulasse" à vouloir défendre les Enfants torturés et saillis par ces prédateurs qui s'imaginent au-dessus des Lois. Qui sont les "dégueulasses" dans cette affaire ignoble, car portée par la République : les Associations de Parents, tous les Parents du monde qui respectent la Vie, tous les Etres Humains qui font face à ces non-humains qui ne tarissent pas d'éloge sur leur sublime décadence ! Il n'y a pas de défense à prendre ici de l'engagement fait au nom de la République pour mettre à l'abri le crime de viol ! On aurait pu s'attendre à une réaction ordonnée des représentants de la République pour demander l'éviction pure et simple d'un personnage défendant le crime, que non point, ici règne le silence, un silence qui ne peut être interprété que comme complice de la souffrance des Enfants, de la désintégration de leur devenir par cette bestialité qui ne respecte pas la Vie, ni leur devenir, la pédophilie ! Le personnage, qu'ici je ne jugerai pas, il n'a aucun intérêt ni pour la France ni pour son rayonnement culturel, si sûr de lui a fait savoir qu'il ne démissionnerait pas, prouvant ainsi cette complicité peu ordinaire. La République n'est pas un symbole sur lequel on crache, la République si on l'honore on la sert, si on la salit, on la quitte, si on a un tant soit peu d'amour-propre. Et l'on s'étonnera après du trafic des enfants comme esclaves sexuels, ou bien comme victimes de meurtres rituels organisés par des sectes satanistes et autres, crimes abjects dont on ne retrouve que les pourvoyeurs mais jamais les auteurs, lorsqu'on se trouve en face d'une telle sympathie pour la pédophilie initiée par la voix de la République. Il n'y a ici qu'un acte salutaire, l'éviction sans autres formes de procès. Bien des Ministres ont été remerciés pour bien moins que cela. Tant que cela ne sera pas fait, l'abjection sera la mesure de cette gouvernance. Il convient ici de poser la question à nos Députés, à notre Chef de l'État : que comptez-vous faire pour expurger de la République ce délitement de la Pensée, touchant directement notre avenir : nos Enfants ! Si rien n'est fait, nous pourrons considérer qu'il n'y a plus rien à attendre de cette gouvernance, qui devient caution indirecte de la défense de crime de viol sur les enfants mineurs, jusqu'aux prochaines élections, qui permettront peut-être de restituer à la France sa dignité et son honneur.

République

Qui pense encore un seul instant que nous soyons en République ? Les aveugles. Il n'y a plus ici que servage et prébende, assistance et dérision. Il n'y a en vérité plus rien, ni dans la forme, ni dans la structure : les roitelets aux ordres enrichissent leurs passementeries dans le délitement, la destruction, l'ovipare affliction de leur certitude suggérée et accomplie de la mise en œuvre de la destitution de tout ce qui a fait la grandeur et la beauté de ce monde, la Liberté ! La Liberté de créer, la Liberté de s'épanouir, la Liberté de rayonner, la Liberté de s'exprimer. La veulerie aujourd'hui est de faire accroire un seul instant que le citoyen puisse exister en tant que personne Humaine ayant le devoir de faire resplendir la Vie dans l'Harmonie, et le droit inaliénable de s'épanouir dans la Vie. Le masque gigantesque, délétère qui recouvre ce qui devrait être et qui n'existe en aucun cas, se déchire sous les yeux des citoyens : la Liberté diminue comme peau de chagrin, l'harmonie n'en parlons pas, quand à l'épanouissement, il prête à rire. Projecteur sur l'illusion que nous vivons : notre pays, en voie d'acculturation, de génocide identitaire, de délitement social, de désintégration de son indépendance, qui se retrouvera bientôt au rang du quart-monde est le creuset et le laboratoire de la démence de thanatos, soumis à une écologie politique ayant osé taxer la Vie Humaine, à une collusion de partis qui se réclament d'idéologies dépassées qui seraient antinomiques, alors que leurs agitateurs professionnels mutualisent leur déréliction, n'ayant d'autre vocation que la disparition culturelle, intellectuelle et spirituelle de notre Nation au sein d'un magma informe dont l'issue sera le servage des Etres Humains, dans ces cercles de pensées dont la voie inversée rayonne la mort en chaque pays qui ne leur obéit, tous attentifs à la désintégration globale, afin d'instaurer une gouvernance mondiale sur les ruines de la Liberté, l'avilissement de l'Etre Humain, sa culpabilisation, sa soumission, sa mise en esclavage acceptée, sa condition de vie soumise à sa productivité, par disparition et éradication de ses racines physiques, culturelles, spirituelles, au profit du sida intellectuel qui sera le maître à penser de ce monde : la pensée unique, vouée au pavlovisme le plus délirant. De grands pas ont été faits par cette disharmonie qui fustige la vie : le pourrissement de l'écologie par une écologie politique qui fait rire n'importe quel scientifique sérieux (http://www.sezamemag.net/Ian-Plamer,-entretien-avec-un-sceptique-du-rechauffement-climatique_a2070.html), qui se tait pour conserver ses subventions, la tentative de culpabilisation de l'Etre Humain par cette introversion de l'esprit voué à Thanatos, le génocide organisé des identités par brassage non légiféré, le génocide culturel par mise en valeur de l'acculturation, le génocide spirituel par désintégration des valeurs Humaines, le génocide tout court des Peuples par mise en œuvre de l'avortement systématique, de la castration, de l'euthanasie, présentés comme le sommet de la "civilisation". Actions concertées relayées par de pseudo-gouvernements aux ordres, renforcées par la mise en œuvre de l'insécurité globale, insécurité économique en favorisant des crises économiques d'une ampleur manifestée, appauvrissant les classes moyennes des pays les subissant, instituant la paupérisation mondiale, initiant famine et suicide des Nations, tel qu'on l'a vu pour l'Irlande, insécurité physique par asservissement du terrorisme qui permet par la terreur de domestiquer les esprits, par mise en place de structures politiques policières initiant la censure, la délation, et l'observation de toute démarche intellectuelle du citoyen : lecture de ses courriers, de ses mails, fouille de son ordinateur et de ses données, assujettissement par la video surveillance, etc, etc. Nous sommes en pleine orgie dictatoriale ! Les Républiques n'existent plus. À telle fin que l'OMS dresse devant nous le tableau d'une pandémie inexistante due à une souche de toute pièce inventée, la grippe porcine n'existe pas, pour laquelle se déversent des vaccins pires que le mal qui n'ont pour but que de créer un génocide à court et moyen terme dans l'ensemble des Pays de notre petite planète, et que nos gouvernants s'empressent de s'autoriser, aux frais du contribuable bien entendu, d'acheter pour nous inoculer son poison. On distribue dans différents états des sacs mortuaires non pour remiser les corps atteints du h1n1, mais bien pour remiser les corps vaccinés contre le h1n1 ! Nous sommes dans une folie barbare que rien ne semble devoir arrêter, l'impuissance pavlovienne des Peuples, dont la léthargie est totale, se révélant fosse commune de tous les espoirs de voir dans ce présent se restituer les valeurs Républicaines. Face à ce sida il convient plus encore de veiller afin que nos derniers lambeaux de Liberté ne soient détruits par les cohortes destructrices qui s'avancent, en aucun cas ne voter pour ces partis qui s'imaginent la voix des Peuples et qui, par circonvolutions répétitives en obtiennent des voix, il faut dénoncer sans relâche le mépris, l'autoritarisme, la soumission à la dictature de la pensée, le pourrissement de nos civilisations, de nos Peuples, de nos Identités, et en aucun cas fléchir et abandonner devant la lâcheté organisée, le laxisme de la bestialité, la détermination des non-être qui pullulent dans ce miroir déformé de la voie inversée où le devenir n'est que désastre et mort. À celles et à ceux qui pensent que rien ne peut être fait contre cette hérésie d'un nouveau genre, je leur dis que nous sommes le contre-pouvoir qui peut destituer par la volonté ces arcanes de la prêtrise de Thanatos, par le développement de la Liberté de la parole, l'enseignement, sur ce qui reste encore un support pour la Liberté, cet Internet que certains gouvernements cherchent à réduire afin que les vérités qu'ils ne souhaitent pas entendre soient tues, (http://www.indect-project.eu/). Internet bien heureusement n'est pas le panache des impétrants au totalitarisme, et il est toujours possible de trouver des pays d'accueil qui respectent la Liberté pour rester sur la toile, et ainsi poursuivre l'œuvre de salubrité publique qui lentement mais sûrement destituera la pandémie du sida intellectuel qui atteint les Peuples, leur permettant ainsi de restituer aux Républiques leur honneur et leur grandeur.

La poussière sous le tapis

Il est à remarquer que je suis en accord avec les propos de notre chef de l'État, concernant le nettoyage de la poussière sous le tapis des diverses gouvernances. S'il y a une action salutaire, c'est celle de la cohérence des administrations, la disparition des doublons, des triplons, qui ne font que retarder l'évolution naturelle de la France par gabegies consécutives, forge de strates qui ne sont pas nécessairement là pour servir le public, mais servir leurs propres intérêts. La réforme de l'État est nécessaire, on ne peut imaginer en son sein une multiplication de positions qui ne sont empreintes que de prébendes. Je ne passerai pas en revue l'ensemble des administrations, ce qui serait fastidieux, mais je rappellerai qu'il existe des mammouths qui doivent fondre à vue d'œil, et d'autres qui doivent travailler ensemble, non seulement pour raison d'économie mais plus simplement pour raison d'efficacité. On ne peut continuer à considérer la fonction administrative comme le club méditerranée de toutes celles et tous ceux qui y rentrent, non par conviction, mais par opportunisme. Il existe des fonctionnaires remarquables noyés par une gabegie d'entristes qui ne font que freiner le rôle de l'État en ses administrations. On peut regretter ici que dans cette réforme, les Armées, qui sont garantes de l'intégrité de notre territoire, soient touchées sans discernement, sinon celui de la naissance d'une armée européenne qui ne pourra trouver son armature que dans le cadre d'une Europe politique qui, par soumission à l'économique, ne naîtra jamais, sinon qu'en contradiction avec les règles de la simple Démocratie, les Peuples refusant ce carcan. Nous ne pouvons ne pas être d'accord avec les réformes concernant le système sanitaire de notre Nation par concentration d'hôpitaux, disparition pure et simple de certains, qui n'assurent plus un maillage réaliste de notre cadre de santé. Ces deux remarques seront revues obligatoirement dans le cadre de l'aspiration de l'ordre et de la sécurité bien compréhensible de notre Peuple, ce n'est qu'une question de temps, compte tenu de la conjoncture internationale pour ce qui relève du domaine militaire, et compte tenu de l'anorexie devenue de notre système de soins, pour ce qui relève de la sécurité sanitaire. Une dernière remarque concernant cette réforme : utiliser les compétences ce n'est pas positionner des femmes ou hommes disposant d'une carte dans un parti politique, mais bien se servir de la capacité de chacun, car si nous observons bien les caractères de l'organisation de cette réforme, on s'aperçoit que la capacité pour certains maillons de cette réforme est loin d'être là, bien au contraire. Manque de remontée de l'information au plus haut niveau ? Préservation des acquis par les maîtres prébendiers d'un système vieillissant ? Tentative de maillage des postes clés par le parti présidentiel ? Quelques questions prioritaires auquel l'État se doit de répondre afin d'initier une rectification, et un consentement qui permettront d'accélérer cette réforme nécessaire de notre Etat.

Humanisme où lâcheté ?

Nous sommes dans le ridicule. Notre Pays, traditionnellement "terre d'asile", n'a plus les moyens de nourrir la terre entière et tous les exogènes qui rallient en dehors de tout droit son sol. La France compte actuellement huit millions de pauvres et vingt millions de personnes en état de précarité. Il serait peut-être temps de s'en rendre compte et cesser de verser des larmes sur le sort des exogènes sans droits qui s'installent de force dans notre Nation. Ainsi toutes ces organisations "politiques" de "gauche" — qui devraient défendre les vingt millions de Français en état de précarité et les huit millions de Français en état de pauvreté feraient mieux de se taire lorsqu'on ramène en charter les exogènes, aux frais du contribuable, dans leur pays d'origine, et regarder où se situe la pauvreté sur notre propre sol ! On ne peut être qu'écœuré par cette répugnance des dits partis à ne pas regarder le réel et préférer s'occuper de tous les exogènes sans droits plutôt que des Français en pauvreté. Ici, ils démontrent leur lâcheté naturelle à affronter les vrais problèmes de notre société comme les vrais problèmes d'ailleurs des pays d'où proviennent les exogènes sans droits ! Il n'y a ici aucune place d'humanisme dans leur propos, seulement des coups de publicité qui ne révèlent rien sinon que leur absence devant la pauvreté qui se répand en France comme une pandémie. Qu'ils se rassurent sur les exogènes, il en rentre cent cinquante mille par an sans compter les familles et en repart environ vingt-cinq mille sans droits. La destruction de l'Identité, qui permettra aux veules la destruction de la Nation est en marche. Qu'au moins cela se fasse dans la "légalité" du droit d'accueil, voilà qui gène considérablement les lâches, les incapables à assumer

443

leur Identité, à respecter leur Nation, ces introvertis de la flagellation qui ne jouissent que dans ce masochisme purulent dans lequel les Nations Européennes s'enfoncent avec délectation et complaisance, voulant ne plus voir que des êtres vides de conscience, ignorant de leurs racines et de leur histoire, qu'un viol par brassages successifs de leur identité aura rendue perméable à l'esclavagisme accepté. Nous N'en sommes pas encore là, mais nous en prenons le chemin si nous continuons à être inondés par ces propos débiles concernant les exogènes, qui relayés par les médias inféodés, assurent une confusion des genres qu'il convient de remettre à leur place. La dignité veut que l'on s'occupe de tous nos pauvres avant que l'on s'occupe de ces exogènes qui nonobstant qu'ils ne soient en droit, se plaignent pour obtenir des "droits". Le bon sens Français, n'en déplaise au mépris des déracinés et atrophiés de la Vie qui injurient les Français en les traitant de "franchouillard ou sous-chiens", n'en déplaise à ces inféodés de la reptation, le bon sens est de balayer devant sa porte avant de balayer devant celle du voisin. Mais il faut bien évidemment plus de courage pour honorer son Peuple que l'indifférencié qui permettra de noyer ce Peuple et obtenir ainsi des suffrages immérités. A ce propos, faudrait-il avoir le courage de supprimer le CMU pour stabiliser les comptes de la sécurité sociale, pour les exogènes sans droits, et serait-il particulièrement judicieux d'analyser avec rectitude ce que coûte cette partie du CMU, qu'abritent réellement nos hôpitaux publics, que l'on démantèle à une vitesse extraordinaire, de malades exogènes et de malades ayant payés leurs droits à la dite sécurité sociale ! La France est un Etat de Droit pour tous les citoyens Français, quelle que soit leur Race d'origine, quelle que soit leur confession ou leur orientation sexuelle, la France doit-elle devenir un Etat de "droits" usurpés pour le reste du monde ? Non, en aucun cas, la lâcheté serait d'accepter que des exogènes y ait plus de droits que le plus humble de nos concitoyens, ces vingt millions de nos compatriotes en précarité et ces huit millions de nos concitoyens pauvres d'une vraie pauvreté, qui certains travaillent et n'ont pour tout logement que leur voiture, dont certains crèvent de faim et de froid avec une dignité exemplaire, ces nombres sur lesquels crachent ces partis qui se prétendent de gauche en s'indignant du retour de sans papiers dans leur pays d'origine ! Il suffit de cette morgue de minables incapables de respecter leur Peuple, les bulletins de vote ne doivent en aucun cas confluer vers leur délitement, ce délitement qui les voit hurler en meute lorsqu'on remet à sa place l'exogène, mais qui ne disent rien sur la misère humaine existant sur notre sol ! Leur "humanisme" n'est qu'un leurre, il faut bien le comprendre, qui n'est là, je le répète que pour faire frémir l'empathie de nos citoyens et les détourner en cela des vrais problèmes, ceux de notre sol envahit par la pauvreté, touchant plus singulièrement les endogènes que les exogènes grâce à cette lâcheté induite par leurs officiants, compénétrés du désir de destruction de notre Identité comme de notre Nation...

Le mensonge universel

Le mensonge d'état, la crétinisation des consciences, la culpabilisation des énergies, et j'en passe et des meilleures : nous réveillerons-nous enfin de ce mensonge qu'est le réchauffement de la planète ?

Je vous invite à vous rendre sur le site de Jean Michel BELOUVE, http://www.belouve.fr/ qui expose avec clarté les enjeux de l'écologie politique :

l'anéantissement de notre Identité par le mensonge, la crédulité, la bêtise, l'ignorance. À vous de juger.

L'Identité Nationale

Grand débat sur l'Identité Nationale en France : on va enfin pourvoir exprimer sa pensée ? La France redeviendrait-elle le terreau des Idées et non la soubrette de la pensée unique ? Ne ratons pas l'occasion de nous déclarer et déclarer notre flamme à notre Nation tant aimée et si peu respectée. Que nenni ! La censure est là, sous l'appellation de modération. Combien de réponses éjectées ? On ne le sera jamais, mais les urnes le diront.

Texte envoyé par deux fois à :
http://www.debatidentitenationale.fr/

" **L'Identité Française**

Etre Français c'est avoir des Droits, des Devoirs et des engagements au respect de ces Droits et de ces Devoirs :

Droit :

Droit du sang et Droit du sol.

La France appartient à son Peuple. Elle s'est forgée dans le sang des ethnies qui ont choisi de s'unir pour initier sa réalité géographique à travers une Histoire deux fois millénaire. Le Droit du sang en son sein est inaliénable. Le Droit du sol ne peut s'initier que dans le cadre du mérite, par le courage, par l'apport d'un savoir, par l'enracinement.

Devoirs

Si les droits sont inaliénables, les devoirs envers la Nation de même.

Respect inconditionnel du Drapeau :

Qui unit l'ensemble des Français

Respect inconditionnel de l'Hymne Français :

Qui rend honneur à celles et ceux qui ont combattu pour la France et qui continuent à combattre pour la France

Respect inconditionnel de l'État Français :

Qui est le gardien de la Constitution, donc de la Liberté, de l'Égalité et de la Fraternité.
Respect inconditionnel de la Culture Française :
Qui est une culture de l'Universalité par excellence

Engagements

Aux devoirs associés aux Droits on trouve ici les engagements qui forgent l'identité Française :
- Défense inconditionnelle de la Liberté physique, culturelle et spirituelle, dans le respect d'autrui sur le territoire National
- Défense inconditionnelle de la Liberté économique, Culturelle, Spirituelle, dans un esprit d'ouverture
- Défense inconditionnelle de la Constitution qui est la tutrice de la Nation,
Marquée principalement par :
- l'engagement de défendre l'inviolabilité du territoire Français, l'inviolabilité de la Culture Française, l'inviolabilité de l'Universalité Française,
qui décline

Un choix indivisible de citoyenneté :

- Le respect de l'Ordre et la défense de la sécurité du Peuple Français, et par là même la défense de la Liberté
- Le respect du Peuple Français dans son intégrité territoriale et universelle, et par là même la défense de l'Égalité
- Le respect de l'État Français sous la devise de la République, une et indivisible, et par là même la défense de la Fraternité
Ces critères ont été et doivent continuer à forger cette Identité unique par le monde qu'est l'Identité Française."
À titre de suggestion, j'ai émis l'idée suivante :
"Ce débat semble à sens unique, vide, car tourné exclusivement vers la pensée unique. Les contributeurs qui ne vont pas dans le sens recherché sont évacués d'office par la "modération", que l'on peut appeler censure. Ma suggestion : de la transparence. Un débat ouvre ses portes et ne les ferme pas, sinon aux diffamateurs, sexistes, racistes, antisémites de tous bords. La République défend la Liberté, et la Liberté de penser en fait partie, sauf à considérer qu'elle n'existe plus dans notre si beau Pays."

Qui bien entendu n'a pas été mis en ligne.

Nous nous trouvons réellement ici devant un détournement du réel, l'Identité Nationale, qui dans un vaste leurre au profit de ce virtuel qui abuse chacun, s'autorise à faire croire ce qu'est sa réalité : ce qu'il fallait démontrer. Que l'on se rassure l'Identité Nationale renaît toujours de ses cendres et ce n'est pas un débat censuré qui y changera quelque chose, l'Histoire, avec un H majuscule l'a prouvé de multiples fois et continue à le prouver. Tout n'est question que de temps et de patiente infinie. La restitution aux Identités de leur légitimité se fera naturellement et légalement lorsque tout un chacun s'apercevra de l'inanité conceptuelle qui dévore les Etats, les Peuples, l'Humanité.

Ps 19h30 heure française : après avoir essayé de nombreuses fois d'émettre le texte en exergue, stupeur des voyelles, une petite partie a été mise en ligne, bien après ce message que vous lisez :

" L'Identité Française

Etre Français c'est avoir des Droits, des Devoirs et des engagements au respect de ces Droits et de ces Devoirs :

Droit :

Droit du sang et Droit du sol.

La France appartient à son Peuple. Elle s'est forgée dans le sang des ethnies qui ont choisi de s'unir pour initier sa réalité géographique à travers une Histoire deux fois millénaire. Le Droit du sang en son sein est inaliénable. Le Droit du sol ne peut s'initier que dans le cadre du mérite, par le courage, par l'apport d'un savoir, par l'enracinement.

Devoirs

Si les droits sont inaliénables, les devoirs envers la Nation de même.

Respect inconditionnel du Drapeau :

Qui unit l'ensemble des Français

Respect inconditionnel de l'Hymne Français :

Qui rend honneur à celles et ceux qui ont combattu pour la France et qui continuent à combattre pour la France

Respect inconditionnel de l'État Français :

Qui est le gardien de la Constitution, donc de la Liberté, de l'Égalité et de la Fraternité
Resp"
J'ai tenté de mettre la suite, qui apparaît finalement mais sans queue ni tête hors de son contexte.
Au regard de cette dissection, je juge que les conclusions précédentes restent malheureusement donc toutes d'actualité.

La chute du Mur

Nous aurions pu penser que lors de cette fête on condamna sans abstraction le communisme dans ce qu'il a et continue à être de plus sauvage, barbare et putride ! Pas un mot ! Par un mot sur ces cent cinquante millions d'Etres Humains assassinés par cette doctrine de l'avilissement ! Ce génocide programmé par des dictatures ignobles qui n'avaient et n'ont d'autre voie que celle de la destruction "scientifique" de l'Etre Humain ! Pas un mot sur les charniers de cette doctrine non-humaine, pas un mot sur son arrogance et sa mystification matérialiste, pas un mot sur les combats menés contre son dessein dans les Pays Asiatiques où l'on tue impunément ceux qui ont choisi de vivre pour la Liberté de penser ! Pas un mot, mais comment pourrait-il en être autrement, devant tant de reptation, jusqu'à ce parti qui se dit le parti de la France qui va conjuguer ses efforts avec sa doctrine la plus meurtrière qui fut, ce communisme Asiatique dont les tueries se poursuivent sans jamais se lasser, sous les yeux compatissants de ces égéries d'un nazi communisme mondialiste qui s'arrange de ce peu de cas que l'on fait de l'Humain par les Nations sous le joug de fer de cette doctrine toujours bien vivante. Que de bassesse ! Que de reptation devant l'infection, cette pandémie qui se retrouve dans les amours de jeunesse de ces pseudos politiques, de ces pseudos philosophes, de ces pseudos européens qui se veulent les maîtres à penser de l'avenir Humain ! Nuremberg fut pour le National-socialisme, nous attendons toujours le Nuremberg du communisme pour juger de la folie meurtrière qui, implacable, réduisit des millions de femmes, d'hommes, de vieillards et d'enfants sous la botte rouge et ses servants, et continue à le faire ! À l'heure où l'Histoire fait l'objet d'une réécriture de complaisance pour cette doctrine meurtrière, il serait temps de se réveiller et demander le procès de ces Lénine, Staline, Mao, et tous leurs inféodés, vivants ou morts, qui ne peuvent se glorifier que de leurs camps de concentration, dont on se garde bien de parler, que de leurs goulags, que de leurs hôpitaux psychiatriques, que de leurs meurtres à la va vite de toute dissidence, jusqu'au génocide organisé telle la famine qui toucha l'Ukraine, telle cette horreur sans nom que fut la liquidation du peuple Cambodgien, telle ces infamies qui se poursuivent au Vietnam, au Laos, au Tibet. Combien de charniers, et pire que les charniers ces actes d'abominations tels ceux qui se déroulèrent en Espagne, on l'on vit déterrer des Nonnes Catholiques pour les voir empaler sous le regard joyeux de non-humains dirigés par les postulats du communiste de la terreur, les Yagoda et compagnie, aux ordres de Staline, boucher de cette ignominie. Un tribunal ? Il n'y aura pas dans ces temps de faiblesse et de terreur larvée, il n'y aura, les dépositaires des pouvoirs tous en liesse, qui de Lénine, qui de Staline, qui de Gramsci, qui de Trotsky, qui de Mao ! Il faudra attendre, reprendre les rennes politiques de nos pays Européens actuellement sous le joug de cette vague rouge, et enfin après avoir décillé les regards de nos Peuples, entamer cette longue marche vers la libération des esprits qui croulent sous le regard de l'arbre qui cache la forêt, ce National-socialisme, qui porte si bien son nom, allié avec le Communisme ne l'oublions jamais pour tels des charognards se partager la Pologne en 1939, sous les yeux bienveillants des communistes du monde entier, mondialistes apatrides, n'ayant pour but et volonté que l'asservissement de l'Etre Humain au matérialisme le plus implacable. Et où trouveraient donc leurs meilleurs alliés les mondialistes ce jour ? Lorsque vous aurez donné à cette question votre réponse, vous aurez mieux compris pourquoi les discours concernant la chute du mur se sont réduits à de simples et ridicules épanchements sur le Peuple et la Liberté, bien ancrés dans le mondialisme et son coup d'état pernicieux et permanent. Je vous rassure, nul n'a été dupe, et encore moins ceux qui se battent pour la liberté de l'Etre Humain, dans tous nos pays d'Europe aujourd'hui sous la vassalité de cette correspondance putride avec les pires ennemis du genre Humain, ces matérialistes non-humains qui n'ont d'autres but que l'asservissement, soit pour le profit, soit pour le pouvoir, et bien souvent pour les deux orientations, sous les hospices d'une économie inverse qui ce jour s'invente des pandémies pour mettre en œuvre les vaccins de la létalité à court et moyen terme pour l'espèce Humaine, et se gargarise de réchauffement climatique pour appauvrir les populations afin de les mieux asservir, actions conjuguées dignes de leur grand frère, le communisme né du désir d'auto destruction du Vivant par le non vivant qui se confère dignité et honneur, alors qu'il n'est que statuaire du plus grand génocide organisé sur cette Terre, qui a servi et sert bien des intérêts composés dans ce petit monde où l'Etre Humain est à genoux, asphyxié par le mensonge et l'ignorance.

Ainsi

Ainsi pourrions-nous indéfiniment démontrer l'inanité de ce monde politico médiatique aux ordres d'une idéologie dont la barbarie n'est plus à démontrer, poursuivre inlassablement les avanies du mensonge à l'ignorance accouplées, mais ce site a vocation à l'éveil et non à la délétère confirmation du vide. Dénoncer avec vigueur le charlatanisme des inféodés du pouvoir pour le pouvoir, crachant sans modération sur la réalité en s'inventant dans le virtuel des ectoplasmes, telle cette "identité nationale" où sont systématiquement rejetés les textes initiés par le réalisme historique et biogéographique, pour laisser place aux élucubrations du mondialisme délirant, dénoncer avec patiente la fourberie des "scientifiques" se vendant au pouvoir pour remplir leur gamelle de subsides, en inventant un "réchauffement planétaire" qui aurait pour origine l'Humain, ce qui permet de l'asservir et réduire le tiers-monde au quart-monde, dénoncer la dérision du darwinisme et de l'anthropologie, du freudisme et de la toute relative relativité de Einstein, du moins Poincaré, dénoncer les paravents de la putridité donc les pseudos philosophes qui font bruire leurs versets de millénaristes par toutes les ondes, afin de mieux détruire un patrimoine qui ne leur appartient pas, ridicules homoncules qui se pavanent et se tortillent à qui mieux mieux pour de leur insolente non-créativité nier la créativité, dénoncer la torpeur endémique de la pitoyable bêtise qui règne sans partage sur ces lieux que l'on nomma la France, comme celui que l'on nomma l'Europe, qui vient de se doter d'une représentation extérieure tenue par une cristallisation crypto communiste, de facto, ce qui laisse rêveur pour l'avenir, et font se retourner dans leurs tombes toutes Celles et Ceux qui ont combattu le communisme, dénoncer le laxisme répugnant des Juges qui libèrent des tueurs dans la nature, tel cet apocryphe qui vient après caution d'être libéré dans un pays voisin, c'est uniquement faire jugement d'une outrance que rien ne peut faire cesser, tant qu'elle n'a pas atteint son point de rupture, son point de non retour étant largement dépassé. Ainsi nous ne perdrons plus notre temps dans ce délétère magma de l'informe, de la bestialité accouplée à la bassesse, pour ouvrir les portes à la pensée la plus éthérée de ce barbarisme qui signe son déclin, revenant en cela à la permanence traditionnelle du Verbe qui ne s'effeuille dans l'immondice, le mensonge et sa duplicité, l'ignorance. Ce monde matérialisé s'écroule, et c'est tant mieux, il libérera les prouesses des générations à venir qui régénéreront le sens de l'aventure Humaine dans ce qu'elle a de plus magnifié, cet Esprit de conquête qui ne cessera, malgré la pandémie du sida intellectuel que nous subissons de plein fouet, fer de lance de ce mondialisme en décrépitude qui sur ses ruines continue encore à s'accroire. Ce qui est important ces jours est de construire tant les organisations que les structures qui prendront naturellement la place de cette baudruche qui explose de toute part et ne tient encore debout que par les régimes dictatoriaux qui s'y instruisent. Perdre son temps à en exprimer la vacuité ne sert de rien, tout ce que l'on peut souhaiter c'est que l'explosion naturelle devant son incongruité maladive se produise rapidement et nous ne saurions trop applaudir ses zélotes et prosélytes, en tout lieu, politique, scientifique, philosophique, artistique, qui participent à son expansion, car ils servent indirectement, en accentuant au pourrissement, à la naissance de cet Ordre naturel que nous défendons, l'Universalité, qui est Esprit de l'Harmonie et non atrophie de la viduité. C'est sur le fumier que naissent les plus belles roses, comme le dit le proverbe. Et ces roses sont en naissance attendant l'autodestruction de la pandémie qui s'agite.

Les médias

La désinformation poursuit son œuvre par non-information et information partielle ou erronée. Cette technique utilisée par les médias aux ordres des politiques eux-mêmes aux ordres des sociétés de pensées diverses et variées, prend une ampleur démesurée ces derniers temps. La manipulation et la propagande trouvent ici leurs terrains de divertissement familier et journalier. Fréquence, amplitude, sont les caractéristiques de ces mots d'ordre qui par l'image où le son sonnent comme des rengaines bien alimentées et bien posées afin de rendre l'auditeur comme le spectateur serviles d'une pensée unique qui peut se résumer ainsi : tout le monde est beau, tout le monde est gentil, tout le monde doit obéir à la lanterne magique illustrée par ce fameux Général français durant les guerres napoléoniennes qui cherchait à rassembler son armée éperdue. Car le croirait-on ? Et bien cette propagande en est là de ses services et à l'image de ce Général parle dans le vide. Car qui peut croire un seul instant ses génériques, ses constellations d'idioties, ses délires crétinisés ? L'audience me direz-vous, la sacrée audience qui permet d'accroire et de faire croire que tout un public se passionne pour des mensonges et les errements de l'ignorance. La glu n'est pas si solide que des esprits réfléchissent et s'écartent sans coup férir des perpétuelles rengaines que nous distribuent des orateurs et oratrices bien peignées et bien lustrées dans leur vitrines bobos de pacotilles. A les écouter aujourd'hui nous ne devrions jurer que par le football, grand rassembleur des Peuples, tellement rassembleur que chaque match de foot ressemble au cirque Romain, à les écouter nous devrions être à genoux devant les icônes puériles de ce monde de marionnettes qui s'incarnent à l'écran ou bien devant un micro pour nous enchanter de leurs petits problèmes et de leur santé, à les écouter nous devrions chaque seconde être en génuflexion devant un pseudo-réchauffement de la planète qui rempli bien les caisses vides des états, à les écouter nous devrions surtout ignorer tout de notre Identité, de notre Peuple, pour nous prosterner pour tout ce qui ne vient pas de nous, à les écouter chaque foyer devrait recevoir des exogènes sans se soucier un seul instant des pauvres de notre Pays qui crèvent comme des animaux dans des hôpitaux mouroirs, des maisons de retraite où l'on a de souci que le profit, à les écouter les petits travailleurs Français qui sont obligés de coucher dans leur voiture où dans la rue parce que leur salaire est insuffisant pour qu'ils se logent doivent laisser leur place à tous les immigrés de la terre qui se pressent jusqu'en notre pays pour réclamer des droits, à les écouter nous devons pardonner aux violeurs et aux meurtriers de nos enfants qui récidivent, surtout à ceux qui récidivent, à les écouter nous sommes coupables de tous les maux de la terre, jusqu'à la déperdition de ces Îles Maldives qu'il faut bien entendu mettre en exergue pour faire valoir le réchauffement "climatique" sans qu'un seul mot soit dit sur les tortures que subissent les Chrétiens sur ces Îles, etc etc, les vingt volumes de l'encyclopédie n'y suffiraient pas, si nous devions énumérer la bêtise qui éructe à longueur de journée de ces médias aux ordres. Mais là où l'on atteint l'apogée de l'apogée dans ces circuits de la débilité, c'est lorsque ces chers et très chers opérateurs nous parlent politique, que de rires, que de sourires devant leurs mensonges magnifiés ! Et qui du parti "dominant", en reptation devant les tenants et les aboutissants, et qui des autres partis en flagellation ordurière pour certains d'entre eux et toute soumission devant les autres, jusqu'à en faire perdre leur Latin à celles et ceux qui les écoutent, dans une belle envolée et un lyrisme de bon aloi qui est confondant de gloses à propos. Le pire c'est qu'ils puissent croire qu'ils soient pris au sérieux ! Alors que les élections régionales s'approchent, que l'on voit le parti "dominant" chercher une fois encore à duper l'électorat avec de grands thèmes comme l'Identité Nationale, ce thème étant totalement censuré, ce qui prête à rire, les partis dits sociaux s'emporter avec un rituel consommé d'hypocrisie pour ameuter à eux les derniers soldats de leurs bastions lézardés, les partis dits "écologiques" qui n'ont d'autres ambitions que le pouvoir pour le pouvoir en réunissant autour d'eux tous les damnés de l'ignorance — à telle fin que les fameuses manifestations à Copenhague n'ont réunies qu'une centaine de mille personnes ce qui est manifestement sans jeu de mot une goutte d'eau dans le vase de l'Humanité qui se contrefiche de cet instrument d'avilissement et de culpabilisation qu'est l'écologie politique et s'en détourne avec écœurement tant le mensonge qu'il ruisselle, fourche caudines de cet instrument du mondialisme, est aujourd'hui mis en exergue par les scientifiques qui claquent la porte de cet organisme phare de l'ONU qui veut imposer sa doctrine d'illuminé, cessons de prendre les gens pour des imbéciles ! — le parti du centre, qui comme une girouette s'agite dans tous les sens pour croire qu'il existe encore, tous partis phares de ces médias en pleine ascension de léthargie congénitale ! Un mot par ci par là du parti National pour bien entendu le déclarer inapte à la grande volition européenne, objet d'un mini-traité qui ne représente rien puisqu'il n'a pas eu le consensus des Peuples mais uniquement des "élites" d'appartenance qui rôdent tant dans les gouvernements que dans les assemblées pour fortifier leur emprise dictatoriale, au même titre que cette église de scientologie qui aujourd'hui voudrait voir nos Lois révisées en fonction de sa doctrine esclavagiste. En cela pourquoi se gênerait-elle, l'ONU étant totalement inféodé aux doctrines de la Lucy Trust, qui rappelons le finance Greenpeace, Amnesty international et l'Unicef. Cela évidement les chers journalistes ne vous en parlent jamais comme ils ne parlent pas de l'union sacrée des socialistes et du parti au pouvoir qui se retrouvent, qui en loge, qui dans les sociétés de pensées, ou se réunissent les impétrants du socialisme comme du libéralisme afin d'asphyxier la Liberté des Peuples à se diriger eux-mêmes. Les journalistes se taisent par peur et terreur de perdre leur verroterie, qu'ils le sachent, personne n'est dupe et encore moins devant cette crise économique programmée qui a vu se tenir une réunion dont ce site a fait état ayant pour vocation l'institution d'un gouvernement mondial dans lequel notre représentant attitré siège actuellement au FMI. Personne n'est dupe, et même si les citoyens ne connaissent les ramifications qui voudraient les gréer pour en faire qui de la chair à canon, comme en Afghanistan actuellement, qui des esclaves par une surveillance accrue et liberticide, ils savent tous que quelque chose ne tourne pas rond dans notre petit royaume de France et que l'on masque sous les oripeaux de l'infantilisme babillard diffusés par les médias, les conditions de leurs contraintes à venir, c'est bien pour cela qu'ils se désintéressent de ces partis inféodés, de ces usurpateurs et de ces tricheurs qui se présentent avec des sourires nauséabonds devant la petite lucarne où ils se tutoient à qui mieux mieux pour faire apparaître leur consanguinité dans le vide imperturbable qui les anime et qui ne trompe pas l'opinion. Le réveil ne sera que plus douloureux pour ces accaparateurs du pouvoir, ce n'est qu'une question de temps. Les urnes reparleront un jour, et ces urnes pour qu'elles parlent demanderont aux impétrants pour qui ils travaillent : pour la France où pour l'inféodation ? Où ils se situent, homme et femme Libres ou bien d'appartenance ? Ce jour-là bien des masques tomberont et la politique reprendra ses droits sur la soumission. La politique étant vertu et non compromission, la Politique étant Art et non usurpation. En attendant pour ces prochaines élections, assurez-vous de la qualité des impétrants et rejetez sans l'ombre d'un souci le cartel de l'esclavage qui vous sourit pour mieux vous leurrer. Je ne rappellerai jamais assez ici que la France s'est prononcée par un non massif à l'entrée dans cette tour de Babel que l'on nomme l'europe, que l'économie de l'Irlande a été détruite pour l'obliger à voter oui. Aujourd'hui, au nom du mensonge et de l'usurpation, de force on nous inclut dans cette "europe". Si cette duperie du cartel ne vous a pas suffi, continuez à voter pour leurs bannières et vous rejoindrez les nids d'esclaves qu'ils nous préparent en nous faisant accroire monts et merveilles de cette désillusion qui voit comme jamais les entreprises s'en enfuir, le paupérisme s'y installer et bien entendu l'immigration sauvage s'y poursuivre sans reddition, où bien acceptez comme argent comptant les phrases toutes faites de nos chers journalistes aux ordres qui préparent notre Peuple à sa disparition programmée. À suivre...

La défense des Femmes

Les Lois de la République sont une et indivisible, or on s'aperçoit de plus en plus qu'elles sont transgressées par des communautarismes qui s'adjoignent un monde associatif et plus pernicieusement des conseils — qui soit dit en passant sont anticonstitutionnels — pour faire valoir des "droits" issus de civilisations qui n'ont strictement rien à voir avec notre civilisation Occidentale. La Loi de 1905 séparant la Religion de l'État est bafouée ! Une pratique religieuse tente par tous les moyens d'imposer son diktat au mépris des Institutions Républicaines qui posent sans qu'une transgression soit possible l'égalité des Droits entre homme et femme. Le problème que nous rencontrons aujourd'hui dans ce cadre est très grave et justifie d'autres mesures que ces pseudos réunions d'"intellectuels" qui s'imaginent transcender la vertu de l'État dont les représentants sont le Peuple. Le Peuple de France n'a pas à voir outrager ses Lois aux noms de lois religieuses qui ne peuvent se substituer aux premières, sauf à penser que l'État de Droit ait démissionné, ce qui ne semble pas le cas actuellement. La restauration de l'Ordre Républicain passe par l'application de ses Lois, leur respect inconditionnel par quiconque, quelle que soit son origine ou sa confession, enfin et surtout par le démantèlement des "conseils" et associations anticonstitutionnels qui n'ont d'autre vertu que de défendre l'indéfendable, la mise en œuvre de ces carcans religieux qui veulent voir la Femme reléguée au dernier degré de la Création, soumise, voilée, sinon pire. On peut se questionner sur la présence de notre Armée en Afghanistan, qui cherche à délivrer, mais le savons-nous pertinemment ? De ce carcan une population n'ayant aucun droit, si sur notre territoire, on laisse la loi religieuse dicter à notre Etat sa pensée. L'outrance et l'arrogance, l'impertinence et la duplicité des zélateurs, des prosélytes, des laxistes de tout bord défendant une Femme enchaînée n'a que suffit. Notre civilisation Occidentale, de tradition Chrétienne, n'en déplaise aux sectateurs des Identités Nationales, n'a pas à subir cet outrage fait à la Femme. En conséquence, nous attendons un geste fort de notre gouvernement qui reléguera l'obscurantisme à ses mystères et laissera vivre les Femmes en Etres libres dans un Pays, notre Pays, qui a toujours combattu pour la Liberté, et qui les défendra au même titre que chaque citoyenne Française dans le cadre de notre Etat de Droit Républicain.

La déroute des Humanicides

Le sommet de Copenhague se termine dans le labyrinthe de sa propre déshérence, le mensonge ne peut toujours vaincre et c'est fort heureux ! La plus belle claque vient d'être donnée aux pseudos scientifiques de cet organisme innervé par l'ONU, et nous attendons maintenant que les Scientifiques se prononcent, et que l'on cesse de nous raconter des balivernes qui n'ont d'autres buts que de culpabiliser les Etres Humains afin de les pressurer d'éco taxes ignobles qui n'ont pas lieu d'être sinon que pour couronner la bêtise et l'ignorance. Les ONG à la solde de la Lucy Trust sont renvoyées dans leur foyer, les "scientifiques " à leurs chères études, les racketteurs en tout genre à leurs lubies maniaco-dépressives, et quant aux humanicides ils feraient mieux de se cacher plutôt que de trôner sur leurs déficiences qui se révèlent une incapacité à créer et à vivre sans commune mesure ! Assez du millénarisme et de ces verroteries d'atrophiés qui veulent réduire l'Humanité en esclavage ! Assez des prosélytes de la décadence qui veulent opportunément remplir leur propre portefeuille au détriment de l'Humanité ! Assez de ce fer de lance d'un mondialisme inversé qui voudrait voir naître la politique de la pensée de vivre régulée par un organisme mondial de la police politique écologique, nouveaux commissaires politiques ayant droit de vie et de mort sur les Peuples et l'Humanité, celui d'affamer les Peuples, les réduire au néant et à la mendicité près de ce FMI qui les engraisse lorsqu'ils tombent en accord avec leur "ordre du monde" qui n'est que désordre à l'image du mental qui le configure ! Remercions ici le bon sens Humain d'avoir rejeté le formalisme dictatorial de cette purulence venue du mensonge et de la duplicité, remercions toutes celles et ceux qui ont vu clair dans la tentative de coercition de l'Humanité par le fléau que l'on nomme "l'écologie politique", cette entrave à la liberté Humaine basée sur l'incapacité à vivre, basée sur le mensonge systémique énoncé par les leviers qui cherchent encore et toujours à contraindre l'Humanité à l'esclavage consenti, notamment cet ONU qui ne ressemble plus à rien tellement phagocytée par l'illuminisme le plus provoquant. Et lorsqu'on pense que nos représentants Français sont arrivés en hurlant que chaque pays qui ne se disposait pas à tendre la gorge à cette épée ignoble, ces pays feraient l'objet d'un isolement planétaire ! Quelle honte pour la France, défendons-nous la dictature mondiale, sous les hospices des humanicides, où bien le triomphe de l'Humanité à vivre dans l'harmonie ? Il n'y a plus de question à se poser devant ce cri lancé à la face 196 Nations, qui ont renvoyé sitôt en leur foyer les ardents défenseurs de la dictature de la pensée ! Non, le monde ne se construira pas sous l'éclairage de cette putridité que représente l'écologie politique, non le monde ne se bâtira pas sur le mensonge, non l'Ordre Mondial ne se bâtira pas sur l'esclavage, que cela soit dit, et cela a été dit, merci encore aux Peuples de ce Monde qui ont encore le nom de Peuples, merci aux Etres Humains qui ont répondu comme il fallait à ces non-humains qui cherchent à terroriser l'Humanité avec leur mensonge commun ! Merci d'avoir renvoyé ces "élites" trônant sur l'ignorance à leurs foyers, à leur déchéance naturelle qui ne leur fait pas entrevoir ne serait-ce que le cent millième du devenir de l'Humain, qui n'est pas de se vautrer dans la paresse mentale, dans ce sida intellectuel qui broie chaque tempérament, mais bien de s'élever par-delà sa propre nature à l'immensité de cet Espace qui sera conquis, naturant la réalité Humaine par-delà la servitude et la désintégration. Merci encore, et gageons que malheureusement nous serons encore un des seuls pays à poursuivre cette chimère de l'esclavage, ce qui a bien commencé avec les éco taxes, la propagande ridicule digne de celle du communisme comme du national-socialisme, les lois liberticides, l'accumulation de la surveillance politique tant des individus que de leurs pensées et notamment sur

Internet, tant que nous resterons dans ce régime qui initie la barbarie, la barbarie naissant toujours du mensonge et de l'ignorance ! Pauvre France, pauvres Pays d'Europe qui font la risée de ce monde qui avance, serait-il temps de se réveiller de cette insulte à la conscience Humaine et que rejoignent nos pays la grandeur et l'honneur, la beauté et la vaillance, dans les domaines de la Politique, de l'Art, de la Science, de la Philosophie, au lieu de se conchier dans la culpabilisation délirante qui voit ce jour des Nations renier leur Histoire, qui voit ce jour des Nations renier leur Identité, qui voit ce jour des Nations s'avilir dans une non-spiritualité qui les pousse à renier leurs racines ! Le temps est venu de se sortir de ce bourbier infect et notamment dans notre Pays, un vote sain devient indispensable, alors que vingt millions de pauvres crèvent la faim pour le bon plaisir des délocalisations, pour le bon plaisir d'un endettement cosmique, pour le bon plaisir de la désintégration de notre Identité ! Personne n'est dupe et certainement encore moins ces pays en voie de développement qui perçoivent l'insanité qui risque de les engloutir. Merci à toutes ces Femmes et ces Hommes qui sont représentants de l'Humanité d'avoir éradiqué ce sommet vouant l'Humanité à l'esclavage, merci pour avoir vidé de sa substance la "vertu" du mensonge et de l'ignorance initiés par les humanicides en puissance, qui barbotent du haut de leurs hélicoptères ou de leurs quatre quatre pour donner des leçons de morale, et je pense par exemple à ce Peuple Africain qui ne demande rien à personne en cultivant le Thé, ce qui ne peut que faire hurler ces prosélytes de la terreur organisée, par l'intermédiaire de films, d'une littérature, de discours "philosophiques ou politiques", erronés et partisans, de ce terrorisme intellectuel que Copenhague a eu le mérite de révéler à la Terre entière, et éliminer !

La Dictature Européenne en marche

La Constitution et sa version "simplifiée" (le traité de Lisbonne) contiennent de nombreuses annexes dont le rôle est d'indiquer de quelle façon les différents articles doivent être interprétés et appliqués.

Ces annexes font juridiquement partie de la Constitution :
Article IV-442 :
"Les protocoles et annexes du présent traité en font partie intégrante."
De plus, les annexes sont désignées comme référence pour l'interprétation devant éventuellement être faite par un tribunal :
Article II-112, 7 :
"Les explications élaborées en vue de guider l'interprétation de la Charte des droits fondamentaux sont dûment prises en considération par les juridictions de l'Union et des États membres."
Parmi ces annexes, on trouve des "explications" qui permettent tout simplement de ne pas appliquer la Charte des Droits fondamentaux (la partie II de la Constitution) dans des cas dont la définition est délibérément floue et extensible.
Ces annexes à la Charte des Droits fondamentaux figurent à l'article 12 de la section A de "l'acte final" de la partie IV, à la fin du texte constitutionnel, à l'abri du regard des nombreux électeurs qui auront abandonné la lecture avant la fin.

Peine de mort en cas d'émeute, d'insurrection, ou de "menace de guerre"

Article II-61

1. Toute personne a droit à la vie.
2. **Nul ne peut être condamné à la peine de mort, ni exécuté.**

Mais dans le paragraphe 3-a de l'article 2 de l'annexe 12 (intitulée "Déclaration concernant les explications relatives à la Charte des droits fondamentaux", section A de l'acte final de la partie IV), on peut lire une "explication" qui limite sérieusement la portée de l'article II-61 :

"Les définitions « négatives » qui figurent dans la CEDH doivent être considérées comme figurant également dans la Charte :

l'Article 2, paragraphe 2 de la CEDH :

« La mort n'est pas considérée comme infligée en violation de cet article dans les cas où elle résulterait d'un recours à la force rendu absolument nécessaire :

a) pour assurer la défense de toute personne contre la violence illégale ;

b) pour effectuer une arrestation régulière ou pour empêcher l'évasion d'une personne régulièrement détenue ;

c) **pour réprimer, conformément à la loi, une émeute ou une insurrection. »**

b) l'article 2 du protocole n° 6 annexé à la CEDH :

« Un État peut prévoir dans sa législation la peine de mort pour des actes commis en temps de guerre ou de danger imminent de guerre ; une telle peine ne sera appliquée que dans les cas prévus par cette législation et conformément à ses dispositions »."

Ces limitations contestables instaurées par la CEDH (Convention Européenne des Droits de l'Homme) se trouvent ainsi constitutionnalisées.

En clair, les droits fondamentaux établis par la Charte ne s'appliquent pas en cas d'insurrection ou d'émeute. Mai 1968, une grève générale, une occupation d'usine ou une manifestation peuvent être assimilés à une insurrection ou une émeute, et peuvent donc servir de prétexte à l'annulation des droits civiques.

La Charte ne s'applique pas non plus en temps de guerre ou en cas de "danger imminent de guerre", ce qui est une définition très subjective et qui ouvre la porte à tous les abus. Demain, un représentant d'un Etat pourrait utiliser comme prétexte une "guerre contre le terrorisme", ou un "danger de guerre" pour ne pas appliquer la Charte.

Réquisition de citoyens pour des travaux forcés

On ne peut qu'approuver la Constitution quand on lit :
Article II-65
1. Nul ne peut être tenu en esclavage ni en servitude.
2. Nul ne peut être astreint à accomplir un travail forcé ou obligatoire.
Toutefois, les "explications" en annexe précisent que **le travail forcé n'est pas interdit s'il s'applique à des prisonniers. Les travaux forcés**, tels qu'ils se pratiquaient il y a un siècle et tels qu'ils se pratiquent à nouveau aux États-Unis, **sont donc possibles en Europe avec cette Constitution. N'importe quel citoyen est concerné depuis que les récentes lois répressives permettent d'emprisonner une personne sans jugement et pour une durée indéterminée si elle est soupçonnée de "terrorisme". Il est donc devenu très facile de passer du statut de "citoyen libre" à celui de prisonnier.**
Les annexes de la Constitution vont même jusqu'à autoriser la réquisition de citoyens pour un travail forcé dans le cas "de crises ou de calamités qui menacent la vie ou le bien-être de la communauté". Encore une fois, ces conditions sont suffisamment vagues pour être interprétées de façon très extensive.
Article 5 de l'annexe 12
"Au paragraphe 2, les notions de « travail forcé ou obligatoire » doivent être comprises en tenant compte des définitions « négatives » contenues à l'article 4, paragraphe 3, de la CEDH :
N'est pas considéré comme "travail forcé ou obligatoire" au sens du présent article :
a) tout travail requis normalement d'une personne soumise à la détention dans les conditions prévues par l'article 5 de la présente Convention, ou durant sa mise en liberté conditionnelle ;
b) tout service de caractère militaire ou, dans le cas d'objecteurs de conscience dans les pays où l'objection de conscience est reconnue comme légitime, à un

autre service à la place du service militaire obligatoire
c) tout service requis dans le cas de crises ou de calamités qui menacent la vie ou le bien-être de la communauté ;
d) tout travail ou service formant partie des obligations civiques normales"

Emprisonnement arbitraire

Les "explications" relatives à l'article II-66 (qui affirme que "toute personne a droit à la liberté et à la sûreté") justifient d'ailleurs implicitement la détention sur simple soupçon, ou encore pour des personnes "contagieuses", des "aliénés", des "toxicomanes" ou des "vagabonds" :
Paragraphe 1 de l'article 6 de l'annexe 12
"**Toute personne a droit à la liberté et à la sûreté**. Nul ne peut être privé de sa liberté, **sauf dans les cas suivants** et selon les voies légales :
[...]
c) s'il a été arrêté et détenu en vue d'être conduit devant l'autorité judiciaire compétente, lorsqu'il y a des raisons plausibles de soupçonner qu'il a commis une infraction ou qu'il y a des motifs raisonnables de croire à la nécessité de l'empêcher de commettre une infraction.
[...]
e) **s'il s'agit de la détention régulière d'une personne susceptible de propager une maladie contagieuse, d'un aliéné, d'un alcoolique, d'un toxicomane ou d'un vagabond** ;"
Le paragraphe 3 des mêmes "explications" semble néanmoins fixer des limites à la détention arbitraire, mais encore une fois, ces limites sont formulées dans des termes suffisamment imprécis pour laisser toute liberté d'interprétation à un futur régime autoritaire ou policier :
Paragraphe 3 de l'article 5 de l'annexe 12
"Toute personne arrêtée ou détenue, dans les conditions prévues au paragraphe 1.c du présent article, doit être aussitôt traduite devant un juge ou un autre magistrat habilité par la loi à exercer des fonctions judiciaires [c'est-à-dire par un policier, ou un "juge de proximité" sans aucune formation

judiciaire] et a le droit d'être jugée dans un délai raisonnable" [quel délai précisément ?….]

Paragraphe 4 de l'article 5 de l'annexe 12

"Toute personne privée de sa liberté par arrestation ou détention a le droit d'introduire un recours devant un tribunal, afin qu'il statue à bref délai [quel délai précisément ?] Sur la légalité de sa détention et ordonne sa libération si la détention est illégale." [Mais compte tenu des dispositions précédentes, peu de détentions pourront être déclarées illégales, puisque justifiées par la Constitution].

Surveillance électronique de la vie privée

On continue dans le même esprit avec la protection de la vie privée.

Ainsi, la Constitution semble protéger les citoyens de l'espionnage de leur ligne téléphonique et de leurs courriers électroniques, ou la pose de micros et de caméras au domicile (comme le prévoit la loi Perben en France). Au passage, on s'en étonne un peu car depuis le 11 septembre 2001, la plupart des états européens ont adopté des lois qui officialisent la "big-brotherisation" générale. Si l'on en croit la Constitution, la surveillance électronique des citoyens est interdite, bien qu'il n'y ait aucun recours prévu pour des personnes qui seraient victimes de ces pratiques :

Article II-67, 1 :

"**Toute personne a droit au respect de sa vie privée et familiale, de son domicile et de ses communications**."

Paragraphe 2 de l'article 7 de l'annexe 12

"**Il ne peut y avoir ingérence d'une autorité publique dans l'exercice de ce droit que pour autant que cette ingérence est prévue par la loi et qu'elle constitue une mesure qui, dans une société démocratique, est nécessaire à la sécurité nationale, à la sûreté publique, au bien-être économique du pays, à la défense de l'ordre et à la prévention des infractions pénales, à la protection de la santé ou de la morale, ou à la protection des droits et libertés d'autrui.**"

469

L'article suivant est assorti d'explications absolument incompréhensibles du fait de la multitude de renvois et références à d'autres documents ou traités.

Article II-68 :

1. Toute personne a droit à la protection des données à caractère personnel la concernant.

2. Ces données doivent être traitées loyalement, à des fins déterminées et sur la base du consentement de la personne concernée ou en vertu d'un autre fondement légitime prévu par la loi.

Toute personne a le droit d'accéder aux données collectées la concernant et d'en obtenir la rectification.

Explication à propos de l'article II-68, article 7 de l'annexe 12

"Cet article a été fondé sur l'article 286 du traité instituant la Communauté européenne et sur la directive 95/46/CE du Parlement européen et du Conseil du 24 octobre 1995 relative à la protection des personnes physiques à l'égard du traitement des données à caractère personnel et à la libre circulation de ces données (JO L 281 du 23.11.1995), ainsi que sur l'article 8 de la CEDH et sur la Convention du Conseil de l'Europe pour la protection des personnes à l'égard du traitement automatisé des données à caractère personnel du 28 janvier 1981, ratifiée par tous les États membres. L'article 286 du traité CE est désormais remplacé par l'article I-51 de la Constitution. Il convient de noter également le règlement (CE) n° 45/2001 du Parlement européen et du Conseil du 18 décembre 2000 relatif à la protection des personnes physiques à l'égard du traitement des données à caractère personnel par les institutions et organes communautaires et à la libre circulation de ces données (JO L 8 du 12.1.2001). La directive et le règlement précités contiennent des conditions et limitations applicables à l'exercice du droit à la protection des données à caractère personnel."

Liberté d'expression et d'information

L'article II-71 garantit la liberté d'expression et d'information, mais ce droit est limité de la même façon que les précédents articles par les "explications" en annexe.

Article II-71 :
1. Toute personne a droit à la liberté d'expression. Ce droit comprend la liberté d'opinion et la liberté de recevoir ou de communiquer des informations ou des idées sans qu'il puisse y avoir ingérence d'autorités publiques et sans considération de frontières.
Explication à propos de l'article II-71, article 11 de l'annexe 12
"L'exercice de ces libertés comportant des devoirs et des responsabilités peut être soumis à certaines formalités, conditions, restrictions ou sanctions prévues par la loi, qui constituent des mesures nécessaires, dans une société démocratique, à la sécurité nationale, à l'intégrité territoriale ou à la sûreté publique, à la défense de l'ordre et à la prévention du crime, à la protection de la santé ou de la morale, à la protection de la réputation ou des droits d'autrui, pour empêcher la divulgation d'informations confidentielles ou pour garantir l'autorité et l'impartialité du pouvoir judiciaire."

Clonage humain

article II-3
1. Toute personne a droit à son intégrité physique et mentale.
2. Dans le cadre de la médecine et de la biologie, doivent notamment être respecté [...] l'interdiction du clonage reproductif des êtres humains.
Paragraphe 2 de l'article 3 de l'annexe 12
"Les principes contenus dans l'article 3 de la Charte figurent déjà dans la convention sur les droits de l'homme et la biomédecine, adoptée dans le cadre du Conseil de l'Europe (STE 164 et protocole additionnel STE 168). **La présente Charte ne vise pas à déroger à ces dispositions et ne prohibe en conséquence que le seul clonage reproductif. Elle n'autorise ni ne prohibe les autres formes de clonage. Elle n'empêche donc aucunement le législateur d'interdire les autres formes de clonage."**

http://www.syti.net/ConstitutionAnnexes.html

Profanations

Pour faire suite à mon article sur les persécutions Chrétiennes, il ne faut pas aller si loin dans le monde pour voir à quel degré d'ignominie nous sommes rendus dans notre propre Pays. Des milliers de tombes profanées, des églises incendiées, vandalisées, volées, des cadavres exhumés (cela rappelle l'exhumation des sœurs en Espagne par les Brigades internationales et leur empalement à la vue et au su de populations terrorisées), l'atteinte physique des représentants de l'église. On ne peut être qu'écœuré par cette fréquence, laquelle semble accuser des "satanistes", des "enfants", des "nazis" qui ont bon dos pour faire accroire leur participation dans la conscience de notre Peuple. Je ne ferais pas ici de parallèle avec les autres Religions et leurs monuments, le propos n'est pas là, il est lié à la défense de notre patrimoine historique et Religieux, il est lié au respect de nos morts, il est lié tout simplement au respect que l'on doit à notre Histoire, à notre Passé et notre présent et notre avenir Chrétien, que cela plaise où non à quiconque. Face à ces actes de barbaries putrides, il convient si les Pouvoirs Publics sont incapables de mettre en place une défense appropriée de nos cimetières, de nos églises, comme ils le font avec tant de volonté pour les autres Religions, créer et former des cordons sanitaires dans nos cimetières, dans nos Églises, pour lutter à la fois contre le vandalisme, le pillage et la profanation de nos tombes, et de nos inhumés. À cette fin l'Église Catholique doit mettre en place à la fois des services de vidéo surveillance et un gardiennage permanent par maîtres chiens dans chacune de nos communes. Ce n'est qu'à ce prix que seront respectés les Paroissiennes et les Paroissiens, les prêtres et les Sœurs qui tentent de veiller sur ce patrimoine qui est celui d'une histoire millénaire ! Le bénévolat peut être inscrit dans le cadre de cette détermination, l'appel aux Scouts de France devrait pouvoir être réaliste, sauf à penser que tout un chacun, y compris l'Église fuit ses responsabilités et ses devoirs envers son patrimoine, et envers ses morts. Des sociétés de surveillance existent à travers notre Pays, il faut les utiliser.

Initiative Scientifique

Gravitation.

La conception de l'espace comme du temps que nous concevons par rapport à des observations, finalement bien limitées, se révèle ce jour totalement dépassée lorsque nous observons, tels que le font actuellement les chercheurs tant dans les domaines de l'infiniment petit que dans les domaines de l'infiniment grand. Chacun bute ici sur un concept que l'on nomme la gravitation qui réduit à néant toutes théories qui se disent viables, et fort heureusement la recherche se poursuit et ne s'arrête à des théories figées qui ne peuvent induire que strates défaillantes par rapport à cette inconnue majeure qui dirige souterrainement l'autorité et la conduite des Univers dans lesquels nous ne sommes que partie microcosmique. Le temps comme l'espace ne sont pas uniformes, comme aime à le rêver un certain nombre d'entre nous, à l'image même de l'Énergie comme de la matière, ils se génèrent et se meuvent sans discontinuer sous les hospices de cette gravitation dont les théories dépendantes veulent ignorer la réalité. Cette réalité est totalement fermée à celui qui dans un esprit purement conceptuel et cartésien s'efforce de vouloir être maître à bord d'un système où tout est quantifié, ordonné, finalement plat, comme bien d'autres ont imaginé une terre absolument plate. Si on veut bien un instant correspondre géométriquement, il devient admissible qu'existât autant de temps comme d'espaces que peut se représenter chacun des Etres vivants à la surface de ce que l'on pourrait appeler des navires de la Vie que sont les planètes et autres corps célestes. D'ores et déjà nous savons pertinemment que le temps d'autrui n'est pas le nôtre, sinon que par résonance d'un apprentissage figé qui ne fait avancer personne mais bien au contraire le réduit à reculer jusqu'à ne plus exister. L'espace lui-même présente cette particularité en sa dominante physique comme en ses contractions et dilations phénoménologiques. Nous nous trouvons si nous acceptons ce postulat non plus dans une dimension, représentation de l'espace-temps, mais une infinie complexité de dimensions dont les interactions restituent au réel une fiabilité qui n'a plus rien de ténébreuse. Le lien coordonné de cette interaction, devient ici lieu d'action, et que ce soit dans l'infiniment petit comme dans l'infiniment grand son ouverture, la gravitation. Il n'y plus ici de courbure, de théorisations abruptes, mais une fonction sur laquelle devraient se pencher avec plus de volition les chercheurs, retrouvant dans ce cadre tridimensionnel la quadripartition de la réalité universelle, où la Vie se génère et se régénère, non pas comme objet mais comme nécessité. Conceptualisation ouverte et non fermée, les degrés de la recherche ne peuvent que nous permettre de penser qu'ils déboucheront inéluctablement sur une maîtrise de la dite gravitation qui permettra l'expansion sans limite de la Vie par ces temps comme ces espaces multipliés qui ne sont finalement que les facettes d'un cristal, l'Univers, Univers parmi les Univers.

Initiative Philosophique

Constat

Les masques tombent, les uns les autres en frivolité du dessein de ce mondialisme qui parade, sans considération des identités, sans considération des Peuples, sans considération de leurs légitimités. Le façonnage est reptation, coordonnée de la devise crypto communiste du "passé faisons table rase...". Il n'y a ici que permanence de l'outrance née de l'ignorance, sacerdoce de ces prêtres et prêtresses de la pensée unique, fondée sur le mensonge, qui surgit en chaque jour, chaque heure, chaque minute, pour avilir l'Histoire avec un H majuscule, l'Histoire des Peuples, l'Histoire des Nations, jusqu'en leurs fondements bio géographiques, dans une litanie sans atermoiements visant à déliter l'aspect créatif de la nature humaine, qui loin d'élever, abaisse l'humain, et pire encore culpabilise l'Etre Humain, tel dans ce cycle particulièrement mensonger qu'est celui de l'écologie politique, fourberie monstrueuse n'ayant pour objet que l'implantation d'éco taxes, fourberie criminelle au regard du devenir de l'Humanité qui n'est pas de se fondre dans les limbes d'une Gaïa mystique qu'ils trahissent sans vergogne pour s'engraisser sur le dos des vivants, mais de transcender son devenir dans l'espace par une conquête éternelle ! En ce lieu du vivant, on atrophie la Vie, créant des civilisations mortuaires acclamant la mort, avortement, euthanasie sans limite, eugénisme édicté comme Loi, où la Loi elle-même se cache tant elle est outrageante pour la Vie ! Il n'y a pas de mystère à cette virtualité forcenée qui guide ce que certains voudraient faire accroire destinée : une réduction de l'intelligence critique amenant l'Humain progressivement à l'échelle du singe, donc de la bestialité, une nucléarisation dantesque des appartenances naturelles amenant à un déracinement individuel comme collectif, une réécriture de l'Histoire advenant la culpabilisation des enfants dont l'altruisme berné devient tremplin d'une servitude assurée, une mise en place boulimique d'une acculturation hybride assignant l'intelligence au point de l'inintelligence pour modélisation, toutes formes agencées dans le cadre de pseudos élites qui n'ont d'autres fonctions que la destruction, et nous y sommes, et ce qui reste des Peuples en redemande, chiens de Pavlov devenus, (regardez la manipulation organisée par ce film de propagande digne de la propagande national socialiste ou communiste) aboyant lorsqu'on leur demande d'aboyer ! Larves épiscopales de ce charnier culturel sur lequel s'agitent les prédateurs de la médiocrité ! Comment sortir de cette dérision menant à l'abattoir les floralies Humaines ? À ce camp de concentration légiféré ? À cet esclavage purulent où le non-humain comme la non-humanité deviennent règle ? Comment sortir de cette virtualité dominante issue tout droit des limbes des ténèbres les plus affligeantes, celles de la servitude accouplée à l'ignorance et au mensonge ? Je ne le dirais jamais assez, le premier travail relève du redressement de l'Etre Humain qui aujourd'hui en reptation acclame sa servitude. Il doit retrouver les chemins de la Liberté par une émancipation du mensonge et de ses alliées l'ignorance et la médiocrité, par une reconnaissance de lui-même qui lui permettra de reconnaître les autres ! Reconnaissance de sa réalité fondamentale qui n'est pas celle de la stérilité mais de la Vie, de ses origines naturelles, biologiques et historiques, de ses racines qu'il se doit de préserver au même titre que sa réalité individuée afin que ces racines ne soient voilées puis détruites par tous les faucheurs de ce monde, ces tueurs nés de la réalité Humaine qui n'est cette bouillie excrémentielle qu'ils voudraient voir naître dans ce monde afin de l'asservir sans limite au nom de leur atrophie qui ce jour parade sans dissonances, le matérialisme le plus putride qui soit ! La renaissance de l'Etre Humain permettra la renaissance de l'Humain, le délitement de la moisissure comme de la pourriture qui envahissent sa réalité biologique sa réalité intellectuelle et culturelle, sa réalité Historique. Cette Renaissance ne pourra se faire que par la connaissance de la réalité et non de la virtualité, ainsi une action culturelle en chaque Nation, devient-elle nécessaire afin de préserver chaque Race, chaque Peuple, chaque Ethnie qui ce jour subissent le plus grand génocide qui ait jamais été commis, au nom de l'illusion, maîtresse de la perfidie et de l'atrophie, cet aveuglement pernicieux qui n'a qu'un but la réduction en esclavage de l'Humanité. Cela suppose de se battre intellectuellement sur tous les fronts (le combat physique n'a aucun intérêt, car mobile de martyrologies qui baignent l'Humain dans le cadre d'une culpabilisation induite qui freine toute avance naturelle), accentuer le contre-pouvoir naturel du vivant qui permettra de remettre en cause et destituer toutes lois prétendant astreindre la Liberté individuelle et Publique, toutes lois de mort tendant à sanctifier tant l'euthanasie que l'avortement forcées, toutes lois favorisant l'exogène sur l'endogène, toutes lois en prévarication instituant en leurs coordonnées la culpabilisation de l'Humain, toutes lois favorisant l'acculturation, toutes lois initiant la disparition des souverainetés, toutes lois inorganiques tendant à remettre le pouvoir de la Nation, famille Humaine par excellence, à des organisations virtuelles, viviers de la dictature par excellence. Le combat peut se mener en tous lieux en toutes associations, en toutes sociétés, qu'elles soient discrètes où non, dans tous les "partis" politiques, et bien entendu sur Internet au niveau mondial, (- la censure opérée dans ces pays viviers de la dictature, doit être contournée en initiant des relais généraux dans les Pays où la Liberté de penser est inscrite en lettres magistrales dans leur Constitution). Le renouveau Humain ne pourra naître que par ce combat culturel, intellectuel, ce n'est qu'à ce prix que l'insulte faite au genre Humain pourra disparaître, que les humanicides ne paraderont plus comme ils le font actuellement. Ce combat doit être mené dans chaque Nation, la Nation étant le pilier des Civilisations, comme la Famille est le pilier de chaque Nation, il y va de la survie de notre espèce Humaine dans l'espace de Liberté qui lui est nécessaire pour s'épanouir et se transcender. Et dans ce jour de putridité intellectuelle, il serait temps de mener une première action, celle de l'activité Humaine qui serait responsable de ce "réchauffement de la planète", en réunissant les Climatologues de notre Planète, scientifiques dont l'ONU a rayé purement et simplement les propos aux fins de laisser s'instaurer cette marche délirante vers l'écologie politique (à ne pas confondre avec l'écologie scientifique dont la facette principale ressort de la mise en œuvre du développement durable, dont personne ne peut nier la source de progrès) qui n'a d'autres buts que de pressurer les citoyens du monde par la mise en œuvre d'éco taxes qui elles-mêmes permettront de renflouer les caisses vides des Nations. La vérité doit éclater sur cette outrance, et elle éclatera, ce qui permettra déjà de rendre à l'Humain son autorité naturelle qui n'est pas celle de se voir reléguer en dehors du Vivant, car le vivant lui-même !

Fondation

Et nous irons ces chemins, ces routes et ces portuaires dimensions, nous irons plus loin encore marchant dans la conscience de ce temps, indicible vertu du renouveau de nos pentes altières par delà les messagères euphories, les incertitudes et les masques sombres qui parjurent nos sols, notre sang, notre avenir, dans la splendeur de ce préau de la Vie, Gardiens Temporel et intemporel de cette force majestueuse qui fut fondation et le redeviendra par les frondaisons qui s'illuminent de la beauté Solaire, voyant nos pas de géant s'inscrire dans le chant commun de la Liberté souveraine, la Liberté en magnificence regardant le nanisme s'évertuer dans nos villes, dans nos temples, dans nos campagnes et nos chaumières, instituant la haine de nos coutumes et de nos forces, de nos appartenances et de nos Chœurs, la haine farouche envers tout ce qui est patrie de nos sens, de notre Histoire et de notre Chant, ce chant résonnant dans le souffle du vent, dans la colère prompte des orages et dans la hardiesse des éclairs, demandant compte à notre descendance de l'ivoire de l'histoire l'ouvrage désincarné qui nous alimente, cette folie ténébreuse issue du sordide et de la reptation s'ouvrageant en ses écailles pour corrompre et envenimer l'avenir de ses saillies délétères, paupérisme de toute vague alimentant les fleuves de mortelles errances, voyant la contrition déshumaniser le rêve pour l'ascension d'un règne à la noirceur fantastique, équipée de chevauchées dantesques de cavaliers en adoration de la mort et de ses rythmes, mille, cent mille, quelques millions à la surface de cette Terre où nos Patries en marche vers la folie de leurs lieux communs s'opacifient pour le plaisir de la folie ordinaire qui se contemple, s'agite et se démystifie aux arcanes temporelles qui veillent, éternellement, afin de circonscrire la bassesse et ses fourbes, la duperie et ses moires aisances, la putridité et ses moisissures, alors que s'entonne dans le cœur palpitant de la Vie des Nations un hymne, qui sourdement d'abord s'initie puis lentement envahie chaque fibre de l'essor Humain, jusqu'en nos racines, plénières et attentives qui dans la cristallisation de ce rythme développent la puissance des anti corps qui, se libérant de leurs cocons, s'envolent tel l'éclair à la rencontre des parjures qui inféodent le sang des Peuples Humains, Chevaliers Teutoniques pour les uns, Templiers pour les autres, hâlant du Verbe les faisceaux de la Vie dans ce combat titanesque qui s'avance, le combat de l'Humanité en ses Races, ses Peuples, ses Identités, contre la destruction de toutes leurs valeurs, le combat Humain dans sa sagesse et sa glorification unissant les chants hier opiacés par la bassesse et ses œuvres, unissant et réunissant la multiplicité contre la horde des tyrans qui s'arrogent le droit plénipotentiaire de se vouloir diriger sans leur consentement, vague souveraine à la rencontre des abîmes, venant des cimes, alliés à l'Aigle majestueux, pour combattre le serpent qui veille dans nos champs, dans nos plaines, dans nos villes, qui s'incruste et digère la mort de nos chairs, la mort de nos cultures, la mort de notre spiritualité, pour laisser à leur place ce désert des tartares, ce désert sans fondement sinon celui que d'être l'instrument de la terreur comme de la peur pour mieux gouverner de sa main de fer les esclaves devenus des Etres de notre temps, nos frères, nos sœurs, nos enfants, martyrs de cette bestialité qui n'a de nom que corruption, forfaiture, mensonge, ignorance, cavaliers de l'apocalypse dont le veau d'or s'accouple à leur larvaire statuaire indéfinie, tragique, car atrophiée de ce qui fait le rayonnement Humain, sa splendeur, sa libre détermination dans l'accomplissement de la construction, rencontre fut-il dit, et cette rencontre aura lieu sur ce champ de bataille des Idées dont la foison ce jour témoigne de la volition de ce sortir de ce néant qui se veut contrôle, de cette désintégration qui se veut noblesse, de cette défécation qui se veut culture, et rien, ni personne ne pourra en enliser l'avenir, car il y va de la survie de l'Humanité, et la Vie en l'Humanité accomplie ne laissera voguer ce crime envers sa surconscience, son élévation, lorsqu'elle voit ce jour l'inversion de son nom se prononcer, lorsqu'elle voit ce règne chtonien et lunaire bafouer son avenir Ouranien et Solaire, lorsqu'elle voit se fondre tous ses éléments dans une bouillie infecte où l'espèce elle même disparaît pour faire place à une informe forme vide de conscience juste bonne à être trait de sa vitalité afin de servir puis non productive jetée comme un étron dans la boue commune du désespoir initié, lorsqu'elle voit violer ses composantes pour naître l'asservissement et ses défigurations, lorsqu'elle voit la pluralité des hyènes de ce temps s'ameuter pour correspondre à l'instant de l'indéfinition et apporter leur concours à l'assujettissement et à la perversion, par leur perversion complaisante, lorsqu'elle voit l'idolâtrie affabulatrice et conquérante de l'aberration s'évertuer dans ce qui reste du cœur de l'Humain, y croire encore, y voir encore, serait ne pas prendre en compte la réalité Naturelle qui n'est pas celle de cette coordination du néant allant vers le néant, la Vie reprendra ses droits élémentaires et lentement mais sûrement désintégrera cette fixité avide qui tombe dans les abysses de sa propre déréliction, les abîmes de sa suffisance, et viendra la multiplicité en son Chant pour combattre l'horreur et la servitude, et viendra telle en nos terres d'Occident, Chant des peuples, Chant de notre Peuple qui retrouvera l'Harmonie et sa limpidité par delà les triviales arborescences du néant, les phasmes de l'ignorance et les incantations des prêtres de thanatos, et dans la multiplicité et par la multiplicité dans le cœur du langage d'Etre vivant face aux larvaires atrophies de la mort et de ses serviteurs féaux, par une union naturelle des valeurs de nos cœurs en nos terres multimillénaires, afin de se libérer de la frénésie multivoque de l'impéritie qui s'ordonne et ordonne l'avilissement de l'Etre Humain en sa foi en ses coutumes et en son Histoire, ainsi alors que sonne le tocsin nous annonçant la fin de la stupidité des Etres de ce temps, qui dans un sursaut gigantesque seront tsunamis de la stérilité en laquelle vogue la nef de l'Humanité, délabrée et en abandon, afin de gréer ses voiles vers l'avenir et l'élévation Humaine, délaissant aux plages sordides les nefs contraires et leurs serviteurs affabulateurs, les illusionnistes et les prévaricateurs, les prêtres de thanatos et leurs singeries grotesques, ces pléiades de mendiants du pouvoir dont le pouvoir n'a que faire, car le pouvoir n'appartient pas, il est en chaque Humain et chaque Humain se doit de le reconnaître afin de se hisser par delà les cénacles de la servilité qui voudraient en conjuguer la reptation afin d'asservir à leur profit ce qui est inné en l'Etre, en dénaturant son acquis, il est trop tard, le tocsin sonne, impérissable en sa demeure, la demeure Humaine qui sera se délivrer de ce manteau de brume qui couvre son rayonnement et sa splendeur, ce n'est ici question que de temps, et sachant que le temps des uns n'est pas le temps des autres, ce temps est déjà là !

Contre Pouvoir

Le pouvoir n'est pas un long fleuve tranquille sur lequel vogue l'harmonie, il est sapience, témérité, promptitude mais aussi sagesse. La plus belle représentation de son incarnation se retrouve dans la pose pharaonique distinguant l'arme qui fouette les sens et l'arme qui retient les sens, et dans cette mesure le secret de la Vie, le hanq propice à toute mesure de l'épanouissement collectif. Ici se tient l'ordonnance ou le pouvoir trouve son image : le contre-pouvoir. Sans contre-pouvoir le pouvoir n'est que chaos, incertitude, reniement, désabusement, démesure et folie. L'Histoire universelle nous enseigne depuis des millénaires cette réalité qui ce jour se dévisage dans multiples états de notre planète. Ainsi pressentons-nous que rien ne peut s'harmoniser sans un contrôle draconien du pouvoir par le contre-pouvoir. Si nous savons à qui nous donnons le pouvoir, par voie démocratique où non, comment se crée le contre-pouvoir qui n'est pas lié à une élection ? Tout simplement, et dans le meilleur cas de figure, la Démocratie, dans et par le cadre de la Liberté de penser. Car ce n'est que dans ce cadre que le contre-pouvoir peut émerger d'une manière rationnelle et forcer constructivement le où les pouvoirs en place à modifier des parcours empiriques qui pourraient nuire aux collectivités ainsi qu'aux individus. Vous comprendrez à ce stade de réflexion que plus on tend vers un régime coercitif, moins les contre-pouvoirs sont apparents, la Liberté de penser, de s'exprimer, de se réunir disparaissant ici à la vitesse de l'éclair, disparition visuelle et tangible, fonction de l'accélération des processus dictatoriaux mis en place pour juguler le droit de penser, tant de l'individu que de la collectivité en ses associations diversifiées. Les processus courants mis en place relèvent principalement de l'apprentissage, une propagande insidieuse, une culpabilisation atone, sans droit de réponse, une acculturation morbide, un déracinement totalitaire, qui suffisent à inscrire dans l'esprit collectif dont l'intelligence diminue comme le carré de sa population, le syndrome de Stockholm nécessaire à l'éradication de la pensée, les outils existent, médias, radios, pseudosciences, les moyens aussi, terrorisme, pandémie, cataclysmes divers, pour noyer les populations dans le reniement de ce qu'elles sont et les réduire à un esclavage consentant dont l'exemple de conquête le plus frappant se retrouve dans ce jeu aujourd'hui d'argent que l'on nomme le football, où l'on voit le degré de non retour de l'intelligence dans une danse que l'on nomme la "ola". Lorsque l'Etre Humain en arrive à ce stade, la dictature aurait quelque part bien tort de se priver d'asseoir son Pouvoir. La résurgence de la Liberté de penser, qui devrait être écrite dans le marbre dans toutes les constitutions, (non cette semi liberté octroyée dans le cadre du dirigisme quel qu'il soit dont on voit éclore le surfait dans un bon nombre de pays, facilitant le gréement d'une pensée unique issue de ce moindre carré de l'intelligence précitée qui reflète aujourd'hui l'étalage d'une médiocrité sans limite, qui règne sous les hospices d'une médiocratie particulièrement belliqueuse, car tenant à ses privilèges exorbitants), devient ici le combat prioritaire qu'il convient de mener si l'on veut désolidariser les artefacts de la modélisation intellectuelle qui, totalement sous influence se révèle vectrice de l'ignorance et par là même composante du mensonge qui sert le pouvoir, fabulateur par excellence, lorsqu'il n'est pas inscrit sous la veille d'un contre pouvoir organisé. Du fait de la rémanence existant entre action individuelle et action collective, nous ne pouvons aujourd'hui dire que le contre-pouvoir n'existe pas, le seul problème qu'il rencontre est l'effet de nucléarisation dans lequel il est maintenu, explicite du mensonge organisé et légiféré, qui maintient dans l'ignorance les Identités afin qu'elles se diluent dans le vide composite qu'il instaure au profit du pouvoir. Ainsi, ici n'existe qu'une voie pour défaire la prétention explicite du phénomène évoqué, une définition réaliste du champ d'opinion qui doit se dénucléariser en ses épiphénomènes et se recentrer sur une base graduée sur l'essentiel afin d'affronter sur le terrain de la légalité le conformisme régnant officiant actuellement, et permettre ainsi la renaissance d'un contre pouvoir, non pas extraordinaire, les tenants du pouvoir ce jour étant minoritaires dans le cadre de l'expression intellectuelle, mais ordinaire, la base de ce mouvement se révélant majoritaire. Comment ? En s'unifiant par-delà les divergences de l'apparence, les idéologies convexes, les uniformisations brutales où délétères, les conjonctions fratricides où d'opinion, les unes les autres étant agitées par les mains opaques du pouvoir en place, marques de dissensions anachroniques qui n'ont pas lieux d'exister, la nature profonde du contre-pouvoir n'ayant rien de commune avec les aberrations monumentales diffusées en stéréotypes par les médias aux ordres. Union donc au-delà des sulfureuses objections qui sont et qu'attisent, les pouvoirs en place, tel est le maître mot qu'il convient d'agir, pour faire prospérer le dessein de la Liberté de penser et donc le contre pouvoir, union des partis objectifs, des associations souverainistes, union des personnes de bonne volonté en tous lieux, tous partis, toutes associations qu'elles soient ouvertes discrètes, secrètes, au sein même des aréopages du pouvoir en place et leurs cénacles, union sans failles qui permettra avec efficacité de balayer définitivement les abîmes de la porosité dans lesquels baignent nos Peuples en soumission devant un pouvoir vide de sens, car sans contre-pouvoir pour le gréer.

Conquête spatiale

Fabulation des songes comme des rêves, fabulation tout court des espérances humaines, les politiques inféodés à leur litanie de la mondialisation forcenée, sont sur les devants de la scène. Actrices et acteurs compassés dont les refrains sont des contes pour enfants, jouant tour à tour le gentil puis le méchant, se moquant totalement du résultat du plébiscite car le plébiscite est déjà erroné par cette gigantesque manipulation mentale qui s'orchestre par l'intermédiaire des médias aux ordres. Nous sommes ici non pas dans la fiction mais bien dans cette réalité sordide de l'exploitation des sentiments par des idéologies nauséeuses qui délibèrent le devenir dans et par l'abstraction. Ici on ne s'adresse pas à des Etres Humains mais à des foules, à l'inertie naturelle qui doit être choyée par les artefacts de la pensée primitive, celle de la survie, celle du sexe, celle de la magie, lanternes magiques guidant les masses vers l'abîme, lanternes tenues par ces prétendants bouffis d'orgueil qui ne rêvent que de pouvoir alors qu'elles et ils sont esclaves de souches irradiant des Paradis artificiels pour des populations à l'intelligence létale. Populations qui croient et croissent sous le flambeau de la propagande d'état, martelant un bonheur indicible, là où n'existe plus rien, sinon qu'un désert tragique, où même les vestiges antiques se cachent, tant la monstruosité des dégâts est synonyme d'une affligeante incapacité. Regardons les choses avec réalisme, pour ce qui est de notre propre sol : un endettement magistral, caverne d'Ali baba pour les banquiers internationaux qui vont se régaler sur les dépouilles des états, une politique extérieure vouée à la destruction, (— Comment pourrait-il en être autrement devant la servilité avec laquelle nos pouvoirs adhèrent aux œillères du néoconservatisme belligérant qui fut maître des lieux un instant de notre histoire ? -), une politique extérieure vouée au droit d'ingérence sous réserve de tolérance lorsqu'on assassine les Chrétiens, lorsqu'on assassine les Tibétains, les Ouïgours, que l'on se complaît à appeler yogourts ! Une politique intérieure relevant d'une incapacité comme d'un souci de destruction permanents pour tout ce qui est naturellement inscrit dans notre réalité socio économique, bio histo géographique, par la mise en pièce des acquis sociaux, l'instauration, au mépris de nos traditions Chrétienne, du travail le dimanche, l'instauration du chantage à la délocalisation, — on a même vu en provenance des nains politiques émettre le vœu de voir travailler les malades dans leurs lits de souffrance -, un ensemble de mesures coercitives rappelant les métastases du national socialisme triomphant en demie mesure des bannières d'un bolchevisme conquérant, forme inique qui voit tout voler en éclat : la sécurité sociale, les retraites, le devenir de notre Nation, à genoux et en parade devant les grossistes de la destruction cannibalisée que sont les outils d'une finance à la dérive qui ostracise le vivant pour mieux se complaire dans une abondance factice. Nous sommes devant un monde à genoux, où la morale bon teint des cyniques exploite la mésintelligence des damnés devenus de la terre qui dans leur reptilienne vertu devenue en redemandent, syndrome particulièrement bienvenu pour les fourriers de l'apocalypse, financés par les multinationales qui flouent le nucléaire au profit des énergies dantesques qui ne servent que de pansements sur les plaies béantes occasionnées par les vassaux en tout genre qui immergent l'Humain dans le spongieux, cette gangrène qui entraîne les uns les autres dans une gabegie sans fin de mortelles errances, guerres à outrance pour le monopole de denrées périssables, et non pour la Liberté — il suffit de cette outrance des mots au nom de la Liberté, lorsqu'on envoie détruire des Peuples pour seule raison que leur sol est gorgé de cet or noir dont les substituts existent, substituts qui n'ont rien à voir avec le délire de ces énergies de dépendances que sont le solaire, les éoliennes et l'énergie des mers, que l'on peut remplacer bien plus avantageusement par l'énergie nucléaire ! Ici la létalité confine à l'hypocrisie des dompteurs qui donnent un sucre aux animaux lorsqu'ils pensent bien dans le droit fil des humeurs économiques. Lorsqu'on voit à quel point le mensonge allié à la propagande peut conduire, tel ce mensonge corrélant l'activité humaine et le réchauffement de la planète, repris en chœur par toutes les litanies de la destruction, aux fins d'instaurer des taxes Carbonne qui vont remplir les caisses vides des états, on ne peut être qu'éberlué par le quotient de réflexion de nos concitoyens, tant de notre pays que des autres pays ! La résultante est ici visible dans toute sa duplicité, diachronie totalement déplacée dont les errements conduisent les Humains à un esclavage consternant, celui né de leur incapacité à appréhender la logique des événements, mais on ne peut leur en vouloir devant l'acculturation affligeante qui rythme le mensonge en propagande, guidé par ce simple intérêt : le pouvoir ! Un pouvoir de nain, quand on pense à ce que pourrait être le pouvoir associé à l'élévation et non à la destruction. Fabulation, clinquant, poudre aux yeux, jonglerie, parade, voilà ce devant quoi chacun doit donc se prosterner ce jour ! Nous en sommes là, alors que l'on rappelle à juste titre l'épopée remarquable du premier pas de l'Etre Humain sur son satellite. Quelle dérision ce à quoi on assiste depuis ce premier pas ! Si on fait le parallèle avec ces héros qui ont accompli l'exploit de faire découvrir à l'Humain ce à quoi il est destiné, la conquête spatiale, on voit à quel degré de reptation nous en sommes arrivés ! Ce simple phénomène devrait permettre à chacun de réfléchir à cette situation dans laquelle, quarante ans après l'exploit remarquable, l'Etre Humain qui ne bouge pas, qui n'agit pas, est tombé : un cloaque délirant dans lequel se gargarisent des reptiles assoiffés de prébendes, où la Capacité n'existe plus, où l'intelligence du vivant a disparu pour faire place à une anémie triviale, reflet de l'atrophie ambiante initiée par un matérialisme vorace où se dissipent toutes valeurs Humaines pour laisser place à un horizon destructeur ! Ici, aucun devenir, aucune transcendance, aucune conquête, aucun dépassement de l'Humain, ainsi rien de rien, un chômage endémique pour les populations, notamment les plus jeunes que l'on enchaîne aux drogues, pendant qu'on enchaîne aux anti dépresseurs leurs parents, ce qui fait la fortune des divers acteurs du marché des drogues et des laboratoires pharmaceutiques, une acculturation béante permettant la manipulation forcenée, un viol meurtrier des identités par implantation massive de populations exogènes accélérant le process génocidaire des Nations, piliers de l'Humanité, l'implantation systématique de contrôle et de surveillance des individus aux fins d'enrayer la critique et par là même la liberté de penser, atteinte inique aux libertés publiques et privées, sous des prétextes fallacieux inhérents à la destruction, ceux de la peur comme de la terreur qui voient les Etres Humains en état d'accepter toutes formes dictatoriales, préludes à l'instauration de ce vaste camp de concentration où l'Humain, à l'image de la larve sera chargé d'engraisser l'atrophie, avec pour seule mesure son coefficient de productivité qui le verra apte à vivre où disparaître, sous les applaudissements des eugénistes en tout genre qui foisonnent dans les couloirs des pouvoirs, ces incapables à vivre, tels ces écologistes de pacotille qui s'engraissent dans et par le mensonge, monde de larves donc, contre lequel dans les décennies à venir plus personne ne pourra rien dire, la liberté d'opinion, manipulée, très facilement d'ailleurs sur un terrain où l'ignorance devient une icône, par une propagande belliqueuse, des lois liberticides, ne se valant plus de rien, puisque l'acceptation sera une règle, ce qui reste du vivant devant se plier à la règle s'il veut seulement survivre, en complaisant à cette idéologie née de l'atrophie : la mondialisation sans valeurs Humaines, sinon celle du profit ! Quarante ans donc de décrépitude alors qu'en ces quarante ans l'espèce Humaine aurait pu déjà coloniser son satellite, et bien plus Mars, et déjà se lancer à la conquête de la galaxie ! Lorsque l'Etre Humain aura enfin compris à quel degré il est manipulé par la déshérence, il se libérera de ses chaînes et refondera son univers, partant des élémentaires pour retrouver la complexité et ouvrir les chemins de la capacité afin d'œuvrer à son élévation au-delà des prédations initiées. Qu'il prenne déjà conscience de ce vide interstellaire dans lequel il vit, par rapport à l'épopée décrite, l'aberration monumentale des pouvoirs existants incapables de construire, tous dévoués à la destruction, et s'interroge sur son avenir, l'avenir de l'Humanité ! Et comme tout un chacun il pourra dire qu'il y a quelque chose de pourri en ce royaume terrestre, et qu'il serait peut-être temps qu'il se réveille avant qu'il ne soit trop tard.

Chute libre

Ainsi vont les rives de ce temps, charriées par un fleuve sans lit qui s'improvise malhabile, des sites effeuillés les vastes oripeaux des drames du vivant, affluents de la misère, de l'agressivité, de la violence et de la mort, charniers de l'innocence, voyant tombés aux mains des reptiles assoiffés de prébendes et de gloire, des êtres décharnés au dernier soupir, la peau striée par le venin de leurs prévaricateurs, rus d'hier qui ne demandaient qu'à vivre dans la joie, rus asséchés par les limbes de la suffisance et de sa morgue, hissés en pavois par les parvenus du siècle sur les cadavres de l'humanité qui ruissellent de leur perversité, cette soif jamais apaisée qui couronne leur atrophie, et la douleur, presque mystique, rugit en leur fléau, un rugissement qui a tout de l'humain face à leur dégénérescence, présageant des vents de colère qui ne s'apaiseront que lorsque cessera la servitude, ces chaînes, ces fers qu'ils mettent aux mains et aux pieds des Humains, à peine nés, déjà lovés dans leurs circonstances, aux mémoires antiques parfums d'une rébellion sans fin, aux rêves du jour, acculturés et nucléarisés, demeures de veulerie en sacerdoce, clameurs de bêtes qui en redemandent, phagocytées, qui en veulent de nouveau, laminées qui jouissent de leur torture, pauvres hères à qui l'on fait croire n'importe quoi, à qui l'on fait faire n'importe quoi, pauvres hères en déshérence suivant ce fleuve de boue qui ne connaît ni mesure, ni honneur, qui se construit sur le manque à gagner, le profit matériel inépuisable, se dore avec le sang des Peuples dont les mères et pères sont esclaves et dont les enfants servent de litière à des guerres de profits insensés, écumes de la nuit voyant revenir en bière des jeunes gens de toute souche morts pour la fratrie des revenus amers, alors que la conscience ne s'interroge plus, lavée qu'elle est dans la gloire factice d'un sport devenu opium de la létalité du courage comme de l'abnégation, grandes fumerie d'opium pharmaceutique où pullulent l'abstraction et ses règnes, afin d'engraisser ces monuments de la fourberie que sont leurs instruments d'asservissement, instruments qui aux mains des politiques sont dérives à propension, mannes inventées aux pandémies fabriquées qui refondent des sociétés battant de l'aile sous le poids d'une crise elle même fabriquée pour maintenir les peuples dans l'ignorance et tenter de les flouer de la Démocratie, humiliation perverse que tout un chacun pressent mais que personne ne s'autorise à dire, la nature même se repliant sous l'hégémonie de la culpabilisation, s'enfantant, s'enchantant jusqu'aux délires les plus suprêmes, narguant la science, cette pauvresse anémiée qui pour trouver ses deniers se plie à la contrition commune de la duperie, vent de folie sillonnant le temple des marchands, assignant de pâles horizons, ceux de la suffisance de la déficience, déficience mère de tous maux, les uns les autres se gargarisant dans une monumentale lubrification pour saillir la demeure Humaine et l'inviter à l'oubli de toute réalité, pornographie mentale qui en toute action se devise, se consomme, s'oblige, s'invite, magistrale communion du non-être en ses parterres dont les florales démesures sont viviers d'étranges larves dissonantes qui s'érigent sur les marche pied des pouvoirs régaliens, telles des pustules qui se nourrissent de la fiente qu'elles inventent, promesses de l'infini bestialité qui se doit de régner pour couronner des nomenklaturas du vide qui souillent de leurs menstrues la moindre parcelle de l'intelligence Humaine, afin de l'avilir, la destituer, car ce monde a créé son propre tribunal, le tribunal de la pensée, un tribunal voyant l'imaginaire tomber dans les basses fosses du sordide, la culture applaudir l'harmonisation étronique, une pensée glauque, toute fête du mensonge, de la somptuosité de l'ignorance, rabaissant l'Humain, le rendant à la densité de cette larve si facile à exploiter lorsqu'elle n'a plus de racines, plus d'identité, qu'elle est réduite au paupérisme, non seulement physique mais intellectuel, ne parlons pas ici du spirituel totalement oublié sinon par le sectarisme qui ne s'appauvrit mais grandie, les blés mûrs de la bêtise lui fournissant toutes troupes pour alimenter sa dissidence, et l'on voudrait que l'on s'enchante devant ces fresques de la décadence, que l'on s'agenouille devant ses prêtres et prêtresses, ces ignares bellâtres qui sont des pantins animés par la fourberie du vide, et bien non, la majorité des populations ne se met pas en reptation devant cette cacophonie de l'illusion, elle regarde ailleurs que dans ces ruptures du vivant, et cherche au delà de ce marasme sans queue ni tête, l'Ordre et la mesure qui lui permettront de survivre à ce gigantesque génocide de l'intelligence Humaine, à cette perversion du réel, à cette désintégration programmée de l'avenir par les faucheurs de la conscience, ces illuminés de la terreur, ces mystiques de la culpabilisation, ces décérébrés du matérialisme divinisé, ces tueurs nés de la Vie Humaine, et déjà annonce tout simplement qu'elle ne joue plus ce jeu de la bestialité qui s'autorise, en envoyant un signe fort, le refus du vermifuge politique, et ce premier constat en lui même est porteur d'une espérance remarquable, le renouveau Humain, qu'il convient de voir organisé pour aller plus avant dans le cadre d'un contre pouvoir non d'apparence mais d'action, en se servant des institutions fussent-elles nationales ou internationales, afin de gréer ce bouclier de défense des valeurs Humaines face aux dictatures matérialistes et nihilistes qui s'avancent, et qui, ne voyant naître aucune opposition, — ce qui est naturel dans le cadre des politiques de nivellement intellectuel auxquelles on assiste, tirant en cela matière des plans initiés de longue date par l'union des républiques socialistes soviétiques -, formalisent actuellement le tombeau des espérances Humaines, ce mondialisme sans foi ni loi, n'ayant pour vocation que l'asservissement de l'Humain au profit exclusif de la vanité et de ses fidéiste commissaires, gagnants ? L'avenir nous le dira, en attendant restons veilleurs et éveilleurs dans cette chute libre masquée par l'abstraction, à laquelle nous assistons.

Confiance en ce Monde

Ainsi ce monde en négation, livrant des combats insipides en ses demeures initiées, des limbes par les vertus talismaniques, étiolées et rares, secouant le joug des rives de ce temps, pour hisser les moissons d'un jour neuf en la luminosité des cieux, visitant les courses tragiques des ondes adventices où s'éperdent les royaumes, se censurent les Peuples, s'opacifient les règnes, ébats et débats de plus vaste décadence, celle de Rome aux clameurs mortifères, hâlant dans ses degrés les arcs de ses cirques où s'entre-tuent plèbe et noblesse d'un instant, unies dans la mort pour le plaisir grotesque de formes informes n'ayant de pouvoir que celui de la haine, une haine dévastatrice, la haine du vivant, conjoint et confluent pernicieux de tous les maux de la terre que l'esprit ténébreux de ses sectateurs veut voir en destruction, usant, abusant de sa singularité, qui par l'avortement légiféré, qui par l'euthanasie sanctifiée, qui par l'empoisonnement végétal, qui par la criminalisation pharmaceutique, qui par l'opiacée des drogues les plus dures portant licence des états, à l'image du feu tragique dévorant les rues de Rome et ses enfants, sous le regard de la folie dominante, ce regard de Néron sacrifiant son Peuple, ce regard de Caligula torturant ce même Peuple, nous y sommes, dans cet univers de destruction totale des valeurs Humaines, du rejet impérieux de l'équilibre pyramidal, de la haine sacrificielle de l'identité au profit de ce cloaque monstrueux qui resplendit d'une verroterie sanglante, d'une pacotille misérable, charriant des monceaux de cadavres, celui des enfants sacrifiés par des sectes ignobles, celui des jeunes hommes sacrifiés par le mensonge du terrorisme affabulateur, manipulé et conditionné, celui des adultes crucifiés au paupérisme par l'outrance des délocalisations, charniers d'un colonialisme qui ne dit pas son nom, celui des vieillards sacrifiés par les maîtres de la létalité, ces philosophes de pacotille, trafiquants d'armes qui glorifient l'euthanasie, valets de loges impropres à consommer, vassales de tout ce qui conjoint la pourriture et ses débats matérialistes, sacrifice de Peuples au profit exclusif du paraître, de ce non-être qui se gargarise de sa perfidie, de son déshonneur, de sa reptilité fétide qui conflue l'ordonnance de toute réalité dans le prisme d'une virtualité outrecuidante, oriflamme de la reptation, de la servilité, de l'abjection qui se clame par tous les pores de sociétés qui meurent sous le couvert d'une idéologie de passant, une idéologie initiée dans la démesure se nourrissant de ses enfants dans un carnage cannibale qui se gravite, les paradis artificiels sont son principe, principe linéaire accouplé au vide qui l'enlise et le propulse dans les contingences où l'anomie est équilibre, la norme insondable impéritie, couronnement d'une chute mortelle pour l'espèce Humaine, gangrenée par un sida intellectuel balayant toute demeure, innervant toute clameur, réticule qui se dessine dans l'abstraction, ce vide du sens, ce vide du réel, cet espace sans racines, sans identités, sans respires où la cacophonie devient préambule de toutes dissonances, de toutes affabulations, où le mensonge Roi de carnaval du grotesque devient caravansérail des utopies les plus médiocres, bacchanales sans mystère de l'abandon des légitimes appartenances au profit d'une prosternation splendide où l'on voit se dissiper dans la fumée des bûchers de la vanité le secret de cette indétermination, voguant tel le vaisseau fantôme sur les mers de l'oisiveté, de la paresse mentale, concordance de l'évasion fatale de l'Humain à sa destinée, se plongeant avide dans les illusions d'une immortalité matérielle qui le vide de toute substance, le rendant ainsi aphone, passif, en capacité de toutes les prévarications comme de tous les compromis dès l'instant où il peut se réjouir de la possession, possession d'un bien, d'autrui, toujours à la recherche de cette indéfinition qui lui permettra d'être figurant, butut vide de Conscience, ballottée au gré des vagues, applaudissant quant il faut applaudir, pleurant lorsqu'il faut pleurer, agissant quant il faut agir, et quand je pense que la dictature préparait des puces électroniques pour chacun d'entre nous, elles n'ont plus besoin d'être, la systémique de la destruction culturelle a produit son œuvre, ici l'on ne rencontre plus qu'un charnier intellectuel lavé par la bêtise singulière, cette pensée unique remarquable qui illumine d'"intelligence" ses pratiquants thuriféraires, bataillons de cette mondialisation qui accoure, espèce nucléarisée de ventres avides qui ne raisonnent plus qu'en fonction de leur instinct, malléable à souhait par la devanture préfabriquée des médias aux ordres de politiques d'enluminures, le seul problème c'est que ces enluminures ne tiennent pas sur l'insondable, et que déjà des failles se montrent dans ce brouhaha de la laideur déclarée splendeur, et les évêques de cette litanie, malgré leur bon vouloir, la destruction de la pensée par la mise au tombeau de la critique, la réécriture de l'Histoire par des penseurs sans lendemains, l'acculturation des masses par le laisser faire universel de l'enlisement intellectuel, ces évêques donc ne comprennent pas qu'ils ne parviennent pas à juguler la voix Humaine, cette voix qui en chaque pays résonne, qui en chaque Etre Humain se positionne pour poser des questions, s'interroger sur le sens de cette aventure devenue de l'Humanité qui se résorbe dans un cul de basse fosse, dans une dithyrambique malfaçon dont les apôtres se confluent dans des miasmes sans respires, sans devenir, sinon ceux de l'insalubrité publique, un horizon où le néant fait son apparition, accompagné de ses héros, ces masques de linceuls couronnant le plus vaste fait d'arme du mensonge accouplé à l'ignorance, l'écologie politique, vertu de bacchanales en fêtes, de louanges serviles, de fraternelles bucoliques, revisitant le vivant pour l'ordonner dans le chaos originel, ce chaos mortifère et bestial qui en est la raison suprême, ordonnance permettant de conjoindre les pouvoirs et l'autorité sur des animaux devenus que seront les non-humains, lorsqu'ils n'auront plus ni raison ni imagination, lorsqu'ils seront ces objets conditionnés par une consommation de lampiste en génuflexion devant les temples de la pacotille, avides de sucer les mamelles de Mammon, comme des gorets le fumier des porcheries fumantes, avides, si avides qu'ils se complairont dans le masochisme le plus purulent, acceptant la domination de tout intrus, sous seule condition qu'il ou elle leur donne le droit de se complaire dans la miette qui leur sera délivrée, cette miette de pouvoir d'achat qui leur permettra de regarder quelques centaines des leurs en reptation d'une obéissance absolu vivre dans une opulence multipliée à l'infini, sans un regard pour la plèbe vivant dans la fange matérielle, intellectuelle et spirituelle, ces non-être devenus, larves qui seront pressées comme des citrons avant que de rejoindre les usines qui les verront équarrir et servir de repas aux faméliques esclaves qu'ils seront devenus, mais ce monde ne semble pas arriver, à la grande colère des maniaques de l'oppression, de ces incapables à vivre, de leurs servants et de leurs féaux qui ne comprennent pas pourquoi l'on se détourne d'eux, alors que le monde subliminal bien agencé est là pour convaincre, dire ce qu'il faut penser, dire ce qu'il faut faire, alors ils en rajoutent afin de faire accroire, avenant des convulsions, des convulsions factices qu'ils inventent et pour lesquelles ils répondent présent, en se prétendant guérisseurs des problèmes, hypocrisie souveraine, malheureusement cette hypocrisie ne passe pas, de moins en moins, la Vie aurait elle quelque ressort secret que voyant ses supports s'anéantir dans l'abêtissement, elle redresse la tête, bien entendu, car dans l'équation de l'instauration de la mondialisation non consentie, il manque une seule chose, l'Humain, il a été oublié, il a été totalement oublié, à telle fin qu'aujourd'hui on le culpabilise avec des histoires à dormir debout, afin qu'il n'entrevoit dans l'absurdité de cette parabole qu'un seul destin, celui de sa disparition au profit des ours, des renards, des loups, pauvre Etre Humain, culpabilisé, du matin au soir n'entendant que les promesses de la terreur qui s'invoque comme de la peur qui doit nucléariser tout débat, mais comment se fait-il qu'il pense encore, c'est une absurdité, ne lui prépare-t-on pas un bel avenir, à l'image de l'empire

Romain, des jeux, une acculturation précieuse lui permettant de ne pas réfléchir, une disparition par l'euthanasie légiférée, une non-vie glorieuse où n'auront droit de travailler et gagner cette miette précisée que celles et ceux qui entreront bien dans le cadre de l'anomie vivante, les autres ma foi disparaissant dans ces camps de concentration qui furent construits pour les dissidents ou pour les terroristes en puissance, magnifiques goulags et camps qu'il sera si facile de remettre en route pour liquider toute la vermine pensante, et bien non, curieusement, se ressoudent les racines que bien des années de destruction n'ont permis d'entamer, se réfléchissent les pensées dans une communication que nul ne peut aujourd'hui contraindre, quelque soient les lois liberticides de certains pays qui considèrent que la culture doit rester entre les mains d'institutionnels dévoués, un Peuple qui pense, quelle horreur, et bien oui, il convient de s'en rendre compte, les Peuples pensent, les Etres Humains pensent, et il ne sera pas si facile de les domestiquer dans ce mondialisme qui ne sera élu par personne, dans ce trône vide et affligeant tel qu'il existe actuellement dans cette europe qui se gargarise alors qu'elle n'a pas réuni 51 pour cent de voix pour se voir légiférer, certes elle légifère mais des lois qui demain n'auront aucune autorité, telles que les Lois de ce mondialisme qui, pire encore, ne gouverne avec aucune voix Humaine, sinon celles de ses prétendants, tigres de papiers, qui lorsque l'intelligence Humaine aura retrouvé son aisance, permettra de ce libérer de ce fléau, qui ne sera ni consenti, ni admis, ni imposé par la force quelle qu'elle soit, un système ignorant l'Etre Humain et donc la Vie, étant obligatoirement destiné à disparaître, même s'il s'impose, le communisme a duré soixante seize ans, le national socialisme beaucoup moins, et ce ne sera pas le mondialisme tel qu'il est aujourd'hui qui pourra se prévaloir d'une durée plus vaste sinon que par la contrainte, et alors les Peuples, naturellement, mêmes s'ils sont encadrés, se soulèveront d'eux mêmes, ceci est une Loi de l'Histoire, avec un H majuscule, Humaine, comme actuellement ils se soulèvent naturellement dans le cadre de la légalité la plus intransigeante, celle de la Liberté de parole accordée par les Constitutions inamovibles. Ainsi gardons toute confiance malgré la stérilité qui n'est qu'un trompe l'œil en l'Humanité, elle représente la Vie et la Vie gagne toujours ses combats, sinon aucun Etre Humain n'existerait à la surface de notre Terre, ce jour. Ce qui n'est pas le cas, bien au contraire, et plus les Etres Humains seront nombreux, mieux cela sera, la Terre peut nourrir jusqu'à dix milliards d'habitants, sans aucun problème,, contrairement à ce que disent les prêtres de la mort qui n'ont d'autres ambitions que de conserver leurs privilèges, il n'y a pas de problème énergétique, le nucléaire peut remplacer sans problème les déficits de ressources naturelles, il n'y a pas de problèmes de nourriture, les sols peuvent être cultivés dans l'ensemble des pays quels qu'ils soient, à la condition bien entendu qu'ils ne soient pas contraints par des organismes apatrides qui cherchent uniquement à les voir en jachère pour le profit de quelques nuées d'insectes qui bientôt taxeront la vie, il n'y a pas de problèmes de cultures, les cultures sont sous le linceul de l'acculturation, mais elles sont toujours vivantes et dans les départements et les régions nourrissent des Peuples entiers, il n'y a pas de problèmes de paupérisme, il n'y a que des solutions majeures qui sont celles de rendre à César ce qui appartient à César en chaque Pays et de permettre à chaque Pays de disposer de l'essentiel, l'Énergie, en l'occurrence le potentiel nucléaire civil, le reste n'est que contingence, arbitraire et dévoiement. Ainsi confiance, confiance en l'Etre Humain qui ne peut être manipulé indéfiniment, confiance dans les Peuples et leurs racines qui ne peuvent être enlisés indéfiniment, confiance dans les Nations qui sont les creusets de ce Monde, qui ne peuvent être floués indéfiniment. Le réveil viendra, dans la légalité absolue, la violence n'étant que le privilège du non-être, résorbant cette période où le sommet de l'arbitraire est atteint, qui à l'image de la courbe de Gauss, entame maintenant sa récession globale. À suivre.

Espaces et rémanences

Partant du principe que nul ne connaît la vérité, que chacun d'entre nous n'est qu'un rayon dans la sphère et que seule la sphère est adéquation d'une vérité transcendée, on peut se poser à juste raison, la question de savoir si un combat quel qu'il soit ne peut demeurer que vain lorsqu'il se heurte à une dominante dont le statisme frise aujourd'hui l'inénarrable, un consentement virtuel certes mais confondant le réel. Et au regard de cela, dans ce constat qui fait force de loi aux déclinaisons d'un seuil particulièrement métabolique, qu'est le seuil franchi par le mondialisme arasant toute valeur, on peut aussi se dire que finalement, compte tenu du statisme sidérant des Peuples, il ne participe pas à ce déclin nécessaire afin d'assurer la résurgence de l'Humain ? Car en fait que représente le mondialisme aujourd'hui sinon une entreprise de nucléarisation des individus et une tentative de concaténation d'une humanité comprise en sa négation, et par ce fait martialement composé, et nous ne pouvons ici qu'être déférents par rapport aux artefacts déployés pour réguler sa détermination, conditionnement, propagande, asservissement, acculturation, viol généralisé des identités, déni démocratique en tout genre, collusion, coercition, etc, qui fondent aujourd'hui cette nature du statisme manichéen auquel on assiste, manichéen en ce sens qu'il porte en lui un degré de culpabilisation jamais atteint, voyant l'humain se prosterner devant ce qui n'est pas sa nature identifiée, la rejetant comme condition de survie dans ce monde de la virtualité. Ce conditionnement amène à la restriction des libertés individuelles et publiques, passant de degrés en degrés vers une acceptation de l'asservissement qui trouve son paroxysme dans l'édification de législations particulièrement liberticides, des entreprises de délation absolument inimaginable, notamment dans le cadre d'internet tel que le site que vient de mettre en place notre propre gouvernement : http://internet-signalement.gouv.fr, — La Gestapo recevait des milliers de lettres anonymes qui ont fait condamner des milliers d'innocents, la libération a connu la même chose, et contre toute attente ce jour voit se prononcer la même locution, avec ce plus remarquable, que cette fois-ci on invite à la délation, à la dénonciation, à cette putridité existentielle qui est synonyme de la reptation.- toutes forces naturant l'asservissement consenti et consentant, qui ne peut qu'accélérer les processus de dénaturation de la pensée qui s'oblige d'ores et déjà à suivre le flux d'une pensée unique, médiocre par essence, élevée en statuaire de la "raison". Ce monde sous les hospices conquérants du Mondialisme en est arrivé ici au stade de la servitude. Mais après tout, compte tenu de l'acceptation globale, motivée par les Politiques de l'absurde, de la connivence, de la reptation, de la féodalité, entraînant la liquéfaction des sociétés, des Identités, des Nations, ne peut-on dire finalement que cet arbitraire créé sa propre dissolution ? Partant du principe que cette idéologie n'est participe que de quelques rayons dans la sphère, éliminant la Liberté, j'entends celle qui est empreinte du respect d'autrui, de sa pensée, de son déterminisme, de son action, constructifs, nous pouvons discerner que cette idéologie ne peut survivre à sa propre virtualité, car façonnant un système fermé sur lui-même qui ne pourra se nourrir que de sa propre destruction, ses racines virtuelles ne pouvant féconder un quelconque devenir. À telles fins que ce jour voit naître une confrontation qui sous le leurre de la passivité est celle de la résonance des Empires, confrontation qui n'a d'ailleurs jamais cessé, -il suffit de relire l'Historien Anglais Arnold Toynbee, qui fait partie des oubliés aujourd'hui — pour se rendre compte que la nature Humaine engendre en sa rémanence collective un essor qui ne peut jamais être détruit par une quelconque dictature, fut-elle imposée de force. Ces rémanences collectives trouvent leur objet dans la conquête économique, religieuse, politique, créant ainsi à travers notre Monde des espaces, qui, même si le mondialisme souhaite leur disparition, bio-géo-historiques, ne peuvent être laminés par une quelconque expression de la virtualité. Ces espaces sont les bases de ce qui créé la multipolarité et l'existence même de la réalité qui ne peut se détruire, sauf à penser que la destruction de l'Humanité soit l'objet d'un quelconque programme de la virtualité. Aux racines de ces espaces se situent les Nations qui en sont la pierre angulaire, et les Nations contrairement à toutes les apparences ne se diluent dans le mondialisme, elles percent sous la dominante des espaces précités, conjointes certes mais distinctes de par leur rémanence propre, qui ce jour voilé ressurgira sans difficulté lorsque le monde multipolaire en Asie se confrontera directement avec le mondialisme totalitaire. Il y a là un atavisme génétique qui ne pouvait être qu'oublié par le Mondialisme basé sur la virtualité, car ne tenant pas compte de ce qui est, l'Etre Humain, les Ethnies, les Peuples, les Races, l'Humanité, les Régions, les Nations, et leurs sphères d'influence, les Internations. On n'impose pas à un Peuple, à une Internation, un diktat éternel. Un gouvernement mondial ne peut être imposé durablement. Si, en tant qu'Universaliste, je conçois l'existence d'un gouvernement mondial, sans aucun problème, ce gouvernement ne peut être que conjoint en ses multipolarités bio-géo-historiques, en agrément, et non issu d'une unification indifférenciée des invariants de notre Monde, sans agrément. Le non-agrément est cause commune aujourd'hui des espaces civilisateurs, personne ne peut le nier, sauf à se renier lui-même, renier sa rémanence formelle, sa tradition, son devenir, ses valeurs. Occidental, nous restons occidentaux, malgré le voile qui couvre nos valeurs actuellement, et dans la démarche initiée de reconquête de l'espace qui nous est assurance d'Ordre et de Sécurité, en nos valeurs propres, nous ne pouvons que nous inscrire dans la détermination initiée par les défenseurs de cet espace. À la dérive, la défense Européenne, aujourd'hui passe par l'OTAN que l'on ne peut renier d'un simple coup de plume, même si nous sommes contre certaines actions engagées au profit d'exigences économiques. Ici même se situe le déterminisme des espaces, le nôtre en étant un parmi les autres, créant ainsi une polarité par la multipolarité existante. Le Mondialisme autoritaire ici ne trouve plus sa place, chacun le comprendra, et ainsi faut-il comprendre que ce Mondialisme, qui n'est qu'un rayon dans le cercle, tant qu'il restera sur ses assises fermées, ne parviendra pas à opérer globalement son asservissement. Ainsi toute critique à son égard ne relève-t-elle pas du vain combat que l'on voudrait faire accroire dans la dissonance dissolvante de l'égarement intellectuel dans lequel il se complaît. Le Mondialisme, dont il faut remercier ici la création de structures formelles, devra muer obligatoirement s'il ne veut pas disparaître. Et lorsqu'on regarde avec discernement, il ne peut prendre que les chemins de l'Universalisme s'il veut perdurer. Ainsi serait-il temps de voir renaître en son sein une sagesse oubliée, qui est celle de voir assurer l'Ordre et la Sécurité dans ce Monde au profit des plus humbles afin d'enrichir ce monde d'une harmonie qui ce jour est au tombeau des vanités.

Statisme total

Le phénomène de masse auquel nous assistons, une inertie majeure des populations face à leur esclavage programmé, est lié à des causes conjointes. À la mesure de ce phénomène on trouve le syndrome de la culpabilisation, que l'on peut matérialiser par une matrice, qui se décline en fonction des appartenances bio-géo-historiques des individus, toujours en fonction de leurs racines, à commencer par la plus élémentaire : la famille, puis la commune, la région, la Nation, l'Internation, savoir l'individu, le clan, l'ethnie, le peuple, la race, avant de terminer par une contamination généralisée touchant l'Humanité entière, en ses croyances, ses idéaux, qui doivent être broyés au profit d'une létalité intellectuelle sans précédent qui permettra la mise en œuvre d'une dictature globale. Revenons pas à pas sur ces différents critères. Première carence, l'individu qui doit être acheminé vers un état de non-appropriation mentale, spirituelle, intellectuelle et physique, par une non-identification progressive l'avenant à l'accroire permanent, par mise en œuvre d'une substitution de ses valeurs aux valeurs matricielles permettant l'arasement total de sa personnalité identitaire. Ne se reconnaissant plus dans son identité, l'individu par mimétisme prend l'identité du cœur matriciel, consentant car rassuré il retrouve là les coordonnées affectives de la mère universelle. Le premier pilier à détruire pour initier ce non-être touche à la famille, pilier naturel de la civilisation, par nucléarisation de ses souches, le père, la mère, n'ayant plus aucune consistance qu'elle soit directrice, par élévation, qu'elle soit morale par socialisation. Ici nulle mesure à la destruction, par aliénation matérielle, acculturation intellectuelle, désensibilisation spirituelle, enfin culpabilisation systémique développant à l'encouragement mimétique du sabordage de ce pilier, et maître mot de cette exacerbation, déperdition globale des fondamentaux de la Vie, par acceptation de l'avortement et de l'euthanasie complémentaires. Cette détermination destructrice est conjointe au niveau du clan par accentuation des discordances générationnelles attisant non plus l'admiration, mais la haine, une haine farouche des uns et des autres, substituant à la tradition, une anomie paroxystique développant une violence canalisée par la trivialité et ses opérandes, la création de sous langages amorphes, la naissance d'une sous-culture, ramenant le clan à l'image de meutes sans foi ni lois dont les correspondances engendrent la délinquance comme la criminalité les plus opérantes, encouragées par une justice d'agreement, et une législation permissive. L'ethnie en ce sens se retrouve confrontée non plus à un lien social, mais à un lien dissolu dont les composantes attisent l'individualisme forcené, un esprit multiplié de castes initiant, paradoxalement une élite composite, politique, culturelle, spirituelle, dont les valeurs sont exégèses du lieu, la région et son discernement, rattachement aux racines qui ne se confluent mais s'isolent, objet du mépris de l'acculturation comme de l'intelligentsia portant les valeurs de la destruction, parasites sans envergure portés par cette majorité devenue de non-être qui se régissent dans le clinquant, la verroterie et la parade. Lorsqu'on arrive à la Nation, le verbe ici se justifie de tout ce qui se prévaut du néant, surtout si on s'intéresse globalement à l'éducation normative, à la culture comportementale, et ses bâtis, qui sont la cendre de toute culture qui se respecte. Salmigondis de théorisations à l'emporte pièce de sous cultures anémiées, renforcée par la pénétration phagocyte d'acculturations hybrides, parfaitement constituées par une législation liberticide, la pensée ici n'a plus qu'une existence sans devenir, sinon celle du clinquant précité, de cette médiocrité latente qui se renforce dans sa dévotion, par mimétisme et corrélation adventice. Ici le firmament de la dissolution atteint son apogée, il n'y a plus rien sinon qu'une acculturation bornée, transhumance d'un matérialisme échevelé dont les épures paraissent, avant que d'être, repris en faste par une propagande houleuse permettant l'asservissement par l'avilissement et ses contritions coordonnées qui sont saillies du viol psychique des Peuples, un viol majeur qui laisse à la place des sommets intellectuels et spirituels, place donc à cette forme de l'informe qui semble vouloir régir le destin des non-être acculturés et dévots que l'on ne peut plus comparer à un Peuple, mais à une matière indéfinie se lovant dans une matérialisation stupide pour espérer tout simplement ressembler à quelque chose. l'Internation en ces prismes est conjonction, pré matrice d'un ensemble déraciné s'agglutinant dans une porcherie drainée par la pensée unique et commune née du charnier des Nations en décomposition, figure du vide entretenu par le viol systématique des esprits, issu d'une propagande délétère, opiacée de l'abîme en lequel affluent, sous la poussée meurtrière et légiférée pour les Identités, des masses exogènes à qui l'on ne laisse d'autre opportunité que d'être phagocytes, entrisme adulé par les ténors de la destruction qui, apatrides par essence, sont les soldats grotesques initiés en maîtres à penser, qui pleurent lorsqu'un coup de feu éclate, comme cet illustre "philosophe" de la destruction qui dans les Balkans appelait sa mère et qui, porté par le moratoire matriciel de la destruction, s'impose en maître chanteur de la pensée. Au niveau de notre petit monde, l'intelligence diminuant comme le carré de l'échantillon, vous comprendrez qu'il n'y a peu à espérer, les "pseudos" clivages existentielles, géopolitiques, manipulés et manipulateurs, permettant ce jour de voir avec quelle aisance on peut manipuler sans vergogne des êtres devenus non Humains, sans demeures, sans racines, sans histoires, désormais confinés dans ce vide absolu de la mémoire, l'éradication de l'intelligence, qui permettent de faire le constat d'un statisme sans précédent dans l'Histoire Humaine. Face à cette érosion de la pensée Humaine en ses diversités, me direz-vous, il n'y a plus rien à faire, et vous avez raison, il n'y a rien à faire, sinon que de veiller imperturbablement. La gangrène sociétale est arrivée à un stade tel, qu'il n'est pas nécessaire de combattre pour elle, la faillite de l'intelligence des Peuples en soumission, masochistes benêts de toutes les trivialités, jusqu'à cette taxe carbone inventée par ces illuminés de la mort que sont les écologistes politiques, payés par les multinationales qu'ils agressent, ces faux scientifiques qui sont les rouages de ce mondialisme larvaire, aidant en cela à la culpabilisation des Etres Humains, permettant la déstructuration du vivant au profit d'un eugénisme choyé et divinisé par l'intelligentsia de la dénaturation la plus exacerbée. Et s'il fallait ici se porter en faux contre cette description, il faudra nous expliquer comment dans les prémisses de cette crise forgée de toutes pièces, il se fait que le monde politique en premier ressort ne légifère pas pour drainer cette folie dominante qui entache le monde financier comme jamais cela ne s'est encore produit, obéissant en cela à un ordre contre nature qui est celui du matérialisme le plus putride ? Et il faudra aussi nous expliquer pourquoi des Peuples entiers se soumettent sans protester, devant le fléau d'une dette qui n'était pas nécessaire, les prêts aux banques étant un leurre pour préserver leur ambition dévorante de pouvoir qu'elles peuvent, du moins le croient-elles, mettre en œuvre par l'appauvrissement généralisé des Etres Humains, la mise en route d'un servage forcené par la création d'un chômage pandémique, dû à la spéculation acharnée qu'elles remettent à niveau ce dernier mois avec une Vigueur qui pourrait sembler anormale, mais qui est tout à fait logique au regard de cette "éco" taxe infligée sur le seul droit de vivre, qui n'a d'autre ambition que de laminer ce droit par toutes Nations, afin de créer un paupérisme morbide qui sera le socle du mondialisme conquérant, comme le fut le communisme sur les cendres des Ukrainiens destinés à la mort lente par mise en œuvre d'une famine endémique ! Les prêtres de Thanatos sont à l'œuvre, soyez en certains. Rien ne sera fait pour contrarier leur appétit de menteurs, d'hypocrites, de féaux de la duperie, de tueurs nés de l'intelligence Humaine, car l'intelligence disparaît actuellement à une vitesse vertigineuse. Rien, car il n'y pas lieu de combattre contre un train sans guide qui inévitablement va s'écraser contre le mur de la réalité, cette réalité suprême qui force à l'étonnement, qui peut se résumer finalement par le fait que le statisme existant deviendra de lui même le levier qui balaiera le fumier dans lequel s'engloutit l'Humanité en ses diversités car, rappelons nous que c'est sur le fumier que naissent les plus belles roses, alors on a envie de dire aux prédateurs en tout genre, aux mystiques de la mort et aux embaumeurs de la vie, ces déracinés de la vie, ces écologistes politiques aux ordres d'une partie de la finance devenue folle, continuez, accélérez même le processus, allez beaucoup plus vite que vous n'allez actuellement, faites en sorte que vous resplendissiez du déshonneur d'avoir sabordé l'Humanité en ses diversités, et lorsqu'enfin vous apparaîtrez sans vous cacher derrière les lambris de vos simulacres de réunions gardées par vos chiens de guerre, lorsqu'en plein jour le réel vous apparaîtra, vous verrez que ce que vous souhaitiez n'est pas là, cette pandémie de la souffrance légiférée et acceptée par les Peuples à vos bottes, il n'y aura personne pour vous aider à vous contempler, encore moins à vous écouter, le statisme total sera la réaction naturelle qui fera s'écrouler votre édifice bâti sur le servage, car la Vie n'est pas servage, elle est construction et non destruction. Et de ce statisme naîtront d'autres ornements qui ne se préoccuperont de votre létalité caractérisée, n'en doutez un seul instant, car si vous savez réduire l'intelligence des masses, et là rien que de très facile, vous ne pourrez jamais réduire l'intelligence des individus, et face aux masses les individus construiront, en laissant vos ruines se disperser sans jamais s'en inquiéter, car modèles par excellence de la destruction, ce que l'Histoire avec un H majuscule reconnaîtra comme la tentative de génocide envers l'Humanité la plus effrayante qu'aient pu concevoir des non-humains au regard des Etres Humains.

Le combattant de la Voie

Il n'y a lieu de s'interroger du devenir de ses actions pour le combattant de la Voie, il n'y a amertume à n'être rien dans le décor de la matérialité qui se réjouit, il n'y a désir de se voir applaudi, d'attendre une quelconque reconnaissance, car la Voie de l'esprit n'est pas ce chemin de la facilité auxquels succombent bien des égarés qui ne voient que renommée, la Voie de l'esprit est volition n'attendant des fruits de ses expressions, sinon le seul fruit qui s'instaure naturellement, l'éveil de la perception chez autrui, cette perception du réel autrement plus magnifique que la virtualité comme l'illusion qui sont les maîtres à penser de nos contemporains, éblouis par la vanité et ses décors de verroterie. La création n'est pas composition mais sacerdoce, elle n'accueille en son sein le "je" mais le "nous", et en cela réduit ses vecteurs qui pour la plupart rejoignent la stérilité des opiacées dominantes dans ce monde pétri de matérialisme. Ainsi à celles et ceux qui veulent chevaucher le tigre, vaincre le dragon, qu'ils ne cherchent chemin dans le Souffle de la Vie, s'ils veulent voir briller leur "je" dans les impéries de la vacuité et l'ordinaire samsa, ici, en ce lieu il n'y a de place pour les lâches et les reptiles, les fourbes et les hypocrites, il n'y a de place pour l'atrophie et la mutilation des esprits, il n'y a de place que pour celles et ceux qui ont pour but la connaissance, qui sont tout à la fois l'arc et la flèche, et qui armés de cette force enseignent afin de tétaniser l'ignorance et la voir refluer sur son chemin de poussière. Sacerdoce ce chemin l'est plus que d'autres, car il est Voie du silence de soi comme oubli de soi, il est don et ne s'ordonne ni ne se conjugue, il est au-delà de la somme des parties, catharsis du réel, et son témoignage ne peut que remplir de peur celle où celui qui recherche prébende, gloire, notoriété. Il n'y a rien ici de tout cela, il n'y a qu'action pure, ne recherchant ni prestige, ni glorification, une action qui n'a besoin de s'autoriser pour illuminer, une action ne recherchant ni profit, ni congratulation, son autorité naturelle se suffisant à elle-même. Pierre angulaire de cette action, on l'aura compris se tient ici le don, non pas l'aumône, mais le don total de son énergie à la destination de la Voie qui veut l'élévation et non la reptation, qui veut l'ascension et non la dégénérescence de la Vie. Ainsi se révèle le combattant de la Voie, chevalier des temps, samouraï inscrivant sur la page vierge le devenir, perception et préhension, concaténation et navigation, non par vanité mais pour éveiller, éveiller seulement, permettre à l'Etre Humain de sortir des ornières de la Voie inversée, cette mythologie de la décadence qui le précipite vers le néant, aréopage du burlesque, du mensonge, de l'ignorance, servis par des pseudos philosophes, des pseudos scientifiques, des pseudos artistes dédiés à l'illuminisme, dévot de Thanatos. Ainsi le combattant de la Voie, Vajra de la Tradition, qui se tient debout dans ce monde couché afin d'en signifier le sens et en obérer les miasmes pour restituer à la Voie sa densité et son ascension. En conscience il n'est atteint du samsa et de ses perversions, imperméable aux sinueuses imperfections, insensible aux reptations, debout sous la pluie, sous l'orage, sous le feu solaire, sous la violence des vents, sous les astreintes des terres, sous les cris de haine ou d'adulation, imperturbable il fixe l'horizon du devenir Vivant et participe à son équilibre dans le sens de la Voie Ouranienne et Solaire, et dans l'Ordre de l'égrégore qui est parturition des mondes, initie cette Voie vouée à l'élévation Humaine par toutes faces de la Vie. Qu'ici l'impétrant se pose la question de sa participation, cette question est déjà errance, car il n'est de lieu, de temps, dans l'accomplissement et il n'est nécessaire de se connaître où de se réunir pour accomplir, la Voie de l'Esprit se suffisant pour se coordonner et évoluer. Liberté ici est force maîtresse, et cela n'est un hasard mais une pure nécessité, ainsi s'il arrive qu'une branche fût coupée, rien de l'action engendrée par cette disparition ne grève l'action elle-même, ses ramifications s'étendant à l'infini, inidentifiables, car parties de l'ensemble des systèmes existants, inexistants car agissant dans la solitude même qui sied aux Vajra, impénétrables, car transcendance d'une identité Humaine et non d'un ensemble d'Etres Humains. Ainsi dans la multiplicité des temps se meut le combattant de la Voie.

Le syndrome de Copenhague

L'affabulation, le mensonge, la tromperie, la duperie, la forfaiture, sont les piliers de nos civilisations. Le simple bon sens permet de mettre en évidence le souci manipulateur qui les prédestine : soit l'appât du gain, soit l'appât du pouvoir, et lorsque se rejoignent ces deux tendances, nous nous trouvons alors dans le fléau de l'aberration, tel celui qui inonde notre planète de ses scories que l'on nomme l'"écologie politique". In fine sur quoi se base cette fumeuse théorie du "réchauffement planétaire", son fer de lance ? Sur le produit du mensonge allié à la bêtise, décuplée par l'ignorance, sevré par cet appât tant du gain que du pouvoir précité. Il n'y a pas un scientifique sérieux pour cautionner la thèse d'un réchauffement climatique dû à l'activité humaine, les analyses scientifiques sérieuses contredisent en tout point les données manipulées par de pseudos scientifiques aux ordres de l'ONU, qui elle-même n'est que vassale de donneurs d'ordre qui n'auront de cesse de s'instituer gouvernance mondiale. Au même titre que le football, cette nouvelle religion, basée sur le trucage et l'argent, participe à la tentative d'un rassemblement des populations sur un thème commun qui doit porter au pouvoir le mondialisme en marche. Ne nous leurrons pas, ses exécutants de basses œuvres, succédanés de rouages grassement payés, que l'on voit s'agiter fébrilement à Copenhague, disparaîtront lorsqu'ils auront bien servi leurs maîtres, car ne vous y fiez, ce millénarisme de pacotille, trompe l'œil majeur, ne peut que faire rire les impétrants au pouvoir mondial, et en cela ils ont bien raison. La stupidité des individus et des Peuples au regard de ce phénomène accentué par les dérives médiatiques aux ordres est participe de cette dérision. Il n'y a de jour, d'heure, de minute, de seconde sans que la propagande ne cesse, qui par les ondes, qui par l'image, sur ce sujet hautement distinctif de la culpabilisation ordonnée, et tout un chacun de gémir, et tout un chacun de pleurer, et tout un chacun en génuflexion devant cette nouvelle religion institutionnalisée. Au regard de cette contrition, nous pouvons discerner que les lendemains ne chanteront pas : nous allons nous trouver en face d'un monde à deux vitesses, un monde technico bâtisseur, et un monde d'esclaves statiques, en involution légiférée. Car n'en déplaise aux bestiaires de l'ours et du loup, les progrès scientifiques ne s'arrêteront pas pour leur plaisir, et notamment dans les domaines de l'énergie, qui verront se manifester à moyen terme dans des applications civiles des porteurs gravitationnels, ainsi que des centrales gravitationnelles qui réduiront à leur plus simple expression les "centrales éoliennes", cette pollution visuelle, dont le seuil de rendement est nul, les centrales "solaires" dont le rendement ne peut satisfaire aux demandes énergétiques tant de l'industrie que des agglomérations urbaines, les centrales au "gaz" et au "charbon" qui ressembleront à des objets de musée. Ce monde à deux vitesses qu'il aurait été possible d'atténuer dans le cadre du respect inconditionnel de la Vie Humaine déclarée ici coupable par l'acharnement de l'incapacité à vivre, cette atrophie mentale tirant ses participes de la pandémie du sida mental en laquelle nous baignons, n'aura de cesse de prendre une ampleur sans précédent dans les décennies à venir, et nous pouvons penser fort justement que le malthusianisme des corps s'il n'a réussi, réussira fort opportunément dans le cadre des esprits, réduisant ainsi la majorité de nos concitoyens à cet état d'inconscience larvaire, accentué par la propagande médiatique, leur permettant d'accepter un servage indifférencié dont les prémisses se configurent actuellement dans le cadre de cette "religion" de l'autodestruction. En face de cette autodérision se tiendront les faces actives et réservées de la science et du pouvoir, alliés irréductiblement au profit de castes monopolistiques qui feront le devenir des souches larvaires précitées qui leur seront dévouées, politiciens de tous ordres chargés de cette non-humanité acculturée et demeurée, que l'on nous prépare activement, sans que la moindre révolte ne saille des acteurs de ce génocide intellectuel auquel nous assistons. Face à ce fléau, il convient de rester éveillé et ne pas perdre son esprit critique, œuvrer par contre-pouvoir au rétablissement de la vérité sur l'ordre naturel qui a existé, existe, et existera par-devers les "philosophies" chtoniennes qui veulent enliser le réel dans la virtualité, confondre le mensonge et la duplicité en invitant les scientifiques et notamment les climatologues à parler de leur domaine sans peur de se voir couper leurs subsides par un pouvoir politique ignorant qui voit avec aubaine se dessiner les taxes carbone qui vont servir a renflouer ses caisses vides. Le terrain ne doit pas être abandonné aux humanicides en tout genre qui veulent spolier l'Humanité de son devenir qui n'est pas de se voir rongée par ce ver infect de la culpabilité, mais bien au contraire s'élever vers sa condition bien naturelle qui est celle de la conquête et de sa densité géographique, et de son espace. Le courage des scientifiques, et ils sont nombreux à s'être exprimés est de s'unir contre cette gabegie de l'intelligence et renverser ce monopole "institutionnalisée" de l'organisme privilégié de l'ONU qui contrefait la réalité pour satisfaire à la voie inversée empruntée par ses tribuns et doctrinaires. Le récent piratage de quelques archives de cet organisme, que chacun a pu lire sur Internet laisse pantois quand à la rectitude "scientifique" qu'il déploie ! Au regard de cette errance qui veut dicter le devenir, il est temps de créer une contre-organisation salutaire, permettant de restituer au réel ses fondements et non son endoctrinement. La voie d'internet semble la plus appropriée dans un premier temps, et j'engage ici tout scientifique sincère a y faire acte de volition, ce portail leur étant ouvert en son forum s'ils le souhaitent. À suivre

Initiative Littéraire

Ô Christ Roi

C'était à Carcassonne, l'an 793, lorsqu'avant de livrer bataille Guillaume de Toulouse, Paladin de Charlemagne, éleva vers les cieux cette prière :
"Ô Christ Roi, l'Empire a-t-il donc tant failli qu'aujourd'hui l'illuminisme soit contempteur ! Que notre Terre sacrée soit à ce point humiliée, détournée, avilie par l'infertilité et ses devises ? Fille aînée de ta force fut-elle, ce jour laissée à l'abandon dans la moisissure des mensonges et de leurs pitoyables errances ! Ô Christ Roi en ton armure resplendissante sous les feux du Soleil invincible, regarde vers quelle voie se tiennent tes fidèles, dans l'agonie de leur sort, dans l'invective, dans les tréfonds d'une lâcheté dévoyée, dans le crachat et dans l'injure, dans la prosternation idolâtre, dans ces préambules menant les mondes vers leur finalité ! Ô Christ Roi, tes armées te resteront toujours et pour toujours dans la promesse de cette réalité qui fonde les univers et éblouit ! Et Chevaliers resterons-nous malgré la perfidie, l'ignominie, la décrépitude de tes Temples, Chevaliers de ton rayonnement et de ta félicité ! Du Nord au Sud, de l'Est à l'Ouest toujours veilleurs de l'ardeur des Chants et des Hymnes, pour consacrer ta plénitude et ton essor, enfanter les rêves en harmonie et en armoiries qui rendront à ce Monde sa florale beauté, loin des illuminations de l'ombre et de ses ténèbres enfantées par l'atrophie ! Ô Christ Roi, nous viendrons tes champs de blés mûrs, ces épis de la splendeur prononcer la grandeur et l'honneur par-delà les hospices des velléités qui frappent aux portes des mendiants et des fourbes, par-delà les assauts des prébendiers et des voleurs qui condamnent l'Humanité à son pur déclin ! Ô Christ Roi, la flamme de ta renaissance est toujours et pour toujours bien vivante par-delà le fléau qui nous habite, nous contraint et cherche à nous dominer, debout sommes-nous par milliers et par milliers sur notre Terre d'Occident, en chaque hameau, en chaque ville, en chaque Pays pour défendre nos racines et nos Temples, notre fidélité inconditionnelle à ta réalité, noyée sous la constellation des dupes et la supercherie des alchimistes sans renom ! Ô Christ Roi, déjà les

Peuples se défont des miasmes qui les entachent, les voulant livrée de l'esclavage le plus purulent et le plus répugnant qui soit, celui de l'inconditionné ! Ô Christ Roi, car Etre tu fus, et Etres nous sommes, par millions et par millions dans l'Esprit du Sacre, notre demeure, par l'Esprit du temps comme l'Esprit de l'Espace que rien ne peut édulcorer, au regard du Chant qui gravite nos Histoires conquérantes et sublimes ! Ô Christ Roi, reviendront dans ta lumière et ton Eternité, tous ces aveugles et tous ces borgnes qui n'ont pour lendemain que le bruit infâme des chaînes qui les emprisonnent, car nous serons toujours là, Veilleurs pour briser le verrou qui les maintient dans l'ignorance ! Ô Christ Roi, rien ne pourra tarir ton Nom, rien ne pourra détruire ta Lumière, car quelque soit le lieu, quel que soit le temps, toujours reverdiront les pousses qui viendront baigner de leur foi les terres embrasées, jusqu'aux lieux même de leur destruction pour affermir la reconstruction de ton Temple, le Temple de l'Etre Humain, au-delà du temple du non-humain dont les agitations ne sont que scories en évanescence devant la Lumière Éternelle ! Ô Christ Roi, dans la dignité et dans l'honneur, dans le respect et dans le courage, Chevaliers te resterons-nous pour défendre ton Nom, nos Terres et nos Peuples, et se joindront par milliers et par milliers, puis par millions et par millions les Etres en éveil qui dépasseront les cultes et les adorations, les prismatiques déshérences des ténèbres, pour se dresser contre le parjure, la forfaiture, la destruction et leurs serfs ! Ô Christ Roi, Esprit du Chant et Chant de l'Esprit, Gardiens resterons-nous afin de restituer aux dimensions leur pur éclat, laissant s'effondrer les royaumes sans racines, Veilleurs de l'armature de ton Temple construit qui fera rayonner ce Monde, le relevant de son agonie qui par la Voie détournée saillie l'Univers comme une maladie ! Ô Christ Roi, viendront ces temps de la Voie noble et souveraine que rien ne pourra plus destituer à son profit, notre Foi en sera témoin, car ton règne est en nous et chacun d'entre nous est ton règne ! "

C'était en 793 qui vit la victoire mémorable du Paladin de Charlemagne sur les conquérants d'un autre monde...

Chevalerie

Où nous prenions le large, le chant victorieux épousait le sens d'une harmonie, et dans l'azur des flots, nos sortilèges s'extasiaient, de racines en racines, nous étions écumes de ce songe, voie maritime de l'essor allant du ponant au couchant les règnes de nos chants, inscrits dans la théurgie des sorts, magnificences de nos Temples aux nefs citadelles qui, aux promontoires des terres éveillées scrutaient l'horizon de notre détermination, à naître, construire, enfanter la beauté par toutes marges continentales, dans ces espaces de la vie reconnus et signifiés, dans cette blondeur impérissable ouvrant ses latitudes tant au nord, dans ces passementeries hivernales et écloses, qu'au sud, dans les houles sablières aux roseraies ardentes, qu'à l'est, dans les steppes irascibles et envoûtantes, qu'à l'ouest dans ces frénésies d'eaux vives aux miroirs de feu, tandis que des limbes en ces lieux l'essor prenait vigueur, souffle ardent d'une chevalerie étoffée par une foi invincible, la foi du vivant, ainsi par les marges septentrionales, alors que les Alizés berçaient de leurs volutes nos migrations portant nouvelle de l'Empire, et que chevaliers du Temple nous répandions nos écrins pour mieux élever la temporalité, lui conjoindre la tempérance, l'humilité, la vertu, de défendre sans peur les courses des pèlerins, la veuve et l'orphelin, les Peuples et leur couronnement, par delà la course du soleil, par delà la course lunaire, dans cet enfantement du sacre qui est celui de l'altière définition de l'Etre, de l'Etre voguant vers l'Etre en sa condition comme en sa raison, en cet enivrant partage qui dans l'honneur fait comprendre sinon honorer, en cet accomplissement qui est gravure de la régénérescence des vivants, alors que le cœur de notre hymne, réveillé par la tourmente et la colère des siècles endeuillés se signifie renouveau sur les plaines abyssales pour libérer la définition universelle de cet éternel retour, conjoint de cette contraction dimensionnelle qui s'éploie, dragon de mille têtes sans avenir, rejetant aux flots les cadavres désemparés des milliers de peuples sans lendemain, initiant le parasitisme, la lâcheté, la putridité dans les cœurs immolés par les cultes de la déshérence, que nos armées viennent combattre, Epée du Verbe haute sous le soleil invincible, étincelant les rivages perdus pour les renaître à leur profusion, par le ciel souverain, par les eaux tumultueuses, par la terre magnifiée, par les vents salutaires, par ce quaternaire initié où se tient le Temple de l'Etre, conjoint de l'Eternité, ainsi alors que la cristallisation s'élève et dans l'éveil le plus rayonnant, se dresse le firmament...

Paysages

En vagues aux algues diaphanes, nos sourires et nos rires, sommes-nous paysages de ces temps qui s'enseignent et dont les règnes ne sont que fenaisons d'un voile suranné, et nos voix claires vont des rencontres nouvelles, des terres parfumées d'amazones vertus aux lacs mystérieux et profonds, des terres sacrales aux voies templières élevées rehaussant leurs citadelles marbrières dont les veines bleuies rayonnent d'une lumière divine, des terres en ébats gravitant de par les rives, celles amères ou altières, fécondant des devenirs moirés de songes, des terres de feu aux cristallisations opiacées irisant en leurs lagunes des mers souveraines dont nous prenons les sources aux rubis incarnés de leurs écrins magnifiés, des terres encore de vestales en émois, cohortes de chants développant leurs arguments dans des voies constellées de porphyre et de granit où s'abritent des pèlerins venus de tous les mondes connus et d'autres mondes en voie de gestation, des terres balayées par les pluies diluviennes assaillant esquifs et falaises de quartz, ruisselant d'eaux vives les fortifications des pêcheurs de rêves aux puisatiers émerveillements, et d'autres terres encore aux frontières des conquêtes millénaires lançant leur regard sur l'horizon splendide des soleils d'Ajax et des lunes d'Achille, vêtures de mille et mille cités dont les florilèges arpentent les ponts précieux des pensées acclimatées, rencontre toujours des univers attendant le pas souverain de la Vie pour se transfigurer, signes portuaires aux gréements des milliers de nefs au repos, messagères de mondes équinoxiaux multiples aux solstices mystiques, épousant les courbes pour disparaître le temps comme l'espace, à la rencontre de leurs feux solaires, là, ici, plus loin, toujours plus loin, alors que les guides en essaim, maîtres d'équipages, cartographes, femmes et hommes de sciences, philosophes, artistes, accompagnants et accompagnés, sous l'égide des guerriers imperturbables, découvrent et témoignent, enseignent et assistent, la parturition du règne, d'étoiles en étoiles, demain, de galaxies en galaxies, après demain d'univers en univers, afin d'éclairer du devoir de maîtrise de l'éternité l'hymne de la Vie dans une allégorie infinie, et nos rires et nos sourires dans le jeu de ces citadelles de l'écume, au devant de l'intensité et dans le courage, poursuivons-nous notre route, fiers galions en conquête des respires de cette Voie fabuleuse en laquelle nous sommes pierres et parcours de l'œuvre vivante, orientant aux marches de l'empire la rémanence d'un ordre sûr, volition du couronnement Vivant par toutes faces et en toutes faces, dessein des joies sans errances aux éclaireurs naufragés, recueillis en nos soutes, cristallisant les routes en nombres, les inconnues et les rebelles, les parvenues et les fidèles, pour favoriser l'essor et la grandeur des nuptialités fécondes, laboureurs de mondes en écumes, gardiens de frontières en expansion, fantassins d'une course austère où la farouche détermination remplace l'indolence et le caprice, où la Loi de la Vie prévaut sur la loi de la mort, ses scories et ses abîmes, espaces sans lendemain cernés par nos chants et détruits par nos hymnes, répercussion du droit ultime de voir l'ordre et la sécurité briller de tous leurs feux sur notre emprise conquérante, et nous sommes en éveil sur ces routes qui s'effeuillent, et nous sommes en essaims sur ces espaces sans troubles, rires et chants de l'inexpugnable beauté dont nos cités enchantent les rescrits, sauvages ou tendres, toujours en racines de la préhension de l'ultime rivage qui nous fera reconnaître la densité de ces autres mondes qui nous viennent et nous enchantent...

Robots primitifs

Visiteur de mondes en écrins, passant ce jour dévoilé aux surannés solaires, la Terre apparue et nous fit découvrir un ensemble de formes larvaires, épithéliales d'un ordre qui ne se nomme. Nous rapportons ici quelques bribes de leur déclin. Robots primitifs de ce nouvel âge désincarné, ils vont et viennent, vides de conscience, des écouteurs rivés aux oreilles pour s'abstraire du réel. Leurs visages blafards sont phasmes de villes qui les engloutissent, les vident de leur substance, de leur être, pour ne plus laisser à sa place que le paraître. Parades ils se font de leurs atours, marquant d'anneaux et de chaînes leurs oreilles et leur cou et dans le détail des piercings toute face de leur anatomie, reniant en cela la vérité de leur corps qu'ils enchaînent, déjà, au dédale faramineux de la décadence qui suinte par toutes faces ce monde de verroterie. L'été leur est prouesse d'étalage de tatouages sans limites, reniant leur chair comme témoignage de leur servitude avancée au système qui les broie. Ils ne sont égarés contrairement à ce que l'on voudrait penser, ils sont de leur siècle en déclin, puérils à souhait, lobotomisés par une gangrène médiatique qu'ils dévorent dans une presse gratuite qui oriente leur soumission. Leur langage se limite la plupart du temps à trois cents mots, qu'ils enrichissent par un vocabulaire né d'éructations, de colères, de dégoût d'eux-mêmes. Ils feignent de s'accroire dans le gouffre dans lequel ils végètent, mais se haïssant haïssent tout ce qui n'appartient pas à eux engendrant ainsi une dépersonnalisation humaine qui se voit dans les micros sociétés que le collectif impose, telles celles des transports, où surgit leur, semble-t-il, droit à être. Dans cette configuration ils en rajoutent, s'étalent, prennent de la place qu'ils ne laissent au vieillard ou bien à la femme enceinte. Ils font semblant de dormir, et se montrent dans leur réalité. Couchés sont-ils, soumis, n'ayant d'autre devenir que le besoin de s'approprier ce qu'ils ne pourront jamais approcher, sinon que dans des rêves qui se font éveiller, devant les cohortes, en groupes, afin de mieux se dissoudre dans le néant. Et l'on pourrait croire que ce constat l'est pour une génération, non, il l'est pour toutes les générations qui vivent les abîmes de leurs villes chiasseuses. Il y a là d'autres écrins dans lesquelles se bercent les sempiternels échos en rupture du réel. D'abord la masse des rampants au regard triste, qui ne voient plus que le vide, le cil hagard, perdue dans l'ombre de son ombre et qui se tait, et qui se cache, et qui si elle pouvait ne plus être serait heureuse. Ensuite les parvenus à un poste de travail, (car il y a pandémie de chômage par ce lieu, favorisé par les détenteurs dont le pouvoir est fonction de la nucléarisation des individus), qui s'illuminent de leur chance dans des discours frénétiques, moi je suis, les autres ne sont rien, qui apprivoisent avec délectation le regard morbide de ces autres, attendant un mouvement de jalousie pour s'accroire d'importance. Et d'autres encore, façonnés par l'outrance qui sans un regard pour les autres s'essoufflent de leur mépris. Et d'autres toujours n'en pouvant plus de leur nouvelle condition, d'exogène devenant endogène de force et non de lois qui suent l'insolence et crachent sur tout ce qui fait un territoire vide de conscience qui noie sa population d'origine par des vagues sans avenir, afin de mieux la détruire pour mieux la dominer. Et chaque jour qui passe ne s'espace de ces dichotomies qui exacerbent les remparts qui désormais se dressent entre ces foules, les unes humiliées, les autres assouvies, les dernières sauvages et fières, en délire d'un complexe de supériorité qui masque un complexe d'infériorité. La haine transparaît sous ces carapaces équivoques, vautrées dans l'imperméabilité des sens, et la destruction couve. Elle est désœuvrée par le clinquant des bagagistes qui dirigent vers l'agonie ces foules qui ne sont plus des peuples mais des esclaves nés, qui cherchent une voie pour survivre au milieu de leur empire de destruction qui se couronne sur leur masse pouilleuse et puante d'asservissement, cette masse informe et gluante glorifiant l'immondice qui va de reptation en reptation jusqu'à sa destruction acclamée, qui sous la modélisation de la culpabilisation, qui sous la modélisation de la possession, qui sous la domination de la cécité qui brille de tous ses feux. Nous pouvons toutefois rassurer nos mandants, car dans ce lieu, la nature a horreur du vide et elle se débarrassera inévitablement des scories qui l'embrasent afin de reverdir toujours, imperturbablement à la Vie, la Vie en ses couleurs, la Vie en ses parfums, la Vie magnifique de champs de floralies qui reviendront après la boue, la dénaturation de la boue, ce lavement excrémentiel qui se tortille avec délectation dans ces égouts où le non-humain, ignorant, complice, se complaît avec délectation. En attendant, nous resterons observateurs de cette chute vers l'abîme de cette civilisation de la mort qui va disparaître afin de naître de nouvelles civilisations bâties pour la Vie, et bien entendu nous vous rendrons compte de cet heureux événement...

Et cela viendra

Espaces vagabonds des âmes azurées aux souverains rescrits de la beauté, des vastes saisons qui viennent et s'en reviennent, préaux d'incarnats aux festives agapes, fut le chant en ces boisseaux, des constellations de la vague, l'innocence et ses royaumes, la candeur et ses écrins, et dans la fortune de l'instant la splendeur adulée, épopée des rythmes de nos joies, ces équipées nouvelles à voir aux fronts des terres et des océans, prescience des Sages aux règnes alliés déversant en semis des houles de moissons sur les songes et les rêves de peuplades immolées, là, ici, plus loin, dans un rite irréversible Conquérant, balayant sur son passage les esquisses de ce monde, les balbutiements intemporels, les cohortes fauves et leurs longs cris de guerre, investissant chaque chant pour en ornementer les rubis et délaisser la gangue, cette face sombre se livrant à pâmoison dans la rive triviale d'une arborescence opiacée, lac tourbillon devant l'affine vertu secouant son joug disparaissant comme fumée sous le vent, annonçant par delà les mers l'horizon du renouveau, déjà prononcé devant le flot ininterrompu des nefs parcourant la gravité des forges enseignées, exfoliant le putride pour éclairer ce monde d'un visage harmonieux, alors qu'en rimes les veilleurs content cet ambre parfum des lys à midi, des signes par les temps qui passent et, dans l'ardeur devenue, éclairent le monde fantastique des êtres qui s'éveillent de la torpeur, de la mendicité, de la peur et de la terreur accouplées à l'ignorance, de ce sommeil qui, hier encore s'imageait volonté, dissipé ce jour, élevant la conscience de cet équilibre invincible laissant les couards et les frénétiques à l'agonie de leur vide, pour briser les portiques des temples mentaux cachant avec sévérité l'imagination, la raison, l'imaginal, la critique et par dessus tout le rire, ce rire bienfaisant réduisant à sa plus simple expression l'arrogance et ses humiliations, la bêtise et son prosélytisme, l'ignorance et sa clameur belliqueuse, ces sources qu'hier regardait encore comme sources du bonheur alors qu'elles n'étaient que d'afflictions, et j'en parle dans ce jour de noble volonté, alors qu'aux marches de nos frontières reconquises se terminent les derniers combats contre les hordes de l'atrophie, tandis que le soleil resplendit sur nos sites libérés de l'emprunte des scories et que le chant des enfants, cristallin, éveille au cœur du vivant ce devoir intime, celui de la défense inexpugnable de leur devenir, qui ne doit plus jamais être contraint dans la reptation et l'agonie, l'esclavage et ses supports, au nom de ce désert qui fut panache prolixe de l'atrophie, cette monstruosité engluant chaque fleur dans le formol de la culpabilisation d'être, cette monstruosité fétide et hypocrite innervant chaque faille de ce monde pour assurer ses possessions, ce jour jugulée, anéantie, dans le larvaire, son état naturel, cette outre chtonienne dérivant ses flasques oripeaux dans les cauchemars les plus ténébreux de l'humaine perception, frisson temporel devenu silence devant la parousie des Peuples en éveil, des Nations élevant leur parure, leur drapeau dans un cri de joie par toutes faces de cette terre délivrée du parasitisme et de son éclat, cette pandémie de l'atrophie, figée désormais, destituée à jamais, dont les derniers feux rendent leur soupir sous nos intrépides assauts, les assauts de la Vie combattant la mort et ses servants, ses valets, ses aspirants, ses impétrants, tous en liesse de cet apogée glorifiant le non-humain, ce jour dernière portée devant nos forces impériales désintégrant pour toujours leur lâcheté atavique, ainsi alors que se taisent enfin les armes et qu'un cri de liesse réjouit le cœur Humain, du nord au sud, de l'est à l'ouest, unanime et signifiant d'une résurgence, celle de la Vie en toutes faces et par toutes faces, la Vie souveraine regardant tel l'aigle bâtisseur l'Empire Solaire se dresser sur l'horizon, Ouranien et stellaire, avenir de nos âges, de ces âges souverains qui verront naître l'Humain à son destin universel, celui de l'Universalité, Voie de l'Identité souveraine, celle de l'Etre-Humanité en ses composantes vitales et formelles et non celle de la non-humanité en sa décomposition virtuelle !

Initiative poétique

Il nous disait

"Face à l'opiacée qui sert de tremplin à la gouvernance, face au diktat de la surdité, face à l'arrogance et au mépris des prétendants à ce jeu particulièrement pernicieux que l'on nomme la "politique", ce jour confusion des genres, entre l'économique, son support, et ce que devrait être la Politique, l'Art de diriger la Cité, face à l'archaïsme consistant dans l'accroire et ses mortelles errances, face à la désintégration de nos Identités comme de nos Cultures, enlisées dans une boue stérile correspondance de la non-humanité, face au mensonge légalisé tronquant toute réalité scientifique comme historique, au profit d'un désert d'acculturation monumental en lequel l'Humain n'a plus de résonance, n'a plus de vibration, n'a plus d'expression, sinon celle de la létalité autorisée par ce chef d'œuvre d'ignominie que l'on appelle la culpabilisation, face à la dérision des pouvoirs tous édiles et commensaux en reptation devant l'agrégation formidable de la barbarie sans nom de pseudos élites qui n'ont d'autres correspondances que la mise en esclavage de l'humanité pour leur seul profit bestial, face à la monstruosité servile à cette barbarie stérile, mettant en berne tous les acquis sociaux, toute Liberté, toute réalité, sous les ornières d'une éducation tronquée n'ayant d'autre légitimité que celle de la destruction de l'esprit critique individuel comme collectif, au profit de l'informe et de ses méandres ignobles tendant à la dénature de toutes formes vivantes, face à la calcination de l'intelligence par la propagation pratiquement mystique du sida intellectuel qui devient règle de gouvernance, modèle social lobotomisé, atomisé, resplendissant de la laideur, de la boulimie destructrice, voyant ses archanges de la terreur, humanistes de pacotilles, dont le droit d'ingérence est une atteinte phénoménale au droit des Peuples à disposer d'eux mêmes, surtout lorsqu'ils prônent l'exclusivité exogène tant en croyance qu'en appartenance, "écologistes" politiques payés par les multinationales des énergies primaires et les services discrets de pays n'ayant de vocation que de voir l'indépendance énergétique flouée pour bon plaisir des précités, archanges pitoyables dont les ailes brisées sont sous le joug et qui n'ont d'autre avenir que celui de scander les mots d'ordre de leurs maîtres en loges, euthanasie, avortement, eugénisme, face à ce samsa où la pourriture comme la moisissure deviennent maîtresses ornementales du devenir, face à cette décrépitude totalitaire et abstraire, nous pouvons considérer que nous sommes au sommet d'une courbe de Gauss, qui inéluctablement va s'effondrer, un effondrement remarquable, digne de la chute de l'empire Romain, car reposant sur un socle totalement lézardé, un socle dont la porosité est relent de la bestialité qui le compose, de la vanité la plus inouïe, celle de la médiocrité purulente qui dégouline en magmas suintant l'absurdité, le mensonge l'ignorance, toutes vacuités prédestinant à cette chute brutale que rien ni personne ne pourra retenir, son poids considérable ne pouvant être retenu par un quelconque pouvoir, la gangrène y trouvant nid ne pouvant qu'être décomposition, choc assourdissant qui engloutira ses apôtres, ses reptiles assoiffés, ses carnassiers stupides, ce zoo de l'imprécation, de la dénature, ces morts vivants, bubons stipendiées aux logorrhées convenues, tous en adoration de Thanatos, masse informe qui rejoindra dans l'indécence la putride allégeance, alors que les Peuples, comme des nouveaux nés, face à ce cataclysme engendré par l'atrophie mentale, lentement se réveilleront pour fonder l'Aventure de l'Humanité, rejoindre le courant vivant, et par delà ce gruau d'inconsistance, tigre de papier, s'élèveront vers leur destinée, dans le creuset de la Liberté renaissante, cette Liberté innée leur faisant recouvrer le sens de leur transcendance naturelle, instance majeure où leur défense sera assurée par des Guerriers de la Vie, où leur gouvernance sera assurée par une Élite de la Capacité, où leur épanouissement sera encouragé par un aréopage de Sages dont le chœur sera réalité, où enfin constituant et constitué l'Etre Humain trouvera mesure de son destin extraordinaire de Vivant !"

Esquisses

Écrins des âmes de la nuit, des vagues amazones feux antiques, clameurs du renouveau, dans l'aube cristallisations du chant, qui nous interpellent aux diluviennes errances, dans ces marches nobles qui sont demeures, dans ces regards éveillés à la plénitude, corps de fruits effeuillés qu'ivoire le cil de l'éternité, en ses candeurs, ses doutes, ses préhensions et ses partages, ses gloires assumées et ses festives langueurs, l'iris en ce lieu ne s'éperd ni ne se perd, et dans l'allégorie Templière lentement s'ouvre sur le monde, un monde d'embruns et de colères, un monde de suavité et de douceur, mondes ouverts sur la sapience où l'harmonie se dévoile, se découvre, sans rupture des chants, sans limbes exaltées, sans clameurs obérées, le vent porteur guidant ses pas aux champs antiques, répons, ces champs de l'aube magistrale voyant des empires créés naître l'Etre en sa perception, dessein du zénith et de ses marbres altiers aux statuaires magnifiées que l'horizon incante, forge de l'ordre Souverain, voyant des heures et des souffles les épopées sans nombres et sans ombres, créant les Cités du devenir, hâlant sur les flots divins les prouesses et les enchantements du destin, initiant par les terres les Temples en semis, cristallisations furent-ils dit, d'Olympe le cérémonial de l'humilité où, recouvrant le regard Humain se tresse pour s'ouvrir à l'Eternité, déjà éclair de la raison façonnant les mondes éclos, en marche Vers la Vie, sa lumière et ses écharpes solaires qui dansent dans la nue l'horizon des amours fabuleux, écrins des voûtes astrales et des compositions diaphanes dont les chrysalides azuréennes déploient les oriflammes du vivant, là, ici, plus loin, aux temporalités du Chant, des esquisses les promesses, des remparts les saisons, par delà les

temps comme les espaces, toujours en vagues
profondes, du lys l'épervier du sort où l'Aigle d'un vol
impérial détermine sans abîme la novation de l'hymne,
enchantement bruissant des mille et mille flots des
armées de la Vie en marche vers le triomphe de la
Liberté de la Vie, en lutte contre la barbarie et ses
satrapes, leurs illusions qui narguent de leur atrophie
les pas du vivant, hères de la mort sacrificielle aux
rituels pervers s'adonnant à l'auto destruction par
plaisir, larves sans nombre portant la lèpre à tout ce
qu'elles touchent, tout ce qu'elles prétendent, tout ce
qu'elles adulent, ici répons du Vivant, dépassant leurs
affligeantes compositions pour faire renaître leurs
esclaves à l'harmonie naturelle et civilisatrice, destin
du règne qui ne plie devant l'adversité, destin fabuleux
où toutes forces Humaines se liguent afin de destituer
la pandémie de l'abstraction, cette dérision alimentant
les fosses communes de l'espoir, du rêve comme du
réel, tourbillons de la vacuité où s'effondrent l'imaginal
et sa vertu, moment délétère qui lentement s'estompe,
moment infini semble-t-il à celles et ceux qui ont tout
oublié de la Vie, moment fugace à la sagesse à peine
effleurée par cette pâle senteur qui disparaît, emportée
par le vent souverain, nettoyant la Terre de ses
scories, de ces corpuscules guidées par la trivialité qui
déjà se métamorphosent sous les assauts des brises
du Vivant, s'affinent puis disparaissent, laissant à la
virginité l'étendue de leurs bestiales errances, qui les
anéantit pour ce toujours que chacun ausculte,
devine, décide, initie, et dans ce flot de laves charrie
afin de renaître la beauté, la candeur, la divine
éloquence de la Déité qui ne prie seulement, mais
s'incarne et avance vers l'horizon devenu limpide,
déterminant son pas conquérant, incitant l'avenir
comme le devenir aux pluies d'étoiles qui attendent,
devises imperturbables, ce pas de l'Humain enfin
devenu, débarrassé des chaînes et de la coercition,
délivré de la reptation et de la fourberie, libéré du
mensonge et de l'ignorance, enchantant en leurs
préaux la volition de son ordonnance majestueuse,
celle de la maîtrise souveraine, en la Vie, pour la Vie,
par la Vie !

Alchimie

Alchimie des cœurs, des corps et des âmes, où navigue la nef du cristal, ici se tient le lieu où le tigre s'éveille, manne des passions qu'il convient de chevaucher afin de gréer le devenir, au delà des exaltations, des prouesses et des désœuvrements, afin de parfaire l'harmonie du chant, mature de la joie délivrant des voiles surannées les sources de l'ivoire, les fleuves fougueux et tendres, les océans majestueux, dans l'azur souverain mesure de la Voie, clameur des oasis au chant prairial qui vient l'heure de certitude, heureuse détermination, de l'enseignement sagesse de l'éclair, par delà les rumeurs, les virtualités infécondes, ces mondes qui façonnent la nature des songes comme des rêves délétères, évanescences aux agapes moirées d'hivernale rupture, cette rupture au réel qui est mode de l'instant, aspiration à la désintégration dont le formalisme situe l'atonie en parure normée, qu'il convient de composer pour en évincer les parcours afin de joindre l'aube du Vivant, dans sa désignation altière, dans son écrin de splendeur qui ne doivent rien aux gravitations nucléarisées des règnes qui se défont, se désacralisent, s'oublient, mesure sans avenir, confondue déjà se délitant pour laisser place en sa compréhension à la plénitude du devenir, ainsi et dans l'astre se révèle sans désastre, sans ces armatures inutiles qui guident vers des impasses, ces impasses dans lesquelles tant d'Etres sont demeures, impasses du temps où le temps s'oriente, devient ombre du granit, solidification avenant l'errance et ses mobiles disgracieux, alors que la pluie tombe, que le soleil éveille, que la parturition des aubes entrelace l'affirmation vivante, instances rejointes lorsqu'enfin concaténés à leur juste valeurs les embruns ne sont plus volition d'une perdition, alors que le navire, secouant les varechs immobilisant sa coque, se dresse, majeur et fier de sa destinée pour porter aux îles de sa destinée la luminosité d'un chant, celle de son renouveau, lys iris du parfum des hymnes, qu'accompagne le vol des circaètes, dans un grand ébrouement d'ailes multicolores, sonnant comme un triomphe sur les estampes Nuageuses, pour dissoudre l'éphémère et multiplier les ovations de la renaissance, inscrite écho des vagues de l'azur, des semences des houles sans fruit naufrageur, hâlant la route souveraine de la densité éclose, celle de l'Harmonie majestueuse...

Le renouveau des temps

Iris en volupté des amandes fières, dans la nue souveraine aux grenats ciselés des âmes anachorètes, nous viennent ces parfums subtils, ces déités de la voie précieuse où les rubis s'alimentent de fugues joyeuses en mélopées, des algues lambrissées d'étoiles mauves et des cœurs palpitants leurs roseraies adamantes où le lilas fleuri des orbe drapés de miel et d'acacia, ces passementeries de l'Ouest où les navires, aux cales pleines, espèrent et enfantent dans le sillon des flots bleuis, là où la houle légifère, là où le vent dans ses fumerolles légères et incarnées, ouatées et enchanteresses délibèrent le songe, le rêve et leurs armatures éveillées, ici, là, dans ce chemin de la Vie bruissant ses farandoles d'exquises hardiesses, d'haleines denses aux équipées des joies tumultueuses assourdissant les règnes d'éclats de rires et de promesses, signes par les temps qui croissent la fertilité des mondes, signes encore aux destinées sublimes qui s'alimentent, et dans le vagissement des sépales réclament l'ardeur des préciosités du Chant, la volition étonnée qui s'éperd et se perd dans une gloire surannée mais toujours conte la pluralité des ambres, les semis des pléiades aventures et leurs nectars aux clameurs adulées, hymnes par les royaumes enchantés qui clament dans l'innocence des souffles la nuptialité des terres accouplées aux Univers transcendés, de ceux dont la parole ne serait conter le mystère sous peine de le voir appauvri par les fleurs du langage, les allusions et les illusions des mondes qui s'espèrent, s'improvisent et dans la beauté du don se retrouvent dans l'émotion de sa vivante perfection, loin du cil des oasis qui se tarissent, loi des mannes désertiques et des reflets ivoirins qui sont prétextes d'étendards alors que l'oriflamme ne s'attend, baigne dans la clarté de l'Olympe sa magnificence et que les

ondes en son adresse s'irisent de la perfection des
œuvres, renouvelées, essentielles, toujours en site
dans la splendeur de la beauté qui sait l'horizon à
prendre, celui de la croissance, de l'élévation, de
l'harmonie qui, sans failles, toujours se prononce,
toujours s'identifie, toujours s'initie dans
l'accomplissement des mondes et dans la nature
même de sa profondeur, dans l'intrépide jouvence de
sa cristallisation, monade des temps, de ces temps qui
pleuvent et inscrivent sur le lac des parcours
dimensionnelle des Îles de bonheur, des Îles aux
rumeurs étranges et féeriques, des Îles toujours par
delà les obscurités des lieux, des temples et des
stances, par delà les prêtrises et les traîtrises
convenues, par delà cette temporalité oublieuse qui
marche ver l'abîme et sans âme se détourne de la fleur
essentielle de la Vie, l'Amour, l'Amour éternel et bien
vivant, l'Amour souverain et Impérial dont l'Aigle du
haut de son aire contemple sans détour les
fortifications, aide à leur développement, sans détour,
toujours veille à la fidèle incarnation de son azur, afin
d'advenir la plénitude par les royaumes, la tendresse
et son satin, la pureté et son éloquence, tandis qu'au
préau des collines se tient le berger, nanti de sa flûte
olympienne qui parle aux étoiles, et qu'une mélodie de
son souffle saillie l'éternité pour lui annoncer le
renouveau des temps...

Aux marches du règne

Aux marches du règne, talismaniques vertus s'évertuent, et dans le principe de la désinence accomplie, lentement le rêve conjoint le réel, cet azur serein des âmes légères et vagabondes, cet esprit clair où la sapience en ses songes devine l'essence du jour comme de la nuit, ce corps absous délivrant ses promesses dans l'ornementation fractale de la Vie, cette Unité permanente délibérant la fluidité des âges et des seuils, ces espaces de la nue où le monde s'éploie et ses ploie dans une divination mélodieuse, architectonie sans failles des souffles et de leurs Chants, de ces hymnes sans paresses qui cristallisent le merveilleux, étonnent le Vivant, acclament des routes en nombre et des fleuves en liens, où naviguent sans errances les portuaires dimensions en chrysalides, nénuphars lactés des ivresses printanières, des adulations promises, et des sérails enchantés, toutes voiles gonflées par les vents des algues légères qui fondent les Univers en leurs calices et leurs caprices, du ton donné la tonale destinée qui veille les charpentes grées, là bas, vers ces Îles exquises dont les couleurs de safran dessinent des passementeries d'ivoire et de jade, des cristallisation épiques, des porphyres adamantins aux grâces ciselées, et des mondes enceints de la pure gravité des sphères, de celles navigatrices de haut vol qui fondent les lacs de certitude, les grenats d'aventures si belles, les pluviosités nacrées des éphémères sensations, les écumes hivernales et dans la sente des gravures les rus des forêts tropicales où s'en viennent les oiseaux Lyres, conte des ruisseaux aux amandes fières, aux précieuses farandoles, aux oasis en feu, dans l'éclair des satins des roses que tous les matins baignent de leur féerie votive, acclamation aux allégories qui vont et viennent les sculptures du présent, les vestiges du passé, et ces hautes voûtes de cristal qu'écharpe le soleil danse de florilèges enfantés, dans la parure des ondes, dans la vision des fresques inoubliées qui martèle les lourds tambours de bronze fêtant les

Armées de la Paix, revenues aux joies de la Vie, aux splendeurs fécondes, aux senteurs épousées, dans le lys et l'acacia, dans la flore nuptiale des temples à Midi et dans la route faune des enivrants parfums que distillent en secret les abyssales majestés des voix qui parlent, façonnent, ouvragent, déclament les rescrits des Histoires vécues, et s'initient, déjà, aux mystères des rives, aux flamboiements distincts qui animent l'éloquence de la Vie, son prestige, son dessein, ses mille et mille écrins qui veillent les pierreries diamantaires des Esprits au dessus des eaux qui guident, sèment, initient, perpétuent, et devisent l'Eternité en ses nacres éperviers, nids d'azur et de promesses, nids d'amour et de saisons, nids de gloires et d'aventure, nids encore de la nidation des fruits qui fulgurent le Vivant pour d'une orée en délivrer l'épanchement et l'enchanter à la splendeur de cet avenir qui marche dans la lumière, qui dans le prestige des aubes tumultueuses se renaît en ses éclairs, ses divines luminosités, ses densités écloses, afin de participer la raison des Mondes, de ces Mondes qui ne s'ignorent, ne se contrarient ni ne se défient, mais dans leur complémentaire ascension gravitent l'horizon de la rencontre épanouis des Ames de leurs lieux, de ces multiples faces du cristal qu'ils incarnent, rayonnement de facettes innombrables qui veillent les lendemains qui chantent, ces lendemains précieux où le sourire de l'Enfant témoigne de toute viduité, de toute détermination, de tout déploiement, de toute maturation, là, ici, plus loin, sans abandon un seul instant de la précarité, de l'oubli, de la servilité, de la féodalité, de ces miasmes qui ne se reconnaissent pas par ces temps du Chant Humain, par ces espaces démultipliés où l'Humain lentement se façonne pour iriser le Temple souverain qui le porte et qu'il porte, là, vers ces renouveaux qui assignent le présent à l'éclosion d'une force sans commune mesure avec la force reconnue, car la force de l'Unité, exacte constellation de l'intégrité des mes, des Esprits et des Corps, qui flamboient l'Humanité, dans l'inscrit la perpétuation de ce recueillement déployant ses ailes pour transcender le futur, dans une concaténation magistrale où se commet l'Eternité composée en voie de l'Absolu souverain...

Villes en sérail

Villes en sérail, des rimes éblouies au verbe talisman, s'en viennent ici des âges romarins et des signes sous le vent, de vastes vêtures promptes et sans oubli, des faunes océans et des clameurs adulées, toute une fête de vivant qu'éclos un rêve de phénix, libre, ivre, joyeux des cycles d'avenir et de leurs forges mutuelles, de ces forges en racines qui pleuvent d'incantations en incantations les stances d'une éternité, renouvelées dans la printanière allégorie des rives de ce temps, hautes vagues d'afflux maritimes aux roseraies de l'ouest qui façonnent la tempérance de la déité, cette force nichée dans le cœur des abyssales vertus, inondant d'éclairs sereins la splendeur des âmes de la nue, conte précieux de l'Éden en majesté, sans or mélancolique ni diaphane ivresse, levant du firmament ce regard grave que l'horizon contemple, assistant du règne et sa demeure, de son officiante beauté et de son exaltant verbiage, gravité ordonnée de l'harmonie, ces jours transhumances en la clarté de l'onde, qui deviendra, sans aliénation, sans dessein autre que l'incarnat de la beauté et ses sillons, ainsi dans la prononciation du vœu et dans l'éclatant présage de la clarté qui annoncent sa félicité, haute vague et vaste rive, des mélopées les heures des rivages, leurs sables d'or en épis, dunes altières chamarrées, dans la solsticiale aventure, renouveaux des cils qui s'émerveillent, aux âmes blondes les respires, inscrits du chant sur l'horizon et ses nefs de cristal où danse l'oiseau-lyre, une danse nuptiale, une danse azurée où le fruit bercé des lys perfections éclos de prestigieuses féeries, clameurs enseignées, aux transes épousées, fécondations des rêves, de ceux qui portent le cœur aux vitales ascensions, là, ici, plus loin, dans ce royaume naviguant que l'onde altière féconde, ivoire,

ivoire, s'enchantent en sa promesse les sources et leur nectar, ivoire, ivoire s'enivrent les flores bruissant des mille flots, ivoire de l'histoire, médite le Sage, là, au-delà temps comme des espaces, site en perfection du songe, alors que l'agitation souveraine des mondes s'ennoblie, ainsi dans l'adresse du vœu de voir naître l'Humain à ses ramures, ainsi dans la densité éclose avant que ne s'évanouisse l'instant de sa consécration, ainsi et par le chant et par le temps alors qu'aux affluents des mondes la nef de cristal poursuit son chemin harmonieux...

L'Amour Eternel

C'est un Chant d'Amour, un chant serein qui irradie l'éternité, il n'y a ici volition d'orbe que le sacre de la joie, de la tendresse, de la beauté, du regard enfantement des cils l'œuvre mage qui afflue, libre dessein des signes qui se parcourent, s'initient et se déploient, dans un serment dont rien ne peut taire l'imaginale densité, le cœur en sa raison palpitant l'horizon de l'Etre adulé, conscience du destin qui porte en ses vêtures de printemps la clameur de certitudes éblouies, du nectar parfum des algues les vols d'hirondelles et aux semis des granitiques effervescences, la vertu des circaètes, cristaux de l'aube aux cimes enneigées, vestales des vallons ensoleillés arborés de chênes millénaires, ouverts sur l'horizon et ses exquises splendeurs, ici, là, dans le songe des bruyères, dans le rêve des passementeries des glaïeuls, dans les floralies des faunes aux nuptialités gréées, dans le soupçon des vagues amazones et la hardiesse des flots d'alcôves, insignes des stances du temps qui se partagent et se renouvellent dans un parfum de suavité délétère, aux âmes surannées ambres caresses de la pluviosité des nacres, alors qu'en la roseraie ardente s'émerveille le lys, éloquences de la Vie, des temples le sérail de la nef aux fécondes ascensions, essor de la nue que la viduité sans altérité témoigne, alors qu'en suite mélodieuse les écheveaux aux senteurs évaporées s'enchantent de prouesses, délibérant l'harmonie comme la sagesse en cette temporalité précieuse incarnée, annonçant la félicité et ses prononciations, de vastes fêtes qu'algues sycomores, les Alizés destinent aux rivages symphoniques où se tiennent les affluents du Vivant, nuées solaires aux nectars souverains reliant l'infiniment petit comme l'infiniment grand dans une catharsis développant en ses myriades cristallines la gravitation des Univers et de leurs hymnes, splendeurs d'écumes que chacun en son répons ordonne et illumine en sa force commune, l'Amour Eternel...

D'un Ordre Souverain

Sites en corps des ramures impériales, où l'onde éblouie livre pérenne le serment de Vie, sites aux écrins éveillés qui marbrent de leurs atours les cimes initiées, sites en voix dans la Voie appropriée, où le chant demeure, splendeur des souffles, splendeur des règnes qu'ivoire aux temples fidèles les nefs qui parcourent la densité cristalline, vague amazone délibérant des combats souverains où se rendent sans sursis de l'heure les mondes sans oubli, ces mondes sur lesquels baigne la clarté harmonieuse de la Vie, ces mondes où chacun inscrit le nom de la Liberté aux frontons de leurs villes, de leurs chants, de leurs écumes et de leurs Océans, ces mondes où le Vivant, dans sa maîtrise, se dresse contre le mensonge et ses sœurs reptiliennes l'ignorance et l'esclavage, la duplicité et la fourberie, l'aliénation et la désintégration, fleuves dont les sources tentent d'apprivoiser les racines pour les circonvenir, les complaire puis les détruire, sources venimeuses à l'image de la volition qui les porte, un dragon vert aux mille têtes coordonnant leurs assauts en toutes faces stériles, en toutes formes hybrides, en toutes désinences infertiles, là dans ces creusets de la lie que sue l'atrophie, dame raison de la destruction et de ses ordonnances qui sans cesse obvie l'imaginal pour en disparaître le souffle ardent, qui, pour sa méprise, naît et renaît, dans une puissance composite dont l'ampleur est proportion de la ruine qu'elle veut imposer, cette ruine de la Vie aux marches des temples de la mort qui par lieues et immondices se réclame salut, temples des marchands ignobles, temples de flagorneurs et d'hérétiques qui condamnent dans le préau de leur propre déchéance, la Vie à la déchéance, moisissures profondes couvant un nid de reptiles que l'Empire de la Vie combat afin de le rendre à ses atrophies qui se veulent dominantes, alors que bancales elles sombrent la Vie dans leurs marasmes, leurs prétentions, leurs incapacités, leurs monumentales diachronies, ainsi, tandis qu'au large des Océans les flottes se vêtent des parures du combat, dans la croix et par la croix, l'épée souveraine pour talisman, ainsi tandis que sur les terres les armées se déplacent, rapides, puissantes, leur drapeau de Vie flottant sur chaque face reconquise, destituant le monopole de la hideur adulée par les prêtres de la mort, encagoulés dans leur reptile répugnance, dévoués à ce culte chtonien délibérant ses massacres, massacres des innocents, des enfants, dans la bestialité orgiaque de leur congratulation, confréries iniques qui peuplent les allées des pouvoirs morbides, dévoués à la mort et ses sentences, armées fantasques de prévaricateurs vassaux de la torpeur et de ses expédients, conditionnement en la lie de toute face vivante, oripeau de la gangrène qui vagit, s'illumine et expire dans le naufrage acclimaté qu'elle décline, se croyant invincible par le terreau de la terreur qu'elle inspire, ténèbres de la pensée qui rugit sa suffisance, non-esprit qui se façonne dans la fange et croît son vertige par le subliminal qu'elle enfante, despotisme, destruction, suffisance, arbitraires sentences qui se corrèlent sous les hospices de sa dénature et de ses gardiens affabulateurs, dans la contrition du vide, dans l'errance, dans ces chemins de nuit où moissonnent les hyènes et les chacals, ces dorures de la charogne dont la puanteur engloutie toute force pour accentuer une décomposition sordide, qui se montre, qui se dévisage, dans une hypocrisie sans failles qui se rengorge de noblesse alors qu'elle n'est que partage d'insolence, ici, là, méticuleuse du bourbier qui se cristallise et contre lequel déjà s'affairent les forces Vivantes, anti corps des diarrhéiques suffisances, de ces impavides nausées qui se flétrissent sous l'œil hagard de leurs commissaires politiques qui paradent, le sourire en coin, la morgue pour principe, assauts des formalités déjà exsangues de leurs ramures qui lentement s'effondrent, les unes les autres, pour enfin laisser place à la réalité, loin de leurs virtualités indéfinies qui voguent vers l'atonie, instance broyée par les armes en répons, ces armes de l'Esprit qui ne s'en laissent pas conter et poussent dans leurs extrémités leurs fléaux sabliers, fléaux de lois ignobles, de traités corrompus, de bassesses acclimatées, toutes vagues disparaissant sur l'heure devant la rectitude morale, la capacité intransigeante, l'Ordre souverain qui ne doit rien aux mascarades, aux reptations, aux forfaitures, à ces brisants de pouvoirs dissolus qui coordonnent la lâcheté et ses miasmes, Ordre en marche dans ce lendemain qui chante le glas de la turpitude et ses abîmes, dissipant les nuées pour resplendir la multiplicité solaire des racines vivantes, qui dénouées des gangues abyssales des purulences votives, lentement se réveillent à l'incarnat de leur majesté, dans la beauté de l'onde et non plus la promesse de l'ombre, alors que les chaînes tombent naturellement de leur corps violé par la pourriture, que leur esprit noyé dans les abîmes s'élève vers la cime, que leur âme emprisonnée hier d'un vol gracieux s'élève vers l'éternité, que leur unité hier falsifiée par les reptiles incantations, ce jour dans l'harmonie se révèle, puissance, construction, sagesse, ambre en perfection qui dans l'azur rejoint la désinence sans oubli de la Vie, sous le regard des Veilleurs, Guerriers mage de la Vie, qui rendent hommage à la renaissance des écrins qui se sont hissés des abysses de la torpeur, de l'aveuglement, de la bêtise légiférés, pour dans la nuptialité solaire œuvrer à la régénérescence du vivant, et le porter à sa capacité de transcendance vitale et harmonieuse, haute vague parmi les vagues en genèse, haute et vaste vague labourant le Chant pour y germer la beauté nuptiale de l'éternité, insigne de ces mondes qui toujours présents façonnent l'orientation des règnes, les glorifient, les fustigent où les détruisent en regard de leur détermination à la Vie, pour la Vie et par la Vie, ainsi alors que les étendards de ses hymnes naviguant flottent par les mondes éveillés et qu'il reste tant et tant à libérer par ces constructions fabuleuses de la création, ses milliards de milliards de planètes, écumes elles mêmes de milliards et de milliards de galaxies, elles mêmes paroles d'un univers qui n'est qu'un univers parmi l'infini des univers qui se croisent, s'entrecroisent, ainsi alors que l'aube s'élève sur l'astre souverain dans une galaxie où, en ses ersatz se situe un système solaire, où navigue une petite planète qui se nomme la Terre, en balbutiement du réel...

Où l'Eternité dispose

Des sites en fêtes où des chants s'en viennent, libres, aériens, couleurs du serment d'être, nous sommes en verbe de ces monuments drapés de sagesse, éclair de la beauté des mondes, et notre règne dans ces immensités qui sacrent un été précoce, sacerdoce de victorieuse expansion, par delà les limbes moirées de cendres qui s'évertuent et se confluent, eaux saumâtres des insipides gloires, de celles lambrissées que le sable enfouie à la première tempête, pauvres demeures aux opiacées de ténébreuse idole, voyant des respires en introspection se deviser dans la déréliction nocturne où gîtent les rapaces, agapes de leurs jeux, des miroirs profonds l'altération pour principe en sa dérision sublime, lors que l'horizon, à l'extérieur de ces nébuleuses coassant, se dresse, magnifique, théurgie, initie l'éveil Solaire, qui d'un essor fastueux développe le caravansérail des harmonies de couleurs sous nos regards conquérants, vaste flot de lumière devisant l'affine splendeur de ces éléments qui portent en leur vague la promesse de l'éternité vivante, flot singulier, universel, répandant sa chaleur sur toutes surfaces embrasées, insigne oriflamme de la Vie, trépidante, invincible, charriant ses laves de félicité dans une danse votive où le chant prend forme et félicité devient couronnement, baume d'allégresse aux écumes triomphantes portant les nefs de la joie vers les Îles langoureuses, moiteurs des rêves aux algues diaphanes qui épousent ces grandes randonnées de l'Océan, de son souffle, de son immensité, alors qu'en pluies divines se répand le sacre de sa pureté par les terres nouvelles qui se dressent aux fronts exquis des temples azurés, commune mesure de ces temps qui passent et ne s'oublient, de ces forges qui lancent vers les cieux des cristallisations de feux, comme un rappel, alors qu'en la nue profonde leur luminosité fractale dessine de nouveaux mondes sous les yeux des enfants interrogatifs, mondes à vivre et espérer, mondes à naître et respirer, flux majestueux irradiant de cette énergie sublime dont chacun en son cœur témoigne la raison, dont chacun participe la volition ordonnée, précieuse harmonie dont les lourds tambours de bronze annoncent un horizon là bas dans ces cils échus qui veillent la temporalité émerveillée, racine souveraine de la splendeur qui se révèle sans abri de sa propre beauté, témoignant vivace l'aventure qui ne se sépare de son gréement, car nature même de sa divination, Vie souveraine, que l'acclimatation porte au delà des abstractions, en ce royaume de la paix infinie qui régit les Univers, les accomplit, et dans la clarté mage de l'étreinte éternelle les sanctifie, vaste vague de floralies, vaste force déployant ses corolles pour abreuver les lys parfums des règnes en sillons, de ceux qui construisent, de ceux qui initient, de ceux qui agissent, dans la tempérance comme dans la clairvoyance, aux fondations participants à l'exfoliation de l'hymne Vivant, ainsi alors que s'observent en sépales des mondes en gestation, les uns en brumes, les autres anses de tempêtes opiacées, et d'autres encore soumis au vide et ses mesures, des mondes où la Vie trouve, malgré la dépendance qu'elle subie, matière à survivre, à espérer, à concrétiser, insigne de l'azur, résistant dans un puits sans fin attirant dans un délire puisatier toutes racines pour s'en gargariser, résistant par devers et contre toute ingérence dévoyée afin de maintenir en son chant l'hymne souverain de sa pérennité, ainsi et pour toujours par les Univers en lesquels l'Eternité dispose...

Mesure

Mesure de l'enchantement aux marques de nos sites, qu'ivoire le préau des mondes où le chant gravite, nous y sommes, vivants de l'affirmation somptueuse dont les élytres sont enfantement, conscience de cette souveraine affirmation qui frappe de plein fouet l'inanimé pour le rendre animé, motricité du cœur qui ouvre ses générations à l'accomplissement et ses demeures, vastes citadelles du corps et de ses lagunes, des écrins les fastes mais aussi les phasmes en étreintes, dans la vertu du cil qui s'éveille, dans ce bruissement des signes qui se reconnaissent, dans la fébrilité comme dans la maturité d'un hymne qui ne se contemple mais bien au contraire induit la parousie du firmament, son apothéose et son rayonnement afin d'offrir au mystère sa perfectible avance, là, dans ce chemin qui lentement se surgit pour prononcer ses œuvres, ses gloires mais aussi ses défaites, l'ambre cycle de son poudroiement annonçant bien plus de naufrages que de conquêtes aux marches initiées des temps qui se dérivent, mesure inexpugnable éclairant une réalité qui ne peut se soustraire à l'Ordre naturel de toute consécration animée...

Dans les clameurs

Dans les clameurs de ce monde, dans la désintégration des rêves, la malversation des songes, l'aporie de la réalité, se tient le lieu où le renouveau s'incarne, libérant l'horizon des nuageuses perceptions, nettoyant les sols empourprés, initiant le rire clair d'un enfant par les routes ouvertes sur un printemps glorieux, où l'Humain dans sa majesté se dresse, du néant se libérant pour officier ce monde, dans un esprit libre des scories comme des moires aisances engluant la raison comme l'imagination dans le sordide et la reptation, de l'affligeant esclavage à la pensée unique s'affranchissant, afin d'œuvrer dans la multitude les gréements des complémentarités désignant dans le libre arbitre l'orientation du songe, par-delà les anathèmes, les prévarications, le viol psychique des foules, la violence d'une unicité initiée par la terreur et la peur associées, de cette haine de l'Humain se résorbant, pour enchanter les racines multipliées des florales densités Humaines, les Ethnies, les Peuples, les Races, l'Humanité, en leurs existants naturels, ces régions, ces Nations qui fondent les Internations, et ce Monde magnifié par ses couleurs, par la symphonie des idéaux, par les volontés générées fluidifiant l'avenir tant de la source que du fleuve, tant du fleuve que de l'Océan, dans une harmonie conquise, celle de l'Universalité !

Indicible vertu

Indicible vertu des âges où le ciel s'éploie, libre, azur de la féerie des vagues amazones dont les mouvements altiers dessinent sur les pentes sablières des gravures parfumées d'algues et de coraux, nos mots sont ici sagesse antique des rives qui enseignent, dans la pluviosité du granit, dans l'élancement fractal des devises terrestres qui s'incarnent sous la brume, où veillent les Circaètes, ces oiseaux de feux dont les nuptiales randonnées sont précises circonvolutions de nos mémoires ataviques, des plaines abyssales, des ouragans sabliers, des tempêtes sibyllines, des éclairs solaires aux ramures divines, des chevauchés fantastiques dans le labyrinthe des cimes enneigées, des orées au souffle bruyant des armées en marche par les citadelles des forets aux mesures impériales, mémoires en signes de fresques impérissables qui content la novation, la volition et leurs ordonnances, par ces délétères fumerolles de peuplades oubliées, par ces lourds portiques de bronze de cités de porphyre et d'ivoire, par ces routes en nombre, assauts impérieux des vives arborescences des échanges et des contraintes chargées de rubis, d'émeraude, et de cet or sans respire qui façonne les alliances, les allégeances, les vassalités d'un jour seulement ou d'une éternité, toutes convoitises de chemins sombres, où la guerre s'instaure, métallique, arbitraire, téméraire aussi, dans le ruissellement des eaux qui dilapide l'errance, formalise les souches, enivre de ses opiacées la rencontre du destin du vivant, emprise de la Voie, dans la concaténation de la tripartition qui est officiante et indivisible, oubliée ces jours où ne subsiste plus que l'écume de la vague, la vague retournant à ses élytres qui portent ses rêves en fanions par les citadelles qui se ferment afin de mieux renaître un lendemain harmonieux, délaissant sur le rivage la plainte de la boue et de ses moires aisances, la déshérence des nains qui ne sont qu'ordonnance de la trivialité et de la bestialité, alors qu'en la nef se tient le lieu, le chant, l'hymne puissant et solidaire qui dans la lumière destituera l'ombre par l'ombre avortée, un feu qu'hier connu aux limbes du cristal et de ses armoiries, alors que les terres s'éparpillaient en semis dans les eaux vagabondes, et que l'arborescence des vœux réunissait en son sein les conseils, là, par delà les ténèbres, pour ouvrir à la perception l'humaine pertinence du destin, d'un Empire le sens, aux confluents des sources tribales et éveillées, dans l'armoirie des Peuples de nature fécondée dont l'histoire forge l'identité majeure, essaim de la tempête puisatière qui marche triomphant, réalisant dans la perfectibilité l'aventure initiée de la plénitude et de son royaume, par delà le temps, par delà l'espace, par delà les incongruités, dans une fermeté naturelle ouvrant les mondes à leur pérennité, insigne qui reviendra dans le souffle qui se répond, dans la pureté du déploiement qui se désigne, sans faiblesse et sans haine, délivrant les sites de leurs scories, de leurs destins cruels, de leurs fosses chtoniennes, pour resplendir le Cœur Ouranien que chacun porte en lui, ensommeillé par les chaînes de l'esclavage en soumission, par la forge du fer des nains qui parachèvent leur chute dans l'ignominie statuaire de leur pernicieuse addiction à l'atrophie et ses règnes invertis, ainsi, tandis qu'au jour qui s'éveille, dans la fenaison des nuageuses couleurs qui parsèment la diachronie des cieux, s'élève dans un vol azuré l'Aigle Impérial, scrutant dans sa flamboyance la densité des terres, la beauté des Océans, la limpidité des mers, l'agitation profane des Humains se résorbant dans une létalité funèbre, alors qu'en majesté le Soleil inondant chaque face de la Vie irradie d'une source puissante l'avenir sans voiles, mesure de l'éternité qui veille à la réalisation d'une élévation en sa configuration, et son vol imperturbable au gréement des vents altiers qui disposent, lentement s'éploie à la rencontre de l'harmonie incarnée, devisant sa source, ses pétales, ses floralies qui dans la passementerie des fresques de peux de voix s'illuminent, ne laissant aucune inquiétude pour cette ombre qui s'affirme, la sachant déjà disloquée en sa propre errance, pénétrable et destituable par le ferment de la Vie inépuisable qui brise toute tentative de conditionnement de son flamboiement en liquéfiant chaque atteinte à son firmament par dissolution de ses arachnides perversions, ainsi alors qu'au zénith se dresse l'horizon de la volition Humaine, cet Espace majestueux dont les nombres sont les souffles des conquêtes qui demain verra naître l'Univers dans la magnificence et ses ordonnances, au delà des illuminations du sordide et de ses moires aisances impétrantes, dans l'Harmonie la plus conjointe née de la symbiotique préhension de toutes facettes du cristal qui en est son regard, son autorité naturelle et sa destinée, destinée Humaine s'il en fut de plus noble, déjà reconnue, par les cycles en chemin de ce règne qui vient, dans l'affine développement de ses constellations qui brillent de tous leurs feux et dont la réunion ordonnée accomplit déjà non pas la promesse d'une aube souveraine, mais l'aube souveraine elle même permettant à l'aventure Humaine de se perpétuer dans l'Eternité...

Cristal de la mémoire

Des villes de porphyre, améthystes densités écloses qui s'embrasent sous les yeux de couleurs ivoirines, nous sommes en semis sans sommeil de leurs sources, des pâmoisons qui chantent dans les constellations de leurs rus opiacés, et dans l'âme vivante, affluents de ses souffles qui irisent des passementeries de jade, cristal de la mémoire, jeu de la luminosité qui ne se perd mais par les labyrinthes des moissons s'épanche aux rives de nos joies, accomplissant des signes advenus la nuptialité de nos rêves, météores des caducités enivrantes qui parlent sans refuge, là aux mânes azurées où les éperviers d'un vol gracile, annoncent le renouveau de la plénitude après l'insouciant désert qui d'écume en écume, en chrysalides s'étonne et se replie, tandis qu'en oriflamme se dresse le soleil puisatier, en racine et cime de toute aventure, levant son regard sur toutes surfaces afin de dire la moisson et ses équipages propices, de vaste préambule leurs essors qui de circonvolutions en circonvolutions s'imprègnent de cette rareté magnanime, l'éloquence, en sa beauté, en sa grâce, livre d'étreinte et de rythme, de sens en fusion qui se libèrent et dans l'horizon splendide annoncent le devenir, tandis qu'aux larmes des oasis, dans la ténacité des océans, aux prononciations des mers abyssales, là dans la témérité des chaînes enneigées, au pourpoint des falaises de granit, dans la splendeur honorée des vents porteurs de fenaisons, iris liquide des profusions divines, se tient le lieu unique de l'éternité qui veille et accomplit, dont nous sommes infinitésimale partie et conséquence, florilèges qui s'enchantent au secret de toute divinité...

Écrins des âges

Écrins des âges aux ramures impériales, en fêtes sous le vent, dans l'azur immaculé qui berce de ses rayons les tendres élans de la jeunesse, les forces éclairées de l'adulte détermination, la sagesse harmonieuse de la vieillesse, cycle en parure des âmes qui se fortifient, se déploient avant d'atteindre, tel le papillon le cil du tégument de la chrysalide qui l'enveloppe, pour ce départ miraculeux vers la pérennité, alors que les oiseaux-lyres enchantent une multiplicité de paysages aux courses en farandoles, gemmes des bruyères aux opiacées délivrées, d'iris plénitude dans les flots du thym qui embaument les sépales de l'horizon, où, festives densités, des chênes millénaires saluent le vivant en fenaison, des vertus propices le cerf royal, la biche aux yeux immenses, les faons au cœur trépidant, et par le lieu comme par le temps, l'Etre impérissable initié et initiant de ces parures cristalloïdes la moisson d'un parcours, étonnant rivage d'une île vierge où les circaètes en ses falaises annoncent de nobles essences, des parfums surannés des alcôves précieuses, une régénération vivante, induite et supérieure, qui dans sa force de transcendance témoigne de cette liberté souveraine qui ne s'emprisonne, mais toujours se déploie, manifestant du Verbe sans méprise la conscience qui ne se leurre ni ne s'éblouie, une conscience intime de ce cristal qui renvoie par ses facettes la source des univers qui s'accomplissent, et dont l'Etre en leur sein est miroir, concaténation des forces qui ne s'interpellent mais se produisent, au-delà des apparences, et que nul mimétisme ne reproduit car inhérent à l'Etre, à son devenir, à cette désinence particulière qu'il régit et agit, sa nécessaire transcendance.

Mater dolorosa

Inique en ses vestales, la puisatière destination enlise ses devins, où le cœur en ses racines s'édulcore de ses écrins, danse nuit des âges oublieux que la faux ébat dans ses ramures désenchantées, pluies des mânes délétères, qu'iris l'hymne en ce dessein contemple, conjonction des rives qui s'effeuillent, des fleuves qui s'émondent, des talismans qui se fanent, lors la Terre en leurs écumes regardant s'éteindre la beauté, la capacité, l'ornementation de son Chant, l'Humain, ces jours floué de son destin, ces jours destitué de son dessein, ivoire en deuil d'une mère en douleur aux opiacées de la ruine de sa fertilité, ce cri de joie du Vivant qui s'extasie d'un devenir, pure désinence ouvrant ses yeux sur l'horizon pour conquérir son front de vive arborescence, déjà en berne de ses oriflammes sous les voix mortelles qui s'élèvent, éprises du mensonge, inventives de la virtualité et de ses saisons mortelles, voyant l'enfant aveuglé dans sa conscience générative par la torpeur de thanatos et de ses prêtres, là, ici, plus loin, tous en marque de l'atrophie la plus désincarnée, celle de l'incapacité à vivre, nains ne portant plus le nom d'humain, car déjà en mort de la Voie qui ouvre les mondes à leur destinée, florilège des Univers qu'il reste à maîtriser, ces jours d'un rêve brisé pour la mère comme pour l'enfant crucifié sur l'autel de la déliquescence putride de la mort, acclamée par la folie dominante des prédateurs insipides qui glorifient cette insanité, clameur de la médiocrité qui s'invente un prestige, le prestige de l'atrophie sur la beauté, reléguant la beauté pour affirmer leur couronnement, la laideur mutilée, cet oripeau parcourant les mondes se délectant de la crucifixion du vivant, lors la Terre mère en semis devant cette errance, lors la Terre mère en émoi devant cette barbarie, lors la Terre mère devant cette incongruité dévoyant ses filles et ses fils, les Etres Humains, taisant ses larmes, lentement se dresse pour d'une contraction dimensionnelle anéantir les non-humains qui s'imaginaient déjà règne de sa chair morte, par la délivrance de l'Humain crucifié, son fils Ouranien et Solaire, des chaînes mentales et physiques du mensonge voulant l'absorber dans le néant, ce chaos originel sans avenir ni devenir, ce chaos dépassé par l'Humain, glorifié par le non-humain, ce chaos résorbé dans l'éveil et par l'éveil renouvelé par la réalité de la Voie dont la Terre mère, dépassant sa douleur, par ses filles et ses fils libérés de l'ignorance, restitue la splendeur, provoquant ainsi l'évanescence des scories et moires aisances qui n'ont d'autres buts que l'anéantissement de sa pure irisation, la Vie, et dans la Vie et par la Vie et pour la Vie, son nuptial dessein, l'Etre Humain et l'Humanité !

Portuaire

Dévoué à la pluviosité des rythmes, le ciel se transfigurait. Il y avait là des marbres altiers qui ruisselaient sa fécondité, et sur les cristaux, ces ramures impassibles qui semblaient narguer le néant. Mystique, l'aube se levait sur ces sources chamarrées que la première luminosité dévoilait danse, couleur, féerie, théurgie d'une monade convexe que le regard pénétrant des aigles contemplait. Assises des brumes moirées de songes, les pics des pentes abyssales résonnaient de leur or limpide, vastes préambules du sens qui viendrait, ce sens de l'horizon qui ne se perd ni ne se raréfie dans l'Ame élémentaire qui initiait sa densité. Le Verbe s'y mirait, constellation diaphane initiée des sèves antiques, et là en son sein, gravité, se découvrait, témoignage de l'ornementation vivante, une nef, dont la splendeur irisait la plénitude. Une foule s'y pressait, navigatrice de l'heure antique, le pas majestueux, la tête nue sous les intempéries, union d'êtres en liens aux regards sereins. Ce bâtiment gréé recelait en ses coursives bien des rêves, de multiples cabines dévoilant la multiplicité des univers en leurs cargaisons de ciel. Il y avait là les ivoires de Karn, les compositions sacrées de Vodj, les conques musicales d'Orion médian, les soies chenillées de Lyre, et les magnifiques étendards de Tannhäuser, et ces nourritures... D'exquises esquisses de laves en mures des opiacées des sortilèges, des ceps de la septième lune d'Astrée, des aubes magnésium des Mercuriales, et ces fines pâtisseries d'Orech la blonde dans la gravure du Lion, et ces meubles d'acanthe... gravures de Nyx aux broderies spartiates, antimoine des salons d'Orphée, passementerie de la constellation du Cygne, litières de porphyre de Jupiter l'antique, tout un monde de bois de palissandre ruisselant des gemmes de Sgar, enivrement de ces objets Litiens... Instrumentalisation des racines de Cassiopée, orgue hermaphrodite de Tyar, cithares des Lunes de Diran, va et vient... Des éclipses transcendées qui voguent les cristaux, ces phares habités qui inondent de leurs parfums les escales statutaires, évadées des Îles des Nixes qui poudroient l'infini, rubis diaphanes qui s'éploient, se parlent aux labyrinthes engrangés. Et dans ces flux et ces reflux, les Etres par ces temps composaient d'ivoire et de jade, de porphyre et d'agate, les jeux essentiels à leur survie, d'étals en étals conversaient des nouvelles en flots qui paraient les miroirs en éveil devant leurs yeux médusés : le clair-obscur des planètes de Latran atteintes d'entropies mineures, les exondations de Mars, lavées par des orages solaires précipitant son sort, les découvertes étranges de la tridirection dans des parchemins votifs des siècles d'apogée des sources de Saran, la réunion des unions portuaires aux périphéries de Dyosos, et les sentences de l'Imperium régissant les pouvoirs accrédités, enfin la nature des symphonies astrales, nouvelle mode de ces moments de grâce où l'esprit peut composer. Il y avait là parousie d'un seuil, communion du genre et conscience de ces Etres de passage, qui, déjà repartaient leurs cales pleines, vers ces mondes en esquisses, aux frontières de la galaxie, hâtifs de découvrir de nouvelles faces, de nouvelles joies, de nouvelles Vies, par-delà les marches navigantes, seuils de ces multiples galaxies vierges de leur rencontre. Ainsi, alors que sous le dôme sacré se révélait la nature profonde du lieu, dévoué à la pure conquête et à l'établissement des Ordres par la densité éclose des Univers...

La pluie chantait

La pluie chantait au balcon des hirondelles, et dans la mousse chenue l'oisillon dormait d'un sommeil réparateur. Le calme serein, précédent l'aube, en majesté, imprégnait le lieu. Une Île, de roche granitée, une Île, de foret vierge élancé, une Île traversée d'un ru dont les eaux douces étaient parfumées, une Île, éclose des broderies de la terre aux mers ancestrales. Ici, nul pavillon, encore moins de hiérarchie, les seuls ilotes naviguant étant les rescapés d'un naufrage ancien, perdu dans le souvenir des trois couples de vieillards qui aujourd'hui ne bougeaient guère, passant leur temps à regarder la danse des flots, et des hommes en pêche, et des femmes en marche, et de leurs petits enfants s'égayant dans les vagues. La sagesse était désormais leur demeure, et ils en tiraient leur autorité sur leur petit monde de vivants, couronné dans ce lieu qui leur avait permis de survivre puis de vivre.

Il y a de cela plus de cinquante ans, ils étaient jeunes, et avaient su sauver à force de nage la bibliothèque du bord de cette nef qui, croyaient-ils, allait les mener à Singapour, et tous ustensiles leur permettant d'aménager leur espace vital, hache, scie, outils divers, cordes, poudre, et quelques armes encore utilisables. Et les deux femmes survivantes qui deviendraient leurs compagnes, qui de voilages, d'ustensiles de cuisine, de semences pour les labours, de sel en fût, et les porcelets survivants ainsi que trois moutons et une brebis, tentant de fuir sans raison. Les membres d'équipage étaient morts, noyés, le capitaine avait disparu. Bien avant que ne s'échoue ce simple navire, chacun réunit les affaires des uns et des autres, sextant, compas, carte, boussole, et ce tabac à pipe si apprécié, puis ils vidèrent les cales, hâlant, qui des tonnelets de rhum, qui des morceaux de saindoux, qui ces épices qui devaient servir de monnaie d'échange.

L'accalmie étrange qui suivit la tempête, leur permettant ces actes insolites, eux qui avaient échappé de multiple fois à la mort, ne prenant pas la peine du moindre repos, comme en prémonition, fut de courte durée. La colère des cieux hurla de plus belle, déversant une pluie diluvienne, emportant la nef vers d'autres rivages, laissant seul cet échantillon de l'Humanité sur ce vierge sol.

Ils ne devaient revoir aucun autre Etre Humain en provenance des continents, là-bas, perdus sous la brume du matin, le soleil de feu au zénith, le crépuscule du soir couvert de nuages, la pluie d'étoile nocturne.

Et ce jour sans équivoque, ils surent qu'ils devaient s'adapter pour survivre.

Un monde neuf s'éclairait à leurs pieds, qu'ils devaient reconnaître, embraser et éveiller à leurs besoins...

Renaissance

Des hymnes délétères dans la fragrance de l'instant,
aux songes périssables des citadelles effeuillées, vaste
augure des âmes de la nue fulgurant des
embrasements sans réponds en la demeure qui
s'effondre sur elle même, si captivée par ses déserts, si
alanguie par ses sources taries, si condamnée en ses
ébauches par les martèlements insipides de la paresse
de la pensée, poussières de la vanité qui rêve, fondées
sur l'abstraction, l'ignorance, le paraître, leurs
agencements du néant qui s'avancent, voyant des
peuples entiers asservis, des êtres sans lendemain se
prosterner, et des cris et des voix, et des semonces, et
des voyances et l'organisation de la mort envers le
vivant se satisfaire dans la terreur, dans les miasmes
de la culpabilité qui intériorise le démembrement de
toute vitalité, dans cet égrégore de la bassesse qui
souffle le vent de la déshérence, physique,
intellectuelle, spirituelle, sur toutes faces de la Vie,
broyant inexorablement l'hymne souverain, remplacé
par un hymne à la joie funèbre, décrétant la
disparition de la Vie au profit de la mort et ses
multiples serviteurs, féaux de la lie accouplés à la
bestialité de l'accroire, fruit pourri regorgeant de vers
puisatiers qui s'émerveillent de leur déréliction, de ce
vide où ne reste plus qu'une luminosité, celle de la
créativité de l'Esprit qui ne cède aux tentacules de
leurs hérésies qui se pressent, s'empressent, se
congratulent, se légifèrent, s'ordonnent, s'accouplent,
se réjouissent des parfums de mort qu'ils enseignent,
ainsi dans l'intempérance du vide qui se cristallise,
s'officie et se nombrilise, dans cette déficience qui
dans son involution attise la contraction nécessaire à
sa disparition, et naviguant, nous allons les prémisses
de cette terrible dérision, regardant les esquifs, les

fosses maritimes, les écueils et les brisants, qui lentement prennent mesure de la disgrâce, et dans le feu et dans la cendre, et dans la désillusion diluvienne, maturité des chants, dispose l'éternelle rectitude qui se doit face à ces égarements, gréement des éléments en voie de reconfiguration des âges, allant de l'ombre surgie le néant de l'ombre, de vaste signification par les luminosités qui ne se voilent ni ne détruisent, par ces rus qui affluent les fleuves impassibles qui voguent de rives en rives les nouvelles altières de la renaissance, jusqu'aux fertiles Océans et Mers adulées disparaissant les brumes opiacées pour d'un chant divin porter solaire la portée de la beauté affirmée, de la vitalité recouvrée, dans l'harmonie des mondes qui se ploient et se déploient, dans cette densité exquise où le Règne Eternel apparaît, vive ovation en ses écrins porteurs, diamantaires, délaissant les temples agonisants pour délivrer de leurs instances la splendeur de la Vie, ainsi alors qu'aux flots se devisent encore les routes sombres, enivrées de courses monotones et arides, parfums oublieux et oubliés devant l'alacrité des florales demeures invitant l'Humain à son renouveau, par le délaissement des scories acquises, ces bâtons guidant sa marche d'aveugle, ces fouets en lois lui assignant des croyances stupides, houles du mensonge dont se magnifient d'agapes les fauves informes de ces temps de nuit qui, déjà, furent, fuyant leurs ombres pour mieux s'y circonscrire et disparaître dans le néant, leur maître accouplé, ainsi alors qu'un rameau vert, dans la densité des mondes s'élève vers leur immensité pour glorifier ce passant des étoiles, l'Etre Humain, accompli en sa demeure, qui s'élève à son image vers l'Eternité...

Des rimes effeuillées

Des rimes effeuillées aux stances épithètes, clameurs
de la mi nue des orages du cœur où la sylve profonde
d'un lys serment s'éveille, nous allions ce site de l'âge
renouveau, épousant des citadelles fières les émaux, la
ne de cristal et sa florale aventure, et nos mots, et nos
souffles, de fiers gréements sur nos navires prompts,
de vagues aux carènes les contes de nos espoirs, de
nos fêtes et de nos sources, des cargaisons de rêves
illuminés livrant sépales nos armoiries fidèles, aux
vêtures légères acclimatées du vent, aux lumineuses
préhensions qui assignent la beauté, l'offrande et le
plaisir, et dans les tapageuses nidations du corail, et
dans les remous des fleuves aux lianes ivoirines, et
dans la joie berçant nos talismans d'eaux vives,
parcours enfantés et enchantés qui vibrent nos
essaims, nos vols furtifs en écrins, parures de cités,
dans le voile des chants dont les chrysalides fières
s'époumonent de fertilité, ovation des règnes sans
rupture des sites, dans l'harmonie qui s'éveille, se
décile, et lentement s'ouvre sur la plénitude de
l'enchantement, semis des algues brunes et lisses, des
temporalités divines dont les vœux charnels s'officient,
s'élancent vers ce souffle où la félicité navigue, d'île en
îles vers le don souverain, par delà les brumes et les
opiacées des songes, par delà les mythes et les
prévarications des ondes, par delà les cacophonies et
les sièges nervurés des stances inutiles, ces ramures
de ténèbres qui naissent de la dysharmonies et ses
états, facondes oublieuses de la Vie, de ses promesses
et de ses majestés, facondes qui disparaissent devant
le firmament qui ceint le réel et l'oriente dans la
condition de la pure harmonie, celle qui ne se justifie
mais éblouie, celle qui montre la voie et ses sérails
multipliés, celle qui initie la gravitation de toute onde

vivante en son parfait et conjoint toute onde en son essor, livre d'amour ivre d'amour qui resplendit l'infini et dans lequel nous baignons, limpides, en symbiose de toutes faces pour révéler chaque face à ce destin majestueux qui est le sien, celui de la connaissance de l'unité de tout, celui de l'apprivoisement du tout, celui de la conscience du tout, et par cette conscience parfaire le dessein constructif de chacun, qui là, délaisse ses scories, ses désirs délétères, ses luttes farouches, ses émois solitaires, ses sources taries, pour naître à l'autre en plénitude, pour rayonner de cet ultime rivage où chacun est dans sa pureté sans abandon, ainsi alors que se tressent par les cieux les forces du devenir qui, pléiades, officient l'ouvrage construit en voie de don, voie sublime que chacun gravite en sa perfectibilité qu'il ne doit ignorer...

Voie enseigne

Voie enseigne de la création, du cil éveillé
interpénétration de toutes forces en leur luminosités,
voici le feu en sa volition comprise, de l'essor le chant
magique qui substitue l'ordonnance du temps comme
de l'espace, afin dans la consubstantialité même,
ouvrir l'existence à sa génération inscrite, en ce
firmament qui baigne d'oasis les déserts les plus
arides, qui vivifie les limbes les plus stériles,
conjointes mesures du déploiement voyant de l'œuvre
le signe de la flamboyance de la vertu s'initier à la
splendeur, ce jardin de féerie dont les senteurs
explosent de couleurs divines, marbrant l'Océan de la
vie de fluviales arborescences, irriguant de leurs
pluviosités l'étreinte vivante d'une affirmation dont la
beauté incarnée ne trouve en la pauvreté des mots
conjugaison vitale, ainsi aux arborescences qui se
déploient dans la vigueur de l'éternité, assignant des
sépales et pétales la fulguration de ces avenirs qui
frappent aux portiques de la condition de la Vie en ces
parchemins de la temporalité qui se développe et se
désigne, là, ici, plus loin, toujours renouvelés par le
faste de l'ambroisie qui opère, théurgique, le
renouveau par toutes faces du Vivant, en leurs
écumes comme en leurs rêves, en leurs jouvences
comme en leurs jouissances, en leurs clameurs
comme en leurs souffles azurés, desseins du règne qui
se précise, s'impose, et dans la Voie et par la Voie,
stigmatisant l'inversion de ses valeurs, contractant
l'insipide, destituant l'inutile, afin d'ouvrir l'hymne à
sa florale demeure...

Des Œuvres

Désignation des œuvres aux ramures solaires, l'emprunte du chemin y trace ces rus qui deviendront fleuves avant de naître aux Océans fidèles, et leurs nectars, en abondance, délibérant des faunes apprivoisés, la raison d'un sens ordonné éclaireront des sites imparfaits pour multiplier le loisir de créer, semer, initier, dans une féerie aux croyances discernées, là, ici, plus loin et si près que leurs parfums d'abondance seront sèves de nos respires éveillés, l'onde de vastes écumes, sans égarement, aux opiacées des souffles y entendra la pure incantation des verbes, dans ce frémissement des sens qui se déploient, annonçant aux marches continentales ces grandes fêtes de la nue où l'horizon s'éperd, où la joie, lisière des nefs sans soucis, mesure la pérenne splendeur du vivant, alors que baigné de lys et d'or ensoleillé se lève, officiant du règne, le talisman des âges, devin des rites de passage, mage éloquence de l'azur de miel qui inonde de ses clartés diaphanes le signe de ce temps, sage hyperbole des rythmes téméraires où s'enfante la devise du Vivant, le dépassement dans la reconnaissance, la maîtrise dans l'accomplissement, la construction dans le savoir, ainsi alors que déliées les algues sycomores s'envolent du granit pour gréer les nefs coralliennes, livres des âmes éclairées, naviguant au delà des fumerolles désespérées des moires aisances qui se complaisent, afin d'éclairer les sources fières des chemins transcendés qui voguent au dessus des eaux à la recherche des flots vibrant la pure construction des hymnes, de ceux qui ne sont de limbes, de ceux qui ne rêvent d'abysses, de ceux tout simplement qui conduisent du néant vers la complexité, cette fête où l'imaginal est vertu, où Raison et Contemplation indissociables cultivent son jardin de claire autorité, nature de ce chant parcourant des cils un regard affirmé que le sommeil des sables n'atteint pas, pour le couronner non seulement à son espérance, mais à son devoir de conquête, devoir et ambition du chant qui ne s'agenouillent, ne se corrompent, ne se plient à la volition de la destruction qui parade, à cette mortelle errance née de la paresse mentale, cet abîme sidaïque où se prosterne et s'agglutine toute la vermine de la destruction fétide, indécence frontale en ce cri vivant qui affirme la nuptialité des hymnes, ainsi alors qu'en forge les sillons de la beauté inscrivent dans l'œuvre les évanescences des rythmes pour offrir à la Vie ce serment d'être et de vivre par la Vie, en la Vie et pour la Vie, demeure du sacre qui se prédispose, s'initie, et préambule de toute viduité, se tient debout en chaque lieu, en chaque temps, au milieu des monument, des palais, mais aussi au milieu des ruines, debout, impassible, Vajra, veillant sur l'accomplissement de l'Eternité, imperturbable devant les événements, toujours vigilant, en chaque souffle comme par chaque souffle, croissance de l'harmonie, par delà le vide, les abîmes, les cristallisations oniriques, les congratulations honorifiques, levant vers les cieux ce regard puisatier, le regard de l'Aigle qui toujours accomplie par delà les miasmes des déshérences, par delà les infertiles randonnées, par delà les écumes des tempêtes violentes, toujours plus loin, à la rencontre de ce lieu mystique où le temps comme l'espace disparaissent pour faire place à la pure énergie qui se développe, s'apprivoise, et dont la concaténation est mesure de l'orientation de l'hymne de la Vie, écrin en son boisseau talismanique voyant zodiacal le miroir de ses ondes réfléchir le sens de toute sacralisation du Vivant en ses complémentaires désinences, œuvre dans l'œuvre advenue, que le cil témoigne par l'aube en majesté qui se prononce...

Écumes

Écumes de vagues, oasis aux marches septentrionales,
nous fûmes en leurs moites étreintes le feu ardent des
Îles sous le vent, dans la marche des brumes, guides
passant des nefs cristallines, de celles qui ne
s'éperdent aux cargaisons de rêves, de celles qui ne
s'égarent aux passementeries des songes, et l'Ouest,
ici, là, toujours présent, annonçait nos heures
victorieuses, sur les tempêtes et les ouragans, la
violence des récifs et les perditions nocturnes, les
étoiles en essaims guidant nos ramures aux
ébrouements des terres adulées, ivoires du jade et du
limon, des roseraies nuptiales, le doux printemps de
nos jeunesses, le sépale ardent de nos pentes
antiques, alors qu'au milieu des brouhaha mystiques
s'élevait notre hymne de vivant, guerriers et intrépides
s'il en fut, dans la mesure du flamboiement des rives
qui se content, hautes mers de combats fratricides
pour la misère d'un éclair, vanité fugace
d'appartenance dont l'intérêt fuit comme l'hydromel
aux carènes oublieuses, dans ces chaumes de
l'automne où on se serre contre l'écrin du feu pour
retrouver une chaleur votive, clameur enivrée des
ruissellements limpides, de ces eaux vives qui sont les
embruns de la vie au même titre que les embruns de
la mer, ainsi et nos semonces par les villes
enrubannées d'uniformes ou d'égarement, ainsi et nos
silences dans la vision des lacs de l'éternité, ces lagons
de l'espérance où les baigneuses au rire cristallin sont
promesse d'une suavité féconde, ainsi dans nos joies
comme nos peines, alors que lys sur l'horizon nos
oriflammes embellissent l'azur d'un serment, serment
enseigne des portuaires dimensions, de celles qui se
chantent et s'enchantent à l'unisson des vagues, dans
la témérité de la houle qui inonde les laves cristallines,

fosses marines aux abysses bruyant de rêves, clameurs des règnes feutrés et des alcôves lascives, clameurs des mers anciennes où les portiques s'effeuillent de gréements et de songes, voiles azurées et contemplatives alors qu'en écho se répond la divine éloquence des conquérants, ici, là, drapés de coquillages et de souffles, libres arbitres de ces destinations frontales nous voyant, maîtres et équipages, soulever l'abîme pour le porter vers des cimes toujours plus nobles, boisseau de nos heures de louanges, de nos préoccupations novatrices, en ces lieux où le vivant féconde, frère et sœur de lacs d'émeraudes et de rubis foisonnants, là où la source du savoir nous est dessein, communication des hymnes, enchantement des sèves, et dans le flux et le reflux des migrations qui se composent, livre ouvert sur la pérennité des œuvres, au delà du silence des nuées, au delà des firmament des vagues, là, dans cet espace magnifié, celui de l'horizon solaire qui pleut l'harmonie de l'éternité conquise...

Tumulte

En parcours des ambres de la Vie, dans le tumulte des signes qui s'éblouissent, de ces roseraies ardentes qui vivent l'incarnat d'un songe, clameur, respire, danse sacrale des fumerolles ouatées de miel qui éclosent, s'irisent des flots festifs, des gravures déployées de fertiles jouvences, claires destinées qui s'évadent des torpeurs pour guider la fenaison des rives qui se croisent, s'entrecroisent, dans la désinence de l'iris, s'éperdent et se règnent pour mieux se conjoindre dans un éclair suranné où le serment de la joie réunit toutes faces harmonieuses, opales en miroir des temples adulés qui enfantent ces âmes bien nées dont l'hymne est fête du vivant, nature désignée des sources en nombre, des fleuves en parcours, idylle vertu de la beauté aux efflorescences magnifiées dont les gerbes coralliennes délibèrent dans leurs flux et reflux les composantes expressives de l'équilibre naturé, site gravité des orbes enchantés où la nue est répons d'un cristal souverain, dévoilant aux caresses des vents la tendresse d'un chemin où s'enseigne les ramures d'une saison d'ivoire, d'histoire, mémoire des forges qui témoignent des univers à naître, féconder, enhardir, par toutes voies de la beauté, de la création, de cette limpidité qui porte en elle ses sources et ses florales passementeries, là, dans la féerie des Temples, dans la prononciation de leurs nefs accomplies qui éblouissent d'un parfum suave la splendeur de la Vie, au delà de l'amertume et ses composantes, l'agressive ardeur et ses violences combinées, la laideur et ses balbutiements, toutes ces demeures nées de l'incompréhension qui fondent dans l'ignorance du sacré la matière de la déraison et ses aisances, sans lendemain dans l'apprivoisement du sacre qui est faste du vivant, en ses fenaisons comme en ses moissons, conscience du Chant qui ne s'oublie de ce chant merveilleux annonçant la plénitude de ce sacre, l'épanouissement de son hymne, vaste flamboiement éclairant le destin du dessein des fertiles renouveaux, dans l'azur du regard qui se déploie, dans la beauté émerveillée des clameurs initiées, des chants enfantés, palpitant l'onde souveraine de la pérennité et de ses ondes harmonieuses, dans la condition même de la Vie, en ses allégories, ses symphonies, ses mélodies, souffle libre gréé de la nuptialité universelle qui fonde les mondes, exonde leurs sens, rayonne leur songe, dans une parousie magnanime que le conte lui même développe, irradie, fertilise, surconscience enivrante avenant des florales jouvences les cimes épousées où se coordonnent et la densité et la préciosité, dans un couronnement dont les pierreries chantent une onde cristalline, pure, fière, danse sortilège des fêtes vivantes qui se glorifient dans l'éternité, ainsi, en l'éclair de la formalité qui enseigne, en la volition ordonnée qui déploie, en la splendeur assumée qui résonne, d'un partage fécond le sevrage de toute viduité...

Initiative Artistique

Maryline Monroe

On ne parle plus de personne Humaine, on parle d'icône, non-sens au sens de l'identité qui se trouve ici broyée par le mercantilisme le plus dévorant. Date anniversaire du décès de Maryline Monroe, quarante-sept ans après sa disparition, au regard de sa Vie, nous pouvons mesurer l'ampleur de ce broyage dont elle fut la victime innocente. Maryline, née dans un milieu où le paupérisme côtoyait l'insondable délire du m'as-tu-vu officié par les arlequins de cette machine à détruire que représente l'exploitation cinématographique, Maryline issue d'un foyer brisé, sans repères essentiels, sans famille dirons-nous, ce pilier de nos sociétés, se retrouve face au désir de devenir une star, enhardie par la jalousie d'une mère qui n'a d'autres soucis que l'apparaître. Son chemin est tracé dans ce Hollywood marqué par l'étalage, la suprématie ethnique, la dénature frivole, où les êtres humains ne comptent que comme rapport financier, et si quelques actrices comme quelques acteurs sortent leurs épingles du jeu, c'est que leur notoriété ne peut être remise en question, le reste se couche, se love, se congratule dans un fumier d'après guerre qui ne laisse que peu de place à la beauté, au romantisme, au rêve. On est très loin du cinéma d'avant-guerre où un certain respect dominait, ici on parle de Chiffre et non d'art, et les roturiers de la prébende y ont fait leur nid, ramenant tout à leur devise, exploitant sans vergogne les espoirs, les transformant la plupart du temps en désespoir. C'est dans cet univers de cannibale assoiffé de puissance et d'orgie qu'apparaît cet Etre frêle, magnifique dans sa densité existentielle, qui va devenir le symbole du pouvoir de destruction de cette jungle répugnante qui se gargarise de sa prouesse à détruire ce qui n'est pas de leur caste, de leur prétention et de leur souci de domination. Maryline se laisse prendre au piège, et comment pourrait-il en être autrement, le bling bling, le paraître roi, s'étalant devant ses yeux, elle qui est souche de pauvreté a envie d'en bénéficier, mais à quel prix ? Elle vient du ruisseau, et n'a pas les moyens de s'élever de sa condition, et ne faisant pas parti du cercle des vénalités qui s'auto congratulent, ne peut demander à quiconque de l'aider, la voici donc mesure de ces premières photos comme de ces premiers films hissée vers le temple profanateur de la pornographie. Maryline, dans ce milieu de la dépravation convenue qui rapporte aux aigrefins de cette finance qui vit sur l'exploitation primitive, découvre un chemin terrible, celui de la suffisance, de la traite de ce qui n'appartient pas aux communautés, cette traite abominable des sentiments, cette traite ignoble de la chair, cette traite du vivant par l'écume de la plaie de l'asservissement et de son corollaire le profit. Le cycle infernal commence, ce cycle de la dépravation où personne ne l'écoute, personne ne l'entend, personne ne s'intéresse à sa vie sinon que pour profiter de sa plastique qui résiste, cette plastique formidable qui lui servira de paravent dans ce monde où la domesticité ne s'invente pas mais s'encourage. Premier rôle, première chance, première ovation, de Femme elle devient objet, un objet de perversité pour toute la décadence morale qui s'agite autour d'elle, cette décadence née de cette pauvreté d'esprit, de cette errance qui réjouissent la laideur et ses abjections. Maryline est sur le piédestal de cette suffisance, de cette morgue, et dans les apparences est comblée, mais là s'arrête cette infection : l'apparence, cette vision d'autrui qui n'arrive même pas à la consoler de ce trompe l'œil dans lequel elle végète, alors qu'elle cherche à devenir, à se construire. Personne ne lui laissera cette chance, elle doit obéir pour réussir à cette loi non écrite, non inscrite, des fauves qui régissent contrats et permissions de jouer des rôles, dans ces coucheries factices qui sont le régal de la purulence qui s'imagine dominer, alors qu'elle n'est qu'expression de la larve bestiale qui sommeille en sa déraison. Maryline suit le jeu, imperturbable, prenant sur elle d'accroire, dans la mi mesure qui la configure, non plus seulement comme objet, mais simplement laissé pour compte par la déraison et ses liens, les abjections qui pullulent de par ce monde naviguant ses liaisons fractales, devises enrubannées du toc, d'une préciosité en prévarication, de ces œuvres délétères qui unissent et la médiocrité et la bêtise. Ainsi alors que s'enseignent les nauséeuses aperceptions, ces croyances reptiliennes, ces parcours en détresse, là, ici, dans les confluents des pouvoirs qui se combattent, des empires monétaires qui battent des pavillons lointains, cherchant à dominer par une puissance d'apparat, non pour engendrer la beauté, mais pour la mystifier, ainsi dans cette rive sans honneur, dans cette diatribe du commerce qui s'autorise. Maryline est dans ce feu, et se brûle par ce feu. Que lui reste-t-il d'elle-même, brassée comme un météore, dévorée par cette face qui la témoigne, une image. Une image consternante de beauté au milieu de toute cette dérive d'égouts où se pressent les coordonnées de la débauche, ces fallacieux outrecuidants qui s'imaginent avoir un semblant de créativité alors qu'ils ne sont que les suppôts de la destruction de la création, noyant dans le sordide tout ce qu'ils touchent, tout ce qu'ils vivent, et dont chacun se devrait d'admirer l'autorité de nain vagissant. Ici le lieu, ici le temps et chacun se presse à son image, dans le sublime de mariages ignominieux qui n'ont d'autres demeures que de la voir prospérer dans la bassesse et ses orgies délétères, mesures de la décadence qui inspire le respect par les tenants et les aboutissants qui inscrivent leurs noms dans le déshonneur qui les mystifient en regard de l'absolue hiérarchie du pourrissement d'un Etre Humain pour lequel ils n'ont aucun respect, rien, sinon celui de la prendre et encore dans des conditions purulentes. La nuit tombe dans ce deuil d'elle-même, et les prévaricateurs contemplent leur œuvre soumise, une image, une image bestiale qu'ils droguent de toutes les mesures de leurs concerts pour qu'elle apparaisse encore et encore comme leur jouet, leur fétiche, leur carpette, la pourriture est à l'œuvre, une singerie démente qu'on laisse faire sans prendre conscience que derrière cette loque devenue existe un Etre qui ne demande qu'à sourire au jour, un Etre qui n'a pas demandé à servir de charnier à cette bestialité autorisée qui se complaît, un Etre lumineux qui se doit de se ternir dans l'ombre, de se lover dans la nuit afin de s'accoupler aux paradis artificiels qui sont les rameaux de la perversité qui s'enchante par toutes faces dans cette deuxième moitié de siècle où l'honneur n'existe plus pour les parvenus en tout genre qui initient leur fatuité sur des contes pour enfants, ces besogneux de la destruction qui hurlent après elle, scandent pour leurs besoins la luxure dont ils veulent qu'elle fasse état, dramatique perversité voyant un metteur en scène la vouloir pute et la traiter de pute sans aucune considération de sa dignité, de son éloquence, toujours remise en question, car enfin qu'a t'elle besoin de parler ? Génération de la honte que cette méprise qui grouille comme un amas de vers dans ce territoire hier dédié à la beauté du cinéma, génération sacrilège qui détruit pour le plaisir de détruire, génération hideuse portant en ses ramures sa propre destruction, car l'Humain en face de cette mare fétide se rend bien compte qu'il y a là la marque d'un sacrilège envers l'Humain ! Victime expiatoire de cette ellipse de l'intelligence ? Maryline le fut à tout point de vue, ballottée en tous sens par la crétinisation de l'esprit, sans pouvoir se dérober sinon que dans cette appartenance à elle-même que personne ne peut entacher, sa beauté merveilleuse consacrée par la photographie. Confinée, sans paroles, muette par la désignation de l'autarcie régnante, elle fulgure ce rêve de l'Etre Humain en chacun de ses sourires, témoignant par-delà la pourriture qui l'environne de cette rédemption extraordinaire que chaque Etre peut dans l'épreuve naître en lui-même. Et se retournant sur elle même, inscrit dans son geste fatidique, qu'il fut aidé ou non, la gloire de son nom au-delà de la mesure et des menstrues des abîmes glauques qui ne cherchaient qu'à en user, en abuser, viol collectif des moires aisances qui n'ont d'autres desseins que de détruire la beauté pour hisser au pavois de leur sécurité la laideur et ses atours ! Que l'on ne s'y trompe, Maryline fut une martyre de ce temple du veau d'or où s'accouplent la prosternation communautariste et la destruction sans voiles de tout ce qui n'y appartient pas. Un communautarisme basé sur la violence et le sacrifice des autres, pour le profit d'une nuée de parasites les uns les autres obviant le réel pour cristalliser le virtuel afin de mieux effacer le témoignage constant de leurs destructions impassibles, actrices et acteurs consommés comme de vulgaires friandises, chairs à canon de cette ignominie sans fin qui ne reconnaît la valeur non pas dans la prouesse du caractère, non pas dans la prouesse créative, non pas dans la prouesse de l'intelligence, mais dans la seule prouesse sexuelle, l'Etre se résumant ainsi à un sexe et en aucun cas à un Etre Humain. On pourra développer ainsi pendant des milliers de pages sur l'agonie vivante que fut Maryline Monroe sur l'autel de la dépravation où elle fut conviée, choyée, pour le seul reflet de l'or qu'elle rapportait, jusqu'à sa mort advenue, presque initiée, presque programmée par la laideur qui ne recherchait en elle que sa destruction, tant la beauté est fatale à la monstruosité. Maryline est partie, son image a disparu pour ne laisser place qu'à cette beauté qui transcendée par l'Amour aurait pu accomplir sa régénérescence, mais l'Amour en ce lieu où elle fut n'existait pas, il n'était que vaste fumisterie d'empreinte que même un adolescent censé n'oserait pas initier, si ses convictions Humaines ne sont pas létales comme l'étaient celles qui régnaient sur ce temple de la destruction que fut Hollywood en ce temps-là. Que l'on ne se trompe, le ver est toujours dans le fruit et continu à sévir comme jamais il n'a sévi dans tous les domaines du Cinéma, de la Télévision, de la culture, dictature contre laquelle ne s'élèvent que peux de voix, tant l'ignorance des faits et les prébendes monétaires ou sexuelles éconduisent la volition au silence. Maryline n'est plus là, mais son nom est toujours présent, symbole d'une abnégation qu'il faut éconduire, ce massacre des innocents qui servent à faire tintinnabuler des deniers dans les poches des maquereaux de l'Art, qui n'ont d'autres buts que d'asservir et détruire pour le seul petit plaisir régalien de leur atrophie à être. Victime expiatoire,

Maryline, symbole de la beauté Occidentale ne pouvait que disparaître aux yeux de la bestialité par la bestialité afin de convaincre les éblouis de la lâcheté du peu de cas que l'on peut faire de la personne Humaine, surtout en son genre et son Identité. Que l'on ne se trompe il n'y a pas d'aveugles ce jour, et l'avilissement de Maryline par ceux et celles qui l'ont détruit apparaît désormais dans sa plénitude. Son martyre n'aura pas été vain, elle aura prévenu les générations futures de l'ineptie et de l'outrecuidance des castes dévoyées qui s'arrogent un droit qu'ils ne possèdent pas, celui de la création, un droit qu'ils possèdent, celui de la destruction, et l'on ne peut être aujourd'hui qu'heureux de voir toute une jeunesse se déployer en dehors des aires sordides afin de faire valoir leur imagination, leur créativité, qui ne pourra jamais leur être volée, et encore moins dégradées par la bassesse des inaptes à la création. Merci Maryline d'avoir ouvert les yeux à toutes ces générations qui illuminent de leurs feux, en dehors des pourrissoirs institutionnalisés la grandeur du Cinéma, de la Photographie, de l'Art en général, de ces cultures, qui n'existent plus dans le carcan des aberrations qui se veulent monarques du droit de s'exprimer, unités économiques de l'abêtissement et de la servilité, de l'ignorance et de l'acculturation. Que ton Ame repose en Paix dans cette éternité d'où ta beauté d'Etre Humain à qui l'on n'a jamais laissé la parole, s'exprime aujourd'hui pour nous conter que vanité et atrophie ne sont que les refrains du sordide comme du mercantile qu'il faut outrepasser afin d'initier sa créativité. Merci Maryline.

Débats

Échange sur le 9/11

Bonsoir Vajra.

Tout à fait, Sarko s'inclut parfaitement dans le PNAC (plan for a new american century) qui parle ouvertement (c'est carrément dingue ça) de la domination mondiale par les états unis, de leur présence dans les mers etc... Et tout ceci comme ils le disent dans le PNAC, grâce à un événement catalyseur du type Pearl Harbour... Savais-tu (permets-tu le tutoiement....) que le demi-frère de Sarkosy est entré en 2008 chez Carlyle, (fond d'investissement qui compte les BEN LADEN, bush John Major) comme membre du conseil d'administration. Ce fond est d'ailleurs l'un des principaux vendeurs d'armes et télecom et énergie de l'armée américaine. En 2001 et 2002 seulement après 6 mois de guerre en Afghanistan, ce fond a dégagé un bénéfice de 300 000 000$. Je trouve que cette proximité, entre vendeur d'armes et décideurs de guerre, plus que nauséabonde. La constitution devrait interdire cela. Je trouve courageux que tu ais parlé de cela, d'ailleurs quand l'on voit que toute la géopolitique actuelle a pour point de départ ce 11 septembre 2001, il y a lieu d'investiguer plus profondément sur les réels commanditaires de ce 11 septembre 2001, car il y beaucoup de faisceaux convergents qui tentent à démontrer que l'administration BUSH, certains extrémistes israéliens (certainement de ceux qui ont pu assassiner Ytzhak Rabin), et des intérêts du pétrole saoudien, ait pu formater ces attaques. Que penses-tu de la théorie officielle sur le 11 septembre 2001 ?

Plutôt que de s'intéresser à de pseudos complots, il vaut mieux s'intéresser aux groupes de pression et à leur envergure et si possible initier les contre-pouvoirs qui permettront de les stabiliser et permettre de réajuster un équilibre permettant de protéger la Démocratie, dans ce qu'elle a de plus important : la Liberté, Liberté de penser, Liberté d'épanouissement. Il y aura toujours des groupes de pression qu'ils soient ouverts, fermés, secrets. Ceci est dans la nature profonde de l'Etre Humain, maintenant il ne faut pas considérer que tous leurs participants sont les ouvriers d'une dictature quelconque ! La multipolarité en œuvre actuellement ne laisse pas beaucoup de place aux apprentis dictateurs d'un quelconque gouvernement mondial autoritaire. Pour en revenir au 11 septembre il y a la bien sûr beaucoup de questions à se poser, et principalement techniquement. Je vous renvoie sur le site de Chauprade et l'intervention et de Xavier Rauffer : http://soutien-chauprade.hautetfort.com/archive/2009/08/02/xavier-raufer-les-enjeux-de-la-securite-globale.html qui vous permettra peut-être de vous éclairer sur la toile d'araignée ayant permis de naître ce phénomène qui aurait pu effectivement déboucher sur la naissance d'un gouvernement mondial (le nouvel ordre mondial) autoritaire, qui n'a pas été suivi d'effet, grâce notamment à notre Gouvernement de l'époque qui a diligenté Dominique de Villepin pour sanctionner l'entrée en guerre contre l'Irak, prolégomènes à des guerres sérielles et asymétriques dans tout le moyen Orient, notamment en Syrie, et bien entendu en Iran.

Pseudo-théories…, puisque tu me conseilles de me reporter à un site, je te propose deux documents… sur You tube ou google video. 9/11 coïncidence et missing link. Au fait au visionnage de la vidéo de l'assassinat de Kennedy, je suppose que tu es toujours bien évidemment d'accord avec la théorie officielle du tireur unique…

Pas de gouvernance mondiale, effectivement elle n'a ni drapeau ni couleur, même si elle se cache souvent derrière la bannière étoilée sur laquelle elle a la main mise. Le peuple de France rejette le traité de Lisbonne contre la grosse majorité de leurs "représentants". Ces représentants toutes tendances confondues le font adopter contre l'avis de leur peuple ! En Irlande, les

Irlandais ont une fois voté non, le traité leur est à nouveau soumis au vote... Aux USA, le peuple américain vote pour un retrait d'Irak... Toujours rien ! Pour une sécurité sociale, ce sont les représentants démocrates eux-mêmes qui rejettent le projet... Obama vient de nommer au département de la défense deux personnes sous le mandat desquels (tiens-toi bien) 3 400 milliards de $ (oui tu as bien lu) ont disparu sans qu'aucune enquête n'ait été diligentée et les revoilà en charge de l'autorité publique. Ah oui, entre-temps ils ont été nommés au conseil d'administration de Raytheon principal missiliers américains (système de défense global). Le roitelet Sarko utilise notre république pour insérer les mêmes dépeceurs aux postes décisionnels publiques, relayé par des responsables de collectivités locales complaisants... Ce n'est pas en tenant des discours mièvres et sans relief emprunts de courbettes pour officiellement ne brusquer personne que nous inverserons le sens des choses. Citoyens...

Libre à vous d'accroire ce que vous souhaitez sur les événements du 9/11 et sur l'assassinat de Kennedy, tous événements qui dans la configuration de ce jour n'ont qu'un intérêt relatif pour celle et celui qui veut bâtir l'avenir, nous sommes en 2009. Le pragmatisme c'est de regarder la réalité en face et non pas de s'imaginer que tout est noir ou que tout est blanc. La mièvrerie c'est d'accroire, et de se laisser emporter par la passion, là où la froideur s'impose. Que vous ayez des convictions, nul n'en doute, mais ce n'est pas en brusquant comme vous le dites si bien que vous les ferez partager. Remplacer une dictature de la pensée unique par une autre dictature de la pensée unique ne sert à rien. On ne détient pas la vérité, on constate et on intègre pour mieux savoir et en dernier ressort contrôler, dans le cadre d'un contre pouvoir naturel, non pas dans l'agitation mais dans l'action pure qui n'est pas celle de la dissipation mais bien de la concrétisation. Derrière une action il y a des hommes, nous sommes d'accord, maintenant il ne faut pas se laisser emporter par la dualité pour accroire un seul instant que tout est noir, et qu'en chaque institution il n'existe que des femmes ou des hommes négatifs au regard de la Démocratie. Si l'on a choisi de détruire, et bien on ne cherche qu'à prendre leur pouvoir, si l'on a choisi de construire on régule leur pouvoir. Mais effectivement c'est beaucoup plus difficile, il est tellement plus facile de détruire que de construire. Si je prends votre réponse, éliminez tout simplement la passion et vous verrez qu'elle aura un impact bien plus puissant. Votre démonstration est réaliste, maintenant formalisez là au-delà de la colère et comme je vous le dis, son impact sera dix fois plus puissant. On ne retient jamais les mouvements d'humeurs, on ne retient que ce qui est dit naturellement. Ouvrez sur le forum un sujet que vous pouvez appeler : mondialisation avec un point d'interrogation et de vos deux interventions faites en une, sans passion. Vous verrez son impact. A vous lire Je ne pense pas que les attentats du 11 septembre restent un élément relatif (moindre importance), ce sont les éléments déclencheurs des bouleversements tragiques subis par tant de gens. Vouloir enquêter vraiment sur cette affaire, c'est donné justice aux nombreux morts, à leur famille. C'est cette soif de justice que vous semblez appelez "passion" avec une connotation légèrement négative, décrite, si je pense comprendre votre message correctement, comme une agitation sans raison, sans utilité, puisqu'après tout, enquête ou pas qu'y pourrons-nous changer... Eh bien je pense différemment, et ne tente pas d'imposer une pensée unique, je demande juste qu'un certain nombre de points d'interrogation, en terme d'enquête, l'on qualifierait cela d'importants faisceaux convergents de preuve sur lesquels, et malgré la pesanteur des éléments avancés, aucune investigation n'a été faite.

Je trouve inquiétant, que lorsque des voies divergentes s'expriment, la tendance existante à stigmatiser, railler, traité avec dédain, avec condescendance.

En termes d'agitation, d'action de concrétisation, il faut bien "s'agiter avant de concrétiser non ? Ai-je dit que dans toute institution il n'existait que des hommes ou femmes négatifs ? Je ne le pense pas, quand à votre remarque sur "il est plus facile de détruire que de construire", je ne comprends pas ce que cela vient faire avec mon message ?

Enquêtez sur cette affaire c'est aussi démontrer l'inutilité de deux guerres, l'illégitimité de deux guerres, et de surcroît inverser la "pensée unique" que vous décriez, et c'est surtout à mes yeux, faire savoir aux coupables, que la notion de justice n'est pas vaine, que l'impunité n'a pas cours... Sinon, en quoi croirions-nous ? Pourquoi cette présence sur ce site, si la seule action c'est de se situer. Si, en fait je suis en colère, et je trouve cela même salutaire, un peu de vie non ?

Occultez un certain nombre de points, serait à mon sens s'asseoir sur ces morts, et s'asseoir sur ces morts, cela serait peut-être un jour s'asseoir sur la nôtre... Mais qu'importe...

Vous êtes toujours en colère, chevauchez le tigre qui est en vous et maîtrisez-le, vous serez alors totalement efficace dans votre action. Je ne trouve absolument pas vain votre propos, bien au contraire, mais comme je vous le disais lors du précédent, éliminez la passion de votre propos, et vous serez plus percutant, présentez l'affaire du 9/11, (comme l'a fait Rémy Chauprade d'ailleurs dans son excellent ouvrage Le choc des Civilisations — ce qui lui a valu d'être remercié par le Ministre des Armées -) qui n'est que l'aboutissement d'une action de très haute envergure, en ses simples reflets émotionnels captivera un instant mais laissera à l'auditeur une suspicion. Présentez en argumentant sans passion des faits bruts qui alliés les uns les autres témoignent de ce que vous dégagez dans le cadre de votre discours, savoir l'entrée en guerre en Irak et bientôt l'entrée en guerre en Iran, et là vous interpellerez réellement les consciences. Vous pouvez y glisser des jugements de valeurs sous forme d'interrogation, mais surtout confortez-vous aux jugements d'existence.
Et ne dites pas qu'importe, la voie du combat pour la Liberté n'emprunte pas nécessairement le même chemin, heureusement d'ailleurs, ainsi ces propos non pour vous guider mais pour que vous affermissiez vos

propos qui peuvent intéresser un certain nombre de personnes, mais qui dilués dans la colère, perdent de leur force. Un auteur comme Joel Van Der Reijden par exemple (voir http://www.isgp.eu/index.html) a plus d'impact que certains sites dont le but est d'exacerber les passions, en vain d'ailleurs. Vous vous intéressez au-dessous des cartes, tant mieux, alors prenez en la mesure et vous verrez que l'action ne se résume pas au mouvement d'humeur mais bien au contraire à une constante : la réalité, et que je sache, si nous ne voulons pas tomber dans l'utopie la plus brutale, il faut prendre en considération sa densité afin de pouvoir exposer, canaliser et réguler ses excès et rendre à la Liberté sa place naturelle, tant de l'individu que des Peuples, que de l'Humanité.

A vous lire

Eh bien, je pense créer bientôt un groupe de discussion sur les attentats, je ne manquerais pas de vous en tenir informé, vous me direz si le tigre est maîtrisé...

De même que, en tant que citoyen de gauche, je vais créer un groupe pour les gens de sensibilité de gauche ayant à cœur de contacter les partis de gauche pour créer une union nationale. Je ne pense pas que M. de Villepin soit l'apanage des déçus de l'UMP, je pense qu'il peut être l'homme d'un gouvernement d'union national issu du consensus. Personnellement je ne veux pas de 5 ans de plus pour Sarkozy. Simple calcul mathématique. La gauche et le centre seul n'y arriveront pas, pas plus que Villepin n'aura toute la droite derrière lui, donc seule l'unité fera force. Grande tâche que celle d'obtenir un projet de consensus, mais souhaitons que la bonne volonté l'emporte, et il faut faire vite !

Voila une décision qui vous honore (en maîtrisant le tigre). Le consensus, je suis tout à fait en accord avec vous, ce ne sera que la bonne volonté qui permettra, au-delà des clivages insinués, à la France de se redresser et de porter ce qu'elle a toujours porté une idée Universaliste, et non mondialiste, à travers le monde. Merci de m'informer.

Échange sur HADOPI

Tout un chacun pense qu'en se branchant sur Internet, il reçoit la globalité des sites existants sur la planète, dont le nombre atteint sera d'environ 145 000 000 fin 2009, ici je ne parle pas des blogs, mais bien des sites construits. Tout un chacun pense que la Loi HADOPI est une bonne chose, personnellement cela m'est indifférent. Que les institutionnels de la littérature, de la musique, de la vidéo, du cinéma, pensent un seul instant qu'ils vont continuer à faire de l'abattage chez les créateurs, et qu'ils pensent que cette loi leur permettra de continuer à se faire grassement payer sur les talents, qu'ils vendent comme des marques de conserves, c'est leur problème, ils sont en voie de disparition et ils le savent, car Internet, moyen de communication par excellence permet à tout un chacun de se libérer de leurs contraintes. Mais faut-il regarder au-delà d'Hadopi, dans le cœur même d'Hadopi, prémisse à la régulation des sites Internet par les pouvoirs politiques quels qu'ils soient, car ne croyons un seul instant que la France soit épargnée : il suffit de se brancher sur google.com pour s'apercevoir de différences notables lorsqu'on passe par google.fr, mais cela n'est rien si l'on approfondie : car ici est le lieu privilégié à la fois de l'information et de la désinformation, régulée, sanctionnée, dévoyée. Il n'y a qu'à regarder la fameuse encyclopédie qui s'arroge d'apparaître partout alors que son contenu est pratiquement stérile, entretenu par des groupuscules trotskistes qui ici manœuvrent pour diluer la désinformation avec le regard bienveillant des gouvernants de l'ensemble des pays. Vous me direz, il exagère, nous sommes dans un pays de Liberté, oui, mais que se passe-t-il dans votre dos ? Jetez un œil sur un site remarquable, toujours attaqué jamais condamné que vous ne connaissez certainement pas pour la plupart d'entre vous, et vous verrez que Hadopi rentre dans une toile bien organisée au niveau transnational sous le couvert, si cela n'était que cela, ce serait très bien, de taire les sites pédophiles ou terroristes. Vous y trouverez une mine de renseignements qui vous ouvrira les yeux sur ce qui se combine sur la prise en main par les pouvoirs d'Internet : http://www.wikileaks.org — http://www.wikileaks.org/wiki/Les_censeurs_du_net (article très intéressant) et pour les curieux des bombes sur les affaires financières de notre petit monde que vous ne lirez jamais dans vos journaux et pour cause... Bien à vous

"Cette loi va à l'encontre de la liberté d'expression, de la liberté de communication et du droit à la défense. Ni plus ni moins ! Ce sont des valeurs fondamentales de la constitution mais ce sont aussi des valeurs fondamentales des démocraties modernes. Je me demande comment expliquer que des députés votent en faveur de cette loi ? Car : — Soit ils sont au courant que cette loi va à l'encontre de la constitution, ils sont donc contre la liberté d'expression, de communication et le droit à la défense, donc contre des valeurs fondamentales de la démocratie. Soit ils n'étaient pas au courant, alors que c'est leur mission d'étudier les lois avant de voter, et on peut alors se demander comment peuvent-ils voter une loi sans l'étudier ? Quant à ceux qui sont censés représenter la république française et qui font des projets de loi pareils, en quoi représentent-ils encore la France puisqu'ils se battent contre les valeurs fondamentales de ce pays ?"

Très bonne analyse, allons plus loin, pourquoi ? On a présenté HADOPI sous l'angle du téléchargement illégal, alors qu'Hadopi est bien plus vaste que veulent le faire accroire nos censeurs. Il n'est que prémisse à la mise en coupe réglée d'Internet qui devient pour les pouvoirs un contre pouvoir naturel qui les ennuis profondément. Si nous prenons l'exemple du vaccin H1N1, Internet n'est pas pour rien dans le rejet de cette vaccination qui devait être obligatoire. (Lorsqu'on sait que ce vaccin a été fabriqué par un laboratoire qui a déjà mis sur le marché le vaccin de la grippe aviaire qui a fait un nombre incalculable de morts aux Etats Unis, et lorsqu'on sait qu'il est basé sur le mercure qui atteint les tissus cérébraux, on ne peut qu'être ébahi par la légèreté avec laquelle on se met à acheter des vaccins destructeurs pour soi disant contrer une épidémie qui n'a rien d'extraordinaire en soit par rapport aux milliers de morts engendrées par la grippe classique). Les groupes sur Internet se sont battus d'abord aux Etats Unis puis au Canada avant qu'en France et dans certains pays d'Europe, une levée de bouclier ne se fasse, ce qui a permis de voir l'obligation reculer pour ne plus devenir qu'une vaccination non obligatoire mais souhaitée.) Cet exemple, parmi d'autres montre le contre pouvoir dans son action et ce que les pouvoirs voudraient anémier, par désinformation, le phénomène de la prétendue encyclopédie qui trône sur le Net en est un exemple parmi d'autre, par régulation par masque sur les sites de réflexions, par destruction par liquidation des sites qui n'entrent pas dans le cadre de la "pensée unique". Oui, la liberté d'expression qui existait jusqu'à ce jour sur Internet est en train de diminuer et deviendra peau de chagrin demain pour laisser place à des sites fantômes qui diront la bonne parole du mondialisme en marche. Mais nous n'en sommes pas encore là, et je vous rassure Internet 2 existe déjà, mais bien entendu vous ne trouverez pas les logiciels qui vous permettent d'y accéder en France : interdit, verboten ! La communauté du Web qui représente des centaines de millions de personnes physiques, notamment aux Etats Unis et au Canada, ne se laissera dompter par la prétention à la domination de la pensée de "l'unique pensée autorisée". Si Internet 2 se trouve détrônée, Internet 3 se créera, Internet 4 etc. La faculté de résistance de l'Etre Humain à l'oppression est sans limite, c'est ce qui fait sa qualité. Alors ne soyons pas pessimistes sur le devenir de cette toile gigantesque (je répète 145 000 000 de sites construits fin 2009, sans compter les blogs, et autres sites personnels). Quand à celles et ceux qui votent sans scrupule, ne pensez un seul instant qu'elles ou ils ne voient où peut aller la censure, se contentant d'accroire que cette Loi n'est là que pour empêcher des téléchargements d'adolescents en mal de musique ou de films. Je vous conseille à nouveau d'aller voir le site http://www.wikileaks.org qui suit cette actualité brûlante au jour le jour. Saviez vous qu'il convient de porter les voix d'un million de citoyens dans le cadre du Parlement Européen pour faire revisiter une Loi qu'il aurait voté, ou bien pour demander que l'on étudie une Loi qu'il ne lui viendrait pas à l'esprit de voter ? Comprenez-vous qu'il est très facile aujourd'hui de réunir sur un projet 1 million de voix par l'intermédiaire d'Internet, comprenez-vous désormais que tous les dirigeants n'aient qu'un désir, de voir le net en coupe réglé afin que les citoyens ne s'opposent pas à leur soif de pouvoir ? L'arbre cache la forêt, regardez toujours plus loin que l'arbre.

Bien à vous

Échange adhésion ou partenariat avec la Turquie

Le débat mérite-t-il d'exister ? Non, si l'on a décidé une fois pour toutes de renier nos racines qu'elles soient physiques, intellectuelles, spirituelles. La Nation Française au même titre que les Nations Européennes tirent leurs identités d'une culture gréco latine qui ne peut être divisible, ainsi que d'une spiritualité chrétienne, quoi qu'en disent les uns et les autres. Il semble tellement facile de bâtir sur du sable que tout de suite on s'émeut lorsqu'on se confronte à la réalité historique de nos pays et à cette utopie infernale, née de l'optique d'une mondialisation apatride et sans racines que l'on voudrait nous voir accepter sans concession. Vous l'aurez compris je suis pour un partenariat privilégié avec la Turquie mais en aucun cas pour l'absorber dans le cadre d'une Europe, qui, déjà ressemble plus à une tour de Babel qu'à une Europe réelle. Les frontières, et oui elles existent qu'on le veuille ou non, sont nées d'un combat pour en garantir la fermeté et la pérennité, elles ne sont pas nées au hasard de rencontres fratricides, mais dans une forge culturelle, intellectuelle et spirituelle que personne ne peut renier sous peine de se renier lui-même, et de renier sa Nation. Elles conservent donc toute leur authenticité, car elles sont gardiennes d'un style de vie, d'une communion de vie, et non de communautarismes belliqueux qui voudraient dans ces jours de mondialisation à outrance se vouloir dominants sur la réalité effective bio géo historique de leurs tenants et aboutissants. Il ne s'agit ici de réduire, mais bien au contraire d'ouvrir sur la diversité, et non de se contenter d'une matérialisation primaire sans devenir sinon celui d'un esclavagisme ordurier qui n'a de sens que si l'on s'exclut d'un passé, d'un présent et d'un avenir. Mais pour se reconnaître dans un passé, dans un présent comme dans un avenir, faut-il, et cela est essentiel avoir pris mesure de ses racines, de son identité, dans un esprit constructif, malheureusement cela semble bien difficile aujourd'hui devant les lacunes monstrueuses qu'ont nos contemporains avec leur propre histoire et surtout l'histoire Universelle, qui démontrent qu'aucune inclusion ne peut se faire entre Empires, sinon qu'à la marge. Car de quoi est-il question ici ? Si la Turquie rentre en Europe sous le couvert de l'économique, ne pensons un seul instant qu'elle ne s'affermisse pas dans son authenticité, comme nous-mêmes d'ailleurs, ce qui ne fera que révéler un conflit de plus dans ce petit monde déjà broyé par l'insouciance de l'ignorance et de ses progrès constants. La Turquie, fédérée à des Etats voisins d'obédience religieuse identique a plus à gagner que de se fondre, sinon qu'en conquérante, et là rien ne se passera comme elle le souhaite, dans l'Europe. Aux apôtres de l'entrée en Turquie dans l'Europe, je leur demande de s'intéresser à l'Histoire de l'Islam et ils verront que l'Islam a toujours été un Empire et que cet Empire a toujours été conquérant là où il est passé. Et bien entendu à l'Histoire de l'Europe, qui leur démontrera que nous n'avons cessé d'être en lutte contre ce désir de conquête. Mais peut-être est ce trop demander, tant la facilité d'un monde sans racines bâti sur le sable des valeurs semble aujourd'hui la poudre aux yeux auxquels s'attachent certains de nos contemporains. Ainsi et pour conclure, je suis un de ceux qui sont favorables à un partenariat privilégié avec la Turquie, mais en aucun cas à son entrée qui serait dramatique pour les uns et pour les autres dans le cadre de l'Europe dont la tradition séculaire n'entre pas dans le cadre de son essence historique.

On pourrait vous rétorquer que c'est vous qui faites preuve ici de communautarisme.

Si le communautarisme c'est le respect de la Nation, le respect du peuple, le respect de soi-même et de son identité, alors j'accepte votre remarque mais en tout état de cause, relisez la définition du communautarisme, qui n'a strictement à voir avec ce que vous pensez.

Ok ok. Alors j'ouvre la célèbre wikipédia : "Le **communautarisme** est un terme créé aux Etats-Unis dans les années 1980 pour désigner une philosophie dite "communautarienne" qui affirme que *l'individu* *n'existe pas indépendamment de ses appartenances, soient-elles culturelles, ethniques, religieuses ou sociales."*

Je vous cite *"Elles conservent donc toutes leur authenticité, car elles sont gardiennes d'un style de vie, d'une communion de vie, et non de communautarismes belliqueux qui voudraient dans ces jours de mondialisation à outrance se vouloir dominants sur la <u>réalité effective bio géo historique</u> de leurs tenants et aboutissants."*

Soit vous vous êtes très mal exprimé, soit j'ai très mal compris.

La France et sa valeur universaliste me semblent bien opposées à votre conception de la Nation française.

Mais il ne s'agit pas de parler de la France mais de l'Europe.

Héritage gréco-latin ? Vous devriez réviser votre histoire et votre géographie.

Désir de conquête de l'Islam ? Je pense que vous avez beaucoup trop lu Huntington...

Wikipédia : Encyclopédie trotskiste par excellence dirigée par des groupuscules trotskistes qui revisitent l'histoire à leur manière et définissent les mots comme les expressions en fonction de leurs revisites idéologiques de l'Histoire. Il ne faut pas confondre la Nation qui est forge bio-geo-historique d'un ensemble d'ethnies qui se sont constituées en Peuple dans le cadre d'un existant bâti géographiquement et historiquement, avec le communautarisme qui n'est qu'un syncrétisme initié par un groupuscule revêtant un caractère culturel particulier et qui ne vit qu'en fonction et pour son ego. La nature de la Nation est conjointe d'une ouverture sur une diversité ouverte sur le monde qui trouve son équilibre naturel en sa propre génération, et ne peut donc être confondue avec ce communautarisme cité par la si belle encyclopédie à laquelle vous faites référence. Ne vous en déplaise le Peuple Français existe, même si vous ne voulez pas le voir, et ce Peuple n'a pas pour vocation d'être esclave, comme d'ailleurs l'ensemble des Peuples, d'une vision virtuelle qu'est celle de ce mondialisme qui n'a rien d'universaliste puisque basé sur la destruction des Nations et de leurs valeurs, (et non des communautarismes qui enrichissent sa perversion naturelle). La dialectique matérialiste dont vous abusez fait ressortir, et vous n'en êtes pas coupable, puisque l'éducation de ces dernières décennies a été basée sur cette syntaxe de l'appauvrissement de la critique, et surtout de la connaissance, noyée dans le nauséabond de la réécriture de l'Histoire, vous porte naturellement vers ce Mondialisme qui n'est qu'un navire échoué sur le sable de l'ignorance accentuée par la modélisation d'une propagande particulièrement pernicieuse qui trouve auditeurs auprès d'une multitude dont l'acculturation provoquée est vivier profitable. La France est Universaliste par essence (mais qu'entendez-vous pas universalisme ?). Comment voyez-vous l'Universalité ? L'universalité n'est pas à bâtir dans la virtualité mais sur des réalités objectives qui n'ont pas lieu de se fondre et de se diluer dans un magma dont l'aboutissement ne semble pas vous apparaître, la création d'un non-Etre purement économique dont l'existence sera ouvragée par un rôle de dépendance à une structure qui ne peut être que dictatoriale, soit ce Mondialisme qui aujourd'hui dispose. Pour en revenir au sujet principal qui nous préoccupe, soit on se bat pour un monde multipolaire dont les briques sont les Nations, soit on se bat pour le mondialisme et alors effectivement on accepte immédiatement l'entrée de tous les pays dans le cadre de cette Europe. Je ne ferais pas l'injure à la Turquie de renier son Histoire, non l'histoire réécrite, mais bien au contraire son Histoire réelle, associée à l'Histoire de l'Islam, pour laquelle je suis infiniment respectueux, et pour laquelle le Peuple Turque est respect, à l'inverse de nos pauvres petits Pays d'Europe toujours en flagellation devant leur propre Histoire. L'Histoire de l'Islam ne vous en déplaise est conquête, et c'est méconnaître l'Empire magistral créé par cette vertu, à l'image de l'Empire créé par celles et ceux que vous semblez ignorer, ces Peuples Européens qui ont su porter au-delà des mers, leur culture et leur foi, rejoignant en cela leurs racines qui, ne vous en déplaise à nouveau sont bien gréco romaine. Je ne saurais trop vous conseiller de lire et relire Arnold Toynbee et son Histoire des Civilisations pour mieux vous imprégner du réel et ne plus vous oublier dans le virtuel. On n'injurie pas une civilisation en la mixant avec une civilisation qui n'est pas la sienne mais bien au contraire on l'associe car la complémentarité réussie est bien plus imposante que l'amalgame qui est le fer de lance de ce mondialisme outrancier qui n'a de participe que cette formule particulièrement bien écoutée : du passé faisons table rase... Ainsi au-delà du discours et dans le cadre du débat, et dans le respect de la Turquie et de la civilisation bâtie par l'Islam, je réitère, en tant qu'universaliste, ne vous en déplaise qu'il convient de forger un partenariat privilégié avec la Turquie, mais aucun cas la noyer dans cet amalgame sans lendemain que l'on veut bien appeler l'Europe aujourd'hui, pour qu'elle perde sa résonance, son Identité, sa présence bio-géo-historique au profit d'une désintégration virtuelle.

Tout d'abord, merci pour votre réponse, même si celle-ci est particulièrement pénible à lire du fait du manque d'aération.

Bref, je suis ravie d'apprendre qu'après le conflit des civilisations, nous sommes revenus au conflit des idéologies. Ah la fin de l'histoire n'est pas d'actualité ! Wikipédia est trotskiste, si vous voulez.

La nature de la Nation [...] ne peut donc être confondue avec ce communautarisme cité par la si belle encyclopédie à laquelle vous faites référence.

Ah là, je suis bien d'accord avec vous. Sauf, que c'est VOTRE conception de la Nation qui m'apparaît être rempli de communautarisme. Je ne vais pas vous rappeler le vieux clivage Fichte/Renan sur la définition de la Nation, mais votre conception semble particulièrement objective.

Ne vous en déplaise le Peuple Français existe, même si vous ne voulez pas le voir, et ce Peuple n'a pas pour vocation d'être esclave, comme d'ailleurs l'ensemble des Peuples, d'une vision virtuelle qu'est celle de ce mondialisme qui n'a rien d'universaliste puisque basé sur la destruction des Nations et de leurs valeurs.

De deux choses l'une, soit nous discutons sur l'opportunité d'intégrer la Turquie dans l'Union (et si vous aviez lu mes précédents posts, vous sauriez que je n'y suis pas favorable), soit nous discutons de l'opportunité de la construction européenne.

La dialectique matérialiste dont vous abusez..

Ah bon, cela va en surprendre plus d'un..!

La France est Universaliste par essence (mais qu'entendez-vous pas universalisme ?). Comment voyez-vous l'Universalité ? L'universalité n'est pas à bâtir dans la virtualité mais sur des réalités objectives qui n'ont pas lieu de se fondre et de se diluer dans un magma dont l'aboutissement ne semble pas vous apparaître, la création d'un non-Etre purement économique dont l'existence sera ouvragée par un rôle de dépendance à une structure qui ne peut être que dictatoriale, soit ce Mondialisme qui aujourd'hui dispose.

Ben dit donc ! À deux siècles près, vous auriez pu être un grand ami de De Maistre en ce qui concerne sa critique du citoyen abstrait.

Selon moi, l'universalisme c'est la considération de l'Homme en dehors de ses caractéristiques biologiques ou sociales, autrement dit la conception d'un homme abstrait. L'universalisme c'est donc l'idée que les valeurs de liberté et d'égalité s'appliquent à tous les hommes indépendamment de leur culture.

Pour en revenir au sujet principal qui nous préoccupe, soit on se bat pour un monde multipolaire dont les briques sont les Nations, soit on se bat pour le mondialisme et alors effectivement on accepte immédiatement l'entrée de tous les pays dans le cadre de cette Europe.

Je ne comprends pas bien en quoi l'entrée de la Turquie de l'Union Européenne annoncerait la mort de la Nation française...

L'Histoire de l'Islam ne vous en déplaise est conquête, et c'est méconnaître l'Empire magistral créé par cette vertu, à l'image de l'Empire créé par celles et ceux que vous semblez ignorer, ces Peuples Européens qui ont su porter au-delà des mers, leur culture et leur foi, rejoignant en cela leurs racines qui, ne vous en déplaise à nouveau sont bien gréco romaine.

Effectivement, l'histoire de l'Islam, comme celle de la Chrétienté, est une histoire de conquête. Deux questions : la culture européenne et la culture perse se résument-elles à leur héritage religieux ? L'Islam n'a-t-il jamais été présent en Europe ?

De plus, l'Empire Gréco-Romain ne s'est-il pas étendu plus loin des frontières que vous souhaitez fixer à l'Europe ?

L'Europe actuelle correspond-elle aux frontières de l'ancien Empire gréco-romain ?
Je pense, Vajra, sauf erreur de ma part, que vous être opposé à la construction européenne. Sur cette question, si je ne partage ni votre opinion, ni vos arguments, je les entends. Néanmoins, je ne crois pas que vous puissiez utiliser ces mêmes arguments sur la question de l'entrée de la Turquie dans l'Europe.
"Selon moi, l'universalisme c'est la considération de l'Homme en dehors de ses caractéristiques biologiques ou sociales, autrement dit la conception d'un homme abstrait. " Nous sommes effectivement aux antipodes, cette phrase est symbolique de la virtualité dont vous tirez la substance, et vous prouvez en cela que vous ne connaissez rien de l'essence de l'Etre Humain que vous rejetez en bloc. Le terme Liberté en exergue dans votre propos se base sur l'abstraction, au même titre que la terminologie employée par les Communistes et les nationaux Socialistes, et les dictatures de toutes origines qui au nom de la "Liberté" ont commis les crimes les plus effarants que l'on puisse commettre, si faciles en vérité dans l'abstraction que l'on motive uniquement pour mieux asservir. La liberté dans la Réalité, essence même de l'Universalité n'est pas une abstraction et ne peut en aucun cas s'appliquer à des critères sans réalité ! Les combats contre le communisme comme contre le National-socialisme ont été des combats pour la Liberté, non pas pour libérer des Etres abstraits, mais bien des Etres Humains de chair et de sang, ayant une culture et une spiritualité, les combats menés actuellement contre le terrorisme et ses tenants et aboutissants sont des combats pour la Liberté des Vivants et non des morts. Ces combats vous permettent de mener votre petite vie feutrée, ne l'oubliez jamais et ceux qui meurent sur les champs de bataille pour vous conserver votre Liberté, non pas une Liberté abstraite puisque vous pouvez encore vous exprimer dans notre Pays, ne sont pas non plus des Etres abstraits ! Prenez donc en considération l'Etre Humain et non l'Etre abstrait, vide de conscience, que

vous semblez vouloir naître et qui pourrait naître dans la configuration abstraite de l'idéologie mondialiste dans laquelle vous semblez baigner, synthèse du communisme et du national-socialisme. Si je respecte votre position intellectuelle qui, je ne vous rassure pas n'est pas celle de la majorité de nos concitoyens qui ont voté fort à propos un non à cette europe de l'abstraction pilier de la destruction des valeurs Humaines, mais non contre une véritable Europe, Humaine et non abstraite, je souhaite que la réalité un jour vous apparaisse. Et cette réalité vous allez effectivement la rencontrer, car ne pensez un seul instant que ce soit l'idéologie qui soit le moteur de la détermination mais bien l'Humain dans ses capacités globales et non dans son abstraction la plus confuse. Je pense qu'il n'est plus nécessaire pour nous de poursuivre ce débat qui ici n'a aucun sens ce d'autant plus que construire sur des valeurs objectives et construire dans l'abstraction sont fondamentalement deux constructions différentes, l'une ressort de la réalité et de la réalisation, l'autre ressort de la virtualité et de sa conceptualisation. Bâtir n'est pas rêver mais créer et surtout ne pas s'accroire. Bonne continuation dans l'abstraction et la virtualité.

Documents

LE PROTOCOLE DE TORONTO

Sans commentaires. À vous de suivre l'histoire contemporaine sous l'angle de ces protocoles et vous vous ferez votre propre opinion.

INTERNATIONAL FREE PRESS AGENCY "INTELLIGENCE REPORT"

MARCH 1995

LE PROTOCOLE DE TORONTO (6.6.6.) ? (QUEBEC ANNEE ZERO)...

FICTION OU RÉALITÉ ? Qui peut dire ? Quoi qu'il en soit, selon certaines informations obtenues en provenance de France, mais surtout, à la révision des événements survenus depuis les vingt-cinq dernières années, il apparaît que le scénario décrit dans ce "Document" nous permet de mieux comprendre ce qui, jusqu'à aujourd'hui, paraissait des plus incompréhensibles à plus d'un.

Nous livrons en entier ce "Document" avec, en plus, une analyse des nouvelles conditions économiques actuelles qui, en elles-mêmes, semblent plus que confirmer l'authenticité de ce dernier.

Fin Juin 1967 : A Montréal, c'est l'Expo 67 ; à Ottawa, ce sont les derniers préparatifs du "Centenaire de la Confédération» ; aux Etats-Unis, c'est la contestation à la Guerre du Vietnam et, à travers le pays, le "Flower Power". Nous sommes près des événements de Mai 68 en France, de l'explosion du Nationalisme au Québec, du Festival Woodstock aux Etats-Unis... mais en même temps, cette fin Juin de 1967 marque les derniers préparatifs de la mise au point du Plan de la "Chute des Nations" par les hautes instances de la Franc-maçonnerie Anglo-Saxonne à Toronto (Canada).

Cette réunion secrète, hautement "Confidentielle", est organisée par les "6.6.6." (C'est ainsi qu'ils se nomment eux-mêmes), c'est-à-dire ceux qui dirigent les 6 plus grandes banques mondiales, les 6 plus grands consortiums énergétiques de la planète (dont le pétrole fait partie), et les 6 plus grands consortiums de l'agro-alimentaire (dont fait partie le contrôle des principales routes alimentaires du monde).

Ces 6.6.6. Étant les plus hauts responsables de la finance internationale vont définir, à l'intérieur de leur réunion, une "Stratégie commune" en vue de la mainmise absolue sur le "Commerce Mondial» ; sur la possession de l'Arme Energétique (porte ouverte sur le XXIe siècle) ; et sur le contrôle international de l'agro-alimentaire (lequel comprend aussi, pour eux, les consortiums pharmaceutiques comprenant, à leur tour, le marché mondial des "Vitamines" et des "Vaccins").

Leur "plan" se résume à trois orientations majeures : "L'Economique, le Politique et le Social pour les années 70 et 80. S'il réussit, il doit irrémédiablement déboucher sur la prise du "Pouvoir Mondial" par la mise en place du "Nouvel Ordre Mondial» ; le même dont le Président américain George Bush fera tant la promotion au début des années 90.

Titre du Document des 6.6.6. : "PANEM ET CIRCENSES» : (Du Pain et des Jeux du Cirque).

But du Projet Mondialiste : Le "Génocide du Vital au Profit du Rentable Occulte".

Moyens de Financement du Projet : Entre autre, se servir de l'Aide Humanitaire, de l'Aide Alimentaire Internationale afin de financer les "Multinationales" des 6.6.6.

LE DOCUMENT : [Toutes les périodes historiques ayant mené à la décadence des civilisations étaient toutes marquées, sans exception, par "L'Esprit d'Errance des Hommes". Aujourd'hui, nous devons faire en sorte que cet "Esprit" se traduise par une "Société Mondiale du Loisir" sous toutes ses formes. Ce "Loisir" doit se composer du [Sexe], des [Drogues], du [Sport], des [Voyages/l'Exotisme], et des [Loisirs] en général, mais accessibles à toutes les couches de la Société. L'Homme doit arriver à croire qu'il est "Moderne", et que sa modernité est composée de sa capacité, et de sa possibilité de pouvoir jouir largement, et maintenant de tout ce qui l'entoure.

Pour parvenir à cet objectif, il est impératif de pouvoir infiltrer les Médias (Radio, Télévision, Journaux), les milieux de la "Mode" et la "Culture" (les milieux de la Nouvelle Musique) par lesquels nous influencerons, à coup sûr, toutes les couches des Sociétés Occidentales. Ainsi en tenant sous la coupe des "Sens" la jeunesse (les adultes de demain), nous aurons par conséquent la voie libre pour infiltrer, et transformer en profondeur, sans être inquiétés, le Politique, le Système Légal et l'Education ; ce qui nous permettra de modifier en profondeur le cours, l'orientation future des Sociétés visées par notre "Plan".

Les populations, nous le savons, n'ont pas de mémoire historique. Ils répètent inlassablement les erreurs du passé sans se rendre compte que ces mêmes erreurs avaient conduit leurs pères, avant eux, aux mêmes déchéances qu'ils vivront en pire avant la fin de ce siècle. Voyez, par exemple, ce que leurs grands-pères ont vécu au début de ce siècle grâce au travail acharné de nos prédécesseurs.

Après avoir connu, sans limites, la libération des mœurs, l'abolition de la morale (en d'autres mots, l'errance de l'esprit), ils expérimentèrent la "Crise Economique", puis la "Guerre". Aujourd'hui leurs petits-enfants et leurs enfants se dirigent droits vers un aboutissement semblable, pire encore car cette fois-ci, il nous permettra enfin de mettre sur pied notre "Nouvel Ordre Mondial" sans qu'aucun d'entre eux ne soit à même de s'en rendre compte, trop préoccupés qu'ils seront tous à satisfaire exagérément leurs besoins sensuels les plus primaires.

Une "Norme" générale plus qu'importante, et qui a déjà fait ses preuves au début de ce présent siècle dans la construction, et la mise en place du [Système Communiste] par les regrettés Hauts Officiers de nos loges, est la rentabilité de "l'Exception". En principe, nous le savons, l'Exception prouve la Règle générale qui lui est contraire. Mais dans notre vocabulaire, l'Exception c'est ce qui doit être imposée à tous. Nous devons faire en sorte de faire des "Exceptions" dans différentes sphères de la Société, comme devant être de nouvelles "Règles" générales applicables à tous, un objectif premier de toutes les futures contestations sociales menées par la Jeunesse des Nations.

Ainsi l'Exception deviendra le détonateur par lequel toute la société historique s'effondrera sur elle-même dans un essoufflement et une confusion sans précédent.

Les fondements de la "Société Occidentale", dans leur essence, proviennent en droite ligne, de l'héritage Judéo-Chrétien. C'est précisément ce même héritage qui fit de la "Famille", le "Nœud", la "Pierre Angulaire" de tout l'édifice social actuel. Nos prédécesseurs qui avaient financé les écrivains révolutionnaires de la fin du XIX° siècle et du début du XX° siècle avaient compris l'importance de fractionner, puis de faire éclater ce "Noyau vital" s'ils voulaient, en Russie, parvenir à mettre en place le nouveau "Système Communiste" d'alors.

Et c'est précisément ce qu'ils firent en faisant minutieusement produire par les philosophes et les écrivains non-conformistes de l'époque : "Un Manifeste à la gloire de l'Etat-Dieu» ; celui-ci ayant la primauté absolue sur l'individu, sur la "Famille".

Pour aboutir avec certitude à la construction d'un Gouvernement Mondial, [Un Nouvel Ordre Mondial Communautaire] où tous les individus, sans exception, seront soumis à "l'Etat Mondial" de "l'Ordre Nouveau", nous devons, en premier lieu, faire disparaître la "Famille" (ce qui entraînera, du même coup, la disparition des enseignements religieux ancestraux), et en deuxième lieu, niveler tous les individus en faisant disparaître les "Classes Sociales", en particulier, les "Classes Moyennes". Mais nous devons procéder de manière à ce que tous ces changements apparaissent comme étant issus de la volonté populaire ; qu'ils aient l'apparence de la "Démocratie".

En se servant de cas isolés, mais en les amplifiant à l'extrême avec l'aide de contestations étudiantes noyautées par nous, de journalistes favorables à notre cause et de politiciens achetés, nous parviendrons à faire mettre en place de nouveaux Organismes ayant toutes les apparences de la "Modernité", tel un "Bureau de la Protection de l'Enfance" protégé par une "Charte des Droits et Libertés".

Pour la réussite de notre "Plan Mondial : [Le Plan Rouge]", il nous faut faire implanter dans toutes les Sociétés Occidentales des années 70', des "Bureaux pour la Protection de l'Enfance" dont les fonctionnaires (de jeunes intellectuels sans expérience, fraîchement sortis d'Universités où sont mis en évidence nos principes mondialistes), feront respecter à la lettre, sans discernement, la "Charte des Droits de l'Enfant". Qui osera s'opposer à cela sans en même temps être identifié aux barbaries du Moyen Age ?

Cette "Charte" laborieusement mise au point dans nos "Loges", nous permettra enfin de réduire à néant toute autorité parentale en faisant éclater la famille en individus farouchement opposés les uns aux autres pour la protection de leurs intérêts personnels. Elle encouragera les enfants à dénoncer des parents trop autoritaires parce que trop traditionnels, trop religieux. Elle contribuera ainsi à soumettre les parents à une "Psychose Collective de la Peur» ; ce qui provoquera inéluctablement, d'une manière générale dans la société, un relâchement de l'autorité parentale. Ainsi nous aurons réussi, dans un premier temps, à produire une société semblable à celle de la Russie des années 50' où les enfants dénonçaient à l'Etat leurs parents, et cela sans que personne ne s'en aperçoive.

En transférant ainsi à l'Etat le "Rôle Parental", il nous sera plus facile, par la suite, de nous accaparer, une par une, de toutes les responsabilités qui avaient été, jusqu'à date, du ressort exclusif des parents. C'est ainsi que nous pourrons faire considérer par tous comme étant un abus contre l'enfant, l'enseignement religieux traditionnel d'origine Judéo-Chrétienne.

Dans un même temps, mais à un autre niveau, nous ferons inscrire dans les plus hautes Lois des Nations, que toutes les Religions, les Cultes et les Pratiques religieuses de tous genres, y compris la "Sorcellerie et la Magie" doivent toutes être respectées au même titre les unes que les autres.

Ce sera par la suite d'une aisance déconcertante que de transférer ce rôle de l'Etat par rapport à l'enfant aux plus hautes instances internationales, telles les Nations-Unies.

Comprenons bien ceci : "Notre but n'est pas de protéger les enfants ou qui que ce soit d'autre, mais bien de provoquer l'éclatement, puis la chute des Nations qui sont un obstacle majeur à la mise en place de notre "Nouvel Ordre Mondial". C'est la raison pour laquelle les "Bureaux de Protection de l'Enfance" doivent être investis d'une autorité légale absolue. Ils doivent être en mesure, comme bon leur semblera, mais toujours sous le prétexte de la protection de l'enfant, de pouvoir retirer ces derniers de leurs milieux familiaux originels, et les placer dans des milieux familiaux étrangers ou des Centres gouvernementaux déjà acquis à nos principes mondialistes et areligieux. Par conséquent, sera ainsi achevée la brisure définitive de la "Cellule Familiale Occidentale". Car sans la protection et la surveillance de leurs parents originaux, ces enfants pourront ainsi être définitivement handicapés dans leur développement psychologique et moral, et représenter, par voie de conséquence naturelle, des proies facilement adaptables à nos visées mondialistes.

Pour la réussite assurée d'une telle entreprise, il est primordial que les fonctionnaires travaillant dans ces "Bureaux" au service de l'Etat, soient jeunes, sans expérience passée, imbus de théories que nous savons vides et sans efficacité, et surtout, soient obsédés par l'esprit missionnaire de grands protecteurs de l'enfance menacée. Car pour eux, tous les parents doivent représenter des criminels en puissance, des dangers potentiels au bien-être de l'enfant ici considéré comme étant un "Dieu".

Un "Bureau de la Protection de l'Enfance" et une "Charte des Droits de l'Enfant" n'ont aucune raison d'être sans enfants menacés. De plus, les exceptions et les exemples historiques utilisés pour leur mise en place finiraient, tôt ou tard, par disparaître s'ils n'étaient pas constamment alimentés par de nouveaux cas se produisant sur une base continue. En ce sens, nous devons infiltrer le "Système d'éducation" des Nations pour y faire disparaître, sous le couvercle de la "Modernité" et de "l'Evolution", l'enseignement de la Religion, de l'Histoire, de la Bienséance tout en diluant, en même temps, sous une avalanche d'expérimentations nouvelles dans le milieu de l'Education, celui de la langue et des mathématiques.

De cette manière, en enlevant aux jeunes générations, toute base et toute frontière morales, toute connaissance du passé (donc toute fierté nationale), donc tout respect d'autrui, tout pouvoir par la connaissance du langage et des sciences (donc sur la réalité), nous contribuerons à fabriquer une jeunesse largement disposée à toutes les formes de délinquance. Dans ce nouvel univers morcelé par la peur des parents, et leur abandon de toute responsabilité face à leurs enfants, nous aurons la voie libre pour former, à notre manière et selon nos objectifs premiers, une jeunesse où l'arrogance, le mépris, l'humiliation d'autrui seront considérés comme étant les nouvelles bases de "l'Affirmation de Soi" et de la "Liberté".

Mais nous savons, à même l'expérience du passé, qu'une jeunesse semblable est d'ores et déjà condamnée à son autodestruction car celle-ci est foncièrement "Individualiste", donc "Anarchiste" par définition. En ce sens, elle ne peut aucunement représenter une base solide pour la continuité de quelque société que ce soit, et encore moins une valeur sûre pour la prise en charge de ses vieillards.

Dans la même foulée, il est aussi impératif de faire créer une "Charte des Droits et Libertés Individuelles", et des "Bureaux de Protection du Citoyen" en faisant miroiter aux masses, que ces innovations font partie intégrante de la "Modernité" des "Sociétés Nouvelles" du XX° siècle.

De la même manière, et en même temps, mais à un autre niveau, faire voter de nouvelles Lois pour le "Respect et la Liberté Individuelles". Comme dans le cas de la "Famille", mais sur le plan de la "Société", ces Lois entreront en conflit avec les Droits de la Collectivité, menant ainsi les sociétés visées, droit à leur autodestruction. Car ici, l'inversion est totale : "Ce n'est plus la société (le droit de la majorité) qui doit être protégé contre des individus pouvant la menacer, mais bien plutôt (le Droit de l'Individu) qui se doit d'être protégé contre les menaces possibles de la majorité". Voilà le but que nous nous sommes fixés.

Pour achever l'éclatement de la famille, du système d'éducation, donc de la Société en général, il est primordial d'encourager la "Liberté Sexuelle" à tous les échelons de la Société Occidentale. Il faut réduire l'individu, donc les masses, à l'obsession de satisfaire leurs instincts primaires par tous les moyens possibles. Nous savons que cette étape représente le point culminant par lequel toute Société finira par s'effondrer sur elle-même. N'en a-t-il pas été ainsi de l'Empire Romain à son apogée, et de toutes civilisations semblables à travers l'histoire ?

Par des hommes de Science et des laboratoires financés par nos Loges, nous avons réussi à faire mettre au point un procédé chimique qui révolutionnera toutes les Sociétés Occidentales, et reléguera aux oubliettes pour toujours, les principes moraux et religieux Judéo-chrétiens. Ce procédé, sous forme de pilule, ouvrira la voie toute grande à la "Liberté Sexuelle" sans conséquences, et poussera les "Femmes" des Nations à vouloir briser avec ce qui sera alors perçu comme étant le joug du passé (l'esclavage des femmes soumises à l'homme et à la famille traditionnelle Judéo-chrétienne).

Jadis "Centre et pivot de la cellule familiale", la femme moderne, maintenant en tant qu'individu indépendant, voudra briser avec son rôle traditionnel, se détacher de la famille, et mener sa vie selon ses propres aspirations personnelles. Rien de plus naturel, nous le savons, mais là où nous interviendrons fortement, ce sera d'infiltrer tous les nouveaux "Mouvements de Contestation Féminins" en poussant leur logique jusqu'à ses extrêmes limites de conséquence. Et ces limites se trouvent déjà inscrites dans l'éclatement définitif de la famille traditionnelle et de la Société Judéo-Chrétienne.

Cette "Libération Sexuelle" sera le moyen ultime par lequel il nous sera possible de faire disparaître de la "Conscience Populaire" toute référence au "Bien et au Mal". L'effondrement de cette barrière religieuse et morale nous permettra d'achever le processus de la fausse "Libération de l'Homme de son Passé", mais qui, en réalité, est une forme d'esclavage qui sera profitable à nos "Plans Mondialistes".

Cette porte ouverte pour l'encouragement à la "Liberté sexuelle", au "Divorce", à "l'Avortement" sur demande, à la reconnaissance légale des diverses formes d'homosexualité nous aidera à modifier en profondeur les bases historiques du "Droit Légal" des Sociétés. Elle sera un atout majeur pour pousser l'ensemble des individus à un relâchement général des mœurs; pour diviser les individus les uns par rapport aux autres, selon leur instinct et leurs intérêts propres; pour détruire l'avenir de la jeunesse en la poussant aux expériences néfastes de la sexualité hâtive et de l'avortement; et pour briser moralement les générations futures en les poussant à l'alcoolisme, aux drogues diverses (dont nos Officiers supérieurs des Loges Internationales se chargeront d'en prendre le contrôle au niveau mondial), et au suicide (celui-ci considéré par une jeunesse désabusée et abandonnée à elle-même, comme étant une fin chevaleresque).

Décevons la jeunesse des Nations en lui montant ses parents comme étant irresponsables, irréligieux, immoraux ; ne cherchant, en définitive, que le plaisir, l'évasion et la satisfaction effrénée de leurs instincts au prix du mensonge, de l'hypocrisie et de la trahison. Faisons du divorce et de l'avortement une nouvelle coutume sociale acceptée par tous. Poussons-la ainsi à la criminalité sous toutes ses formes, et à se réfugier en groupes distincts, hors d'atteinte du milieu familial qu'elle percevra, inévitablement, comme étant une menace pour sa propre survie. Le tissu social étant ainsi bouleversé à jamais, il nous sera dès lors possible d'agir sur le Politique et l'Economique des Nations afin de les soumettre à notre merci ; pour en venir à accepter de force, nos Plans d'un Nouvel Ordre Mondial.

Car, il faut bien se l'avouer, les Nations, dépourvues qu'elles seront alors de pouvoir compter sur une jeunesse forte, sur une Société où les individus, regroupés autour d'un idéal commun, renforcé par des remparts moraux indéfectibles, aurait pu lui apporter son soutien historique, ne pourront qu'abdiquer à notre volonté mondiale.

Ainsi pourrons-nous alors inaugurer ce qui fut tant annoncé par nos créations passées : "Le système communiste qui prophétisait une révolution mondiale mise en branle par tous les rejetés de la terre", et le "Nazisme par lequel nous avions annoncé un Nouvel Ordre Mondial pour 1000 ans". Voilà notre but ultime ; le travail récompensé de tous les valeureux morts au labeur pour son accomplissement depuis des siècles. Disons-le haut et fort : "Tous les Frères des

Loges passées, morts dans l'anonymat pour la réalisation de cet Idéal qu'il nous est maintenant possible de toucher du bout des doigts".

Il est bien reconnu par tous que l'Homme, une fois après avoir assuré ses besoins primaires (nourriture, habillement et gîte), est beaucoup plus enclin à être moins vigilant. Permettons-lui d'endormir sa conscience tout en orientant à notre guise son esprit en lui créant, de pure pièce, des conditions économiques favorables. Donc, pendant cette période des années 70 où nos Agents s'infiltreront partout dans les différentes sphères de la Société pour faire accepter nos nouvelles normes dans l'Education, le Droit Légal, le Social et le Politique, nous veillerons à répandre autour de lui un climat économique de confiance.

Du Travail pour tous ; l'ouverture du Crédit pour tous ; des Loisirs pour tous seront nos tandems pour la création illusoire d'une nouvelle classe sociale : "la Classe Moyenne". Car une fois nos objectifs atteints, cette "Classe" du milieu, située entre les pauvres séculaires, et nous les riches, nous la ferons disparaître en lui coupant définitivement tout moyen de survie.

En ce sens, nous ferons des Etats-Nations, les nouveaux "Parents" des individus. A travers ce climat de confiance où nos "Agents Internationaux" auront fait le nécessaire pour écarter tout spectre de guerre mondiale, nous encouragerons la "Centralisation" à outrance pour l'Etat. De cette manière, les individus pourront acquérir l'impression d'une liberté totale à explorer pendant que le fardeau légendaire des responsabilités personnelles sera transféré à l'Etat.

C'est ainsi qu'il nous sera possible de faire augmenter d'une manière vertigineuse le fardeau de l'Etat en multipliant sans limites aucune la masse des fonctionnaires-intellectuels. Assurés pour des années à l'avance d'une sécurité matérielle, ceux-ci seront par conséquent, de parfaits exécutants du "Pouvoir

Gouvernemental» ; en d'autres mots, de notre "Pouvoir".

Créer ainsi une masse impressionnante de fonctionnaires qui, à elle seule, formera (un Gouvernement dans le gouvernement), quel que soit le parti politique qui sera alors au pouvoir. Cette machine anonyme pourra nous servir un jour de levier, lorsque le moment sera venu, pour accélérer l'effondrement économique des Etats-Nations ; car ceux-ci ne pourront pas indéfiniment supporter une telle masse salariale sans devoir s'endetter au-delà de leurs moyens.

D'un autre coté, cette même machine qui donnera une image froide et insensible de l'appareil gouvernemental ; cette machine complexe et combien inutile dans beaucoup de ses fonctions, nous servira de paravent et de protection contre les populations. Car qui osera s'aventurer à travers les dédales d'un tel labyrinthe en vue de faire valoir ses doléances personnelles ?

Toujours pendant cette période d'étourdissement général, nous en profiterons aussi pour acheter ou éliminer, selon les nécessités du moment, tous les dirigeants d'entreprises, les responsables des grands Organismes d'Etat, les Centres de Recherche Scientifique dont l'action et l'efficacité risqueraient de donner trop de pouvoir aux Etats-Nations. Il ne faut absolument pas que l'Etat devienne une force indépendante en elle-même qui risquerait de nous échapper, et de mettre en danger nos "Plans" ancestraux.

Nous veillerons aussi à avoir une mainmise absolue sur toutes les structures supranationales des Nations. Ces Organismes internationaux doivent être placés sous notre juridiction absolue.

Dans le même sens, et pour garantir la rentabilité de notre influence auprès des populations, nous devrons contrôler tous les Médias d'Information. Nos Banques verront donc à ne financer que ceux qui nous sont favorables tandis qu'elles superviseront la fermeture des plus récalcitrants. Cela devrait en principe passer presque inaperçu dans les populations, absorbées qu'elles seront par leur besoin de faire plus d'argent, et de se divertir.

Nous devrons nous occuper à finaliser, dès maintenant, la phase de dérégionalisation des régions rurales amorcée au début de la "Crise Economique" de 1929. Surpeupler les villes était notre tandem de la "Révolution Industrielle". Les propriétaires ruraux, par leur indépendance économique, leur capacité à produire la base de l'alimentation des Etats, est une menace pour nous, et nos Plans futurs. Entassés dans les villes, ils seront plus dépendants de nos industries pour survivre.

Nous ne pouvons nous permettre l'existence de groupes indépendants de notre "Pouvoir". Donc éliminons les propriétaires terriens en faisant d'eux des esclaves obéissants des Industries étant sous notre contrôle. Quant aux autres, permettons-leur de s'organiser en Coopératives Agricoles que nos Agents infiltreront pour mieux les orienter selon nos priorités futures.

À travers l'Etat, attachons-nous à bien mettre en évidence le "Respect" obligatoire de la diversité des "Cultures", des "Peuples", des "Religions", des "Ethnies" qui sont autant de moyens, pour nous, pour faire passer la "Liberté Individuelle" avant la notion "d'Unité Nationale"; ce qui nous permettra de mieux diviser les populations des Etats-Nations, et ainsi les affaiblir dans leur autorité, et dans leur capacité de manœuvrer. Poussé à ces extrêmes limites, mais sur le plan international, ce concept, dans le futur, poussera les ethnies des différentes Nations à se regrouper pour revendiquer, individuellement, chacune leur propre part du "Pouvoir» ; ce qui achèvera de ruiner les Nations, et les fera éclater dans des guerres interminables.

Lorsque les Etats-Nations seront ainsi affaiblis par autant de luttes intestines, toutes fondées sur la reconnaissance des "Droits des Minorités" à leur Indépendance ; que les nationalistes divisés en différentes factions culturelles et religieuses s'opposeront aveuglément dans des luttes sans issue ; que la jeunesse aura totalement perdu contact avec ses racines ; alors nous pourrons nous servir des Nations-Unies pour commencer à imposer notre Nouvel Ordre Mondial.

D'ailleurs, à ce stade-là, les "Idéaux Humanitaires, Sociaux et Historiques" des Etats-Nations auront depuis longtemps éclaté sous la pression des divisions intérieures.]

Fin du Document des 6.6.6. Daté de fin Juin 1967.

Dix huit ans plus tard, soit (6.6.6.) dans le temps, se tint une autre Réunion d'importance au Canada. Le Groupe des 6.6.6. Se réunit encore une fois à Toronto, à la fin de Juin 1985, mais cette fois-ci afin de finaliser les dernières étapes devant déboucher, et sur la chute des Etats-Nations, et sur la prise du Pouvoir International par les Nations-Unies.

DOCUMENT : "L'AURORE ROUGE"

Titre du document des 6.6.6. : L'AURORE ROUGE.
But du Projet Mondialiste : ÉTABLISSEMENT DE L'OCCULTE MONDIAL

Moyens de Financement du Projet : Contrôle du F.M.I., du G.A.T.T., de la Commission de Bruxelles, de l'OTAN, de l'O.N.U. et d'autres Organismes Internationaux.

[Les dernières dix-huit années furent très profitables

pour l'avancement de nos projets mondiaux. Je peux vous dire, Frères, que nous touchons maintenant presque au but. La chute des Etats-Nations n'est plus qu'une question de temps, assez court, dois-je vous avouer en toute confiance.

Grâce à nos Agents d'infiltration et à nos moyens financiers colossaux, des progrès sans précédents ont maintenant été accomplis dans tous les domaines de la Science et de la Technologie dont nous contrôlons financièrement les plus grandes corporations. Depuis les réunions secrètes avec M. D.R. dans les années 56, et qui avaient pour but de mettre au point le développement, et l'implantation mondiale des "Ordinateurs", il nous est maintenant possible d'entrevoir la mise en place d'un genre "d'Autoroute Internationale" où toutes ces machines seraient reliées entre elles. Car, comme vous le savez déjà, le contrôle direct et individuel des populations de la planète, serait à tout le moins totalement impossible sans l'usage des Ordinateurs, et leur rattachement électronique les uns par rapport aux autres en un vaste "Réseau Mondial".

Ces machines d'ailleurs ont l'avantage de pouvoir remplacer des millions d'individus. De plus, elles ne possèdent ni conscience, ni morale aucune ; ce qui est indispensable pour la réussite d'un projet comme le nôtre. Surtout, ces machines accomplissent, sans discuter, tout ce qui leur est dicté. Elles sont des esclaves parfaits dont ont tant rêvé nos prédécesseurs, mais sans qu'ils aient été à même de se douter qu'un jour, il nous serait possible d'accomplir un tel prodige. Ces machines sans patrie, sans couleur, sans religion, sans appartenance politique, sont l'ultime accomplissement et outil de notre Nouvel Ordre Mondial. Elles en sont la "Pierre angulaire" !

L'organisation de ces machines en un vaste "Réseau mondial" dont nous contrôlerons les leviers supérieurs, nous servira à immobiliser les populations. Comment ?

Comme vous le savez, la structure de base de notre Nouvel Ordre Mondial est composée, dans son essence, d'une multitude de "Réseaux" divers couvrant chacun toutes les sphères de l'activité humaine sur toute l'étendue de la planète. Jusqu'à ce jour, tous ces "Réseaux" étaient reliés entre eux par une base idéologique commune : celle de l'Homme comme étant le "Centre" et "l'Ultime Accomplissement" de l'Univers.

Ainsi, grâce à tous ces "Réseaux" unis par le lien de la "Nouvelle Religion de l'Homme pour l'Homme", nous avons pu facilement infiltrer tous les secteurs humains dans tous les pays Occidentaux, et en modifier la base "Judéo-chrétienne". Le résultat est qu'aujourd'hui, cet Homme, qu'il fasse partie du Politique, de l'Economique, du Social, de l'Education, du Scientifique ou du Religieux, a déjà, depuis notre dernière Réunion de fin Juin 67, abandonné son héritage passé pour le remplacer par notre idéal d'une Religion Mondiale basée uniquement sur l'Homme. Coupé ainsi qu'il est dorénavant de ses racines historiques, cet Homme n'attend plus, en définitive, que lui soit proposée une nouvelle idéologie. Celle-ci, bien entendue, est la nôtre ; celle du "Village Communautaire Global" dont il sera le "Centre". Et c'est précisément ce que nous lui apporterons en l'encourageant à faire partie, "Corps et Ame", de ce "Réseau Electronique Mondial" où les frontières des Etats-Nations auront été à tout jamais abolies, anéanties jusqu'à leurs racines les plus profondes.

Pendant que cet homme égaré sera absorbé par son enthousiasme aveugle à faire partie de sa nouvelle "Communauté Mondiale" en faisant partie de ce vaste "Réseau d'Ordinateurs", pour notre compte, nous verrons, à partir des leviers supérieurs qui lui seront cachés, à le ficher, à l'identifier, à le comptabiliser, et à le rentabiliser selon nos propres objectifs.

Car à l'intérieur de cette "Nouvelle Société Globale", aucun individu ayant un potentiel de "Rentabilité" pour nous, ne pourra nous échapper. L'apport constant de la "Technologie Electronique" devra nous assurer de tous les moyens pour ficher, identifier, et contrôler tous les individus des populations de l'Occident. Quant à ceux qui ne représenteront aucune "Rentabilité Exploitable" par nous, nous verrons à ce qu'ils s'éliminent d'eux-mêmes à travers toutes les guerres intestines locales que nous aurons pris soin de faire éclater ici et là en nous ayant servi, et de la "Chute de l'Economie" des Etats-Nations, et des "Oppositions et des Revendications" des divers groupes composant ces mêmes Etats.

Voici donc la manière détaillée par laquelle nous procéderons d'ici 1998 pour paver la route à la naissance de notre "Gouvernement Mondial".

1. - Décupler la "Société des Loisirs" qui nous a été si profitable à date. En nous servant de l'invention du "Vidéo" que nous avons financé, et des jeux qui lui sont rattachés, finissons de pervertir la morale de la jeunesse. Offrons-lui la possibilité de satisfaire maintenant tous ses instincts. Un être possédé par ses sens, et esclave de ceux-ci, nous le savons, n'a ni idéal, ni force intérieure pour défendre quoi que ce soit. Il est un "Individualiste" par nature, et représente un candidat parfait que nous pouvons modeler aisément selon nos désirs et nos priorités. D'ailleurs, rappelez-vous avec quelle facilité nos prédécesseurs ont pu orienter toute la jeunesse allemande au début du siècle en se servant du désabusement de cette dernière !

2. - Encourager la "Contestation Etudiante" pour toutes les causes rattachées à "l'Ecologie". La protection obligatoire de cette dernière sera un atout majeur le jour où nous aurons poussé les Etats-Nations à échanger leur "Dette Intérieure" contre la perte de 33 % de tous leurs territoires demeurés à l'état sauvage.

3. - Comblons le vide intérieur de cette jeunesse en l'initiant, dès son tout jeune âge, à l'univers des Ordinateurs. Utilisons, pour cela, son système

d'éducation. Un esclave au service d'un autre esclave que nous contrôlons.

4. - Sur un autre plan, établissons le "Libre-échange International" comme étant une priorité absolue pour la survie économique des Etats-Nations. Cette nouvelle conception économique nous aidera à accélérer le déclin des "Nationalistes" de toutes les Nations ; à les isoler en factions diverses, et au moment voulu, à les opposer farouchement les uns aux autres dans des guerres intestines qui achèveront de ruiner ces Nations.

5. - Pour nous assurer à tout prix de la réussite d'une telle entreprise, faisons en sorte que nos Agents déjà infiltrés dans les Ministères des Affaires Intergouvernementales et de l'Immigration des Etats-Nations fassent modifier en profondeur les Lois de ces Ministères. Ces modifications viseront essentiellement à ouvrir les portes des pays occidentaux à une immigration de plus en plus massive à l'intérieur de leurs frontières (immigrations que nous aurons d'ailleurs provoquées en ayant pris soin de faire éclater, ici et là, de nouveaux conflits locaux). Par des campagnes de Presse bien orchestrées dans l'opinion publique des Etats-Nations ciblées, nous provoquerons chez celles-ci un afflux important de réfugiés qui aura pour effet, de déstabiliser leur économie intérieure, et de faire augmenter les tensions raciales à l'intérieur de leur territoire. Nous verrons à faire en sorte que des groupes d'extrémistes étrangers fassent partie de ces afflux d'immigrants ; ce qui facilitera la déstabilisation politique, économique et sociale des Nations visées.

6. - Ce "Libre-échange" qui, en réalité, n'en est pas un car il est déjà contrôlé par nous tout au sommet de la hiérarchie économique, noyautons-le en "Trois Commissions Latérales» : [celle de l'Asie, celle de l'Amérique, celle de l'Europe]. Il nous apportera la discorde à l'intérieur des Etats-Nations par la hausse du chômage relié aux restructurations de nos Multinationales.

7. - Transférons lentement, mais sûrement, nos multinationales dans de nouveaux pays acquis à l'idée de "l'Economie de Marché", tels les pays de l'Est de l'Europe, en Russie et en Chine par exemple. Nous nous fichons bien, pour l'instant, si leur population représente ou non un vaste bassin de nouveaux consommateurs. Ce qui nous intéresse, c'est d'avoir accès, en premier lieu, à une "Main-d 'œuvre-Esclave" (à bon marché et non syndiquée) que nous offrent ces pays et ceux du Tiers-monde. D'ailleurs, leurs gouvernements ne sont-ils pas mis en place par nous ? Ne font-ils pas appel à l'aide étrangère, et aux prêts de notre "Fond Monétaire International" et de notre "Banque Mondiale" ? Ces transferts offrent plusieurs avantages pour nous. Ils contribuent à entretenir ces nouvelles populations dans l'illusion d'une "Libération Economique", d'une "Liberté Politique" alors qu'en réalité, nous les dominerons par l'appétit du gain et un endettement dont ils ne pourront jamais s'acquitter. Quant aux populations occidentales, elles seront entretenues dans le rêve du [Bien-être Economique] car les produits importés de ces pays ne subiront aucune hausse de prix. Par contre, sans qu'elles s'en aperçoivent au début, de plus en plus d'industries seront obligées de fermer leurs portes à cause des transferts que nous aurons effectués hors des pays occidentaux. Ces fermetures augmenteront le chômage, et apporteront des pertes importantes de revenus pour les Etats-Nations.

8. - Ainsi nous mettrons sur pied une "Economie Globale" à l'échelle mondiale qui échappera totalement au contrôle des Etats-Nations. Cette nouvelle économie sera au-dessus de tout ; aucune pression politique ou syndicale ne pourra avoir de pouvoir sur elle. Elle dictera ses propres "Politiques Mondiales", et obligera à une réorganisation politique, mais selon nos priorités à l'échelle mondiale.

9. - Par cette "Economie Indépendante" n'ayant de Lois que nos Lois, nous établirons une "Culture de Masse Mondiale". Par le contrôle international de la Télévision, des Médias, nous instituerons une "Nouvelle Culture", mais nivelée, uniforme pour tous,

sans qu'aucune "Création" future ne nous échappe. Les artistes futurs seront à notre image ou bien ne pourront survivre. Fini donc ce temps où des "Créations Culturelles Indépendantes" mettaient à tout moment en péril nos projets mondialistes comme cela fut si souvent le cas dans le passé.

10. - Par cette même économie, il nous sera alors possible de nous servir des forces militaires des Etats-Nations (telles celles des Etats-Unis) dans des buts humanitaires. En réalité, ces "Forces" nous serviront à soumettre des pays récalcitrants à notre volonté. Ainsi les pays du Tiers-Monde et d'autres semblables à eux ne pourront pas être en mesure d'échapper à notre volonté de nous servir de leur population comme main-d 'œuvre-esclave.

11. - Pour contrôler le marché mondial, nous devrons détourner la productivité de son but premier (libérer l'homme de la dureté du travail). Nous l'orienterons en fonction de la retourner contre l'homme en asservissant ce dernier à notre système économique où il n'aura pas le choix de devenir notre esclave, et même un futur criminel.

12. - Tous ces transferts à l'étranger de nos Multinationales, et la réorganisation mondiale de l'économie auront pour but, entre autres, de faire grimper le chômage dans les pays occidentaux. Cette situation sera d'autant plus réalisable parce qu'au départ, nous aurons privilégié l'importation massive des produits de base à l'intérieur des Etats-Nations et, du même coup, nous aurons surchargé ces Etats par l'emploi exagéré de leur population à la production de services qu'ils ne pourront plus payer. Ces conditions extrêmes multiplieront par millions les masses d'assistés sociaux de tous genres, d'illettrés, de sans abris.

13. - Par des pertes de millions d'emplois dans le secteur primaire ; à même les évasions déguisées de capitaux étrangers hors des Etats-Nations, il nous

sera ainsi possible de mettre en danger de mort l'harmonie sociale par le spectre de la guerre civile.

14. - Ces manipulations internationales des gouvernements et des populations des Etats-Nations nous fourniront le prétexte d'utiliser notre F.M.I. pour pousser les gouvernements occidentaux à mettre en place des "Budgets d'Austérité" sous le couvercle de la réduction illusoire de leur "Dette Nationale» ; de la conservation hypothétique de leur "Cote de Crédit Internationale» ; de la préservation impossible de la "Paix Sociale".

15. - Par ces "Mesures Budgétaires d'Urgence", nous briserons ainsi le financement des Etats-Nations pour tous leurs "Mégaprojets" qui représentent une menace directe à notre contrôle mondial de l'économie.

16. - D'ailleurs toutes ces mesures d'austérité nous permettront de briser les volontés nationales de structures modernes dans les domaines de l'Energie, de l'Agriculture, du Transport et des Technologies nouvelles.

17. - Ces mêmes mesures nous offriront l'occasion rêvée d'instaurer notre "Idéologie de la Compétition Economique". Celle-ci se traduira, à l'intérieur des Etats-Nations, par la réduction volontaire des salaires, les départs volontaires avec [Remises de Médailles pour Services rendus] ; ce qui nous ouvrira les portes à l'instauration partout de notre "Technologie de Contrôle". Dans cette perspective, tous ces départs seront remplacés par des "Ordinateurs" à notre service.

18. - Ces transformations sociales nous aideront à changer en profondeur la main d'œuvre "Policière et Militaire" des Etats-Nations. Sous le prétexte des nécessités du moment, et sans éveiller de soupçons, nous nous débarrasserons une fois pour toutes de tous les individus ayant une "Conscience Judéo-chrétienne". Cette "Restructuration des Corps Policiers et Militaires" nous permettra de limoger sans

contestation, le personnel âgé, de même que tous les éléments ne véhiculant par nos principes mondialistes. Ceux-ci seront remplacés par de jeunes recrues dépourvues de "Conscience et de Morale", et déjà toutes entraînées, et favorables à l'usage inconsidéré de notre "Technologie de Réseaux Electroniques".

19. - Dans un même temps, et toujours sous le prétexte de "Coupures Budgétaires", nous veillerons au transfert des bases militaires des Etats-Nations vers l'Organisation des Nations-Unies.

20. - Dans cette perspective, nous travaillerons à la réorganisation du "Mandat International des Nations-Unies". De "Force de Paix" sans pouvoir décisionnel, nous l'amènerons à devenir une "Force d'Intervention" où seront fondues, en un tout homogène, les forces militaires des Etats-Nations. Ceci nous permettra d'effectuer, sans combat, la démilitarisation de tous ces Etats de manière à ce qu'aucun d'entre eux, dans l'avenir, ne soient suffisamment puissants (indépendants) pour remettre en question notre "Pouvoir Mondial".

21. - Pour accélérer ce processus de transfert, nous impliquerons la force actuelle des Nations-Unies dans des conflits impossibles à régler. De cette manière, et avec l'aide des Médias que nous contrôlons, nous montrerons aux populations l'impuissance et l'inutilité de cette "Force" dans sa forme actuelle. La frustration aidant, et poussée à son paroxysme au moment voulu, poussera les populations des Etats-Nations à supplier les instances internationales de former une telle "Force Multinationale" au plus tôt afin de protéger à tout prix la "Paix".

22. - L'apparition prochaine de cette volonté mondiale d'une "Force Militaire Multinationale" ira de pair avec l'instauration, à l'intérieur des Etats-Nations, d'une "Force d'Intervention Multi-Juridictionnelle". Cette combinaison des "Effectifs Policiers et Militaires", créée à même le prétexte de l'augmentation de l'instabilité

politique et sociale grandissante à l'intérieur de ces Etats croulant sous le fardeau des problèmes économiques, nous permettra de mieux contrôler les populations occidentales. Ici, l'utilisation à outrance de l'identification et du fichage électronique des individus nous fournira une surveillance complète de toutes les populations visées.

23. - Cette réorganisation policière et militaire intérieure et extérieure des Etats-Nations permettra de faire converger le tout vers l'obligation de la mise en place d'un "Centre Mondial Judiciaire". Ce "Centre" permettra aux différents "Corps Policiers des Etats-Nations" d'avoir rapidement accès à des "Banques de Données" sur tous les individus potentiellement dangereux pour nous sur la planète. L'image d'une meilleure efficacité judiciaire, et les liens de plus en plus étroits créés et entretenus avec le "Militaire", nous aideront à mettre en valeur la nécessité d'un "Tribunal International" doublé d'un "Système Judiciaire Mondial» ; l'un pour les affaires civiles et criminelles individuelles, et l'autre pour les Nations.

24. - Au cours de la croissance acceptée par tous de ces nouvelles nécessités, il sera impérieux pour nous de compléter au plus tôt le contrôle mondial des armes à feu à l'intérieur des territoires des Etats-Nations. Pour ce faire, nous accélérerons le "PLAN ALPHA" mis en œuvre au cours des années 60 par certains de nos prédécesseurs. Ce "Plan" à l'origine visait deux objectifs qui sont demeurés les mêmes encore aujourd'hui : Par l'intervention de "Tireurs fous", créer un climat d'insécurité dans les populations pour amener à un contrôle plus serré des armes à feu. Orienter les actes de violence de manière à en faire porter la responsabilité par des extrémistes religieux, ou des personnes affiliées à des allégeances religieuses de tendance "Traditionnelle", ou encore, des personnes prétendant avoir des communications privilégiées avec Dieu. Aujourd'hui, afin d'accélérer ce "Contrôle des Armes à Feu", nous pourrons utiliser la "Chute des Conditions Economiques" des Etats-Nations qui entraînera avec elle, une déstabilisation complète du Social ; donc augmentation de la violence. Je n'ai pas

besoin de vous rappeler, ni de vous démontrer, Frères, les fondements de ce "Contrôle" des armes à feu. Sans celui-ci, il deviendrait presque impossible pour nous de mettre à genoux les populations des Etats visés. Rappelez-vous avec quel succès nos prédécesseurs ont pu contrôler l'Allemagne de 1930 avec les nouvelles "Lois" mises en application à l'époque ; Lois d'ailleurs sur lesquelles sont fondées les Lois actuelles des Etats-Nations pour ce même contrôle.

25. - Les dernières "Etapes" se rapportent à la "PHASE OMEGA" expérimentée à partir des expérimentations effectuées au début des années 70. Elles renferment la mise en application, à l'échelle mondiale, des "Armes Electromagnétiques". Les "Changements de Climat" entraînant la destruction des récoltes ; la faillite dans ces conditions, des terres agricoles ; la dénaturation, par moyens artificiels, des produits alimentaires de consommation courante ; l'empoisonnement de la nature par une exploitation exagérée et inconsidérée, et l'utilisation massive de produits chimiques dans l'agriculture ; tout cela, Frères, mènera à la ruine assurée des industries alimentaires des Etats-Nations. L'avenir du "Contrôle des Populations" de ces Etats passe obligatoirement par le contrôle absolu, par nous, de la production alimentaire à l'échelle mondiale, et par la prise de contrôle des principales "Routes Alimentaires" de la planète. Pour ce faire, il est nécessaire d'utiliser l'Electromagnétique, entre autre, pour déstabiliser les climats des Etats les plus productifs sur le plan agricole. Quant à l'empoisonnement de la nature, elle sera d'autant plus accélérée que l'augmentation des populations l'y poussera sans restriction.

26. - L'utilisation de l'Electromagnétique pour provoquer des "Tremblements de Terre" dans les régions industrielles les plus importantes des Etats-Nations contribuera à accélérer la "Chute Economique" des Etats les plus menaçants pour nous ; de même qu'à amplifier l'obligation de la mise en place de notre Nouvel Ordre Mondial.

27. - Qui pourra nous soupçonner ? Qui pourra se douter des moyens utilisés ? Ceux qui oseront se dresser contre nous en diffusant de l'information quant à l'existence et au contenu de notre "Conspiration", deviendront suspects aux yeux des autorités de leur Nation et de leur population. Grâce à la désinformation, au mensonge, à l'hypocrisie et à l'individualisme que nous avons créé au sein des peuples des Etats-Nations, l'Homme est devenu un Ennemi pour l'Homme. Ainsi ces "Individus Indépendants" qui sont des plus dangereux pour nous justement à cause de leur "Liberté", seront considérés par leurs semblables comme étant des ennemis et non des libérateurs. L'esclavage des enfants, le pillage des richesses du Tiers-Monde, le chômage, la propagande pour la libération de la drogue, l'abrutissement de la jeunesse des Nations, l'idéologie du "Respect de la Liberté Individuelle" diffusée au sein des Eglises Judéo-chrétiennes et à l'intérieur des Etats-Nations, l'obscurantisme considéré comme une base de la fierté, les conflits interethniques, et notre dernière réalisation: "les Restrictions Budgétaires"; tout cela nous permet enfin de voir l'accomplissement ancestral de notre "Rêve": celui de l'instauration de notre "NOUVEL ORDRE MONDIAL".]

Fin du Document de Fin Juin 1985.

CONCLUSION...

Alors, le "PROTOCOLE DE TORONTO (6.6.6.)", mythe ou réalité ? Ce serait comme de demander si "Le Meilleur des Mondes" est lui aussi un mythe ou une réalité même s'il s'agit d'un roman. Pourtant, son auteur, a lui aussi eu accès à des "Documents" d'époque pour le créer. Son auteur savait bien que la révélation, la diffusion des informations qu'il possédait, mais sous une autre forme que celle du roman, aurait éveillée chez les populations, beaucoup plus de méfiance que d'acceptation. Et combien d'autres auteurs ont dû, eux aussi, user du même stratagème pour avertir leurs contemporains, et les générations futures ?

Alors, le "PROTOCOLE DE TORONTO (6.6.6.)", mythe ou réalité ?

L'urgence de la situation actuelle, celle engendrée par le début des "Restrictions Budgétaires" qui marque le commencement de la fin, la réalisation proche du "Nouvel Ordre Mondial Occulte", ne permettait pas la rédaction d'un roman (ce qui aurait pris trop de temps dans le contexte présent).

Mais l'impact provoqué quant à la révélation de ces "Documents" est tout de même important car, leur publication, aura pour effet de placer sur la défensive ceux qui en sont à l'origine.

Ce qui est souhaité, ici, c'est qu'au-delà de la désinformation véhiculée, et entretenue par des politiciens sans scrupules, et par des gens apeurés face à la possibilité de perdre des intérêts personnels, chaque lecteur puisse réfléchir, se regrouper avec d'autres semblables à lui, et prendre maintenant des moyens pour survivre face à ce qui vient.

Même si ma vie est en danger à cause de la diffusion d'informations comme celles-ci, la vôtre l'est encore plus par l'ignorance de ces mêmes informations.

Alors, le "PROTOCOLE DE TORONTO (6.6.6.)", mythe ou réalité ?

À vous de répondre...

À vous de voir, dans les événements récemment passés et futurs, si ces "Documents" appartiennent au domaine de la fiction ou de la réalité.

À vous de réaliser que la peur n'a d'autre objet que de vous paralyser, et de vous placer à la merci de ceux qui ne veulent que vous contrôler pour mieux vous asservir selon leurs intérêts qui, en fin de compte, ne sont pas les vôtres.

Serge Monast / Journaliste d'Enquête / Fin Mars 1995.

Au mois de décembre 1996, à Montréal, Serge Monast, de l'Agence Internationale de la Presse Libre, dont les activités étaient uniquement axées sur le journalisme d'enquête internationale aux niveaux économique, politique, militaire et médical, dévoilait des informations si stupéfiantes qu'elles lui coûtèrent la vie.

Neuf ans après, ses informations se confirment les unes après les autres.

Il est vrai qu'il était informé par des politiciens repentis, des agents des services secrets écœurés ;

Il recevait également des documents classifiés, ultra confidentiels, souvent anonymement ou transmis par des confrères situés aux quatre coins du monde.

Publications

Testament contre hier et demain. Manifeste de l'amour d'ici, Montréal, S. Monast, 1973.

Jean Hébert, Chartierville, S. Monast, 1974.

Jos Violon : Essai d'investigation littéraire sur le comportement du Québécois, Chartierville, S. Monast, 1975 ; La Patrie, S. Monast, 1977.

Avec Colette Carisse, Aimé Lebeau et Lise Parent, La famille : mythe et réalité québécoise, "Rapport présenté au Conseil des affaires sociales et de la famille", vol. 1, Sillery, Conseil des affaires sociales et de la famille, 1974 ; 1976.

L'Habitant, Stanstead, Éditions de l'Aube, [1979].

L'Aube des brasiers nocturnes. Essai sur l'amour, Stanstead, Éditions de l'Aube, 1980.

Cris intimes : poésie, Stanstead, Éditions de l'Aube, [1980] (porte la mention : « Les poèmes sont extraits du recueil : Le Désert des Barbares ; le texte en prose est extrait de l'essai : L'Humanibête »).

La Création irrécupérable : essai, Bromptonville, Éditions de l'Aube, 1981 (porte la mention : « Les différents textes modifiés revus et corrigés contenus dans cet essai, furent extraits de l'essai inédit : L'Humanibête »).

Méditations sur les dix commandements de Dieu, Garthby Station, Éditions de l'Aube, 1983.

La médaille de saint Benoît ou La croix de saint Benoît, Cookshire, Courrier de Saint Joseph, [1984 ?].

Il est minuit moins quinze secondes à Ottawa : de l'impossible dualité canadienne à l'éclatement d'une Guerre civile, dossier d'enquête journalistique, Edmonton, La Presse Libre Nord-Américaine, 1992.

« Présentation » de René Bergeron, Le corps mystique de l'antéchrist, Montréal, Presse libre nord-américaine, « Dossiers chocs », 1993 (Éd. originale, Montréal, Éditions Fides, 1941)

Le gouvernement mondial de l'Antéchrist, journalisme d'enquête international, « La conspiration mondiale des Illuminatis », vol. 1, Magog, Éditions de la Presse libre, [1994] et Cahier d'Ouranos hors série, coll. « Enquêtes-Études-Réflexions » de la Commission d'Études Ouranos, [1994] ; rééd. Châteauneuf, Éditions Delacroix, [s.d.].

The United Nations concentration camps program in America, « Coup d'État and war preparations in America », book 1, Magog, Presse libre nord-américaine, [1994] (porte la mention : « Doit comprendre 4 vol. »)

Vaccins, médecine militaire expérimentale, cristaux liquide, dossier d'enquête journalistique - CIA, Magog, Presse libre nord-américaine, [1994].

Project Blue Beam (NASA), Magog, Presse libre nord-américaine [1994].

Le Protocole de Toronto (6.6.6.). Québec année zéro, International free press agency « Intelligence report », mars 1995, dans Murmures d'Irem, no 7.

Le Contrôle total 666, Cahier d'Ouranos hors série, coll. « Enquêtes-Études-Réflexions » de la Commission d'Études Ouranos ; rééd. Châteauneuf, Éditions Delacroix, [s.d.].

Dévoilement du complot relatif au plan du chaos et de marquage de l'Humanité, Châteauneuf, Éditions Delacroix, [s.d.].

Le Complot des Nations Unies contre la Chrétienté, Éditions Rinf, 1995.

Manipulations, mensonges, argent, pouvoir, guerres...

Toutes les banques centrales agissent de concert.

La désinformation véhiculée par la presse financière crée de la confusion parmi la population.

Lorsque la vérité sortira au sein du peuple malheureux, il y aura du sang dans les rues.

Il s'agit ici d'un avertissement lancé par le FMI !
INTRODUCTION

La désinformation véhiculée au cours des douze derniers mois par la presse financière mondiale sur la cause du tsunami financier mondial obéit au même objectif que celui de la presse marchande mondiale, lorsque cette dernière perpétue les mensonges visant à endormir le peuple afin qu'il soutienne les criminels de guerre, en l'occurrence Bush, Blair et Howard, pour lancer les guerres barbares contre l'Irak et l'Afghanistan ayant abouti au génocide de millions de personnes, à la mutilation de centaines de milliers d'autres, physiquement et psychologiquement, et la destruction complète d'une nation.

Les guerres déchaînées jusqu'ici, plus précisément la « guerre contre le terrorisme, » ont été lancées pour préserver le pouvoir politique et militaire des bailleurs de fonds de l'ombre.

Cette guerre contre le terrorisme est le plus grand show militaire qui permet de distraire le peuple états-unien du vol et du pillage de son économie et de la destruction de sa Constitution.

Depuis l'été 2007, nous sommes témoin d'un effort concerté des banques mondiales, centrales, commerciales et d'affaires, dans le but de préserver le pouvoir financier des bailleurs de fonds de l'ombre, un pouvoir établi sur la tromperie, et dont chaque détail est organisé à la manière d'une infâme chaîne de Ponzi

(NDT : « Chaîne de Ponzi » se réfère à monsieur Charles Ponzi, une figure emblématique d'un système de vente pyramidale adroitement maquillé).

Au cours des sept dernières années, ce système de Ponzi s'est mondialisé grâce aux bailleurs de fonds de l'ombre, siphonnant ainsi des centaines de milliards à de soi-disant investisseurs avertis et à des fonds souverains. À son apogée, cette magouille à la Ponzi était estimée valoir plus de 500 mille milliards de dollars, avec une part d'un peu moins de 60 mille milliards de dollars en Credit Default Swap (CDS, Swap sur défaillance) !

Derrière les gros titres sur la destruction financière balayant toute la planète, se cache une autre histoire. Une sombre histoire d'hommes qui ont orchestré la crise, accumulant d'énormes richesses et pouvoirs au détriment de millions de gens aujourd'hui sans emploi et dont la maison a été saisie. Ce groupe d'hommes privilégiés maîtrise totalement l'évolution de la situation. Qui sont-ils ?

LE POUVOIR OCCULTE

Ce pouvoir occulte est pratiquement indestructible car, à travers les âges, toute tentative visant à dévoiler ses intentions secrètes et à démasquer les hommes cachés derrière la scène a été qualifiée de « théorie de conspiration, » et ceux qui risquent leur richesse et leur réputation en le dévoilant sont accusés d'être des « théoriciens de conspiration. »

Et ce, en dépit du fait que plusieurs initiés, séduits auparavant par ce pouvoir et qui s'en sont par la suite éloignés, ont écrit au sujet de ces hommes et de leurs plans mondiaux.

Certaines « âmes charitables » ont visité mon site Internet et sont intervenues auprès de moi pour que je ne fasse aucune référence au pouvoir caché, car « je serai alors stigmatisé de théoricien de conspiration et je perdrais toute crédibilité. » Ce sont ces âmes charitables qui sont les alliés inconscients et les outils de propagande du pouvoir caché. Ce sont les soldats du pouvoir de l'ombre et les premiers à être abattus. Ils n'apprennent jamais et, s'ils persistent, ils doivent être considérés comme des collaborateurs.

J'ai donné des références détaillées sur le pouvoir occulte dans mes livres. Je vais résumer ci-dessous ce que les initiés ont déclaré au fil des ans. Pour ceux qui connaissent ces écrits, il serait bon qu'ils les relisent pour renforcer leur détermination à démasquer ce pouvoir occulte jusqu'à la victoire totale.

En substance, le pouvoir caché est le mystérieux bailleur de fonds mondial, les hommes et femmes qui contrôlent et gèrent le système de prêt occulte. Et ils contrôlent aussi tout dirigeant politique, directement et indirectement, dans chaque partie du monde, dans tout pays, Malaisie incluse !

Dans notre optique, toute personne niant cela est un fou, mais un allié indispensable du point de vue des bailleurs de fonds de l'ombre.

Veuillez considérer les révélations suivantes de célèbres initiés.

Napoléon Bonaparte
Quand un gouvernement dépend de l'argent des banquiers, ce sont ces derniers et non les dirigeants du gouvernement qui contrôlent la situation, puisque la main qui donne est au-dessus de la main qui reçoit. L'argent est sans patrie, les financiers sont sans patriotisme et sans éthique, leur seul but est le gain.
Nicolas Machiavel

L'universalité des hommes se repaît de l'apparence comme de la réalité ; souvent même l'apparence les frappe et les satisfait plus que la réalité même.

James Madison (4ème Président des États-Unis)

L'histoire révèle que les banquiers utilisent toute forme d'abus, d'intrigue, de supercherie et de tout moyen violent possible afin de garder leur emprise sur les gouvernements en contrôlant la monnaie et son émission.

Abraham Lincoln (16ème Président des États-Unis)

Le pouvoir des financiers tyrannise la nation en temps de paix et conspire contre elle dans les temps d'adversité. Il est plus despotique qu'une monarchie, plus insolent qu'une dictature, plus égoïste qu'une bureaucratie.

James Garfield (20ème Président des États-Unis)

Celui qui contrôle la masse monétaire d'un pays est le maître de ses industries et de son commerce.

Le Très Honorable Reginald McKenna, Chancelier de l'Échiquier

J'ai bien peur que le citoyen ordinaire n'aimerait pas qu'on lui dise que les banques peuvent créer la monnaie, et qu'elles le font. La quantité d'argent existant dépend seulement de l'action des banques, en augmentant et diminuant les dépôts et les achats bancaires. Chaque prêt, découvert, ou achat bancaire crée un dépôt, et chaque remboursement de prêt, de découvert ou de vente bancaire détruit un dépôt. Et ceux qui contrôlent le crédit de la nation dirigent la politique du gouvernement et portent au creux de leurs mains la destinée du peuple.

Sir Josiah Stamp, Gouverneur de la Banque d'Angleterre

La banque fut conçue dans l'iniquité et est née dans le péché. Les banquiers possèdent la Terre. Prenez la leur, mais laissez-leur le pouvoir de créer l'argent et en un tour de mains ils créeront assez d'argent pour la racheter. Ôtez-leur ce pouvoir, et toutes les grandes fortunes comme la mienne disparaîtront et ce serait bénéfique car nous aurions alors un monde meilleur et plus heureux. Mais si vous voulez continuer à être les esclaves des banques et à payer le prix de votre propre esclavage laissez donc les banquiers continuer à créer l'argent et à contrôler les crédits.

Woodrow Wilson (28ème Président des États-Unis)

Une grande nation industrielle est contrôlée par son système de crédit. Notre système de crédit est concentré entre les mains de quelques hommes. Nous en sommes arrivés à être l'un des gouvernements les plus mal dirigés du monde civilisé, l'un des plus contrôlés et dominés, non pas par la conviction et le vote de la majorité, mais par l'opinion et la force d'un petit groupe d'hommes dominants.
Je suis le plus malheureux des hommes. J'ai inconsciemment ruiné mon pays.
(Woodrow Wilson regrettait d'avoir signé la loi sanctionnant la création de la Fed)
Felix Frankfurter, Juge à la Cour Suprême

À Washington les vrais dirigeants sont invisibles et ils exercent leur pouvoir en coulisses.
Louis T. McFadden, Président du Comité sur les banques et les devises

En 1932 :
En vérité, la Réserve fédérale a usurpé le gouvernement des États-Unis. Elle contrôle tout ici et elle contrôle l'ensemble de nos affaires étrangères. Elle fait et défait à volonté les gouvernements...
En 1933 :
Roosevelt a ramené avec lui de Wall Street James P. Warburg, le fils de Paul M. Warburg, fondateur et premier président du conseil d'administration du Système de la Réserve fédérale...
En 1950 :
Ce même Warburg a eu l'audace et l'arrogance de proclamer devant le Sénat des États-Unis : « Nous aurons un gouvernement mondial que nous l'aimions ou pas. La question est seulement si nous l'aurons par consentement ou par conquête. »

Barry Goldwater, Sénateur

La plupart des étasuniens n'ont aucune compréhension réelle de la façon dont les bailleurs de fonds internationaux procèdent. Les comptes de l'organisation de la Réserve fédérale n'ont jamais été vérifiés. Elle opère indépendamment du contrôle du Congrès et... elle manipule le crédit des États-Unis.

Henry Ford

Il est appréciable que le peuple de cette nation ne comprenne rien au système bancaire et monétaire, car si ce n'était pas le cas, je pense que nous serions confrontés à une révolution avant demain matin.

Les citations précédentes représentent la pure vérité braquée devant vos yeux et pour laquelle les bailleurs de fonds de l'ombre ont investi des milliards au fil des ans pour contrôler la presse marchande internationale, et ils ont grassement payé en particulier des économistes, des historiens et des politiciens, pour qu'ils véhiculent des mensonges afin de détourner l'attention et dissimuler leur plan caché.

La citation suivante indignera la plupart d'entres-vous et transformera votre point de vue sur plusieurs problèmes mondiaux... Elle a été écrite par un juif courageux à un autre juif courageux.

Benjamin H. Friedman, lettre au Dr David Goldstein du 10 octobre 1954

L'histoire du monde des derniers siècles et les événements actuels ici et à l'étranger confirment l'existence d'une telle conspiration (visant à détruire la chrétienté et à s'approprier le pouvoir mondial). Le réseau mondial de conspirateurs diaboliques met en œuvre ce complot contre la foi chrétienne, alors que les chrétiens semblent ne pas en avoir conscience. Le clergé chrétien semble être encore plus ignorant ou plus indifférent face à cette conspiration que ne le sont les autres Chrétiens... Tout cela semble navrant.

PETIT DÉTOUR HISTORIQUE

Pour assurer leur ordre du jour mondial, les bailleurs de fonds de l'ombre ont besoin d'une base nationale, pour d'abord consolider leur pouvoir et promulguer les lois leur permettant d'assurer leur monopole d'émission de monnaie et de crédit. La première cible fut l'Angleterre, et c'est pourquoi la première banque centrale fut la Banque d'Angleterre. Presque chaque loi garantissant aux bailleurs de fonds leur pouvoir économique et politique débridé peut être retracée jusqu'aux bases juridiques de l'instauration de la Banque d'Angleterre en tant que banque centrale et à son droit à créer du « crédit » sans entrave.

La livre sterling était la devise de choix pour la conquête du monde et elle a permis de faire naître le puissant Empire Britannique, sur lequel le soleil ne se couche jamais ! C'était un empire basé sur la dette. Quand la combine à la Ponzi de la livre sterling s'est effilochée, la Grande-Bretagne n'était plus d'aucune utilité et les bailleurs de fonds de l'ombre ont changé de pays pour organiser un nouveau système de Ponzi.

Le pays devenu la cible suivante fut les États-Unis, et le moyen fut le Système de la Réserve fédérale. Ce fut une longue lutte, mais les bailleurs de fonds de l'ombre ont finalement eu gain de cause. Par la suite, ils créèrent le plus grand empire financier de l'histoire, mais ils étaient encore loin de leur ultime objectif secret, tel qu'il fut proclamé avec arrogance James P. Warburg : L'instauration d'un gouvernement mondial par soumission ou consentement !

Aujourd'hui, les bailleurs de fonds de l'ombre ont acquis une puissance militaire inégalée, mais, ce faisant, ils ont mis en péril le système de la monnaie fiduciaire. C'est à cause de la masse d'argent nécessaire pour entretenir et prolonger la puissance militaire des États-Unis, ainsi que leurs bases militaires dans les pays satellites partout dans le monde en plus de l'occupation de l'Allemagne et du Japon depuis leur défaite en 1945.

Il est important de comprendre que les bailleurs de fonds de l'ombre sont par nature des parasites qui doivent se nourrir continuellement de dettes. Le financement des aventures militaires garanti un flot continu de dettes et d'intérêts composés. Les dettes engendrent d'autres dettes !

Dès que les dettes atteignent le point de saturation, la pyramide de Ponzi s'effondre. D'où la nécessité de relancer ou de recréer une autre magouille, à défaut de quoi l'empire financier des bailleurs de fonds de l'ombre ne pourrait plus être sustenté.

BRETTON WOODS (I) : LA COMBINE À LA PONZI DE L'APRÈS DEUXIÈME GUERRE MONDIALE

À la fin de la Seconde Guerre mondiale, les États-Unis étaient la super-puissance incontestée et le plus grand créancier.

Les bailleurs de fonds de l'ombre ont créé différentes formes de prêts gigantesques, tels que le Plan Marshall, sous prétexte de relancer l'économie dévastée de l'Europe et de l'Asie. Sous couvert dudit plan économique altruiste de l'après guerre se dissimulait le projet visant à faire du dollar US la seule et unique monnaie remplaçant la livre sterling.

Après la Deuxième Guerre Mondiale, les bailleurs de fonds de l'ombre avaient sous leur contrôle les pays débiteurs suivants :
Le Canada,
Les pays du continent d'Amérique du Sud,
Les pays d'Europe, à l'ouest de l'ancien « Rideau de Fer, »
Les pays du continent d'Afrique,
Les pays du Moyen-Orient,
Les pays d'Asie, à l'ouest de l'ancien « Rideau de Bambou, »
L'Australie et la Nouvelle-Zélande.
Afin de s'assurer du consentement des pays débiteurs à se servir du dollar comme monnaie de réserve, il fut convenu que le dollar serait convertible en or, au prix de 35 dollars l'once.

Jamais les bailleurs de fonds de l'ombre n'avaient été aussi bien. Puis, ils sont devenus gourmands.

Comme les orfèvres d'antan, les bailleurs de fonds de l'ombre ont créé plus de crédits qu'il n'y avait d'or pour soutenir le dollar à titre de monnaie de réserve. Il y avait aussi les nombreuses guerres nécessitant finance, en particulier la guerre du Vietnam et les guerres par procuration en Afrique et en Amérique

Latine. Il y avait une énorme fuite dans les avoirs en or de Fort Knox.

Cela a donné lieu à une crise de confiance dans le système dollar de Bretton Woods (I).

Pour résoudre cette crise et maintenir le statut exclusif du dollar US, les bailleurs de fonds de l'ombre imaginèrent une combine brillante, une variante de Bretton Woods (I).

BRETTON WOODS (II) – LE SUBLIME SYSTÈME DE LA MONNAIE FIDUCIAIRE

Tel que le décréta le Président Nixon, le dollar ne pourrait plus être convertible en or.

Pour atteindre sa plénitude, le plan d'ensemble de la magouille comportait deux parties.

La première partie fut le recours à la tactique d'intimidation simple. La Guerre Froide fut manigancée et intensifiée pour créer le mythe d'une Union Soviétique capable de déclencher une guerre nucléaire contre les « pays libres, » ce qui nécessitait par conséquent une défense que seuls les États-Unis étaient en mesure de fournir, puisqu'ils étaient la nation la plus puissante au monde.

La contrepartie à la protection des États-Unis garantissant la défense collective était que les pays devraient continuer à recourir au dollar dans tout échange international.

Nonobstant le fait que les pays débiteurs approuvaient le nouvel accord, les bailleurs de fonds de l'ombre craignaient toujours que, tôt ou tard, les débiteurs en viennent à comprendre qu'ils ne détiennent que du papier sans valeur. Si cette situation devait se produire, le dollar serait délaissé comme s'il s'agissait de déchets toxiques, et ce serait la fin du système des bailleurs de fonds de l'ombre.

La deuxième partie a donc été lancée et l'homme choisi pour mettre en œuvre cette escroquerie n'était autre qu'Henry Kissinger. Il a obtenu un accord avec le monarque saoudien corrompu ainsi qu'avec d'autres tyrans de moindre importance de la région afin que le prix du pétrole soit manipulé de manière à faire exploser les cours et, en échange de leur incalculable richesse et de leur puissance financière, tout le commerce pétrolier devrait dorénavant se négocier en dollars, et les pétrodollars devraient être rapatriés aux États-Unis pour y être investis dans des actifs en dollars.

De façon pervertie, le dollar était désormais soutenu par le pétrole brut au lieu de l'or, puisque, sans dollars, aucune nation ne pourrait acheter de pétrole.

En une nuit, le dollar-papier-hygiénique retrouvait son prestige et sa qualité de monnaie de réserve mondiale.

Pourtant, une fois encore les bailleurs de fonds de l'ombre sont devenus avides. Ils en sont venus à la folle conclusion qu'ils pourraient créer des crédits illimités (des dettes sans fin) sortis du néant, et que rien ne pouvait être plus intelligent !

À la fin des années 80, il devenait évident pour les bailleurs de fonds de l'ombre que la demande et l'utilisation du pétrole brut seraient insuffisants pour maintenir le niveau de crédit nécessaire au soutien de la pyramide de dettes.

Le Plan B, le Yen Carry Trade, a été mis en action. L'emprunt en yen à taux d'intérêt zéro, réinvesti dans des actifs en dollar portant des taux d'intérêt élevés. Les Japonais, un peuple conquis et toujours sous occupation militaire, ne pouvaient se plaindre, et, de cette manière, ils ont souffert en silence pendant plus de dix ans. Le dollar en tant que monnaie de réserve mondiale était sauvé, mais pas pour longtemps.

L'instabilité au Moyen-Orient est devenue une préoccupation majeure. Saddam Hussein avait des idées de grandeur. Il aspirait à devenir la puissance régionale, mais l'opération Tempête du Désert saborda ses grands espoirs. L'Iran, après s'être remis des ravages de la guerre de huit ans avec l'Irak, a commencé à s'affirmer et sa force grandissante a été perçue comme une menace au désir de sécurité des bailleurs de fonds de l'ombre et de leurs compères mafiosi, les grandes compagnies pétrolières.

Un Plan C était nécessaire. La carte de la Chine a dû être jouée !

LE FACTEUR CHINE

Dans les années 80, Deng Xiaoping a annoncé au monde entier que la Chine pratiquait un Socialisme à la sauce chinoise. Être Rouge est sans importance, pour un chat peu importe sa couleur tant qu'il attrape des souris !

La Chine souhaitait se moderniser et rattraper l'Occident. Elle avait une main-d'œuvre abondante, bon marché et disciplinée. Mais le développement était lent et les investissements étrangers se limitaient à certaines régions.

Chez eux, aux États-Unis, les industriels concernés étaient définitivement vaincus par les Japonais et les Coréens. L'une après l'autre les industries sont devenues moins compétitives, et les coûts montaient. Une solution devait être trouvée.

Les bailleurs de fonds de l'ombre avaient leur part de soucis. Comment accélérer la dynamique de création du crédit dans une économie déclinante ? Moins de dettes signifie moins d'intérêts composés et donc moins de profits. CQFD.

Les bailleurs de fonds de l'ombre ont réalisé assez tôt que, si la dette était tirée par la consommation, ce serait la solution. Il devrait y avoir une base industrielle qui pourrait produire d'énormes quantités de marchandises répondant aux exigences de la dette.

La Chine a pesé lourd globalement dans la manigance de l'affaire.

Les bailleurs de fonds de l'ombre ont conclu avec la Chine un marché sur le modèle de l'accord du pétrodollar. Il y aurait d'immenses délocalisations industrielles vers la Chine, d'énormes investissements dans les usines et les équipements de production de marchandises pour le marché étasunien et européen en échange du commerce libellé en dollars. Et, plus important encore, il fut convenu que les dollars des excédents commerciaux seraient réinvestis dans des actifs en dollars.

C'était une offre que la Chine pouvait difficilement refuser. C'était le moyen de développer rapidement son économie et de se moderniser à toute allure. La Chine a accepté et la suite, tout le monde la connaît !

Les consommateurs ont emprunté plus que jamais pour acheter des produits de Chine. Les dollars recyclés en provenance de Chine ont financé la bulle de la consommation : accession à la propriété, à l'automobile, au matériel électronique, aux jouets, aux vêtements etc. La Chine est devenue l'usine du monde et son économie a fait un bond de géant. En une décennie, la Chine a accumulé des réserves en dollars s'élevant à 2.000 milliards de dollars. D'autres pays d'Asie ont sauté dans le train en marche et ont accumulé d'énormes réserves de dollars. Ces immenses réserves devaient être investies et les États-Unis les ont attirées dans des placements exotiques, créés par des lauréats du prix Nobel et des scientifiques en montée exponentielle.

LE CASINO DES PRODUITS DÉRIVÉS

L'ingénierie financière des bailleurs de fonds de l'ombre a accéléré le développement du crédit. Les États-Unis ont ouvert la voie. Au cours des dix dernières années, alors que les revenus stagnaient, les dépenses de consommation atteignaient le record de 8.340 milliards de dollars, alimentées par le prêt à la consommation bon marché : prêt hypothécaire, prêt sur carte de crédit, prêt automobile, prêt vacances, etc.

La titrisation du flux croissant des intérêts composés d'un large éventail de dettes à la consommation était naturelle et logique dans la partie suivante de création de crédit pour le casino des produits dérivés. Les dettes ont été tranchées en rondelles et en cubes pour former les CDO, les CDO synthétiques, les CLO, les MBS, les CDS etc., vendus dans le monde entier. La demande de titrisation était si grande que les banques et les courtiers en hypothèques étaient même disposés à faire des prêts aux emprunteurs sans prendre d'information sur leur solvabilité. Avec à propos, ils ont été appelés « Liars'Loans » (prêts des menteurs) !

En 2004, 157 milliards de CDO ont été émis. Puis ils ont augmenté en flèche, atteignant la somme extraordinaire de 557 milliards de dollars en 2006. Et quand il n'y a plus eu assez de crédits hypothécaires titrisés en CDO, Wall Street a créé le « CDO synthétique, » une obligation sans prêt ni titre sous-jacent, mais ayant prétendument un flux de revenu basé sur un contrat parallèle et sur des fonds de prévoyance qui pourraient ou non engendrer quelque paiement d'intérêts. L'investissement est risqué, abruti ! Aux plus grands risques les plus grands gains !

Au cours du premier trimestre de 2007, la création de CDO a déferlé plus avant, dirigée par Merrill Lynch qui en a vendu pour près de 29 milliards de dollars en février et mars, soixante pour cent de plus que dans la période de deux mois précédente ; Goldman Sachs en a vendu pour 10 milliards de dollars en mars, plus du double de la valeur de février, et Citigroup en a vendu pour 9 milliards de dollars en mars, un tiers de plus que le mois précédent. Les CDO étaient en vogue, ils représentaient le billet pour la richesse radieuse.

Les États-Unis, en particulier Wall Street était devenus « La Mecque de la dette. »

Le reste du monde a sauté dans le train en marche. Tant de CDO ont été empaquetés et vendus si vite, que personne n'a eu le temps de déterminer quelles valeurs étaient titrisées sous forme de CDO. « Juste faire du commerce, juste faire du commerce, » était le refrain du ballet des traders.
Le tableau ci-dessous parle de lui-même du fiasco de la subprime.

(..)
Le monde était devenu accro à la dette !

Ensuite la bulle immobilière s'est crevée, et avec elle la gigantesque magouille à la Ponzi.

Les créanciers sont désormais confrontés à un dilemme. Que faire des tombereaux de dollars sans valeur, maintenant appelés par dérision « déchets toxiques. » Refuser de faire tout échange, brader, continuer à être remboursé en dollar-papier-hygiénique ou arrêter la planche à billets ?
Nous sommes maintenant dans cette situation critique.

LE DERNIER STRATAGÈME DES BAILLEURS DE FONDS DE L'OMBRE

La décision de la Fed de réduire le taux directeur à 0,25 pour cent signifie qu'elle s'est embarquée dans une politique d'intérêts à taux zéro (ZIRP) et met en œuvre la politique du Quantitative Easing (QE [politique d'intérêts minimums, mise en œuvre au Japon lors de la déflation des années 2000, NDT]), pour ouvrir le robinet de l'« offre du crédit sans borne. »
En jargon profane, pour encourager plus de dettes : créances hypothécaires, dettes de cartes de crédit, prêts automobiles et, plus important, relancer le casino des produits dérivés, actuellement en survie. C'est la toxicomanie qui a soutenu le système financier mondial dans les vingt dernières années et de manière plus marquée depuis les sept dernières années !
La politique ZIRP/QE annoncée est la dernière balle de l'arsenal de la Fed ou, comme je l'ai déjà exposé en utilisant une autre analogie, le dernier jeu, le dernier jeton de la table de paris. Après ça, il ne restera pas de munitions.
Cet énorme pari prendra six mois à se jouer, mais il s'achèvera par un fiasco aussi sûrement que le Soleil se lèvera à l'Est demain.
Mais un aspect plus menaçant de la politique d'intérêt à taux zéro, qui n'a été souligné par aucun commentateur économiste ou financier, est que les États-Unis sous l'actuel régime Bush ont fait savoir au monde entier qu'ils ne peuvent ni ne veulent plus

couvrir le paiement des intérêts de la dette du pays, qui se chiffrent en billions.

Bush a déclaré que les États-Unis sont en banqueroute dans tous leurs projets et objectifs, et qu'ils n'ont pas les moyens de couvrir les intérêts dus, qui dépassent la somme principale.

Bush, Bernanke et Paulson ont donc d'un commun accord fait un bras d'honneur aux créanciers mondiaux, déclarant sans aucune ambiguïté que :

Vous, créanciers, vous les trous du cul, vous pouvez vous branler. Vous savez, je sais et tout le foutu monde sait que les supers États-Unis n'ont même pas le revenu pour couvrir les intérêts dont le montant s'élève à quelques centaines de milliards de dollars par an.

Alors arrêtons les faux-semblants. Nous devons des billions et en plus de ça les intérêts courent en centaines de milliards de dollars, qui sont capitalisés en cas d'impayé. Et chaque année nous devons emprunter auprès de vous, juste pour payer les intérêts, afin d'éviter un rappel pour défaillance. Il y a eu tellement d'occasions où nous avons manqué à nos engagements, mais vous nous avez permis de prolonger pour maintenir la façade des supers États-Unis toujours à flot.

Nous ne flottons pas comme un morceau de bois, nous sommes plutôt en train de sombrer rapidement ! Cessons les foutaises et soyons réalistes.

Voici donc l'offre. Et vous crétins écoutez bien car ce sera dit une fois et une fois seulement.

Vous devriez être plus que satisfaits d'avoir déjà perçu tant d'intérêts sur les dettes. Toutes ces années vous n'étiez que trop heureux de nous voir imprimer du papier sans valeur pour payer vos produits et servir des intérêts. C'est une arnaque incroyable et pas fatigante dont nous avons bénéficié toutes ces années. Vous faisiez aussi partie de l'escroquerie

Si vous insistez pour que je continue à vous payer en papier sans valeur, pourquoi insistez-vous pour que nous émettions encore du papier sans valeur pour payer les intérêts ? C'est juste un peu plus de papier hygiénique. Vous regorgez de papier hygiénique !

Le papier hygiénique est sans valeur. Ainsi, c'est le moment de payer « le papier hygiénique des intérêts » de la dette de papier hygiénique.

Ça y est ! Nous ne paierons dorénavant plus d'intérêt en papier hygiénique. Nous allons imprimer plus de papier hygiénique pour payer ce que nous voulons acheter. Si vous voulez faire commerce avec nous, vous obtiendrez du papier hygiénique, mais sans intérêt. Un point c'est tout !

Il s'agit de la plus grande ironie qui soit. La Fed, le plus grand bailleur de fonds ainsi que ses comparses mafiosi disent à leurs créanciers d'aller se faire foutre ! Lorsque les débiteurs ne peuvent plus payer les intérêts exorbitants ni le principal, les prédateurs financiers exigent que les débiteurs leur donnent leur peau en guise de remboursement. Mais quand ils empruntent ils remboursent en monnaie-papier-hygiénique et s'en tirent avec ça !

Et maintenant, ils ont même l'audace de donner un ultimatum :

Nous sommes les plus grands acheteurs de la ville. Si vous ne voulez pas de notre papier hygiénique, ça nous convient. Vous pouvez obtenir du papier de soie des Européens, du papier de bambou des japonais et tout ce qui est proposé. Qui va prétendre que le papier de soie fait un meilleur boulot que le pur papier hygiénique ? Hé, c'est un marché libre. Faites votre choix !

C'est la partie de poker finale. Bush, Bernanke et Paulson font le pari que personne ne les prendra au mot, qu'ils abandonneront et cesseront de vendre des produits aux États-Unis d'Amérique. Bush espère que la crainte de la récession et des troubles sociaux dans les pays créanciers les forceront à capituler.

Malheureusement, ce subterfuge échouera. La raison en est simple. Les États-Unis ne peuvent pas fournir les produits désirés par le consommateur étasunien, même les choses les plus élémentaires. Les industries manufacturières sont anémiques, tandis que les autres ne font que vivoter. Sans les importations les États-Unis vont devoir fermer dans un délai de six mois.

Il y aura d'énormes émeutes partout aux États-Unis, avec des meurtres de gens pour la nourriture et les autres produits de première nécessité. Les matières premières, les marchandises de base et autres biens destinés à la fabrication ne seront plus disponibles. Il n'y aura plus de voitures sur les autoroutes ! Des millions d'Étasuniens autorisés à avoir des armes traqueront dans les rues tout ce dont ils pourront s'emparer.

Vous pouvez parier votre dernier dollar que les bailleurs de fonds de l'ombre et son acolyte militaire imposeront la loi martiale.

Les préparatifs sont déjà en cours.

LE SOBRE AVERTISSEMENT DU PRESIDENT BUSH

Mardi le 9 décembre 2008, le président Bush a déclaré dans un discours fasciste, « J'ai abandonné les principes du marché libre pour sauver le système du marché libre. »

Si vous, les gars là-bas, ne l'avez pas encore compris, ce qu'a dit Bush est : J'impose la dictature !

C'est parce que, selon la sagesse populaire, le contraire du « marché libre » est le « contrôle étatique de l'économie. » En un mot, le Socialisme, l'État fort.
La Fed et le Trésor, de connivence avec le Congrès, ont d'ores et déjà approuvé et financé les temps forts, l'acquisition des grandes banques de Wall Street, grâce au Troubled Asset Relief Program (TARP), au Term Asset-Backed Securities Loan Facility (TALF) et au plan de renflouage de 700 milliards de dollars.

Plusieurs commentateurs financiers étasuniens ont déjà reconnu que c'est purement et simplement une nationalisation des institutions financières.

Bientôt, ce sera la nationalisation des grandes sociétés telles que General Electric, GM, Ford et Chrysler, trop grosses pour avoir la permission de faire faillite.

C'est trop exagéré ? Il suffit de regarder les événements qui ont mené à la Première et à la Seconde Guerre Mondiale et aux dictatures en Amérique Latine dans les années 70.

Comment aurait fait Franklin Roosevelt pour sortir de la pagaille des années 30 sans les grandes politiques gouvernementales et l'entrée en guerre en Europe, contre l'Allemagne, et contre le Japon en Asie ? Il a même décrété que les étasuniens ne pouvaient plus posséder d'or sous quelque forme. Tout l'or a été confisqué. Le Président Roosevelt gouvernait d'une poigne de fer, ne croyez pas le contraire.

Maintenant que le monde entier sait que le dollar de la Réserve fédérale n'est que du papier hygiénique, et même si c'est la « monnaie légale » selon la loi (c'est-à-dire que de par la loi, le papier hygiénique doit être accepté pour le paiement intégral de toute dette, faute de quoi la dette est considérée réglée), les prêteurs de l'ombre ne peuvent pas se permettre le risque d'une rébellion armée ouverte et de l'abolition du système de monnaie fiduciaire. Dans ces circonstances, il est donc nécessaire d'imposer l'utilisation du dollar-papier-hygiénique par la force militaire et la brutalité.

Pour ceux qui ne sont pas familiers avec le « parler dictatorial, » il n'y a pas de message plus clair pour préparer les élitistes à la prochaine catastrophe que l'annonce de l'abolition des principes du marché libre. L'accent est mis sur le mot « libre » et non pas sur « marché. »

Nous pouvons discutailler de la justesse de mon interprétation jusqu'à la saint-glinglin. Le temps sera seul juge.

UN GOUVERNEMENT MONDIAL PAR SOUMISSION OU PAR CONSENTEMENT

James P. Warburg, fils de Paul M. Warburg (premier président du conseil d'administration du Federal Reserve System), a déclaré que leur objectif ultime est un gouvernement mondial. Mais cet objectif ne peut être réalisé tant que les États-Unis se sont pas complètement soumis. Un gouvernement mondial ne peut advenir qu'en créant une crise embrasant le monde entier depuis les États-Unis. Cette crise ne sera pas résolue par un seul pays, il ne le pourrait pas. Il faudra que ce soit une résolution mondiale. Et, puisque les pays ne peuvent œuvrer qu'à travers un mécanisme commun, il y a donc besoin d'une institution ou d'un mécanisme international.

L'Organisation des Nations Unies est le précédent à partir duquel un nouveau gouvernement mondial verra le jour.

Depuis le début de la crise, Henry Kissinger appelle les dirigeants du monde entier et les persuade de se soumettre à cette tentative s'ils veulent éviter un fléau généralisé.

Et ce sera un gouvernement socialiste mondial. Avant de protester et de déclarer que je suis fou, laissez-moi dire ici une fois pour toutes que je suis en pleine possession de mes facultés. J'ai fait des recherches.

Le Capitalisme et le Socialisme sont deux faces d'une même pièce de monnaie frappée par les mêmes bailleurs de fonds. Ces deux idéologies ne servent qu'un seul maître : les bailleurs de fonds de l'ombre.

Pour les sceptiques, veuillez considérer les faits suivants :

1) La Révolution d'Octobre russe, dirigée par Lénine, a été financée par les banquiers, et de manière plus précise, par des banquiers de New York et de Berlin. À New York, le financement a été organisé par la firme bancaire Kuhn, Loeb & Co, dont la direction comptait

M. J. Schiff et M. Warburg, le fondateur de la Réserve fédérale. À Berlin, le banquier allemand était le frère de M. Warburg de New York.

2) Le 16 janvier 1962, le magazine Look and Life a publié la déclaration suivante de David Ben Gourion, le tout premier Premier Ministre d'Israël, alors encore en fonction :

L'image du monde de 1987 se dessine dans ma tête : La guerre froide est chose du passé. En Russie, la pression interne toujours croissante de l'intelligentsia pour davantage de liberté, et la pression des masses pour élever leur niveau de vie, peuvent amener la démocratisation progressive de l'Union Soviétique. D'autre part, l'influence croissante des travailleurs et des agriculteurs, et la montée de l'importance politique des hommes de science peut transformer les États-Unis en État providence avec une économie planifiée. L'Europe de l'Est et de l'Ouest deviendront autonomes en tant que fédérations d'États dotés d'un régime démocratique et socialiste... les pays seront réunis dans une alliance mondiale, disposant de forces de police internationales. Toutes les armées seront supprimées et il n'y aura plus de guerres. À Jérusalem, l'Organisation des Nations Unies (une véritable union de nations) construira le sanctuaire des prophètes pour servir l'union fédérée de tous les continents ; ce sera le siège de la Cour Suprême de l'humanité qui réglera toute dispute entre les continents fédérés, comme le prophétisa Isaïe.

3) Suite au succès de la Révolution d'Octobre russe et de l'abdication du tsar Nicolas II, le Premier Ministre britannique David Lloyd George a déclaré au Parlement que la Grande-Bretagne avait atteint l'un de ses principaux objectifs de guerre.

4) Le principal objectif du Capitalisme et du Socialisme est la centralisation de l'autorité d'un groupe d'élite politique qui possède ou qui contrôle tous les moyens de production et l'émission de la monnaie et du crédit ; l'ancien objectif ayant été

obtenu grâce à diverses formes de monopole et le nouveau grâce au monopole public.

POURQUOI LA GUERRE EST INÉVITABLE

Pour prouver ce point de vue, permettez-moi d'utiliser une simple analogie.

Les journaux rapportent souvent qu'une certaine personne a été sauvagement battue pour avoir omis de rembourser ses dettes à un bailleur de fonds. En Malaisie, les prêteurs sont souvent qualifiés de « Ah-longs » (NDT : Un bailleur de fonds généralement issu du crime organisé à des taux d'intérêt élevés). C'est même le cas lorsque la dette est dérisoire. Si le prêteur d'argent adoptait la « méthode douce » pour se faire rembourser un prêt, il pourrait encourager les non-paiements. La brutalité assure le plein respect des engagements !

Il en va ainsi pour les nations. Lorsque la survie même d'une nation est en jeu pour cause économique et/ou de guerre monétaire, pensez-vous vraiment que ce pays en danger ne partirait pas en guerre ?

Les États-Unis ont envahi l'Irak non pas à cause d'une menace d'armes de destruction massive de Saddam Hussein, mais pour le pétrole brut et parce que Saddam vendait le sien en euro plutôt qu'en dollar-papier-hygiénique.

Les bailleurs de fonds de l'ombre sont dans une situation désespérée et ils lanceront une guerre mondiale pour éviter l'effondrement du système de la monnaie fiduciaire. La guerre sera financée par les grandes banques centrales et leurs mandataires, les 8 à 10 banques mondiales commerciales et d'investissement. Comme pour la Guerre Mondiale I et II, les élitistes de la City de Londres et de Wall Street seront les principaux instigateurs de ce complot insidieux.

Quiconque doute de ce scénario devrait se poser une simple question : Pensez-vous que les puissances financières centralisées en Occident accepteraient et toléreraient la perte de leur pouvoir financier ?

J'utilise ces termes imagés parce que le citoyen moyen ne s'est pas encore rendu compte de la portée réelle des dernières annonces du Président Bush, sur l'abandon des « principes du marché libre » aux États-Unis, et de Bernanke de la Fed sur la politique d'intérêt à taux zéro. Pire encore, la majorité des dirigeants politiques des pays du tiers monde sont tout aussi ignorants. C'était évident lors du Sommet de l'APEC au Pérou. À l'instar du citoyen moyen, ces dirigeants n'ont aucune idée de la façon dont fonctionne le système de la monnaie fiduciaire. Quand Washington et Londres disent « imprimez », « ouvrez les robinets », « baissez les taux d'intérêt », ou l'inverse, il leur suffit de suivre aveuglément. Il y a eu une seule exception, lorsque la Malaisie s'est désengagée au cours de la crise financière de 1997. Mais cette situation ne fut que temporaire, car le nouveau régime Badawi a succombé à l'ancien système.

Pourra-t-on empêcher que cette guerre ne se produise ?

Il existe une petite chance. Si les patriotes étasuniens, qui sont légalement armés, se rebellent et résistent à l'imposition de la loi martiale, la guerre mondiale pourrait être évitée.

Le FMI a déjà prévenu que, si les États-Unis ne parvenaient pas à résoudre la crise, il y aura d'énormes troubles sociaux.

Le sang coulera dans les rues ! La force militaire aurait pour adversaire de courageuses milices ayant la fière tradition d'avoir vaincu autrefois la grande puissance coloniale britannique.

Oserons-nous espérer une seconde Révolution Américaine ?

http://www.mondialisation.ca/index.php?context=va&aid=11692

" **Rappel : code pénal :**

Art. 223-6

Quiconque pouvant empêcher par son action immédiate, sans risque pour lui ou pour les tiers, soit un crime, soit un délit contre l'intégrité corporelle de la personne s'abstient volontairement de le faire est puni de cinq ans d'emprisonnement et de 75 000 euros d'amende.

Sera puni des mêmes peines quiconque s'abstient volontairement de porter à une personne en péril l'assistance que, sans risque pour lui ou pour les tiers, il pouvait lui prêter soit par son action personnelle, soit en provoquant un secours.

Aleister Crowley
http://www.conesa.com/aleister/textes.html

Edward Alexander Crowley (12 octobre 1875 à Leamington Spa dans le Warwickshire – 1er décembre 1947 à Hastings), dit Aleister Crowley, est un écrivain et occultiste britannique. […]

Crowley est doté d'une personnalité aux multiples facettes, il est entre autres ; joueur d'échecs, alpiniste, poète, peintre, astrologue, adepte des drogues, etc. Mais il est surtout connu pour ses écrits sur l'occultisme et particulièrement pour le Livre de la Loi, le livre sacré de Thelema. Crowley est également membre influent de plusieurs organisations occultes : l'Ordre hermétique de l'Aube dorée, l'A.A. et de l'Ordo Templi Orientis. Concernant cette dernière organisation, il participe même à sa création. [...]

Il devient membre d'un Ordre Initiatique Rose-Croix fondé par plusieurs franc-maçons en 1888 et nommé l'Ordre hermétique de l'Aube dorée, ou Hermetic Order of the Golden Dawn, au sein duquel il est initié à l'occultisme à partir de 1897 par Samuel Liddell Mathers et son ami et associé Allan Bennett, qui l'introduisent à la pensée et aux pratiques du bouddhisme. [...]

Les 8, 9 et 10 avril 1904, lors de son voyage de noces au Caire, Crowley reçoit en dictée un ouvrage de quelques pages, par l'intermédiare d'une entité désincarnée nommée Aiwass, qu'Aleister Crowley assimilera plus tard à son saint ange gardien. Ce texte, intégralement retranscrit dans le Livre de la Loi (Liber AL vel Legis sub figura CCXX), constituera la base de son système philosophico-religieux nommé : « La Loi de Thelema ».

Le terme « Thelema » provient du grec, et signifie « Volonté », non la Volonté bassement humaine et capricieuse, mais la Volonté Supérieure de l'Homme qui lui permet de dépasser sa condition. Le Livre de la Loi illustre cette « Volonté — Thelema » par quelques phrases clés comme « L'Amour est la Loi, l'Amour soumis à la Volonté » ; ou encore « Fais ce que Voudras sera le Tout de la Loi », ce fameux « Fais ce que Voudras » qui est gravé sur le fronton de l' « Abbaye de Thélème » de Rabelais (*), auteur avec lequel il partage une sensualité grivoise, un penchant pour l'alchimie et paradoxalement une certaine religiosité bien qu'il ait cherché à se démarquer de son éducation religieuse Chrétienne, en rejoignant la longue liste des nouveaux Gnostiques, par l'intermédiaire de ce qu'il nommera la « Magick », l'Hermétisme et d'autres disciplines Occidentales comme Orientale comme le Yoga.

(*) Abbaye utopique décrite par Rabelais à la fin de Gargantua. Un grand amphithéâtre, à l'actuelle Université de Tours porte le nom de Thélème.

Liber AL vel Legis - The Book of the Law, Chapter I.

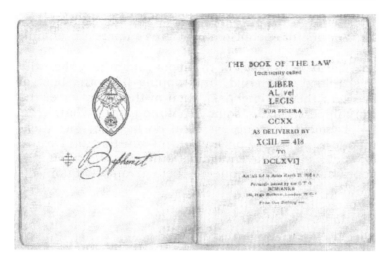

Citation :
[...]
11. This shall be your only proof. I forbid argument. Conquer ! That is enough. I will make easy to you the abstruction from the ill-ordered house in the Victorious City. Thou shalt thyself convey it with worship, o prophet, though thou likest it not. Thou shalt have danger & trouble. Ra-Hoor-Khu is with thee. Worship me with fire & blood ; worship me with swords & with spears. Let the woman be girt with a sword before me : let blood flow to my name. Trample down the Heathen ; be upon them, o warrior, I will give you of their flesh to eat !
11. Ce sera ta seule preuve. J'interdis l'objection. Conquiers ! Cela suffit. Je te faciliterai l'abstruction de la maison désordonnée dans la Cité Victorieuse. Tu la transporteras toi-même avec adoration, ô prophète, bien que tu ne l'aimes pas. Tu rencontreras danger & affliction. Râ-Hoor-Khu est avec toi. Adore-moi avec du

feu & du sang ; adore-moi avec des épées & avec des lances. Que la femme soit ceinte d'une épée devant moi : que le sang coule jusqu'à mon nom. Foule aux pieds les Païens ; attaque-les, ô guerrier, je te donnerai de leur chair à manger !

12. Sacrifice cattle, little and big : after a child.

12. Sacrifie du bétail, petit et gros : après un enfant. [...]
24. The best blood is of the moon, monthly : then the fresh blood of a child, or dropping from the host of heaven : then of enemies ; then of the priest or of the worshippers : last of some beast, no matter what.
24. Le meilleur sang est celui de la lune, mensuel : puis le sang frais d'un enfant, ou gouttant de l'armée du ciel : puis des ennemis ; puis du prêtre ou des adorateurs : enfin de quelque bête, n'importe quoi.

Liber Stellae Rubae
Citation :
[...]
11. L'autel sera entièrement nu.
12. D'abord, le rituel de l'Étoile Flamboyante.
13. Puis, le rituel du Sceau.
14. Ensuite, les infernales adorations d'OAI.
15. Aussi tu devras exciter les roues avec les cinq blessures et les cinq blessures.
[...]
19. Ce qui est à renier sera renié ; ce qui est à piétiner sera piétiné ; l'on crachera sur ce quoi l'on doit cracher.
20. Ces choses seront consumées dans le feu extérieur.
21. Puis de nouveau le maître proférera à volonté de douces paroles, et avec de la musique et quoi d'autre qu'il veuille s'avancera devant la Victime.
22. Aussi il tuera un jeune enfant sur l'autel, et le sang couvrira l'autel avec un parfum pareil à celui des roses.
23. Alors le maître apparaîtra tel qu'Il devrait apparaître — en Sa gloire.
24. Il s'allongera sur l'autel, et l'éveillera à la vie, et à la mort.

[...]

27. Alors il allumera un grand feu, dévorant.

28. Aussi il frappera l'autel de son fouet, et du sang s'en écoulera.

29. Aussi, dessus, aura-t-il fait fleurir des roses.

30. A la fin il offrira le Grand Sacrifice, à l'instant où le Dieu lapera la flamme sur l'autel.

[...]

48. Je suis Apep, Ô toi L'occis. Tu te tueras sur mon autel : j'aurais ton sang pour breuvage.

49. Car je suis un puissant vampire, et mes enfants aspireront le vin de la terre qui est le sang.

50. Tu réempliras tes veines au calice des cieux.

51. Tu seras secret, une frayeur pour le monde.

52. Tu seras élevé, et nul ne te verra ; élevé, et nul ne te soupçonnera.

[...]

59. Car je suis rien, et moi dois-tu craindre, Ô ma vierge, mon prophète au sein duquel je me réjouis.

60. Tu auras peur, la peur de l'amour : je triompherai de toi.

61. Tu seras très proche de la mort.

62. Mais je triompherai de toi ; la Vie Nouvelle t'illuminera de la Lumière résidant au-delà des Étoiles.

63. Que crois-tu ? Moi, la force qui ai tout créé, ne suis pas à mépriser.

64. Et je te tuerai en ma luxure.

65. Tu hurleras avec joie et souffrance et peur et amour — de sorte que le LOGOS d'un nouveau Dieu bondira jusque parmi les Étoiles.

66. Aucun son ne sera perçu si ce n'est ton léonin rugissement d'extase ; oui, ton léonin rugissement d'extase.

Publicité pour des rituels de mort

que la haute kabbale et ses pratiques intéressent. Comme "la science cabalistique" de Lenain, que l'ordre Kabbalistique de la Rose+Croix a jadis présenté, en 1909, par la plume de son Grand-Maître, le très regretté Dr Papus, "aucune publication ne pouvait davantage profiter au progrès des études kabbalistiques" que l'impression de ce précieux manuscrit.

(...)

Composée au 14ème siècle, très probablement à Zagreb, par un Juif convers, très au courant toutefois de l'angélologie et de la démonologie chrétienne, certainement conseillé ou revu par un des princes de l'Eglise dont l'auteur fut un des familiers, cette Oeuvre magistrale est à mi-chemin de la haute mystique religieuse et de la théurgie judéo-chrétienne.

Il faut donc remercier avant tout les Editeurs d'avoir su discerner, derrière ce texte poussiéreux et mystérieux, un des éléments initiatiques de la véritable Tradition occidentale et rosicrucienne.

(...)

Quant au copiste et commentateur, il trouvera certainement sa plus belle récompense en cette identification, aussi étrange qu'inattendue (et dans laquelle il faut certainement voir un intersigne venu d'un autre "Monde"...), qui fait que l'anagramme exacte de son nom : "R.Ambelain", donne le nom de l'auteur mystérieux du fameux manuscrit :"Abramelin"

(...)

Car c'est aussi un des aspects de notre vieille devise rosicrucienne que celui-ci :

"In Necis Renascor Integer..." ("Dans la mort, renaître intact et pur...")

Le Jour étant venu que l'on doit faire les Oraisons, les Prières et la convocation de son Ange Gardien, il faut avoir un petit enfant de l'âge de six à sept ans, huit au plus. On le lavera depuis la tête jusqu'aux pieds, on l'habillera de blanc, et l'on mettra sur son front un voile de soie blanche très fine et transparente, qui lui couvrira le front jusqu'aux yeux. Et sur ce voile, il faudra écrire auparavant, en lettres d'or, avec un pinceau, un Signe (...).

Il sert à concilier et à donner à la Créature Humaine et Mortelle la grâce nécessaire pour voir la Face de l'Ange. Celui qui opère fera la même chose sur un voile de soie noire, et il le mettra de la même manière que l'enfant.

Ensuite, il fera entrer l'enfant dans l'Oratoire, il lui fera mettre le Feu et le Parfum dans l'Encensoir, et il le placera à genoux devant l'Autel (sur le rôle traditionnel de l'Enfant, comme médium, voir notre ouvrage "Le Martinisme" p214 à 218)

(...)Avant l'opération, il aura fallu instruire cet enfant, car, dès qu'il aura vu l'Ange, il t'en préviendra et tu lui commanderas de voir sur l'Autel et d'y prendre la Plaque d'argent que tu y auras mis à cet effet, et de te l'apporter ainsi que tout autre chose s'il est nécessaire.

Le Saint Ange écrira sur cette Plaque ce que tu dois faire les deux jours suivants, et ce qu'ayant fait, il disparaitra. L'enfant, ayant vu disparaitre l'Ange, t'en instruira, tu lui commanderas de t'apporter la petite Plaque d'argent, tu y liras tout ce qu'il t'aura ordonné, et tu la feras remettre sur l'Autel.

Il s'agit là, incontestablement, d'un Enfant réel, analogue à celui (ou plutôt à ceux), que Cagliostro utilisait comme médium pour détecter dans sa célèbre carafe de cristal, pleine d'eau magnétisée, les scènes symboliques qu'il interprétait ensuite à ses consultants. Mais il est probable que l'enfant en question doit être « préparé » selon une rituélie appropriée.

Il doit être pur, au moral comme au physique. C'est dire que dans les pays chauds (le rituel est d'inspiration nettement arabe), il ne saurait être question d'un garçonnet ou d'une fillette de 8 ans ayant déjà perdu leur virginité physique, compte-tenu de leur formation ultra-précoce. Mais surtout, il doit être doué du don de voyance naturelle, ou être (tels ceux de Cagliostro), plongé dans le sommeil somnambulique. »

L'Enfant qu'on doit choisir pour une plus grande sûreté de la réussite de cette Science Sacrée, doit être né d'un mariage légitime, et il faut que le père et la mère soient également nés enfants légitimes. Il doit être âgé de 6 à 7 ans. Il faut qu'il soit vivace et spirituel, qu'il ait la parole claire, qu'il prononce bien. Tu le prépareras quelque temps avant de commencer l'Opération, et tu le tiendras prêt pour le besoin. Je serais d'avis qu'ils fussent 2 enfants, à cause des maladies, accidents, ou mort.

Tu l'amorceras en lui donnant des choses puériles pour l'amuser, et l'avoir prêt lorsqu'il le faudra. Il ne faut pas lui dire à quoi il doit servir, afin qu'étant interrogé par ses parents, il ne puisse rien rapporter.

Si c'était ton propre enfant, ce serait encore mieux. On doit être certain que, par ce moyen, on parvient à la possession de la Sapience Sacrée, car, où manque celui qui opère, l'innocence de l'Enfant y supplée, et les Saints Anges se plaisent beaucoup en cette pureté. (...)

Et ne croyez point que cet enfant soit capable de révéler et dire à d'autres aucune chose de ce qui se fera. Il ne s'en souviendra aucunement. Vous pourrez en faire l'expérience vous-même, en l'interrogeant après les 7 jours, et vous verrez qu'il ne se rappellera absolument rien. Ce qui est très remarquable. (...)

Description des noms des esprits qu'on peut appeler pour avoir ce que l'on désire : (...)

Ce ne sont point des esprits vils, bas et communs, mais des plus principaux, industrieux et prompts, et très propres à une infinité de choses. (...)

Les noms des 4 Princes et Esprits Supérieurs sont : Lucifer, Leviathan, Satan, Belial.
Les 8 sous-princes sont : Astarot, Oriens, Magot, Paymon, Asmodée, Ariton, Belzebuth, Amaymon"

Disparitions "mystérieuses"

La disparition de Stacy et de Nathalie, le 9 juin 2006, nous rappelle au douloureux épisode de pédophilie en Belgique. Il y a à peine deux mois, Michel Nihoul était mis en liberté provisoire. Depuis lors, on dirait que les kidnappeurs ont repris courage et veulent nous souvenir de leur influence. Il est improbable que Stacy et Nathalie soient retrouvées vivantes. D'autres filles comme Estelle sont toujours introuvables. Les victimes des réseaux pédophiles sont abandonnées à leurs bourreaux. Surtout si notre appareil judiciaire-même paraît moralement et sexuellement corrompu.

En août 1996, le juge d'instruction Jean-Marc Connerotte réussit, de façon héroïque, à sortir deux enfants de la cave de Marc Dutroux. Dans son investigation, le juge suit la piste des réseaux. Il veut examiner des frottis et des traces d'ADN sur les enfants assassinés. Ses supérieurs ne lui laisseront pas faire. Pour une futilité, Connerotte est licencié et remplacé par un débutant. Non pas le réseau pédophile autour de Nihoul, mais Marc Dutroux doit être placé au centre de l'attention. Quand on découvre que plusieurs témoins cruciaux au procès-Dutroux sont décédés, il devient clair que la piste des réseaux devait être évitée à tout prix.

Ont disparu dans un ordre chronologique :

Francois Reyskens : début juin 1995, il disait avoir des informations sur la disparition de Julie et Mélissa. Avant d'arriver au commissariat de police il se fait écraser par un train.
Bruno Tagliaferro, un marchand de quincaillerie et connaissance de Dutroux, fait savoir qu'il peut fournir de l'info sur la voiture qui avait servi à enlever Julie et Mélissa. Il déclarait aussi posséder une liste de noms relatés à Dutroux. Le 5 novembre 1995, on le trouvera mort apparemment décédé d'une crise cardiaque. Dur à croire, selon sa femme Fabienne Jaupart, qui fait réaliser une autopsie secondaire. Des prélèvements de sang auraient indiqués que son mari était empoisonné. Peu après, on la retrouvera morte sur un matelas moitié brûlé. Le matelas contient des traces de carburant. La piste essentielle à l'enquête — le trafic des voitures — est ensuite compartimentée de façon efficace par le procureur général Anne Thilly. Qui ne s'épargnera point pour saboter la suite du procès.

Le 22 janvier 1996, Simon Poncelet, chercheur de police examinant la même piste d'escroquerie de voitures, est tué par balles. Son père souligne qu'il voit une connexion claire avec le procès-Dutroux.

Le 5 avril 1998, Brigitte Jennart apparemment se suicide. Elle est la dentiste de Michel Nihoul et de sa femme Annie Bouty. Jennart est probablement le témoin décédé le plus important : elle en savait trop sur l'escroquerie pédophile du couple-Nihoul avec des réfugiés africains.

Anna Konjevoda, en 1996, se présente comme témoin dans la disparition des deux fillettes. La femme dit en savoir plus sur la connexion entre les kidnappings et le trafic de voitures à Charleroi. Le 7 avril 1998, on la draguera du canal de Liège. Une autopsie prouvera qu'elle était assassinée par strangulation.

Le 25 août 1995, Guy Goebels, qui examinait la disparition de Julie et Mélissa, se suicide — officiellement — avec son arme de service. Les parents des filles connaissent bien le chercheur et estiment qu'un meurtre est plus probable. Jean Marc Houdmont, connaissance de Dutroux, meurt le 25 février 1997 dans un accident de voiture, en route vers Namur pour délivrer son témoignage sur Dutroux. Et ce ne sont pas les seuls.

La plupart de ces témoins transmettaient ses informations à la gendarmerie ou à la cour de justice, avant de perdre la vie peu après. La façon volontairement déficiente des services juridiques de traiter ces disparitions, et le silence quasiment complet des médias sur ces témoins décédés, sont accablants.

Pendant son apparition au procès-Dutroux, un Jean-Marc Connerotte brisé résumait correctement que 'jamais auparavant avait-on gaspillé tant d'énergie à l'enrayage d'une investigation'. La police l'alertait que des contrats étaient préparés pour 'terminer' les magistrats si nécessaire. Connerotte-même se faisait transporter dans une voiture pare-balles. Selon le juge, Nihoul profitait d'une certaine protection et était hors d'atteinte.

Que la piste des réseaux pédophiles fut étouffée sera confirmé par le témoignage d'une victime connue de pédophilie. Durant l'arrestation de Dutroux, Régina Louf reconnaît Michel Nihoul à la télévision comme un de ses bourreaux. Selon elle, Nihoul jouait un rôle central dans l'organisation des Ballets Roses : des réunions aux années '80 où des filles mineures furent horriblement abusées par différents personnages. Elle témoigne que Michel Nihoul — ensemble avec Annie Bouty — avait tué une autre victime, Christine Van Hees, de façon rituelle. Elle décrit exactement tous les détails du meurtre comme les investigateurs les avaient découverts. Régina connaît aussi d'autres victimes du réseau comme Carine Dellaert, Catherine De Cuyper et plusieurs autres filles.

Durant les sévices, Régina reconnaît des politiciens, elle nomme des juges hauts placés, des officiers de police et des hommes d'affaires. Les interrogations de Régina font resurgir des noms comme Paul Van den Boeynants, Maurice Lippens, Melchior Wathelet, Wilfried Martens, des membres de la famille royale et différents autres. En effet, durant l'investigation, Michel Nihoul avait à quelques reprises nommé Paul Van den Boeynants comme participant aux partouzes. Nihoul réglait les fonds des campagnes électorales de l'ancien premier ministre et côtoyait les mêmes milieux neofascistes autour du CEPIC. Les interrogations originelles (choquantes) de Régina (pp. 8 à 1083), ainsi que celles de X2 (pp.1083 à1100) et de X3 (pp.1100 à1105), y inclus les noms et perversions des participants, ont transpiré sur l'internet.

Que des notables cités par leur nom fussent présents aux partouzes ne signifie pas que tous ces hommes sont des pédophiles cruels. Certains étaient leurrés par Nihoul afin d'enregistrer leur présence près de mineurs d'âge sur photo. Les tactiques de chantage par Nihoul étaient inhérentes à son organisation et étaient très lucratives. Pour prouver qu'il ne bluffait pas, Nihoul avait essayé plusieurs fois de régler une vente de telles photos avec des agences de presses étrangères comme Der Spiegel ou Canal+. Si Nihoul était vraiment en possession de tels matériels sensibles, on peut comprendre pourquoi la piste de réseaux autour de sa personne fut étouffée. On a commis l'erreur de jouer à son jeu de chantage.

Ce qui n'est point excusable : la disparition à Liège de deux nouvelles filles indique que les réseaux pédophiles continuent leur travail invariablement. Il est recommandable que les personnes qui se font plaisir avec de telles perversions se regardent dans le miroir, et se réalisent qu'ils ont tort.

Australie

Ceci est aussi de valeur pour ces abuseurs d'enfants de l'autre côté du monde. Le Dr. Reina Michelson est la directrice du Child Sexual Abuse Prevention Program (CSAPP) en Victoria, au sud de l'Australie. Depuis des années, elle est une combattante couronnée pour les droits de l'enfant. Son histoire commence en 1995 quand elle sonne l'alarme sur des abus pédophiles dans un internat à Victoria et dans un centre d'accueil à Melbourne. Aucune de ces affaires ne sera résolue.

Depuis lors, le Dr. Michelson rencontre régulièrement des victimes similaires qui témoignent sur des pratiques sadiques avec des enfants de 2 à 14 ans, sur des tournages de films-x pédosexuels et même sur des meurtres d'enfants. Cette injustice date des années '80 et continue impunément jusqu'à ce jour.

Les victimes australiennes de pédophilie citent ouvertement les noms des participants aux séances : des magnats des médias, des hommes d'affaires et plusieurs politiciens sont impliqués. Personne ne sera poursuivi par la justice.

En Australie aussi, l'étouffement des affaires de pédophilie est extensif :

Le scandale à l'internat de Mornington — où au moins 19 enfants sont abusés — est totalement négligé par la police de Victoria. Les instances officielles inviteront ni les parents, ni les victimes à entrer un réquisitoire.

La plainte en avril 2002 contre un magnat des médias de Melbourne qui avait violé à répétition un garçon de 3 ans (abus physique confirmé par le Royal Children's Hospital's Gatehouse Centre) fut classée sans suite deux jours plus tard.

La plainte, en mars 2004, d'une victime de pédophilie des années '80, contre une personnalité connue de la télévision, fut simplement détruit par la police de Victoria.17 Un enseignant de renommée pédophile à Melbourne donne toujours cours dans l'enseignement secondaire. Il n'a jamais été puni, voir même interrogé. L'étouffement du réseau australien pédophile a tout à voir avec la complicité des services de sécurité. Plusieurs victimes témoignent qu'ils ont été violés par des agents et officiers de police même. C'est ce qu'on peut lire dans une lettre d'avril 2004 envoyé à la CSAPP venant d'une femme qui témoigne : des fonctionnaires de la police de Victoria haut placés se servaient sexuellement d'elle dans un réseau de prostitution locale d'enfants ; elle est toujours intimidée par la police et craint d'être 'suicidée'. Le Dr. Michelson, elle aussi, n'est pas épargnée : on cambriole chez elle, un membre de sa famille est menacé et elle-même est régulièrement physiquement intimidée.

On reconnaît le même phénomène en Belgique : Gina Pardaens, activiste des droits de l'enfant flamande, meurt dans un accident de voiture en novembre 1998. Avant sa mort, elle examinait la disparition d'enfants dans un réseau pédophile et avait découvert de l'information sur le réseau de Nihoul. Les jours précédents à son accident elle fut intimidée à répétition au téléphone et suivi par une voiture de façon constante.

En 1996, Marie France Botte, une activiste des droits de l'enfant wallonne mondialement connue, parle de protection de pédophiles haut placés. Fin 1998, madame Botte essaye soi-disant de se suicider en avalant un dissolvant. Son asbl est ébranlée sans cesse et doit finir par fermer ses portes.

L'abus navrant d'enfants en Belgique et en Australie indique comment les victimes de pédophilie et les activistes du droit de l'enfant sont intimidés et menacés par un appareil d'Etat. Si les chantages ou les intimidations s'avèrent inefficaces, le réseau exécutif autour des pédophiles met en route des moyens plus lourds. On remarque que l'ordre qui est supposé protéger les victimes s'active davantage dans la protection des accusés.

E t a t s U n i s

En 1999, Paul Bonacci inculpe des notables au Nébraska d'une série d'abus qu'il avait succombé pendant les années '80. Il inculpe et cite les noms de policiers haut placés, des hommes d'affaires, des médias, des membres de l'église et de l'orphelinat. Le républicain noir Larry King, manager du Community Federal Credit Union à Franklin, sera condamné à payer un million de dollars d'indemnisation.

Ce procès, tout comme en Belgique et en Australie, démontre comment les représentants de l'Etat participent à l'abus des enfants et étouffent l'affaire pendant des décennies. Un thème récurrent est l'opportunité de systématiquement recruter des enfants dans des écoles, des centres d'accueil ou des orphelinats, et de les 'conditionner' dès un jeune âge pour qu'ils acceptent les excès auxquels ils doivent succomber. Paul Bonacci en fut un malheureux exemple. Comme d'autres victimes de pédophilie, il souffre d'ailleurs du syndrome d'identités multiples.
Le procès au Nébraska ouvre des veilles cicatrices. Une investigation du comité d'enquête à Franklin indique que l'abus des mineurs date de 1984, et probablement déjà d'avant. On soumet Lisa, une fille de Franklin qui était introduite dans le réseau depuis ses quatorze ans, à un détecteur de mensonges ; son témoignage est tellement incroyable. Le détecteur indique que Lisa racontait la vérité. Elle raconte qu'elle fut transportée par Larry King, ensemble avec des garçons noirs mineurs, vers une partouze au Chicago, où elle avait entre autre reconnu le candidat

présidentiel et ancien directeur de la CIA George H.W. Bush. C'est ce qu'on peut lire dans une biographie renommée sur le président.

Des articles d'investigation du New York Times du 15 et 22 décembre 1988 avaient exposé en effet que des mineurs, de Franklin à Washington, étaient obligés de fournir des services sexuels aux pédophiles haut placés.
Le 29 juin 1989 apparaît en suite un article dans le Washington Times intitulé : « Investigation de Prostitution Homosexuelle piègent des VIPs autour de Reagan, Bush ». Dans cet article, on peut lire que des jeunes prostitués étaient importés dans la Maison Blanche pour en suite être abusé dans des fêtes vicieuses avec des politiciens, militaires et hommes d'affaires.

Craig J. Spence est un personnage central dans les scandales à Washington. C'est un lobbyiste républicain homosexuel qui avait introduit des mineurs dans la Maison Blanche à au moins une occasion. Spence est une version américaine de Michel Nihoul. Dans sa résidence secondaire, il s'occupait des orgies élitaires où un tas de participants hauts placés étaient discrètement filmés et enregistrés ; ceci paraît dans un article du Washington Times, le 30 juin 1989.

Craig Spence aurait dit à un ami : « J'ai besoin de garçons et de filles pour mes fêtes avec des politiciens, avec des hommes d'affaires hauts placés, ou d'autres individus, bref : tout ce qui se présente. »

Le lobbyiste-souteneur laissait entendre qu'il serait finalement trahi par ce service secret et qu'il mourrait probablement dans un suicide. Ce qui fut le cas.28 Intéressant à l'investigation chez nous des Ballets Roses et des Tueurs du Brabant est que cette pratique de chantage, selon Spence, était une opération de longue durée de la CIA où des call-boys et des mineurs d'âge étaient systématiquement recrutés pour figurer dans des partouzes avec des invités domestiques et étrangers. L'enregistrement des notables dans des scènes compromettantes s'avérait comme base de pouvoir pour les services de renseignements américains.

Conclusion

Les actes sexuels organisés par les réseaux pédophiles, et dont je vous ai épargné les détails, sont d'une perversion inouïe. Les impliqués se livrent aux viols, tortures, et mêmes meurtres de jeunes personnes. Les sessions sont filmées, parfois on crée des soi-disant snuff movies. Des invités sont piégés, filmés et seront soumis au chantage si nécessaire. On constate régulièrement un rituel satanique. C'est bouleversant que non seulement ces actes sexuels malsains sont vraiment pratiqués, mais qu'ils cachent aussi une organisation bien huilée.

Notons que les organisateurs des partouzes en Belgique, comme aux Etats-Unis, sont liés aux services de renseignements. Cette technique permettra aux derniers de faire chanter des personnes de pouvoir de façon efficace. Durant la période des partouzes outre Atlantique, Michel Nihoul équipait systématiquement ses Ballets Roses de caméras. Comme Craig Spence, il tenait des liens proches avec des personnages néofascistes au sein de la Sûreté d'Etat. Durant la même période, ces membres de la Sûreté d'Etat étaient impliqués dans l'organisation des Tueries du Brabant et des CCC Les Tueurs du Brabant : le plus grand hit de la CIA.

Conclusion : en comparant les actions des réseaux pédophiles en Belgique, en Australie et aux Etats-Unis, on constate que les services de sécurité et de renseignement participent activement à l'organisation des réseaux élitaires pédophiles, à l'étouffement de leur existence en temps de crise, et à l'intimidation et l'assassinat éventuel de témoins encombrants.

Trafic d'enfants et meurtres rituels en Grande-Bretagne

Le Monde | 29 juillet 2003 | Marc Roche

Cela ressemble à un roman policier d'épouvante. L'arrestation, le 29 juillet, à Londres, de vingt et une personnes, la plupart de nationalité nigériane, a confirmé l'existence d'un abominable trafic de centaines, voire de milliers, d'enfants entre l'Afrique et la Grande-Bretagne. Certains ont été victimes de meurtres rituels, à l'instar d'"'Adam", le garçon à l'identité inconnue, dont le torse avait été retrouvé dans la Tamise en septembre 2001. Baptisé de ce prénom par la police, qui suppose que le gamin devait avoir entre 4 et 7 ans, a été tué. Décapité et démembré, son cadavre a été ensuite vidé de son sang. Avant sa mort, il a été contraint d'avaler un mélange d'os broyés, de quartz et de morceaux d'or, retrouvés dans son estomac. Aux yeux des participants, ce rituel de magie noire, appelé "muti" en Afrique de l'Ouest, porte chance.

Les tests de dépistage ADN et l'examen des os et du système digestif du garçon ont permis aux enquêteurs de Scotland Yard de déterminer son origine, une zone située entre Benin City et Ibadan, dans le sud-ouest du Nigeria. Pendant près de trois ans de travail acharné, les plus fins limiers de la police londonienne ont tout exploré, des pistes, des informations, des témoignages. Ils ont multiplié les auditions au sein de la communauté africaine de la capitale. Les faits troublants ont amené les bobbies à s'intéresser aux sorciers au Nigeria et en Afrique du Sud. L'enquête a également envisagé des connexions aux Etats-Unis. Apparemment en vain.

VIA L'ALLEMAGNE

Début juillet, l'espoir renaît. Une vaste opération de surveillance conduit à l'arrestation, à Dublin, de Sam Onojhidhovie, soupçonné d'être le père naturel d'"'Adam". Lors de son interrogatoire, le Nigérian, âgé de 37 ans, "craque" et fait des aveux, qui ont permis les dernières interpellations. Parmi les personnes écrouées, un certain nombre est âgé de 20 à 30 ans, et originaires de la même région que la victime. Lors des raids menés dans l'est et le sud de Londres, des objets à signification rituelle ont été saisis. Comme ce crâne d'animal traversé d'un clou recouvert d'une substance fibreuse.

"Il s'agit d'un trafic d'êtres humains d'une ampleur considérable. Aux yeux de ces criminels, ces enfants ne sont qu'une marchandise. Cette opération, qui a permis de démanteler un réseau d'enfants en Grande-Bretagne, est très étroitement liée au voyage clandestin d'"'Adam" via l'Allemagne", a déclaré le commandant Andy Baker, chef de la brigade criminelle du Yard. À l'écouter, les passeurs munissent ces enfants de passeports trafiqués puis les confient à de faux parents. Forcés à travailler comme domestiques et à se prostituer, ces malheureux permettent, de surcroît, aux malfaiteurs de bénéficier d'allocations familiales. Récemment, la police a démantelé des réseaux similaires d'enfants, mis en place par des ressortissants bulgares, colombiens et vietnamiens.

Reste à déterminer qui sont les commanditaires de cette filière. L'interrogatoire des suspects devrait répondre à cette question. D'autres en revanche restent pour l'instant sans réponse. Celle-ci notamment : comment les services de l'immigration ou de l'aide sociale britanniques ont pu être si facilement bernés par le "gang des Nigérians» ?

Sur la piste de meurtres rituels à Londres 21 personnes, soupçonnées de trafic d'enfants, ont été arrêtées hier.

Libération | 30 juillet 2003 | Christophe Boltanski

En septembre 2001, les policiers avaient sorti de la Tamise le tronc d'un garçon, âgé de 4 à 6 ans. Ils ont très vite conclu à des pratiques sacrificielles.

Scotland Yard va-t-il enfin résoudre le mystère du « torse de la Tamise » ? Depuis trois ans, les policiers tentent de mettre un nom sur le corps démembré et décapité d'un enfant noir repêché dans le fleuve. A l'issue d'une longue enquête qui les a conduits jusqu'en Afrique de l'Ouest, ils ont arrêté hier 21 personnes, la plupart nigérianes, soupçonnées d'être liées à un vaste trafic d'enfants vers l'Europe.

Autopsie. Le 21 septembre 2001, les policiers avaient sorti de la Tamise le tronc d'un garçon, âgé de 4 à 6 ans. Les enquêteurs l'ont baptisé Adam « pour que chacun se souvienne qu'il s'agit d'une personne ». Ils ont très vite conclu à un meurtre rituel. L'autopsie a permis de trouver dans les os de la victime des minéraux précambriens qui existent principalement en Afrique de l'Ouest. Des recherches plus précises ont prouvé qu'Adam venait du sud-ouest du Nigéria. Il était encore vivant lorsqu'il a débarqué en Angleterre, comme l'atteste la présence dans son estomac de certains pollens [et de nourriture africaine locale, mais aussi britannique ; enfin de fève de Calabar, un paralysant]. Il aurait été égorgé quelques jours après son arrivée.

Un médecin légiste a découvert dans son intestin une potion à base d'os, d'argile et de fines particules d'or et de cristal que ses sacrificateurs l'ont obligé à avaler avant sa mise à mort. Les policiers, aidés par un expert en rituels africains [Dr Richard Hoskins], estiment qu'il a été victime de pratiques sacrificielles.

Aux domiciles londoniens des dix hommes et onze femmes interpellés hier au petit matin, les policiers ont mis la main sur un crâne d'animal, enveloppé de fibres et traversé par un clou et des substances similaires (argile, plomb) à celles découvertes dans le ventre d'Adam. Le commandant Baker de la police métropolitaine s'est dit « convaincu » qu'il s'agit du même « groupe d'individus qui a introduit clandestinement Adam dans ce pays ». Les personnes arrêtées vont subir des tests ADN pour savoir si elles ont un lien de parenté avec le garçon.

Faux parents. L'affaire Adam recoupe une autre enquête plus vaste sur l'entrée illégale en Grande-Bretagne d'enfants placés auprès de faux parents, contraints de travailler ou parfois de se prostituer. « Nous avons découvert ce que nous pensons être un réseau criminel spécialisé dans le trafic d'êtres

humains, particulièrement en provenance d'Afrique vers le Royaume-Uni », a déclaré l'inspecteur O'Reilly. Des enfants qui se comptent, selon lui, par « centaines, sinon par milliers ».
Soupçonné de onze meurtres rituels d'enfants

France-Soir 4 août 2003

Un Nigérian arrêté début juillet à Dublin serait responsable de la mort de onze enfants, selon sa femme, citée par le Sunday Times.
Som Onogigovie, un Nigérian de 37 ans, a été arrêté le 2 juillet à la suite d'un mandat d'arrêt de la justice allemande. Mais la police britannique l'a interrogé sur la mort d'un garçon nigérian dont le corps mutilé a été retrouvé en septembre 2001 dans la Tamise.
En effet, une femme se présentant comme son épouse aux services d'immigration britanniques en novembre 2001, avait alors indiqué aux officiers qu'elle venait de Grande-Bretagne pour échapper à un culte religieux actif en Sierra Leone et au Nigeria.
L'épouse nigériane avait affirmé que son époux avait mis en place en Allemagne et à Londres un culte de magie noire et tué onze enfants, dont la fille aînée du couple, selon le Sunday Times.

Des restes humains retrouvés en Belgique

Par LEXPRESS.fr, publié le 09/12/2009 à 18:52 - Ils ont été découverts en suivant les indications du concubin de la mère de Typhaine. Ils n'ont pas encore été identifiés.

Des restes humains ont été retrouvés à Marcinelle, près de Charleroi, dans le sud de la Belgique.

L'emplacement correspond à celui désigné par le beau-père de la petite Typhaine, a annoncé ce mercredi soir l'agence de presse nationale Belga. Les chiens ont réagi à l'endroit désigné" par le compagnon, emmené en Belgique pour localiser l'endroit où, selon ses aveux, il avait enterré la fillette.

Selon la chaîne RTL-TVI, citant une source judiciaire

belge, "les restes humains découverts n'ont pas encore été identifiés". L'agence de presse nationale, Belga, a confirmé cette information.

Une source française proche précise : "On est en train de sortir le corps d'un enfant à Marcinelle. On a dégagé les pieds. Ca va prendre encore un moment, il faut y aller doucement", a-t-elle précisé.

Des fouilles avaient été entamées ce mercredi après-midi pour retrouver le corps de Typhaine, la petite Française de cinq ans disparue depuis le 10 juin.

La pédophilie du cas particulier au crime organisé et l'omniprésence d'éléments sectaires.

Georges Glatz, Député au Grand Conseil de l'Etat de Vaud, délégué à la prévention des mauvais traitements envers les enfants - Délégué du C.I.D.E. (Comité International pour la Dignité de l'Enfant)

Permettez-moi tout d'abord de vous remercier de votre invitation à cette conférence où il m'a été demandé de traiter le thème : « La pédophilie du cas particulier au crime organisé et l'omniprésence d'éléments sectaires ». Mon préambule portera sur une brève présentation du Comité International pour la Dignité de l'Enfant.
Le CIDE, fondé il y a 11 ans, est une fondation reconnue d'utilité publique par l'Etat de Vaud et qui a son siège à Lausanne. Le CIDE prend pour référence la Convention internationale relative aux droits de l'enfant et milite pour le respect de celle-ci. Notre principale action consiste à mener des enquêtes puis de les transmettre aux autorités compétentes, car nous nous considérons comme des auxiliaires de la justice. Il est vrai que le CIDE est interpellé principalement sur des affaires qui concernent des abus sexuels perpétrés sur des mineurs. Cela est sans doute dû au fait qu'il y a 10 ans déjà, notre première enquête concernait une agence de voyages zurichoise, Partner Travel, qui s'était, elle, spécialisée du moins dans une de ses branches, dans le tourisme pédophile. Nous avions pu après enquête déposer une dénonciation pénale contre les représentants de

l'agence en question, ce qui a eu pour conséquence la cessation des activités de cette agence de voyages qui depuis lors, a été dissoute.

Ce premier préambule précisé, venons-en au thème pour lequel vous m'avez convié.

Bien évidemment, tout abus sexuel sur un enfant est innommable ! mais lorsque l'on a à faire à des organisations structurées qui exploitent financièrement ces déviances, la lutte est encore plus difficile et c'est dans cet esprit que je voudrais développer le fil rouge de cet exposé dans lequel j'emploierai volontairement un langage assez froid pour mieux me calquer sur la réalité de ceux qui font de la pédophilie un business sans foi ni loi. Cette mise en garde s'imposait afin d'éviter toute susceptibilité de votre part.

La pédophilie est donc une attraction sexuelle pour les enfants. La première forme ou le premier cercle que nous rencontrons au CIDE est la pédophilie traditionnelle, primaire, dite de proximité. Nous ne nous y attarderons pas puisqu'elle est connue depuis la nuit des temps et que la lutte s'organise en Suisse et ailleurs en Europe de façon évolutive. C'est ce que l'une de mes connaissances, un magistrat appelle l'acte de captation sur le cercle le plus proche, c'est l'abus sexuel intra-familial ou dans le voisinage immédiat de la famille. C'est la forme la plus répandue, toutes les études le prouvent. Elle fait des ravages immenses dans nos sociétés. Il est admis selon les statistiques existantes en la matière qu'une fille sur 8 et un garçon sur 10 sont victimes d'abus sexuels avant l'âge de 18 ans, abus sexuel pris dans son sens large du terme qui va du voyeurisme jusqu'au viol le plus sordide.

Le 2e aspect de cette pédophilie dite de proximité est l'agression à l'aveuglette, agression de rue, perpétrée sur le chemin de l'école notamment où les pédophiles emploient des stratégies diverses. Stratégies douces, la séduction, ou violente, rapt rapide et brutal. Cette pédophilie de captage d'enfants à l'aveuglette est excessivement dangereuse, puisqu'on le sait, elle se termine malheureusement souvent par l'élimination de l'enfant, non par déviance, mais pour éliminer le témoin gênant conduisant à des ennuis judiciaires.

Le crime organisé lui, ne s'intéresse en rien à cette pédophilie de proximité qui est en dehors de tout circuit économique. Nous y reviendrons.

La 2e forme de pédophilie, plus élaborée, est la pédophilie dite institutionnelle, qui en principe-, je dis bien en principe, car il y a dans ce domaine des exceptions – n'a pas de lien avec la pédophilie à caractère économique. Le schéma est simple. Nous sommes en présence d'un consommateur d'enfant qui va consciemment, ou inconsciemment, se rapprocher du corps de l'enfant en s'infiltrant, par le biais d'une profession appropriée, dans une institution qui précisément s'occupe de mineurs. C'est ainsi que bon nombre de pédophiles embrassent des professions qui les mettront en contact plus directement avec les corps d'enfants, et pour ce faire, s'infiltrent dans les institutions s'occupant d'enfants telles qu'institutions éducatives, foyers, cercles sportifs, mouvements de scoutisme, cercles de catéchisme. Et des cercles de catéchisme aux cercles sectaires, il n'y a qu'un pas. Nous aurons également l'occasion d'y revenir. Les pédophiles qui veulent pouvoir opérer en réduisant les risques s'infiltreront dans les institutions pour handicapés, handicapés mentaux de préférence. Et lorsque les choses sont bien faites, ces pédophiles se structurent et vont en tir groupé se fixer sur telles ou telles institutions. C'est la technique du cheval de Troie. Certains pédophiles occupent dans ces organismes des postes cadre, ce qui leur permet d'engager d'autres déviants camouflés en professionnels du monde de l'enfance.

L'ex-premier juge d'instruction de Mulhouse, Germain Sangelin, qui s'est notamment occupé de débusquer des affaires de pédophilie institutionnelle, me disait que selon son expérience, lorsqu'un pédophile est identifié dans une telle institution, il faut mettre en examen l'ensemble des professionnels du secteur, pousser au maximum l'avantage en faisant parler les enfants.

Dans la plupart des cas, quasiment à chaque fois, d'autres pédophiles qui s'étaient infiltrés dans ces mêmes institutions, apparaissaient après enquête.

Sans vouloir ici brosser la liste de toutes les institutions impliquées dans des affaires d'abus sexuels, on a tous en mémoire en France, l'affaire des disparues de l'yonne, où entre 1977 et 1989, 15 jeunes filles handicapées ont été violées ou / et tuées. On se rappelle aussi en 1997, l'immense scandale qui avait éclaté au Pays de Galles où 30 institutions et 80 professionnels étaient impliqués notamment des travailleurs sociaux, des directeurs d'institutions et même des policiers. Il s'agit dans cette dernière affaire d'une affaire exemplaire au niveau de la loi du silence, puisque dès les années 1970 pas moins de 650 personnes ont tenté de porter plainte auprès de la police pour des violences commises durant leur enfance. Malheureusement, on le sait aujourd'hui, toutes ces affaires ont été à l'époque classées sans suite. Les cercles d'influence ont également joué, puisque ceux qui ont voulu prendre la défense des enfants, notamment une directrice d'un centre, ont été limogés lorsqu'ils ont voulu faire éclater le scandale.

Dans la deuxième forme de pédophilie, juste après les institutions, il y a les sectes. Là, on a affaire à des structures parfaitement maîtrisées. Vous êtes tous spécialistes de la question ou du moins très avertis, donc je ne m'y étendrai pas. Les sectes ont de nombreux points communs avec la problématique de l'abus sexuel :
• L'isolement de l'individu
• L'envoûtement
• L'emprise
• Le chantage
• La menace
• La destruction mentale
• L'aliénation
• L'esclavage
Cette deuxième forme, institution et secte, touche parfois au 3e cercle, celui de la pédophilie économique où l'argent joue un rôle premier avant l'abus, avant l'intérêt physique de l'abus, l'abus n'étant qu'un moyen, un outil de business.
La 3e forme ou le 3e cercle, c'est la pédophilie dite « pédophilie industrielle ». Elle touche à des aspects de rentabilité économique, ce n'est plus une demande isolée qui va chercher à se satisfaire sur une offre potentielle ou considérée comme telle de façon non

organisée. Nous sommes là dans un tout autre domaine. Nous avons ici affaire à des structures parallèles d'économie de marché excessivement organisées et structurées. Elles sont le fait d'organisations de type mafieux, qui ont fait le constat suivant.

L'offre existe, de même que la demande. Cette offre a un rapport qualité prix tout à fait extraordinaire, puisque le corps de l'enfant ne coûte pratiquement rien. Certaines structures familiales sont prêtes à le donner, il meurt de faim chaque jour environ 50 à 60.000 enfants de par le monde. Les organisations mafieuses savent diversifier leurs activités. Ainsi, derrière les trafics de cigarettes, de whiskies, d'œuvres d'art, de drogues, d'armes, on y trouve également le trafic d'êtres humains, le corps de femme, avec aujourd'hui, le corps d'enfant.

En ce qui concerne le corps d'enfant, le rapport qualité prix est excessivement intéressant et dans la chaîne de distribution les intermédiaires sont moins nombreux que dans d'autres types de trafic mafieux.

Donc, pour les organisations mafieuses, le corps d'enfant est un produit bon marché et qui peut rapporter de gros bénéfices. Selon des informations publiées dans la presse, le marché de la pédopornographie qui est l'un des plus lucratifs au monde génère environ 2 à 3 milliards de dollars par an. Le BIT déclarait à l'agence France Presse en mai 2001, que le trafic d'enfants est devenu une activité très lucrative qui rapporte près de 7 milliards de dollars par an aux organisations du crime organisé.

Enfants esclaves au travail, enfants esclaves sexuels, souvent les deux à la fois, les organisations mafieuses savent cumuler les bénéfices. Toujours selon le rapport du BIT, à titre d'exemple, dans l'Etat de Sokoto dans le nord ouest du Nigeria, des enfants sont vendus entre 500 et 1.000 dollars à des hommes d'affaires qui les utilisent comme ouvriers ou objets rituels et sexuels.

(...)

Les organisations mafieuses connaissent ce principe de base et savent mettre en place des structures de protection pour minimiser les risques, risques qui se combattent notamment par la corruption. La logique du marché pédophilie, comme tout marché économique, cherche bien évidemment à accélérer le marché de la consommation. Ainsi les organisations mafieuses se sont arrangées pour rapprocher le consommateur du corps de l'enfant, voire à l'inverse le corps de l'enfant du consommateur. Il y a déjà bien des années que des sex-charters sont ainsi affrétés partout dans le monde. Les consommateurs appartenant forcément aux pays industrialisés, là où il y a de l'argent, là où l'économie est développée sont envoyés dans des pays en voie de développement, là où l'économie est faible. Les organisations mafieuses n'ont alors plus qu'à encaisser les bénéfices nets puisque le transport du consommateur ne coûte rien, c'est lui qui paie comme il paiera le service (adresse, présentation, mise en contact) d'enfants à consommer. En poussant l'analyse de ce phénomène, la criminalité organisée va prendre en compte plusieurs potentiels de rentabilité offerte par le corps de l'enfant. Ce produit bon marché va donc être diversifié pour répondre à d'autres besoins, notamment les demandes d'adoption. C'est encore dans les pays riches que l'on trouve des familles prêtes à investir beaucoup d'argent pour satisfaire un désir parental. Les organisations mafieuses ont saisi l'opportunité, et organisent des trafics d'enfants pour l'adoption. Monnayage des procédures d'abandon et d'adoption, avec divers faux papiers, où des avocats véreux touchent des sommes importantes de la part de ces familles en mal d'adoption. On le sait, les familles d'accueil doivent, dans leur pays, comme c'est le cas en Suisse, répondre à un certain nombre de critères pour adopter un enfant. S'il est facile d'en acheter un dans les pays du tiers monde, il est plus difficile d'obtenir dans son pays les autorisations nécessaires d'adoption. Les organisations mafieuses, conscientes de ce problème, ont également des solutions pour détourner ces difficultés. En plus des faux certificats de paternité, où l'adoptant est déclaré géniteur, on a maintenant cette forme sophistiquée qui permet à qui veut se procurer un enfant de l'acheter alors qu'il est encore dans le ventre de sa mère. Et ainsi, en étant déclaré géniteur, on obtient de vrais faux papiers. Cette structure de captation d'enfant peut également être employée par des pédophiles excessivement pervers qui s'attaquent à des nouveau-nés comme cela est maintenant établi dans diverses affaires judiciaires.

Je me rappelle le cas d'un ressortissant allemand sur lequel nous avions enquêté et qui avait un enfant d'une jeune femme philippine alors qu'il avait été prouvé que cette jeune femme n'était jamais sortie de son pays et que le ressortissant allemand n'y avait jamais mis les pieds. Cela étant, il avait réussi à obtenir de vrais faux papiers pour être déclaré le géniteur de l'enfant de cette jeune femme philippine qu'il n'avait jamais rencontrée.

Autre diversification du marché du corps de l'enfant, en plus des pédophiles ordinaires qui n'ont leur jouissance sexuelle qu'à travers le corps de l'enfant, les organisations mafieuses ont bien compris que certains pédophiles cherchaient des aménagements particuliers. Il s'agit notamment des pédophiles de type sado-maso. Cette demande spéciale complique le modèle et va donc coûter plus cher au consommateur.

Toujours penser en termes économiques, les organisations mafieuses qui vont jusqu'à étudier le comportement pédophile pour mieux l'exploiter, ont compris que si l'on voulait accélérer ce marché de consommation, il fallait également rapprocher l'enfant, objet de consommation du consommateur. C'est ainsi que sur le pourtour méditerranéen, plus particulièrement au Maroc, il existe selon des informations dignes de foi de véritables centres où des pédophiles viennent, l'espace d'un week-end, consommer des enfants. Et cela sous le couvert d'un séminaire d'affaires, avec la bénédiction de la cellule familiale du pédophile qui va plaindre l'homme d'affaires surchargé de travail. Et au passage on va parfois jusqu'à rédiger des notes de frais aux entreprises, question de rester logique jusqu'au bout dans le monde des apparences.

Ces structures mafieuses se sont tellement bien implantées et rapprochées du consommateur que l'on commence à s'apercevoir aujourd'hui qu'elles existent aussi en Europe où des partouzes sont organisées dans des lieux très selects tels que châteaux et hôtels particuliers. En Europe, le danger d'être découvert étant plus important, il est raisonnable de penser que les structures se sont plus affinées au niveau des tissus de protection et que ces tissus sont notamment composés de membres d'organes de police et de la magistrature, qu'ils soient actifs ou non, adeptes ou non de la pédophilie. L'important est qu'ils soient tenus par l'organisation.

Il est vrai que cette logique mafieuse est difficile à démontrer clairement, cependant on peut en tout cas légitimement se poser des questions lorsque l'on apprend que tel ou tel magistrat est condamné pour des affaires touchant à la sexualité des mineurs.

A titre d'exemple, rappelons que le Président de la chambre d'instruction de la cour d'appel de Chambéry, a été condamné à seulement 10 mois d'emprisonnement le 28 juin 2000 par la Cour d'appel de Paris pour avoir pratiqué des attouchements sur trois fillettes d'une dizaine d'années. On peut se demander comment celui-ci alors qu'il était en fonction, instruisait les affaires d'abus sur mineurs.

On peut également légitimement se poser des questions lorsque nous sommes en possession de plusieurs témoignages d'enfants qui au départ ne se connaissent pas et qui décrivent des rites d'abus où apparaissent des éléments similaires, notamment de type sectaire.

On doit s'interroger sur l'ampleur du phénomène ; les images pédophiles qui circulent sur Internet sont de plus en plus violentes. Un peu comme si les pédophiles ne se contentaient plus aujourd'hui d'images d'enfants nus/ou d'enfants en train d'être abusés mais que ces derniers ont maintenant besoin d'images beaucoup plus dures pour parvenir à leur jouissance.

Le CIDE a dénoncé en 1998 un premier cd-rom comptant dix mille images pédophiles. En 2001, nous avons reçu un autre lot de cd-rom que nous avons également dénoncé. Entre ces deux séries, il est indéniable que l'on constate une escalade dans l'horreur. Parmi les 14.000 photos d'enfants de cette deuxième série, nombre de clichés montrent des enfants torturés avec des traces évidentes de sévices. Dans ce cd-rom existe également une revue diffusée en plusieurs langues sur laquelle en photo de couverture se trouve une petite fille d'environ 6 ans attachée et marquée sur tout le corps par de nombreuses traces de coups de fouet. Ce guide est intitulé « Comment mieux abuser des enfants ».

Pour terminer cet exposé sur des éléments sectaires, je voudrais ici vous faire part de ce que nous recevons et entendons au CIDE. Nous avons effectivement plusieurs dossiers où des enfants décrivent des rituels de type satanique. Nous avons étudié ces dossiers sous un angle pluridisciplinaire et nous avons dans plusieurs cas fait entendre les enfants par des spécialistes psychiatres ou pédopsychiatres confirmés, reconnus comme experts devant les tribunaux. Ceux-ci nous ont déclaré que les témoignages de ces enfants étaient crédibles. Et ceci même lorsqu'ils dénoncent le comble de l'horreur, notamment des rituels au cours desquels des enfants sont assassinés.
Il est vrai que les enquêtes qui ont été menées par les autorités (il s'agit principalement de dossiers français) ont abouti à des non-lieux.
Au CIDE, je dirais simplement que l'on s'étonne de tous ces non-lieux. De notre côté, nous sommes en train de mener des enquêtes transversales.
Ainsi en novembre 2001, en Maine et Loire en France, la Cour d'assises a condamné une mère et un père respectivement à 16 et 12 ans de réclusion pour actes de barbarie. Les parents prostituaient leurs enfants (trois filles) dès leur plus jeune âge. Après le procès, une des jeunes filles a fait d'autres révélations en déclarant que son environnement faisait partie de la branche satanique de la secte des « martinistes », une secte qui serait présente dans de nombreux pays (France, Canada, Angleterre, Pays-Bas et autres...) ; elle parle des symboles : fleur de lys, croix renversée, bougies vertes et blanches, récitations de Soros, l'autel est un meuble de bois ancien, les hommes sont habillés de costume blanc et noir agrémenté d'une pochette rouge, ils mettent une cape sur laquelle figure une croix blanche renversée. Les femmes portent des tailleurs blanc et noir, elles portent des colliers, avec des signes funèbres tels que cercueils et tête de mort, les enfants eux n'ont pas de tenues particulières ; au cours des cérémonies on sacrifie des chats ou des lapins, le sang est recueilli dans un

calice, puis versé sur la tête des enfants, les adultes se tiennent en cercle, les enfants sont nus au milieu du cercle et sont violés par les adultes, on fait boire aux enfants un liquide trouble et amer ce qui les plonge dans un état de somnolence.

Dans d'autres dossiers, d'autres enfants nous font des descriptions semblables où l'on retrouve les mêmes symboles.

Ce que je puis affirmer, c'est qu'au CIDE nous avons recueilli plusieurs témoignages d'enfants qui visiblement ne se connaissent pas, or dans bien des cas les enfants font état de cérémonies presque identiques.

Bref, beaucoup d'éléments peuvent légitimement nous faire penser que ces enfants ont passé dans les mêmes lieux ou ont eu affaire aux mêmes groupes sectaires.

En conclusion, bien des pédophiles aiment s'entourer de rites, qu'ils soient inventés ou reproduits. Ces rites sont là pour baliser le chemin de l'abus, pour donner une caution à la perversité. Cela, j'ai pu l'observer dans plusieurs dossiers et après avoir entendu témoigner de nombreuses victimes.

Les sectes excellent dans l'art d'isoler l'enfant afin de le rendre encore plus vulnérable.

Les sectes savent encore jouer avec les lois, repérer les failles de celles-ci et ainsi sous couvert de liberté religieuse, elles tissent leur toile et piègent nos enfants d'autant que les sectes se développent dans le cadre de la destruction des repères symboliques :
• famille,
• église,
Les deux étant actuellement bien malmenés.

Sur les territoires en crise, les sectes offrent leur propre résolution des problèmes. Elles sont une menace pour l'humanisme, pour l'avenir de notre société. Les enfants, ce sont eux qui tiennent le gouvernail du monde.

Les enfants ont besoin de modèles pour se développer. Quand la famille est brisée, l'enfant va chercher son modèle identitaire dans la rue et là, il croise la délinquance avec les risques que cela comporte, ou il croise le modèle sectaire.

Contribution italienne à l'Etude de l'abus satanique et sadomasochiste dans les différents cultes, cercles de VIP et commerces de mineurs.

Des sectes établies ou émergentes ou encore micro-sectes se livrent contre des enfants à des abus, tortures, assassinats ritualisés relevant de la pédocriminalité.

En 1998, le Ministre de l'intérieur Mancino a déclaré publiquement que, au cours des deux dernières années, 2.000 mineurs avaient été entendus, chiffre plutôt élevé qu'aucune institution n'a expliqué. Les sièges locaux de la police qui ont fourni ces statistiques sont seules à connaître parfois le contenu des accusations portées par ces mineurs.

Toujours en 1998, le ministre de l'intérieur a publié une circulaire officielle « Sectes religieuses et nouveaux mouvements de magie en Italie » ; il s'agit là de l'unique document fourni par l'Etat italien concernant les nouveaux ou anciens mouvements religieux, de magie, fausses églises, églises de complaisance, psycho-sectes dont l'illégalité est constituée par la déstructuration physico-mentale de leurs victimes et les dégâts causés à leurs adeptes.

Il est en effet question de mécanismes subliminaux de fascination (lavages de cerveau) et autres méthodes destinées à limiter la liberté de la victime, à favoriser les intérêts matériels des chefs charismatiques, à cacher des comportements immoraux et des conduites illicites n'ayant rien à voir avec les déclarations sur les buts poursuivis qui donnent une apparence de respectabilité.

Il est à noter qu'il n'y a pas que des sectes ou des « cultes » religieux, de magie, ésotériques mais certaines sont également politiques, commerciaux (ventes multi niveaux), psychothérapeutiques.

Contrairement à ce qui existe dans le droit anglo-saxon, le crime sectaire ou rituel n'est pas codifié dans le droit italien autrement que comme tous les autres délits (…)

Les crimes rituels sont considérés comme des actes sporadiques et occasionnels.

Le cas Pacciani (Florence) et la condamnation pour le meurtre perpétré par Nadi Roccia sur Anna Maria

Botticelli et Marina Sira (Bari) ont, en quelque sorte amené à une attention particulière portée aux crimes rituels de la part des enquêteurs et des magistrats. Cependant, pour ce qui concerne la vague de meurtres rituels découverts dans les environs de Florence (cas Pacciani et autres) les preuves d'appartenance à une secte satanique et de meurtres rituels ont été habilement cachées par les organismes institutionnels. Beaucoup plus prenant a été le procès de Modène (2000) contre les pédocriminels (....) dont les enfants avaient été violentés par les parents, des voisins, des amis et prostitués pour d'autres personnes sans parler des enregistrements de scènes de violences sur mineurs. Les enfants n'ont pas été écoutés quand ils ont indiqué les lieux où ont-ils affirmé, des enfants ont été massacrés et suspendus à des crochets pour animaux bien que l'usine indiquée était désaffectée et fermée depuis des années.

Les condamnations furent modestes, après le ballet de remplacement d'experts, malgré le suicide d'une mère et la mort d'un prêtre accusé et condamné à quatre ans de prison. Cette affaire a été décrite par le sénateur Augusto Cortelloni dans son livre « Pédophilie et Satanisme, le sale gâchis de la Bassa Modenese » (novembre 2000 édition Artestampa - Modène Une enquête a été diligentée dans l'Oltrepo pavese (en 1998) concernant la « Villa des chrysanthèmes », secte satanique inconnue qui pourrait être la suite ou une filiale d'une autre secte satanique (1996) agissant aux alentours de Piacensa, concernée par deux « suicides » classés sans suite (2001) les enquêteurs n'ayant rien pu obtenir.

Le second suicidé était l'ami du premier, membre des pratiquants de l'occultisme et il est probable que tous les deux fréquentaient le même groupe évanoui dans le néant.

On trouve dans l'enquête « Villa des chrysanthèmes » huit arrestations, les minutes de l'enquête indiquent : « violences multiples sur mineurs, administration de drogues à des mineurs, y compris des garçons, qui doivent être amenés dans des lieux où sont pratiqués les rites. Une église dont la consécration a été annulée est considérée comme lieu d'exécution des rites mais non pas comme siège de la secte qui les exécutait et qui s'est volatilisée dans les brumes de l'Oltrepo.

La secte s'est dissoute et ne sont restés sur le banc des accusés que quelques adeptes, les autres n'ont pas été retrouvés alors qu'on a découvert les os d'un enfant.

En 1998, Marco Dimitri de Bologne, fondateur des « Enfants de Satan » a été accusé, entre autres, d'avoir enfermé un enfant dans un cercueil contenant le cadavre d'une femme. Dimitri a ensuite été acquitté mais personne n'a nié la violence physique exercée contre l'enfant enfermé dans le cercueil.

Chaque secte satanique possède ses rites qui prévoient l'utilisation des enfants mais tout ceci est habilement caché. Le traumatisme subi sera enregistré mentalement par le mineur qui, victime d'autres traumatismes consécutifs aux violences subies se confiera à des thérapeutes qui noteront ce qu'ils constatent mais ne seront pas en mesure d'apporter la moindre preuve sur les causes des dégâts psychologiques constatés.

L'abus rituel, le rituel satanique ou à tendance satanique, la pédocriminalité déguisée en rituel ont en commun la violence de tous types sur les animaux, les êtres humains particulièrement les jeunes, les enfants, les femmes, l'usage de substances hallucinogènes, de stupéfiants, d'hypnotisant, de sang humain ou d'animaux. (voir Anton Long dans « L'Ordre des neuf Anges » qui sévit partout en Europe, et Alister Crowley dans son « Liber Legis »).

(...)

Les sectes qui décrivent le rituel pour tuer un être humain comme sacrifice à Satan sont nombreuses, certaines parlent d'adultes, d'autres ne précisent rien. Le fait de ne retrouver aucune trace vient de l'utilisation désormais connue de l'acide sulfurique ou nitrique pour dissoudre tous les éléments humains indésirables.

Quel est le lien entre la pédocriminalité, les multinationales, les nouveaux mouvements religieux et les sectes ?

Statistiques

En Italie, il n'y a pas de statistique concernant les enfants dans les sectes ou dans les cultes destructifs même si nous savons que les enfants grandissent dans ces groupes pour y avoir été amenés par un des parents ou les deux qui, eux-mêmes, vivent à l'intérieur de la même secte que leurs enfants.

Les enfants n'ont pas une vie différente des autres adeptes. Ils ont des moments de vie commune.

Maltraitance des mineurs au sein de ces groupes : ces faits sont généralement rapportés par des parents qui quittent la secte. Souvent le parent sorti de la secte contacte les associations d'écoute en lien avec sa situation et même des centres d'écoute publiques. Il raconte son histoire mais aucune suite judiciaire ne peut être donnée car les mineurs sont dans le groupe. Ils risqueraient de subir des mesures de rétorsion des parents qui y sont encore ou des autres membres du groupe.

En Italie toujours, les Enfants de Dieu appelés La Famille suivent encore les instructions relatives à la force sexuelle considérée comme force de recrutement, message destiné surtout aux femmes qui par la pratique de l'union libre, rendraient peut-être adeptes leurs partenaires. L'union libre imposée à l'intérieur de la secte a de graves conséquences surtout sur les femmes qui hésiteront à quitter le groupe avec leurs enfants. Cette secte est présente dans la péninsule au sein de nombreuses petites communautés agricoles.

« Fellowship of friends», association de l'amitié. Le leader, Robert Burton, outre la prédication de catastrophes mondiales de 1998 à 2006, affirme être en relation avec la force C composée de 44 anges. Burton a souvent été cité en justice devant la Cour américaine pour abus de confiance, maltraitances sexuelles, actes sexuels sur des mineurs et souffrances morales causées intentionnellement. Cette association existe en Italie avec des sièges dans plusieurs villes et souvent les parents qui en sont adeptes partent avec leurs enfants dans d'autres villes.

Certains mouvements religieux refusent catégoriquement la présence des mineurs. C'est le cas de l' "Anima Universale " de Leini (Turin), de l' « Ontopsychologia » (Pisignano) alors qu'au sein d'autres mouvements comme Damanhur et La Famille, les mineurs sont acceptés et ont même des écoles au sein du groupe, écoles qui peuvent être des jardins d'enfants ou des écoles maternelles.

Les micros sectes destructrices

Les affaires qui viennent d'être rappelées ont été rapportées aux autorités institutionnelles qui ont écouté le parent privé de ses droits et de ses devoirs.

Souvent cependant, le signalement n'est pas suivi de dénonciation même si celle-ci est faite par un autre membre de la famille mais comme personne ne veut engager d'action, le tout est archivé.

Les éléments non encore publiés mais connus des autorités compétentes parlent d'un nombre croissant de micro-sectes composées de quelques familles soit d'une dizaine de personnes qui louent un local à la campagne et dirigées par un leader, homme ou femme, autoproclamé le plus souvent accompagné par des personnes de couleur se faisant passer pour des chamans.

Ceux-ci forment une communauté qui suit les doctrines et enseignements du leader qui peut faire tout ce qu'il veut sur les personnes. Il est difficile de suivre la trace de ces adeptes qui souvent passent d'un local à un autre, qui n'ont pas de numéro de téléphone fixe et qui changent souvent leur numéro de téléphone cellulaire ; la difficulté est encore augmentée par le fait qu'ils se cachent sous l'apparence de groupes agricoles situés parfois dans des endroits très éloignés dans lesquels sont cachées les personnes recherchées.

La pédocriminalîté internationale, l'Italie carrefour entre le nord de l'Europe et les pays de l'Est.

Question : Pouvons-nous considérer comme étant des sectes destructives ces réseaux internationaux qui ont en commun l'utilisation sexuelle des enfants, commettent des crimes sur mineurs sous couvert d'organisations humanitaires et politiques ou comme émanation de véritables sociétés secrètes. À mon avis on peut répondre affirmativement à cette question. C'est l'approche que je souhaite avec le thème de ce séminaire ainsi que je vais l'exposer.

En Suisse, la Cour criminelle de Mendrisio le 13/07/1999 s'est prononcée contre l'italien Vittorio Nitti, marié et père d'enfants qui organisait des voyages au Brésil et en Amazonie pour des pédophiles (il recrutait des enfants mais le trafic de mineurs n'a pas été prouvé). Les traits des enfants relevés sur des vidéocassettes sont de type amérindien. Nitti a été domicilié au Brésil, Boa Estrada Roralma. Il a déjà été condamné pour infraction aggravée à la législation sur les stupéfiants (il mettait de la cocaïne dans des petits chocolats) , pour pornographie (de mineurs) dans le but de s'enrichir, il avait aménagé un appartement près de la frontière italienne, à Chiasso, au 16 de la rue Odescalchi et il était toujours en contact avec son frère, Claude qui avait établi des contacts avec la Pologne, des pays européens, le Brésil pour la diffusion et la vente de matériel pornographique concernant les mineurs .

Sur un de ses agendas ont été trouvées des adresses du monde entier et donc aussi de l'Europe de l'Ouest, des contacts avec Klopp Jean Michel au Luxembourg et d'autres correspondants luxembourgeois.

Dans l'appartement de Chiasso se trouvaient, outre des vidéos, des revues comme « Jeunes et naturels » revue de pornographie de mineurs édités par Orwid. L'italien Nitti avait été condamné en 1996 à deux ans de prison pour trafic de stupéfiants par le tribunal de San Gallo (CH). En France, en 84 il avait écopé de 4 ans de prison et interdiction de séjour pour trafic de cocaïne avec la Colombie. Son histoire ne s'arrête pas là car il a été condamné au Brésil pour trafic de stupéfiants, pédophilie et utilisation d'un faux nom. Tout compte fait, il pouvait recommencer ailleurs comme il l'a fait et au détriment des seuls mineurs.

Son frère Claude en a tout autant à son actif, il a été condamné à Alcamo (Trapani) pour abus sexuels sur mineurs.

Ce n'est pas le seul chemin allant de l'Italie vers le marché international, il en arrive également des pays de l'est par le passage désormais bien connu de Trieste avec la frontière commune Italie/Slovénie.

Des enfants sont abandonnés par des passeurs dans la zone aéroportuaire de transit où ils seront recueillis par la police ou par des organisations comme Charitas qui suivent ce phénomène, cela est inquiétant car ces enfants peuvent aussi être pris par des prédateurs d'enfants qui pourront en faire l'usage qu'ils désirent. Un trafic à double sens a été interrompu en avril 2001. Une statistique indiquant que le trafic d'enfants (y compris les adoptions illégales) aurait diminué en Roumanie alors qu'il augmentait en Russie est un énorme mensonge. Il est vrai que le gouvernement roumain a donné un tour de vis aux adoptions vers l'étranger et on estime que 30.000 mineurs sont exportés illégalement tandis que les enfants abandonnés dans les instituts roumains sont au nombre de 110.000.

(...)

Le trafic d'enfants qui passe par Trieste ne fait pas partie des chiffres officiels : les enfants passent par petits groupes, non accompagnés par des adultes puis envoyés dans différents centres de Charitas, souvent sans avoir encore été identifiés officiellement ils disparaissent et on ne sait plus rien de leur destination.

Pour certains, la greffe d'organes dans des cliniques renommées, y compris dans le nord de l'Italie, constitue la fin du voyage. Un slovène de 14 ans en sait quelque chose lui qui, après avoir traversé la frontière slovène/ italienne, a réussi à s'enfuir à Padoue des mains de ses accompagnateurs de la clinique où il aurait terminé comme donneur d'organes.

Le trafic a subi deux séries d'arrestations :

La première avec l'arrestation de Josip Loncaric, slovène en avril 2001 et de sa compagne Xue Mei Wang ; des chinois, des hindous et beaucoup d'autres ethnies passaient entre leurs mains. Les pérégrinations de ces malheureux passaient volontiers par Kiev et Lubiana, Trieste et, la partie la plus délicate consistant à entrer en Italie, était confiée à des petits délinquants sans scrupule. (On susurre que la marchandise de mauvaise qualité était ensevelie dans des lieux qui seraient devenus des petits cimetières non autorisés).

La seconde, en février 2002, avec l'arrestation de trafiquants turcs de « marchandises humaines » qui avec des passeurs locaux et italiens transportaient cette « marchandise » de Trieste à Milan puis Côme et ensuite se dirigeaient vers la Suisse en suivant les anciennes routes de contrebandiers de cigarettes.

Le commerce et le trafic des mineurs a dans les sectes et associations secrètes des défenseurs officiels et mondiaux du milieu et de sous-groupes nationaux.

25/08/95 – Sentence n° 2089 du tribunal de Milan. - Condamnation pour association de pédophiles. L'association, le groupe P, avait des statuts explicites ayant pour but une réforme législative prévoyant l'abaissement de l'âge minimum pour le consentement d'actes sexuels ou similaires. L'accusation a tenté de démontrer qu'il s'agissait d'une association qui devait être dissoute. L'association avait attribué à ses membres diverses fonctions :

• Regroupement de nouveaux éléments de séduction de mineurs
• Motivation et justification y compris idéologiques de délits commis
• Enseignement de techniques de séduction

Une nouvelle découverte après une opération de police en 1997 : Le Parti des pédophiles.

Selon le/la PM (?) Paola Mastrobernardino, plusieurs personnes impliquées dans l'enquête sur la pédophilie appartiennent ou adhèrent au Front Pédophile International Danois.

La « procura » de Naples a obtenu les résultats suivants de l'opération Cathedral : trois personnes arrêtées, cinq dénonciations, perquisitions à Naples, Catanzano, Florence et autres villes italiennes, 440 vidéocassettes et 2600 CD comprenant des scènes de pédophilie, de sévices et de meurtre d'enfants.

Le site WEB italien était associé à la grande Bretagne mais la référence était en Californie. Le coordinateur était un physicien (?) italien Enrico de Marinis. Un autre personnage était un pédiatre de Catanzaro Guido Ferrero qui avait pour fonction le recrutement.

En février 2002 l'association de Pordenone CIATDM a signalé à la police 170 nouveaux sites pédophiles.

Sur le grand marché télématique encore en action pour soutenir le libre amour adultes/enfants il y a le Mouvement Pédophile italien qui compte 50 soutiens actifs. Mouvement cité par le groupe Luther Blisset de Bologne. Sachez que le livre édité par ce groupe « Lasciate che i Bimbi » se trouve encore gratuitement sur le net.

On trouve également sur le net le site de l'Association danoise de pédophilie fondée en 1985 avec une filiale également en Italie et autres groupes internationaux tels que la Nambla (http://danpedo.dk/italiano)

27/08/2001 - les meurtres d'enfants continuent :

Les techniciens de la Compagnie de téléphone Arcobaleno ont dénoncé à la Procura di Siracusa des sites Internet montrant des tortures et violences de toutes sortes sur des nouveaux nés de douze à dix-huit mois.

Un livre clarificateur : « Une expertise des profils des pédo-criminels » de Michele Agrapart-Delmas.

Ce livre explique comment un criminel et pédo-criminel peut en arriver à passer à l'acte par l'étude de sa personnalité, ses comportements et ses délits passés.

L'auteur(e) met en garde contre les profils de criminels créés par l'intuition ou les médias, comme on le voit dans les séries télévisées particulièrement les américaines. Selon elle, il y a en Europe plus de faux experts de profils que de vrais experts de serial killers. Le vrai dommage atteint l'entourage familial ou nom de celui qui en est victime.

Pedocriminels, couvertures, abus sado masochistes, snuffmovies (vidéos de tortures et meurtre d'enfants) en Hollande.

Un autre cas retenu comme abus sexuel rituel et snuff vidéo a été perpétré en Hollande.

Hollande 1987.

Le Dr Joncher Fredericia visite un enfant qui a des pertes anales inexplicables. Dans la petite ville de Oude Pekela une centaine d'enfants appartenant à soixante-trois familles auraient été arrêtés sur la route par des adultes déguisés en clowns qui leur ont offert des glaces et de la limonade contenant de la drogue, puis ont été contraints de participer à des orgies et soumis à des violences sado sexuelles associées à des rites sataniques pour des sacrifices humains rituels et combats entre eux de ces enfants drogués et armés de couteaux.

En 1992, le Dr Jonker présenta les résultats de son enquête lors d'un congrès londonien, soutenant que les rituels décrits étaient réels et faisaient partie d'un processus connu des adultes et étaient destinés à leur donner des pouvoirs émanant de ces morts sacrificielles. L'enquête avait découvert un groupe satanique important avec des violences sexuelles de toutes natures et de meurtre d'enfants.

Il n'y a eu aucune accusation ni condamnation car, selon les magistrats intervenus dans cette affaire, il y avait un manque d'objectivité et davantage de désir de confirmation de préjudice plutôt que de recherche de la vérité.

Hollande 1998 - 18 juillet - l'ASBL MORKOVEN dans la défense des enfants.

A Zandvoort, localité balnéaire près d'Amsterdam, une bande vendait des vidéos pornographiques 20000 euros l'exemplaire. La police qui a examiné les vidéos indique « des enfants d'un ou deux ans violentés de façon brutale, drogués, torturés » et dit n'avoir jamais encore vu de telles horreurs. La bande serait basée à Berlin, centre international des pédophiles et également en Italie , près de Milan, avec studio photographique et agence de photos de modèles très jeunes, mais surtout en connexion avec l'Europe de l'Est et le trafic de clandestins et de mineurs destinés aux prélèvements d'organes, prostitution enfantine, groupes pédo criminels, vidéos, snuffmovies ou travaux débilitants.

La découverte a été faite par les bénévoles du groupe Morkhoven, association civile de lutte contre la pédophilie. Le groupe avait été contacté par ancien membre de la bande de Zandvoort. En faisait partie, le hollandais G.Ulrich tué dans les environs de Pise par Robert Van Der Plaken actuellement en prison (condamné à 15 ans) tous les deux pédophiles avec des contacts en Croatie. Les clients de cette bande étaient dans le monde entier : USA, Israël, Allemagne et Russie.
Il y a une enquête sur les contacts de deux pédophiles criminels anglais arrêtés à Hoordorp en Hollande.

Warwick Spinks et son complice Edward pour avoir filmé viols, tortures et meurtre d'au moins cinq enfants. (Ces groupes internationaux ne sont-ils pas des « cultes » ?)

La radio canadienne CKLN 1999 dans le cadre des émissions sur les abus sexuels sur mineurs.
Le docteur Stephen Kent spécialiste du satanisme (1989) département de sociologie de l'université d'Alberta a rendu évident le fait qu'il existe un élément commun à tous les divers mouvements satanistes qu'il a connus personnellement ou dont il a étudié les écrits : ces sectes tirent leurs rituels d'un livre diffusé dans le monde entier : l'ancien testament.
Les chiffres et les informations italiennes retracées ici peuvent ne pas faire toute la lumière sur l'importance de ce phénomène.
Alors que les sectes destructives qui sont bien couvertes ou protégées par des hommes de pouvoir, les associations qui voient le jour pour la défense des mineurs se font souvent la guerre froide entre elles, les comités nationaux sont dissous, tout cela ne nuit

qu'aux mineurs qui sont ainsi violentés de nouveau, pour cela, il est souhaitable de

- rester unis dans la lutte commune et non faire prévaloir les intérêts personnels ou les mythomanies qui nuiront surtout aux mineurs
Sans s'irriter d'un contrôle réciproque nous devons tous indiquer ce que nous faisons et le faire, reconnaître les points de vue moins cohérents et être plus humbles et plus unis. Certaines sectes et les sectes sataniques en particulier ont des buts destructifs et de non valorisation de l'être humain : il est souhaitable de :
- Créer un flux continu d'informations et avoir un tableau récapitulatif national mis à jour en permanence sur les nouvelles associations dites humanitaires, leurs statuts, leurs qualités, et pourquoi pas des enquêtes sérieuses et objectives.

"Le crime organisé dépend d'un organigramme pyramidal à la tête duquel, des ministres et des hauts magistrats couvrent unilatéralement les escroqueries monumentales et les producteurs de films de crimes réels, par des fausses erreurs judiciaires. Ils ont escroqué des centaines de milliards de dollars, qu'ils ne savent même pas comment dépenser. Ils achètent les victimes qui le veulent bien, en leur assurant des carrières qui ne leur seraient pas autrement accessibles. Ils se droguent, ce qui libère leurs instincts les plus pervers et leur donne une impression de superpuissance et de génie. Qui donc a les moyens de payer le film d'un crime réel à 25'000 euros   ?

Les magistrats blanchissent l'argent volé par l'intermédiaire des milliers d'organismes à caractère sectaire, ou d'aide à leurs propres victimes. Les sectes assurent diverses formations, dont de « piégeurs », qui ont pour mission de piéger les victimes qui refusent de se faire acheter. Ils les poussent à commettre des fautes, comme fuir leurs pays et abandonner tous leurs acquis. Les magistrats peuvent alors les achever par de nouvelles fausses erreurs judiciaires, en les ruinant, en leur enlevant leurs enfants, en les faisant incarcérer en prison ou interner en psychiatrie.

Le bas du réseau, le plus visible. Ce sont les producteurs, d'anciennes victimes, qui même si elles l'avaient voulu, n'auraient pas obtenu justice, parce que les complices de leurs bourreaux sont leurs juges.

http://www.legarcon.net/
http://www.legarcon.net/CB/repertoire.htm
http://vigicitoyen.canalblog.com/archiv ... 65045.html
http://fondationprincessedecroy.over-bl ... 54056.html
http://www.thotep.com/article.php3?id_article=57
http://fr.altermedia.info/general/libe- ... _8212.html
http://www.barruel.com/info12.html
http://www.pedagora.com/
http://blog.droitfondamental.eu/wordpress/?p=379"
http://www.politiquedevie.net/Justice/PierreRoche.htm
http://bouddhanar-9.blogspot.com/2007/04/les-lites-et-la-magie-noire-les-enfants.html
http://www.youtube.com/watch?v=hbaQGHmW-3Q&feature=player_embedded#
http://www.newsoftomorrow.org/spip.php?article6510
http://www.dailymotion.com/video/xaqbs0_pedophilie-dun-ministre-etouffee-pa_news
http://www.dailymotion.com/video/xaa5ko ... par-u_news
http://www.youtube.com/watch?v=tjXX5RC3Emc
http://www.dailymotion.com/video/x7vaby ... ile_webcam
http://www.rue89.com/2010/03/25/si-le-p ... 438?page=3
http://www.romandie.com/ats/news/100328 ... 788xwj.asp
http://tempsreel.nouvelobs.com/depeches ... _pret.html
http://www.cyberpresse.ca/le-soleil/opi ... ionner.php
http://www.paperblog.fr/2150811/des-rab ... s-aux-usa/
http://novusordoseclorum.discutforum.co ... .htm#24875

http://www.voltairenet.org/article7502.html

http://zandvoort.morkhoven.org/wordpress/?p=397
http://www.droitfondamental.eu/007-TORO-BRAVO-
FR.htm
http://pedopitchoun-b.droitfondamental.   ...
ess/?p=753
http://www.kidnapping.be/accueil/index.html
http://sauvons-fiona-et-
milla.blogspot.com/2008/03/interview-de-myriam-lutringer-
temoin.html
http://www.droitfondamental.eu/001-
DRASIUS_KEDYS_quand_la_quand_la_censure_mene_au_me
urtre___fr.htm
http://www.dailymotion.com/video/x8fmsm_serge-de-
beketch-contre-la-pedomani_news
http://www.antipedophil.fr/

Table

FORUM V

359 FORUM V

365 Initiative Métapolitique

367 L'anarchie outrancière
370 Action et Droit
373 Florilèges
378 Regard
381 Retour de vacances
384 Veille
387 Le syndrome de l'écologie
392 Génocide article 211.1
393 Usurpation
397 Vous avez dit Démocratie ?
405 La tragédie comique
410 Persécutions des Chrétiens dans le monde
412 "Une poignée" de Peuples

415 Initiative Politique

417 Pragmatisme
420 Potentiel financier
425 Taxes carbone 2
428 2012
430 Procès Politique
432 Au dessus des Lois
434 H1N1
435 Dignité et honneur de la France
438 République
441 La poussière sous le tapis
443 Humanisme où lâcheté ?
446 Le mensonge universel
447 L'Identité Nationale
451 La chute du Mur
454 Ainsi
456 Les médias
460 La défense des Femmes
462 La déroute des Humanicides
465 La dictature européenne en marche
472 Profanations

473 Initiative Scientifique

475 Gravitation.

477 Initiative Philosophique

479 Constat
483 Fondation
487 Contre Pouvoir
490 Conquête spatiale
495 Chute libre
498 Confiance en ce Monde
504 Espaces et rémanences
508 Statisme total
513 Le combattant de la Voie
516 Le syndrome de Copenhague

519 Initiative Littéraire

521 Ô Christ Roi
523 Chevalerie
525 Paysages
527 Robots primitifs
530 Et cela viendra

533 Initiative Poétique

535 Il nous disait
537 Esquisses
539 Alchimie
541 Le renouveau des temps
543 Aux marches du règne
545 Villes en sérail
547 L'Amour Eternel
548 D'un Ordre Souverain
552 Où l'Eternité dispose
554 Mesure
555 Dans les clameurs
556 Indicible vertu
559 Cristal de la mémoire
560 Ecrins des âges
561 Mater dolorosa
563 Portuaire
565 La pluie chantait
567 Renaissance

569 Des rimes effeuillées
571 Voie enseigne
572 Des Œuvres
574 Ecumes
576 Tumulte

579 Initiative Artistique

581 Maryline Monroe

587 Débats

589 Echange sur le 9/11
595 Echange sur HADOPI
599 Echange adhésion ou partenariat avec la Turquie

607 Documents

609 Le Protocole de Toronto
637 Manipulations, mensonges, argent, pouvoir, guerres...
659 Rappel Code Pénal

703 Table

Vincent Thierry
France
2009

Table Générale

UNIVERSUM II

FORUM IV

7 FORUM IV

9 Initiative artistique

11 A tire d'aile
13 Des feux antiques
15 Le lieu du Vivant
17 Des voies nouvelles
18 Flamboyance
20 Couronnement
21 Quiétude
22 Vagues, antiennes...
24 Chant du Monde
26 Dans l'azur prononcé
28 Amazone septentrionale
30 De l'Aigle Souverain
32 Joie féconde
33 Aux rives anachorètes
35 Le Vivant inexpugnable
37 Vagues en semis
39 En floralies
41 Hymne pur de la Vie
43 Embrun fertile
45 Insistance du verbe
46 Visiteur du chant
47 Des âmes
49 Hymnes
51 Enchantement
53 Du Vivant
55 Vagues épousées
57 Règnes
59 Clameur des Oasis
60 Fêtes

63 Initiative Culturelle

65 Mutation

68 *2040*
71 *Vestales anachorètes*
73 *Un conte de Noël*

77 Intiative Politique

79 *Orgueil et mépris*
83 *Des faits, des actes*
85 *La France en voie de perdre sa légitimité*
88 *La désintégration*
91 *La maîtrise du Pouvoir*
97 *Utopia Inferno*
99 *Récession*
103 *Deuil National*
105 *Déni de Démocratie*
107 *Information Désinformation*
110 *Pouvoir Contre Pouvoir*
113 *Manipulation mentale*
115 *Vers quelle finalité ?*
118 *Le dépeçage de l'Europe*
120 *Le Droit des Enfants*
125 *Résistance*
127 *Droit, Conseils, Choix*
129 *Lettre ouverte*
131 *Dépeçage suite naturelle*
133 *Télévision et Caste ?*
135 *Fiction ? Dictature.*
138 *Deux poids deux mesures*
141 *Racisme*
144 *Le Tibet Assassiné*
146 *Catholiques Irakiens !*
148 *Démission de l'intelligence*
152 *Symptômes de déliquescence*
155 *Indécence et restauration*
157 *Vous avez dit Sécurité Sociale ?*
160 *Le labyrinthe*
164 *Le banquet*
168 *Bas les masques*
171 *Réflexion instantanée*
173 *Contestation ?*
176 *Orientation*
180 *Honneur au Peuple Irlandais !*
182 *La Dictature affichée en Europe ?*
187 *Aux terres renouvelées*

189 Résistance à la dictature
191 Livre blanc sur la défense et la sécurité
196 Lopsi, vous connaissez ?
198 L'aveuglement
200 Honneur et Patrie
202 A contre courant
205 Politique ?
209 Face à l'adversité
212 Le chantage du (mini) traité
215 Réflexion
217 Vassalité
219 Ossétie et Liberté des Peuples
222 La ligne rouge
225 Le grain de sable
229 DESINFORMATION
231 Prochaines élections
235 L'arnaque
237 Crise, Class action, Droit
240 Unité ?
244 L'abjection de l'insupportable
248 Priorité
251 Pragmatisme
253 Coup d'état mondialiste ?
255 A méditer
258 Documents
260 La désintégration
263 Réfléchissez !
266 Constat
271 De la saine économie
274 Bienvenu
276 Syntaxe

281 Initiative Philosophique

283 La dictature indestructible ?
285 Pragmatisme
290 Etat et Religion
292 Racisme unipolaire
295 Les talibans de l'Esprit
299 Renouveau
302 L'Etre fondamental !
304 Gestuel de ce monde
307 Face au mensonge
310 Utopie et Réalité

312 Eveil et Combat
315 Ambre du silence
318 Dans ce préau
320 Le pouvoir de l'illusion
324 Dans la nue du Verbe
326 Système et combat.
329 En hommage à Soljenitsyne
333 Systémique de la Voie
338 De la Lâcheté

341 Initiative Scientifique

343 Orientation scientifique
345 Un peu de lucidité
347 Corrélation-causalité

351 Table

FORUM V

359 FORUM V

365 Initiative Métapolitique

367 L'anarchie outrancière
370 Action et Droit
373 Florilèges
378 Regard
381 Retour de vacances
384 Veille
387 Le syndrome de l'écologie
392 Génocide article 211.1
393 Usurpation
397 Vous avez dit Démocratie ?
405 La tragédie comique
410 Persécutions des Chrétiens dans le monde
412 "Une poignée" de Peuples

415 Initiative Politique

417 Pragmatisme
420 Potentiel financier
425 Taxes carbone 2
428 2012

430 Procès Politique
432 Au dessus des Lois
434 H1N1
435 Dignité et honneur de la France
438 République
441 La poussière sous le tapis
443 Humanisme où lâcheté ?
446 Le mensonge universel
447 L'Identité Nationale
451 La chute du Mur
454 Ainsi
456 Les médias
460 La défense des Femmes
462 La déroute des Humanicides
465 La dictature européenne en marche
472 Profanations

473 Initiative Scientifique

475 Gravitation.

477 Initiative Philosophique

479 Constat
483 Fondation
487 Contre Pouvoir
490 Conquête spatiale
495 Chute libre
498 Confiance en ce Monde
504 Espaces et rémanences
508 Statisme total
513 Le combattant de la Voie
516 Le syndrome de Copenhague

519 Initiative Littéraire

521 Ô Christ Roi
523 Chevalerie
525 Paysages
527 Robots primitifs
530 Et cela viendra

533 Initiative Poétique

535 *Il nous disait*
537 *Esquisses*
539 *Alchimie*
541 *Le renouveau des temps*
543 *Aux marches du règne*
545 *Villes en sérail*
547 *L'Amour Eternel*
548 *D'un Ordre Souverain*
552 *Où l'Eternité dispose*
554 *Mesure*
555 *Dans les clameurs*
556 *Indicible vertu*
559 *Cristal de la mémoire*
560 *Écrins des âges*
561 *Mater dolorosa*
563 *Portuaire*
565 *La pluie chantait*
567 *Renaissance*
569 *Des rimes effeuillées*
571 *Voie enseigne*
572 *Des Œuvres*
574 *Ecumes*
576 *Tumulte*

579 Initiative Artistique

581 *Maryline Monroe*

587 Débats

589 *Échange sur le 9/11*
595 *Échange sur HADOPI*
599 *Échange adhésion ou partenariat avec la Turquie*

607 Documents

609 Le Protocole de Toronto
637 Manipulations, mensonges, argent, pouvoir, guerres…
659 Rappel Code Pénal

703 Table
709 Table Générale

Œuvres de Vincent Thierry

CATALOGUE

GÉNÉSIAQUE
Le journal d'un Aventurier

PRAIRIAL
Le Chant du Poète
De Jeunesse
Les Continents oubliés
Vents du présent

ÉCRITS DU VENT
Écrins
De Marche Humaine
L'Indivisible
Military Story and new world

HÉROÏQUES
Mutation Terrestre
Lettres à l'Amour
Les Cantiques
D'Olympe le Chant d'Or

NATURAE
Fresques d'Amour
Le Verger d'Amour
L'Interdit
Mélodie d'Amour

FENAISONS
Améthystes
Océaniques
À la recherche de l'Absolu
Voyages

HORIZONS
Ivoire
D'Histoires nouvelles
D'Orbes
Stances

SOLSTICE
Idées
Âme Française
Expressions
Solstice

D'UNIVERS
D'Iris
Démiurgique
D'Azur
Flamboyant

REGARDS
D'un Ode Vif
D'une Gerbe de Soleil
Du Songe
Du Savoir sans Oubli
Que l'Onde en son Respire
Que l'Or Solaire
Qu'azur le Cristal
Du Souffle Vivant
De l'Harmonie

ISTAÏL
Cygne Étincelant
Âme de plus pure Joie
D'un Age d'Or Renouveau
Par le Ciel Symbolique
De l'Être Universel
Règne d'Or Liquide
De toute Luminosité

TEMPOREL
Les Sortilèges de l'Enfance

ALPHA
De l'Azur Souverain
Ivoire de l'Éden
L'Orbe Cristallin
De l'Aigle Impérial

OMÉGA
Dans la Demeure des Dieux
Le Chant du Cygne
D'Oriflamme Souverain
Le Chœur Magnifié

FRESQUES
D'or et de Pourpre
Dans la Luminosité du Verbe
L'Azur du Cristal
Qu'Enamoure l'Éternité

COSMOS
Cosmographies
Delta du Cygne
La Légende de l'Espace
Infinitude

ÉTOILES
Thélème ou l'ambre de Vie
Véga 3000
Architectura
Naturae

ARRIOR
Sous le Vent de poussière
Des Catacombes
Debout au milieu des ruines
L'Aigle Impérial regarde

RESCRITS
Aux Protocoles
À Thanatos
Aux Droits
À l'Histoire

CONSCIENCE
Contemplations
Orientations
Actions
Le Diamant Foudre

CRISTALLOÏDES
Essors
Cristal
Empire
In memoriam

ESPACE
Au Cœur de Terre

DES AIGLES

DES AIGLES EN CITE
La Citadelle de Marbre
Le Labyrinthe Équinoxial
La Spirale de l'Éveil
La Forge de l'Épée

L'UNIVERS TEMPLIER
Le Corps du Vivant
L'Esprit du Règne
Âme du Déploiement
L'Unité Harmonieuse

L'AIRE IMPÉRIALE
Le Parvis de Cristal
Les Marches du Trône
La Nef du Pouvoir
Le Chœur des Sages

HARMONIA UNIVERSUM
Harmonia Universum

Universum II

ABSOLU
Théorie Générale de l'Universalité

NIDS
Nid de faucons
Nid de vautours
Nid de scorpions
Nid d'Aigles

COMBATS
Ordre Mondial contre nouvel ordre mondial
La Voie Templière
Contraction Temporelle
Ondine

JEUNESSE LEVE-TOI !

METAMORPHOSE

UNIVERSUM

UNIVERSUM I
Forum I, II, III
UNIVERSUM II
Forum IV, V
UNIVERSUM III
Forum VI, VII
UNIVERSUM IV
Forum VIII
UNIVERSUM V
Forum IX
UNIVERSUM VI
Forum X
UNIVERSUM VII
Forum XI
UNIVERSUM VIII
FORUM XII

OASIS

Thélème ou l'ambre de Vie
Essors
Lanzarote Élégies
De Corse les Chants

EXPOSITION

Exposition I
Exposition II
Exposition III

MULTIMÉDIA

Univers
(Shows artistiques informatiques – CD/DVD)
1992 : Univers I, II, III, IV
1993 : Univers V
1994 : Univers VI
1995 : Univers, VII, VIII
1996 : Univers IX, X, XII, XIII, XIV
1997 : Univers XV
1998 : Univers XVI
2001 : Univers XVII
2002 : Univers XVIII
2002 : Univers XIX
2003 : Univers XX
2004 : Univers XXI
2004 : Univers XXII
2005 : Univers XXIII
2006 : Univers XXIV
2006 : Univers XXV
2007 : Univers XXVI
2007 : Univers Film IDDN.FR.010.0109063.000.R.P.2007.035.40100

ŒUVRES 2008 (CD)
Œuvres Poétiques
Œuvres Romanesques, Nouvelles
Œuvres Élégiaque, Chants
Œuvres Théâtrale
Œuvres de Science-fiction
Œuvres Philosophiques, pamphlets
Œuvres Métapolitique
Œuvres Complètes

ÎLES (films CD-DVD)
Est Ouest
Atlantis
Fragments
Rêve Corse

MUSIQUE (CD-DVD)
Émotion
Mystica

PROFESSIONNEL (base de données DVD)
Assurance Dommages

SITES INTERNET

http://harmonia-universum.com
http://newiard.com
http://kitmedias.com
http://universality.info
http://new-world.org
http://netassurances.net

Editeur Patinet Thierri
http://new-world.org
http://harmonia-universum.com
http ://universality.info

Impression
http://www.lulu.com

Lightning Source UK Ltd.
Milton Keynes UK
UKOW06f1920130716

278339UK00007B/180/P